니까야 강독 II

교학과 수행

초기불전연구원

그분
부처님
공양 올려 마땅한 분
바르게 깨달으신 분께 귀의합니다.

Namo tassa Bhagavato Arahato Sammāsambuddhassa

제2권 목차

들어가는 말 15

제1편 행복의 토대 29

큰 행복 경(大吉祥經, Sn2:4) 31

넘쳐흐름 경(A8:39) 35

보시로 인한 태어남 경(A8:35) 39

공덕행의 토대 경(A8:36) 43

디가자누 경(A8:54) 49

제2편 초기불교의 교학 57

제1장 네 가지 성스러운 진리 59

진리의 분석 경(M141) 61

말룽꺄 짧은 경(M63) 78

심사빠 숲 경(S56:31) 92

코끼리 발자국 비유의 긴 경(M28) 94

열반 경(S38:1) 113

열반 경(A3:55) 116

제2장 다섯가지 무더기[五蘊] 119
삼켜버림 경(S22:79) 122
보름밤의 긴 경(M109) 136
버림 경(S36:3) 149
화살 경(S36:6) 153
전도(顚倒) 경(A4:49) 159
기리마난다 경(A10:60) 163
배우지 못한 자 경1 (S12:61) 171
포말 경(S22:95) 179

제3장 열두 가지 감각장소[十二處] 189
일체 경(S35:23) 191
류트 비유 경(S35:246) 193
난다까의 교계 경(M146) 201
여섯 동물 비유 경(S35:247) 214

제4장 열여덟 가지 요소[十八界] 219
요소[界] 경(S14:1) 220

제5장 12연기(十二緣起, 열두 가지 조건발생) 224
분석 경 (S12:2) 226
사꺄무니 고따마 경 (S12:10) 240
우현(愚賢) 경 (S12:19) 251
설법자[法師] 경 (S12:16) 256
나체수행자 깟사빠 경 (S12:17) 261
갈애 멸진의 긴 경 (M38) 270

제3편 초기불교의 수행 309
제1장 37보리분법 총설 311
까꿔 자루 경 (S22:101) 313
힘 경 (A10:90) 319

제2장 네 가지 마음챙기는 공부[四念處] 323
운나바 바라문 경 (S48:42) 327
새매 경 (S47:6) 332
하나의 법 경 (S54:1) 336

제3장 네 가지 바른 노력[四正勤] 343
동쪽으로 흐름 경(S49:1) 345
노력 경(A4:69) 347

제4장 네 가지 성취수단[四如意足] 349
이 언덕 경(S51:1) 351
비구 경(S51:7) 354
이전 경(S51:11) 356
열의를 주로 한 삼매 경(S51:13) 361
운나바 바라문 경(S51:15) 364

제5장 다섯 가지 기능[五根] 368
보아야 함 경(S48:8) 371
분석 경2 (S48:10) 373
간략하게 경1 (S48:12) 377

제6장 다섯 가지 힘[五力] 379
사께따 경(S48:43) 381
다시 누각 경(A5:16) 384

제7장 일곱 가지 깨달음의 구성요소[七覺支] 385
계(戒) 경 (S46:3) 387
자양분 경 (S46:51) 395

제8장 팔정도[八支聖道] 408
분석 경 (S45:8) 412
깟짜나곳따 경 (S12:15) 420
디가나카 경 (M74) 428
두 가지 사유 경 (M19) 437
쭌다 경 (A10:176) 449
소나 경 (A6:55) 457

제9장 사마타와 위빳사나[止觀] 466
명지(明知)의 일부 경 (A2:3:10) 468
삼매 경1 (A4:92) 470
삼매 경2 (A4:93) 472
삼매 경3 (A4:94) 474
쌍 경 (A4:170) 477
수시마 경 (S12:70) 483

참고문헌 501
찾아보기 515

약어

A.	Aṅguttara Nikāya(앙굿따라 니까야, 증지부)
AA.	Aṅguttara Nikāya Aṭṭhakathā = Manorathapūraṇī(증지부 주석서)
AAṬ.	Aṅguttara Nikāya Aṭṭhakathā Ṭīkā(증지부 복주서)
ApA.	Apadāna Aṭṭhakathā(아빠다나(譬喩經) 주석서)
Be	Burmese-script ed. of M.(미얀마 육차결집본)
BG.	Bhagavadgīta(바가왓 기따)
BHD	Buddhist Hybrid Sanskrit Dictionary
BHS	Buddhist Hybrid Sanskrit
BL	Buddhist Legends(Burlingame)
BPS	Buddhist Publication Society
BvA.	Buddhavaṁsa Aṭṭhakathā
CBETA	CBETA Chinese Electronic Tripitaka Collection: CD-ROM
CMA	A Comprehensive Manual of Abhidhamma(아비담맛타 상가하)
CPD	Critical Pāli Dictionary
C.Rh.D	C.A.F. Rhys Davids
D.	Dīgha Nikāya(디가 니까야, 장부)
DA.	Dīgha Nikāya Aṭṭhakathā = Sumaṅgalavilāsinī(장부 주석서)
DAṬ.	Dīgha Nikāya Aṭṭhakathā Ṭīkā(장부 복주서)

Dhp.	Dhammapada(법구경)
DhpA.	Dhammapada Aṭṭhakathā(법구경 주석서)
Dhs.	Dhammasaṅgaṇi(담마상가니, 法集論)
DhsA.	Dhammasaṅgaṇi Aṭṭhakathā = Aṭṭhasālinī(법집론 주석서)
DPL	A Dictionary of the Pali Language(Childers)
DPPN.	G. P. Malalasekera's *Dictionary of Pali Proper Names*
Dv.	Dīpavaṁsa(島史), edited by Oldenberg
DVR	A Dictionary of the Vedic Rituals, Sen, C. Delhi, 1978.
Ee	Roman-script ed. of M.
EV1	Elders' Verses I(장로게 영역, Norman)
EV2	Elders' Verses II(장로니게 영역, Norman)
GD	Group of Discourse(숫따니빠따 영역, Norman)
Ibid.	*Ibidem*(전게서, 前揭書, 위의 책)
It.	Itivuttaka(如是語)
ItA.	Itivuttaka Aṭṭhakathā(여시어 경 주석서)
Jā.	Jātaka(本生譚)
JāA.	Jātaka Aṭṭhakathā(본생담 주석서)
KhpA.	Khuddakapātha Aṭṭhakathā(쿳다까빠타 주석서)
KS	Kindred Sayings(상윳따 니까야 영역, Rhys Davids, Woodward)
Kv.	Kathāvatthu(까타왓투, 論事)
KvA.	Kathāvatthu Aṭṭhakathā(까타왓투 주석서)
LBD	Long Discouurse of the Buddha(디가 니까야 영역, Walshe)
M.	Majjhima Nikāya(맛지마 니까야, 중부)

MA.	Majjhima Nikāya Aṭṭhakathā = Papañcasūdanī(중부 주석서)
MAT.	Majjhima Nikāya Aṭṭhakathā Ṭīkā(중부 복주서)
Mil.	Milindapañha(밀린다왕문경)
MLBD	Middle Length Discouurse of the Buddha(중부 영역, Ñāṇamoli)
Mvu.	Mahāvastu(북전 大事, Edited by Senart)
Mhv.	Mahāvaṁsa(大史), edited by Geiger
MW	Monier-Williams′ Sanskrit-English Dictionary
Nd1.	Mahā Niddesa(大義釋)
Nd1A.	Mahā Niddesa Aṭṭhakathā (대의석 주석서)
Nd2.	Cūla Niddesa(소의석)
Netti.	Nettippakaraṇa(指道論)
NMD	Ven. Ñāṇamoli′s *Pali-English Glossary of Buddhist Terms*
Pe.	Peṭakopadesa(藏釋論)
PED	*Pāli-English Dictionary* (PTS)
Pm.	Paramatthamañjūsā = Visuddhimagga Mahāṭīkā(청정도론 복주서)
Ps.	Paṭisambhidāmagga(무애해도)
Ptṇ.	Paṭṭhāna(發趣論)
PTS	Pāli Text Society
Pug.	Puggalapaññatti(人施設論)
PugA.	Puggalapaññatti Aṭṭhakathā (인시설론 주석서)
Pv.	Petavatthu (아귀사)
Rv.	Ṛgveda(리그베다)
S.	Saṁyutta Nikāya(상윳따 니까야, 상응부)
SA.	Saṁyutta Nikāya Aṭṭhakathā = Sāratthappakāsinī(상응부 주석서)
SAṬ.	Saṁyutta Nikāya Aṭṭhakathā Ṭīkā(상응부 복주서)
Se	Sinhala-script ed. of M.(스리랑카본)

Sk.	Sanskrit
Sn.	Suttanipāta(숫따니빠따, 경집)
SnA.	Suttanipāta Aṭṭhakathā(숫따니빠따 주석서)
SS	Ee에 언급된 S.의 싱할리어 필사본
Sv	Sāsanavaṁsa(사사나왐사, 교단의 역사)
s.v.	*sub verbō(under the word)*
Te	Thai-script ed. of M.(태국본)
Thag.	Theragāthā(테라가타, 장로게)
ThagA.	Theragāthā Aṭṭhakathā(장로게 주석서)
Thig.	Therīgāthā(테리가타, 장로니게)
ThigA.	Therīgāthā Aṭṭhakathā(장로니게 주석서)
Ud.	Udāna(감흥어)
UdA.	Udāna Aṭṭhakathā(감흥어 주석서)
Uv	Udānavarga(북전 출요경, 出曜經)
VĀT	Vanarata, Āananda Thera
Vbh.	Vibhaṅga(위방가, 分別論)
VbhA.	Vibhaṅga Aṭṭhakathā = Sammohavinodanī(분별론 주석서)
Vin.	Vinaya Piṭaka(율장)
VinA.	Vinaya Piṭaka Aṭṭhakathā = Samantapāsādikā(율장 주석서)
Vis.	Visuddhimagga(청정도론)
v.l.	variant reading(이문, 異文)
VRI	Vipassanā Research Institute
VṬ	Abhidhammaṭṭha Vibhavinī Ṭīkā(위바위니 띠까)
Vv.	Vimānavatthu(천궁사)
VvA.	Vimānavatthu Aṭṭhakathā(천궁사 주석서)

Yam. Yamaka(쌍론)

YamA. Yamaka Aṭṭhakathā = Pañcappakaraṇa(야마까 주석서)

Ybhūś Yogācārabhūmi Śarirārthagāthā(범본 유가사지론)

디가 니까야 각묵 스님 옮김, 초기불전연구원, 2006, 3쇄 2010

맛지마 니까야 대림 스님 옮김, 초기불전연구원, 2012

상윳따 니까야 각묵 스님 옮김, 초기불전연구원, 2009

앙굿따라 니까야 대림 스님 옮김, 초기불전연구원, 2006~2007

육차결집본 Vipassana Research Institute(인도) 간행 육차결집 본

월슈 Long Discouurse of the Buddha(디가 니까야 영역본, Walshe)

리즈 데이빗 *Dialogues of the Buddha* (디가 니까야 영역본, T. W. Rhys Davids)

냐나몰리 스님/보디 스님

The Middle Length Discourses of the Buddha(맛지마 니까야 영역본)

보디 스님 *The Connected Discourses of the Buddha*(상윳따 니까야 영역본)

우드워드 *The Book of the Kindred Sayings*(상윳따 니까야 영역본)

청정도론 대림 스님 옮김, 초기불전연구원, 2004, 4쇄 2012.

아비담마 길라잡이 대림스님/각묵스님 옮김, 초기불전연구원, 2002, 9쇄 2011

초기불교이해 각묵스님 지음, 초기불전연구원, 2010, 3쇄 2012

일러두기

(1) 삼장(Tipitaka)과 주석서(Aṭṭhakathā)들은 별다른 언급이 없는 한 모두 PTS본(Ee)임.
「디가 니까야 복주서」(DAṬ)를 제외한 모든 복주서(Ṭīkā)들은
미얀마 육차결집본(Be, 인도 Vipassana Research Institute 간행)이고,
「디가 니까야 복주서」(DAṬ)는 PTS본이며, 「청정도론」은 HOS본임.
M89는 「맛지마 니까야」의 89번째 경을 뜻함.
M.ii.123은 PTS본(Ee) 「맛지마 니까야」 제2권 123쪽을 뜻함.
M89/ii.123은 「맛지마 니까야」의 89번째 경으로 「맛지마 니까야」 제2권
123쪽에 나타남을 뜻함.

(2) 각 경의 단락번호는 「디가 니까야」와 「상윳따 니까야」와 「앙굿따라 니까야」는 PTS본(Ee)의 단락번호를 따랐고 「맛지마 니까야」는 냐나몰리 스님/보디 스님을 따랐음.

(3) 「청정도론 복주서」(Pm)의 숫자는 미얀마 6차결집본(VRI)의 문단번호임.

(4) [ ] 안의 숫자는 모두 PTS본(Ee)의 페이지 번호임.

(5) { } 안의 숫자는 PTS본(Ee)의 게송번호임.

(6) 빠알리어는 정체로 표기하였고 영어는 이탤릭체로 표기하였음.

들어가는 말

통합종단인 대한불교 조계종의 교육원은 승가교육의 체계화 작업을 통해서 2011년과 2012년에 걸쳐 기본교육기관인 강원의 교과목을 정비하고 대폭적으로 개선하였다. 그리하여 강원의 교과목을 초기불교, 대승불교, 선불교, 한문불전, 계율과 윤리, 참여불교, 불교와 불교사, 포교와 실천의 7개 분야로 구성된 필수과정(30과목)과 선택과정(7과목)으로 확정하였다. 이러한 7개 분야의 강원 교과목 가운데 초기불교 교과목으로는 <초기불교 이해>, <초기불전 I>, <초기불전 II>, <아비달마의 이해>라는 네 과목이 개설되었다. 이렇게 초기불교는 강원의 일학년과 이학년 과정의 주요교과목으로 채택되어서 한국불교의 근간이 되는 가르침으로 자리 잡게 된 것이다.

이 가운데 <초기불교 이해> 과목은 초기불전연구원이 출간한 『초기불교 이해』가 주교재로 채택되었다. 선택과목인 <아비달마의 이해>도 초기불전연구원에서 출간한 『아비담마 길라잡이』(상/하)가 주교재의 하나로 강의지침서에 포함되어 있다. 그리고 이번에 초기불전연구원에서 출간하는 『니까야 강독 I』과 『니까야 강독 II』는 나머지 두 과목인 <초기불전 I>과 <초기불전 II>의 교재를 염두에 두고 엮은 것이다.

불교란 무엇인가? 불교는 부처님[佛]의 가르침[敎]이다. 당연히 부처님은 역사적으로 실존하셨던 석가모니(釋迦牟尼, Sakyamuni) 부처님이다. 역사적으로 실존하셨던 석가모니 부처님의 가르침은 남방의 니까야

(Nikāya)와 북방의 『아함』(阿含, āgama)으로 전승되어 온다. 니까야와 『아함』은 초기불교의 분명한 전거(典據)가 된다.

'니까야(Nikāya)'는 ni(아래로)+√ci(*to gather*)에서 파생된 명사로 초기불전에서는 '모임, 회합, 무리'의 의미로 쓰이고 있다. 그러므로 '니까야'는 '모은(*collected*) [가르침]'이란 뜻이다. 영어권에서는 *collection*으로 정착되고 있다. '아함(āgama)'은 ā(이쪽으로)+√gam(*to go*)에서 파생된 명사인데 이쪽으로 전해져 온 것이라는 일차적인 의미를 가지고 있으며 '전승된(*handed down*) [가르침]'이라는 뜻이다.

4부 니까야는 『디가 니까야』(Dīgha Nikāya), 『맛지마 니까야』(Majjhima Nikāya), 『상윳따 니까야』(Saṁyutta Nikāya), 『앙굿따라 니까야』(Aṅguttara Nikāya)이다.(일본에서는 각각 장부(長部), 중부(中部), 상응부(相應部), 증지부(增支部)로 옮겼다.) 이들은 모두 부처님과 직계제자들의 가르침을 담은 것이다. 그러므로 초기불교의 가장 중요한 자료이다.

여기에다 『쿳다까 니까야』(Khuddaka Nikāya, 小部)의 『숫따니빠따』(經集, Suttanipāta), 『법구경』(法句經, Dhammapāda), 『자설경』(自說經, Udāna), 『여시어경』(如是語經, Itivuttaka), 『장로게』(長老偈, Theragāthā), 『장로니게』(長老尼偈, Therīgāthā), 『본생담』(本生譚, Jātaka)의 7가지는 당연히 부처님과 직계제자들의 가르침인 초기불교의 영역에 포함되어야 한다. 오히려 『숫따니빠따』와 『법구경』은 학자들이 4부 니까야보다 더 주목하는 부처님의 말씀이기도 하다.

4아함(āgama)은 『장아함』(長阿含), 『중아함』(中阿含), 『잡아함』(雜阿含), 『증일아함』(增一阿含)이다. 이들은 한문으로 축약되어 번역되었기 때문에 이것만으로는 일차자료가 되기에는 불충분하다. 물론 니까야와 비교 가능하기 때문에 중요한 자료가 된다. 그리고 남방 북방으로 전혀 다른 경로로 전승되어 전혀 다른 문자로 지금까지 전승되어온 니까야와 『아함』이 서로 똑같은 기본 가르침을 담고 있다는 것은 놀라운

일이라 하겠다.

『율장』(Vinaya)은 승가의 계율과 승단의 규정을 모은 것이기 때문에 부처님의 가르침(Dhamma)을 살펴보는 본서에서는 다루지 않는다. 본서에서는 니까야에 전승되어오는 부처님과 직계제자들의 가르침을 주제별로 뽑아서 싣고 있다.

불교 2600년사의 흐름은 모두 이처럼 역사적으로 실존하셨던 석가모니 부처님 즉 고따마 싯닷타(Gotama Siddhattha, Sk. Gautama Siddhartha) 그분으로부터 출발한다. 이처럼 부처님으로부터 시작하였으며 아난다, 사리뿟따, 깟사빠, 아누룻다 존자 등의 많은 부처님의 직계제자들이 전승해온 가르침을 우리는 초기불교라 한다. 아비담마(아비달마), 반야중관, 유식, 여래장, 정토, 밀교, 선불교로 전개되어온 후대의 모든 불교의 흐름은 그분 부처님이 깨달으시고 45년간 설법하셨던 이러한 가르침을 뿌리로 해서 전개된다.

그러면 그분 부처님은 무엇을 가르치셨는가? 본서는 이제 이러한 질문에서 출발한다. 한마디로 요약하면 부처님은 행복을 가르치셨다.

불교의 목적, 행복

인간은 행복을 추구한다. 경제행위, 정치행위, 문화행위, 철학행위, 의술행위, 종교행위 등 인간의 모든 행위는 행복해지기 위해서이다. 불교도 행복을 추구한다. 그래서 예부터 스님들은 불교의 목적을 이고득락(離苦得樂)이라고 표현하였다. 초기경에서 부처님께서는 다양한 행복을 말씀하셨다. 그것을 간추려보면 금생의 행복, 내생의 행복, 구경의 행복이 된다.

세존께서는 『상윳따 니까야』 제1권 「알라와까 경」(S10:12)에서 이렇게 읊으신다.

"믿음이 여기서 인간의 으뜸가는 재화이며
법을 잘 닦아야 행복을 가져오느니라.
진리가 참으로 가장 뛰어난 맛이며
통찰지를 [구족하여] 살아야 으뜸가는 삶이라 부르느니라."{847}

여기서 '법을 잘 닦는다.'는 것은 보시와 지계와 수행(dāna-sīla-bhāvanā-dhamma)을 말한다고 주석서는 설명하고 있다.(SA.i.329) 그리고 계속해서 "'행복을 가져온다.'는 것은 이 법을 닦으면 인간의 행복(manussa-sukha = 금생의 행복)과 천상의 행복(dibba-sukha = 내생의 행복)과 궁극적으로는(pariyosāne) 열반의 행복(nibbāna-sukha = 궁극적 행복)을 가져온다는 뜻이다."(SA.i.329)라고 덧붙이고 있다. 이 가운데서 보시(dāna)와 지계(sīla)는 인간의 행복과 천상의 행복을 얻는 수단이며, 수행(bhāvanā) 즉 37보리분법으로 정리되고 팔정도로 귀결되는 도닦음(paṭipadā)은 궁극적 행복을 얻는 방법이다. 그래서 이 셋은 대승불교의 육바라밀에도 모두 포함되고 있는 것이다.

초기불전에서 행복으로 옮겨지는 단어로는 즐거움을 뜻하는 sukha와 길상, 행복, 행운 등으로 옮기고 있는 망갈라(maṅgala)라는 술어를 들 수 있다. 이 망갈라라는 단어는 행복을 뜻하는 의미로 초기경에서 많이 나타나고 있으며 베다 문헌이나 대승불교 문헌에도 자주 나타나고 있다. 특히 이러한 행복을 강조하고 있는 대표적인 경으로는 본서에서 첫 번째 경으로 싣고 있는 『숫따니빠따』의 「큰 행복 경」(Mahā-maṅgala Sutta, 大吉祥經, Sn2:4/46~47)을 들 수 있다. 이 경에서 세존께서는 12개의 게송을 통해서 아주 다양한 행복을 말씀하시는데, 특히 금생의 행복을 여러 가지로 나열하신 뒤에

"감각기능을 단속하고 청정범행을 닦으며
[네 가지] 성스러운 진리를 보고

열반을 실현하는 것,
이것이 으뜸가는 행복이라네."{267}[1]

라고 강조하고 계신다. 열반의 실현이야말로 궁극적 행복이기 때문이다. 이처럼 여러 경에서 인간의 행복, 천상의 행복, 열반의 행복, 혹은 금생의 행복, 내생의 행복, 궁극적 행복은 강조되고 있다. 이처럼 불교는 괴로움을 여의고 행복을 얻는 것으로 정리할 수 있을 것이다.

중요한 것은 어떻게 하면 이러한 행복을 얻을 수 있는가, 그 방법은 무엇인가일 것이다. 그러면 어떻게 하면 이러한 세 가지 행복을 실현할 수 있을까?

금생의 행복

초기불전은 금생에 행복해지기 위해서는 특히 학문과 기술(sippa, vijjā, sikkha)을 익힐 것을 강조하고 있다. 자기 소질에 맞는 기술을 익혀서 그것으로 세상에 기여를 하고 소득이나 이윤을 창출하여 금생에 행복하게 사는 것이 인간이 추구하는 중요한 행복이다. 그래서 『디가 니까야』 제1권 「사문과경」(D2)에서 마가다국의 아자따삿뚜 왕은 세존께 이렇게 말씀드린다.

"세존이시여, 세상에는 여러 가지 기술 분야들이 있습니다. 즉 코끼리 몰이꾼, … 제과인, 정원사, 염색인, 직공, 바구니 만드는 자, 항아리 만드는 자, 경리인, 반지 만드는 자, 그 외에 여러 가지 기술 분야들이 있습니다. 그런 기술의 결실은 지금 여기서 스스로 보아 알 수 있으며 그들은 그런 결실로 살아갑니다. 그들은 그것으로 자신을 행복하게 하고 만족하게 하고, 부모를 행복하게 하고 만족하게 하고, 처자식을 행복하게 하고 만족하게 하고, 친구와 동료를 행복하게 하고 만족하게 하며, 사

---

1) tapo ca brahmacariyañca, ariyasaccāna dassanaṁ|
nibbānasacchikiriyā ca, etaṁ maṅgalamuttamaṁ||(Sn.267)

문·바라문들에게 많은 보시를 합니다. 그러한 보시는 고귀한 결말을 가져다주고 신성한 결말을 가져다주며 행복을 익게 하고 천상에 태어나게 합니다. 세존이시여, 세존께서도 이와 같이 지금 여기서 스스로 보아 알 수 있는 출가생활의 결실을 천명하실 수 있습니까?"(D2 §14)

그러나 기술만으로 금생의 행복은 얻어지지 않는다. 아무리 그 사람이 전문직종의 기술을 가지고 있다 하더라도 나쁜 인성을 가지고 있다면 그는 사회와 자신을 망가지게 한다. 바른 인성을 개발하기 위해서는 도덕적으로 건전하고, 이웃에 봉사하는 삶을 살아야 한다. 부처님께서는 이를 각각 지계와 보시로 강조하셨다. 이처럼 인간은 자기에게 맞는 기술을 익히고, 도덕적으로 건전하고, 봉사하는 삶을 삶으로 해서 금생의 행복을 얻게 된다고 부처님께서는 강조하셨다.

그래서 『숫따니빠따』 「큰 행복 경」(Sn2:4)에서도 많이 배움(bahu-sacca), 기술(sippa), 규율[律, vinaya], 잘 공부지음(susikkhita), 보시(dā-na), 공덕을 쌓음(kata-puññatā) 등을 금생의 행복의 조건으로 나열하고 있다. 이를 정리하면 보시, 지계, 학문과 기술이 된다.

이처럼 인간은 예나 지금이나 자기 적성에 맞는 학문과 기술을 익혀서 이것으로 세상에 기여를 하고 그래서 생기는 소득이나 이윤을 가지고 자신과 가족이 편하게 살고 다시 그것을 가지고 세상과 종교에 보시를 하면서 행복을 추구한다.

이런 차원에서 국가들도 국민전체의 복지 증진과 확보 및 행복 추구를 국가의 가장 중요한 사명으로 삼고 있는데 이는 오랫동안 복지국가(福祉國家, *welfare state*)의 건설을 추구해온 우리 정부의 목표와도 일치할 것이다. 한때 국민교육헌장에서 볼 수 있었던 "학문과 기술을 배우고 익히며"라는 표현은 바로 이 점을 강조했던 것으로 보인다. 복지국가의 건설이야말로 금생의 행복을 실현하는 첫걸음이라 할 수 있다.

내생의 행복

인간이 짓는 종교행위는 기본적으로 내생의 행복을 위한 것이라 할 수 있다. 인간은 금생에 종교행위를 함으로 해서 사후에 인간이나 천상이나 극락세계에 태어나거나 천당에 가게 된다고 각 종교마다 이론은 다르지만 이구동성으로 사후세계의 행복을 말하고 있다.

불교에서는 인간이 짓는 의도적 행위(업)가 원인이 되어, 해로운 업(불선업)을 많이 지은 자는 지옥, 축생, 아귀의 삼악도에 태어나게 되고 유익한 업(선업)을 많이 지은 자는 인간과 천상에 태어나게 된다고 가르친다.[2] 초기불전에서 부처님께서는 인간이나 천상에 태어나는 방법으로 보시와 지계를 말씀하셨다.[3] 한역 『아함경』에서는 이를 시·계·생천(施·戒·生天)이라고 옮겼다. 금생에 이웃에 봉사하고 승가에 보시하며, 도덕적으로 건전한 삶을 살면 내생에 천상에 태어나게 된다는 말씀이다. 특히 『디가 니까야』 제3권 「삼십이상경」(D30)에서는 세존께서 32상(相)의 각각을 갖춘 것은 아주 이전 생에서부터 보시를 하고 계를 호지하고 십선업을 짓고 포살일을 준수하는 등을 통해서 천상에 태어나 큰 행복을 누리신 뒤에 인간으로 태어나서 이러한 대인상(大人相)을 얻으셨다고 강조하고 있다.(D30 §1.4 이하 참조)

물론 불·법·승·계에 대한 믿음도 강조되고 있는데, 불·법·승에 대한 흔들림 없는 믿음과 계를 지님의 넷은 본서 제1편에 싣고 있는 『앙굿따라 니까야』 제5권 「공덕행의 토대 경」(A8:35)에서 공덕행의 토대로 강조하고 있으며 『상윳따 니까야』 제6권 「예류 상윳따」(S55)의 여러 경들에서도 예류과를 얻은 자들이 갖추고 있는 구성요소로 설명되고 있다.

---

2) 초기불전에 나타나는 윤회의 가르침에 대한 설명은 『초기불교 이해』 제30장 불교와 윤회(466쪽 이하)를 참조하기 바란다.

3) dānakathaṁ sīlakathaṁ saggakathaṁ(D3 §2.21 등)

그리고 『앙굿따라 니까야』의 많은 경들에서도 천상에 태어나는 방법으로 이러한 보시와 계의 구족과 믿음이 강조되고 있음은 주지해야 한다. 예를 들면 「공덕이 넘쳐흐름 경」1(A4:51)과 「견해 경」(A4:212) 이하의 여러 경들을 들 수 있다. 특히 『앙굿따라 니까야』 제2권 「합리적인 행위 경」(A4:61)에서 세존께서는 급고독 장자에게 "믿음을 구족하고 계를 구족하고 보시에 대해 관대함을 구족하고 통찰지를 구족하면", "금생에 법답게 재물을 얻고, 친척들과 스승들과 더불어 명성을 얻고, 오래 살고 긴 수명을 가진 뒤, 죽어서 몸이 무너진 다음에는 좋은 곳[善處], 천상세계에 태어난다."고 가르치고 계신다.

그러므로 특히 재가자들은 이처럼 불·법·승 삼보에 대한 믿음과 보시와 지계를 닦아서 금생에도 행복하고 내생에도 행복할 토대를 만들어야 할 것이다.

이렇게 하여 초기불전에 나타나는 금생의 행복과 내생의 행복에 대한 가르침을 살펴보았다. 본서 제1편은 행복의 토대라는 제목으로 주로 금생의 행복과 내생의 행복에 관계된 부처님의 가르침을 모았다. 삼보에 대한 확신이나 봉사하는 삶과 도덕적인 삶 즉 보시와 지계가 토대가 되지 않는 교학적인 이해나 전문화된 수행은 자신과 세상의 행복에 도움이 되지 못할 것이기 때문이다.

궁극적 행복

부처님께서 말씀하신 세 번째 행복은 궁극적 행복(parama-sukha, 至福)이며 이것은 열반이다. 불교가 궁극적으로 추구하는 깨달음, 해탈, 열반, 성불은 세상의 어떤 가치체계나 신념체계에서도 찾아볼 수 없는 불교만이 제시하는 고귀한 가르침이다. 스님들은 이러한 궁극적 행복을 위해서 출가하여 수행을 하며, 재가 신자들이 부처님의 가르침을 자신의 가치체계와 신념체계로 받아들이는 것도 궁극적으로는 이러한 행복을 실현하기 위해서이다.

금생의 행복과 내생의 행복은 주로 재가자들에게 가르치셨으며, 궁극적 행복은 출가자들에게 주로 가르치셨다. 물론 역량이 되는 재가자들에게도 궁극적 행복을 도처에서 말씀하셨다. 그래서 『상윳따 니까야』 제1권 「알라와까 경」(S10:12)에 해당하는 주석서는 "재가자는 바른 직업을 가지고 삼귀의를 하고 보시와 공양을 하고 계를 구족하고 포살을 실천하는 재가의 도닦음을 실천한다. 출가자는 이를 넘어서서 후회하지 않음을 행하는 계행을 갖추고[戒] 마음을 청정하게 함 등으로 구분되는 출가자의 도닦음을 닦아서[定] 통찰지를 갖추어서[慧] 삶을 영위한다." (SA.i.330)고 적고 있다.

궁극적 행복을 실현하기 위해서는 먼저 개념적인 존재[施設, paññatti]를 해체해서 법(法, dhamma)으로 환원해서 보아야 한다. ① 오온과 12처 등으로 해체해서 보기 ② 무상・고・무아 ③ 염오 ④ 이욕 ⑤ 해탈 ⑥ 구경해탈지의 정형구는 니까야의 도처에서 강조되고 있는 해탈・열반을 실현하는 여섯 단계의 과정이다. 여기에 대해서는 본서 제2편 초기불교의 교학에 싣고 있는 여러 경들의 주해들을 참조하기 바란다. 그리고 『맛지마 니까야』 제1권 「뱀의 비유 경」(M22) §29의 주해도 참조하기 바란다. 아울러 『초기불교 이해』 제14장 어떻게 해탈・열반을 실현할 것인가와 『상윳따 니까야』 제4권 해제 §3과 제3권 해제 §3을 중심으로도 살펴볼 것을 권한다.

궁극적 행복은 교학과 수행을 통해서

궁극적 행복인 열반은 당연히 수행(paṭipadā, bhāvanā)을 통해서 실현된다.[4] 그리고 제대로 된 수행을 하기 위해서는 당연히 나와 세상과 수행을 비롯한 법에 대한 정확한 이해가 바탕이 되어야 한다. 이러한 이해

---

4) 초기불전에서 설명하는 수행(bhāvanā)의 의미에 대해서는 본서 제3편의 첫 번째 해설(309쪽)을 참조할 것.

를 우리는 교학(pariyatti)이라 부른다. 그러므로 열반의 실현이라는 궁극적 행복을 성취하기 위해서는 불교의 교학과 수행 즉 이론과 실천을 갖추어야 한다. 이 둘이 없어도 열반은 문득 실현된다고 한다면 그것은 사행심의 논리, 저 로또 복권의 논리일 뿐이다. 그래서 세존께서는 『맛지마 니까야』 제3권 「마간디야 경」(M75)에서 마간디야 유행승에게 말씀하신다.

"마간디야여, 그렇다면 그대는 바른 사람을 섬겨라. 마간디야여, 그대가 바른 사람을 섬기면 바른 법을 듣게 될 것이다. 마간디야여, 그대가 바른 법을 듣게 되면 그대는 [출세간]법에 이르게 하는 법을 닦을 것이다. 마간디야여, 그대가 [출세간]법에 이르게 하는 법을 닦으면 그대는 '… 이와 같이 전체 괴로움의 무더기가 소멸한다.'라고 스스로 알고 스스로 보게 될 것이다."(M75 §25)

이처럼 법을 듣고 법을 닦으면 괴로움의 무더기가 소멸하여 궁극적 행복인 열반이 실현된다고 부처님은 강조하시는데 여기서 법을 듣는 것은 교학에, 법을 닦는 것은 수행에 배대할 수 있다. 교학과 수행은 각각 불교의 이론과 실천을 대표하는 술어이며 불교의 궁극적 행복을 실현하는 양대 축이기도 하다. 그래서 본서의 부제목을 "교학과 수행"으로 하였다.

초기불교의 교학

초기불교의 교학은 온·처·연·제 혹은 온·처·계·근·제·연과 37보리분법으로 정리된다. 그래서 상좌부 불교의 근간이 되며 주석서 문헌들의 중심에 놓여 있는 『청정도론』에서 붓다고사 스님은 "여기서 무더기[蘊, khandha], 감각장소[處, āyatana], 요소[界, dhātu], 기능[根, indriya], 진리[諦, sacca], 연기[緣起, paṭiccasamuppāda] 등으로 구분되는 법들이 이 통찰지의 토양(paññā-bhūmi)이다."(Vis. XIV.32)라고 정의하여 불교교학의 근간을 온·처·계·근·제·연의 여섯으로 설명하고 있다. 그리고 『논장』의 두 번째인 『위방가』(분석론, Vbh)에도 제1장부터 제6장까지의 주제로 설명을 하고 있다. 그리고 한국불교에서 조석으로 독송되는 『반야심경』에도 기본교학은 온·처·계·제·연의 다섯으로 언급되고 있기도 하다.

본서의 제2편 초기불교의 교학은 초기불교 교학의 기본주제인 온·처·계·제·연 즉 5온·12처·18계·4성제·12연기에 관계된 경들을 싣고 있다. 「기능 상윳따」(S48)를 제외하고 22근(根, 기능)이 완전하게 나타나는 곳은 『경장』이 아니라 『논장』의 『위방가』(Vbh.122)이다. 그래서 22근(기능)은 본서의 제2편 초기불교의 교학에서는 다루지 않는다. 22근(기능)에 대해서는 본서 제3편 초기불교의 수행의 제5장 다섯 가지 기능(5근) 편의 해설(368~369쪽)에서 간단하게 설명하고 있다.

초기불교의 수행

초기불교의 수행은 초기불전의 도처에, 특히 『상윳따 니까야』에 주제별로 정리되어 나타나고 있는 37보리분법(菩提分法, bodhi-pakkhiyā dhammā)이다. 이 37보리분법의 가르침은 부처님의 가르침을 주제별로 모아서 담고 있는 『상윳따 니까야』 제5권의 45번째 상윳따(S45)부터 제6권 51번째 상윳따(S51)까지에서 도, 각지, 염처, 기능, 바른 노력, 힘, 성취수단의 일곱 개의 상윳따로 나타나는데, 이들은 각각 팔정도, 칠각지, 사념처, 오근, 사정근, 오력, 사여의족의 7가지 주제이며 이것이 바로 37보리분법이다. 그리고 이것은 『논장』의 두 번째인 『위방가』(분석론)에도 제7장부터 제11장까지의 다섯 개 장으로 정리되어 나타나고 있다.

본서 제3편 초기불교의 수행에서는 초기불전에서 정리되어 나타나는 37보리분법과 초기불교 수행법으로 빼놓을 수 없는 사마타와 위빳사나에 관계된 경들을 제9장(466쪽 이하)에 뽑아서 싣는다.

편집자는 2010년 한 해 동안 매주 한 편씩 <초기불교 산책>이라는 제목으로 불교신문에 50편의 글들을 기고하였다. 이 글들은 대부분 편집자가 지은 졸저 『초기불교 이해』를 더 간단하게 정리한 것들이다. 그리고 『초기불교 이해』는 편집자가 번역한 『상윳따 니까야』 각권의 해제에 토대하고 있다. 본서의 들어가는 말과 본서의 각 장의 앞에 싣고 있는 해설들은 편집자가 쓴 이러한 글들을 본서의 문맥에 맞게 수정하여 실은 것이 대부분임을 밝힌다.

본서에 가려 뽑아서 싣고 있는 초기불전은 모두 초기불전연구원에서 번역 출간한 4부 니까야를 토대로 하였다. 이 가운데 『맛지마 니까야』와 『앙굿따라 니까야』는 대림 스님이 옮긴 것이고 『디가 니까야』와 『상윳따 니까야』는 편집자가 번역한 것이다. 초기불전연구원에서 아직 출간하지 않은 『숫따니빠따』에 포함된 경들은 대림 스님과 편집자가 옮긴 것이다.

부처님의 말씀은 일차결집에서 합송이 되어서 니까야로 전승되어 온다. 이 가운데 『디가 니까야』(길게 설하신 경)는 아난다 존자의 제자들에게 부촉해서 그분들이 계승해 가도록 하였으며, 『맛지마 니까야』(중간 길이로 설하신 경)는 사리뿟따 존자의 제자들에게, 『상윳따 니까야』(주제별로 모은 경)는 마하깟사빠 존자의 제자들에게, 『앙굿따라 니까야』(숫자별로 모은 경)는 아누룻다 존자의 제자들에게 각각 부촉해서 전승하도록 하였다 한다.(DA.i.15, 『디가 니까야』 제3권의 부록인 『디가 니까야 주석서』 「서문」 §39 참조)

주석서의 설명에 의하면 『디가 니까야』에는 34개 경이, 『맛지마 니까야』에는 152개 경이, 『상윳따 니까야』에는 7762개 경이, 『앙굿따라 니까야』에는 9557개 경이 담겨있어서 4부 니까야에 담겨있는 경들은 모두 17505개가 된다고 한다.(AA. i.17) 그러나 초기불전연구원에서는 이를 각각 34개 경과 152개 경과 2904개 경과 2305개 경으로 옮겼다. 이렇게 하여 초기불전연구원에서 옮긴 4부 니까야에는 모두 5395개의 경이 담겨있다. PTS본(Ee)에는 모두 5419개로 편집되어있고 VRI의 육차결집본(Be)에는 10325개로 엮어져 있다.[5)]

그러면 PTS(Ee)본과 PTS본을 저본으로 하여 번역한 초기불전연구원 번역본과 육차결집본과 주석서에서 밝히는 경의 개수가 왜 이렇게 차이가 나는가? 분명히 밝히고 싶은 것은 내용에는 하나도 다른 부분이 없다는 것이다. PTS본과 스리랑카본(Se), 미얀마본(Be), 태국본(Te) 등은 단어의 철자법이 서로 다른 부분이 있고 혹 문장이 생략된 부분이 드물게 나타나기도 하지만, 내용이 다른 경이 새로 첨가된다거나 특정한 경이 누락된다거나 하는 경우는 없다. 후대에 경을 편집하는 편집자들 혹은 결집회의의 주재자들이 경을 어떻게 편집하여 개수를 정했는가 하는 차이에 따라서 달라진 것뿐이다. 본서에 싣고 있는 경들 가운데 경전 도입부의 문단을 생략한 경우와 반복되는 정형구들을 생략한 경우 등에 대해서는 본서 40쪽의 주해와 『상윳따 니까야』 제1권의 역자 서문 §12(74쪽 이하)와 『앙굿따라 니까야』 제1권의 역자 서문 §7(26쪽 이하)을 참조하기 바란다.

본서의 출간에는 많은 분들의 노력이 담겨있다. 본서의 교정은 초기불전연구원 까페 동호회의 자나난다 송영상, 마보 이선행, 도산 양지원, 오서현, 여래자 이정인, 케마와띠 김학란, 하루 김청 법우님이 맡아서 해주셨다. 그리고 본서의 색인 작업은 자나난다 송영상 법우님이 맡아서 해주셨다. 교정과 색인 작업에 동참해주신 일곱 분의 법우님들께 깊은 감사의 말씀을 드린다.

그리고 본서에는 역경불사를 후원해주시기 위해서 매달 후원금을

---

5) 각각의 니까야에 포함된 경의 개수와 특징 등에 대해서는 『맛지마 니까야』 역자 서문 27쪽 이하와 74쪽 이하를 참조할 것.

보내주시는 초기불전연구원의 후원회원 여러분들의 정성이 담겨있다. 아울러 초기불교를 자신의 신념으로 삼고 살아가면서 부처님의 원음을 배우고 실천하기 위해서 노력하면서 초기불전연구원을 성원해주시는 초기불전연구원 까페(cafe.daum.net/chobul)의 7천명에 가까운 법우님들과 초기불전연구원 까페 동호회 김석화 연합회 회장님을 위시한 여러 임원 법우님들과 동호회 회원 여러 불자님들께도 감사한 마음을 전하다. 끝으로 인쇄에 관계된 제반사항을 잘 마무리해서 좋은 책으로 출판해주신 <문성인쇄>의 관계자 여러분들께도 고맙다는 말씀을 드린다.

지난 2012년 12월에 봉은사에서 『초기불교 이해』 강의를 마치고 나오는데 어떤 보살님께서 조그마한 상자 하나를 주셨다. 다음 날 아침에 무심히 열어보니 많은 금액의 보시금이 든 봉투 두 개가 들어있었다. 하나는 초기불전연구원 원장 대림 스님 앞으로 되어있고 다른 하나는 편집자 앞으로 되어있고 편지 글도 적혀있었다. 편집자의 강의를 몇 번 들었는데 무주상보시를 하시고 싶다면서 끝내 이름은 밝히지 않으셨다.

대림 스님과 상의하여 익명의 불자님이 주신 이 보시금은 모두 본서의 출판경비로 사용하기로 하였다. 이렇게 하는 것이 불자님이 주신 보시금으로 부처님 정법을 잘 전하는 바른 길이라고 판단하였기 때문이다. 귀중한 정재를 보시해주셨는데도 감사의 말씀도 제대로 못 드렸다. 보시금을 주신 불자님께 이 지면을 빌어서 깊고 정중하게 감사의 말씀을 드린다.

끝으로 본서가 이제 막 출가한 후학 스님들과 초기불교를 자신의 신념으로 삼고 살아가는 불자님들의 수행에 조금이라도 도움이 되기를 바라면서 들어가는 말을 접는다.

제1편

행복의 토대

인간은 행복을 추구한다. 경제행위, 정치행위, 문화행위, 철학행위, 의술행위, 종교행위 등 인간의 모든 행위는 행복해지기 위해서이다. 그래서 『디가 니까야』 제1권 「사문과경」(D2)에서 마가다의 아자따삿뚜 왕은 세존께 이렇게 말씀드린다.

"세존이시여, 세상에는 여러 가지 기술 분야들이 있습니다. 즉 코끼리몰이꾼, 말몰이꾼, 전차병, 궁수, 기수, 군대참모, 보급병, 고위관리, 왕자, 정찰병, 영웅, 용사, 동체갑옷 입은 자, 하인의 아들, 요리사, 이발사, 목욕 보조사, 제과인, 정원사, 염색인, 직공, 바구니 만드는 자, 항아리 만드는 자, 경리인, 반지 만드는 자, 그 외에 여러 가지 기술 분야들이 있습니다. 그런 기술의 결실은 지금 여기서 스스로 보아 알 수 있으며 그들은 그런 결실로 살아갑니다. 그들은 그것으로 자신을 행복하게 하고 만족하게 하고, 부모를 행복하게 하고 만족하게 하고, 처자식을 행복하게 하고 만족하게 하고, 친구와 동료를 행복하게 하고 만족하게 하며, 사문/바라문들에게 많은 보시를 합니다. 그러한 보시는 고귀한 결말을 가져다주고 신성한 결말을 가져다주며 행복을 익게 하고 천상에 태어나게 합니다. 세존이시여, 세존께서도 이와 같이 지금 여기서 스스로 보아 알 수 있는 출가생활의 결실을 천명하실 수 있습니까?"(D2 §14)

이처럼 인간은 예나 지금이나 자기 적성에 맞는 학문과 기술을 익혀서 이것으로 세상에 기여를 하고 그래서 생기는 소득이나 이윤을 가지고 자신과 가족이 편하게 살고 다시 그것을 가지고 세상과 종교에 보시를 하면서 행복을 추구한다.
불교도 행복을 추구한다. 그래서 예부터 스님들은 불교의 목적을 이고득락(離苦得樂) 즉 괴로움을 여의고 행복을 실현하는 것이라고 표현하였다. 초기경에서 부처님께서는 다양한 행복을 말씀하셨다. 그것을 간추려보면 금생의 행복, 내생의 행복, 궁극적 행복이 된다.

그러면 이러한 행복을 실현하는 토대는 무엇일까? 여럿이 있겠지만 ① 아래에 싣고 있는 『숫따니빠따』 「큰 행복 경」(Sn2:4)이나 위에 인용한 「사문과경」(D2 §14)의 내용에서 보듯이 금생의 행복을 실현하기 위해서는 봉사하는 삶(보시)과 도덕적인 삶(지계)과 학문과 기술을 배우고 익히는 것이 강조되고 있다.
② 내생의 행복을 실현하는 토대로는 아래에 싣고 있는 『앙굿따라 니까야』 제5권 「보시로 인한 태어남 경」(A8:35) 등에서 보듯이 봉사하는 삶과 도덕적인 삶 즉 보시와 지계가 대표적으로 강조되고 있다.
③ 열반의 실현이 바로 궁극적 행복이다. 초기불전의 주된 관심은 바로 이 깨달음, 해탈, 열반으로 대표되는 궁극적 행복을 실현하는 것이다. 열반을 실현하기 위해서는 나와 세상과 진리와 조건발생에 대한 교학적인 바른 이해가 있어야 하고 이를 토대로 한 바른 수행이 필요하다. 초기불전의 도처에서 교학과 수행은 강조되고 있다. 본서에서도 제2편에서는 초기불교의 교학과 관계된 부처님 말씀을 온·처·계·근·제·연의 여섯 가지 주제로 나누어서 모으고 있고 제3편에서는 초기불교의 수행과 관계된 경들을 37보리분법의 7가지 주제를 중심으로 싣고 있다.
물론 아래에 싣고 있는 『앙굿따라 니까야』 제5권 「넘쳐흐름 경」(A8:39)에서 보듯이 믿음, 구체적으로 삼귀의는 불자들이 이러한 세 가지 행복을 실현하는 가장 중요한 토대가 됨은 당연하다. 이제 여기 본서 제1편에서는 주로 금생의 행복과 내생의 행복에 관계된 부처님의 가르침을 모았다.

큰 행복 경(大吉祥經)

Mahā-maṅgala Sutta(Sn2:4)

【해설】

예부터 스님들은 불교의 목적을 이고득락(離苦得樂) 즉, 괴로움을 여의고 행복을 실현하는 것이라고 표현하였다. 초기경에서 부처님께서는 다양한 행복을 말씀하셨다. 그 가운데서도 특히 「큰 행복 경」(Sn2:4)이라는 이름으로 『숫따니빠따』에 실려 있는 본경은 세존께서 인간이 추구하는 으뜸가는 행복이란 무엇인지를 게송으로 드러내 주시는 잘 알려진 가르침이다. 그래서 본경은 스리랑카에서 Maha Pirit Pota(대보호주를 모은 책)에 포함되어 보호주(paritta)로 널리 독송되고 있다.

본경은 특히 많이 배움(bahu-sacca), 기술(sippa), 계율[律, vinaya], 잘 공부지음(susikkhita), 보시(dāna), 공덕을 쌓음(kata-puññatā) 등을 으뜸가는 행복의 조건으로 나열하고 있다. 본경에서 세존께서는 12개의 게송을 통해서 다양한 행복을 말씀하시는데, 으뜸으로 꼽을 수 있는 행복을 여러 가지로 나열하신 뒤에

> "감각기능을 단속하고 청정범행을 닦으며
> [네 가지] 성스러운 진리를 보고
> 열반을 실현하는 것,
> 이것이 으뜸가는 행복이라네." {267}

라고 강조하고 계신다. 열반의 실현(nibbāna-sacchikiriyā)이야말로 궁극적 행복이요, 으뜸가는 행복이기 때문이다.

1. 이와 같이 나는 들었다. 한때 세존께서 사왓티의 제따 숲에 있는 아나타삔디까 원림(급고독원)에 머무셨다.

2. 그때 밤이 아주 깊어갈 즈음 어떤 천신이 아름다운 모습으로 제따 숲을 두루 환하게 밝히면서 세존께 다가왔다. 와서는 세존께 절을 올리고 한 곁에 섰다. 한 곁에 서서 그 천신은 세존께 시로써 이와 같이 말씀드렸다.

3. [천신]
많은 천신들과 사람들은
안녕을 바라면서
행복에 대해 생각합니다.
무엇이 으뜸가는 행복인지 말씀해주십시오. {258}

4. [세존]
어리석은 사람을 섬기지 않고
현명한 사람을 섬기며
예경할 만한 사람을 예경하는 것,
이것이 으뜸가는 행복이라네. {259}

[사부 대중을 볼 수 있는] 그러한 적절한 곳에서 살고
일찍이 공덕을 쌓으며
자신을 바르게 확립하는 것,
이것이 으뜸가는 행복이라네. {260}

많이 배우고 기술을 익히며
계행을 철저히 지니고

고운 말을 하는 것,
이것이 으뜸가는 행복이라네. {261}

아버지와 어머니를 봉양하고
아내와 자식을 돌보며
생업에 충실한 것,
이것이 으뜸가는 행복이라네. {262}

베풀고 여법하게 행하며
친척들을 보호하고
비난받을 일이 없는 행위를 하는 것,
이것이 으뜸가는 행복이라네. {263}

불선법을 피하고 여의며
술 마시는 것을 절제하고
선법들을 향해 게으르지 않는 것,
이것이 으뜸가는 행복이라네. {264}

존경하고 겸손하며
만족할 줄 알고 은혜를 알며
시시각각 가르침을 듣는 것,
이것이 으뜸가는 행복이라네. {265}

인내하고 [도반의 말에] 순응하며
출가자를 만나고
때에 맞춰 법을 담론하는 것,
이것이 으뜸가는 행복이라네. {266}

감각기능을 단속하고 청정범행을 닦으며
[네 가지] 성스러운 진리를 보고
열반을 실현하는 것,
이것이 으뜸가는 행복이라네. {267}

세상사에 부딪쳐
마음이 흔들리지 않고
슬픔 없고 티끌 없이 안온한 것,
이것이 으뜸가는 행복이라네. {268}

이러한 것을 실천하면
어떤 곳에서건 패배하지 않고
모든 곳에서 안녕하리니,
이것이 그들에게 으뜸가는 행복이라네. {269}

넘쳐흐름 경

Abhisanda Sutta(A8:39)

【해설】

부처님 가르침을 자신의 신념체계로 받아들이고 이를 실천하는 사람을 불자라 부른다. 그러면 우리는 어떻게 해서 불자가 되는가? 불자가 되는 첫 번째는 삼귀의를 맹세하는 것이다. 삼귀의를 맹세함으로써 불자가 된다. 이것은 부처님 시대부터 지금까지 면면히 전승되어 오는 방법이다. 그래서 초기경의 도처에서 부처님 말씀을 들은 사람들은 한결같이 이렇게 감격스러운 정형구를 읊고 있다.
"경이롭습니다, 세존이시여. 경이롭습니다, 세존이시여. 마치 넘어진 자를 일으켜 세우시듯, 덮여 있는 것을 걷어내 보이시듯, [방향을] 잃어버린 자에게 길을 가리켜 주시듯, 눈 있는 자 형색을 보라고 어둠 속에서 등불을 비춰 주시듯, 세존께서는 여러 가지 방편으로 법을 설해 주셨습니다. 저는 이제 세존께 귀의하옵고 법과 승가에 귀의합니다. 세존께서는 저를 재가신자로 받아주소서. 오늘부터 목숨이 붙어 있는 그날까지 귀의하옵니다."(S3:1 등)
둘째, 불자가 되기 위해서는 계를 받들어 행해야 한다. 이것도 예외가 없다. 계의 항목[戒目, 빠띠목카]을 수지해야 출가 비구나 비구니가 될 수 있으며 사미, 사미니, 식카마나도 각각에 해당하는 계목을 받아 지닐 때 성립된다. 재가자들도 기본으로 오계를 수지해야 하고 경우에 따라 팔관재계 등을 지키기도 한다.
그래서 재가자들이 불자가 되는 길은 삼귀의를 맹세하고 오계를 수지하는 것이다. 그래서 우리나라 불교에서도 수계첩에는 항상 삼귀의계와 오계가 나란히 적혀있다. 그리고 당연히 이러한 삼귀의와 오계의 수지는 행복의 굳건한 토대가 된다. 『앙굿따라 니까야』 제5권에 실려 있는 본경은 이것을 강조하고 있다.

본경에서 부처님께서는 삼귀의(§2~4)와 오계(§§5~7)를 차례대로 말씀하시고 이것이야말로 "공덕이 넘쳐흐르고 유익함이 넘쳐흐르고 행복을 가져오고 신성한 결말을 가져오고 행복을 익게 하고 천상에 태어나게 하는 것"이라고 힘주어 말씀하신다. 그리고 세존께서는 "이것은 원하는 것, 좋아하는 것, 마음에 드는 것, 이익, 행복으로 인도하는 것"이라고 설명하신다.
삼귀의를 맹세하고 오계를 지킴으로써 불자에게는 공덕이 넘쳐흐르게 되고 행복이 가득하게 되고 죽어서는 천상에 태어나게 된다.
그리고 본경에서 또 하나 눈여겨봐야 할 점은 오계를 지키는 것을 위대한 보시(mahā-dānāni)라고 부처님이 찬탄하고 계신 점이다.(§5 이하) 계를 지킴은 단순히 해로운 것을 금지하는 지악(止惡)에 머무는 것[諸惡莫作,제악막작, Dhp.183]이 아니라 계를 지키는 것은 그 자체가 위대한 보시가 되어 모든 유익한 법들을 받들어 행하는 것[衆善奉行, 중선봉행, *Ibid.*]이 된다는 말씀이다.

1. "비구들이여, 여덟 가지 공덕이 넘쳐흐르고 유익함이 넘쳐흐르고 행복을 가져오고 신성한 결말을 가져오고 행복을 익게 하고 천상에 태어나게 하는 것이 있다. 이것은 원하는 것, 좋아하는 것, 마음에 드는 것, 이익, 행복으로 인도한다. 무엇이 여덟인가?"

2. "비구들이여, 여기 성스러운 제자는 부처님께 귀의한다. 비구들이여, 이것이 첫 번째 공덕이 넘쳐흐르고 유익함이 넘쳐흐르고 행복을 가져오고 신성한 결말을 가져오고 행복을 익게 하고 천상에 태어나게 하는 것이다. 이것은 원하는 것, 좋아하는 것, 마음에 드는 것, 이익, 행복으로 인도한다."

3. "다시 비구들이여, 여기 성스러운 제자는 법에 귀의한다. 비구들이여, 이것이 두 번째 공덕이 넘쳐흐르고 … 행복으로 인도한다."

4. “다시 비구들이여, 여기 성스러운 제자는 승가에 귀의한다. 비구들이여, 이것이 세 번째 공덕이 넘쳐흐르고 … 행복으로 인도한다.”

5. “비구들이여, 다섯 가지 보시가 있나니 이것은 위대한 보시이며, 최고의 것으로 인정되었고, 오랜 세월 동안 유지되어 왔고, [부처님 등 성자들의] 계보라고 알려졌고, 오래된 것이며, 그것은 거부하면 안 되는 것이고, 과거의 [부처님에 의해서도] 거부되지 않았고, 현재에도 거부되지 않으며, 미래에도 거부되지 않을 것이며, 지혜로운 사문들과 바라문들에 의해서 비난받지 않는 것이다. 무엇이 다섯인가?”

6. “비구들이여, 여기 성스러운 제자는 생명을 죽이는 것을 버리고 생명을 죽이는 것을 멀리 여의었다. 생명을 죽이는 것을 멀리 여읜 성스러운 제자는 한량없는 중생들에게 두려움 없음을 베풀고 증오 없음을 베풀고 악의 없음을 베푼다. 그는 한량없는 중생들에게 두려움 없음을 베풀고 증오 없음을 베풀고 악의 없음을 베푼 뒤 두려움 없음과 증오 없음과 악의 없음을 나누어 가진다.

비구들이여, 이것이 첫 번째 보시이니, 이것은 위대한 보시이며, 최고의 것으로 인정되었고, 오랜 세월 동안 유지되어 왔고, [부처님 등 성자들의] 계보라고 알려졌고, 오래된 것이며, 그것은 거부하면 안 되는 것이고, 과거의 [부처님에 의해서도] 거부되지 않았고, 현재에도 거부되지 않으며, 미래에도 거부되지 않을 것이며, 지혜로운 사문들과 바라문들에 의해서 비난받지 않는 것이다. 이것이 네 번째 공덕이 넘쳐흐르고 유익함이 넘쳐흐르고 행복을 가져오고 신성한 결말을 가져오고 행복을 익게 하고 천상에 태어나게 하는 것이다. 이것은 원하는 것, 좋아하는 것, 마음에 드는 것, 이익, 행복으로 인도한다."

7. "다시 비구들이여, 여기 성스러운 제자는 주지 않은 것을 가지는 것을 버리고 주지 않은 것을 가지는 것을 멀리 여의었다. …

삿된 음행을 버리고 삿된 음행을 멀리 여의었다. …

거짓말을 버리고 거짓말을 멀리 여의었다. …

방일하는 근본이 되는 술과 중독성 물질을 섭취하는 것을 버리고 방일하는 근본이 되는 술과 중독성 물질을 섭취하는 것을 멀리 여의었다. 방일하는 근본이 되는 술과 중독성 물질을 섭취하는 것을 멀리 여읜 성스러운 제자는 한량없는 중생들에게 두려움 없음을 베풀고 증오 없음을 베풀고 악의 없음을 베푼다. 그는 한량없는 중생들에게 두려움 없음을 베풀고 증오 없음을 베풀고 악의 없음을 베푼 뒤 두려움 없음과 증오 없음과 악의 없음을 나누어 가진다.

비구들이여, 이것이 다섯 번째 보시이니, 이것은 위대한 보시이며, 최고의 것으로 인정되었고, 오랜 세월 동안 유지되어 왔고, [부처님 등 성자들의] 계보라고 알려졌고, 오래된 것이며, 그것은 거부하면 안 되는 것이고, 과거의 [부처님에 의해서도] 거부되지 않았고, 현재에도 거부되지 않으며, 미래에도 거부되지 않을 것이며, 지혜로운 사문들과 바라문들에 의해서 비난받지 않는 것이다. 이것이 여덟 번째 공덕이 넘쳐흐르고 유익함이 넘쳐흐르고 행복을 가져오고 신성한 결말을 가져오고 행복을 익게 하고 천상에 태어나게 하는 것이다. 이것은 원하는 것, 좋아하는 것, 마음에 드는 것, 이익, 행복으로 인도한다.

비구들이여, 이러한 여덟 가지 공덕이 넘쳐흐르고 유익함이 넘쳐흐르고 행복을 가져오고 신성한 결말을 가져오고 행복을 익게 하고 천상에 태어나게 하는 것이 있다. 이것은 원하는 것, 좋아하는 것, 마음에 드는 것, 이익, 행복으로 인도한다."

보시로 인한 태어남 경[6]

Dānūpapatti Sutta(A8:35)

【해설】

본경은 보시의 과보를 여덟 가지로 설하고 있는 경이다. 보시를 행한 자들은 여덟 가지 과보가 기대되는데 한 가지는 인간 가운데서 부유한 끄샤뜨리야들이나 부유한 바라문들이나 부유한 장자들의 일원으로 태어난 경우이고, 여섯 가지는 육욕천에 태어나는 경우이며, 마지막 한 가지는 색계 초선천인 범중천에 태어나는 경우이다.

여기서 중요한 것은 보시를 행하였지만 계를 청정하게 지키지 못한 경우에는 이러한 여덟 가지 과보가 해당되지 않는다는 사실이다. 그래서 본경은 이렇게 밝히고 있다. "그러나 이런 것은 계를 가진 자에게 해당하는 것이지 계행이 나쁜 자에게는 해당하지 않는다고 나는 말한다."(§2 이하)

초기경의 여러 곳에서 부처님께서는 보시하고 계를 지키면 천상에 태어난다고 말씀하셨는데[施·戒·生天] 본경도 같은 말씀을 하고 계신다. 보시와 지계는 선진국에서 추구하는 국가의 모델이기도 하다. 봉사하는 삶과 건전한 삶이야말로 세계의 일류 국가들이 국민들에게 권장하는 삶의 지표이기 때문이다. 불교적인 관점에서 보자면 이러한 건전한 삶을 바탕으로[戒] 정신적인 편안함과 여유가 생기고[定], 삶의 궁극을 꿰뚫어 보는 통찰지가 완성되는 것이며[慧], 그래서 궁극적 행복을 실현하게 되는 것이니[解脫], 이러한 삶이야말로 전 인류가 필경에 성취해야 할 것이기 때문이다.

6) 본경은 『디가 니까야』 제3권 「합송경」(D33) §3.1 (7)과 같은 내용을 담고 있다.

1. "비구들이여, 보시를 함으로써 여덟 가지로 [천상과 인간에] 태어남이 있다. 무엇이 여덟인가?"7)

2. "비구들이여, 여기 어떤 자는 사문이나 바라문에게 먹을 것과 마실 것과 입을 것과 탈것과 화환과 향수와 화장품과 침상과 숙소와 등불을 보시한다. 그는 보시한 것의 [결과를] 기대한다. 그는 부유한 끄샤뜨리야들이나 부유한 바라문들이나 부유한 장자들이 다섯 가닥의 감각적 욕망을 타고나며 소유하고 즐기는 것을 본다. 그러자 그에게 '오, 참으로 나는 몸이 무너져 죽은 뒤에 부유한 끄샤뜨리야들이나 부유한 바라문들이나 부유한 장자들의 일원으로 태어나리라.'라는 생각이 든다. 그는 그 마음을 확립하고 그 마음을 굳건히 하고 그 마음을 증장시킨다. 그의 마음은 낮은 곳으로 기울고 높은 [도·과를 위해] 닦지 않아 몸이 무너져 죽은 뒤에 부유한 끄샤뜨리야들이나 부유한 바라문들이나 부유한 장자들의 일원으로 태어난다.

---

7) 불교 경전에 조금 익숙한 독자들은 본서에 실려 있는 『앙굿따라 니까야』와 『상윳따 니까야』의 몇몇 경들을 보고 조금 의아해할 수도 있을 것이다. 왜냐하면 본서에는 본경처럼 "이와 같이 나는 들었다."라는 정형구와 "한때 세존께서는 사왓티에서 제따 숲의 급고독원에 머무셨다."는 부분이 나타나지 않는 경들 몇 편이 실려 있기 때문이다. 이것은 역자들이 이렇게 생략하여 옮긴 것이 결코 아니다. Ee(PTS) 뿐만 아니라 Be(VRI), Se, Te 본에도 이렇게 생략되어 편집되어 있다. 그 이유가 무엇인가? 다른 특별한 이유는 없다. 『상윳따 니까야』와 『앙굿따라 니까야』의 경들은 그 개수가 너무 많고 특히 그 길이가 짧기 때문에 경을 편집한 옛 스승들이 도입부의 이런 문장들을 모두 생략해서 편집했을 뿐이다.
여기에 대해서는 『상윳따 니까야』 제1권의 역자 서문 §12(74쪽 이하)와 『앙굿따라 니까야』 제1권의 역자 서문 §7(26쪽 이하)을 참조하기 바란다. 본서에 싣고 있는 경들은 이 생략된 부분을 복원하여 옮긴 경우도 있고 전통적인 방법대로 생략하여 옮긴 경우도 있다.

그러나 이런 것은 계를 가진 자에게 해당하는 것이지 계행이 나쁜 자에게는 해당하지 않는다고 나는 말한다. 비구들이여, 계를 지닌 자는 청정하기 때문에 마음의 소원을 성취한다."

3. "비구들이여, 여기 어떤 자는 사문이나 바라문에게 먹을 것과 마실 것과 입을 것과 탈것과 화환과 향수와 화장품과 침상과 숙소와 등불을 보시한다. 그는 보시한 것의 [결과를] 기대한다. 그는 '사대왕천의 천신들은 긴 수명을 가졌고 아름답고 아주 행복하다.'라고 듣는다. 그러자 그에게 '참으로 나는 몸이 무너져 죽은 뒤에 사대왕천의 천신들의 일원으로 태어나리라.'라는 생각이 든다. 그는 그 마음을 확립하고 그 마음을 굳건히 하고 그 마음을 증장시킨다. 그의 마음은 낮은 곳으로 기울고 높은 [도 · 과를 위해] 닦지 않아 몸이 무너져 죽은 뒤에 사대왕천의 천신들의 일원으로 태어난다.

그러나 이런 것은 계를 가진 자에게 해당하는 것이지 계행이 나쁜 자에게는 해당하지 않는다고 나는 말한다. 비구들이여, 계를 지닌 자는 청정하기 때문에 마음의 소원을 성취한다."

4. "비구들이여, 여기 어떤 자는 사문이나 바라문에게 먹을 것과 마실 것과 입을 것과 탈것과 화환과 향수와 화장품과 침상과 숙소와 등불을 보시한다. 그는 보시한 것의 [결과를] 기대한다. 그는 '삼십삼천의 천신들은 … 야마천의 천신들은 … 도솔천의 천신들은 … 화락천의 천신들은 … 타화자재천의 천신들은 긴 수명을 가졌고 아름답고 아주 행복하다.'라고 듣는다. 그러자 그에게 '참으로 나는 몸이 무너져 죽은 뒤에 타화자재천의 천신들의 일원으로 태어나리라.'라는 생각이 든다. 그는 그 마음을 확립하고 그 마음을 굳건히 하고 그 마음을 증장시킨다. 그의 마음은 낮은 곳으로 기울고 높은 [도과

를 위해] 닦지 않아 몸이 무너져 죽은 뒤에 타화자재천의 천신들의 일원으로 태어난다.

그러나 이런 것은 계를 가진 자에게 해당하는 것이지 계행이 나쁜 자에게는 해당하지 않는다고 나는 말한다. 비구들이여, 계를 지닌 자는 청정하기 때문에 마음의 소원을 성취한다."

5. "비구들이여, 여기 어떤 자는 사문이나 바라문에게 먹을 것과 마실 것과 입을 것과 탈것과 화환과 향수와 화장품과 침상과 숙소와 등불을 보시한다. 그는 보시한 것의 [결과를] 기대한다. 그는 '범중천의 천신들은 긴 수명을 가졌고 아름답고 아주 행복하다.'라고 듣는다. 그러자 그에게 '참으로 나는 몸이 무너져 죽은 뒤에 범중천의 천신들의 일원으로 태어나리라.'라는 생각이 든다. 그는 그 마음을 확립하고 그 마음을 굳건히 하고 그 마음을 증장시킨다. 그의 마음은 낮은 곳으로 기울고 높은 [도과를 위해] 닦지 않아 몸이 무너져 죽은 뒤에 범중천의 천신들의 일원으로 태어난다.

그러나 이런 것은 계행이 나쁜 자가 아닌 계를 실천하는 자에게 해당되는 것이고 애욕을 가진 자가 아닌 애욕을 여읜 자에게 해당된다고 나는 말한다. 비구들이여, 계를 지닌 자는 애욕을 여의었기 때문에 마음의 소원을 성취한다.

비구들이여, 보시를 함으로써 이러한 여덟 가지로 [천상과 인간에] 태어남이 있다."

공덕행의 토대 경[8)]

Puññakiriyavatthu Sutta(A8:36)

【해설】

본경은 공덕행의 토대를 보시를 통한 공덕행의 토대와 계를 통한 공덕행의 토대와 수행을 통한 공덕행의 토대의 셋으로 나눈 뒤 인간에 태어나는 두 가지와 욕계 천상에 태어나는 여섯 가지[六欲天] 경우를 들고 있다.

본경에 의하면 보시를 통한 공덕행의 토대와 계를 통한 공덕행의 토대를 조금 만들었지만, 수행을 통한 공덕행의 토대를 만들지는 못한 경우는 몸이 무너져 죽은 뒤에 불운한 인간으로 태어나고, 앞의 둘을 보통으로 닦고 수행의 공덕행을 만들지 못한 경우는 존귀한 인간으로 태어난다.

그리고 보시를 통한 공덕행의 토대와 계를 통한 공덕행의 토대를 굳건하게 만들었지만, 수행을 통한 공덕행의 토대를 만들지는 못한 경우로 여섯 가지를 들어서 육욕천에 배대하고 있다. 본경에서도 보듯이 육욕천은 보시와 지계를 통해서 도달하게 되는 곳이며 삼매나 통찰지의 수행이 없어도 가능한 곳으로 언급되고 있다.

물론 색계천상과 무색계 천상은 삼매수행이라는 수행을 통한 공덕행의 토대를 닦아야 태어날 수 있으며 도와 과의 증득 즉 깨달음과 열반의 실현은 위빳사나 수행이라는 공덕의 토대를 닦아야 이루어진다.

---

8) 초기불전연구원의 번역의 저본이 되는 PTS본(Ee)의 경제목은 「행위 경」(Kiriya Sutta)이다. 그래서 초기불전연구원에서 발간한 『앙굿따라 니까야』 제5권에서 본경의 제목은 「행위 경」(A8:36)으로 나타나고 있다. 6차 결집본(Be)의 경제목은 '공덕행의 토대 경'(Puññakiriyavatthu Sutta)인데 경의 내용을 명확하게 드러내고 있기 때문에 본서에서는 이것을 경의 제목으로 삼았다.

1. "비구들이여, 세 가지 공덕행의 토대[9]가 있다. 무엇이 셋인가?"

2. "보시를 통한 공덕행의 토대, 계를 통한 공덕행의 토대, 수행을 통한 공덕행의 토대[10]이다."

3. "비구들이여, 여기 어떤 사람의 경우 보시를 통한 공덕행의 토대와 계를 통한 공덕행의 토대는 조금 만들었지만, 수행을 통한 공덕행의 토대를 만들지는 못했다. 그는 몸이 무너져 죽은 뒤에 불운한 인간[11]으로 태어난다."

---

9) "공덕행과 공덕행의 여러 가지 이익이 되는 토대라고 해서 공덕행의 토대(puññakiriya-vatthu)라 한다."(AA.iv.126; DA.iii.999)
한편 『담마상가니(법집론) 주석서』(DhsA) 등에는 열 가지 공덕행의 토대를 들고 있는데 그것은 보시(dāna), 지계(sīla), 수행(bhāvanā), 존경(pacāyana), 가까이 섬김(veyyāvacca), 덕을 베풂(patti-dāna), 타인의 덕을 따라 기뻐함(pattānumodana), 법을 들음(dhamma-savana), 법을 가르침(dhamma-desana), 자기의 견해를 바로잡음(diṭṭhijjukamma)이다.(DhsA.157; PvA.54)
세 가지 공덕행의 토대(puññakiriya-vatthu)는 『디가 니까야』 제3권 「합송경」(D33) §1.10 (38)에 언급되고 있다.

10) "[무엇을 수행(bhāvanā)이라 하는가?] 『무애해도』(Ps.i.48)에서 설하신 것처럼 ① 위빳사나의 도에 의해서 눈 등과 … 형색 등과 … 눈의 알음알이 등과 … 눈의 감각접촉 등과 … 눈의 감각접촉 등에서 생겨난 느낌과 … 늙음과 죽음을 무상이라고 괴로움이라고 무아라고 통찰하는 자의 의도(vipassantassa cetanā)와, ② 땅의 까시나 등의 38가지 모든 명상주제들에 대해서 생겨난 禪의 의도(jhāna-cetanā)와 ③ 비난받지 않는 업의 분야와 기술의 분야와 학문의 분야(kamm-āyatana-sipp-āyatana-vijjā-ṭṭhānā)에 대해서 굳건하게 주의를 기울이는 등에 의해서 생겨난 의도가 있으니 이런 모든 의도를 닦는 것(bhāveti)을 '수행(bhāvanā)'이라 한다. 이러한 수행을 통해서 생긴 공덕행의 토대가 '수행을 통한 공덕행의 토대(bhāvanāmaya puññakiriya-vatthu)'이다."(AAṬ.iii.238)

4. "비구들이여, 여기 어떤 사람의 경우 보시를 통한 공덕행의 토대와 계를 통한 공덕행의 토대는 보통으로 만들었지만, 수행을 통한 공덕행의 토대를 만들지는 못했다. 그는 몸이 무너져 죽은 뒤에 존귀한 인간으로 태어난다."

5. "비구들이여, 여기 어떤 사람의 경우 보시를 통한 공덕행의 토대와 계를 통한 공덕행의 토대는 굳건하게 만들었지만, 수행을 통한 공덕행의 토대를 만들지는 못했다. 그는 몸이 무너져 죽은 뒤에 사대왕천의 신들의 동료로 태어난다.

비구들이여, 거기서 사대천왕[12]들은 보시를 통한 공덕행의 토대와 계를 통한 공덕행의 토대를 아주 굳건하게 만들어, 열 가지 측면에서 사대왕천의 신들을 능가하나니, 그것은 하늘의 수명, 하늘의 용모, 하늘의 행복, 하늘의 명성, 하늘의 권력, 하늘의 형색, 하늘의 소리, 하늘의 향기, 하늘의 맛, 하늘의 감촉이다."

6. "비구들이여, 여기 어떤 사람의 경우 보시를 통한 공덕행의 토대와 계를 통한 공덕행의 토대는 굳건하게 만들었지만, 수행을 통

---

11) "'불운한 인간(manussa-dobhagya)'이란 인간들 중에서 성공, 행복, 행운이 없는 다섯 종류의 낮은 가문(nīca-kula)을 말한다."(AA.iv.127)
한편 『맛지마 니까야』 제4권 「어리석은 자와 현자의 경」(M129)에 의하면 다섯 종류의 낮은 가문은 불가촉천민 가문(caṇḍāla-kula), 사냥꾼 가문(nesāda-kula), 죽세공 가문(vena-kula), 마차공 가문(rathakāra-kula), 넝마주이 가문(pukkusa-kula)이다.

12) 사대천왕(Catu-mahārāja)은 사대왕천(Cātu-mahārājikā)을 관장하는 네 명의 왕들이다. 사대천왕에 대해서는 『앙굿따라 니까야』 제1권 「사대천왕 경」 1(A3:36) §1의 주해를 참조할 것.
이하 본경의 §10까지는 보시를 통해서 도달하게 되는 곳으로 육욕천(六欲天, cha devalokā)과 각 천상의 수장(왕)들을 언급하고 있다.

한 공덕행의 토대를 만들지는 못했다. 그는 몸이 무너져 죽은 뒤에 삼십삼천의 신들의 동료로 태어난다.

비구들이여, 거기서 신들의 왕 삭까[13]는 보시를 통한 공덕행의 토대와 계를 통한 공덕행의 토대를 아주 굳건하게 만들어, 열 가지 측면에서 삼십삼천의 신들을 능가하나니, 그것은 하늘의 수명, 하늘의 용모, 하늘의 행복, 하늘의 명성, 하늘의 권력, 하늘의 형색, 하늘의 소리, 하늘의 향기, 하늘의 맛, 하늘의 감촉이다."

7. "비구들이여, 여기 어떤 사람의 경우 보시를 통한 공덕행의 토대와 계를 통한 공덕행의 토대는 굳건하게 만들었지만, 수행을 통한 공덕행의 토대를 만들지는 못했다. 그는 몸이 무너져 죽은 뒤에 야마천의 신들의 동료로 태어난다.

비구들이여, 거기서 신의 아들 수야마[14]는 보시를 통한 공덕행의 토대와 계를 통한 공덕행의 토대를 아주 굳건하게 만들어, 열 가지 측면에서 야마천의 신들을 능가하나니, 그것은 하늘의 수명, 하늘의 용모, 하늘의 행복, 하늘의 명성, 하늘의 권력, 하늘의 형색, 하늘의 소리, 하늘의 향기, 하늘의 맛, 하늘의 감촉이다."

8. "비구들이여, 여기 어떤 사람의 경우 보시를 통한 공덕행의

---

13) 삼십삼천(Tāvatiṁsā)의 수장은 삭까(Sakka, 인드라)이며, 삭까는 신들의 왕이라고 베다에서부터 일컬어지고 있다. 불교에서도 그대로 수용되었다. 신들의 왕 삭까에 대해서는 『앙굿따라 니까야』 제1권 「사대천왕 경」 2(A3:37) §1의 주해를 참조할 것.

14) 수야마(Suyāma)는 야마천(Yāmā)의 왕이다. 부처님께서 마야 부인을 위해서 도솔천에 가셔서 아비담마를 설하고 상까사(Saṅkasa)로 내려오셨을 때 수야마가 불자(拂子)를 들고 수행(隨行)하였다고 한다.(『청정도론』 XII.79 등) 야마천에 대해서는 『앙굿따라 니까야』 제1권 「저승사자 경」(A3:35) §1의 주해를 참조할 것.

토대와 계를 통한 공덕행의 토대는 굳건하게 만들었지만, 수행을 통한 공덕행의 토대를 만들지는 못했다. 그는 몸이 무너져 죽은 뒤에 도솔천의 신들의 동료로 태어난다.

비구들이여, 거기서 신의 아들 산뚜시따[15]는 보시를 통한 공덕행의 토대와 계를 통한 공덕행의 토대를 아주 굳건하게 만들어, 열 가지 측면에서 도솔천의 신들을 능가하나니, 그것은 하늘의 수명, 하늘의 용모, 하늘의 행복, 하늘의 명성, 하늘의 권력, 하늘의 형색, 하늘의 소리, 하늘의 향기, 하늘의 맛, 하늘의 감촉이다."

9. "비구들이여, 여기 어떤 사람의 경우 보시를 통한 공덕행의 토대와 계를 통한 공덕행의 토대는 굳건하게 만들었지만, 수행을 통한 공덕행의 토대를 만들지는 못했다. 그는 몸이 무너져 죽은 뒤에 화락천의 신들의 동료로 태어난다.

비구들이여, 거기서 신의 아들 수님미따[16]는 보시를 통한 공덕행의 토대와 계를 통한 공덕행의 토대를 아주 굳건하게 만들어, 열 가지 측면에서 화락천의 신들을 능가하나니, 그것은 하늘의 수명, 하늘의 용모, 하늘의 행복, 하늘의 명성, 하늘의 권력, 하늘의 형색, 하늘의 소리, 하늘의 향기, 하늘의 맛, 하늘의 감촉이다."

10. "비구들이여, 여기 어떤 사람의 경우 보시를 통한 공덕행의 토대와 계를 통한 공덕행의 토대는 굳건하게 만들었지만, 수행을 통

---

15) 산뚜시따(Santusita, 문자적으로는 '잘 만족함'을 뜻함)는 도솔천(兜率天, Tusitā)의 왕이다. 도솔천에 대해서는 『앙굿따라 니까야』 제2권 「경이로운 경」 1(A4:127) §1의 주해를 참조할 것.

16) 수님미따(Sunimmita, 문자적으로는 '잘 창조됨'을 뜻함)는 화락천(Nimmānarati)의 왕이다. 화락천에 대해서는 『앙굿따라 니까야』 제1권 「팔관재계 경」(A3:70) §8의 주해를 참조할 것.

한 공덕행의 토대를 만들지는 못했다. 그는 몸이 무너져 죽은 뒤에 타화자재천의 신들의 동료로 태어난다.

비구들이여, 거기서 신의 아들 와사왓띠[17]는 보시를 통한 공덕행의 토대와 계를 통한 공덕행의 토대를 아주 굳건하게 만들어, 열 가지 측면에서 타화자재천의 신들을 능가하나니, 그것은 하늘의 수명, 하늘의 용모, 하늘의 행복, 하늘의 명성, 하늘의 권력, 하늘의 형색, 하늘의 소리, 하늘의 향기, 하늘의 맛, 하늘의 감촉이다.

비구들이여, 이러한 여덟 가지 공덕행의 토대가 있다."

---

17) 와사왓띠(Vasavatti, 문자적으로는 '자재'를 뜻함) 타화자재천(Para-nimmitavasavatti)의 왕이다. 마라(Māra)도 때로는 와사왓띠라고 불리는데(J.i.63, 232; iii.309) 불교에서는 마라를 타화자재천에 거주하고 있으며 무리 혹은 군대를 가지고 있다고 보기 때문이다.(MA.i.33) 타화자재천에 대해서는 『앙굿따라 니까야』 제1권 「팔관재계 경」(A3:70) §8의 주해를 참조할 것.

디가자누 경

Dīghajāṇu Sutta(A8:54)

【해설】

인간은 행복을 추구한다. 초기경에서 부처님께서는 다양한 행복을 말씀하시는데 그것을 간추려보면 금생의 행복, 내생의 행복, 궁극적 행복이 된다. 본경에서 꼴리야의 아들 디가자누는 이 가운데 세존께 금생의 이익과 행복을 얻고 내생의 이익과 행복을 얻는 법에 대해서 여쭙고 있다.

본경에서 세존께서는 금생의 행복을 얻는 방법으로는 근면함을 구족함, 보호를 구족함, 선우를 사귐, 바르게 생계를 유지함의 넷을 말씀하시고(§§3~7) 이어서 재물을 통한 네 가지 파멸의 통로로, 여자에 빠짐, 술에 빠짐, 노름에 빠짐, 나쁜 친구와 나쁜 동료와 나쁜 벗을 사귐을 드시고(§8) 이와 반대로 여자에 빠지지 않음 등을 재물을 통한 네 가지 번영의 통로로 말씀하신다.(§9)

다시 내생의 행복을 얻는 방법으로는 믿음의 구족, 계의 구족, 베풂의 구족, 통찰지의 구족을 말씀하신 뒤(§§11~15) 게송으로 금생의 행복과 내생의 행복을 정리하신 후(§16) 가르침을 마무리하신다. 본경은 특히 재가 불자들이 유념해야 할 부처님의 귀중한 말씀이다.

1. 한때 세존께서는 꼴리야[18]에서 깍까라빳따라는 꼴리야의

---

18) 꼴리야(Koḷiya/Koliya)는 로히니(Rohiṇi) 강을 사이에 두고 사까(Sākya, 석가족)와 인접한 공화국 체제를 유지한 나라였다. 꼴리야의 선조가 사꺄의 여인과 결혼해서 꼴리야 나라를 만들었다고 할 정도로 사꺄와는 형제국이나 다름없는 사이였다고 한다.(DPPN) 라마가마(Rāmagāma)와 데

성읍에 머무셨다. 그때 꼴리야의 아들 디가자누[19]가 세존께 다가갔다. 가서는 세존께 절을 올리고 한 곁에 앉았다. 한 곁에 앉은 꼴리야의 아들 디가자누는 세존께 이렇게 말씀드렸다.

"세존이시여, 저희 재가자들은 감각적 욕망을 즐기고 자식들이 북적거리는 집에서 살고 까시에서 산출된 전단향을 사용하고 화환과 향과 연고를 즐겨 사용하고 금은을 향유합니다. 세존이시여, 세존께서는 이러한 저희들에게 금생의 이익과 행복을 주고 내생의 이익과 행복을 주는 법을 설해주소서."

2. "호랑이가 다니던 길에 사는 자여,[20] 네 가지 법은 선남자에

와다하(Devadaha)가 주요 도시였으며 그 외에도 여러 곳이 초기경에 언급될 정도로 부처님과 제자들과도 인연이 많은 나라였다.

19) 디가자누(Dīghajānu)는 문자적으로 '긴 무릎을 가진 사람'이라는 뜻이다. 본경에만 언급이 되고 있는 꼴리야 사람이다.

20) "'호랑이가 다니던 길에 사는 자(Vyagghapajja)'라고 부른 것은 그의 습관적이고 전통적인 이름(paveṇi-nāma)으로 부른 것이다. 왜냐하면 그의 선조가 호랑이가 다니던 길에서 태어났기 때문에 그 가문의 남자들은 그렇게 불렀다."(AA.iv.137~138)

'호랑이가 다니던 길에 사는 자들'은 Vyagghapajjā(웨약가빳자)를 풀어서 옮긴 말이다. 여기서 vyaggha는 호랑이를 뜻하고 pajja는 pada(길)에서 파생된 단어이다. 꼴리야족의 남자들은 모두 이렇게 불리었다고 한다.

이 웨약가빳자(Vyagghapajjā)는 꼴리야의 수도인 꼴라나가라(Kolanagara)의 다른 이름이면서 동시에 웨약가빳자 즉 꼴라나가라에 사는 사람들을 뜻하기도 한다. 그리고 이것은 꼴리야(Koliya) 족들을 부르는 이름이기도 하다. 꼴리야는 사꺄(석가족)와는 형제국이나 다름이 없었기 때문에 석가족 출신인 아난다 존자가 이런 친근한 호칭을 사용하는 것이라 여겨진다. 이 술어는 『앙굿따라 니까야』 제2권 「사뿌기야 경」(A4:194)에도 나타나는데 그곳에 해당하는 주석서는 이렇게 설명하고 있다.

"꼴라나가라(꼴리야의 수도)에는 꼴라 나무들을 가져와서 심었기 때문에 꼴라나가라라 하기도 하고, 호랑이가 다니는 길에다 이 도시를 만들었기 때문에 웨약가빳자(호랑이 길이 있는 곳)라고 하기도 한다. 이러한 두 가

게 금생의 이익과 행복을 준다. 무엇이 넷인가?"

3. "근면함을 구족함, 보호를 구족함, 선우를 사귐, 바르게 생계를 유지함이다."

4. "호랑이가 다니던 길에 사는 자여, 그러면 어떤 것이 근면함을 구족함인가? 호랑이가 다니던 길에 사는 자여, 여기 선남자는 농사나 장사나 목축이나 궁술이나 왕의 신하가 되거나 그 이외 어떤 공예의 직업을 가지고 생계를 유지하나니, 그가 거기에 숙련되고 게으르지 않으며 그것을 완성할 수 있는 검증을 거쳐 충분히 실행할 수 있고 충분히 연구할 수 있는 자가 된다. 호랑이가 다니던 길에 사는 자여, 이를 일러 근면함을 구족함이라 한다."

5. "호랑이가 다니던 길에 사는 자여, 그러면 어떤 것이 보호를 구족함인가? 호랑이가 다니던 길에 사는 자여, 여기 선남자는 열정적인 노력으로 얻었고, 팔의 힘으로 모았고, 땀으로 획득했으며, 정의롭게 법에 따라서 얻은 그의 재물을 보호하고 지키는 것을 구족한다. '어떻게 하면 나의 이 재물을 왕이 거두어 가버리지 않을까, 도둑이 훔쳐가지 않을까, 불이 태워버리지 않을까, 물이 쓸어 가버리지 않을까, 성품이 나쁜 자가 상속받지 않을까?'라고. 호랑이가 다니던 길에 사는 자여, 이를 일러 보호를 구족함이라 한다."

6. "호랑이가 다니던 길에 사는 자여, 그러면 어떤 것이 선우를 사귐인가? 호랑이가 다니던 길에 사는 자여, 여기 선남자가 어떤 마

지 이름이 있다. 이들의 선조들이 그곳에 살았기 때문에 호랑이 길이 있는 곳에 사는 사람들(Vyagghapajjavāsi) 혹은 웨약가빳자(Vyagghapajjā, 호랑이 길에 사는 자들)라고 부른다."(AA.iii.173)

을이나 성읍에 산다. 그곳에는 믿음을 구족하고 계를 구족하고 베풂을 구족하고 통찰지를 구족한, 장자나 장자의 아들이나 계행이 원숙한 젊은이나 혹은 계행이 원숙한 노인들이 있다. 그는 이러한 사람들과 함께 지내고 대화하고 토론한다. 그런 믿음을 구족한 사람들로부터 믿음의 구족을 따라서 배우고, 그런 계를 구족한 사람들로부터 계의 구족을 따라서 배우고, 그런 베풂을 구족한 사람들로부터 베풂의 구족을 따라서 배우고, 그런 통찰지를 구족한 사람들로부터 통찰지의 구족을 따라서 배운다. 호랑이가 다니던 길에 사는 자여, 이를 일러 선우를 사귐이라 한다."

7. "호랑이가 다니던 길에 사는 자여, 그러면 어떤 것이 바르게 생계를 유지함인가? 호랑이가 다니던 길에 사는 자여, 여기 선남자는 재물의 수입과 지출을 알고, 지나치게 풍족하지도 않고 지나치게 궁핍하지도 않게 바르게 생계를 유지한다. '이와 같이 내 수입은 지출을 제하고도 남을 것이고 지출이 수입을 능가하지 않을 것이다.'라고 생각하면서.

호랑이가 다니던 길에 사는 자여, 예를 들면 저울로 무게를 재는 사람이나 그의 도제가 저울을 잡으면 이만큼이 내려갔거나 혹은 이만큼이 올라갔다고 아는 것과 같다. 그와 같이 선남자는 재물의 수입과 지출을 알고, 지나치게 풍족하지도 않고 지나치게 궁핍하지도 않게 바르게 생계를 유지한다. '이와 같이 내 수입은 지출을 제하고도 남을 것이고 지출이 수입을 능가하지 않을 것이다.'라고 생각하면서.

호랑이가 다니던 길에 사는 자여, 만일 선남자가 수입은 적은데 호화로운 생계를 꾸려간다면 말하기를 좋아하는 사람들은 '이 사람은 무화과를 먹듯이 재물을 낭비하는구나.'[21]라고 말한다. 만일 선남자가 수입이 많은데도 궁핍하게 생계를 꾸려간다면 말하기 좋아하는 사람들은 '이 사람은 굶어죽을 거야.'라고 말한다. 호랑이가 다니던 길에 사는 자여, 여기 선남자는 재물의 수입과 지출을 알고, 지나치게 풍족하지도 않고 지나치게 궁핍하지도 않게 바르게 생계를 유지한다. '이와 같이 내 수입은 지출을 제하고도 남을 것이고 지출이 수입을 능가하지 않을 것이다.'라고 생각하면서. 호랑이가 다니던 길에 사는 자여, 이를 일러 바르게 생계를 유지함이라고 한다."

8. "호랑이가 다니던 길에 사는 자여, 재물이 생기면 네 가지 파멸의 통로[22]가 있나니, 여자에 빠지고, 술에 빠지고, 노름에 빠지고, 나쁜 친구와 나쁜 동료와 나쁜 벗을 사귀는 것이다. 호랑이가 다니던 길에 사는 자여, 예를 들면 네 개의 수로와 네 개의 배수로를 가진 큰 못이 있는데 사람이 수로는 막아버리고 배수로를 열어두었는데 마침 비까지도 적절하게 내리지 않는다면, 그 큰 못은 물이 말라버리게 될 것이고 물이 불어나지 못하게 될 것이다. 그와 같이 재물이 생기면 네 가지 파멸의 통로가 있나니, 여자에 빠지고, 술에 빠지고, 노름에 빠지고, 나쁜 친구와 나쁜 동료와 나쁜 벗을 사귀는 것이다."

9. "호랑이가 다니던 길에 사는 자여, 재물이 생기면 네 가지 번영의 통로가 있나니, 여자에 빠지지 않고, 술에 빠지지 않고, 노름에

---

21) "'무화과를 먹듯이 재물을 낭비한다.'라는 것은 마치 무화과(udumbara)를 먹고 싶어 하는 사람이 잘 익은 무화과 나무를 흔들면 한 번의 충격으로도 많은 과일이 땅에 떨어지는 것과 같다. 그는 그 중에서 먹을 만한 것만 골라서 먹고는 나머지 더 많은 것을 버리고 간다. 그와 마찬가지로 어떤 사람은 수입보다 지출을 더 많이 만들고 재물을 향유한다. 그를 일러 무화과를 먹듯이 재물을 낭비한다고 하는 것이다."(AA.iv.138)

22) '파멸의 통로'는 apāya-mukha를 옮긴 것이고, 아래 '번영의 통로'는 āya-mukha를 옮긴 것이다. 저수지의 비유에서는 각각 '배수로'와 '수로'로 옮겼다.
한편 위에서 '수입'은 āya를 옮긴 것이고 '지출'은 apāya를 옮긴 것이다.

빠지지 않고, 좋은 친구와 좋은 동료와 좋은 벗을 사귀는 것이다. 호랑이가 다니던 길에 사는 자여, 예를 들면 네 개의 수로와 네 개의 배수로를 가진 큰 저수지가 있는데 사람이 수로는 열어두고 배수로를 닫았는데 때마침 비도 고르게 내린다면, 그 큰 저수지는 물이 불어나게 될 것이고 물이 말라버리지 않게 될 것이다. 그와 같이 재물이 생기면 네 가지 번영의 통로가 있나니, 여자에 빠지지 않고, 술에 빠지지 않고, 노름에 빠지지 않고, 좋은 친구와 좋은 동료와 좋은 벗을 사귀는 것이다.

호랑이가 다니던 길에 사는 자여, 이러한 네 가지 법은 선남자에게 금생의 이익과 행복을 준다."

10. "호랑이가 다니던 길에 사는 자여, 네 가지 법은 선남자에게 내생의 이익과 행복을 준다. 무엇이 넷인가?"

11. "믿음의 구족, 계의 구족, 베풂의 구족, 통찰지의 구족이다."

12. "호랑이가 다니던 길에 사는 자여, 그러면 어떤 것이 믿음의 구족인가? 호랑이가 다니던 길에 사는 자여, 여기 선남자는 믿음이 있다. 그는 여래의 깨달음에 믿음을 가진다. '이런 [이유로] 그분 세존께서는 아라한[應供]이시며, 완전히 깨달은 분[正等覺]이시며, 명지와 실천을 구족한 분[明行足]이시며, 피안으로 잘 가신 분[善逝]이시며, 세간을 잘 알고 계신 분[世間解]이시며, 가장 높은 분[無上士]이시며, 사람을 잘 길들이는 분[調御丈夫]이시며, 하늘과 인간의 스승[天人師]이시며, 깨달은 분[佛]이시며, 세존(世尊)이시다.'라고. 호랑이가 다니던 길에 사는 자여, 이를 일러 믿음의 구족이라 한다."

13. "호랑이가 다니던 길에 사는 자여, 그러면 어떤 것이 계의 구

족인가? 호랑이가 다니던 길에 사는 자여, 여기 선남자는 생명을 죽이는 것을 멀리 여의고, 주지 않은 것을 가지는 것을 멀리 여의고, 삿된 음행을 멀리 여의고, 거짓말을 멀리 여의고, 방일하는 근본이 되는 술과 중독성 물질을 멀리 여읜다. 호랑이가 다니던 길에 사는 자여, 이를 일러 계의 구족이라 한다."

14. "호랑이가 다니던 길에 사는 자여, 그러면 어떤 것이 베풂의 구족인가? 호랑이가 다니던 길에 사는 자여, 여기 선남자는 인색함의 때가 없는 마음으로 재가에 살고, 아낌없이 보시하고, 손은 깨끗하고, 주는 것을 좋아하고, 다른 사람의 요구에 반드시 부응하고, 보시하고 나누어 가지는 것을 좋아한다. 호랑이가 다니던 길에 사는 자여, 이를 일러 베풂의 구족이라 한다."

15. "호랑이가 다니던 길에 사는 자여, 그러면 어떤 것이 통찰지의 구족인가? 호랑이가 다니던 길에 사는 자여, 여기 선남자는 통찰지를 가졌다. 그는 일어나고 사라짐을 꿰뚫고, 성스럽고, 통찰력이 있고, 바르게 괴로움의 소멸로 인도하는 통찰지를 구족하였다. 호랑이가 다니던 길에 사는 자여, 이를 일러 통찰지의 구족이라 한다.
호랑이가 다니던 길에 사는 자여, 이러한 네 가지 법은 선남자에게 내생의 이익과 행복을 준다."

16. "해야 할 일들에 대해서 근면하고
방일하지 않고 신중하며
바르게 생계를 유지하고, 번 것을 잘 보호하며
믿음과 계를 구족하고
[구하는 자의] 말뜻을 알고, 인색을 여의어
내생의 번영을 가져오는 내면의 길을 깨끗하게 하도다.

이러한 여덟 가지 법은
재가의 [기쁨을] 추구하는 믿음 가진 자에게
둘 다에서 행복을 가져다준다고
진리라는 이름을 가진 분께서 말씀하셨나니
그것은 금생의 이익을 위하고
내생의 행복을 위한 것이로다.
이와 같이 재가자들의 보시는 공덕을 증장시키도다."

제2편

초기불교의 교학

불교의 궁극적 행복은 열반의 실현이다. 그래서 『숫따니빠따』「큰 행복 경」(Sn2:11)에서 세존께서는 "열반을 실현하는 것(nibbana-sacchikiriya), 이것이 으뜸가는 행복"{267}이라고 결론지으신다. 열반의 실현은 부처님의 지엄하신 명령이기도 하다. 세존께서는 『맛지마 니까야』 제1권「지워 없앰 경」(M8) 등의 여러 경에서 이렇게 말씀하신다.

"쭌다여, 항상 제자들의 이익을 기원하며 제자들을 연민하는 스승이 마땅히 해야 할 바를 나는 연민으로 했다. 쭌다여, 여기 나무 밑이 있다. 여기 빈집이 있다. 참선을 하라. 쭌다여, 방일하지 마라. 나중에 후회하지 마라. 이것이 그대에게 주는 나의 간곡한 당부이다."(M8 §18)

그러면 열반은 어떻게 해서 실현되는가? 열반은 당연히 수행(paṭi-padā, bhāvanā)을 통해서 실현된다. 그리고 제대로 된 수행을 하기 위해서는 나와 세상에 대한 정확한 이해가 바탕이 되어야 한다. 이러한 이해를 우리는 교학(pariyatti)이라 부른다. 그러므로 열반의 실현이라는 궁극적 행복을 성취하기 위해서는 불교의 교학과 수행 즉 이론과 실천을 갖추어야 한다. 이 둘이 없어도 열반은 문득 실현된다고 한다면 그것은 사행심의 논리, 저 로또복권의 논리일 뿐이다.

초기불교의 교학은 온·처·연·제 혹은 온·처·계·근·제·연과 37보리분법으로 정리된다. 그래서 상좌부 불교의 근간이 되며 주석서 문헌들의 중심에 놓여 있는 『청정도론』에서 붓다고사 스님은

"여기서 무더기[蘊, khandha], 감각장소[處, āyatana], 요소[界, dhātu], 기능[根, indriya], 진리[諦, sacca], 연기[緣起, paṭicca-samuppāda] 등으로 구분되는 법들이 이 통찰지의 토양(paññā-bhūmi)이다."(Vis.XIV.32)라고 정의하여 불교교학의 근간을 온·처·계·근·제·연의 여섯으로 설명하고 있다. 그리고 『논장』의 두 번째인 『위방가』(분석론, Vbh)에도 제1장부터 제6장까지의 주제로 설명을 하고 있다. 그리고 한국불교에서 조석으로 독송되는 『반야심경』에도 기본교학은 온·처·계·제·연의 다섯으로 언급되고 있기도 하다.

그리고 초기불교의 수행은 초기불전의 도처에, 특히 『상윳따 니까야』에 주제별로 정리되어 나타나고 있는 37보리분법(菩提分法, bodhipakkhiyā dhammā)이다. 이 37보리분법은 『상윳따 니까야』 제5권의 S45부터 제6권 S51까지에서 도, 각지, 염처, 기능, 바른 노력, 힘, 성취수단의 일곱 개의 상윳따로 나타나는데, 이들은 각각 팔정도, 칠각지, 사념처, 오근, 사정근, 오력, 사여의족의 7가지 주제이며 이것이 바로 37보리분법이다. 초기불교의 수행은 바로 이 37보리분법으로 정리된다. 이것은 『논장』의 두 번째인 『위방가』(분석론, Vbh.)에도 제7장부터 제11장까지의 5개 장으로 정리되어 나타나고 있다.

이처럼 초기불교의 교학은 온·처·계·근·제·연 줄여서 온·처·계·제·연으로 정리가 되고, 초기불교의 수행은 37보리분법으로 집약이 된다.

이제 본서의 제2편에서는 초기불교 교학의 기본주제인 온·처·계·제·연 즉 5온·12처·18계·4성제·12연기에 관계된 경들을 싣는다.

제1장
네 가지 성스러운 진리[四聖諦]

세상의 모든 철학과 사상과 종교는 진리를 표방한다. 불교도 당연히 진리를 표방한다. 불교에서 진리는 넷이라고 강조하는데 이것을 '네 가지 성스러운 진리[四聖諦]'라고 부른다. 네 가지 성스러운 진리[四聖諦]로 옮긴 원어는 짯따리 아리야 삿짜니(cattari ariya-saccāni)인데 cattari(네 가지) ariya(성스러운) saccāni(진리들)로 대역이 되며 영어로는 *Four Noble Truths*로 직역되어 정착되었다.

여기서 주목해야 할 것은 '성스러운'으로 번역되는 아리야(ariya)라는 술어이다. 아리야는 초기불교 교학의 주제인 온·처·계·근·제·연 즉 5온, 12처, 18계, 22근, 4제, 12연기의 여섯 가지 가운데서 오직 4제에만 붙어서 사성제로 나타나며, 초기불교의 수행의 주제인 37보리분법 즉 4념처, 4정근, 4여의족, 5근, 5력, 7각지, 8정도(八支聖道로 직역이 됨) 가운데서는 팔지성도 즉 성스러운 팔정도에만 붙어서 나타난다. 그리고 이 사성제와 성스러운 팔정도는 『상윳따 니까야』 제6권 「진리 상윳따」(S56)에 포함되어 있으며 부처님의 최초의 설법을 담은 「초전법륜 경」(S56:11)의 내용이기도 하다.

그리고 사성제의 도성제의 내용이 성스러운 팔정도이기 때문에 팔정도도 결국은 사성제로 귀결이 된다. 이처럼 4가지 진리야말로 가장 성스럽고 고귀한 가르침이라고 해서 아리야를 붙여서 성스러운 진리로 부르는 것이다. 이처럼 부처님의 모든 가르침은 사성제로 귀결이 된다.

그래서 사리뿟따 존자는 『맛지마 니까야』 제1권 「코끼리 발자국 비유의 긴 경」(M28)에서 "도반들이여, 예를 들면 움직이는 생명들의 발자국은 그 어떤 것이든 모두 코끼리 발자국 안에 놓이고, 또한 코끼리 발자국이야말로 그들 가운데 최상이라고 불리나니 그것은 큰 치수 때문입니다. 도반들이여, 유익한 법[善法]은 그 어떤 것이든 모두 네 가지 성스러운 진리[四聖諦]에 내포됩니다."(M28 §2)라고 모든 부처님의 가르침은 사성제로 귀결이 됨을 역설하고 있다. 그래서 본서의 제2편 초기불교의 교학에서도 사성제와 관계된 경들을 먼저 가려서 싣는다.

초기불전의 도처에서 나타나고 있는 네 가지 성스러운 진리를 직역하면 다음과 같다.

① 괴로움의 성스러운 진리[苦聖諦]: 4苦·8苦와 苦의 三性

② 괴로움의 일어남의 성스러운 진리[苦集聖諦]: 갈애(渴愛)

③ 괴로움의 소멸의 성스러운 진리[苦滅聖諦]: 열반

④ 괴로움의 소멸로 인도하는 도닦음의 성스러운 진리[苦滅道聖諦]: 팔정도

여기서 보듯이 니까야에서 네 가지 진리는 모두 괴로움이라는 현실을 바탕으로 하고 있다. 그래서 '괴로움(고)'이라는 술어가 네 가지 진리 각각에 모두 다 포함되어서 각각 '고'성제, '고'집성제, '고'멸성제, '고'멸도성제로 정형화되고 있다. 한역 아함에서도 대부분 고집성제, 고멸성제, 고멸도성제로 고를 포함하여 번역하였다. 그러나 반야부 등의 대승경전에는 고를 뺀, 집성제, 멸성제, 도성제라는 표현이 훨씬 더 많고, 더 후대로 오면 '성'자를 빼고 고제, 집제, 멸제, 도제로 축약되어 표현되기도 한다.

사성제는 부처님 가르침을 주제별로 모은 『상윳따 니까야』의 대미를 장식하고 있는 「진리 상윳따」(S56)의 근본주제이다. 여기에는 131개의 경들이 포함되어 있는데 다음과 같이 강조하고 있다. 삼매를 닦는 이유는 사성제를 꿰뚫기 위해서이며(S56:1~2), 출가자가 되는 이유도 사성제를 관통하기 위해서이다.(S56:3~4) 그뿐만 아니라 사색을 할 때도 말을 할 때도 항상 사성제를 사색하고 사성제에 대해서 말해야 한다.(S56:5~6) 그리고 사성제를 완전하게 깨달았기 때문에 여래, 아라한, 정등각자라 부르며(S56:23) 사성제를 알고 보기 때문에 번뇌가 멸진한다(S56:25)고 강조한다. 이처럼 「진리 상윳따」의 여러 경들은 사성제의 중요성을 역설하고 있다.

진리의 분석 경

Saccavibhaṅga Sutta(M141)

【해설】

부처님의 가르침은 네 가지 성스러운 진리, 저 사성제로 귀결이 된다. 본경은 이처럼 소중한 사성제의 각 항목을 사리뿟따 존자가 하나하나 명쾌하게 정리하고 있는 가르침이다.

본경에서 먼저 세존께서는 "여래·아라한·정등각자는 바라나시의 이시빠따나에 있는 녹야원에서 위없는 법의 바퀴[法輪]를 굴렸나니, 그것은 네 가지 성스러운 진리를 설명하고, 가르치고, 선언하고, 확립하고, 드러내고, 분석하고, 해설한 것이다."(§§2~4)라고 말씀하신다. 이어서 "사리뿟따는 네 가지 성스러운 진리들을 설명하고, 가르치고, 선언하고, 확립하고, 드러내고, 분석하고, 해설할 수 있다."(§§5~6)라고 설하신다. 그래서 사리뿟따 존자가 사성제를 상세히 분석하여 정의하는 것이 본경의 주 내용이다.

본경은 초기불교의 교학과 수행의 주춧돌이 되는 사성제와 팔정도의 각 항목에 대한 전통적인 정의와 해석을 고스란히 간직하고 있는 소중한 경이다.

1. 이와 같이 나는 들었다. [248] 한때 세존께서는 바라나시의 이시빠따나에 있는 녹야원에 머무셨다.[23] 거기서 세존께서는 "비구

23) 바라나시(Bārāṇasi)는 부처님 당시 인도 중원의 16국 가운데 하나였던 까시까(Kāsikā, 혹은 Kāsi)의 수도였고 지금도 힌두교의 대표적 성지로 널리 알려진 곳이다. 현재 인도에서 사용하고 있는 공식 명칭은 Vārāṇa-

들이여."라고 비구들을 부르셨다. "세존이시여."라고 비구들은 세존께 응답했다. 세존께서는 이렇게 말씀하셨다.

2. "비구들이여, 여래 · 아라한 · 정등각자는 바라나시의 이시빠따나에 있는 녹야원에서 위없는 법의 바퀴[法輪]를 굴렸나니[24] 그

---

si(와라나시)이다. 까시까(까시)는 부처님 당시에는 꼬살라(Kosala)로 합병되어 꼬살라의 빠세나디 왕이 다스리고 있었다고 한다. 바라나시는 강가 강 옆에 있었기 때문에 수로의 요충이었다.

이시빠따나(Isipatana)는 부처님의 초전법륜지로 우리에게 잘 알려진 곳이다. 지금의 사르나트(Sārnath)로 바라나시에서 15㎞ 정도 떨어진 곳에 있다. 세존께서 우루웰라(Uruvelā)에서 고행을 그만두시자 다섯 비구[五比丘]는 이곳에 와서 머물렀다. 『맛지마 니까야 주석서』는 이시빠따나라는 지명의 유래를 다음과 같이 설명하고 있다.

"예전에 벽지불(paccekabuddha)들이 간다마다나(Gandhamādana) 산(히말라야에 있음)에서 7일 동안 멸진정에 들었다가 걸식을 하기 위해 허공을 날아오다가 이곳에 내려서(nipatati) 도시로 들어가서 걸식을 하여 공양을 마친 후 다시 이곳에서 허공으로 올라(uppatati) 떠났다고 한다. 그래서 선인(仙人, isi)들이 이곳에 내리고 이곳에서 올라갔다고 해서 이시빠따나(Isipatana)라 한다."(MA.ii.188)

녹야원으로 옮긴 원어는 Migadāya(미가다야)이다. 주석서는 "사슴(miga)들에게 두려움 없이 머무는 장소(abhayattha)로 주어졌기 때문에 미가다야라 한다."(MA.ii.188)고 설명하고 있다. 중국에서 녹야원(鹿野苑)으로 옮겼다. 부처님께서 다섯 비구에게 처음 설법(S56:11)을 하신, 바로 그 동산이다.

한편 초기불전에는 라자가하의 맛다꿋치 녹야원(S1:38 §1, S4:13 §1, D16 §3.42), 박가의 악어산 베사깔라 숲에 있는 녹야원(M15 §1, S35:131 §1), 사께따의 안자나 숲에 있는 녹야원(S2:18 §1), 우준냐의 깐나깟탈라 녹야원(M90 §1) 등 여러 곳의 녹야원이 나타난다. 불교 수행자들뿐만 아니라 당시 여러 교단의 수행자들이 유행을 하다가 머물렀던 곳이기도 하다. 아마 각 지역에서 사슴을 보호하는 곳으로 지정한 곳인 듯하다.

24) 이것은 『상윳따 니까야』 제6권 「진리 상윳따」(S56)에서 「초전법륜 경」(S56:11)으로 정리되어 나타나는데 거기서 부처님께서는 중도로 팔정도를 천명하시고 사성제를 드러내신다. 그러므로 부처님의 상수제자인 사리

것은 사문이나 바라문이나 신이나 마라나 범천이나 이 세상 그 누구도 멈추게 할 수 없다. 그것은 네 가지 성스러운 진리를 설명하고, 가르치고, 선언하고, 확립하고, 드러내고, 분석하고, 해설한 것이다. 무엇이 네 가지인가?"

3. "그것은 괴로움의 성스러운 진리를 설명하고, 가르치고, 선언하고, 확립하고, 드러내고, 분석하고, 해설한 것이다. 괴로움의 일어남의 성스러운 진리를 설명하고, 가르치고, 선언하고, 확립하고, 드러내고, 분석하고, 해설한 것이다. 괴로움의 소멸의 성스러운 진리를 설명하고, 가르치고, 선언하고, 확립하고, 드러내고, 분석하고, 해설한 것이다. 괴로움의 소멸로 인도하는 도닦음의 성스러운 진리를 설명하고, 가르치고, 선언하고, 확립하고, 드러내고, 분석하고, 해설한 것이다."

4. "비구들이여, 여래・아라한・정등각자는 바라나시의 이시빠따나에 있는 녹야원에서 위없는 법의 바퀴[法輪]를 굴렸나니 그것은 사문이나 바라문이나 신이나 마라나 범천이나 이 세상 그 누구도 멈추게 할 수 없다. 그것은 네 가지 성스러운 진리를 설명하고, 가르치고, 선언하고, 확립하고, 드러내고, 분석하고, 해설한 것이다."

5. "비구들이여, 사리뿟따와 목갈라나를 따라 배우라. 비구들이여, 사리뿟따와 목갈라나를 섬겨라. 이 두 비구는 현자요 청정범행을 닦는 동료 수행자들을 도와주는 자이다. 비구들이여, 사리뿟따는 낳아준 친어머니와 같고 목갈라나는 태어난 자를 길러주는 유모와 같다. 비구들이여, 사리뿟따는 예류과로 인도하고 목갈라나는 더 높은

뿟따 존자가 사상제와 팔정도를 설명하고 있는 본경은 이 「초전법륜 경」(S56:11)에 대한 교단 최초의 해설이요 주해라고 보면 될 듯하다.

경지로 인도한다. 비구들이여, 사리뿟따는 네 가지 성스러운 진리들을 설명하고, 가르치고, 선언하고, 확립하고, 드러내고, 분석하고, 해설할 수 있다."

6. 세존께서는 이렇게 말씀하셨다. 이렇게 말씀하시고 선서께서는 자리에서 일어나셔서 거처로 들어가셨다. [249]

7. 거기서 사리뿟따 존자는 세존께서 나가신 지 얼마 지나지 않아서 "도반 비구들이여."라고 비구들을 불렀다. 그 비구들은 "도반이시여."라고 사리뿟따 존자에게 응답했다. 사리뿟따 존자는 이렇게 설하였다.

8. "도반들이여, 여래・아라한・정등각자께서는 바라나시의 이시빠따나에 있는 녹야원에서 위없는 법의 바퀴[法輪]를 굴리셨나니 그것은 … 무엇이 네 가지인가요?"

9. "그것은 괴로움의 성스러운 진리[苦聖諦]를 설명하고, 가르치고, 선언하고, 확립하고, 드러내고, 분석하고, 해설하신 것입니다. 괴로움의 일어남의 성스러운 진리[苦集聖諦]를 … 괴로움의 소멸의 성스러운 진리[苦滅聖諦]를 … 괴로움의 소멸로 인도하는 도닦음의 성스러운 진리[苦滅道聖諦]를 설명하고, 가르치고, 선언하고, 확립하고, 드러내고, 분석하고, 해설하신 것입니다."

10. "무엇이 괴로움입니까? 태어남도 괴로움입니다. 늙음도 괴로움입니다. 죽음도 괴로움이고, 근심・탄식・육체적 고통・정신적 고통・절망도 괴로움이고, 원하는 것을 얻지 못하는 것도 괴로움입니다. 요컨대 취착의 [대상인] 다섯 가지 무더기[五取蘊] 자체가 괴로움입니다."25)

11. "도반들이여,[26] 그러면 어떤 것이 태어남입니까?[27] 이런저런 중생들의 무리로부터 이런저런 중생들의 태어남, 출생, 도래함, 생김, 탄생, 오온의 나타남,[28] 여섯 감각장소[六處]의 획득 — 도반들이여, 이를 일러 태어남이라 합니다."

12. "도반들이여, 그러면 어떤 것이 늙음입니까? 이런저런 중생들의 무리 가운데서 이런저런 중생들의 늙음,[29] 노쇠함, 부서진 이,

---

25) 일반적으로 경에서 괴로움은 사고팔고(四苦八苦)로 정의된다. 사고(四苦)는 생・노・병・사이다. 팔고(八苦)는 이 사고에다 애별리고(愛別離苦)와 원증회고(怨憎會苦)와 구부득고(求不得苦)와 오취온고(略 五陰盛苦)의 넷을 더한 것이다. 그런데 특이하게도 본경에서는 3고와 우비고뇌고와 구부득고와 오취온고의 셋을 더하여 모두 여섯 가지 괴로움(6고)이 나타나고 있다.
여기에 대해서는 본서 96쪽에 싣고 있는 「코끼리 발자국 비유의 긴 경」(M28) §3의 주해도 참조할 것.

26) 이하 본경 §§10~31에 나타나는 사성제와 팔정도에 대한 정의는 『디가 니까야』 제2권 「대념처경」(D22/ii.311~313) §§17~21에도 나타나고 있다. 그리고 본경 §§23~31의 팔정도에 대한 정의는 『상윳따 니까야』 제5권 「분석 경」(S45:8)에도 나타나고 있다. 본경에 달고 있는 주해들은 「대념처경」(D22)의 해당 주해들 가운데서 뽑은 것이다.

27) 본경 §§11~13에 나타나는 태어남과 늙음과 죽음[生・老死]에 대한 정의는 『맛지마 니까야』 제1권 「바른 견해 경」(M9) §22와 §26에도 나타나고 있다.

28) "'오온의 나타남'이란 것은 궁극적 의미(paramattha, 구경법)로 설한 것이다. 하나의 구성요소를 가진 것 등에서 하나(색)와 넷(수・상・행・식)과 다섯(색・수・상・행・식)의 구성요소로 나누어지는 무더기(蘊)들이 나타난 것이지 사람이 [태어난 것이] 아니다. 그러나 이것이 있을 때 '인간이 생겨났다.'라는 단지 일상생활에서 통용되는 언어(vohāra)가 있는 것이다."(DA.iii.798)

29) "'늙음(jarā)'이란 고유성질을 설명한 것이다. '노쇠함(jīraṇatā)'이란 형태의 성질을 설명한 것이다. '부서짐(khaṇḍicca)' 등은 변화를 설명한 것이다. 젊은 시절에 이빨은 희다. 그것이 나이가 들면서 점점 색깔도 변하고

희어진 머리털, 주름진 피부, 수명의 감소, 감각기능[根]의 쇠퇴 — 이를 일러 늙음이라 합니다."

13. "도반들이여, 그러면 어떤 것이 죽음입니까? 이런저런 중생들의 무리로부터 이런저런 중생들의 종말,30) 제거됨, 부서짐, 사라짐, 사망, 죽음, 서거, 오온의 부서짐,31) 시체를 안치함, 생명기능[命根]의 끊어짐32) — 이를 일러 죽음이라 합니다."

14. "도반들이여, 그러면 어떤 것이 근심입니까? 도반들이여, 이런저런 불행을 만나고 이런저런 괴로운 현상에 맞닿은 사람의 근심, 근심함, 근심스러움, 내면의 근심, 내면의 슬픔33) — 이를 일러 근

여기저기가 빠진다. 이제 빠지고 남아있는 것에 비해 부서진 치아를 '부서진 것'이라 한다."(DA.iii.798)

30) "여기서 '종말(cuti)'이라는 것은 고유성질에 따른 설명이다. '제거됨(cavanatā)'이란 것은 형태의 성질에 따른 설명이다. 죽음에 이른 무더기(蘊)들이 부서지고 사라지고 보이지 않게 되기 때문에 '부서짐(bheda)', '사라짐(antaradhāna)'이라고 부른다. '사망과 죽음(maccu-maraṇa)'이란 것은 찰나적인 죽음(khaṇika-maraṇa, 刹那死)이 아니다. '서거(kāla-kiriya)'라는 것은 죽어서 없어지는 것이다. 이 모든 것은 인습적 의미로서 설한 것이다."(DA.iii.798)

31) "'오온의 부서짐(khandhānaṁ bhedo)'이란 것은 궁극적 의미에서 설한 것이다. 하나의 구성요소를 가진 것 등에서 하나와 넷과 다섯의 구성요소로 나누어지는 무더기(蘊)들이 부서진 것이지 사람이 [죽은 것이] 아니다. 그러나 이것이 있을 때 '인간이 죽었다.'는 단지 일상생활에서 통용되는 언어가 있는 것이다."(DA.iii.798~99)

32) "'생명기능(命根)의 끊어짐(jīvit-indriyassa upacchedo)'은 모든 측면에서 궁극적 의미의 죽음이다. 아울러 이것은 인습적 의미로서의 죽음이라고도 불린다. 왜냐하면 생명기능의 끊어짐을 두고 세상에서는 '띳사가 죽었다. 풋사가 죽었다.'고 말하기 때문이다."(DA.iii.799)

33) "'불행(byasana)'이란 친척의 불행 등 이런저런 불행을 말한다. '괴로운 현상(dukkha-dhamma)'이란 죽이고 묶는 등의 괴로움을 주는 것이다. '맞닿은(phuṭṭhassa)'이란 퍼진, 압도된이란 말이다. '근심(soko)'이란 친

심이라 합니다."

15. "도반들이여, 그러면 어떤 것이 탄식입니까? 도반들이여, 이런저런 불행을 만나고 이런저런 괴로운 상태와 마주친 사람의 한탄, 비탄,[34] [250] 한탄함, 비탄함, 한탄스러움, 비탄스러움 — 이를 일러 탄식이라 합니다."

16. "도반들이여, 그러면 어떤 것이 육체적 고통입니까? 도반들이여, 몸의 고통, 몸의 불편함, 몸에 맞닿아 생긴 고통스럽고 불편한 느낌[35] — 이를 일러 육체적 고통이라 합니다."

17. "도반들이여, 그러면 어떤 것이 정신적[36] 고통입니까? 도반들이여, 정신적인 불편함, 마음에 맞닿아 생긴 고통스럽고 불편한 느낌 — 이를 일러 정신적 고통이라 합니다."

18. "도반들이여, 그러면 어떤 것이 절망입니까? 도반들이여, 이

척의 불행 등에 대해 혹은 죽이고 묶는 등에 대해 혹은 그 밖의 다른 것이 있을 때 그것에 압도된 자에게 일어나는 것이다. 근심함의 특징을 가진 것이 '근심(soko)'이다. '근심스러움(socitatta)'이란 근심하는 상태이다. 그런데 이것은 내부에서 마르게 하고 말라붙게 하면서 일어나기 때문에 '내면의 근심(antosoko)', '내면의 슬픔(anto-parisoko)'이라 부른다."(*Ibid*)

34) "내 딸이나 내 아들이라고 일일이 지목하면서(ādissa ādissa) 한탄하고(devanti) 비탄한다고 해서 '한탄(ādeva)'이다. 그런 것을 목청껏 소리 지르면서(parikittetvā) 한탄한다(devanti)고 해서 '비탄(parideva)'이다. 그 다음의 둘은 이것의 상태를 설명한 것이다."(DA.iii.799)

35) "'몸의(kāyika)'라는 것은 몸의 감성의 토대를 말한다. 괴롭다는 뜻에서 '고통(dukkha)'이고, '불편함(asāta)'이란 달콤하지 않음이다. '몸에 맞닿아 생긴 고통'이란 몸에 맞닿음으로써 생긴 고통이다. '불편한 느낌'이란 달콤하지 않은 느낌이다."(DA.iii.799)

36) "'정신적인(cetasika)'이란 마음과 관계된 것이란 말이다. 나머지는 육체적 고통에서 설한 것과 같은 방법이다."(DA.iii.799)

런저런 불행을 만나고 이런저런 괴로운 상태와 마주친 사람의 실망, 절망, 실망함, 절망함[37] — 이를 일러 절망이라 합니다."

19. "도반들이여, 그러면 어떤 것이 원하는 것을 얻지 못하는 괴로움입니까? 도반들이여, 태어나기 마련인[38] 중생들에게 이런 바람이 일어납니다.[39] '오, 참으로 우리에게 태어나는 법이 있지 않기를! 참으로 그 태어남이 우리에게 오지 않기를!'이라고. 그러나 이것은 원한다고 해서 얻어지지 않습니다.[40] 원하는 것[41]을 얻지 못하는 이것도 괴로움입니다.

도반들이여, 늙기 마련인 중생들에게 … 병들기 마련인 중생들에게 … 죽기 마련인 중생들에게 … 근심 · 탄식 · 육체적 고통 · 정신적 고통 · 절망을 하기 마련인 중생들에게 이런 바람이 일어납니다. '오, 참으로 우리에게 근심 · 탄식 · 육체적 고통 · 정신적 고통 · 절망하는 법이 있지 않기를! 참으로 그 근심 · 탄식 · 육체적 고통 · 정신적 고통 · 절망이 우리에게 오지 않기를!'이라고. 그러나 이것은 원한다고 해서 얻어지지 않습니다. 원하는 것을 얻지 못하는 이것도 괴

37) "'실망(āyāsa)'이란 가라앉고 흩어지는 형태를 얻은 마음의 피곤함이다. 강한 실망이 '절망(upāyāsa)'이다. 그 다음의 둘은 자신과 자신에 속하는 상태를 밝히는 상태를 설명하는 것이다."(DA.iii.799)

38) "'태어나기 마련인(jāti-dhamma)'이라는 것은 태어남의 고유성질을 말한다."(DA.iii.799)

39) "'바람이 일어난다(icchā uppajjati).'는 것은 갈애가 일어난다는 말이다."(DA.iii.799)

40) "'그러나 이것은 원한다고 해서 얻어지지 않는다.'라는 것은 이러한 태어남이 다시 오지 않는 것은 도를 닦지 않고서는 원한다고 해서 얻어지지 않는다는 뜻이다."(DA.iii.799)

41) "'원하는 것(yam piccham̐)'이란 원하지만 어떤 법으로도 그것을 얻지 못하는 그 얻을 수 없는 대상을 뜻하며 그런 것을 바라는 것은 괴로움이다. 이 방법은 모든 곳에서 다 적용된다."(DA.iii.799)

로움입니다."

20. "도반들이여, 그러면 요컨대 취착의 [대상인] 다섯 가지 무더기[五取蘊] 자체가 괴로움이라는 것은 어떤 것입니까? 그것은 취착의 [대상인] 물질의 무더기, 취착의 [대상인] 느낌의 무더기, 취착의 [대상인] 인식의 무더기, 취착의 [대상인] 심리현상들의 무더기, 취착의 [대상인] 알음알이의 무더기입니다. 도반들이여, 이를 두고 요컨대 취착의 [대상인] 다섯 가지 무더기[五取蘊] 자체가 괴로움이라고 합니다.

도반들이여, 이를 일러 괴로움의 성스러운 진리라 합니다."

21. "도반들이여, 그러면 무엇이 괴로움의 일어남의 성스러운 진리[苦集聖諦]입니까? 그것은 다시 태어남을 가져오고[42] 향락과 탐욕이 함께하며[43] 여기저기서 즐기는[44] [갈애]이니, 즉[45] 감각적 욕망에 대한 갈애[欲愛],[46] 존재에 대한 갈애[有愛],[47] [251] 존재하지 않

42) "'다시 태어남을 가져오고(ponobbhavikā)'라는 단어는 다음과 같이 설명된다. — '다시 태어남을 만든다.'는 뜻이 '뿌납바와(punobbhava)'이고, '습관적으로 다시 태어남을 만드는 것'이 '뽀납바위까(ponobbhavikā)'이다."(DA.iii.799)

43) "'향락과 탐욕이 함께하며'라는 것은 [갈애가] 향락과 탐욕과 뜻으로는 하나라는 뜻이다."(DA.iii.799)

44) "'여기저기서 즐기는 것(tatratatra-abhinandini)'이란 어느 곳에서 몸을 받더라도 즐거워한다는 뜻이다."(DA.iii.800)

45) "'즉(seyyathidaṁ)'이란 부사로서 '어떤 것이 그것인가라고 만약 한다면'이란 뜻이다."(DA.iii.800)

46) "'감각적 욕망에 대한 갈애[欲愛, kāma-taṇhā]'란 다섯 가닥의 얽어매는 감각적 욕망에 대한 탐욕의 동의어이다."(DA.iii.800)

47) "'존재에 대한 갈애[有愛, bhava-taṇhā]'란 존재를 열망함에 의해서 생긴 상견(常見, sassata-diṭṭhi)이 함께하는 색계와 무색계의 존재에 대한 탐욕과 禪을 갈망하는 것의 동의어이다."(DA.iii.800)

음에 대한 갈애[無有愛]48)입니다.49) 도반들이여, 이를 일러 괴로움의 일어남의 성스러운 진리라 합니다."

22. "도반들이여, 그러면 무엇이 괴로움의 소멸의 성스러운 진리[苦滅聖諦]입니까? 그 갈애가 남김없이 빛바래어 소멸함,50) 버림, 놓아버림, 벗어남, 집착 없음51)입니다.52) 도반들이여, 이를 일러 괴로

---

48) "'존재하지 않음에 대한 갈애[無有愛, vibhava-taṇhā]'라는 것은 단견(斷見, uccheda-diṭṭhi)이 함께하는 탐욕의 동의어이다."(DA.iii.800)

49) 이다음 부분으로 「대념처경」(D22) §19에 나타나는 "다시 비구들이여, 이런 갈애는 어디서 일어나서 어디서 자리 잡는가? … 여기서 이 갈애는 일어나서 여기서 자리 잡는다."까지는 본경에 나타나지 않는다.

50) "남김없이 빛바래어 소멸함(asesa-virāga-nirodha)이라는 등은 모두 열반의 동의어들이다. 열반을 얻으면 갈애는 남김없이 빛바래고 소멸하기 때문이다. 그러므로 갈애가 남김없이 빛바래어 소멸함이라고 설하셨다. 열반을 얻으면 갈애가 떨어지고 놓아지고 풀어지지 달라붙지 않는다. 그러므로 열반은 버림, 놓아버림, 벗어남, 해탈, 집착 없음이라 불린다."(DA.iii.800~801)

51) "열반은 하나이지만 그 이름은 모든 형성된 것들의 이름과 반대되는 측면에서 여러 가지이다. 즉 남김없이 빛바램, 남김없이 소멸함, 버림, 놓아버림, 벗어남, 해탈, 집착 없음, 탐욕의 소멸, 성냄의 소멸, 어리석음의 소멸, 갈애의 소멸, 취착 없음, 생기지 않음, 표상 없음, 원함 없음, 업의 축적이 없음, 재생연결이 없음, 다시 태어나지 않음, 태어날 곳이 없음, 태어나지 않음, 늙지 않음, 병들지 않음, 죽지 않음, 슬픔 없음, 비탄 없음, 절망 없음, 오염되지 않음이다."(DA.iii.801)

여기에 언급되고 있는 26개의 열반의 동의어는 원어로는 각각 다음과 같다.

asesavirāgo, asesanirodho, cāgo, paṭinissaggo, mutti, anālayo, rāga-kkhayo, dosakkhayo, mohakkhayo, taṇha-kkhayo, anuppādo, appa-vattaṁ, animittaṁ, appaṇihitaṁ, anāyūhanaṁ, appaṭisandhi, anu-papatti, agati, ajātaṁ, ajaraṁ, abyādhi, amataṁ, asokaṁ, apari-devaṁ, anupāyāsaṁ, asaṅkiliṭṭhaṁ(모두 주격으로 표기했음)

52) 이다음 부분으로 「대념처경」(D22) §20에 나타나는 "다시 비구들이여, 그런 이 갈애는 어디서 없어지고 어디서 소멸되는가? … 여기서 이 갈애

움의 소멸의 성스러운 진리라 합니다."

23. "도반들이여, 그러면 무엇이 괴로움의 소멸로 인도하는 도닦음의 성스러운 진리[苦滅道聖諦]입니까? 그것은 성스러운 팔정도[八支聖道]이니, 즉 바른 견해[正見], 바른 사유[正思惟], 바른 말[正語], 바른 행위[正業], 바른 생계[正命], 바른 정진[正精進], 바른 마음챙김[正念], 바른 삼매[正定]입니다."53)

24. "도반들이여, 그러면 무엇이 바른 견해입니까? 도반들이여, 괴로움에 대한 지혜,54) 괴로움의 일어남에 대한 지혜, 괴로움의 소멸에 대한 지혜, 괴로움의 소멸로 인도하는 도닦음에 대한 지혜 — 이를 일러 바른 견해라 합니다."55)

는 없어지고 여기서 소멸된다."까지도 본경에 나타나지 않는다.

53) 아래에 나타나는 팔정도의 구성요소에 대한 정의는 『디가 니까야』 제2권 「대념처경」(D22/ii.311~313) §21과 『상윳따 니까야』 제5권 「분석 경」(S45:8)에도 나타나고 있다. 아래에 달고 있는 주해들은 편집자가 옮긴 「대념처경」(D22)의 해당 주해들 가운데서 뽑은 것이다. 경에 나타나는 팔정도의 구성요소에 대한 정의는 『논장』의 『위방가』(분석론)에서도 경의 분류방법(Sutanta-bhājanīya)으로 반영되어 나타난다.(Vbh.235~236) 그러나 아비담마의 분류방법(Abhidhamma-bhājanīya)에 의하면 팔정도의 구성요소들은 예외 없이 모두 출세간적인 것(lokuttara)으로 여겨지고 있다. 팔정도에 대한 여러 설명은 『초기불교 이해』 제25장(386쪽 이하)을 참조할 것.

54) "괴로움에 대한 지혜(dukkhe ñāṇa)라는 등으로 네 가지 진리의 명상주제를 보이셨다. 여기서 처음의 두 가지 진리(고와 집)는 윤회하는 것(vaṭṭa)이고 나중의 둘(멸과 도)은 윤회에서 물러나는 것(vivaṭṭa)이다. 이들 가운데서 비구가 윤회하는 것을 명상주제로 하여 명상하면 윤회에서 물러나는 것에 대해서는 명상하지 못한다."(DA.iii.801)

55) "여기서 [괴로움과 일어남의] 두 가지 진리는 보기 어렵기 때문에 심오하고, [소멸과 도의] 두 가지는 심오하기 때문에 보기 어렵다. 괴로움의 진리는 일어날 때 분명하다. 몽둥이나 가시 등으로 때릴 때 '아, 괴롭다.'라는

25. "도반들이여, 그러면 무엇이 바른 사유입니까? 도반들이여, 출리에 대한 사유,[56] 악의 없음에 대한 사유, 해코지 않음[不害]에 대한 사유 — 이를 일러 바른 사유라 합니다."[57]

26. "도반들이여, 그러면 무엇이 바른 말입니까? 도반들이여, 거짓말을 삼가고, 중상모략을 삼가고, 욕설을 삼가고, 잡담을 삼가는 것 — 이를 일러 바른 말이라 합니다."[58]

말이 절로 나온다. 일어남의 진리는 먹고 싶어함 등을 통해서 일어날 때 분명하다. 그러나 특징을 통찰하는 것으로는 이 둘은 모두 심오하다. 이처럼 이 둘은 보기 어렵기 때문에 심오하다.

나머지 둘을 보기 위해 노력하는 것은 마치 우주의 꼭대기를 거머쥐려고 손을 펴는 것과 같고, 무간지옥에 닿으려고 발을 뻗는 것과 같고, 일곱 가닥으로 쪼갠 머리털 끝을 떼어내려는 것과 같다. 이처럼 이 둘은 심오하기 때문에 보기 어렵다. 이와 같이 보기 어렵기 때문에 심오하고, 심오하기 때문에 보기 어려운 네 가지 진리들에 대해서 공부짓는 등을 통해서 처음 단계의 지혜가 일어남을 두고 괴로움에 대한 지혜(dukkhe ñāṇa) 등으로 설하셨다. [그러나] 통찰하는 순간에는 그 지혜는 오직 하나다."(DA.iii.802)

56) "감각적 욕망의 반대되는 뜻으로 혹은 감각적 욕망에서 벗어남의 뜻으로 출리에 대한 사유(nekkhamma-saṅkappo)라고 한다."(MA.v.65)

57) '출리(出離)에 대한 사유'와 '악의 없음에 대한 사유'와 '해코지 않음[不害]에 대한 사유'는 각각 nekkhamma-saṅkappa, abyāpāda-saṅkappa, avihiṁsā-saṅkappa를 옮긴 것이다. "출리에 대한 사유 등은 감각적 욕망과 악의와 해코지를 삼가는 인식들의 다양함 때문에 처음에는 여럿이다. 그렇지만 도의 순간에는 이들 세 경우에 대해서 일어난 해로운 사유의 다리를 잘라버리기 때문에 이들은 더 이상 일어나지 않게 된다. 이렇게 도의 구성요소를 완성할 때에는 오직 하나의 유익한 사유가 일어난다. 이것을 '바른 사유[正思惟, sammā-saṅkappa]'라 한다."(DA.iii.802)

한편 여기서 사유로 옮기고 있는 saṅkappa는 생각이나 일으킨 생각으로 옮기고 있는 vitakka[尋]와 동의어이다.(『앙굿따라 니까야』 제5권 「사밋디 경」(A9:14) §1 참조) 주석서들도 이렇게 밝히고 있다.(saṅkappā ti vitakkā — SnA.i.201 등) 『아비담마 길라잡이』 7장 §33 [해설]도 참조할 것.

27. "도반들이여, 그러면 무엇이 바른 행위입니까? 도반들이여, 살생을 삼가고, 주지 않은 것을 가지는 것을 삼가고, 삿된 음행을 삼가는 것[59] — 이를 일러 바른 행위라 합니다."[60]

28. "도반들이여, 그러면 무엇이 바른 생계입니까? 도반들이여,

---

58) "거짓말을 삼가는 것 등도 거짓말 등을 삼가는 인식들의 다양함 때문에 처음에는 여럿이지만 도의 순간에는 이 네 경우에 대해서 일어난 해롭고 나쁜 행실을 가진 의도의 다리를 잘라버리기 때문에 이들은 더 이상 일어나지 않게 된다. 이처럼 도의 구성요소를 완성할 때는 오직 하나의 유익한 절제(kusala-veramaṇi)가 일어난다. 이것을 '바른 말[正語, sammā-vācā]'이라 한다."(DA.iii.802)
절제(veramaṇi 혹은 virati)는 주석서와 아비담마에서부터 쓰이는 전문술어로서 팔정도 가운데서 바른 말[正語], 바른 행위[正業] 바른 생계[正命]의 셋을 지칭한다. 자세한 것은 『아비담마 길라잡이』 2장 §6을 참조할 것.

59) '삿된 음행을 삼가는 것'으로 옮긴 원어는 Ee, Be, Se에 모두 다 abrahma-cariyā veramaṇī(순결하지 못한 삶을 삼가는 것)으로 나타난다. 이것은 성생활을 완전히 금하는 것으로 『비구계목』과 『비구니계목』에 속한다. 그러나 「대념처경」(D22) §21과 여기 본경의 해당부분(§27)과 『위방가』(분석론, Vbh.235) 등의 같은 부분에는 모두 kāmesu micchācārā veramaṇī(삿된 음행을 삼가는 것)으로 나타나고 있는데, 이것은 재가자들이 지키는 계목에 속한다.
그러나 본경에 해당하는 주석서는 왜 본경에서는 이렇게 나타나는지에 대한 설명이 없다. 이로 미루어 볼 때 본경의 이 부분은 주석서 문헌이 생긴 후에 벌어진 필사상의 오기가 아닌가 여겨지기도 한다. 그렇지 않다면 분명히 주석서는 그 이유를 설명했을 것이기 때문이다. 그래서 역자는 「대념처경」(D22) §21 등과 같이 '삿된 음행을 삼가는 것'으로 옮겼다.

60) "산목숨을 죽이는 것(살생)을 삼가는 것 등도 산목숨을 죽이는 것 등을 삼가는 인식들의 다양함 때문에 처음에는 여럿이지만 도의 순간에는 이 세 경우에 대해서 일어난 해롭고 나쁜 행실을 가진 의도의 다리를 잘라버리기 때문에 이들은 더 이상 일어나지 않게 된다. 이처럼 도의 구성요소를 완성할 때에는 오직 하나의 유익한 절제가 일어난다. 이것을 '바른 행위[正業, sammā-kammanta]'라 한다."(DA.iii.803)

성스러운 제자는 그릇된 생계를 버리고 바른 생계로 생명을 영위합니다. 도반들이여, 이를 일러 바른 생계라 합니다."[61]

29. "도반들이여, 그러면 무엇이 바른 정진입니까? 도반들이여, 여기 비구는 아직 일어나지 않은[62] 나쁘고 해로운 법들은 일어나지 않도록 하기 위해 열의를 일으키고[63] 정진하고 힘을 내고 마음을 다잡고 애를 씁니다.[64] 이미 일어난[65] 나쁘고 해로운 법들은 제거하기 위해 열의를 일으키고 정진하고 힘을 내고 마음을 다잡고 애를 씁니

61) "'그릇된 생계(micchā-ājīva)'란 먹는 것 등을 위해 일어난 몸과 말의 나쁜 행실이다. '버리고(pahāya)'라는 것은 없애고라는 말이다. '바른 생계로(sammā-ājīvena)'라는 것은 부처님께서 칭송하신 생계를 통해서라는 말이다. '생명을 영위한다(jīvitaṁ kappeti).'는 것은 생명을 지속하고 유지한다는 말이다. 바른 생계는 음모 등을 삼가는 인식들의 다양함 때문에 처음에는 여럿이지만 도의 순간에는 이 일곱 경우에 대해서 일어난 그릇된 생계라는 나쁜 행실을 가진 의도의 다리를 잘라버리기 때문에 더 이상 일어나지 않게 된다. 이처럼 도의 구성요소를 완성할 때에는 오직 하나의 유익한 절제가 일어난다. 이것을 '바른 생계[正命, sammā-ājīva]'라 한다."(DA.iii.803)

62) "'아직 일어나지 않은(anuppanna)'이라는 것은 '하나의 존재에 대해서나 그와 같은 대상에 대해서 아직 자신에게 일어나지 않은'이란 말이다. 남에게서 일어나는 것을 보고서 '오, 참으로 나에게는 이런 나쁘고 해로운 법들이 일어나지 않기를'이라고 이와 같이 아직 일어나지 않은 나쁘고 해로운 법들을 일어나지 않게 하기 위해서 [열의를 생기게 한다.]"(DA.iii.803)

63) "'열의를 일으키고(chandaṁ janeti)'라는 것은 그들을 일어나지 않도록 하는 도닦음을 성취하는 정진의 열의를 생기게 한다는 말이다."(DA.iii.803)

64) "'애를 쓴다(padahati).'는 것은 '피부와 힘줄과 뼈만 남은들 무슨 상관이랴.'라고 생각하면서 노력하는 것이다."(DA.iii.803)

65) "'이미 일어난(uppanna)'이란 습관적으로 자신에게 이미 일어난 것이다. 이제 이런 것들을 일어나게 하지 않으리라고 생각하면서 이들을 버리기 위해서 열의를 생기게 한다."(DA.iii.803)

다. 아직 일어나지 않은 유익한[66] 법들은 일어나도록 하기 위해 [252] 열의를 일으키고 정진하고 힘을 내고 마음을 다잡고 애를 씁니다. 이미 일어난[67] 유익한 법들은 지속하게 하고[68] 사라지지 않게 하고 증장하게 하고 충만하게 하고 닦기 위해 열의를 일으키고 정진하고 힘을 내고 마음을 다잡고 애를 씁니다. 도반들이여, 이를 일러 바른 정진이라 합니다."[69]

30. "도반들이여, 그러면 무엇이 바른 마음챙김입니까? 도반들이여, 여기 비구는 몸에서 몸을 관찰하며[身隨觀] 머뭅니다. 세상에 대한 욕심과 싫어하는 마음을 버리고 근면하고 분명히 알아차리고 마음챙기면서 머뭅니다. 느낌에서 느낌을 관찰하며[受隨觀] 머뭅니다. 세상에 대한 욕심과 싫어하는 마음을 버리고 근면하고 분명히 알아차리고 마음챙기면서 머뭅니다. 마음에서 마음을 관찰하며[心隨觀] 머뭅니다. 세상에 대한 욕심과 싫어하는 마음을 버리고 근면하고 분명히 알아차리고 마음챙기면서 머뭅니다. 법에서 법을 관찰하며[法隨觀] 머뭅니다. 세상에 대한 욕심과 싫어하는 마음을 버리고 근면하고 분명히 알아차리고 마음챙기면서 머뭅니다. 도반들이여, 이를 일러 바른 마음챙김이라 합니다."[70]

---

66) "'아직 일어나지 않은 유익한(anuppanna kusala)'이란 것은 아직 얻지 못한 초선(初禪) 등을 말한다."(DA.iii.803)

67) "'이미 일어난(uppanna)'이란 것은 이들을 이미 얻은 것이다."(DA.iii.803)

68) "'지속하게 하고(ṭhiti)'라는 것은 계속해서 일어나게 하여 머물게 하기 위해서라는 뜻이다."(DA.iii.803)

69) "이 바른 정진도 아직 일어나지 않은 해로움을 일어나지 않도록 하는 마음 등의 다양함 때문에 처음에는 여럿이지만, 도의 순간에는 이 네 경우에 대한 역할을 성취하여 도의 구성요소를 완성하면서 오직 하나의 유익한 정진이 일어난다. 이것을 '바른 정진[正精進, sammā-vāyāma]'이라 한다." (DA.iii.803)

31. "도반들이여, 그러면 무엇이 바른 삼매입니까?

도반들이여, 여기 비구는 감각적 욕망들을 완전히 떨쳐버리고 해로운 법[不善法]들을 떨쳐버린 뒤, 일으킨 생각[尋]과 지속적 고찰[伺]이 있고, 떨쳐버렸음에서 생긴 희열[喜]과 행복[樂]이 있는 초선(初禪)을 구족하여 머뭅니다.

일으킨 생각과 지속적 고찰을 가라앉혔기 때문에 자기 내면의 것이고, 확신이 있으며, 마음의 단일한 상태이고, 일으킨 생각과 지속적 고찰은 없고, 삼매에서 생긴 희열과 행복이 있는 제2선(二禪)을 구족하여 머뭅니다.

희열이 빛바랬기 때문에 평온하게 머물고, 마음챙기고 알아차리며[正念·正知] 몸으로 행복을 경험한다. [이 禪 때문에] 성자들이 그를 두고 '평온하고 마음챙기며 행복하게 머문다.'고 묘사하는 제3선(三禪)을 구족하여 머뭅니다.

행복도 버리고 괴로움도 버리고, 아울러 그 이전에 이미 기쁨과 슬픔을 소멸하였으므로 괴롭지도 즐겁지도 않으며, 평온으로 인해 마음챙김이 청정한[捨念淸淨] 제4선(四禪)을 구족하여 머뭅니다.[71]

---

70) "바른 마음챙김 역시 몸 등을 파악하는 마음의 다양함 때문에 처음에는 여럿이지만, 도의 순간에는 이 네 경우에 대한 역할을 성취하여 도의 구성요소를 완성하면서 오직 하나의 마음챙김이 일어난다. 이것을 '바른 마음챙김[正念, sammā-sati]'이라 한다."(DA.iii.803)

71) "禪은 예비단계에도 도의 순간에도 여럿이다. 예비단계에는 [禪의] 증득에 따라 여럿이지만, 도의 순간에는 여러 가지 도(즉 예류도부터 아라한도까지)에 따라 여럿이다. 왜냐하면 어떤 자는 첫 번째 도(예류도)를 초선을 통해서 얻거나 혹은 두 번째 도 등도 초선을 통해 얻거나 혹은 제2선 등 가운데 어느 한 禪을 통해서 얻기 때문이다. 어떤 자는 첫 번째 도를 제2선 등 가운데 어떤 禪을 통해서 얻기도 하고 두 번째 도 등도 제2선 등 가운데 어떤 선을 통해서 얻기도 하고 초선을 통해서 얻기도 하기 때문이다.

도반들이여, 이를 일러 바른 삼매라 합니다."[72]

32. "도반들이여, 여래 · 아라한 · 정등각자께서는 바라나시의 이시빠따나에 있는 녹야원에서 위없는 법의 바퀴를 굴리셨나니 그것은 사문이나 바라문이나 신이나 마라나 범천이나 이 세상 그 누구도 멈추게 할 수 없습니다. 그것은 네 가지 성스러운 진리를 설명하고, 가르치고, 선언하고, 확립하고, 드러내고, 분석하고, 해설한 것입니다."

사리뿟따 존자는 이와 같이 설했다. 그 비구들은 흡족한 마음으로 사리뿟따 존자의 설법을 크게 기뻐하였다.

이와 같이 [예류도 등의] 네 가지 도는 禪을 통해서 같기도 하고 다르기도 하며 전적으로 같기도 하다. 그런데 이 차이점은 기초가 되는 禪(pādaka-jjhāna)에 의해서 결정된다.
기초가 되는 禪의 결정에 따라 우선 초선을 얻은 자가 초선에서 출정(出定)하여 위빳사나를 할 때 일어난 도가 초선을 통한 것이다. 도의 구성요소와 깨달음의 구성요소는 여기서 성취된다. 제2선에서 출정하여 위빳사나를 할 때 일어난 도가 제2선을 통해서 얻은 것이다. 여기서 도의 구성요소는 일곱 가지이다. 제3선에서 출정하여 위빳사나를 할 때 일어난 도가 제3선을 통해서 얻은 것이다. 여기서는 도의 구성요소는 일곱 가지이고 깨달음의 구성요소는 여섯 가지이다. 이 방법은 제4선에서 출정하는 것에서부터 비상비비상처까지 적용된다. …
그러나 어떤 장로들은 위빳사나의 대상인 무더기들[蘊]이 [도를] 결정한다고 주장하고 어떤 자들은 개인의 성향이 결정한다고 주장하고 어떤 자들은 [도의] 출현으로 인도하는 위빳사나가 결정한다고 주장하기도 한다. 그들의 주장에 대한 판별은 『청정도론』에서 [도의] 출현으로 인도하는 위빳사나의 해설에서 설한 방법대로 알아야 한다."(DA.iii.803~04)

72) "이를 일러 '바른 삼매[正定, sammā-samādhi]'라 한다는 것은 이것은 예비단계에서는 세간적이고 나중에는 출세간에 속하는 바른 삼매가 된다고 설하신 것이다."(DA.iii.804)

말룽꺄 짧은 경

Cūḷa-Māluṅkya Sutta(M63)

【해설】

본경은 우리에게 잘 알려진 북전 『중아함』의 「전유경」(箭喩經, 화살 비유 경)에 상응하는 가르침으로 십사(十事)의 가르침을 배제하고[十事無記] 사성제를 천명하시는 경이다.

인간은 자라면서 자연스럽게 나는 누구인가를 두고 고뇌하게 되고, 세상이란 무엇인가를 두고 사유하게 되며, 세상 혹은 우주는 끝이 있는가 없는가를 두고 끝없는 생각의 나래를 펼치기도 한다. 그리고 불교는 이런 문제에 대해서 어떻게 답하는가를 궁금해하고 고민하는 불자들도 많다. 초기불전에서 부처님께서는 다음과 같이 이 문제를 말씀하신다. 나는 오온이요, 세상은 육내외처일 뿐이다. 나와 세상을 이렇게 간단명료하게 보지 않고 참나·진아·대아·진인 등을 설정하고, 광활한 세상과 우주의 끝을 상정하게 되면, 쓸데없는 생각(희론)의 소용돌이에 휩싸여 귀중한 한 평생을 허비하게 된다. 본경은 불교의 이런 태도를 분명하게 드러내는 가르침이다.

본경에서 말룽꺄 존자는 세존께서 ① '세상은 영원하다.'거나 ② '세상은 영원하지 않다.'거나 ③ '세상은 유한하다.'거나 ④ '세상은 무한하다.'거나 ⑤ '생명이 바로 몸이다.'거나 ⑥ '생명은 몸과 다른 것이다.'거나 ⑦ '여래는 사후에도 존재한다.'거나 ⑧ '여래는 사후에 존재하지 않는다.'거나 ⑨ '여래는 사후에 존재하기도 하고 존재하지 않기도 한다.'거나 ⑩ '여래는 사후에 존재하는 것도 아니고 존재하지 않는 것도 아니다.'라는 열 가지[十事]에 대해서 설명해주시지 않는다[十事無記]고 불만을 가지고 세존께 다가가서 말씀을 드린다. (§§2~3)

세존께서는 독이 잔뜩 묻은 화살에 맞은 사람의 비유를 드신 후에 (§5), 십사(十事)의 문제는 이익을 주지 못하고, 청정범행의 시작과 관련이 없고, 염오로 인도하지 못하고, 탐욕의 빛바램으로 인도하지 못하고, 소멸로 인도하지 못하고, 고요함으로 인도하지 못하고, 최상의 지혜로 인도하지 못하고, 바른 깨달음으로 인도하지 못하고, 열반으로 인도하지 못하기 때문에 설명하지 않는다고 말씀하신다.(§8) 그리고 다시 세존께서는 사성제를 말씀하시는데(§9) 이것은 위와 반대로 참으로 이익을 주고, … 열반으로 인도하기 때문이라고 말씀하시고 가르침을 마무리하신다.(§10)

여기서 눈여겨볼 점은 본경에서 말룽꺄뿟따 존자는 애초 출가의 목적이 위의 십사(十事)에 대한 관심이었다는 점이다. 그래서 그는 이것을 성취하지 못하면 환속하겠다고 생각한다.(§2) 그러면 세존께서 말씀하시는 출가의 목적은 무엇인가? 『맛지마 니까야』 제2권 「날라까빠나 경」(M68)에서 부처님께서는 출가의 목적에 대해서 "그대들은 '나는 태어남과 늙음과 죽음과 근심·탄식·육체적 고통·정신적 고통·절망에 짓눌렸다. 괴로움에 짓눌렸다. 괴로움에 압도되었다. 이제 참으로 이 전체 괴로움의 무더기의 끝을 꿰뚫어 알아야겠다.'라고 생각하면서 믿음으로 집을 나와 출가한 것이 아닌가?"(§5)라고 분명하게 말씀하신다. 생사로 대표되는 괴로움의 해결이 출가의 목적이다. 그래서 본경에서도 세존께서는 사성제를 설하신다고 분명히 밝히고 계신다.(§9) 그러므로 출가자가 조금이라도 십사(十事)와 같은 쓸데없는 것에 관심을 둔다면 그의 태도는 전적으로 잘못된 것이다. 출가자는 진정으로 괴로움과 괴로움의 원인과 괴로움의 소멸과 괴로움의 소멸로 인도하는 도닦음으로 정리되는 성스러운 진리, 저 사성제에 온 마음을 다 쏟아야 한다. 그래야 그것이 진정한 출가라는 것을 본경은 분명하게 보여주고 있다.

1. 이와 같이 나는 들었다. 한때 세존께서는 사왓티에서 제따 숲의 아나타삔디까 원림(급고독원)에 머무셨다.

2. 그때 말룽꺄뿟따 존자[73]가 한적한 곳에 가서 홀로 앉아 [명상하던] 중에 이런 생각이 마음에 떠올랐다.

"세존께서는 이런 견해에 대해서는 설명하지 않고 제쳐두고 거부하신다. ① '세상은 영원하다.'거나 ② '세상은 영원하지 않다.'거나 ③ '세상은 유한하다.'거나 ④ '세상은 무한하다.'거나 ⑤ '생명이 바로 몸이다.'거나 ⑥ '생명은 몸과 다른 것이다.'거나 ⑦ '여래[74]는 사후에도 존재한다.'거나 ⑧ '여래는 사후에 존재하지 않는다.'거나 ⑨ '여래는 사후에 존재하기도 하고 존재하지 않기도 한다.'거나 ⑩ '여래는 사후에 존재하는 것도 아니고 존재하지 않는 것도 아니다.'[75]

---

73) 말룽꺄뿟따 존자(āyasmā Māluṅkyaputta)는 꼬살라 왕의 보좌관의 아들이었으며 말룽꺄는 어머니 이름이다. 그래서 그의 이름은 말룽꺄의 아들이라는 뜻이다. 나이가 들어서 외도 유행승(paribbājaka)이 되었다가 세존의 가르침을 듣고 출가했다고 한다.(ThagA.ii.170)
본경은 한역 『중아함』의 「전유경」(箭喩經, 독화살 비유 경)에 해당한다. 말룽꺄뿟따 존자는 전유경에서 존자 만동자(尊者 鬘童子)로 번역되어 알려진 분이며, 세존께서 세상은 유한한가 하는 등의 열 가지 문제[十事]에 대해서 명확한 답변을 해 주시지 않는다고 환속하려고 했던 사람이기도 하다. 「말룽꺄 긴 경」(M64)도 그를 두고 설하신 경이다. 그는 『상윳따 니까야』 제4권 「말룽꺄뿟따 경」(S35:95)을 듣고 아라한이 되었으며(§18), 『앙굿따라 니까야』 제2권 「말룽꺄뿟따 경」(A4:254)도 세존께서 그에게 설하신 경이고, 『장로게』(Thag) {794~817}은 그의 게송이다.

74) "여기서 '여래(tathāgata)'는 중생(satta)을 말한다."(MA.iii.141)
복주서는 여기에 대해서, "중생은 과거 겁과 과거 생에서 업과 오염원들에 의해서 태어났듯이 지금도 그와 같이 왔다(tathā etarahi pi āgato)고 해서 여래라 한다. 혹은 업을 지은 대로 자기 존재가 생긴다(tathā taṁ taṁ attabhāvaṁ āgato)고 해서 여래이고 이것은 중생을 말한다."(SAṬ.ii.149)라고 설명하고 있다. 『상윳따 니까야』 제2권 「사후(死後) 경」(S16:12) §3에 해당하는 주석서(SA.ii.201)와 제3권 「야마까 경」(S22:85) §11에 해당하는 주석서(SA.ii.311)에도 이런 설명이 나타나고 있다.

75) 이상의 열 가지는 전통적으로 '설명하지 않음[無記, avyākata]'으로 불리

었으며 이것은 십사무기(十事無記)로 우리에게 알려져 있다. 이 십사무기 혹은 무기는 『상윳따 니까야』 제3권의 「왓차곳따 상윳따」(S33)에 포함된 모든 경들에 나타나며, 제5권의 「설명하지 않음[無記] 상윳따」(S44)에 포함된 열 개의 경들(S44:1~S44:10)의 기본 주제이다.
이 십사무기는 본경뿐만 아니라 『맛지마 니까야』 제1권 「미끼 경」(M25) §10과 제3권 「왓차곳따 불 경」(M72) §§3~14에도 나타난다. 특히 왓차곳따는 이 십사무기와 관련이 많은 사람으로 초기불전에 나타나는데 여기에 대해서는 「왓차곳따 불 경」(M72) §3의 주해를 참조하기 바란다.
그리고 『디가 니까야』 제1권 「뽓타빠다 경」(D9) §§25~27과 『맛지마 니까야』 제1권 「미끼 경」(M25) §§10~11 등과 『앙굿따라 니까야』 제2권 「초연함 경」(A4:38) 등과 『상윳따 니까야』 제6권 「사색 경」(S56:8) 등 초기불전의 여러 곳에서도 같은 10가지로 정형화되어서 나타나고 있다.
그런데 북방에서는 10가지가 아니라 14가지로 알려져서 『아비달마 구사론』에서는 이러한 무기가 '열네 가지의 무기'(諸契經中說 十四無記事)라 하여 十四無記로 언급되고 있다. 이것은 아마 『잡아함』 등에 나타나는 "① 세간은 영원[常]한가 ② 영원하지 않은가 ③ 영원하기도 하고 영원하지 않기도 한가 ④ 영원한 것도 아니고 영원하지 않은 것도 아닌가 ⑤ 세간은 끝[邊]이 있는가 ⑥ 없는가 ⑦ 있기도 하고 없기도 한가 ⑧ 있는 것도 아니고 없는 것도 아닌가 ⑨ 여래의 사후는 존재하는가 ⑩ 존재하지 않는가 ⑪ 존재하기도 하고 존재하지 않기도 한가 ⑫ 존재하는 것도 아니고 존재하지 않는 것도 아닌가 ⑬ 몸[身]과 생명[命]이 동일한가 ⑭ 다른가?(世間常. 世間無常. 世間常無常. 世間非常非無常. 世有邊. 世無邊. 世有邊無邊. 世非有邊非無邊. 命卽是身. 命異身異. 如來死後有. 如來死後無. 如來死後有無. 如來死後非有非無.)"(『雜阿含』 168)를 염두에 둔 듯하다. 여기서는 상·무상과 유변·무변과 여래에 대해서 모두 4가지씩의 무기가 적용되었고 명·신(命·身)에 대해서는 두 가지만 적용이 되어서 모두 14가지가 된 것이다.
그러나 한역 『아함경』 들에는 경마다 이 무기가 다르게 나타난다. 예를 들면 본경(M63)에 상응하며 독화살 비유 경으로 잘 알려진 『중아함』의 「전유경」에는 빠알리 니까야들에서처럼 10가지로 나타난다. 그리고 『장아함』의 「布吒婆樓經」(포타파루경, 『디가 니까야』 제1권 「뽓타빠다 경」(D9)에 상응함.)에는 16가지 무기로 나타나는데 상·무상과 유라는 것에 대해 세존께서는 내게 설명해주시지 않으신다. 세존께서 설명해주시지 않는 것이 기껍지 않고 묵인할 수 없다. 그러니 나는 세존을 찾아가서 이 뜻을 여쭈어보리라.

만일 세존께서 '세상은 영원하다.'거나, '세상은 영원하지 않다.'거나, '세상은 유한하다.'거나, '세상은 무한하다.'거나, '생명이 바로 몸이다.'거나, '생명은 몸과 다른 것이다.'거나, '여래는 사후에도 존재한다.'거나, '여래는 사후에 존재하지 않는다.'거나 '여래는 사후에 존재하기도 하고 존재하지 않기도 한다.'거나, '여래는 사후에 존재하는 것도 아니고 존재하지 않는 것도 아니다.'라고 설명해주시면 세존 아래서 청정범행을 닦으리라.

만일 세존께서 '세상은 영원하다.'거나, '세상은 영원하지 않다.'거나, … '여래는 사후에 존재하는 것도 아니고 존재하지 않는 것도 아니다.'라는 것에 대해 설명해주시지 않으면 나는 공부지음을 버리고 환속하리라."

3. 그러자 [427] 말룽꺄뿟따 존자는 해거름에 [낮 동안의] 홀로 앉음에서 일어나 세존을 뵈러 갔다. 가서는 세존께 절을 올리고 한 곁에 앉았다. 한 곁에 앉아서 말룽꺄뿟따 존자는 세존께 이렇게 말씀드렸다.

"세존이시여, 제가 한적한 곳에 가서 홀로 앉아 [명상하던] 중에 이런 생각이 마음에 떠올랐습니다.

'세존께서는 이런 견해에 대해서는 설명하지 않고 제쳐두고 거부

변·무변과 명·신과 여래에 모두 4가지씩의 무기가 적용된 것이다. 그러나 거듭 밝히지만 빠알리 니까야에서는 10가지로 정리되어 나타나지 14가지나 16가지 등으로는 결코 나타나지 않는다.
여기에 대한 설명은 『상윳따 니까야』 제5권 해제 §4도 참조하기 바란다.

하신다. '세상은 영원하다.'거나, '세상은 영원하지 않다.'거나, … '여래는 사후에 존재하는 것도 아니고 존재하지 않는 것도 아니다.'라는 것에 대해 세존께서는 내게 설명해주시지 않으신다. 세존께서 설명해주시지 않는 것이 기껍지 않고 묵인할 수 없다. 그러니 나는 세존을 찾아가서 이 뜻을 여쭈어보리라.

만일 세존께서 '세상은 영원하다.'거나, '세상은 영원하지 않다.'거나, … '여래는 사후에 존재하는 것도 아니고 존재하지 않는 것도 아니다.'라고 설명해주시면 세존 아래서 청정범행을 닦으리라.

만일 세존께서 '세상은 영원하다.'거나, '세상은 영원하지 않다.'거나, … '여래는 사후에 존재하는 것도 아니고 존재하지 않는 것도 아니다.'라는 것에 대해 설명해주시지 않으면 나는 공부지음을 버리고 환속하리라.'

만일 세존께서 '세상은 영원하다.'라고 아신다면 '세상은 영원하다.'라고 제게 설명해주십시오. 만일 세존께서 '세상은 영원하지 않다.'라고 아신다면 '세상은 영원하지 않다.'라고 제게 설명해주십시오. 만일 세존께서 '세상은 영원하다.'거나, '세상은 영원하지 않다.'라고 알지 못하신다면, 알지 못하고 보지 못할 때 '나는 알지 못하고 나는 보지 못한다.'라고 밝히는 것이 정직한 것입니다.

만일 세존께서 '세상은 유한하다.'라고 아신다면 '세상은 유한하다.'라고 제게 설명해주십시오. 만일 세존께서 '세상은 무한하다.'라고 아신다면 '세상은 무한하다.'라고 제게 설명해주십시오. 만일 세존께서 '세상은 유한하다.'거나, '세상은 무한하다.'라고 알지 못하신다면, 알지 못하고 보지 못할 때 '나는 알지 못하고 나는 보지 못한다.'라고 밝히는 것이 정직한 것입니다.

만일 세존께서 '생명이 바로 몸이다.'라고 아신다면 '생명이 바로 몸이다.'라고 제게 설명해주십시오. 만일 세존께서 '생명은 몸과 다른 것이다.'라고 아신다면 '생명은 몸과 다른 것이다.'라고 제게 설명해 주소서. 만일 세존께서 '생명이 바로 몸이다.'거나, '생명은 몸과 다른 것이다.'라고 알지 못하신다면, 알지 못하고 보지 못할 때 '나는 알지 못하고 나는 보지 못한다.'라고 밝히는 것이 정직한 것입니다.

만일 세존께서 '여래는 사후에도 존재한다.'라고 아신다면 '여래는 사후에도 존재한다.'라고 제게 [428] 설명해주십시오. 만일 세존께서 '여래는 사후에 존재하지 않는다.'라고 아신다면 '여래는 사후에 존재하지 않는다.'라고 제게 설명해주십시오. 만일 세존께서 '여래는 사후에도 존재한다.'거나, '여래는 사후에 존재하지 않는다.'라고 알지 못하신다면, 알지 못하고 보지 못할 때 '나는 알지 못하고 나는 보지 못한다.'라고 밝히는 것이 정직한 것입니다.

만일 세존께서 '여래는 사후에 존재하기도 하고 존재하지 않기도 한다.'라고 아신다면 '여래는 사후에 존재하기도 하고 존재하지 않기도 한다.'라고 제게 설명해주십시오. 만일 세존께서 '여래는 사후에 존재하는 것도 아니고 존재하지 않는 것도 아니다.'라고 아신다면 '여래는 사후에 존재하는 것도 아니고 존재하지 않는 것도 아니다.'라고 제게 설명해주십시오. 만일 세존께서 '여래는 사후에 존재하기도 하고 존재하지 않기도 한다.'거나, '여래는 사후에 존재하는 것도 아니고 존재하지 않는 것도 아니다.'라고 알지 못하신다면, 알지 못하고 보지 못할 때 '나는 알지 못하고 나는 보지 못한다.'라고 밝히는 것이 정직한 것입니다."

4. "말룽꺄뿟따여, 내가 그대에게 이렇게 말한 적이 있는가? '오라, 말룽꺄뿟따여. 그대는 내 아래에서 청정범행을 닦아라. 나는 그대에게 '세상은 영원하다.'거나, '세상은 영원하지 않다.'거나, …

'여래는 사후에 존재하는 것도 아니고 존재하지 않는 것도 아니다.' 라고 설명해주리라.'라고."

"아닙니다, 세존이시여."

"그러면 그대가 내게 이렇게 말한 적이 있는가? '세존이시여, 저는 세존 아래에서 청정범행을 닦을 것입니다. 세존께서는 제게 '세상은 영원하다.'거나, '세상은 영원하지 않다.'거나, … '여래는 사후에 존재하는 것도 아니고 존재하지 않는 것도 아니다.'라고 설명해 주실 것입니다.'라고."

"아닙니다, 세존이시여."

"말룽꺄뿟따여, 이와 같이 내가 그대에게 '오라, 말룽꺄뿟따여. 그대는 내 아래에서 청정범행을 닦아라. 나는 그대에게 '세상은 영원하다.'거나, '세상은 영원하지 않다.'거나, … '여래는 사후에 존재하는 것도 아니고 존재하지 않는 것도 아니다.'라고 설명해주리라.'라고 말한 적이 없고, 그대도 내게 '세존이시여, 저는 세존 아래에서 청정범행을 닦을 것입니다. 세존께서는 제게 '세상은 영원하다.'거나, '세상은 영원하지 않다.'거나, … '여래는 사후에 존재하는 것도 아니고 존재하지 않는 것도 아니다.'라고 설명해 주실 것입니다.'라고 말한 적이 없다.

이 쓸모없는 인간이여, 사정이 이와 같거늘 그대가 누구라고 무엇을 버린단 말인가?"[76]

---

76) "'그대가 누구라고 무엇을 버린단 말인가?(ko santo kaṁ paccācikkhasi)'라고 하셨다. 간청한 사람(yācaka)이 간청을 받아들인 자(yācitaka)를 버릴 수 있고, 혹은 간청을 받아들인 사람이 간청한 사람을 버릴 수 있지만, 말룽꺄뿟따는 간청한 사람도 아니고 간청을 받아들인 사람도 아니다."(MA.iii.142)

그러므로 말룽꺄뿟따는 세존께서 설명해주시면 청정범행을 닦을 것이고,

5. "말룽꺄뿟따여, 어떤 사람이 말하기를 '세존께서 내게 세상은 영원하다거나, 세상은 영원하지 않다거나, … 여래는 사후에 존재하는 것도 아니고 존재하지 않는 것도 아니라고 [429] 설명해주시기 전에는 나는 세존 아래에서 청정범행을 닦지 않으리라.'라고 말한다면, 여래는 그것에 대한 설명을 하지 않을 것이므로 그동안 그 사람은 죽게 될 것이다.

말룽꺄뿟따여, 예를 들면 어떤 사람이 독이 잔뜩 묻은 화살에 맞았다 하자. 그의 친구나 동료나 일가친척들이 그를 치료하기 위해 의사를 데려올 것이다.

그러나 그는 이렇게 말할 것이다. '내게 화살을 쏜 사람이 끄샤뜨리야인지 바라문인지 와이샤인지 수드라인지 내가 그 사람을 알기 전에는 이 화살을 뽑지 않을 것이다.'라고.

그는 이렇게 말할 것이다. '내게 화살을 쏜 사람의 이름이 무엇이고 성이 무엇인지 내가 알기 전에는 이 화살을 뽑지 않을 것이다.'라고.

그는 이렇게 말할 것이다. '내게 화살을 쏜 사람의 키가 큰지 작은지 중간인지 내가 알기 전에는 이 화살을 뽑지 않을 것이다.'라고.

그는 이렇게 말할 것이다. '내게 화살을 쏜 사람의 피부색이 검은색인지 갈색인지 황금색인지 내가 알기 전에는 이 화살을 뽑지 않을 것이다.'라고.

그는 이렇게 말할 것이다. '내게 화살을 쏜 사람이 어떤 마을이나 성읍이나 도시에 사는지 내가 알기 전에는 이 화살을 뽑지 않을 것이다.'라고.

설명해주시지 않으면 승단을 버리고 환속하겠다는 말을 할 자격이 없다는 말씀이다.

그는 이렇게 말할 것이다. '내가 맞은 화살의 활이 긴 활인지 석궁인지 내가 알기 전에는 이 화살을 뽑지 않을 것이다.'라고.

그는 이렇게 말할 것이다. '내가 맞은 화살의 활줄이 실인지 갈대인지 힘줄인지 대마인지 유엽수[77]의 껍질인지 내가 알기 전에는 이 화살을 뽑지 않을 것이다.'라고.

그는 이렇게 말할 것이다. '내가 맞은 화살의 화살대가 야생인지 재배한 것인지[78] 내가 알기 전에는 이 화살을 뽑지 않을 것이다.'라고.

그는 이렇게 말할 것이다. '내가 맞은 화살대의 깃털이 독수리의 것인지 까마귀의 것인지 매의 것인지 공작의 것인지 황새의 것인지 내가 알기 전에는 이 화살을 뽑지 않을 것이다.'라고.

그는 이렇게 말할 것이다. '화살대를 묶고 있는 힘줄이 소의 것인지 물소의 것인지 사자의 것인지 원숭이의 것인지 내가 알기 전에는 이 화살을 뽑지 않을 것이다.'라고.

그는 이렇게 말할 것이다. '내가 맞은 화살이 보통의 것인지 굽은 것인지 가시 달린 것인지 송아지 이빨인지 협죽도 이파리 모양의 것인지 내가 알기 전에는 이 화살을 뽑지 않을 것이다.'라고.

말룽꺄뿟따여, [430] 그 사람은 그것을 알지 못하고 죽게 될 것이다.

말룽꺄뿟따여, 그와 같이 어떤 사람이 말하기를 '세존께서 내게 세상은 영원하다거나, 세상은 영원하지 않다거나, … 여래는 사후에 존재하는 것도 아니고 존재하지 않는 것도 아니라고 설명해주시기 전에는 나는 세존 아래에서 청정범행을 닦지 않으리라.'라고 말한다면,

---

77) "'유엽수(khīrapaṇṇī, *Calotropis gigantea*)'란 그 나뭇잎이 유백색의 즙을 함유하고 있는 나무인데, 그 껍질로 활줄을 만든다. 대마도 그 껍질을 사용한다."(MA.iii.142)

78) "즉 산의 관목이나 강가의 관목들 사이에서 자란 것이거나 혹은 씨앗을 뿌려 키운 갈대로 화살대를 만든다."(MA.iii.142)

여래는 그것에 대한 설명을 하지 않을 것이므로 그동안 그 사람은 죽게 될 것이다."

6. "말룽꺄뿟따여, '세상은 영원하다.'라는 견해가 있으면 청정범행을 닦을 수가 없다. 말룽꺄뿟따여, '세상은 영원하지 않다.'라는 견해가 있어도 청정범행을 닦을 수가 없다. '세상은 영원하다.'라는 견해가 있거나 '세상은 영원하지 않다.'라는 견해가 있으면 태어남이 있고 늙음이 있고 죽음이 있고 근심 · 탄식 · 육체적 고통 · 정신적 고통 · 절망이 있을 뿐이다. 말룽꺄뿟따여, 나는 지금 · 여기에서 바로 태어남 · 늙음 · 죽음 · 근심 · 탄식 · 육체적 고통 · 정신적 고통 · 절망이 소멸하는 것을 가르친다.

말룽꺄뿟따여, '세상은 유한하다.'라는 견해가 있으면 청정범행을 닦을 수가 없다. 말룽꺄뿟따여, '세상은 무한하다.'라는 견해가 있어도 청정범행을 닦을 수가 없다. '세상은 유한하다.'라는 견해가 있거나 '세상은 무한하다.'라는 견해가 있으면 태어남이 있고 늙음이 있고 죽음이 있고 근심 · 탄식 · 육체적 고통 · 정신적 고통 · 절망이 있을 뿐이다. 말룽꺄뿟따여, 나는 지금 · 여기에서 바로 태어남 · 늙음 · 죽음 · 근심 · 탄식 · 육체적 고통 · 정신적 고통 · 절망이 소멸하는 것을 가르친다.

말룽꺄뿟따여, '생명이 바로 몸이다.'라는 견해가 있으면 청정범행을 닦을 수가 없다. 말룽꺄뿟따여, '생명은 몸과 다른 것이다.'라는 견해가 있어도 청정범행을 닦을 수가 없다. '생명이 바로 몸이다.'라는 견해가 있거나 '생명은 몸과 다른 것이다.'라는 견해가 있으면 태어남이 있고 늙음이 있고 죽음이 있고 근심 · 탄식 · 육체적 고통 · 정신적 고통 · 절망이 있을 뿐이다. 말룽꺄뿟따여, 나는 지금 · 여기에서 바로 태어남 · 늙음 · 죽음 · 근심 · 탄식 · 육체적 고통 · 정신적 고통·절망이 소멸하는 것을 가르친다.

말룽꺄뿟따여, '여래는 사후에도 존재한다.'라는 견해가 있으면 청정범행을 닦을 수가 없다. 말룽꺄뿟따여, '여래는 사후에 존재하지 않는다.'라는 견해가 있어도 청정범행을 닦을 수가 없다. '여래는 사후에도 존재한다.'라는 견해가 있거나 '여래는 사후에 존재하지 않는다.'라는 견해가 있으면 태어남이 있고 늙음이 있고 죽음이 있고 근심·탄식·육체적 고통·정신적 고통·절망이 있을 뿐이다. 말룽꺄뿟따여, 나는 지금·여기에서 바로 태어남·늙음·죽음·근심·탄식·육체적 고통·정신적 고통·절망이 소멸하는 것을 가르친다.

말룽꺄뿟따여, [431] '여래는 사후에 존재하기도 하고 존재하지 않기도 한다.'라는 견해가 있으면 청정범행을 닦을 수가 없다. 말룽꺄뿟따여, '여래는 사후에 존재하는 것도 아니고 존재하지 않는 것도 아니다.'라는 견해가 있어도 청정범행을 닦을 수가 없다. '여래는 사후에 존재하기도 하고 존재하지 않기도 한다.'라는 견해가 있거나 '여래는 사후에 존재하는 것도 아니고 존재하지 않는 것도 아니다.'라는 견해가 있으면 태어남이 있고 늙음이 있고 죽음이 있고 근심·탄식·육체적 고통·정신적 고통·절망이 있을 뿐이다. 말룽꺄뿟따여, 나는 지금·여기에서 바로 태어남·늙음·죽음·근심·탄식·육체적 고통·정신적 고통·절망이 소멸하는 것을 가르친다."

7. "말룽꺄뿟따여, 그러므로 내가 설명하지 않은 것은 설명하지 않았다고 호지하고, 내가 설명한 것은 설명했다고 호지하라.

말룽꺄뿟따여, 그러면 나는 무엇을 설명하지 않았는가? 말룽꺄뿟따여, '세상은 영원하다.'라고 나는 설명하지 않았다. '세상은 영원하지 않다.'라고 나는 설명하지 않았다. '세상은 유한하다.'라고 나는 설명하지 않았다. '세상은 무한하다.'라고 나는 설명하지 않았다. '생명이 바로 몸이다.'라고 나는 설명하지 않았다. '생명은 몸과 다른 것이다.'라고 나는 설명하지 않았다. '여래는 사후에도 존재한다.'라고 나는 설명하지 않았다. '여래는 사후에 존재하지 않는다.'라고 나는 설명하지 않았다. '여래는 사후에 존재하기도 하고 존재하지 않기도 한다.'라고 나는 설명하지 않았다. '여래는 사후에 존재하는 것도 아니고 존재하지 않는 것도 아니다.'라고 나는 설명하지 않았다."

8. "말룽꺄뿟따여, 그러면 나는 왜 이것을 설명하지 않았는가? 말룽꺄뿟따여, 이것은 참으로 이익을 주지 못하고, 청정범행의 시작에도 미치지 못하고,[79] 염오로 인도하지 못하고, 탐욕의 빛바램으로 인도하지 못하고, 소멸로 인도하지 못하고, 고요함으로 인도하지 못하고, 최상의 지혜로 인도하지 못하고, 바른 깨달음으로 인도하지 못하고, 열반으로 인도하지 못하기 때문이다."[80]

9. "말룽꺄뿟따여, 그러면 나는 무엇을 설명했는가? 말룽꺄뿟따여, '이것은 괴로움이다.'라고 나는 설명했다. '이것은 괴로움의 일

---

79) "'청정범행의 시작에도 미치지 못하고(nādibrahmacariyikaṁ)'라는 것은 이런 그릇된 견해(diṭṭhi-gata)를 가지는 것은 청정범행의 시작만큼(ādi-matta)도 아니고, 예비단계의 계행만큼(pubbabhāga-sīla-matta)도 아니라는 뜻이다."(MA.iii.143)

80) 여기서 '염오와 탐욕의 빛바램과 소멸과 고요와 최상의 지혜와 바른 깨달음과 열반'은 각각 nibbidā, virāga, nirodha, upasama, abhiññā, sambodha, nibbāna를 옮긴 것이다. 주석서는 다음과 같이 간단하게 설명한다.

"윤회(vaṭṭa)에 대해 염오하거나, 탐욕을 빛바래게 하거나, 윤회를 소멸하거나, 탐욕 등을 고요하게 가라앉히거나, 최상의 지혜로 알아야 할 법들(abhi-ññeyyā dhammā)을 최상의 지혜로 알게 하거나, 네 가지 도라고 불리는 바른 깨달음을 얻게 하거나(catu-magga-saṅkhāta-sambodh-attha), 형성되지 않은 열반을 실현하도록(asaṅkhata-nibbāna-sacchi-kiriy-attha) 인도하지 않는다."(MA.iii.143)

어남이다.'라고 나는 설명했다. '이것은 괴로움의 소멸이다.'라고 나는 설명했다. '이것은 괴로움의 소멸로 인도하는 도닦음이다.'라고 나는 설명했다."

10. "말룽꺄뿟따여, 그러면 나는 왜 이것을 설명했는가? 말룽꺄뿟따여, 이것은81) 참으로 이익을 주고, 청정범행의 시작과 관련되며, 염오로 인도하고, 탐욕의 빛바램으로 인도하고, 소멸로 인도하고, 고요함으로 인도하고, 최상의 지혜로 인도하고, 바른 깨달음으로 인도하고, 열반으로 인도하기 때문이다. 그러므로 나는 이것을 설명했다. 말룽꺄뿟따여, 그러므로 [432] 설명하지 않은 것은 설명하지 않았다고 호지하라. 내가 설명한 것은 설명했다고 호지하라."

세존께서는 이와 같이 설하셨다. 말룽꺄뿟따 존자는 마음이 흡족해져서 세존의 말씀을 크게 기뻐하였다.

81) "'이것(etaṁ)'은 사성제의 법을 설명한 것(catu-sacca-byākaraṇa)을 말한다."(MA.iii.143)

심사빠 숲 경

Simsapāvana Sutta(S56:31)

【해설】

본경은 심사빠 잎사귀의 비유를 통해서 부처님의 가르침 중에서 네 가지 성스러운 진리 즉 사성제가 얼마나 핵심적 위치를 차지하는 가를 알게 해주는 경이다.
본경은 세존께서는 사성제를 가르치셨다고 강조한다. 이것은 이익을 주고 바른 깨달음으로 인도하고 열반으로 인도하기 때문이다. 본경에서 세존께서는 사성제에 대해서 수행해야 한다고 간곡하게 말씀하시면서 경을 마무리하신다.

1. 이와 같이 나는 들었다. 한때 세존께서는 꼬삼비에서 심사빠 숲에 머무셨다.

2. 그때 세존께서는 심사빠 잎사귀들을 조금 손에 들고 비구들을 불러서 말씀하셨다.

3. "비구들이여, 이를 어떻게 생각하는가? 내가 손에 조금 들고 있는 이 심사빠 잎사귀들과 이 심사빠 숲 전체에 있는 저 잎사귀들 가운데서 어느 것이 더 많은가?"

"세존이시여, [438] 세존께서 손에 조금 들고 계시는 그 심사빠 잎사귀들은 아주 적습니다. 이 심사빠 숲 전체에 있는 저 잎사귀들이 훨씬 더 많습니다."

4. "비구들이여, 그와 같이 내가 최상의 지혜로 안 것들 가운데 내가 가르치지 않은 것이 훨씬 더 많다. 내가 가르친 것은 아주 적다.

비구들이여, 그러면 나는 왜 가르치지 않았는가? 비구들이여, 그것들은 이익을 주지 못하고, 그것들은 청정범행의 시작에도 미치지 못하고, 염오로 인도하지 못하고, 탐욕의 빛바램으로 인도하지 못하고, 소멸로 인도하지 못하고, 고요함으로 인도하지 못하고, 최상의 지혜로 인도하지 못하고, 바른 깨달음으로 인도하지 못하고, 열반으로 인도하지 못하기 때문이다. 그래서 나는 그것들을 가르치지 않았다."

5. "비구들이여, 그러면 나는 무엇을 가르쳤는가?

비구들이여, '이것은 괴로움이다.'라고 나는 가르쳤다. '이것은 괴로움의 일어남이다.'라고 나는 가르쳤다. '이것은 괴로움의 소멸이다.'라고 나는 가르쳤다. '이것은 괴로움의 소멸로 인도하는 도닦음이다.'라고 나는 가르쳤다."

6. "비구들이여, 그러면 왜 나는 이것을 가르쳤는가?

비구들이여, 이것은 참으로 이익을 주고, 이것은 청정범행의 시작이고, 염오로 인도하고, 탐욕의 빛바램으로 인도하고, 소멸로 인도하고, 고요함으로 인도하고, 최상의 지혜로 인도하고, 바른 깨달음으로 인도하고, 열반으로 인도하기 때문이다. 그래서 나는 이것을 가르쳤다."

7. "비구들이여, 그러므로 그대들은 '이것이 괴로움이다.'라고 수행해야 한다. '이것이 괴로움의 일어남이다.'라고 수행해야 한다. '이것이 괴로움의 소멸이다.'라고 수행해야 한다. '이것이 괴로움의 소멸로 인도하는 도닦음이다.'라고 수행해야 한다."

코끼리 발자국 비유의 긴 경

Mahā-hatthipadopama Sutta(M28)

【해설】

부처님께서는 45년 동안 많은 가르침을 베푸셨다. 그러면 이렇게 많은 부처님 가르침의 핵심은 무엇이라고 봐야 하는가? 이것은 부처님 당시에도 직계제자들에게 중요한 의문이었을 것이다. 부처님의 상수제자요 지혜제일이라는 사리뿟따 존자가 여기에 대해서 가만히 있었을 리가 없다. 그래서 본경에서 사리뿟따 존자는 이렇게 말한다.

"도반들이여, 예를 들면 움직이는 생명들의 발자국은 그 어떤 것이든 모두 코끼리 발자국 안에 놓이고, 또한 코끼리 발자국이야말로 그들 가운데 최상이라고 불리나니 그것은 큰 치수 때문입니다. 도반들이여, 유익한 법[善法]은 그 어떤 것이든 모두 네 가지 성스러운 진리[四聖諦]에 내포됩니다. 무엇이 넷인가요? 괴로움의 성스러운 진리, 괴로움의 일어남의 성스러운 진리, 괴로움의 소멸의 성스러운 진리, 괴로움의 소멸로 인도하는 도닦음의 성스러운 진리입니다."(§2)

이처럼 사리뿟따 존자는 사성제야말로 불교교학의 근본이라고 이렇게 먼저 정의를 하였다. 그런 뒤에 §3에서 고성제부터 설명해 들어간다. 본경에서 고성제는 생·노·병·사의 사고(四苦)에다 우비고뇌고와 구부득고(求不得苦)와 오취온고[略 五陰盛苦]로 설명된다. 고성제는 오취온고로 귀결된다. 그래서 본경 §4에서는 다시 오취온을 정의하고 이 가운데 색취온을 네 가지 근본물질[四大]과 그 근본물질에서 파생된 물질[所造色]들이라고 정의한 후에(§5) 경의 대부분을 사대의 각각, 즉 땅의 요소, 물의 요소, 불의 요소, 바람의 요소를 설명하는 데 할애하고 있다.(§§6~25)

그리고 §§27~38에서는 여섯 가지 안의 감각장소[六內處]와 여섯 가지 밖의 감각장소[六外處]와 그것에 상응하는 여섯 가지 알음알이[六識]에 대해서 설명을 한다. 그리고 §28 등에서는 "이렇게 해서 취착의 [대상인] 다섯 가지 무더기들의 모임, 적집, 더미가 만들어집니다."라고 하면서 근 - 경 - 식의 삼사에 의해서 오취온으로 구성된 '나'라는 존재가 생긴다고 역설한다. 이렇게 해서 오취온고로서 고성제를 결론짓는다.

그리고 다시 '연기를 보는 자는 법을 보고, 법을 보는 자는 연기를 본다.'는 세존의 말씀을 인용한 뒤에(§38), 오취온은 조건 따라 생긴 것[緣起]이며 이들에 욕심 등을 내는 것이 괴로움의 일어남이요 탐욕과 욕망을 제어하여 없애는 것이 괴로움의 소멸이라고 하면서(§38 등) 괴로움의 일어남(집성제)과 괴로움의 소멸(멸성제)을 간략하게 설명하는 것으로 경을 마무리 짓는다.

사성제 가운데 도성제에 대한 설명은 본경에는 나타나지 않는다. 이처럼 본경은 사성제 가운데서 고성제의 핵심인 오취온고와 오취온 가운데서 첫 번째인 색취온을 중점적으로 설하고 있다.

1. 이와 같이 나는 들었다. 한때 세존께서는 사왓티에서 제따 숲의 아나타삔디까 원림(급고독원)에 머무셨다. 그때 사리뿟따 존자가 "비구들이여."라고 비구들을 불렀다. 그 비구들은 "도반이시여."라고 사리뿟따 존자에게 응답했다. 사리뿟따 존자는 이렇게 설했다.

2. "도반들이여, 예를 들면 움직이는 생명들의 발자국은 그 어떤 것이든 모두 코끼리 발자국 안에 놓이고, 또한 코끼리 발자국이야말로 그들 가운데 최상이라고 불리나니 그것은 큰 치수 때문입니다. 도반들이여, 유익한 법[善法]은 그 어떤 것이든 모두 네 가지 성스러운 진리[四聖諦]에 내포됩니다. 무엇이 넷인가요? 괴로움의 성스러운 진리, 괴로움의 [185] 일어남의 성스러운 진리, 괴로움의 소멸의 성스러운 진리, 괴로움의 소멸로 인도하는 도닦음의 성스러운 진리입니다."

3. "도반들이여, 무엇이 괴로움의 성스러운 진리[苦聖諦]입니까?

태어남도 괴로움이고, 늙음도 괴로움이고, 죽음도 괴로움이고, 근심·탄식·육체적 고통·정신적 고통·절망도 괴로움이고, 원하는 것을 얻지 못하는 것도 괴로움입니다. 요컨대 취착의 [대상인] 다섯 가지 무더기[五取蘊][82] 자체가 괴로움입니다."[83]

4. "도반들이여, 무엇이 취착의 [대상인] 다섯 가지 무더기[五取蘊]입니까?

그것은 취착의 [대상인] 물질의 무더기, 취착의 [대상인] 느낌의 무더기, 취착의 [대상인] 인식의 무더기, 취착의 [대상인] 심리현상

---

82) 다섯 가지 무더기[五蘊]와 취착의 [대상인] 다섯 가지 무더기[五取蘊]의 차이점에 대해서는 『청정도론』 XIV(제14장) §214 이하를 참조하고, 『상윳따 니까야』 제3권 해제 §3 「무더기 상윳따」(S22)의 (7) 오온과 오취온의 차이와 중요 술어 몇 가지를 참조하거나, 『초기불교 이해』 159쪽 이하를 참조하기 바란다.

83) 일반적으로 경에서 괴로움은 사고팔고(四苦八苦)로 정의된다. 그래서 『상윳따 니까야』 제6권 「초전법륜 경」(S56:11)등에서는 괴로움을 다음과 같이 정의한다.

"비구들이여, 이것이 괴로움의 성스러운 진리이다. 태어남도 괴로움이다. 늙음도 괴로움이다. 병도 괴로움이다. 죽음도 괴로움이다. 싫어하는 [대상]들과 만나는 것도 괴로움이다. 좋아하는 [대상]들과 헤어지는 것도 괴로움이다. 원하는 것을 얻지 못하는 것도 괴로움이다. 요컨대 취착의 [대상인] 다섯 가지 무더기[五取蘊] 자체가 괴로움이다."(「초전법륜 경」(S56:11) §5)

위의 경문에서 보듯이 사고(四苦)는 생·노·병·사이다. 팔고(八苦)는 이 사고에다 애별리고(愛別離苦)와 원증회고(怨憎會苦)와 구부득고(求不得苦)와 오취온고(略 五陰盛苦)의 넷을 더한 것이다. 그런데 본경에서는 3고와 우비고뇌고와 구부득고와 오취온고의 셋을 더하여 모두 여섯 가지 괴로움(6고)이 나타나고 있다. 여기에 대해서는 본서에 싣고 있는 「진리의 분석 경」(M141) §10의 주해도 참조할 것.

들의 무더기, 취착의 [대상인] 알음알이의 무더기입니다."

5. "도반들이여, 무엇이 취착의 [대상인] 물질의 무더기입니까? 네 가지 근본물질[四大]과 그 근본물질에서 파생된 물질들[所造色][84] 입니다. 도반들이여, 그러면 무엇이 네 가지 근본물질입니까? 땅의 요소, 물의 요소, 불의 요소, 바람의 요소입니다."

땅의 요소

6. "도반들이여, 무엇이 땅의 요소[地界]입니까?

땅의 요소는 내적인 것과 외적인 것[85]이 있습니다. 도반들이여, 그러면 무엇이 내적인 땅의 요소입니까? 몸 안에 있고 개개인에 속하고 딱딱하고 견고하고 업에서 생긴 것은 무엇이건 이를 일러 내적인 땅의 요소라 합니다. 예를 들면 머리털·몸털·손발톱·이·살갗·살·힘줄·뼈·골수·콩팥·염통·간·근막·지라·허파·창자·장간막·위 속의 음식·똥[86]과 그 외에도 몸 안에 있고 개개

---

84) '근본물질'은 mahābhūta를 옮긴 것으로 본경에서 보듯이 지·수·화·풍의 네 가지 근본물질[四大]을 뜻한다. '파생된 물질[所造色]'은 Ee: upādā-rūpa Be:upādāya rūpa를 옮긴 것인데 upādā-rūpa는 아비담마에서 말하는 24가지 파생된 물질을 뜻하는 술어이기도 하다. 본경에서 말하는 파생된 물질이 아비담마에서 정리한 24가지 파생된 물질을 뜻하는지는 분명하지 않다.
이 구문은 『맛지마 니까야』 제2권 「소치는 사람의 긴 경」(M33) §4와 제3권 「확고부동함에 적합한 길 경」(M106) §4에도 나타나고 있다.
아비담마에서 설명하는 근본물질과 파생된 물질에 대해서는 『아비담마 길라잡이』 제6장 §2 이하를 참조할 것.

85) "본 [문단]에서 설해지고 있는 것이 '내적인 땅의 요소(ajjhattikā pathavī-dhātu)'이고 『위방가』(分別論)에서 "철 구리 납 연석(ayo lohaṁ tipu sīsa)"이라는 방법으로 설하는 것이 '외적인 땅의 요소(bāhirā pathavī-dhātu)'이다."(MA.ii.223)

인에 속하고 딱딱하고 견고하고 업에서 생긴 것은 무엇이건 이를 일러 내적인 땅의 요소라 합니다.

내적인 땅의 요소이든 외적인 땅의 요소이든 그것은 단지 땅의 요소일 뿐입니다. 이에 대해 '이것은 내 것이 아니다. 이것은 내가 아니다. 이것은 나의 자아가 아니다.'라고 있는 그대로[87] 바른 통찰지로 보아야 합니다. 이와 같이 이것을 있는 그대로 바른 통찰지로 보아 땅의 요소를 염오하고 마음이 땅의 요소에 대한 탐욕을 빛바래게 합니다[離慾]."

7. "도반들이여, 외적인 물의 요소[水界]가 교란되어 외적인 땅의 요소가 자취도 없이 사라져버리는 그런 때가 있습니다.[88] 도반들이여, 참으로 이 광대한 외적인 땅의 요소도 무상한 것으로 드러나고,

---

86) 여기서는 31가지 혹은 32가지 몸의 부분들 가운데 '지계[地界, paṭhavī-dhātu]'에 관계된 처음의 19가지만 언급되고 쓸개즙 등의 나머지 12가지 분비물들은 다음 §11의 물의 요소[水界,apo-dhātu]에서 언급되고 있다. 31가지 혹은 32가지 몸의 부분들(dvattiṁs-ākārā 혹은 dvattiṁsa-koṭṭhāsā)에 대해서는 아래 §11의 주해를 참조할 것.

87) "'있는 그대로(yathā-bhūtaṁ)'라는 것은 무상 등의 본성[自性]에 따라(aniccādi-sabhāvaṁ)라는 말이다. 이 땅의 요소의 본성은 무상, 고, 무아(anicca dukkha anatta)이다. 그러므로 '있는 그대로 본다.'는 것은 무상, 고, 무아라고 보아야 한다는 말이다."(MA.ii.224)

88) "'외적인 물의 요소(bāhirā apodhātu)'에 의해 '외적인 땅의 요소(bāhirā paṭhavī-dhātu)'가 파괴되는 것(vināsa)을 보이신 뒤에 업에서 생긴(upādinnā) 몸에 한정된 땅의 요소(sarīr-aṭṭhaka-pathavīdhātu)가 파괴되는 것을 보이기 위해서 이 말씀을 하셨다. 즉 물이 점점 불어나서 교란될 때 십만 꼬띠(십만×천만=1조)의 우주에 산 등의 모든 땅의 요소가 양잿물(khār-odaka)에 녹아(vilīyamānā) 물이 되어 사라진다, 녹아서 물이 되어버린다는 말이다."(MA.ii.224)
고대 인도의 우주관에 의하면 세계는 땅과 물과 바람에 의해서 주기적으로 파괴된다고 한다. 여기에 대해서는 『청정도론』 XIII.30~65를 참조할 것.

부서지기 마련인 것으로 드러나고, 소멸되기 마련인 것으로 드러나고, 변하기 마련인 것으로 드러나거늘, 하물며 갈애로 취착된, 하찮은[89] 이 몸뚱이를 두고 '나'라거나 '내 것'이라거나 '내가 있다.'라고 할 수 있겠습니까? 이 몸뚱이에는 결코 그런 것이 없습니다."[90]

8. "도반들이여, 만일 이 비구[91]를 다른 이들이 욕하고 비난하고 꾸짖고 힐난하면 그 [비구]는 이렇게 꿰뚫어 압니다. '지금 나에게 귀의 감각접촉[耳觸]에서 생긴 괴로운 느낌이 일어났다. 이것은 조건으로 인해 생긴 것이고, 조건 없이 생긴 것이 아니다. 무엇을 조건했나? 감각접촉을 [186] 조건했다.'라고. 그리고 그는 '그 감각접촉은 실로 무상하다.'라고 보고, '느낌[受]은 무상하다.'라고 보고, '인식[想]은 무상하다.'라고 보고, '심리현상들[行]은 무상하다.'라고 보고, '알음알

89) "'하찮은(mattaṭṭhaka)'이란 잠깐밖에 머물지 못한다는(paritta-ṭṭhitika) 말이다. 두 가지 측면에서 이 몸(kāya)은 잠깐밖에 머물지 못한다고 알아야 한다. 머무는 것이 잠깐인 것(ṭhiti-parittatā)과 본질 혹은 핵심이 잠깐인 것(sarasa-parittatā))이다.
여기서 "과거의 마음순간[心刹那, citta-kkhaṇa]에 머물렀던 것은 현재에 머물지 않고, 미래에도 머물지 않을 것이다(jīvittha, na jīvati, na jīvissati)."(Nd.i.42)라고 설하신 이것은 '머무는 것이 잠깐인 것'이다. "중생들은 들숨에 의지해 살고, 날숨에 의지해 살고, 들숨날숨에 의지해 살고, 근본물질에 의지해 살고, 덩어리진 음식에 의지해 살고, 알음알이에 의지해 산다."라고 설하신 이것은 본질이 잠깐인 것이다."(MA.ii.224~225)

90) "이 비구가 이런 세 가지 특상(tīṇi lakkhaṇāni)을 가지고 볼 때 이 내적인 땅의 요소에 대해 '나'라는 등의 세 가지 갈애와 자만과 사견에 붙들리지(taṇhā-māna-diṭṭhi-ggāha) 않는다. 마치 물의 요소에 의해 외적인 땅의 요소가 자취도 없이 사라지듯이, 불의 요소와 바람의 요소에 의해서도 외적인 땅의 요소가 사라진다. 여기서는 하나만 예를 들었지만 나머지도 뜻을 따라 그렇게 이해해야 한다."(MA.ii.225)

91) "이 비구란 요소(근본물질)를 명상주제로 삼은(dhātu-kammaṭṭhānika) 비구를 말한다."(MA.ii.225)

이[識]는 무상하다.'라고 봅니다. 요소를 대상으로 한 그의 마음[92]은 [그 대상에] 깊이 들어가고 깨끗한 믿음을 가지고 확립하고 확신을 가지게 됩니다."[93]

9. "도반들이여, 만일 이 비구를 다른 이들이 원하지 않고 좋아하지 않고 마음에 들지 않는 방법들인 주먹으로 공격하거나 흙덩이로 공격하거나 몽둥이로 공격하거나 칼로 공격하면 그 [비구]는 이와 같이 꿰뚫어 압니다. '이 몸은 지금 주먹으로 공격받고, 흙덩이로 공격받고, 몽둥이로 공격받고, 칼로 공격받는 그런 상태이다. 그런데 세존께서는 톱의 비유에서 이렇게 말씀하셨다. '비구들이여, 만일 양쪽에 날이 달린 톱으로 도둑이나 첩자가 사지를 마디마다 잘라낸다 하더라도 그들에 대해 마음을 더럽힌다면 그는 나의 가르침을 따르는 자가 아니다.'[94]라고. 이제 내게는 불굴의 정진이 생길 것이고, 마음챙김이 확립되어 잊어버림이 없을 것이고, 몸이 경안하여 교란하지 않을 것이고, 마음이 집중되어 일념이 될 것이다. 그러니 주먹으로나 흙덩이로나 막대기로나 칼로 이 몸을 공격해오더라도 상관하지 말자. 이것이야말로 참으로 부처님들의 가르침을 따르는 것이니까.'라고."

---

92) '요소를 대상으로 한 그의 마음'은 tassa dhāt-ārammaṇam eva cittaṁ을 옮긴 것이다. 주석서는 여기서 dhāt-ārammaṇam eva를 dhātu-saṅkhātam eva ārammaṇaṁ(요소라 불리는 그 대상)으로 풀이하고 있어서(MA.ii.225) 이렇게 옮겼다. 즉 그 땅의 요소를 대상으로 한 그의 마음은 그 요소의 대상에 깊이 들어간다는 말이다.

93) "'확신을 가지게 된다(adhimuccati).'는 것은 '이런 요소일 뿐이다.'라고 확신(adhimokkha)을 얻어 거기에 집착하지도 않고(na rajjati) 싫어하지도 않는다(na dussati)는 말이다."(MA.ii.225)

94) 이 말씀은 『맛지마 니까야』 제1권 「톱의 비유 경」(M21) §20에서 '톱의 비유(kakacūpama)'의 내용으로 나타나고 있다.

10. "도반들이여, 만일 그 비구가 이와 같이 부처님을 계속해서 생각하고[隨念], 이와 같이 법을 계속해서 생각하고, 이와 같이 승가를 계속해서 생각함에도 불구하고 유익함[善]에 바탕을 둔 평온이 확립되지 않으면, 그는 급박해져서 절박감에 사로잡힙니다. '내가 이와 같이 부처님을 계속해서 생각하고, 이와 같이 법을 계속해서 생각하고, 이와 같이 승가를 계속해서 생각함에도 불구하고 유익함에 바탕을 둔 평온이 확립되지 않다니, 이것은 참으로 내게 손실일 뿐 이득이 아니고, 불운일 뿐 행운이 아니다.'라고.

도반들이여, 마치 며느리가 시아버지를 보고 급박해져서 절박감에 사로잡히듯이 그와 같이 비구가 이와 같이 부처님을 계속해서 생각하고, 이와 같이 법을 계속해서 생각하고, 이와 같이 승가를 계속해서 생각함에도 불구하고 유익함에 바탕을 둔 평온이 확립되지 않으면, 그는 급박해져서 절박감에 사로잡힙니다. '내가 이와 같이 부처님을 계속해서 생각하고, 이와 같이 법을 계속해서 생각하고, 이와 같이 승가를 계속해서 생각함에도 불구하고 유익함에 바탕을 둔 평온이 확립되지 않다니, 이것은 참으로 내게 손실일 뿐 이득이 아니고, 불운일 뿐 행운이 아니다.'라고.

도반들이여, 만일 그 비구가 이와 같이 부처님을 계속해서 생각하고, 이와 같이 법을 계속해서 생각하고, 이와 같이 승가를 계속해서 생각하여 유익함에 바탕을 둔 평온이 확립되면 그는 [187] 그것으로 마음이 기뻐집니다. 도반들이여, 이렇게 될 때 비구는 많은 것을 행한 것이 됩니다."

물의 요소

11. "도반들이여, 무엇이 물의 요소[水界]입니까?

물의 요소는 내적인 것과 외적인 것이 있습니다. 도반들이여, 그러면 무엇이 내적인 물의 요소입니까? 몸 안에 있고 개개인에 속하는 물과 액체 상태로 된 것[95]과 업에서 생긴 것은 무엇이건 이를 일러 내적인 물의 요소라 합니다. 예를 들면 쓸개즙 · 가래 · 고름 · 피 · 땀 · 굳기름 · 눈물 · [피부의] 기름기 · 침 · 콧물 · 관절활액 · 오줌[96]

---

95) '액체 상태로 된 것(āpo-gata)'에 대해서는 『맛지마 니까야』 제2권 「라훌라를 교계한 긴 경」(M62) §9의 주해를 참조할 것.

96) 여기서는 '물의 요소[水界, āpo-dhātu]'와 관계된 12가지 분비물이 언급되고 있다. 위 §6에서 나타난 "머리털 · 몸털 · 손발톱 · 이 · 살갗 · 살 · 힘줄 · 뼈 · 골수 · 콩팥 · 염통 · 간 · 근막 · 지라 · 허파 · 창자 · 장간막 · 위 속의 음식 · 똥"의 땅의 요소[地界, pathavi-dhātu]에 관계된 19가지에다 이 물의 요소에 관계된 이 12가지를 합하면 모두 31가지 몸의 부분들이 된다.

여기뿐만 아니라 『디가 니까야』 제2권 「대념처경」(D22), 『맛지마 니까야』 제1권 「염처경」(M10), 제4권 「몸에 대한 마음챙김 경」(M119 §7), 『앙굿따라 니까야』 제4권 「우다이 경」(A6:29), 『상윳따 니까야』 제4권 「바라드와자 경」(S35:127) 등의 니까야에도 모두 31가지가 나타나고 있다. 그러나 『쿳다까 니까야』의 『쿳다까빠타』(Khp.2)와 『무애해도』(Ps.i.7)에는 맨 마지막인 똥(karīsa) 다음에 뇌(matthaluṅga)가 들어가서 32가지로 나타난다. 『청정도론』 VIII.44에는 "뇌를 골수(aṭṭhimiñjā)에 포함시켜 혐오를 마음에 잡도리함으로 32가지 명상주제를 설하셨다."라고 나타난다. 이렇게 하여 주석서 문헌에서는 모두 32가지 몸의 부분들(dvattiṁs-ākārā 혹은 dvattiṁsa-koṭṭhāsā)로 정착이 되었다.

아무튼 본경에서 언급되고 있는 31가지 혹은 32가지 몸의 부분들은 『디가 니까야』 제2권 「대념처경」(大念處經, D22)에서는 혐오(paṭikūla)의 관점에서 설하셨고(『디가 니까야』 제3권 「확신경」(D28) §7의 주해 참조), 본경과 『맛지마 니까야』 제2권 「라훌라를 교계한 긴 경」(M62)과 제4권 「요소의 분석 경」(界分別經, M140)에서는 요소(dhātu)의 관점에서 설하셨다.

혐오의 관점에서 설한 것은 사마타의 명상주제가 되고(D28 §7의 주해 참조), 요소의 관점에서 설한 것은 위빳사나의 명상주제가 된다. 그래서 32가지 몸의 부분들을 마음에 잡도리하여 위빳사나를 증장시켜 아라한과를 얻는 수행방법을 『청정도론』 제8장(VIII)에서는 사마타의 명상주제로, 제20장과 그 외에도 몸 안에 있고 개개인에 속하는 물과 액체 상태로 된 것과 업에서 생긴 것은 무엇이건 이를 일러 내적인 물의 요소라 합니다.

내적인 물의 요소이든 외적인 물의 요소이든 그것은 단지 물의 요소일 뿐입니다. 이에 대해 '이것은 내 것이 아니다. 이것은 내가 아니다. 이것은 나의 자아가 아니다.'라고 있는 그대로 바른 통찰지로 보아야 합니다. 이와 같이 이것을 있는 그대로 바른 통찰지로 보아 물의 요소를 염오하고 마음이 물의 요소에 대한 탐욕을 빛바래게 합니다."

12. "도반들이여, 외적인 물의 요소[水界]가 교란되는 그런 때가 있습니다. 그것은 마을을 휩쓸어가고 성읍을 휩쓸어가고 도시를 휩쓸어가고 지방을 휩쓸어가고 나라를 휩쓸어갑니다. 도반들이여, 그리고 망망대해에 백 요자나 정도의 물이 줄어들 때가 있습니다. 이백 요자나, 삼백 요자나, 사백 요자나, 오백 요자나, 육백 요자나, 칠백 요자나 정도의 물이 줄어들 때가 있습니다. 도반들이여, 망망대해에 일곱 그루의 야자수 키만큼 물이 깊을 때가 있습니다. 여섯 그루의 키만큼, 다섯 그루의 키만큼, 네 그루의 키만큼, 세 그루의 키만큼, 두 그루의 키만큼, 한 그루의 야자수 키만큼 물이 깊을 때가 있습니다. 도반들이여, 망망대해에 일곱 사람의 키만큼 물이 깊을 때가 있습니다. 여섯 사람의 키만큼, 다섯 사람의 키만큼, 네 사람의 키만큼, 세 사람의 키만큼, 두 사람의 키만큼, 한 사람의 키만큼 물이 깊을 때가 있습니다. 도반들이여, 망망대해에 사람 키의 반만큼 물이 있을 때가 있습니다. 허리 높이만큼, 무릎 높이만큼, 발목 높이만큼 물이 있을 때가 있습니다. 도반들이여, 망망대해에 손마디 하나를 적실만

(XX)에서는 위빳사나의 명상주제로 상세하게 설명하고 있다.

큼의 물도 없을 때가 있습니다.

도반들이여, 참으로 이 광대한 외적인 물의 요소도 [188] 무상한 것으로 드러나고, 부서지기 마련인 것으로 드러나고, 소멸되기 마련인 것으로 드러나고, 변하기 마련인 것으로 드러나거늘, 하물며 갈애로 취착된, 하찮은 이 몸뚱이를 두고 '나'라거나 '내 것'이라거나 '내가 있다.'라고 할 수 있겠습니까? 이 몸뚱이에는 결코 그런 것이 없습니다."

13. ~ *15.* "도반들이여, 만일 이 비구를 다른 이들이 욕하고 비난하고 꾸짖고 힐난하면 그 [비구]는 이렇게 꿰뚫어 압니다. … <§§8~10> … 유익함에 바탕을 둔 평온이 확립되면 그는 그것으로 마음이 기뻐집니다. 도반들이여, 이렇게 될 때 비구는 많은 것을 행한 것이 됩니다."

불의 요소

16. "도반들이여, 무엇이 불의 요소[火界]입니까?

불의 요소는 내적인 것과 외적인 것이 있습니다. 도반들이여, 그러면 무엇이 내적인 불의 요소입니까? 몸 안에 있고 개개인에 속하는 불과 뜨거운 것과 업에서 생긴 것은 무엇이건 이를 일러 내적인 불의 요소라 합니다. 예를 들면 그것 때문에 따뜻해지고 늙고 타버린다거나 그것 때문에 먹고 마시고 씹고 맛본 것이 완전히 소화된다든지 하는 것입니다. 그 외에도 몸 안에 있고 개개인에 속하는 불과 뜨거운 것과 업에서 생긴 것은 무엇이건 이를 일러 내적인 불의 요소라 합니다.

내적인 불의 요소이든 외적인 불의 요소이든 그것은 단지 불의 요소일 뿐입니다. 이에 대해 '이것은 내 것이 아니다. 이것은 내가 아니다. 이것은 나의 자아가 아니다.'라고 있는 그대로 바른 통찰지로 보아야 합니다. 이와 같이 이것을 있는 그대로 바른 통찰지로 보아 불의 요소를 염오하고 마음이 불의 요소에 대한 탐욕을 빛바래게 합니다."

17. "도반들이여, 외적인 불의 요소[火界]가 교란이 되는 그런 시절이 있습니다. 그것은 마을을 태우고 성읍을 태우고 도시를 태우고 지방을 태우고 나라를 태웁니다. 도반들이여, 그것은 젖은 풀이나, 큰길이나, 바위나 물이나 확 트인 노지에 닿아 연료가 다하면 꺼집니다. 도반들이여, 닭의 깃털이나 가죽 부스러기를 문질러 불을 지피는 그런 때도 있을 것입니다.

도반들이여, 참으로 이 광대한 외적인 불의 요소도 무상한 것으로 드러나고, 부서지기 마련인 것으로 드러나고, 소멸되기 마련인 것으로 드러나고, 변하기 마련인 것으로 드러나거늘, 하물며 갈애로 취착된, 하찮은 이 몸뚱이를 두고 '나'라거나 '내 것'이라거나 '내가 있다.'라고 할 수 있겠습니까? 이 몸뚱이에는 결코 그런 것이 없습니다."

18. ~ *20.* "도반들이여, 만일 이 비구를 다른 이들이 욕하고 비난하고 꾸짖고 힐난하면 그 [비구]는 이렇게 꿰뚫어 압니다. … <§§8~10> … 유익함에 바탕을 둔 평온이 확립되면 그는 그것으로 마음이 기뻐집니다. 도반들이여, 이렇게 될 때 비구는 많은 것을 행한 것이 됩니다."

바람의 요소

21. "도반들이여, 무엇이 바람의 요소[風界]입니까?

바람의 요소는 내적인 것과 외적인 것이 있습니다. 도반들이여, 그러면 무엇이 내적인 바람의 요소입니까? 몸 안에 있고 개개인에 속하는 바람과 바람 기운과 업에서 생긴 것은 무엇이건 이를 일러 내적인 바람의 요소라 합니다. 예를 들면 올라가는 바람, 내려가는 바람, 복부에 있는 바람, 창자에 있는 바람, 온몸에 움직이는 바람, 들숨과 날숨입니다. 그 외에도 몸 안에 있고 개개인에 속하는 바람과 바람 기운과 업에서 생긴 것은 무엇이건 이를 일러 내적인 바람의 요소라 합니다.

내적인 바람의 요소이든 외적인 바람의 요소이든 그것은 단지 바람의 요소일 뿐입니다. 이에 대해 '이것은 내 것이 아니다. 이것은 내가 아니다. 이것은 나의 자아가 아니다.'라고 있는 그대로 바른 통찰지로 보아야 합니다. 이와 같이 이것을 있는 그대로 바른 통찰지로 보아 바람의 요소를 염오하고 마음이 바람의 요소에 대한 탐욕을 빛바래게 합니다."

22. "도반들이여, [189] 외부의 바람의 요소[風界]가 교란이 되는 그런 때가 있습니다. 그것은 마을을 휩쓸어가고 성읍을 휩쓸어가고 도시를 휩쓸어가고 지방을 휩쓸어가고 나라를 휩쓸어갑니다. 도반들이여, 여름의 마지막 달에 야자 잎사귀나 부채로 바람을 구하고, 초가지붕 끝자락의 물받이97)에 있는 지푸라기조차도 흔들리지 않는 그런 때도 있을 것입니다.

---

97) "'초가지붕 끝자락의 물받이'는 ossāvana를 옮긴 것이다. 주석서에서 "ossāvana는 chadanagga(문자적으로는 초가지붕(chadana)의 끝자락(agga)이란 뜻)이다. 이것을 따라 물이 흐르기(udakaṁ savati) 때문에 ossāvana라 부른다."(MA.ii.229)라고 설명하고 있어서 초가지붕 끝자락의 물받이라고 풀어서 옮겼다.
ossāvana는 ud(위로)+√sru(*to flow*)에서 파생된 명사로 넘쳐흐름 등의 뜻으로 추측되는데, 넘쳐흐름이나 녹을 뜻하는 ussāva와 같은 어원으로 보인다. PED 등에는 나타나지 않는다.

도반들이여, 참으로 이 광대한 외적인 바람의 요소도 무상한 것으로 드러나고, 부서지기 마련인 것으로 드러나고, 소멸되기 마련인 것으로 드러나고, 변하기 마련인 것으로 드러나거늘, 하물며 갈애로 취착된, 하찮은 이 몸뚱이를 두고 '나'라거나 '내 것'이라거나 '내가 있다.'라고 할 수 있겠습니까? 이 몸뚱이에는 결코 그런 것이 없습니다."

23. ~ *25.* "도반들이여, 만일 이 비구를 다른 이들이 욕하고 비난하고 꾸짖고 힐난하면 그 [비구]는 이렇게 꿰뚫어 압니다. … <§§8~10> [190] … 유익함에 바탕을 둔 평온이 확립되면 그는 그것으로 마음이 기뻐집니다. 도반들이여, 이렇게 될 때 비구는 많은 것을 행한 것이 됩니다."

26. "도반들이여, 마치 목재와 덩굴과 진흙과 짚으로 허공을 덮어서 '집'이라는 명칭이 생기는 것처럼 그와 같이 뼈와 힘줄과 살과 피부로 허공을 덮어서 '몸[色]'이라는 명칭이 생깁니다."

27. "도반들이여, 안으로 눈이 손상되지 않았지만[98] 밖에서 형색[99]이 눈의 영역에 들어오지 않고, 그곳으로 전향하는 마음[100]이

98) "'눈이 손상되지 않았다(cakkhuṁ aparibhinnaṁ hoti).'는 것은 눈의 감성(cakkhu-pasāda)이 파괴되었거나 상처를 입거나 가래와 담즙에 의해 방해를 받으면 눈은 안식의 조건(paccaya)이 될 수 없기 때문에 손상된 것이라 한다. 그러나 안식의 조건이 되기에 적합한 것을 손상되지 않았다고 한다."(MA.ii.229)

99) "'밖에서 형색이'는 bāhirā rūpā(외적인 형색)을 풀어서 옮긴 것이다. 주석서는 "'외적인 형색(bāhirā rūpā)'이란 네 가지 원인인 [업, 마음, 온도, 음식에서] 생긴(catu-samuṭṭhānika) 외적인 물질을 말한다."(MA.ii.229)라고 설명하고 있다.

지금까지 초기불전연구원에서는 눈의 대상인 색(色, rūpa)을 대부분 '형상'으로 옮겼는데, 색깔의 의미가 빠진 번역이라서 『상윳따 니까야』 번역

일어나지 않으면, 그것에 상응하는 알음알이는 일어나지 않습니다. 안으로 눈이 손상되지 않았고 밖에서 형색이 눈의 영역에 들어오더라도 그곳으로 전향하는 마음이 일어나지 않으면, 그것에 상응하는 알음알이는 일어나지 않습니다. 안으로 눈이 손상되지 않았고 밖에서 형색이 눈의 영역에 들어오고 그곳으로 전향하는 마음이 일어나기 때문에 그것에 상응하는 알음알이가 일어납니다."

28. "도반들이여, 이렇게 생긴 것 가운데서101) 물질은 취착의 [대상인] 물질의 무더기[色取蘊]에 속합니다. 이렇게 생긴 것 가운데서

부터는 이 둘을 다 나타내는 '형색(形色)'으로 통일해서 옮기고 있음을 밝힌다. 중국에서는 물질의 의미든 형색의 의미든 모두 색(色)으로 통일해서 옮겼다.

100) "'그곳으로 전향하는 마음(tajjo samannāhāro)'이란 눈과 형색을 조건으로 바왕가(잠재의식)를 전환시킨 뒤에(bhavaṅgaṁ āvaṭṭetvā) 일어난 마음에 잡도리함(uppajjana-manasikāra)이다. 이것은 바왕가의 흐름을 끊어버리고 본격적인 인식단계로 접어드는 것으로, 눈의 문에서 일어난 단지 작용만 하는 마음의 요소인 [오문전향의] 마음(kiriya-manodhātu-citta)을 말한다."(MA.ii.229)

오문전향(pañca-dvār-āvajjana)은 『아비담마 길라잡이』 제3장 §8의 [해설] 3. (1)을 참조하고 오문인식과정은 같은 책 353쪽 이하에 상세하게 설명되어 있으니 참조할 것.

101) "'이렇게 생긴 것 가운데서(tathā-bhūtassa)'란 눈의 알음알이와 함께 생긴 것 가운데서(cakkhu-viññāṇena saha-bhūtassa), 눈의 알음알이를 가진 것 가운데서(cakkhu-viññāṇa-samaṅgino)라는 말이다.

그리고 여기서 '물질(rūpa)'이란 눈의 알음알이의 순간에는 아직 눈의 알음알이가 물질을 생성하지 않았기 때문에 세 가지 원인(네 가지 원인인 업, 마음, 온도, 음식 가운데서 마음을 제외한 세 가지)에서 생긴 물질이고, 그 다음 마음순간(심찰나)부터는 네 가지 원인에서 생긴 것을 얻는다.

'느낌(vedanā)'은 항상 눈의 알음알이와 함께한 것이고, '알음알이(viññā-ṇa)'는 바로 눈의 알음알이이고, 여기서 '심리현상들[行, saṅkhārā]'은 오직 의도(cetanā)를 말한다."(MA.ii.230)

느낌은 취착의 [대상인] 느낌의 무더기[受取蘊]에 속합니다. 이렇게 생긴 것 가운데서 인식은 취착의 [대상인] 인식의 무더기[想取蘊]에 속합니다. 이렇게 생긴 것 가운데서 심리현상들[行]은 취착의 [대상인] 심리현상들의 무더기[行取蘊]에 속합니다. 이렇게 생긴 것 가운데서 알음알이는 취착의 [대상인] 알음알이의 무더기[識取蘊]에 속합니다. 그는 이와 같이 꿰뚫어 압니다. 이렇게 해서 취착의 [대상인] 다섯 가지 무더기[五取蘊]들의 모임, 적집, 더미가 만들어집니다.

도반들이여, 참으로 세존께서는 말씀하셨습니다. '연기(緣起)를 보는 자는 [191] 법을 보고, 법을 보는 자는 연기를 본다.'102)라고. 취착

---

102) '연기(緣起)를 보는 자는 법을 보고, 법을 보는 자는 연기를 본다.'는 yo paṭiccasamuppādaṁ passati so dhammaṁ passati, yo dhammaṁ passati so paṭiccasamuppādaṁ passati를 옮긴 것이다. 그런데 우리에게 연기의 가르침을 대표한 구절로 잘 알려진 이 구문은 니까야뿐만 아니라 빠알리 삼장에서 본경의 이곳에서만 나타나는 것으로 검색이 된다. 주석서는 다음과 같이 간단하게 설명하고 있다.

"여기서 '연기(緣起)를 보는 자(yo paṭiccasamuppādaṁ passati)'란 조건[緣, paccaya]을 보는 자란 말이고, '그는 법을 본다(so dhammaṁ passati).'는 것은 그는 조건 따라 생긴 법들(paṭiccasamuppanna-dhammā)을 본다는 말이다."(MA.ii.230)

여기서 중요한 것은 주석서는 이 문맥에서의 연기(paṭiccasamuppāda)를 조건[緣, paccaya]으로 설명하고 있다는 점이다. 초기불전과 아비담마에서 연기(緣起, 조건발생)와 연(緣, 조건, 상호의존)은 다른 개념이다. 연기는 [윤회의] 괴로움의 발생구조와 소멸구조를 밝히는 가르침으로 12연기로 대표된다. 조건[緣]은 제법의 상호의존(paṭṭhāna) 혹은 상호관계를 밝히는 것으로 상좌부에서는 24가지 조건[緣]으로, 설일체유부에서는 6인-4연-5과로, 유식에서는 10인-4연-5과로 설명하고 있다. 이처럼 연기(조건발생)와 연(조건, 상호의존)은 다른 개념이다.

그런데 본경의 주석서에서 '연기를 보는 자'에 나타나는 연기는 괴로움의 발생구조와 소멸구조를 설하는 12연기로 대표되는 연기(조건발생)가 아니라 24연이나 6인-4연-5과나 10인-4연-5과로 설명되는 조건[緣]을 보는 자로 설명하고 있어서 음미해봐야 할 것이다.

의 [대상인] 이 다섯 가지 무더기들은 조건 따라 생긴[緣起] 것입니다. 취착의 [대상인] 이 다섯 가지 무더기[五取蘊]들에 욕심내고 집착하고 친밀하고 탐착하는 것[103]은 괴로움의 일어남입니다. 취착의 [대상인] 이 다섯 가지 무더기[五取蘊]들에 대한 탐욕과 욕망을 제어하고 탐욕과 욕망을 제거하는 것이 괴로움의 소멸입니다. 도반들이여, 이렇게 될 때 비구는 많은 것을 행한 것이 됩니다."

29. ~ *30.* "도반들이여, 안으로 귀가 손상되지 않았지만 밖에서 소리가 귀의 영역에 들어오지 않고 … 이렇게 될 때 비구는 많은 것을 행한 것이 됩니다."

31. ~ *32.* "도반들이여, 안으로 코가 손상되지 않았지만 밖에서 냄새가 코의 영역에 들어오지 않고 … 이렇게 될 때 비구는 많은 것을 행한 것이 됩니다."

33. ~ *34.* "도반들이여, 안으로 혀가 손상되지 않았지만 밖에서 맛이 혀의 영역에 들어오지 않고 … 이렇게 될 때 비구는 많은 것을 행한 것이 됩니다."

35. ~ *36.* "도반들이여, 안으로 몸이 손상되지 않았지만 밖에서 촉감이 신체의 영역에 들어오지 않고 … 이렇게 될 때 비구는 많은

연기(緣起)에 대해서는 『맛지마 니까야』 제2권 「갈애 멸진의 긴 경」(M38) §17과 §19의 주해와 제3권 「사꿀루다이 짧은 경」(M79) §7의 주해와 『초기불교 이해』 230~231도 참조할 것.

103) "'욕심내고 집착하고 친밀하고 탐착하는(chando ālayo anunayo ajjhosā-naṁ)'이란 것은 모두 갈애(taṇhā)를 두고 한 말이다. 왜냐하면 갈애가 욕심낸다는 측면에서는 욕심이고, 집착한다는 측면에서는 집착이고, 나머지도 그와 같기 때문이다."(MA.ii.230)

것을 행한 것이 됩니다."

37. "도반들이여, 안으로 마노[意][104]가 손상되지 않았지만 밖에서 법들이 마노의 영역에 들어오지 않고 그곳으로 전향하는 마음이 일어나지 않으면, 그것에 상응하는 알음알이는 일어나지 않습니다. 안으로 마노가 손상되지 않았고 밖에서 법들이 마노의 영역에 들어오더라도 그곳으로 전향하는 마음이 일어나지 않으면, 그것에 상응하는 알음알이는 일어나지 않습니다. 안으로 마노가 손상되지 않았고 밖에서 법들이 마노의 영역에 들어오고 그곳으로 전향하는 마음이 일어나기 때문에 그것에 상응하는 알음알이가 일어납니다."

38. "도반들이여, 이렇게 생긴 것 가운데서 물질은 취착의 [대상인] 물질의 무더기에 속합니다. 이렇게 생긴 것 가운데서 느낌은 취착의 [대상인] 느낌의 무더기에 속합니다. 이렇게 생긴 것 가운데서 인식은 취착의 [대상인] 인식의 무더기에 속합니다. 이렇게 생긴 것 가운데서 심리현상들[行]은 취착의 [대상인] 심리현상들의 무더기에 속합니다. 이렇게 생긴 것 가운데서 알음알이는 취착의 [대상인] 알음알이의 무더기에 속합니다.[105] 그는 이와 같이 꿰뚫어 압니다. 이렇게 해서 취착의 [대상인] 다섯 가지 무더기들의 모임, 적집, 더미가 만들어집니다.

---

104) "여기서 '마노[意, mano]'는 바왕가의 마음(잠재의식, 존재지속심)을 말한다."(MA.ii. 230)

105) "이 마노의 문[意門, mano-dvāra]의 경우에서는 물질은 네 가지 원인에서 생긴 것을 얻는다. 마노의 알음알이가 물질을 일으키기 때문이다. 느낌 등은 마노의 알음알이와 함께한 것이고, 알음알이는 바로 마노의 알음알이이다. 그러나 여기서의 심리현상들[行]은 오직 감각접촉과 의도(phassa-cetanā)를 말한다."(MA.ii.230~231)

도반들이여, 참으로 세존께서는 말씀하셨습니다. '연기를 보는 자는 법을 보고, 법을 보는 자는 연기를 본다.'라고. 취착의 [대상인] 이 다섯 가지 무더기들은 조건 따라 생긴 것입니다. 취착의 [대상인] 이 다섯 가지 무더기들에 욕심내고 집착하고 친밀하고 탐착하는 것은 괴로움의 일어남입니다. 취착의 [대상인] 이 다섯 가지 무더기들에 대한 탐욕과 욕망을 제어하고 탐욕과 욕망을 제거하는 것이 괴로움의 소멸입니다. 도반들이여, 이렇게 될 때 비구는 많은 것을 행한 것이 됩니다."

사리뿟따 존자는 이와 같이 설했다. 그 비구들은 흡족한 마음으로 사리뿟따 존자의 설법을 크게 기뻐했다.

열반 경

Nibbāna Sutta(S38:1)

【해설】

네 가지 성스러운 진리 가운데 세 번째는 괴로움의 소멸의 성스러운 진리 즉 고멸성제다. 두 번째 진리는 괴로움의 일어남(원인)의 진리인데 그것은 갈애이다. 갈애가 괴로움의 원인이라면 이 갈애를 제거하기만 하면 괴로움은 소멸된다는 결론에 도달한다. 이렇게 하여 괴로움의 소멸은 세 번째 진리가 되며 이것은 괴로움이 모두 소멸된 저 열반의 경지를 말한다. 『상윳따 니까야』 제6권 「초전법륜 경」(S56:11) 등의 경들과 주석서들은 세 번째 진리를 이렇게 설명한다.

"비구들이여, 이것이 괴로움의 소멸의 성스러운 진리이다. 그것은 바로 그러한 갈애가 남김없이 빛바래어 소멸함, 버림, 놓아버림, 벗어남, 집착 없음이다."(S56:11)

"여기서 '남김없이 빛바래어 소멸함'이라는 등은 모두 열반의 동의어들이다. 열반을 얻으면 갈애는 남김없이 빛바래고 소멸하기 때문이다."(DA.iii.801)

이처럼 초기불전에서 세 번째 진리인 소멸 즉 니로다(nirodha)는 열반과 동의어이다. 니로다는 ni(아래로) + √rudh(*to obstruct*)의 명사이다. 그래서 소멸, 억압, 파괴 등의 뜻이 된다. 한편 열반(涅槃)은 nibbāna(Sk. nirvāna)의 음역인데 이것은 부정접두어 nis + √vā(*to blow*)의 과거분사로 문자적으로는 '훅 불어서 꺼진 상태'를 뜻한다. 중국에서는 열반(涅槃)으로 음역하기도 하고 적정(寂靜)으로 옮기기도 하였다.

본경은 열반과 열반을 실현하는 방법인 팔정도에 대한 사리뿟따 존자와 그의 조카인 잠부카다까 유행승의 간단한 대화로 구성되어 있다.

1. 이와 같이 나는 들었다. 한때 사리뿟따 존자는 마가다에서 날라까가마까[106]에 머물렀다.

2. 그때 잠부카다까 유행승[107]이 사리뿟따 존자에게 다가갔다. 가서는 사리뿟따 존자와 함께 환담을 나누었다. 유쾌하고 기억할 만한 이야기로 서로 담소를 한 뒤 한 곁에 앉았다. 한 곁에 앉은 잠부카다까 유행승은 사리뿟따 존자에게 이렇게 말했다.

3. "도반 사리뿟따여, '열반, 열반'이라고들 합니다. 도반이여, 도대체 어떤 것이 열반입니까?"

"도반이여, 탐욕의 멸진, 성냄의 멸진, 어리석음의 멸진 — 이를 일러 열반이라 합니다."[108]

---

106) 날라까가마까(Nālaka-gāmaka) 혹은 날라까 마을은 사리뿟따 존자가 태어난 마을 이름이다. 『디가 니까야 주석서』(DA.ii.549)와 『상윳따 니까야』 제5권 「쭌다 경」(S47:13)과 주석서에 의하면 사리뿟따 존자는 이 날라까가마까에 있는 그의 고향집에 가서 어머니를 불교에 귀의하게 하고, 옛날 자기 방에서 세존보다 먼저 반열반(般涅槃)하였다고 한다. 그리고 이곳은 사리뿟따 존자 생전에도 그와 인연이 많았던 곳인데 특히 「잠부카다까 상윳따」(S38)의 모든 경들과 다음의 「사만다까 상윳따」(S39)의 첫 번째 경을 제외한 모든 경들은 사리뿟따 존자가 이곳 날라까가마까에서 설한 경들이다.

107) "잠부카다까 유행승(Jambukhādaka paribbājaka)은 사리뿟따 존자의 조카(bhāgineyya)였으며 그는 옷을 입는 유행승(channa-paribbājaka)이었다."(SA.iii.88) 문자적으로는 잠부카다까는 잠부 열매를 먹는 자라는 뜻이다.

주석서와 복주서에 의하면 유행승에도 옷을 입는 유행승(channa-paribbājaka)과 옷을 입지 않는 유행승(nagga-paribbājaka)이 있었으며 옷을 입지 않는 유행승을 나체수행자(acela)라 부른다.(DA.ii.349; DAṬ.i.472, 등)

108) 열반에 대한 자세한 설명과 논의는 『청정도론』 XVI.67~74에 12가지로

4. "도반이여, 그러면 이러한 열반을 실현하기 위한 도가 있고 도닦음이 있습니까?"

"도반이여, 이러한 열반을 실현하기 위한 도가 있고 도닦음이 있습니다."

"도반이여, [252] 그러면 어떤 것이 이러한 열반을 실현하기 위한 도이고 어떤 것이 도닦음입니까?"

"도반이여, 그것은 바로 여덟 가지 구성요소로 된 성스러운 도[八支聖道=팔정도]이니, 바른 견해, 바른 사유, 바른 말, 바른 행위, 바른 생계, 바른 정진, 바른 마음챙김, 바른 삼매입니다.

도반이여, 이것이 열반을 실현하기 위한 도이고 이것이 도닦음입니다."

5. "도반 사리뿟따여, 열반을 실현하기 위한 이러한 도는 참으로 경사로운 것이고 이러한 도닦음은 참으로 경사로운 것입니다. 참으로 그대들은 방일하지 말아야겠습니다."

나타나고 있다. 이러한 주석서적인 논의를 종합하면 열반은 출세간도를 체험하는 순간(magga-kkhaṇa)에 체득되는 조건 지워지지 않은 상태(asaṅkhata)를 뜻한다. 이러한 조건 지워지지 않은 상태를 체득하는 순간에 번뇌가 멸진하기(kilesa-kkhaya) 때문에 열반은 '탐욕의 멸진, 성냄의 멸진, 어리석음의 멸진'이라 불리는 것이지, 단순히 탐·진·치가 없는 상태로 쇠약해지고 무기력해진 것이 열반은 아니다.(SA.iii.88 참조)

열반 경[109)]

Nibbāna Sutta(A3:55)

【해설】

불교는 법(法, dhamma)을 중심으로 하는 체계이다. 그리고 초기불전의 도처에서 법은 "스스로 보아 알 수 있고, 시간이 걸리지 않고, 와서 보라는 것이고, 향상으로 인도하고, 지자들이 각자 알아야 하는 것이다."(S1:20 등)라고 정의되고 있다. 초기불전의 도처에서 열반의 실현은 궁극적 행복이라고 정의되고 있고 열반은 무위법으로 설명되고 있다.

본경에서 자눗소니 바라문은 세존께 "고따마 존자시여, '열반은 스스로 보아 알 수 있는 것이다.'라고 말씀하십니다. 고따마 존자시여, 얼마만큼 열반은 스스로 보아 알 수 있고, 시간이 걸리지 않고, 와서 보라는 것이고, 향상으로 인도하고, 지자들이 각자 알아야 하는 것입니까?"라고 질문을 드리고 부처님께서는 탐욕과 성냄과 어리석음의 소멸로 명쾌하게 대답을 해주신다.

참으로 부처님 법은 탐·진·치의 소멸을 근본으로 하며 이러한 탐·진·치가 소멸된 경지가 바로 열반이다.

1. 한때 자눗소니 바라문[110)]이 세존께 다가갔다. 가서는 세존과 함께 환담을 나누었다. 유쾌하고 기억할 만한 이야기로 서로 담소

---

109) 육차결집본의 경 이름은 소진(Nibbuta Sutta)이다.

110) 자눗소니 바라문(Jāṇussonī brāhmaṇa)에 대해서는 『앙굿따라 니까야』 제2권 「무외 경」(A4:184) §1의 주해를 참조할 것.

를 한 뒤 한 곁에 앉았다. 한 곁에 앉은 자눗소니 바라문은 세존께 이와 같이 말씀드렸다.

"고따마 존자시여, '열반은 스스로 보아 알 수 있는 것이다.'라고 말씀하십니다. 고따마 존자시여, 얼마만큼 열반은 스스로 보아 알 수 있고, 시간이 걸리지 않고, 와서 보라는 것이고, 향상으로 인도하고, 지자들이 각자 알아야 하는 것입니까?"

2. "바라문이여, 욕망에 물들고 욕망에 사로잡히고 그것에 압도된 자는 자기를 해치는 생각을 하고 타인을 해치는 생각을 하고 둘 모두를 해치는 생각을 한다. 그는 육체적 고통과 정신적 고통을 경험한다. 욕망을 버렸을 때 그는 자기를 해치는 생각을 하지 않고 타인을 해치는 생각을 하지 않고 둘 모두를 해치는 생각을 하지 않는다. 그는 육체적 고통과 정신적 고통을 경험하지 않는다.

바라문이여, 이렇게 열반은 스스로 보아 알 수 있고, 시간이 걸리지 않고, 와서 보라는 것이고, 향상으로 인도하고, 지자들이 각자 알아야 하는 것이다."

3. "바라문이여, 성내고 성냄에 사로잡히고 성냄에 압도된 자는 자기를 해치는 생각을 하고 타인을 해치는 생각을 하고 둘 모두를 해치는 생각을 한다. 그는 육체적 고통과 정신적 고통을 경험한다. 성냄을 버렸을 때 그는 자기를 해치는 생각을 하지 않고 타인을 해치는 생각을 하지 않고 둘 모두를 해치는 생각을 하지 않는다. 그는 육체적 고통과 정신적 고통을 경험하지 않는다.

바라문이여, 이렇게 열반은 스스로 보아 알 수 있고, 시간이 걸리지 않고, 와서 보라는 것이고, 향상으로 인도하고, 지자들이 각자 알아야 하는 것이다."

4. "바라문이여, 어리석고 어리석음에 사로잡히고 어리석음에 압도된 자는 자기를 해치는 생각을 하고 타인을 해치는 생각을 하고 둘 모두를 해치는 생각을 한다. 그는 육체적 고통과 정신적 고통을 경험한다. 어리석음을 버렸을 때 그는 자기를 해치는 생각을 하지 않고 타인을 해치는 생각을 하지 않고 둘 모두를 해치는 생각을 하지 않는다. 그는 육체적 고통과 정신적 고통을 경험하지 않는다.

바라문이여, 이렇게 열반은 스스로 보아 알 수 있고, 시간이 걸리지 않고, 와서 보라는 것이고, 향상으로 인도하고, 지자들이 각자 알아야 하는 것이다."

5. "바라문이여, 그는 욕망이 남김없이 다한 것을 경험하고 성냄이 남김없이 다한 것을 경험하고 어리석음이 남김없이 다한 것을 경험한다. 그러므로 열반은 스스로 보아 알 수 있고, 시간이 걸리지 않고, 와서 보라는 것이고, 향상으로 인도하고, 지자들이 각자 알아야 하는 것이다."

6. "경이롭습니다, 고따마 존자시여. 경이롭습니다, 고따마 존자시여. 마치 넘어진 자를 일으켜 세우시듯, 덮여있는 것을 걷어내 보이시듯, [방향을] 잃어버린 자에게 길을 가리켜주시듯, 눈 있는 자 형상을 보라고 어둠 속에서 등불을 비춰주시듯, 고따마 존자께서는 여러 가지 방편으로 법을 설해주셨습니다. 저는 이제 고따마 존자께 귀의하옵고 법과 비구승가에 귀의합니다. 고따마 존자께서는 저를 재가신자로 받아주소서. 오늘부터 목숨이 붙어 있는 그날까지 귀의하옵니다."

제2장

다섯 가지 무더기[五蘊]

인류가 있어온 이래로 인간이 스스로에게 던진 가장 많은 질문은 '나는 누구인가'일 것이다. 부처님께서도 당연히 이 질문에 대해서 대답하셨고, 중요한 질문이기에 아주 많이, 그것도 아주 강조하여 말씀하셨다. 그러면 부처님께서는 이 질문에 어떻게 대답하셨을까? 부처님께서는 초기경의 도처에서 간단명료하게 '나'는 '오온(五蘊, panca-kkhandha)'이라고 말씀하셨다. '나'라는 존재는 물질[色, 몸뚱이], 느낌[受], 인식[想], 심리현상들[行], 알음알이[識]의 다섯 가지 무더기[蘊]의 적집일 뿐이라는 것이다.
그러면 어떤 것이 물질[色], 느낌[受], 인식[想], 심리현상들[行], 알음알이[識]인가?

첫째, 『상윳따 니까야』 제3권 「삼켜버림 경」(S22:79) 등에서 물질[色, rūpa]은 "변형된다고 해서 물질이라 한다."(S22:79)라고 정의된다. 여기서 변형은 변화와 다르다. 변형(變形)은 형태나 모양이 있는 것이 그 형태나 모양이 바뀌는 것을 말한다. 이것은 물질만의 특징이다. 느낌, 인식, 심리현상들, 알음알이(수 · 상 · 행 · 식)와 같은 정신의 무더기들은 변화는 말할 수 있지만 변형은 말하기 어렵다. 형태나 모양이 없기 때문이다.

둘째, 느낌[受, vedanā]은 감정적 · 정서적 · 예술적 단초가 되는 심리현상이다. 느낌에 바탕을 두고 있는 심리현상들 예를 들면 즐거운 느낌을 주는 것을 끌어당기는 심리현상인 탐욕이나 괴로운 느낌을 주는 대상을 밀쳐내는 심리현상인 성냄은 느낌의 영역에 속하지 않는다. 이들은 오온의 네 번째인 심리현상들의 무더기[行蘊]에 속한다. 그래서 느낌을 감정적·정서적인 '단초(端初)'가 되는 심리현상이라 표현한 것이다. 경들에 의하면 느낌에는 즐거운 느낌, 괴로운 느낌, 괴롭지도 즐겁지도 않은 느낌의 세 가지가 있다.

셋째, 느낌[受]이 예술적이고 정서적인 심리현상들[行]의 단초(端初)가 되는 것이라면, 인식[想, saññā]은 지식이나 철학이나 사상이나 이념과 같은 우리의 이지적인 심리현상들의 밑바탕이 되는 것이다. 인식은 이처럼 우리의 견해와 사상과 철학과 관계있다. 이것은 단박에 전환이 가능하고 유신견과 관계있다. 상·락·아·정(常樂我淨)이라는 인식의 전도에 빠져서 어리석음[癡]으로 발전된다.

넷째, 행온(行蘊, sankhara-kkhandha)의 행은 '심리현상들'을 뜻한다. 여기서 오온의 문맥에서 나타나는 행(상카라, 심리현상들)은 항상 복수 형태로 나타나고 있음에 유념해야 한다. 혹자들은 오온의 행온도 의도적 행위나 업형성[력] 등으로 이해하고 옮기는 경우가 있는데, 이것은 행온의 한 부분인 cetanā(의도)만을 부각시킨 역어이다. 행온에는 이 의도를 포함한 50가지 심리현상들(느낌과 인식을 제외한 모든 심리현상들, 혹은 심소법들)을 다 포함한다는 것이 주석서와 복주서들을 비롯한 아비담마의 한결같은 설명이다.

다섯째, 여러 초기불전에서 "식별(識別, 了別)한다고 해서 알음알이라 한다."(S22:79)라고 알음알이[識]를 정의하고 있다. 느낌과 인식과 심리현상들(수·상·행)의 도움으로 대상을 아는 역할을 하는 것을 '알음알이'라 한다. 한편 초기불전과 아비담마와 유식에서 심(心, citta, 마음)과 의(意, mano, 마노)와 식(識, viññāṇa, 알음알이)은 동의어라고 한결같이 설명되고 있다.

이처럼 오온은 나를 다섯 가지 무더기로 해체해서 설하시는 가르침이다. 그러면 왜 해체해서 말씀하시는가? 나라는 존재를 해체해서 보지 않으면 중생은 백발백중 나라는 존재를 참나, 진아, 대아, 본래면목, 참생명 등으로 집착하기 때문이다. 그러나 이렇게 해체해서 보면 오온의 무상·고·무아가 명명백백하게 드러나고 이렇게 무상·고·

무아를 철견함으로 해서 염오-이욕-해탈-구경해탈지를 실현하기 때문이다.

본장은 모두 9개의 경을 싣고 있다. 첫 번째에 싣는「삼켜버림 경」(S22:79)은 오온의 구성요소들을 정의하고 문답을 통해서 무상·고·무아를 드러낸 뒤 염오-이욕-소멸을 설하신다.「보름밤의 긴 경」(M109)은 오온으로 해체해서 보기 - 무상·고·무아 - 염오 - 이욕 - 해탈 - 구경해탈지의 해탈·열반을 실현하는 여섯 단계의 정형구가 설해지는 대표적인 가르침이다.
세 번째와 네 번째인「버림 경」(S36:3)과「화살 경」(S36:6)은 느낌을 설하시는 경이다.「전도(顚倒) 경」(A4:49)은 버려야 하는 인식을,「기리마난다 경」(A10:60)은 닦아야 하는 인식을 담고 있다. 일곱 번째인「법의 상속자 경」(M3)은 오온의 네 번째인 심리현상들[行]의 보기로 실었으며,「배우지 못한 자 경」1(S12:61)은 알음알이를 실체화하지 말 것을 강조하시는 경의 보기로 실었다.
마지막으로「포말 경」(S22:95)은 포말 등의 비유를 통해서 오온무아를 강조하시는 가르침의 보기로 실었다.

삼켜버림 경

Khajjanīya Sutta(S22:79)

【해설】

오온은 색·수·상·행·식(色·受·想·行·識) 즉 물질·느낌·인식·심리현상들·알음알이를 뜻한다. 그러면 이러한 오온의 구성요소들은 어떻게 설명이 되는가? 본경은 이러한 오온의 구성요소들을 정의하는(§§5~9) 대표적인 경이다.

본경은 이렇게 오온을 정의하면서 나를 오온으로 해체해서 보는 것을 강조한다. 그러면 왜 해체해서 말씀하시는가? 거듭해서 강조하지만 나라는 존재를 해체해서 보지 않으면 중생은 백발백중 나라는 존재를 참나 진아 대아 본래면목 참생명 등으로 집착하기 때문이다. 그러나 이렇게 해체해서 보면 오온의 무상·고·무아가 명명백백하게 드러나고 이렇게 무상·고·무아를 철견함으로 해서 염오-이욕-해탈-구경해탈지를 실현하기 때문이다. 아무리 변재가 뛰어나고 신통이 자재하더라도 그가 자아를 주장하면 그것은 불교가 아니다. 불교라는 이름으로 힌두교를 찬양하는 것에 지나지 않는다.

나라는 존재를 오온으로 해체해서 그 각각을 설명하신 뒤에 본경은 다시 문답을 통해서 무상·고·무아를 드러낸다.(§§10~12) 그리고 염오-이욕-해탈-구경해탈지를 설하고 있다.(§13) 본경은 염오-이욕-소멸을 먼저 설한 뒤에(§9) 염오-이욕-해탈-구경해탈지를 설하고 있다.(§13) 물론 여기서 소멸은 열반을 뜻한다.

이처럼 본경은 오온의 정의와 해체해서 보기와 무상·고·무아와 염오-이욕-해탈-구경해탈지로 대표되는 오온의 가르침을 종합적으로 설하고 있는 대표적인 경이라 할 수 있다.

1. 이와 같이 나는 들었다. 한때 세존께서는 사왓티에서 제따 숲의 아나타삔디까 원림(급고독원)에 머무셨다.

2. 그곳에서 세존께서는 "비구들이여."라고 비구들을 부르셨다. "세존이시여."라고 비구들은 세존께 응답했다. 세존께서는 이렇게 말씀하셨다.

3. "비구들이여, 어떤 사문들이든 바라문들이든 수많은 전생의 갖가지 삶들을 기억하는 자들은 모두 취착의 [대상인] 다섯 가지 무더기[五取蘊]를 기억하거나 혹은 그 중의 하나를 기억한다.111) 무엇이 다섯인가?

비구들이여, '과거에 나는 이러한 물질(몸)을 가졌다.'라고 기억하면서 그는 단지 물질을 기억한다.112) '과거에 나는 이러한 느낌을 가

---

111) "여기서 '전생의 갖가지 삶들을 기억하는(pubbe-nivāsaṁ anussaramānā)'이란 신통지(abhiññā)를 통해서 기억하는 것(anussaraṇa)을 두고 말씀하신 것이 아니다. (즉 6신통 가운데 다섯 번째인 전생을 기억하는 지혜[宿命通, pubbenivāsa-anussati-ñāṇa]를 통해서가 아니라는 뜻.) 그러나 위빳사나(vipassanā)를 통해서 전생의 삶을 기억하는 사문·바라문들을 두고 이렇게 말씀하신 것이다."(SA.ii.289)
"여기서 '위빳사나를 통해서'라는 말은 단지 현재에서(etarahi) 물질이나 느낌 등을 기억하면서 '과거에 나는 이러한 느낌을 가졌다.'는 등으로 과거(atīta)의 물질이나 느낌을 현재의 것(paccuppanna)들이라고 [여겨서], 특별함이 없이 보는(visesa-abhāva-dassanā) 위빳사나를 통해서 라는 뜻이다."(SAṬ.ii.210)
복주서의 이러한 설명은 『청정도론』 XIX.1 이하에 나타나는 '의심을 극복함에 의한 청정(kaṅkhā-vitaraṇa-visuddhi, 度疑淸淨)'과 관계가 있다. 즉 현재의 원인과 결과를 잘 관찰하게 되면 과거와 미래를 따로 관찰하지 않아도 이러한 유추를 통해서 알게 된다는 말이다. 여기에 대해서는 『청정도론』 XIX.5 이하를 참조할 것. 한편 마하시 사야도는 이것을 '유추하는 위빳사나'라 부른다고 한다.

졌다.'라고 기억하면서 그는 단지 느낌을 기억한다. '과거에 나는 이러한 인식을 가졌다.'라고 기억하면서 그는 단지 인식을 기억한다. '과거에 나는 이러한 심리현상들을 가졌다.'라고 기억하면서 그는 단지 심리현상들을 기억한다. '과거에 나는 이러한 알음알이를 가졌다.' 라고 기억하면서 그는 단지 알음알이를 기억한다."

4. "비구들이여, 그러면 왜 물질이라 부르는가?113)
변형(變形)된다114)고 해서 물질이라 한다. 그러면 무엇에 의해서

---

112) "'그는 단지 물질을 기억한다(rūpaṁ yeva anussarati).'는 것은 이와 같이 기억하면서 그는 다른 어떤 중생(satta)이나 개아(puggala)를 기억하는 것이 아니다. 단지 과거에 소멸되어버렸던(niruddha) 물질의 무더기(색온)를 기억할 뿐이다. 이것은 느낌 등에도 적용된다."(SA.ii.289)
그래서 주석서는 오취온을 기억하는 것일 뿐이라는 이 말씀은 공함[空性, suññatā]을 설하신 부분(pabba)이라고 덧붙이고 있다.(*Ibid*)

113) 이제 여기서 이렇게 오온의 특징을 하나하나 정의하면서 다시 설하시는 이유를 주석서는 "공함에 대해서는 말씀하셨지만 공함의 특징(suññatā-lakkhaṇa)에 대해서는 말씀하시지 않으셨기 때문에 공함도 완결된 것은 아니다. 그래서 공함의 특징을 보여주시기 위해서 '그러면 왜 물질이라 부르는가?' 등으로 말씀하시는 것이다."(SA.ii.289~290)라고 설명하고 있다. 여기에 대해서 복주서는 이렇게 설명을 덧붙이고 있다.
"'보여주시기 위해서(dassetuṁ)'라고 했다. 물질 등은 자아(attā)가 아니고 자아에 속하는 것(attaniyā)도 아니고 실체가 없고(asārā) 지배자가 아니다(anissarā). 그래서 이들은 공(suññā)하다. 이러한 그들의 성질(bhāva)을 공함[空性, suññatā]이라 한다. 이러한 공함의 특징을 '변형됨(ruppana)' 등을 통해서 '보여주시기 위해서'라는 뜻이다."(SA.ii.210)

114) "'변형된다고 해서(ruppatīti kho)'라고 했다. 여기서 '~고 해서(iti)'는 원인을 지칭하는 것(kāraṇ-uddesa)이다. '변형되기 때문에, 그래서 물질이라 한다고 말해진다.'는 뜻이다. '변형된다(ruppati)'는 것은 혼란스럽게 된다, 부딪친다, 억압된다, 부서진다는 뜻이다(kuppati ghaṭṭīyati pīḷīyati, bhijjatī ti attho)."(SA.ii.290)
"'변형된다(ruppati).'고 했다. 이것은 물질(rūpa)이라는 것은 차가움 등의 변형시키는 조건과 접촉(virodhi-paccaya-sannipāta)하여 다르게 생성

변형되는가? 차가움에 의해서도 변형되고, 더움에 의해서도 변형되고, 배고픔에 의해서도 변형되고, 목마름에 의해서도 변형되고, 파리, 모기, 바람, 햇빛, 파충류들에 의해서도 변형된다.

비구들이여, 이처럼 변형된다고 해서 물질이라 한다."115)

됨(visadis-uppatti)을 두고 말한 것이다."(SAṬ.ii.210)

여기서 변형(ruppana, ruppati)은 변화(viparinnāma)와 다르다는 것을 말하고 싶다. 변형(變形, *deformation*)은 형태나 모양이 있는 것이 그 형태나 모양이 바뀌는 것을 말한다. 이것은 물질만의 특징이다. 느낌, 인식, 심리현상들, 알음알이와 같은 정신의 무더기들은 변화는 말할 수 있지만 변형은 말하기 어렵다. 형태나 모양이 없기 때문이다. 그래서 변형은 물질에만 있는 성질이다.(바로 아래 주해 참조) 이런 이해를 바탕으로 다른 주석서들을 살펴보자.

『청정도론』(XIV.34)에서도 "그 중에서 차가움 등으로 인해 변형되는(ruppana) 특징을 가진 것들은 무엇이든 모두 하나로 묶어 물질의 무더기라고 알아야 한다."로 나타난다. 주석서 문헌들에는 rūpa를 ruppati(변형되다) 혹은 ruppana(변형되는)의 성질을 가진 것이라고 정의하고 있다. ruppana는 √rup(*to break, to violate*)에서 파생된 중성명사이며, rūpa(色)를 설명하는 단어로 다른 주석서 등에서도 많이 나타나고 있다.

가장 오래된 주석서이며 『쿳다까 니까야』(Khuddaka Nikāya, 小部)에 포함되어 있는 『닛데사』(Niddesa, 義釋)』(Nd1.4)에서도 이 √rup의 동사인 ruppati를 본경의 주석서처럼 '변형되다, 혼란스럽게 되다, 부딪치다, 억압되다, 부서지다.'와 동의어로 취급하고 있다. 『논장』의 여러 주석서들도 마찬가지다.

이러한 전통적인 견해를 따라서 초기불전연구원에서는 ruppati를 '변형되다'로 옮기고 있으며(『아비담마 길라잡이』 제6장 처음 해설 참조), 보디 스님은 '*is deformed*'로 옮기고 있다.

115) "법들에는 보편적이고 개별적인(sāmañña-paccatta) 두 가지 특징(lakkhaṇa)이 있다.(중국에서는 보편적 특징을 공상(共相)으로 개별적 특징을 자상(自相)으로 옮겼다.) 이 둘 가운데서 물질의 무더기를 [변형된다는] 개별적인 특징[自相, paccatta-lakkhaṇa = sabhāva-lakkhaṇa]을 통해서 드러내셨다. [변형되는 것은] 물질의 무더기에만 있고 느낌 등에는 없기 때문에 개별적인 특징이라 불린다. 무상·고·무아라는 특징(anicca-dukkha-anatta-lakkhaṇa)은 느낌 등에도 있다. 그래서 이것은 보편적

5. "비구들이여, 그러면 왜 느낌이라 부르는가?

느낀다고 해서 느낌이라 한다.116) 그러면 무엇을 느끼는가? 즐거움도 느끼고 괴로움도 느끼고 [87] 괴롭지도 즐겁지도 않은 것도 느낀다.

비구들이여, 이처럼 느낀다고 해서 느낌이라 한다."

6. "비구들이여, 그러면 왜 인식이라 부르는가?

인식한다고 해서 인식이라 한다. 그러면 무엇을 인식하는가? 푸른 것도 인식하고117) 노란 것도 인식하고 빨간 것도 인식하고 흰 것도

특징[共相, sāmañña-lakkhaṇa]이라 불린다."(SA.ii.291~292)

즉 변형(變形, *deformation*)은 형체를 가진 물질에만 적용되는 개별적이고 특수한 성질이다. 그래서 이런 변형이라는 물질에만 존재하는 개별적인 특징을 가지고 물질을 설명하셨다는 뜻이다. 느낌, 인식, 심리현상들, 알음알이는 형태가 없기 때문에 변형은 존재할 수 없다.

116) "'느낀다(vedayati).'는 것은 여기서 오직 느낌(vedanā va)이 느끼는 것이지 다른 중생(satta)이나 개아(puggala)가 느끼는 것이 아니다. 왜냐하면 느낌은 느끼는 특징을 가졌기(vedayita-lakkhaṇā) 때문에 토대와 대상을 반연하여(vatth-ārammaṇaṁ paṭicca) 느낌이 오직 느끼는 것이다. 이처럼 세존께서는 여기서도 [느낀다는] 느낌의 개별적 특징(paccatta-lakkhaṇa)을 분석하신 뒤에(bhājetvā) 설하셨다."(SA.ii.292)

117) "'푸른 것도 인식하고(nīlampi sañjānāti)'라는 것은 푸른 꽃이나 천에 대해서 준비단계(parikamma)의 [인식을] 만든 뒤에 근접단계(upacāra)나 본 단계(appanā)의 [인식을] 얻으면서 인식한다. 여기서 인식이라는 것은 준비단계의 인식(parikamma-saññā)도 해당되고 근접단계(upacāra-saññā)의 인식도 해당되고 본 단계의 인식(appanā-saññā)도 해당된다. 그리고 푸른 것에 대해서 푸르다고 일어나는 인식도 해당된다. 이 방법은 노란 것 등에도 적용된다. 여기서도 세존께서는 인식하는 특징을 가진(sañjānana-lakkhaṇa) 인식의 개별적인 특징(paccatta-lakkhaṇa)을 분석하신 뒤에 설하셨다."(SA.ii.292)

한편 여기에 나타나는 준비단계와 근접단계와 본단계는 삼매 수행에도 적용되어서 설명되고 있다. 여기에 대해서는 『아비담마 길라잡이』 제9장 §4

인식한다.

비구들이여, 이처럼 인식한다고 해서 인식이라 한다."

7. "비구들이여, 그러면 왜 심리현상들이라 부르는가?

형성된 것을 계속해서 형성한다고 해서 심리현상들이라 한다.118) 그러면 어떻게 형성된 것을 계속해서 형성하는가? 물질이 물질이게끔 형성된 것을 계속해서 형성한다.119) 느낌이 느낌이게끔 형성된

와 해설 등을 참조할 것.

118) '형성된 것을 계속해서 형성한다고 해서 심리현상들이라 한다.'는 saṅkhataṁ abhisaṅkharontīti tasmā saṅkhārā ti vuccanti를 옮긴 것이다. 설명은 아래 주해를 참조할 것.

119) "'물질이 물질이게끔 형성된 것을 계속해서 형성한다(rūpaṁ rūpattāya saṅkhataṁ abhisaṅkharonti).'고 했다. 마치 죽이 됨(yāgutta)을 위해서 죽(yāgu)을 쑤고 과자가 됨(pūvatta)을 위해서 과자(pūva)를 만들 듯이 조건[緣, paccaya]들에 의해서 함께 뭉쳐져서 만들어진 상태(samāgantvā katabhāva)라고 해서 형성된 것(saṅkhata)이라는 이름을 얻었다(laddha-nāma). 그리고 이렇게 해서 형성된 물질이라는 그러한 물질됨(rūpatta)을 위해서 계속 형성한다, 모은다, 적집한다, 생산한다(abhi-saṅkharoti āyūhati sampiṇḍeti, nipphādeti)는 것이 '물질이 물질이게끔 형성된 것을 계속해서 형성한다.'는 뜻이다. 느낌 등에 대해서도 같은 방법이 적용된다. 간략하게 말하면 다음과 같다. 자기 자신(즉 行)과 함께 생겨난 물질과 느낌 등의 법들(오온)을 계속해서 형성한다, 생기게 한다(nibbatteti)는 뜻이다.

여기서도 세존께서는 의도하는 특징(cetayita-lakkhaṇa) [왜냐하면 심리현상들의 무더기(행온)에 속하는 법들 가운데서(saṅkhāra-kkhandha-dhammānaṁ) 의도가 으뜸가는 상태(cetanā-padhānatta)이기 때문이다. – SAṬ.ii.211]을 가진 심리현상의 개별적 특징을 분석하신 뒤에 설하셨다."(SA.ii.292)

즉, 심리현상들 가운데는 의도가 으뜸이고 이 의도는 다른 정신·물질들(법들)을 계속 형성하는 개별적 특징을 가지고 있다는 말이다.

여기서 주목할 것은 행온에 속하는 법들(거듭 강조하지만 행온의 행은 항상 복수로 나타나고 있다) 가운데서 의도(cetanā)가 으뜸가는 상태라고

것을 계속해서 형성한다. 인식이 인식이게끔 형성된 것을 계속해서 형성한다. 심리현상들이 심리현상들이게끔 형성된 것을 계속해서 형성한다. 알음알이가 알음알이이게끔 형성된 것을 계속해서 형성한다.

비구들이여, 그래서 형성된 것을 계속해서 형성한다고 해서 심리현상들이라 한다."

8. "비구들이여, 그러면 왜 알음알이라 부르는가?

식별한다고 해서 알음알이라 한다. 그러면 무엇을 식별하는가? 신 것도 식별하고 쓴 것도 식별하고 매운 것도 식별하고 단 것도 식별하고 떫은 것도 식별하고 떫지 않은 것도 식별하고 짠 것도 식별하고 싱거운 것도 식별한다.120)

비구들이여, 이처럼 식별한다고 해서 알음알이라 한다."121)

하는 복주서의 설명이다. 혹자들은 오온의 행온을 의도적 행위나 업형성 혹은 업형성력 등으로 이해하고 옮기는 경우가 있는데 이것은 행온의 한 부분인 cetanā(의도)만을 부각시킨 역어이다.

행온에는 이 의도를 포함한 50가지 심리현상들(느낌과 인식을 제외한 모든 심리현상들, 혹은 심소법들)을 다 포함한다는 것이 주석서와 복주서들을 비롯한 아비담마의 한결같은 설명이다. 그래서 초기불전연구원에서는 행온을 심리현상들의 무더기라고 옮겨서 정착시키고 있는 것이다. 여기에 대해서는 『상윳따 니까야』 제3권 「취착의 양상 경」(S22:56) §9의 주해도 참조할 것.

그리고 중국에서 행(行)으로 통일해서 옮기고 있는 상카라(saṅkhāra)의 네 가지 의미에 대해서는 『상윳따 니까야』 제3권 「나꿀라삐따 경」(S22:1) §13의 주해와 제1권 「분석 경」(S12:2) §14의 주해를 참조할 것.

120) 여기에 나타나는 '신 것', '쓴 것', '매운 것', '단 것', '떫은 것', '떫지 않은 것', '짠 것', '싱거운 것'의 여덟 가지 맛은 순서대로 각각 ambila, tittaka, kaṭuka, madhuka, khārika, akhārika, loṇaka, aloṇaka를 옮긴 것이다.

121) 본문에서 보듯이 여기에 나타나는 알음알이에 대한 설명은 인식(saññā)의 설명과 유사하다. 인식의 경우는 눈의 대상을 예로 들었고 여기서는 혀의 대상인 맛을 들고 있다. 주석서는 그 이유를 다음과 같이 설명하고 있다.

"그런데 대상(ārammaṇa)을 외관과 모양으로 받아들이는 것(ākāra-saṇṭhāna-gahaṇa)은 인식에 있어서 두드러진 것(pākaṭā)이다. 그러므로 인식은 눈의 문(cakkhu-dvāra)에서 분석하셨다(vibhattā). 그러나 외관과 모양이 없이도 대상의 개별적인 차이를 받아들이는 것(paccatta-bheda-gahaṇa)은 알음알이에 있어서 두드러진 것이다. 그러므로 이것은 혀의 문(jivhā-dvāra)에서 분석하였다."(SA.ii.293) 이렇게 설명한 뒤 주석서는 인식과 알음알이와 통찰지는 점진적으로 깊어지는 인지의 과정이라는 것을 『청정도론』 XIV.3~5와 같은 방법으로 설명하고 있다.

그러나 본경을 위시한 니까야들에서 이 설명을 받아들이기는 어렵다. 알음알이는 단지 여섯 감각기능을 통해서 대상을 아는(요별하는, 식별하는) 작용을 뜻한다는 것이 니까야에 나타나는 알음알이의 설명이다. 그래서 주석서 문헌에서 알음알이[識, viññāṇa]와 마음[心, citta]과 마노[意, mano]는 '대상을 아는 것(ārammaṇaṁ vijānāti – ItA.ii.9; ārammaṇaṁ cinteti – DhsA.63 등)'으로 정의되고 있다. 물론 이러한 아는 작용은 반드시 느낌과 인식과 심리현상들과 같은 심소법들의 도움이 있어야 한다고 아비담마는 덧붙이고 있다. 그러므로 시다고 인식하는 내용은 당연히 인식(상)에 속하는 것이라 해야 한다. 다만 이 말씀은 알음알이(식)는 이러한 과정에 개재되는 대상을 아는(요별하는, 식별하는) 작용임을 강조하고 있는 가르침이라고 이해하면 아무 문제가 없어 보인다.

예를 들면 특정 찰나에 알음알이가 일어나서 대상을 이영애라고 아는 것은 그 찰나에 함께 일어난 인식의 도움이 있기 때문이다. 그러나 비록 인식이 이영애라고 '인식'을 하지만 이영애라고 '아는 것' 혹은 '식별하는 것'은 알음알이의 역할이다. 느낌이 이영애가 아름답다고 '느끼지만' 알음알이가 이런 느낌의 도움을 받아서 아름답다고 '아는' 혹은 '식별하는' 것이다. 같이하여 대상을 탐하거나 싫어하는 등등은 이런 기능을 담당하는 탐욕, 성냄 등의 심리현상들의 도움으로 알음알이가 그렇게 '아는' 혹은 '식별하는' 혹은 '요별하는' 것이다. 이처럼 인식(상)을 비롯한 느낌(수)과 심리현상들(행)은 알음알이에 종속되고 부수된 것[心所, 마음부수, cetasikā]이라서 알음알이(식)와 느낌·인식·심리현상들(수·상·행)은 전혀 다른 역할을 한다. 그래서 여러 북방 아비달마 논서와 유식에 관계된 논서들에서는 이러한 알음알이 혹은 마음을 심왕(心王)이라 표현하는 것이다. 알음알이의 중요성에 대해서는 『상윳따 니까야』 제3권 「속박 경」(S22:53) §3의 주해를 참조할 것.

9. "비구들이여, 여기에 대해서[122] 잘 배운 성스러운 제자는 이와 같이 숙고한다.

'나는 지금 물질에 의해서 삼켜지고 있다.[123] 마치 지금 현재에 내가 물질에 의해서 삼켜지고 있듯이 과거에도 나는 물질에 의해서 삼켜졌다. 내가 만일 미래의 물질을 즐긴다면 마치 지금 현재에 내가 물질에 의해서 삼켜지고 있듯이 미래에도 나는 물질에 의해서 삼켜질 것이다.'라고. 그는 이와 같이 숙고하여 과거의 물질에 대해서 무관심하고 미래의 물질을 즐기지 않고 현재의 물질을 염오하고 물질에 대한 탐욕을 빛바래고 물질을 소멸하기 위해서 도를 닦는다.[124]

'나는 지금 느낌에 의해서 … 인식에 의해서 … 심리현상들에 의해서 … 알음알이에 의해서 삼켜지고 있다. 마치 [88] 지금 현재에 내가 알음알이에 의해서 삼켜지고 있듯이 과거에도 나는 알음알이에

주석서적인 입장에서 보자면 인식(saññā)은 『담마상가니 주석서』(DhsA.110~111)에서, 알음알이(viññāṇa)는 마음(citta)이라는 주제로 『담마상가니 주석서』(DhsA.63~64)에서 더 깊이 논의되고 있다.

122) "첫 번째 부분(pabba)은 공함[空性, suññatā]에 대해서, 두 번째 부분은 공함의 특징[空相, suññatā-lakkhaṇa]에 대해서 설명하셨다. 이처럼 두 부분에서는 무아의 특징(anatta-lakkhaṇa)을 말씀하신 뒤에, 이제 괴로움의 특징(dukkha-lakkhaṇa)을 보여주시기 위해서 '비구들이여, 여기에 대해서'라고 말씀하시는 것이다."(SA.ii.295)

123) "여기서 '삼켜지고 있다(khajjāmi).'는 것은 개(sunakha)가 고기(maṁsa)를 이리저리 물어뜯어서(luñcitvā) 삼키는 것처럼, 그와 같이 물질이 나를 삼키는 것이 아니다. 그러나 더러운 옷을 입은 자(kiliṭṭha-vattha-nivattha)가 그 때문에 기분을 상해서(pīḷa) '이 옷이 나를 삼키는군!'이라고 내뱉는 것처럼, 그와 같이 이제 이 물질도 기분을 상하게 하는 것을 두고(pīḷaṁ uppādentaṁ) 삼킨다고 표현한 것이라고 알아야 한다."(*Ibid*)

124) 본 문단의 '과거의 물질에 대해서 무관심하고, … 물질을 소멸하기 위해서 도를 닦는다.'라는 마지막 부분은 『상윳따 니까야』 제3권 「과거·미래·현재 경」 1/2/3(S22:9 ~11의 결론부분에도 나타나고 있다.

의해서 삼켜졌다. 내가 만일 미래의 알음알이를 즐긴다면 마치 지금 현재에 내가 알음알이에 의해서 삼켜지고 있듯이 미래에도 나는 알음알이에 의해서 삼켜질 것이다.'라고. 그는 이와 같이 숙고하여 과거의 알음알이에 대해서 무관심하고 미래의 알음알이를 즐기지 않고 현재의 알음알이를 염오하고 알음알이에 대한 탐욕을 빛바래고 알음알이를 소멸하기 위해서 도를 닦는다."

10. "비구들이여, 이를 어떻게 생각하는가? 물질은 항상한가, 무상한가?"125)

"무상합니다, 세존이시여."

"그러면 무상한 것은 괴로움인가, 즐거움인가?"

"괴로움입니다, 세존이시여."

"그러면 무상하고 괴로움이고 변하기 마련인 것을 두고 '이것은 내 것이다. 이것은 나다. 이것은 나의 자아다.'라고 관찰하는 것이 타당하겠는가?"

"그렇지 않습니다, 세존이시여."

"비구들이여, 이를 어떻게 생각하는가? 느낌은 … 인식은 … 심리현상들은 … [89] 알음알이는 항상한가, 무상한가?"

"무상합니다, 세존이시여."

"그러면 무상한 것은 괴로움인가, 즐거움인가?"

"괴로움입니다, 세존이시여."

---

125) "그런데 이 질문은 왜 시작하셨는가? 이 부분(즉 §9)에서는 괴로움의 특징(dukkha-lakkhaṇa)을 설하신 것이지 무상의 특징(anicca-lakkhaṇa)을 설하신 것이 아니다. 이것을 보여주시기 위해서 이렇게 말씀하시기 시작하신 것이다. 그리고 [무상·고·무아의] 세 가지 특징들(tīṇi lakkhaṇā-ni)을 함께 모아서(samodhānetvā) 보여주시기 위해서 [이 질문을] 시작하신 것이다."(SA.ii.296)

"그러면 무상하고 괴로움이고 변하기 마련인 것을 두고 '이것은 내 것이다. 이것은 나다. 이것은 나의 자아다.'라고 관찰하는 것이 타당하겠는가?"

"그렇지 않습니다, 세존이시여."

11. "비구들이여, 그러므로 그것이 어떠한 물질이건, 그것이 과거의 것이건 미래의 것이건 현재의 것이건 안의 것이건 밖의 것이건 거칠건 미세하건 저열하건 수승하건 멀리 있건 가까이 있건 '이것은 내 것이 아니요, 이것은 내가 아니며, 이것은 나의 자아가 아니다.'라고 있는 그대로 바른 통찰지로 보아야 한다.

비구들이여, 그것이 어떠한 느낌이건 … 그것이 어떠한 인식이건 … 그것이 어떠한 심리현상들이건 … 그것이 어떠한 알음알이건, 그것이 과거의 것이건 미래의 것이건 현재의 것이건 안의 것이건 밖의 것이건 거칠건 미세하건 저열하건 수승하건 멀리 있건 가까이 있건 '이것은 내 것이 아니요, 이것은 내가 아니며, 이것은 나의 자아가 아니다.'라고 있는 그대로 바른 통찰지로 보아야 한다."

12. "비구들이여, 이를 두고 성스러운 제자는 허물어나가지 쌓아올리지 않는다고 하고, 버리지 취착하지 않는다고 하고, 흩어버리지 모으지 않는다고 하고, 끄지 지피지 않는다고 한다.[126]

그러면 어떤 것을 허물어나가지 쌓아올리지 않는가? 그는 물질을 허물어나가지 쌓아올리지 않는다. 느낌을 … 인식을 … 심리현상들

---

126) 여기서 '허물어나가지 쌓아올리지 않는다.' 등은 모두 윤회(vaṭṭa)를 허물어나가고 쌓아올리지 않는다는 등으로 적용시키는 것으로 주석서는 설명하고 있다.(SA.ii.296) 이런 표현을 볼 때 이 부분은 유학(sekha)의 경지를 묘사하고 있다 하겠다. 무학인 아라한은 윤회를 허물어나가는 것이 아니라 완전히 없애버려 더 이상 윤회하지 않기 때문이다.

을 … 알음알이를 허물어나가지 쌓아올리지 않는다.

그러면 어떤 것을 버리지 취착하지 않는가? 그는 물질을 버리지 취착하지 않는다. 느낌을 … 인식을 … 심리현상들을 … 알음알이를 버리지 취착하지 않는다.

그러면 어떤 것을 흩어버리지 모으지 않는가? 그는 물질을 흩어버리지 모으지 않는다. 느낌을 … 인식을 … 심리현상들을 … 알음알이를 흩어버리지 모으지 않는다.

그러면 [90] 어떤 것을 끄지 지피지 않는가? 그는 물질을 끄지 지피지 않는다. 느낌을 … 인식을 … 심리현상들을 … 알음알이를 끄지 지피지 않는다."

13. "비구들이여, 이와 같이 보는 잘 배운 성스러운 제자는127) 물질에 대해서도 염오하고 느낌에 대해서도 염오하고 인식에 대해서도 염오하고 심리현상들에 대해서도 염오하고 알음알이에 대해서도 염오한다.

---

127) 주석서는 본 문단이 설명하고자 하는 것이 무엇인가에 대한 각각 다른 4가지 견해를 소개하고 있다.
"'비구들이여, 이와 같이 보는 잘 배운 성스러운 제자는'이라는 말씀을 왜 시작하셨는가? ① 윤회를 없앤 뒤에(vaṭṭaṁ vināsetvā) 머무는 위대한 번뇌 다한 자(mahā-khīṇ-āsava, 아라한)를 보여주시기 위해서 시작하셨다. ② 혹은, 지금까지는 위빳사나를 설하셨지만 이제는 위빳사나와 함께하는 네 가지 도(magga)를 보여주시기 위해서 이 말씀을 시작하셨다. ③ 혹은, 지금까지는 첫 번째 도를 설하셨고 이제는 위빳사나와 더불어 세 가지 도를 보여주시기 위해서 이것을 시작하셨다. ④ 혹은, 지금까지는 세 가지 도를 설하셨고 이제는 위빳사나와 함께하는 아라한도(arahatta-magga)를 보여주시기 위해서 이 말씀을 시작하셨다."(SA.ii.296)
물론 주석서에서 특정한 사안에 대해서 여러 견해를 함께 소개할 때는 첫 번째에 소개하는 것이 정설이다. 다른 경들과 비교해 봐도 본 문단은 아라한의 경지를 설명하는 것이 분명하다.

염오하면서 탐욕이 빛바래고, 탐욕이 빛바래기 때문에 해탈한다. 해탈하면 해탈했다는 지혜가 있다. '태어남은 다했다. 청정범행(梵行)은 성취되었다. 할 일을 다 해 마쳤다. 다시는 어떤 존재로도 돌아오지 않을 것이다.'라고 꿰뚫어 안다."

14. "비구들이여, 이를 두고 비구는 허물어나가지 않고 쌓아올리지도 않지만 이미 쌓아올리지 않은 채로 머문다고 하고, 버리지도 않고 취착하지도 않지만 이미 버린 채로 머문다고 하고, 흩어버리지도 않고 모으지도 않지만 이미 흩어버린 채로 머문다고 하고, 끄지도 않고 지피지도 않지만 이미 끈 채로 머문다고 한다.[128]

그러면 어떤 것을 허물어나가지도 않고 쌓아올리지도 않지만 그는 이미 쌓아올리지 않은 채로 머무는가? 그는 물질을 허물어나가지도 않고 쌓아올리지도 않지만 이미 허문 채로 머문다. 그는 느낌을 … 인식을 … 심리현상들을 … 알음알이를 허물어나가지도 않고 쌓아올리지도 않지만 이미 허문 채로 머문다.

그러면 어떤 것을 버리지도 않고 취착하지도 않지만 이미 버린 채로 머무는가? 그는 물질을 버리지도 않고 취착하지도 않지만 이미 버린 채로 머문다. 느낌을 … 인식을 … 심리현상들을 … 알음알이를 버리지도 않고 취착하지도 않지만 이미 버린 채로 머문다.

그러면 어떤 것을 흩어버리지도 않고 모으지도 않지만 이미 흩어버린 채로 머무는가? 그는 물질을 흩어버리지도 않고 모으지도 않지만 이미 흩어버린 채로 머문다. 느낌을 … 인식을 … 심리현상들을 … 알음알이를 흩어버리지도 않고 모으지도 않지만 이미 흩어버린 채로 머문다.

---

128) 본 문단은 보디 스님의 제언에 의지해서 옮겼다.

그러면 어떤 것을 끄지도 않고 지피지도 않지만 이미 끈 채로 머무는가? 그는 물질을 끄지도 않고 지피지도 않지만 이미 끈 채로 머문다. 느낌을 … 인식을 … 심리현상들을 … 알음알이를 끄지도 않고 지피지도 않지만 이미 끈 채로 머문다."

15. "비구들이여, 이와 같이 마음이 해탈한 비구에게 신들은 인드라와 범천과 빠자빠띠와 더불어 멀리서도 예배를 할 것이다. [91]

'좋은 태생을 가지신 인간인 당신께 귀의합니다.
최고의 인간인 당신께 귀의합니다.
그러나 당신이 대상으로 하여 참선하는 그것을
우리는 알지 못합니다.'라고."129)

---

129) 이것은 『앙굿따라 니까야』 제6권 「산다 경」(A11:10/v.324~326) §4에도 나타나는 게송이다. 본경에 해당하는 주석서는 이렇게 적고 있다.
"이렇게 하여 세존께서는 본경을 통해서 삼계로부터 멀어지게 하신 뒤에(tīhi bhavehi vinivattetvā) 아라한됨을 정점(kūṭa)으로 취하여 설하셨다. 설법이 끝나자 500명의 비구들이 아라한됨에 확립되었다."(SA.ii.297)

보름밤의 긴 경[130)]

Mahāpuṇṇama Sutta(M109)

【해설】

본경은 오온으로 해체해서 보기 - 무상·고·무아 - 염오 - 이욕 - 해탈 - 구경해탈지의 해탈·열반을 실현하는 여섯 단계의 정형구가 설해지는 가르침이다.

'나'라는 존재를 오온으로 해체해서 보면 무상·고·무아가 보이고 그러면 염오 - 이욕 - 해탈 - 구경해탈지가 생겨서 궁극적 행복을 실현한다는 것이 초기불전의 도처에서 강조되고 있는 해탈·열반을 실현하는 여섯 단계의 정형구이다.[131)] 본경도 이런 가르침 가운데 하나이다. 본경은 세존께서 사왓티의 동쪽 원림[東園林]에 있는 녹자모 강당에서 보름 포살일의 보름밤에 비구승가에 둘러싸여 노지에 앉아 계시는 가운데 어떤 비구의 질문에 대한 답변으로 구성되어 있다.

비구는 먼저 오취온과 유신견(有身見) 즉 [불변하는] 존재 더미가 있다는 견해에 대해서 세존께 여쭙고(§§4~11), 이어서 오온의 달콤함, 재난, 벗어남 등에 대해서 세존과 문답을 나눈다.(§§12~13) 그리고 나서 세존께서는 오온의 무상·고·무아 문답(§15)을 통해서 오온은 '이것은 내 것이 아니고, 이것은 내가 아니며, 이것은 나의 자아가 아니다.'라고 있는 그대로 바른 통찰지로 보아야 한다고(§16) 강조하시고 이어서 염오 - 이욕 - 해탈 - 구경해탈지의 정형구(§§17~18)를 말씀하신다.

---

130) 본경은 『상윳따 니까야』 제3권 「보름밤 경」(Puṇṇama Sutta, S22:82)과 동일하다.

131) 여기에 대해서는 『초기불교 이해』 54쪽 이하, 139쪽 이하, 213쪽 이하 등을 참조할 것.

이렇게 하여 이 가르침이 설해졌을 때 60명의 비구들은 취착 없이 마음이 번뇌에서 해탈하여 아라한이 되었다는 기쁜 소식을 전하면서 본 경은 마무리 된다.

1. 이와 같이 나는 들었다. 한때 세존께서는 사왓티의 동쪽 원림[東園林]에 있는 미가라마따(녹자모) 강당에 머무셨다.

2. 그 무렵 세존께서는 보름 포살일[132]의 보름밤에 비구 승가에 둘러싸여 노지에 앉아계셨다.

3. 그때 어떤 비구가 자리에서 일어나 한쪽 어깨에 가사를 수하고 세존께 합장하여 인사를 드리고 이렇게 말씀드렸다.

"세존이시여, 세존께서 저의 질문을 허락해주신다면 저는 세존께 어떤 점에 대해서 질문을 드리고자 합니다."

"비구여, 그렇다면 그대는 그대의 자리에 앉아서 묻고 싶은 것을 질문하라."[133]

---

132) '포살일(布薩日)' 혹은 줄여서 포살은 uposatha의 음역이며 불교의 계율 준수 일을 말한다. 주석서는 이렇게 설명한다.
"이날에 준수한다(upavasati)고 해서 포살이라 한다. 준수한다는 것은 계(sīla)나 금식(anasana)을 지키면서 머문다는 뜻이다. 이 포살일(uposatha-divasa)은 8일, 14일, 15일의 세 가지가 있기 때문에 여기서는 다른 두 가지를 제외한다는 뜻으로 '보름 포살일(tadahuposatha pannarasa)'이라고 하였다."(MA.iv.74~75; SA.i.276)

133) "왜 세존께서는 그가 서서 말하지 않고 앉아서 말하게 하셨는가? 사실 이 비구는 열심히 노력하는 60명의 비구들의 승가 장로로써 60명의 비구들을 데리고 숲에서 살았다. 그들은 그에게서 명상주제(kammaṭṭhāna)를 받아 열심히 노력하고 정진했다. 근본물질(mahā-bhūtāni)을 파악하고(pariggaṇhanti) 근본물질을 의지하고 있는 파생된 물질(upādā-rūpāni)을 파악하고 정신과 물질의 조건을 대상으로 하는 위빳사나(nāma-rūpa-paccaya-lakkhaṇ-ārammaṇika-vipassanā)도 파악했다.

그러자 그 비구는 자신의 자리에 앉아서 세존께 이렇게 여쭈었다.

4. "세존이시여, 취착의 [대상인] 다섯 가지 무더기[五取蘊]란 [16] 취착의 [대상인] 물질의 무더기[色取蘊], 취착의 [대상인] 느낌의 무더기[受取蘊], 취착의 [대상인] 인식의 무더기[想取蘊], 취착의 [대상인] 심리현상들의 무더기[行取蘊], 취착의 [대상인] 알음알이의 무더기[識取蘊]가 아니겠습니까?"

"비구여, 취착의 [대상인] 다섯 가지 무더기[五取蘊]란 취착의 [대상인] 물질의 무더기[色取蘊], 취착의 [대상인] 느낌의 무더기[受取蘊], 취착의 [대상인] 인식의 무더기[想取蘊], 취착의 [대상인] 심리현상들의 무더기[行取蘊], 취착의 [대상인] 알음알이의 무더기[識取蘊]이다."

"세존이시여, 감사합니다."라고 그 비구는 세존의 말씀을 기뻐하고 감사드리고 세존께 계속해서 질문을 드렸다.

마침 그들이 스승을 시중들기 위해 와서 인사를 올리고 앉았을 때 장로는 근본물질을 파악하는 것 등에 대해 그들에게 질문했다. 그들은 모두 대답했지만 도와 과에 대한 질문(magga-phala-pañha)을 했을 때는 대답하지 못했다.

그때 장로는 '나는 훈계를 계속해왔고 이들도 열심히 정진하면서 머물고 게으르지도 않은데 도와 과를 성취하지 못하는구나. 나는 이들의 성향(ajjhāsaya)을 알지 못한다. 이들은 부처님에 의해 인도되어야 한다. 이들을 데리고 스승(satthu)께 가야겠다. 그러면 스승께서는 그들에게 기질에 따라 가르침을 듣게 하실 것이다.'라고 생각하면서 그 비구들을 데리고 스승께 왔다.

이 비구는 자신의 의심 때문에 질문을 한 것이 아니라 그들을 위해 대신 질문하기 위해 일어섰다. 만약 그가 일어서서 질문을 하면 나머지 비구들도 그들의 스승이 일어섰기 때문에 일어설 것이고 그렇게 되면 일념으로(ekaggā) 법담을 나눌 수가 없을 것이라고 생각하시면서 세존께서는 그를 앉게 하신 것이다."(MA.iv.75~76)

5. "세존이시여, 이 취착의 [대상인] 다섯 가지 무더기[五取蘊]는 무엇에 뿌리를 둡니까?"

"비구여, 이 취착의 [대상인] 다섯 가지 무더기는 갈애[134]에 뿌리를 둔다."

6. "세존이시여, 그러면 취착은 취착의 [대상인] 다섯 가지 무더기와 동일합니까, 아니면 취착은 취착의 [대상인] 다섯 가지 무더기와 다릅니까?"

"비구여, 취착은 취착의 [대상인] 다섯 가지 무더기와 동일하지도 않고, 취착의 [대상인] 다섯 가지 무더기와 다르지도 않다. 비구여, 취착의 [대상인] 다섯 가지 무더기에 대한 열망과 탐욕이 취착이다."[135]

7. "세존이시여, 취착의 [대상인] 다섯 가지 무더기들에 대한 열망과 탐욕은 차이가 있습니까?"[136]

"비구여, [차이가] 있을 수 있다."라고 세존께서는 말씀하셨다. "비구여, 여기 어떤 자에게 이런 생각이 든다. '미래세에 [나의] 물질은 이렇게 되기를! 미래세에 나의 느낌은 이렇게 되기를! 미래세에 나의 인식은 이렇게 되기를! 미래세에 나의 심리현상들[行]은 이렇게 되기를! 미래세에 나의 알음알이는 이렇게 되기를!'이라고.

비구여, 이와 같이 취착의 [대상인] 다섯 가지 무더기에 대한 열망과 탐욕은 차이가 있다."

---

134) 원문은 '욕구(chanda)'인데 주석서에서 갈애(taṇhā)라고 설명하고 있어서(MA.iv.77) 이렇게 옮겼다.

135) 본경 §6은 『맛지마 니까야』 제2권 「교리문답의 짧은 경」(M44) §6과 같다.

136) "'열망과 탐욕은 차이가 있습니까(chandarāga-vemattata)?'란 열망과 탐욕은 다양합니까(nānatta)라는 뜻이다."(SA.ii.307)

8. "세존이시여, 어떻게 무더기[蘊]라는 술어가 무더기들에 대해 적용됩니까?"

"비구여, 물질이라고 하는 것은 그 어떤 것이든, 그것이 과거의 것이든 미래의 것이든 현재의 것이든, 안의 것이든 밖의 것이든, 거칠든 섬세하든, 저열하든 수승하든, 멀리 있건 가까이 있건, 그것은 물질의 무더기이다. [17]

느낌이라고 하는 것은 그 어떤 것이든, 그것이 과거의 것이든 미래의 것이든 현재의 것이든, 안의 것이든 밖의 것이든, 거칠든 섬세하든, 저열하든 수승하든, 멀리 있건 가까이 있건, 그것은 느낌의 무더기이다.

인식이라고 하는 것은 그 어떤 것이든, 그것이 과거의 것이든 미래의 것이든 현재의 것이든, 안의 것이든 밖의 것이든, 거칠든 섬세하든, 저열하든 수승하든, 멀리 있건 가까이 있건, 그것은 인식의 무더기이다.

심리현상들이라고 하는 것은 그 어떤 것이든, 그것이 과거의 것이든 미래의 것이든 현재의 것이든, 안의 것이든 밖의 것이든, 거칠든 섬세하든, 저열하든 수승하든, 멀리 있건 가까이 있건, 그것은 심리현상들의 무더기이다.

알음알이라고 하는 것은 그 어떤 것이든, 그것이 과거의 것이든 미래의 것이든 현재의 것이든, 안의 것이든 밖의 것이든, 거칠든 섬세하든, 저열하든 수승하든, 멀리 있건 가까이 있건, 그것은 알음알이의 무더기이다.

비구여, 이렇게 무더기라는 술어가 무더기들에 대해 적용된다."

9. "세존이시여, 무엇이 원인이고 무엇을 조건하여 물질의 무더기가 드러납니까? 무엇이 원인이고 무엇을 조건하여 느낌의 무더기가 드러납니까? 무엇이 원인이고 무엇을 조건하여 인식의 무더기가 드러납니까? 무엇이 원인이고 무엇을 조건하여 심리현상들의 무더기가 드러납니까? 무엇이 원인이고 무엇을 조건하여 알음알이의 무더기가 드러납니까?"

"비구여, 네 가지 근본물질[四大]이 원인이고 네 가지 근본물질을 조건하여 물질의 무더기가 드러난다. 감각접촉[觸]이 원인이고 감각접촉을 조건하여 느낌의 무더기가 드러난다.137) 감각접촉이 원인이고 감각접촉을 조건하여 인식의 무더기가 드러난다. 감각접촉이 원인이고 감각접촉을 조건하여 심리현상들의 무더기가 드러난다. 정신과 물질[名色]이 원인이고 정신과 물질을 조건하여 알음알이의 무더기가 드러난다."

10. "세존이시여, 어떻게 해서 [불변하는] 존재 더미가 있다는 견해[有身見]가 생깁니까?"138)

"비구여, 여기 배우지 못한 범부는 성자들을 친견하지 못하고 성스러운 법에 능숙하지 못하고 성스러운 법에 인도되지 못하고, 바른 사람들을 친견하지 못하고 바른 사람들의 법에 능숙하지 못하고 바

137) "비구들이여, 접촉하여 느끼고 접촉하여 의도하고 접촉하여 인식한다(phuṭṭho bhikkhave vedeti phuṭṭho ceteti phuṭṭho sañjānāti)."(『상윳따 니까야』 제4권 「쌍(雙) 경」 2(S35:93))라는 말씀이 있기 때문에 감각접촉[觸, phassa]이 세 가지 무더기(수온, 상온, 행온)가 드러나는 원인(hetu)이고 조건(paccaya)이다."(MA.iv.78)

138) 본경 §§10~11은 『맛지마 니까야』 제2권 「교리문답의 짧은 경」(M44) §§7~8과 같다. 이 20가지 유신견에 대해서는 「교리문답의 짧은 경」(M44) §7의 주해를 참조할 것.

른 사람들의 법에 인도되지 않아서, 물질을 자아라고 관찰하고, 물질을 가진 것이 자아라고 관찰하고, 자아 안에 물질이 있다고 관찰하고, 물질 안에 자아가 있다고 관찰한다.

느낌을 … 인식을 … 심리현상들을 … 알음알이를 자아라고 관찰하고, 알음알이를 가진 것을 자아라고 관찰하고, [18] 자아 안에 알음알이가 있다고 관찰하고, 알음알이 안에 자아가 있다고 관찰한다.

비구여, 이렇게 [불변하는] 존재 더미가 있다는 견해[有身見]가 생긴다."

11. "세존이시여, 그러면 어떻게 해서 [불변하는] 존재 더미가 있다는 견해[有身見]가 생기지 않습니까?"

"비구여, 잘 배운 성스러운 제자는 성자들을 친견하고 성스러운 법에 능숙하고 성스러운 법에 인도되고, 바른 사람들을 친견하고 바른 사람들의 법에 능숙하고 바른 사람들의 법에 인도되어서, 물질을 자아라고 관찰하지 않고, 물질을 가진 것이 자아라고 관찰하지 않고, 자아 안에 물질이 있다고 관찰하지 않고, 물질 안에 자아가 있다고 관찰하지 않는다.

느낌을 … 인식을 … 심리현상들을 … 알음알이를 자아라고 관찰하지 않고, 알음알이를 가진 것을 자아라고 관찰하지 않고, 자아 안에 알음알이가 있다고 관찰하지 않고, 알음알이 안에 자아가 있다고 관찰하지 않는다.

비구여, 이와 같이 해서 [불변하는] 존재 더미가 있다는 견해[有身見]가 생기지 않는다."

12. "세존이시여, 무엇이 물질에 대한 달콤함이고 무엇이 재난이며 무엇이 그것에서 벗어남입니까? 무엇이 느낌에 대한 … 인식에

대한 … 심리현상들에 대한 … 알음알이에 대한 달콤함이고 무엇이 재난이며 무엇이 그것에서 벗어남입니까?"

"비구여, 물질을 조건하여 일어난 즐거움과 기쁨이 물질에 대한 달콤함이다. 물질은 무상하고 괴로움이고 변하는 것이기에 이것이 물질에 대한 재난이다. 물질에 대한 열망과 탐욕을 길들이고 열망과 탐욕을 버리는 것이 물질에서 벗어남이다.139)

비구여, 느낌을 조건하여 … 인식을 조건하여 … 심리현상들을 조건하여 … 알음알이를 조건하여 일어난 즐거움과 기쁨이 알음알이에 대한 달콤함이다. 알음알이는 무상하고 괴로움이고 변하는 것이기에 이것이 알음알이에 대한 재난이다. 알음알이에 대한 열망과 탐욕을 길들이고 열망과 탐욕을 버리는 것이 알음알이에서 벗어남이다."

13. "세존이시여,140) 어떻게 알고 어떻게 보아야 알음알이를 가진 이 몸과 외부의 모든 표상141)들 가운데서142) 나라는 생각과 내

---

139) "'이것이 물질에 대한 달콤함이다(ayaṁ rūpe assādo).'라는 말씀으로 철저하게 앎의 꿰뚫음(pariññā-paṭivedha)과 괴로움의 진리[苦諦, dukkha-sacca]를 말씀하셨다.
'이것이 물질에 대한 재난이다(ayaṁ rūpe ādīnavo).'라는 말씀으로는 버림의 꿰뚫음(pahāna-paṭivedha)과 일어남의 진리[集諦, samudaya-sacca]를, '이것이 물질에서 벗어남이다(idaṁ rūpe nissaraṇa.n).'라는 말씀으로는 실현의 꿰뚫음(sacchikiriyā-paṭivedha)과 소멸의 진리[滅諦, nirodha-sacca]를 말씀하셨다.
이러한 세 가지 경우에 대한 바른 견해 등의 법들(dhammā)은 수행의 꿰뚫음(bhāvanā-paṭivedha)이고 도의 진리[道諦, magga-sacca]이다." (MA.iv.78)

140) 본경 §13은 『상윳따 니까야』 제2권 「잠재성향 경」(S18:21)과 제3권 「라다 경」(S22:71)과 「라훌라 경」 1(S22:91)과 같은 내용을 담고 있다.

141) '표상'은 nimitta를 옮긴 것이다. 표상으로 옮긴 니밋따(nimitta)는 ni(아래로)+√mā(*to measure*)에서 파생된 중성명사이다. 초기불전과 특히 주석서 문헌에서는 표상(nimitta)라는 술어가 아주 많이 나타나는데 ① 신

것이라는 생각과 자만의 잠재성향이 생기지 않겠습니까?"

"비구여, 물질이라고 하는 것은 그 어떤 것이든, 그것이 과거의 것이든 미래의 것이든 현재의 것이든, 안의 것이든 밖의 것이든, 거칠든 섬세하든, 저열하든 [19] 수승하든, 멀리 있건 가까이 있건, '이것은 내 것이 아니고, 이것은 내가 아니며, 이것은 나의 자아가 아니다.'

호, 표시, 징조, 조짐 등의 뜻으로도 쓰이고(영어의 *sign*) ② 외관, 흔적, 자국, 특성, 성질 등의 뜻으로도 쓰이며(영어의 *mark*) ③ 영상, 잔영, 표상 등의 뜻으로도 쓰인다.(영어의 *image*)

주석서 문헌에서는 세 번째 의미로 많이 나타난다. 왜냐하면 이 의미로 쓰이는 표상은 특히 삼매 수행에서 아주 중요한 역할을 하기 때문이다. 본삼매의 증득은 준비단계의 표상, 익힌 표상, 닮은 표상이라는 세 단계를 거쳐서 이루어진다고 주석서 문헌들은 설명하고 있다. 여기에 대해서는 『아비담마 길라잡이』 제9장 §5 이하의 [해설]들을 참조할 것.

초기불전연구원에서는 여러 문맥에서 나타나는 nimitta를 모두 표상으로 통일해서 옮기고 있는데, 『디가 니까야 주석서』에서 "인식의 원인(sañjānana-hetu)이 되기 때문에 '표상(nimitta)'이라 한다."(DA.ii.500)고 설명하고 있듯이 모든 종류의 인식은 대상이 드러내는 혹은 대상을 통해서 생기는 표상을 통해서 일어나는 것이기 때문이다.(여기에 대해서는 『상윳따 니까야』 제2권 「나꿀라삐따 경」(S22:1) §12의 주해도 참조할 것.) 표상은 한문의 表相 혹은 表象을 염두에 두고 한글로 표기한 것이다.

142) "'외부의(bahiddhā)'라는 단어는 알음알이를 가진 다른 사람의 몸이다. '모든 표상들(sabba-nimittā)'은 무정물(anindriya-baddha)을 포함하기도 한다. 혹은 '알음알이를 가진 이 몸(saviññāṇaka kāya)'이라는 단어가 자신의 몸과 다른 사람의 몸을 모두 포함하고, '외부의 모든 표상(bahiddhā sabba-nimitta)'이라는 단어는 무정물을 포함하기도 한다."(MA.iv.78)

『앙굿따라 니까야 주석서』는 다음과 같이 설명하고 있다.

"'밖의 모든 표상들(bahiddhā sabba-nimittā)'이란 색깔의 표상, 소리의 표상, 냄새의 표상, 맛의 표상, 감촉의 표상, 영원함 등의 표상, 인간의 표상, 법의 표상 등 이러한 밖의 표상들을 뜻한다."(AA.ii.206)

'표상(nimitta)'의 의미에 대해서는 『상윳따 니까야』 제3권 「할릿디까니 경」 1(S22:3) §6의 주해를 참조할 것.

라고 있는 그대로 바른 통찰지로 본다.

느낌이라고 하는 것은 그 어떤 것이든 … 인식이라고 하는 것은 그 어떤 것이든 … 심리현상들이라고 하는 것은 그 어떤 것이든 … 알음알이라고 하는 것은 그 어떤 것이든, 그것이 과거의 것이든 미래의 것이든 현재의 것이든, 안의 것이든 밖의 것이든, 거칠든 섬세하든, 저열하든 수승하든, 멀리 있건 가까이 있건, '이것은 내 것이 아니고, 이것은 내가 아니며, 이것은 나의 자아가 아니다.'라고 이것을 있는 그대로 바른 통찰지로 본다.

비구여, 이렇게 알고 이렇게 보는 자에게 알음알이를 가진 이 몸과 외부의 모든 표상들 가운데서 나라는 생각과 내 것이라는 생각과 자만의 잠재성향이 생기지 않는다."

14. 그러자 다른 어떤 비구에게 이런 생각이 들었다. '참으로 물질은 자아가 없다고 한다. 느낌은 … 인식은 … 심리현상들은 … 알음알이는 자아가 없다고 한다. 그런데 자아가 없이 지은 업들은 도대체 어떤 자아와 접촉하는가?'143)라고. 그러자 세존께서는 마음으로 그 비구의 생각을 아시고 비구들을 불러서 말씀하셨다

"비구들이여, 여기 어떤 쓸모없는 인간은 알지 못하고 무명에 빠져 그의 마음이 갈애에 지배되어 마음으로 스승의 교법을 능가하리라고 생각하면서 '참으로 물질은 자아가 없다고 한다. 느낌은 … 인식은 … 심리현상들은 … 알음알이는 자아가 없다고 한다. 그런데 자아가 없이 지은 업들은 도대체 어떤 자아와 접촉하는가?'라고 생

---

143) "이 비구는 '[업을 저장하는] 자아가 없는데 어떠한 자아에 서서 그 업이 과보(vipāka)를 생성하는가?'라고 생각하고 있고, 그것은 상견(sassata-dassana)에 빠지는 것임을 세존께서는 말씀하신다."(MA.iv.79)

각할지도 모른다. 비구들이여, 나는 이런저런 법들에 대해 여러 가지 경우로 질문하여 그대들을 가르쳤다."144)

15. "비구들이여, 이를 어떻게 생각하는가? 물질은 항상한가, 무상한가?"

"무상합니다, 세존이시여."

"무상한 것은 괴로움인가, 즐거움인가?"

"괴로움입니다, 세존이시여."

"무상하고 괴로움이고 변하기 마련인 것을 두고 '이것은 내 것이다. 이것은 나다. 이것은 나의 자아다.'라고 여기는 것이 타당하겠는가?"

"그렇지 않습니다, 세존이시여."

비구들이여, 이를 어떻게 생각하는가? 느낌은 … 인식은 … 심리현상들은 … 알음알이는 항상한가, 무상한가?"

"무상합니다, 세존이시여." [20]

"무상한 것은 괴로움인가, 즐거움인가?"

"괴로움입니다, 세존이시여."

"무상하고 괴로움이고 변하기 마련인 것을 두고 '이것은 내 것이다. 이것은 나다. 이것은 나의 자아다.'라고 여기는 것이 타당하겠는가?"

"그렇지 않습니다, 세존이시여."

16. "비구들이여, 그러므로 물질이라고 하는 것은 그 어떤 것이

---

144) '질문하여 그대들을 가르쳤다.'는 Ee에는 paṭiccavinītā로 나타나고, Be에는 paṭivinītā로 나타난다. 이 단어는 prati+vi+√nī(*to lead*)의 과거분사로 '제거한'의 뜻이 되어(PED) 본경의 문맥에는 맞지 않는다. 역자는 『상윳따 니까야』 제3권 「보름밤 경」(S22:82)을 따라 paṭipucchā vinītā로 읽어서 옮겼다. 본경의 내용이 그 경과 같고 그곳에 paṭipucchā vinītā로 나타나기 때문이다.

든, 그것이 과거의 것이든 미래의 것이든 현재의 것이든, 안의 것이든 밖의 것이든, 거칠든 섬세하든, 저열하든 수승하든, 멀리 있건 가까이 있건, '이것은 내 것이 아니고, 이것은 내가 아니며, 이것은 나의 자아가 아니다.'라고 있는 그대로 바른 통찰지로 보아야 한다.

느낌이라고 하는 것은 그 어떤 것이든 … 인식이라고 하는 것은 그 어떤 것이든 … 심리현상들이라고 하는 것은 그 어떤 것이든 … 알음알이라고 하는 것은 그 어떤 것이든, 그것이 과거의 것이든 미래의 것이든 현재의 것이든, 안의 것이든 밖의 것이든, 거칠든 섬세하든, 저열하든 수승하든, 멀리 있건 가까이 있건, '이것은 내 것이 아니고, 이것은 내가 아니며, 이것은 나의 자아가 아니다.'라고 있는 그대로 바른 통찰지로 보아야 한다."

17. "비구들이여, 이와 같이 보면서 잘 배운 성스러운 제자는 물질을 염오하고 느낌을 염오하고 인식을 염오하고 심리현상들을 염오하고 알음알이를 염오한다."

18. "염오하면서 탐욕이 빛바래고, 탐욕이 빛바래기 때문에 해탈한다. 해탈하면 해탈했다는 지혜가 생긴다. '태어남은 다했다. 청정범행은 성취되었다. 할 일을 다 해 마쳤다. 다시는 어떤 존재로도 돌아오지 않을 것이다.'[145]라고 꿰뚫어 안다."[146]

---

145) 이 정형구에 대한 설명은 본서 12연기의 장에 싣고 있는 「나체수행자 깟사빠 경」(S12:17) §14의 주해를 참조할 것.

146) 본경 §§15~18에 나타나는 ① 오온으로 해체해서 보기 ② 무상·고·무아 ③ 염오 ④ 이욕 ⑤ 해탈 ⑥ 구경해탈지의 정형구는 니까야의 도처에서 강조되고 있는 해탈·열반을 실현하는 여섯 단계의 과정이다. 여기에 대해서는 『맛지마 니까야』 제1권 「뱀의 비유 경」(M22) §29의 주해를 참조하기 바란다. 그리고 『초기불교 이해』 제14장 어떻게 해탈·열반을 실현할 것인가와 『상윳따 니까야』 제4권 해제 §3과 제3권 해제 §3을 중심으로도

세존께서는 이와 같이 설하셨다. 그 비구들은 흡족한 마음으로 세존의 말씀을 크게 기뻐하였다. 이 가르침이 설해졌을 때 60명의 비구들147)은 취착 없이 마음이 번뇌에서 해탈하였다.

살펴볼 것을 권한다.

147) "이 비구들은 평소의 명상주제(pakati-kammaṭṭhāna)를 내려놓고 다른 새로운 명상주제(nava-kammaṭṭhāna)를 받아서 가부좌를 틀고 그 자리에서 아라한과를 얻었다."(MA.iv.79)
복주서는 평소의 명상주제란 그 장로에게서 받은 명상주제이고, 새로운 명상주제란 세존으로부터 받은 명상주제라고 설명하고 있다.(MAṬ.ii.267)

버림 경

Pahāna Sutta(S36:3)

【해설】

나는 누구인가에 대한 부처님의 두 번째 대답은 느낌[受, vedanā]이다. 느낌은 자본주의의 가장 민감한 주제요, 젊은이들이 '필이 팍 꽂혔다.'고 열광하는 저 필(*feel*) 혹은 필링(*feeling*)을 뜻한다. 그래서 일찍부터 서양에서 느낌은 *feeling*으로 정착이 되었다. 이러한 느낌을 몇 가지 측면에서 살펴보면 다음과 같다.

첫째, 느낌 혹은 필링은 감정적·정서적·예술적인 단초가 되는 심리현상이다. 경들에 의하면 느낌에는 즐거운 느낌[樂受], 괴로운 느낌[苦受], 괴롭지도 즐겁지도 않은 느낌[不苦不樂受]의 세 가지가 있다.(S36:1 등) 이 가운데 즐거운 느낌은 탐욕의 잠재성향과 관계가 있고, 괴로운 느낌은 적의의 잠재성향과, 괴롭지도 즐겁지도 않은 느낌은 무명의 잠재성향과 관계가 있다.(S36:3) 그리고 오온 가운데 유일하게 느낌만이 『상윳따 니까야』 제4권에 「느낌 상윳따」(S36)라는 독립된 주제로 모아져서 31개의 경들이 포함되어 있다.

둘째, 인식이 이념이나 사상을 더 중시하는 사회주의와 관계가 깊은 것이라 한다면 감정과 정서와 예술과 편리함의 추구와 관계있는 느낌은 자본주의의 발전과 밀접한 관계가 있다 할 수 있다. 특히 자본주의와 밀접한 관계가 있는 매스미디어를 통한 광고는 인간의 느낌을 무한대로 자극한다. 이영애와 김태희와 고현정이 방긋방긋 웃고 장동건이 미소짓는 광고는 우리의 원초적 느낌을 자극하여 특정 상품에 '필이 팍 꽂히게' 만들려 안달복달한다. 그래서 초기불전에서 부처님께서는 "일체사 느낌에 귀결된다."(A8:83)고 말씀하셨다.

셋째, 그러나 느낌에 대한 부처님의 결론은 "느낌들이란 참으로 거품과 같다."(S22:95)는 것이다. 그래서 주석서는 "마치 거품이 조그마한 물에서 생겼다가는 사라지고 오래 가지 않듯이 느낌도 그와 같다. 손가락 한 번 튀기는 순간에 십만 꼬띠(1조!) 개의 느낌들이 일어나고 사라진다."고 설명하고 있다. 그러므로 불자는 이러한 느낌의 무상함에 사무쳐서 느낌에 연연하지 말아야 한다. 대신, 느낌의 무상·고·무아의 통찰을 통한 염오-이욕-해탈-구경해탈지를 완성하여, '느낌이라는 행복'이 아니라 저 '열반의 행복'을 실현할 것을 초기불전은 강조하고 있다.

오온의 두 번째인 느낌[受]에 대한 세존의 가르침으로는 『상윳따 니까야』 제4권 「느낌 상윳따」(S36)에 포함된 「버림 경」(S36:3)과 「화살 경」(S36:6)을 여기에 싣는다.

1. 이와 같이 나는 들었다. 한때 세존께서는 사왓티에서 제따 숲의 아나타삔디까 원림(급고독원)에 머무셨다.

2. 그곳에서 세존께서는 "비구들이여."라고 비구들을 부르셨다. "세존이시여."라고 비구들은 세존께 응답했다. 세존께서는 이렇게 말씀하셨다.

3. "비구들이여, 세 가지 느낌이 있다. 무엇이 셋인가?
즐거운 느낌, 괴로운 느낌, 괴롭지도 즐겁지도 않은 느낌이다.
비구들이여, 이러한 세 가지 느낌이 있다."

4. "비구들이여, 즐거움을 느낄 때 탐욕의 잠재성향을 버려야 한다. 괴로움을 느낄 때 적의의 잠재성향을 버려야 한다. 괴롭지도 즐겁지도 않은 느낌의 경우, 무명의 잠재성향을 버려야 한다.148)

---

148) '탐욕의 잠재성향'과 '적의의 잠재성향'과 '무명의 잠재성향'은 각각 rāga-anusaya, paṭigha-anusaya, avijjānusaya를 옮긴 것이다. 감각적 욕망의 잠재성향, 적의(敵意)의 잠재성향, 자만의 잠재성향, 사견(邪見)의 잠

비구들이여, 비구가 즐거움을 느낄 때 탐욕의 잠재성향을 버리고 괴로움을 느낄 때 적의의 잠재성향을 버리고 괴롭지도 즐겁지도 않은 느낌의 경우 무명의 잠재성향을 버리면, 이를 두고 '비구의 잠재성향은 제거되었다.[149] 그는 올바로 보는 사람이다. 그는 갈애를 잘라버렸다. 족쇄를 풀어버렸다. 자만을 관통하여[150] 마침내 괴로움을 끝내어버렸다.'라고 한다."

5. "즐거움을 느끼면서도 느낌을 꿰뚫어 알지 못한다면

재성향, 의심의 잠재성향, 존재에 대한 탐욕의 잠재성향, 무명의 잠재성향의 일곱 가지 잠재성향(『상윳따 니까야』 제5권「잠재성향 경」(S45:175) 참조) 가운데서 이 셋은 특히 느낌(vedanā)과 관계가 있다. 『맛지마 니까야』 제2권「교리문답의 짧은 경」(M44) §§25~28도 참조할 것.

149) '잠재성향은 제거되었다.'는 Ee, Se: pahīna-rāga-anusaya(탐욕의 잠재성향을 제거함) 대신에 Be: niranusaya(잠재성향이 없음)로 읽었다. 문맥상 pahīna-anusaya(잠재성향을 제거함)로 읽는 것이 좋다.

150) "'자만을 관통함(māna-abhisamaya)'이란, 봄[見]을 통해서 [자만을] 관통함(dassana-abhisamayā)과 제거함을 통해서 관통함(pahāna-abhisamayā)을 말한다. ① 아라한도는 [미혹하지 않고 꿰뚫음이라 불리는 - SAṬ.iii.75] 자신의 역할(kicca)을 통해서 자만을 바로 보는데(sampassati) 이것을 두고 봄을 통해서 관통함이라 한다. ② 이렇게 보게 되면 그것은 제거된다. 독을 보게 되면(diṭṭha-visa) 중생의 목숨을 [빼앗는 것을] 본 것과 같다. 이것을 두고 제거함을 통해서 관통함이라 한다."(SA.iii.75)
"'봄을 통해서 [자만을] 관통함'이란 미혹하지 않고 꿰뚫는 것(asammoha-paṭivedhā)이다. 아라한도가 일어나면 [밝음을] 가리는 것을 본성으로 하는(sabhāva-paṭicchādaka) 어리석음(moha)을 부수어버리기 때문이다. 이렇게 해서 자만을 보게 되면 이를 일러 봄을 통해서 [자만을] 관통함이라 한다. 마치 태양이 떠오르면 어둠이 부수어지고 제거 되는 것처럼 아라한도가 일어나면 자만은 모든 곳에서 제거되어 [한 존재의] 흐름(santāna) 안에서 더 이상 자리 잡지 못한다. 이것을 '제거함을 통해서 관통함'이라 한다."(SAṬ.iii.68)
'관통(abhisamaya)'에 대해서는 본서 242쪽에 싣고 있는 『상윳따 니까야』 제2권「사꺄무니 고따마 경」(S12:10) §4의 주해를 참조할 것.

그는 탐욕에 마음이 쏠려 해탈을 얻지 못하리. {1}

괴로움을 느끼면서도 느낌을 꿰뚫어 알지 못한다면
그는 적의에 마음이 쏠려 해탈을 얻지 못하리. {2}

그리고 저 괴롭지도 즐겁지도 않은 느낌
광대한 통찰지를 가진 자 그것을 평화롭다 가르치지만
그것 또한 맛들여 매달린다면
결코 괴로움으로부터 벗어나지 못하리. {3} [206]

그러나 비구가 열심이어서
분명히 알아차리는 공부 소홀히 하지 않으면
그 현자는 모든 느낌을 철저하게 알리로다. {4}

그 지혜의 달인은 느낌을 철저하게 알아
바로 이생에서 번뇌가 멸진할 것이며
몸이 무너질 때에는 법의 길에 확고하리니
어떤 헤아림으로도 그를 가늠할 길이 없으리." {5}

화살 경

Salla Sutta(S36:6)

【해설】

남・북방의 아비담마・아비달마와 유식에 의하면 느낌은 마음[心]과 항상 함께 일어나는 심리현상 즉 '반드시들[遍行心所]'에 속한다.[151] 그러므로 생명체가 존재하는 한 그리고 그가 멸진정에 들지 않는 한 그는 느낌으로부터 벗어날 수 없다. 이처럼 느낌은 피할 수 없는 것이다.

느낌이 피할 수 없는 것이라면 우리는 이 느낌에 어떻게 대처해야 하는가? 첫째는 느낌을 순화시키고 승화시켜야 한다. 그래서 세존께서는 「느낌 상윳따」(S36)에 포함된 경들에서 특히 느낌의 순화와 안정과 행복의 증진을 위해서 삼매를 닦을 것을 강조해서 설하고 계신다. 그래서 「삼매 경」(S36:1) 등에서는 네 가지 禪이 강조되어 나타나고 「빤짜깡가 경」(S36:19)에서는 4선-4처-상수멸의 구차제멸 혹은 구차제정[152]도 강조되고 있다.

둘째, 느낌이 피할 수 없는 것이라면 본경에서 고구정녕하게 말씀하고 계시듯이 두 번째 화살에 맞지 않아야 한다.(§4, §6) 이제 본경을 통해서 그 의미를 알아보자.

1. 이와 같이 나는 들었다. 한때 세존께서는 사왓티에서 제따 숲의 아나타삔디까 원림(급고독원)에 머무셨다.

---

151) 여기에 대해서는 『아비담마 길라잡이』 제2장 §2의 [해설] 2를 참조할 것.

152) 구차제멸(九次第滅, nava anupubba-nirodhā) 혹은 구차제정(九次第定)에 대해서는 『상윳따 니까야』 제1권 해제 제6장 (7)을 참조할 것.

2. 그곳에서 세존께서는 "비구들이여."라고 비구들을 부르셨다. "세존이시여."라고 비구들은 세존께 응답했다. 세존께서는 이렇게 말씀하셨다.

3. "비구들이여, 배우지 못한 범부도 즐거운 느낌을 느끼며, 괴로운 느낌을 느끼며, 괴롭지도 즐겁지도 않은 느낌을 느낀다. 마찬가지로 잘 배운 성스러운 제자도 즐거운 느낌, [208] 괴로운 느낌, 괴롭지도 즐겁지도 않은 느낌을 느낀다. 그러면 잘 배운 성스러운 제자와 배우지 못한 범부 사이에는 어떤 구별이 있으며 어떤 다른 점이 있으며 어떤 차이가 있는가."

"세존이시여, 저희들의 법은 세존을 근원으로 하며, 세존을 길잡이로 하며, 세존을 귀의처로 합니다. 세존이시여, 세존께서 방금 말씀하신 이 뜻을 [친히] 밝혀주신다면 참으로 감사하겠습니다. 세존으로부터 듣고 비구들은 그것을 잘 호지할 것입니다."

"비구들이여, 그렇다면 이제 들어라. 듣고 마음에 잘 새겨라. 나는 설할 것이다."

"그렇게 하겠습니다, 세존이시여."라고 비구들은 세존께 응답했다.

4. "비구들이여, 배우지 못한 범부는 [육체적인] 괴로운 느낌을 접하게 되면 근심하고 상심하며 슬퍼하고 가슴을 치고 울부짖고 광란한다. 결국 그는 이중으로 느낌을 겪고 있는 것이다. 즉 육체적 느낌과 정신적 느낌이다.

비구들이여, 예를 들면 어떤 사람이 화살에 꿰찔리고 연이어 두 번째 화살에 또다시 꿰찔리는 것과 같다.153) 그래서 그 사람은 두 화살

---

153) '또다시 꿰찔리는 것'은 Be: vujjheyyuṁ 대신에 Se: anuvedhaṁ vijjhe-yyuṁ(복수)과 Be: anuvedhaṁ vijjheyya(단수)로 읽은 것이다. 주석

때문에 오는 괴로움을 모두 다 겪을 것이다.

비구들이여, 그와 같이 배우지 못한 범부는 [육체적인] 괴로운 느낌을 접하게 되면 근심하고 상심하고 슬퍼하고 가슴을 치고 울부짖고 광란한다. 그래서 이중으로 느낌을 겪는다. 즉 육체적 느낌과 정신적 느낌이다.

5. "괴로운 느낌을 접하게 되면, 그는 그것에 적의를 품는다. 그처럼 괴로운 느낌에 적의를 품는 그에게는 그 괴로운 느낌에 대한 적의의 잠재성향이 자리 잡게 된다. 그가 괴로운 느낌에 닿으면 이제 그는 감각적 욕망의 즐거움을 누리려는 쪽으로 나아가게 된다. 그것은 무슨 이유 때문인가? 비구들이여, 배우지 못한 범부는 감각적 욕망의 즐거움을 누리는 것 말고는 그 괴로운 느낌으로부터 벗어나는 다른 출구를 알지 못하기 때문이다.[154]

다시 감각적 욕망의 즐거움을 누리는 사람에게는 즐거운 느낌에 대한 탐욕의 잠재성향이 자리 잡게 된다. 그는 그러한 느낌들의 일어남과 사라짐과 달콤함과 위험함과 벗어남을 있는 그대로 꿰뚫어 알

서는 이렇게 설명한다.

"'또다시 꿰찔리는 것(anuvedhaṁ vijjheyyuṁ)'이란 첫 번째 상처의 구멍(vaṇa-mukha)으로부터 손가락(aṅgula) 한마디나 두 마디 정도 근처에 꿰찔린 것을 말한다. 이렇게 꿰찔리면 그 느낌은 첫 번째 느낌보다 더 혹독하기(balavatarā) 때문에 뒤에 일어난 정신적인 괴로운 느낌(domanassa-vedanā)도 첫 번째보다 더 혹독하다."(SA.iii.76~77)

154) "삼매와 도와 과(samādhi-magga-phala)가 '괴로운 느낌으로부터 벗어나는 출구(dukkhāya vedanāya nissaraṇa)'이다. 그러나 그는 그것을 모르고 '감각적 욕망의 즐거움(kāma-sukha)'을 벗어나는 출구라고 알고 있다는 말이다."(SA.iii.77)

여기서 '벗어나는 출구'는 nissaraṇa를 옮긴 것인데 다른 곳에서는 대부분 '벗어남'으로 옮겼다.

지 못한다. 이처럼 일어남과 사라짐과 달콤함과 위험함과 벗어남을 있는 그대로 꿰뚫어 알지 못하는 사람에게는 괴롭지도 즐겁지도 않은 느낌에 대한 무명의 잠재성향이 자리 잡게 된다.

그는 즐거운 느낌을 경험할 때도 매인 채로 그것을 느낀다. 괴로운 느낌을 경험할 때도 매인 채로 그것을 느낀다. 괴롭지도 즐겁지도 않은 느낌을 [209] 경험할 때도 매인 채로 그것을 느낀다. 비구들이여, 이러한 사람을 일러 배우지 못한 범부라고 하나니, 그는 태어남과 늙음·죽음과 근심·탄식·육체적 고통·정신적 고통·절망에 매여 있으며 그는 괴로움에 매여 있다고 나는 말한다."

6. "비구들이여, 그러나 잘 배운 성스러운 제자는 [육체적인] 괴로운 느낌에 접하더라도 근심하지 않고 상심하지 않고 슬퍼하지 않고 가슴을 치지 않고 울부짖지 않고 광란하지 않는다.155) 그는 오직 한 가지 느낌, 즉 육체적 느낌만을 경험할 뿐이며 결코 정신적인 느낌은 겪지 않는다.

비구들이여, 예를 들면 어떤 사람이 화살에 맞았지만 그 첫 번째 화살에 연이은 두 번째 화살에는 맞지 않은 것과 같다. 그래서 그 사람은 하나의 화살로 인한 괴로움만을 겪을 것이다.

비구들이여, 그와 같이 잘 배운 성스러운 제자는 [육체적인] 괴로

---

155) 주석서는 여기서 '잘 배운 성스러운 제자(sutavā ariya-sāvaka)는 번뇌 다한 아라한(khīṇāsava)을 뜻하는 것으로 보는 것이 좋고, 불환자(anāgāmi)도 포함시킬 수 있다고 설명한다. 아래 게송에서 순(順), 역(逆)이 모두 제거 되었다는 표현이 나타나기 때문에 이것은 번뇌 다한 아라한을 뜻하고, 불환자는 적의(paṭigha)나 성냄(dosa)이 더 이상 존재하지 않기 때문에 정신적인 괴로운 느낌(domanassa)을 겪지 않기 때문이다.(SA.iii.77; SAṬ.iii.70)
육신을 가진 존재는 부처님들까지도 포함해서 모두 육체적인 괴로운 느낌(본경에서는 kāyikā dukkhā vedanā)을 겪기 마련이다.

운 느낌을 접하더라도 결코 근심하지 않고 상심하지 않고 슬퍼하지 않고 가슴을 치지 않고 울부짖지 않고 광란하지 않는다. 그는 오직 한 가지 느낌, 즉 육체적인 느낌만을 경험할 뿐이다."

7. 괴로운 느낌에 접하더라도 그는 그것에 적의를 품지 않는다. 그처럼 괴로운 느낌에 적의를 품지 않으면 그 괴로운 느낌에 대한 적의의 잠재성향이 자리 잡지 않는다. 그가 괴로운 느낌에 닿더라도 그는 감각적 욕망의 즐거움을 누리려는 쪽으로 나아가지 않는다. 그것은 무슨 이유 때문인가? 비구들이여, 잘 배운 성스러운 제자는 감각적 욕망의 즐거움을 누리는 것 말고 그 괴로운 느낌으로부터 벗어나는 다른 방법을 알기 때문이다.

이처럼 감각적 욕망의 즐거움을 누리지 않는 사람에게는 즐거운 느낌에 대한 탐욕의 잠재성향이 자리 잡지 않는다. 그는 그러한 느낌들의 일어남과 사라짐과 달콤함과 위험함과 벗어남을 있는 그대로 꿰뚫어 안다. 이처럼 일어남과 사라짐과 달콤함과 위험함과 벗어남을 있는 그대로 꿰뚫어 아는 사람에게는 괴롭지도 즐겁지도 않은 느낌에 대한 무명의 잠재성향이 자리 잡지 않는다.

그는 즐거운 느낌을 경험할 때도 매이지 않고 그것을 느낀다. 괴로운 느낌을 [210] 경험할 때도 매이지 않고 그것을 느낀다. 괴롭지도 즐겁지도 않은 느낌을 경험할 때도 매이지 않고 그것을 느낀다. 비구들이여, 이러한 사람을 일러 잘 배운 성스러운 제자라고 하나니, 그는 태어남과 늙음·죽음과 근심·탄식·육체적 고통·정신적 고통·절망에 매어 있지 않으며 그는 괴로움에 매어 있지 않는다고 나는 말한다."

8. "비구들이여, 이것이 잘 배운 성스러운 제자와 배우지 못한

범부간의 차이점이고, 특별한 점이고, 다른 점이다."

9. "지혜 있는 이, 많이 배운 이[多聞],
[정신적인] 즐거운 느낌이나
[정신적인] 괴로운 느낌 겪지 않나니,
현자와 범부간에 능숙함의 차이가 이렇듯 크도다. {1}

법을 터득한 이, 많이 들은 이,
이 세상과 피안의 세계를 올바로 보는 이,
기꺼운 법에 그 마음 설레지 않고
원하지 않은 것에 적의 가지지 않도다. {2}

순(順) 역(逆)이 모두 흩어지고 꺼져서
이미 존재하지 않나니
때 없고 근심 없는 길을 알아 올바로 꿰뚫어 아는 자
존재의 피안에 도달했다고 이르나니." {3}

전도(顚倒) 경

Vipallāsa Sutta(A4:49)

【해설】

나는 누구인가에 대한 부처님의 세 번째 대답은 인식[想, saññā]이다. 인식을 몇 가지 측면에서 살펴보면 다음과 같다.

첫째, 오온의 두 번째인 느낌[受]이 감정적이고 정서적이며 예술적인 심리현상들[行]의 단초(端初)가 되는 것이라면, 인식은 지식이나 철학이나 사상이나 이념과 같은 우리의 이지적인 심리현상들의 밑바탕이 되는 것이다. 서양에서는 *perception*으로 정착이 되었다.

둘째, 느낌은 닦아서 순차적으로 정화되어 가는 것이지만 인식은 단박에 전환이 가능하다. 그래서 인식을 비롯한 이지적 심리현상들은 실체 없음을 보는[見] 순간 단박에 전환이 가능하므로 견도(見道, dassana-magga)라 하고, 느낌에 바탕한 탐욕이나 성냄과 같은 감정적 심리현상들은 실체 없음을 본다 하더라도 바로 없어지는 것이 아니라 닦아서[修] 점차적으로 없어지는 것이기 때문에 수도(修道, bhāvana-magga)라 한다. 이것은 남방 상좌부와 북방 설일체유부에서 꼭 같이 강조하는 것이고, 유식에서는 소지장과 번뇌장으로 계승이 되었으며, 선종에서 돈오돈수냐 돈오점수냐 하는 오랜 논쟁으로 발전되었다.

셋째, 감정과 정서와 예술과 편리함의 추구와 관계있는 느낌[受]이 자본주의의 발전과 밀접한 관계가 있다 한다면 인식[想]은 이념이나 사상을 더 중시하는 사회주의와 더 가까운 것이라 할 수 있을 것이다.

넷째, 잘못된 인식은 버려야 한다. 인식은 대상을 받아들여 이름 짓고 개념을 일으키는 작용이다. 그런데 이런 개념작용은 또 무수한 취착을 야기하고 해로운 심리현상들[不善法]을 일으키기 때문에 초기경의 여러 문맥에서 인식은 부정적이고 극복되어야 할 것으로 언급되어 있다. 그래서 '희론하는 인식'(M12 등)을 가지지 말 것을 초기경들은 강조하고 있다.

그리고 극복되어야 할 대표적인 인식으로 『금강경』은 아상, 인상, 중생상, 수자상, 즉 자아가 있다는 인식, 개아가 있다는 인식, 중생이 있다는 인식, 영혼이 있다는 인식을 들고 있음은 우리가 잘 알고 있다. 이러한 인식들은 단지 인식에만 머물지 않고 존재론적인 고정관념으로 고착된다고 이해한 구마라즙 스님은 『금강경』에서 이러한 인식을 상(想)으로 옮기지 않고 상(相)으로 옮겼다.

한편 무상・고・무아・부정인 것을 항상하고 즐겁고 자아고 깨끗한 것으로[常・樂・我・淨] 여기는 것을 인식의 전도(顚倒)라 하며 (A4:49 등) 『반야심경』도 이러한 전도를 여의고 궁극적 행복인 열반을 실현할 것을 강조하고 있다.(원리전도몽상 구경열반)

다섯째, 부처님은 '무상의 인식' 등 닦아야 할 인식도 말씀하셨다. 초기경에는 버려야 할 고정관념으로서의 인식만이 나타나는 것이 아니라 깨달음을 증득하고 해탈・열반을 실현하기 위해서 개발하고 닦아야 하는 인식도 나타난다. 특히 『앙굿따라 니까야』에는 수행자들이 닦아야 할 여러 가지 조합의 인식들이 나타나고 있다.(A5:61 등) 여기서 인용하는 『앙굿따라 니까야』 제6권 「기리마난다 경」(A10:60)은 부처님께서 닦아야 할 인식 7가지를 설명하시는 경이다.

여섯째, 인식은 초기불전에서 실체 없는 신기루(S22:95, 본장의 마지막에 싣고 있음)에 비유되어 나타난다. 그러므로 우리는 자아니 대아니 진아니 영혼이니 일심이니 하는 잘 못된 인식이나 고정관념을 여의고, 이런 인식은 참으로 "텅 비고 공허하고 실체가 없는 것"(S22:95)이라고 사무쳐서 필경에는 인식이 무상이요 고요 무아임을 꿰뚫어 염오-이욕-해탈을 완성해야 할 것이다. 이렇게 실천하는 자야말로 해탈・열반의 길을 가는 진정한 부처님의 제자일 것이다.

이제 버려야 할 인식을 말씀하시는 『앙굿따라 니까야』 제2권 「전도(顚倒) 경」(A4:49)과 닦아야 할 인식을 말씀하시는 제6권 「기리마난다 경」(A10:60)을 소개한다.

1. "비구들이여, 네 가지 인식의 전도, 마음의 전도, 견해의 전도가 있다. 무엇이 넷인가?

비구들이여, 무상에 대해서 항상하다는 인식의 전도, 마음의 전도, 견해의 전도가 있다. 비구들이여, 괴로움에 대해서 행복이라는[156] 인식의 전도, 마음의 전도, 견해의 전도가 있다. 비구들이여, 무아에 대해서 자아라는 인식의 전도, 마음의 전도, 견해의 전도가 있다. 비구들이여, 부정(不淨)에 대해서 깨끗하다는 인식의 전도, 마음의 전도, 견해의 전도가 있다.

비구들이여, 이러한 네 가지 인식의 전도, 마음의 전도, 견해의 전도가 있다."

2. "비구들이여, 네 가지 바른 인식, 바른 마음, 바른 견해가 있다. 무엇이 넷인가?

비구들이여, 무상에 대해서 무상이라는 바른 인식, 바른 마음, 바른 견해가 있다. 비구들이여, 괴로움에 대해서 괴로움이라는 바른 인식, 바른 마음, 바른 견해가 있다. 비구들이여, 무아에 대해서 무아라는 바른 인식, 바른 마음, 바른 견해가 있다. 비구들이여, 부정에 대

---

156) PTS본에는 adukkhe bhikkhave dukkhan ti(비구들이여, 괴로움이 아닌 것에 대해서 괴로움이라고)로 나타나지만 뜻이 통하지 않는다. 육차결집본에는 dukkhe bhikkhave sukhan ti로 나타나고 있는데 이를 따라서 옮겼다. 그리고 아래 §3의 게송에서도 '괴로움에 대해서 행복이라는 인식'이라고 나타나고 있다.

『청정도론』에서도 버려야 할 법들 13가지 가운데 여섯 번째로 전도(顚倒)를 들고 있는데 "무상하고, 괴로움이고, 무아고, 부정한 대상에 대해서 영원하고, 행복하고, 자아고, 깨끗하다고 여기면서 일어나기 때문에 전도라 한다. 인식의 전도, 마음의 전도, 견해의 전도의 세 가지가 있다."(Vis.XXII.53)라고 설명하고 있다.

해서 부정하다는 바른 인식, 바른 마음, 바른 견해가 있다.

비구들이여, 이러한 네 가지 바른 인식, 바른 마음, 바른 견해가 있다."

3. "삿된 견해에 빠지고 마음이 혼란하고
인식이 전도된 중생들은
무상에 대해 항상하다고
괴로움에 대해 행복이라고
무아에 대해 자아라고
부정에 대해 깨끗하다고 인식한다.
그들은 마라의 밧줄에 걸려서
속박으로부터 벗어나지 못하며
태어남과 죽음으로 치달리면서 윤회를 거듭한다.
광명이신 부처님들 세상에 출현하면
그들에게 괴로움을 가라앉히도록 하는 이 법을 밝히시니
통찰지를 가진 자들은 그분들의 [가르침을] 듣고
자신의 마음을 회복한다.
무상을 무상이라고 괴로움을 괴로움이라고
무아를 무아라고 부정한 것을 부정하다고 보나니
바른 견해로 [공부]지어 모든 괴로움 제거하도다."

기리마난다 경157)

Girimānanda Sutta(A10:60)

【해설】

인식[想]도 느낌처럼 남·북방의 아비담마·아비달마와 유식에서는 마음(心)과 항상 함께 일어나는 심리현상 즉 '반드시들[遍行心所, sādhārana]'이라고 설명하고 있다. 그러므로 멸진정에 들지 않는 한 우리는 인식으로부터 벗어날 수 없다. 인식이 마음과 함께 일어나기 마련인 것이라면 해탈·열반에 방해가 되는 존재론적인 인식은 버리고 해탈·열반에 도움이 되는 인식들을 개발해야 할 것이다.

그래서 초기경에는 제거되어야 할 고정관념으로서의 인식만을 들고 있는 것이 아니라, 깨달음을 증득하고 해탈·열반을 실현하기 위해서 개발하고 닦아야 하는 인식도 나타나고 있다. 특히 『앙굿따라 니까야』에는 수행자들이 닦아야 할 여러 가지 조합의 인식들이 나타나고 있다. 『앙굿따라 니까야』 「다섯의 모음」(A5)에는 여러 가지 조합의 다섯 가지 인식이, 「여섯의 모음」(A6)에는 여섯 가지 인식이, 「일곱의 모음」(A7)에서는 일곱 가지 인식이, 「아홉의 모음」(A9)에는 아홉 가지 인식이, 그리고 최종적으로 「열의 모음」(A10)에는 열 가지 인식이 나타나고 있다. 이처럼 수행과 관계된 다양한 조합의 인식이 나타나고 있다. 이러한 인식들은 모두 수행을 통해서 얻어야 할 인식이며, 해탈·열반을 실현하는 데 도움이 되는 인식으로 권장되고 있다.

---

157) PTS본의 경의 목록에 나타난 경제목은 'Giri'(산)인데 이것은 Girimānanda를 게송의 운율에 맞추기 위해서 축약한 것에 지나지 않는다. 그래서 역자는 6차결집본의 경제목을 따랐다.

여기서는 병에 걸려 극심한 고통에 시달리고 있는 기리마난다 존자에게 가서 설명해주라고 세존께서 아난다 존자에게 설하신 열 가지 인식을 담고 있는 『앙굿따라 니까야』 제6권 「기리마난다 경」(A10:60)을 소개한다. 기리마난다 존자는 아난다 존자로부터 이러한 열 가지 인식에 대해 듣자마자 그 병에서 완쾌되었다고 한다.(§15)

1. 이와 같이 나는 들었다. 한때 세존께서는 사왓티에서 제따 숲의 아나타삔디까 원림(급고독원)에 머무셨다. 그 무렵에 기리마난다 존자[158]가 병에 걸려 극심한 고통에 시달리고 있었다. 그때 아난다 존자가 세존께 다가갔다. 가서는 세존께 절을 올리고 한 곁에 앉았다. 한 곁에 앉은 아난다 존자는 세존께 이렇게 말씀드렸다.

2. "세존이시여, 기리마난다 존자가 병에 걸려 극심한 고통에 시달리고 있습니다. 세존께서 연민하는 마음을 내시어 기리마난다 존자를 직접 방문해 주시면 감사하겠습니다."

"아난다여, 만일 그대가 기리마난다 비구에게 가서 열 가지 인식에 대해 말해준다면, 기리마난다 비구는 열 가지 인식에 대해 듣자마자 병이 즉시 가라앉게 될 것이다. 무엇이 열인가?"

3. "[오온에 대해] 무상(無常)이라고 [관찰하는 지혜에서 생긴]

---

158) 기리마난다 존자(āyasmā Girimānanda)는 마가다의 빔비사라(Bimbisāra) 왕의 궁중제관(purohita)의 아들이었다. 세존께서 왕사성(Rājagaha)에 오신 것을 보고 환희심이 생겨 출가하였다. 그는 시골에 살았는데 하루는 세존을 뵈러 왕사성으로 왔다가 빔비사라 왕이 후원을 해주겠다며 왕사성에 남아있어 달라는 요청을 받고 그리하였으나 왕은 그 사실을 잊어버렸다. 그래서 노지에서 수행을 하고 있었다고 한다. 그때 어떤 천신이 그 이유를 알고 토굴을 지어주었으며 거기서 정진하여 아라한이 되었다고 한다.(ThagA.ii.38) 그와 관계된 게송이 『테라가타』(장로게)에 나타나고 있다.(Thag. *vv.* 325~329)

인식, 무아라고 [관찰하는 지혜에서 생긴] 인식, 부정(不淨)이라고 [관찰하는 지혜에서 생긴] 인식, 위험을 [관찰하는 지혜에서 생긴] 인식, 버림을 [관찰하는 지혜에서 생긴] 인식, 탐욕이 빛바램을 [관찰하는 지혜에서 생긴] 인식, 소멸을 [관찰하는 지혜에서 생긴] 인식, 온 세상에 대해 기쁨이 없다는 인식, 모든 형성된 것들[諸行]에 대해 무상이라고 [관찰하는 지혜에서 생긴] 인식, 들숨날숨에 대한 마음챙김이다."

4. "아난다여, 그러면 어떤 것이 [오온에 대해] 무상(無常)이라고 [관찰하는 지혜에서 생긴] 인식인가? 아난다여, 여기 비구는 숲으로 가거나 나무 아래로 가거나 빈집으로 가서 이와 같이 숙고한다. '물질은 무상하다. 느낌은 무상하다. 인식은 무상하다. 심리현상들은 무상하다. 알음알이는 무상하다.'라고. 이처럼 이들 취착의 [대상인] 다섯 가지 무더기[五取蘊]에 대해 무상을 관찰하면서 머문다. 아난다여, 이를 일러 [오온에 대해] 무상(無常)이라고 [관찰하는 지혜에서 생긴] 인식이라 한다."

5. "아난다여, 그러면 어떤 것이 무아라고 [관찰하는 지혜에서 생긴] 인식인가? 아난다여, 여기 비구는 숲으로 가거나 나무 아래로 가거나 빈집으로 가서 이와 같이 숙고한다. '눈은 무아요 형색은 무아다. 귀는 무아요 소리는 무아다. 코는 무아요 냄새는 무아다. 혀는 무아요 맛은 무아다. 몸은 무아요 감촉은 무아다. 마노는 무아요 법은 무아다.'라고. 이처럼 이들 여섯 가지 안팎의 감각장소[六內外入處]에 대해 무아를 관찰하면서 머문다. 아난다여, 이를 일러 무아라고 [관찰하는 지혜에서 생긴] 인식이라 한다."

6. "아난다여, 그러면 어떤 것이 부정이라고 [관찰하는 지혜에서 생긴] 인식인가? 아난다여, 여기 비구는 발바닥에서부터 위로 올라가며 그리고 머리털에서부터 아래로 내려가며 이 몸은 살갗으로 둘러싸여 있고 여러 가지 부정(不淨)한 것으로 가득 차 있음을 반조한다. 즉 '이 몸에는 머리털 · 몸털 · 손발톱 · 이 · 살갗 · 살 · 힘줄 · 뼈 · 골수 · 콩팥 · 염통 · 간 · 근막 · 지라 · 허파 · 창자 · 장간막 · 위 속의 음식 · 똥 · 쓸개즙 · 가래 · 고름 · 피 · 땀 · 굳기름 · 눈물 · [피부의] 기름기 · 침 · 콧물 · 관절활액 · 오줌 등이 있다.'라고. 이처럼 이 몸에 대해 부정함을 관찰하면서 머문다. 아난다여, 이를 일러 부정이라고 [관찰하는 지혜에서 생긴] 인식이라 한다."

7. "아난다여, 그러면 어떤 것이 위험을 [관찰하는 지혜에서 생긴] 인식인가? 아난다여, 여기 비구는 숲으로 가거나 나무 아래로 가거나 빈집으로 가서 이와 같이 숙고한다. '이 몸에는 많은 괴로움과 많은 위험이 있다. 이 몸에는 여러 가지 병이 생기나니, 눈병, 귓병, 콧병, 혀의 병, 몸살, 두통, 바깥귀의 병, 입병, 치통, 기침, 천식, 콧물감기, 발열, 열병, 위장병, 기절, 설사, 격통, 콜레라, 나병, 종기, 피부병, 폐결핵, 간질, 피부염, 가려움, 딱지, 습진, 개선(疥癬, 옴), 황달, 당뇨병, 치질, 부스럼, 궤양, 담즙에 기인한 병, 점액에 기인한 병, 바람에 기인한 병, 합병증, 환절기로 인한 병, 자세의 부조화에 기인한 병, [다른 이로부터 받은] 상해(傷害)로 생긴 병, 업의 과보로 생긴 병, 차가움, 더움, 배고픔, 목마름, 대변, 소변이다. 이처럼 이 몸에서 위험을 관찰하면서 머문다. 아난다여, 이를 일러 위험을 [관찰하는 지혜에서 생긴] 인식이라 한다."

8. "아난다여, 그러면 어떤 것이 버림을 [관찰하는 지혜에서 생긴] 인식인가? 아난다여, 여기 비구는 일어난 감각적 욕망에 대한 생각을 품고 있지 않고, 버리고, 제거하고, 없앤다. 일어난 악의에 찬 생각을 품고 있지 않고, 버리고, 제거하고, 없앤다. 일어난 해코지하려는 생각을 품고 있지 않고, 버리고, 제거하고, 없앤다. 계속적으로 일어나는 나쁘고 해로운 법들을 품고 있지 않고, 버리고, 제거하고, 없앤다. 아난다여, 이를 일러 버림을 [관찰하는 지혜에서 생긴] 인식이라 한다."

9. "아난다여, 그러면 어떤 것이 탐욕이 빛바램을 [관찰하는 지혜에서 생긴] 인식인가? 아난다여, 여기 비구는 숲으로 가거나 나무 아래로 가거나 빈집으로 가서 이와 같이 숙고한다. '이것은 고요하고 이것은 수승하나니, 그것은 바로 모든 형성된 것들[行]이 가라앉음[止]이요, 모든 재생의 근거를 놓아버림[放棄]이요, 갈애의 소진이요, 탐욕의 빛바램[離慾]이요, 열반이다.'라고. 아난다여, 이를 일러 탐욕이 빛바램을 [관찰하는 지혜에서 생긴] 인식이라 한다."

10. "아난다여, 그러면 어떤 것이 소멸을 [관찰하는 지혜에서 생긴] 인식인가? 아난다여, 여기 비구는 숲으로 가거나 나무 아래로 가거나 빈집으로 가서 이와 같이 숙고한다. '이것은 고요하고 이것은 수승하나니, 그것은 바로 모든 형성된 것들[行]이 가라앉음[止]이요, 모든 재생의 근거를 놓아버림[放棄]이요, 갈애의 소진이요, 소멸[滅]이요, 열반이다.'라고. 아난다여, 이를 일러 소멸을 [관찰하는 지혜에서 생긴] 인식이라 한다."

11. "아난다여, 그러면 어떤 것이 온 세상에 대해 기쁨이 없다는

인식인가? 아난다여, 여기 비구는 세상에 대한 집착과 취착, 그리고 그런 마음의 결심과 천착과 잠재성향들을[159] 제거하고 기뻐하지 않고 취착하지 않는다. 아난다여, 이를 일러 온 세상에 대해 기쁨이 없다는 인식이라 한다."

12. "아난다여, 그러면 어떤 것이 모든 형성된 것들[諸行]에 대해 무상이라고 [관찰하는 지혜에서 생긴] 인식인가? 아난다여, 여기 비구는 모든 형성된 것들에 대해 싫어하고 부끄러워하고 혐오스러워한다. 아난다여, 이를 일러 모든 형성된 것들[諸行]에 대해 무상이라고 [관찰하는 지혜에서 생긴] 인식이라 한다."

13. "아난다여, 그러면 어떤 것이 들숨날숨에 대한 마음챙김인가? 아난다여, 여기 비구는 숲 속에 가거나 나무 아래에 가거나 빈집에 가서 가부좌를 틀고 상체를 곧추세우고 전면에 마음챙김을 확립하여 앉는다. 그는 마음챙기면서 숨을 들이쉬고 마음챙기면서 숨을 내쉰다.

① 길게 들이쉬면서는 '길게 들이쉰다.'고 꿰뚫어 알고, 길게 내쉬면서는 '길게 내쉰다.'고 꿰뚫어 안다.[160] ② 짧게 들이쉬면서는 '짧

159) "'집착과 취착(upayupādāna)'에서 두 가지 집착(upaya)이 있으니, 그것은 갈애(taṇhā)에 기인한 집착과 사견(diṭṭhi)에 기인한 집착이다. 취착(upādāna)은 네 가지가 있으니 감각적 욕망에 대한 취착 등이다. '마음의 결심과 천착과 잠재성향(cetaso adhiṭṭhāna-abhinivesa-anusaya)'이란 해로운 마음(akusala-citta)의 결심과 천착과 잠재성향을 말한다."(MA.ii.259)

160) 본경의 여기에 나타나고 있는 들숨날숨에 마음챙기는 공부의 16단계의 정형구는 『상윳따 니까야』 제6권 「들숨날숨 상윳따」(S54)의 모든 경들에도 나타나고 있다.
『상윳따 니까야』 제6권 「낌빌라 경」(S54:10) §§7~10에도 나타나지만 이 16단계는 다시 네 개의 무리로 분류되어 네 가지 마음챙김의 확립의 각

게 들이쉰다.'고 꿰뚫어 알고, 짧게 내쉬면서는 '짧게 내쉰다.'고 꿰뚫어 안다. ③ '온 몸을 경험하면서 들이쉬리라.'며 공부짓고, '온 몸을 경험하면서 내쉬리라.'며 공부짓는다. ④ '몸의 작용[身行]을 편안히 하면서 들이쉬리라.'며 공부짓고, '몸의 작용을 편안히 하면서 내쉬리라.'며 공부짓는다.

⑤ '희열을 경험하면서 들이쉬리라.'며 공부짓고, '희열을 경험하면서 내쉬리라.'며 공부짓는다. ⑥ '행복을 경험하면서 들이쉬리라.'며 공부짓고, '행복을 경험하면서 내쉬리라.'며 공부짓는다. ⑦ '마음의 작용[心行]을 경험하면서 들이쉬리라.'며 공부짓고, '마음의 작용을 경험하면서 내쉬리라.'며 공부짓는다. ⑧ '마음의 작용을 편안히 하면서 들이쉬리라.' 며 공부짓고, '마음의 작용을 편안히 하면서 내쉬리라.'며 공부짓는다.

⑨ '마음을 경험하면서 들이쉬리라.'며 공부짓고, '마음을 경험하면서 내쉬리라.'며 공부짓는다. ⑩ '마음을 기쁘게 하면서 들이쉬리라.'며 공부짓고, '마음을 기쁘게 하면서 내쉬리라.'며 공부짓는다. ⑪ '마음을 집중하면서 들이쉬리라.'며 공부짓고, '마음을 집중하면서 내

각에 배대된다. 이것은 『맛지마 니까야』 「들숨날숨에 마음챙기는 경」(M118)에도 나타난다. 이러한 경들에서 세존께서는 ①~④의 넷을 사념처의 신념처(身念處, 몸에 대한 마음챙김의 확립)에 해당한다고 설하시고, ⑤~⑧은 수념처(受念處, 느낌에 대한 마음챙김의 확립)에, ⑨~⑫는 심념처(心念處, 마음에 대한 마음챙김의 확립)에, ⑬~⑯은 법념처(法念處, 법에 대한 마음챙김의 확립)에 해당한다고 설하고 계신다.

『청정도론』에서도 이 가운데서 첫 번째 네 개 조(①~④)는 초심자를 위한 가장 기본이 되는 명상주제이며, 나머지 세 개의 네 개 조(⑤~⑯)는 ①~④를 통해서 삼매를 증득한 자를 위해서 각각 느낌[受], 마음[心], 법(法)의 관찰로써 설한 것이라고 설명하고 있다.

이 정형구에 대한 더 자세한 설명은 본서 사념처편에서 싣고 있는 『상윳따 니까야』 제6권 「하나의 법 경」(S54:1) §5이하의 주해들을 참조할 것.

쉬리라.'며 공부짓는다. ⑫ '마음을 해탈케 하면서 들이쉬리라.'며 공부짓고, '마음을 해탈케 하면서 내쉬리라.'며 공부짓는다.

⑬ '무상을 관찰하면서 들이쉬리라.'며 공부짓고, '무상을 관찰하면서 내쉬리라.'며 공부짓는다. ⑭ '탐욕이 빛바램을 관찰하면서 들이쉬리라.'며 공부짓고, '탐욕이 빛바램을 관찰하면서 내쉬리라.'며 공부짓는다. ⑮ '소멸을 관찰하면서 들이쉬리라.'며 공부짓고, '소멸을 관찰하면서 내쉬리라.'며 공부짓는다. ⑯ 놓아버림을 관찰하면서 들이쉬리라.'며 공부짓고, '놓아버림을 관찰하면서 내쉬리라.'며 공부짓는다.

아난다여, 이를 일러 들숨날숨에 대한 마음챙김이라 한다."

14. "아난다여, 만일 그대가 기리마난다 비구에게 가서 이러한 열 가지 인식에 대해 말해준다면, 기리마난다 비구는 이러한 열 가지 인식에 대해 듣자마자 병이 즉시 가라앉게 될 것이다."

15. 그러자 아난다 존자는 세존으로부터 이러한 열 가지 인식을 받아 지니고 기리마난다 존자에게 갔다. 가서는 기리마난다 존자에게 이러한 열 가지 인식을 말해주었다. 그때 기리마난다 존자는 이러한 열 가지 인식에 대해 듣자마자 병이 즉시 가라앉았고, 기리마난다 존자는 병석에서 일어났다. 이렇게 하여 기리마난다 존자는 그 병에서 완쾌되었다.

배우지 못한 자 경1

Assutavā Sutta(S12:61)

【해설】

나는 누구인가에 대한 부처님의 마지막 대답은 알음알이[識, viññā-ṇa]이다. 역자들이 '알음알이'로 옮기고 있는 용어는 중국에서 식(識)으로 옮긴 윈냐나이다. 윈냐나는 vi(분리해서)+√jñā(알다)에서 파생된 명사이다. 영어로는 *consciousness*로 정착이 되었다. 알음알이를 몇 가지 측면에서 간단하게 살펴보면 다음과 같다. 자세한 것은 『초기불교 이해』 133쪽 이하를 참조하기 바란다.

첫째, 초기불전에서부터 아비달마와 유식에 이르기까지 마음[心]과 마노[意]와 알음알이[識]는 동의어이다.

둘째, 초기불전에서 마음은 단지 대상을 아는[요별하는, 식별하는] 것[了別境]일 뿐이다.

셋째, 마음 혹은 알음알이는 조건발생이다. 감각장소[根]와 대상[境]이라는 조건[緣]이 없이 혼자 독자적으로 존재하거나 일어나는 알음알이는 절대로 존재할 수가 없다.

넷째, 알음알이 혹은 마음은 무상하다. 그리고 실체가 없는 것(무아)이다. 초기불전의 도처에서 알음알이를 위시한 오온의 무상은 강조되고 있다. 여기에 사무쳐야 염오-이욕-해탈-구경해탈지가 일어나서 깨달음을 성취하고 열반을 실현하여 성자가 된다. 마음을 절대화해버리면 그것이 바로 외도의 자아(아뜨만, Sk. ātman, Pāli. attā)이다.

다섯째, 마음은 찰나생・찰나멸이다.

여섯째, 마음은 흐름[相續, 상속]이다.

끝으로 강조하고 싶은 것은 마음 즉 알음알이는 단지 오온 가운데 하나일 뿐이라는 점이다. 한국불교는 무상하기 짝이 없는 이런 마음을 유일신 이상으로 절대화하는 경향이 다분하다. 마음을 절대화하면 절대로 안 된다. 마음을 절대화하면 그것은 즉시 외도의 자아이론(아상)에 떨어지고 만다. 고정관념[相]의 척파를 부르짖는 『금강경』을 소의경전으로 하면서도 한국불교는 온통 마음을 절대화하여 외도가 되어버린 듯하다.

마음 혹은 알음알이는 조건발생[緣起]일 뿐이며 마음을 결코 절대화하지 마라는 부처님의 간곡한 말씀을 담은 경이 있다. 여기에 싣고 있는 『상윳따 니까야』 제2권 「배우지 못한 자 경」 1(S12:61)이다. 본경에서 세존께서는 이렇게 강조하신다.
"비구들이여, 배우지 못한 범부는 차라리 네 가지 근본물질로 이루어진 이 몸을 자아라고 할지언정 마음을 자아라고 해서는 안 된다.
그것은 무슨 이유인가? 비구들이여, 네 가지 근본물질로 이루어진 이 몸은 일 년도 머물고 … 50년도 머물고 100년도 머물고 그 이상도 머문다. 그러나 마음이라고도 마노라고도 알음알이라고도 부르는 이 것은 낮이건 밤이건 생길 때 다르고 소멸할 때 다르기 때문이다." (§5)
그러면 이 마음을 어떻게 봐야 하는가? 본경 §6에서 세존께서는 "이것이 있을 때 저것이 있다. …"라는 연기의 정형구와 12연기의 유전문과 환멸문을 말씀하신다. 그리고 §7에서 이러한 조건발생일 뿐인 알음알이에 대해서 염오-이욕-해탈-구경해탈지를 성취할 것을 말씀하시고 가르침을 마무리하신다.
이처럼 본경은 마음 혹은 알음알이를 절대화하면 안 된다는 것을 강조하시면서 알음알이야말로 조건발생일 뿐이므로 이 알음알이에 대해서 염오-이욕-해탈-구경해탈지를 실현할 것을 말씀하시는 명쾌한 가르침을 담고 있다.

1. 이와 같이 나는 들었다. 한때 세존께서는 사왓티에서 제따 숲의 아나타삔디까 원림(급고독원)에 머무셨다.

2. 그곳에서 세존께서는 "비구들이여."라고 비구들을 부르셨다. "세존이시여."라고 비구들은 세존께 응답했다. 세존께서는 이렇게

말씀하셨다.

3. "비구들이여, 배우지 못한 범부[161]도 네 가지 근본물질로 이루어진 이 몸에 대해서 염오하고 탐욕이 빛바래고 벗어나려 할 것이다. 그것은 무슨 이유 때문인가? 비구들이여, 그는 네 가지 근본물질로 이루어진 이 몸은 활기찰 때도 있고 의기소침할 때도 있고 받을 때도 있고 내려놓을 때도[162] 있는 것을 보기 때문이다. 그러므로 배우지 못한 범부도 여기에 대해서 염오하고 탐욕이 빛바래고 벗어나려 하는 것이다."

---

161) "'배우지 못한(assutava)'이란 무더기(온), 요소(계), 감각장소(처), 조건(연)의 형태, 마음챙김의 확립 등에 대한 파악(uggaha)과 질문(paripucchā)과 판별(vinicchaya)이 없는 것이다.
'범부(puthu-jjana)'라고 하였다. 많고(puthu) 다양한 오염원(kilesa) 등을 산출하는(janana) 등의 형태에 의해서 범부라 불린다. 그리고 성스러운 법을 등지고(parammukha) 저열한 법에 빠진(nīca-dhamma-samācāra), 그 숫자를 헤아릴 수 없을 만큼 많은 사람들 가운데에(puthūnaṁ janānaṁ) 포함되기 때문에(anto-gadhattā pi) 범부라고도 불린다.
혹은 [범(凡)으로 옮긴] puthu란 분리된 것(visuṁ)을 뜻한다. 계행과 배움 등의 공덕을 갖춘(sīla-sutādi-guṇa-yutta) 성자(ariya)들로부터 분리된(visaṁsaṭṭha) 사람(jana)이라고 해서 범부(puthujjana)라고 한다. 이렇게 해서 배우지 못한 범부는 두 가지로 설명이 된다."(SA.ii.97~98)
주석서에서 범부를 이러한 두 가지 어원으로 설명하는 것은 빠알리어 puthu는 두 가지로 해석이 가능하기 때문이다. 하나는 베다에 나타나는 pṛthu(많은, 광대한)로 본 것이고 다른 하나는 pṛthak(분리된, 구분된)으로 해석하는 것이다. 불교 산스끄리뜨에는 pṛthag-jana로 나타나는데 이는 후자로 해석한 것이다. 그러나 빠알리 주석가들은 위의 주석서의 인용에서 보듯이 전자를 더 중시하고 있다.

162) "'활기참(ācaya)'이란 향상(vuḍḍhi)을, '의기소침함(apacaya)'이란 퇴보(parihāni)를, '받음(ādāna)'이란 태어남(nibbatti)을, '내려놓음(nikkhepa-na)'이란 부서짐(bheda)을 말한다."(SA.ii.98)

4. "비구들이여, 그러나 배우지 못한 범부는 마음[心]이라고도 마노[意]라고도 알음알이[識]라고도163) 부르는 이것에 대해서 염오할

163) '마음[心]이라고도 마노[意]라고도 알음알이[識]라고도'는 cittaṁ iti pi mano iti pi viññānaṁ iti pi를 옮긴 것이다. 이것은 마음[心]과 마노[意]와 알음알이[識]가 동의어임을 보여주는 중요한 근거로 인용되기도 한다. (삐야닷시 스님, 『마음 과연 무엇인가』 참조) 그래서 『청정도론』은 "마음과 마노와 알음알이[心·意·識]는 뜻에서는 하나이다."(Vis.XIV.82)라고 설명하고 있다.

『디가 니까야』 제1권 「범망경」(D1 §2.13)에는 yañ ca kho idaṁ vuccati cittan ti vā mano ti vā viññāṇan ti vā(마음[心]이라 하고 마노[意]라 하고 알음알이[識]라 부르는)로도 나타난다. 주석서는 이 셋은 "모두 마노의 감각장소[意處, manāyatana]의 이름이다."(SA.ii.98)라고 설명하고 있다.

아비담마에서 설명하는 마음[心, citta]에 대해서는 『아비담마 길라잡이』 서문 §11과 1장 첫 번째 해설과 1장 §3의 해설 1을 참조하고, 마노[意, mano]에 대해서는 『디가 니까야』 제2권 「제석문경」(D21) §2.5의 주해를 참조하고, 알음알이[識, viññāṇa]에 대해서는 『아비담마 길라잡이』 1장 §3의 해설 1을 참조할 것.

이 셋은 같은 의미를 나타내지만 니까야에서는 각각 다른 문맥에서 나타난다. 보디 스님은 다음과 같이 정리하고 있다.(보디 스님, 769~770쪽 154번 주해 참조)

① 먼저 알음알이[識, viññāṇa]는 눈·귀·코·혀·몸·마노의 여섯 감각기능을 통해서 대상을 아는 것으로 쓰이고 있으며, 아울러 한 생과 다음 생을 통해서 개체의 동일성을 유지하는 의식의 잠재적인 흐름을 뜻하는 것으로도 나타나고 있다.(여기에 대해서는 S12:38~40을 참조할 것)

② 마노[意, mano]는 몸(kāya)과 말(vaci)과 더불어 의도적 행위를 하는 세 번째 문으로 나타나며(의행, 의업), 여섯 가지 안의 감각장소[六內入處, ajjhattika āyatana] 혹은 감각기능[根, indriya] 가운데 마지막으로도 나타나고 있다. 마노의 감각장소는 다른 다섯 감각장소가 받아들인 대상을 조정하고 통합하는 역할도 하지만, 정신적인 현상(dhamma)들을 자신의 대상으로 가지는 특수한 감각장소 혹은 감각기능이다.

③ 마음[心, citta]은 개인적인 경험의 중심에 있는 것으로 나타나는데 생각이나 의도나 감정의 주관으로 언급되고 있다. 그리고 마음은 이해되어

수 없고 탐욕이 빛바랠 수 없고 벗어날 수 없다.

그것은 무슨 까닭인가? 비구들이여, 배우지 못한 범부는 오랜 세월 이것을 두고 '이것은 내 것이다. 이것은 나다. 이것은 나의 자아다.'164)라고 움켜쥐고 내 것으로 삼고 집착했기 때문이다.165) 그러므로 배우지 못한 범부는 여기에 대해서 염오할 수 없고 탐욕이 빛바랠 수 없고 벗어날 수 없다."

5. "비구들이여, 배우지 못한 범부는 차라리 네 가지 근본물질로 이루어진 이 몸을 자아라고 할지언정 마음을 자아라고 해서는 안

야 하는 것으로도, 훈련되어야 하는 것으로도, 해탈해야 하는 것으로도 언급되고 있다. 마음에 대한 여러 관찰은 특히 『앙굿따라 니까야』 「하나의 모음」(A1)의 제1장부터 제6장(A1:1~6)까지의 수십 개의 짧은 경들에서 주제로 나타난다. 거기에는 "비구들이여, 이것과 다른 어떤 단 하나의 법도 이렇듯 빨리 변하는 것을 나는 보지 못하나니, 그것은 바로 마음이다."(A1:5:8)라거나 "비구들이여, 이 마음은 빛난다. 그 마음은 객으로 온 오염원들에 의해 오염되어 있다."(A1:5:9)는 등이 포함되어 있다. 심·의·식에 대해서는 『상윳따 니까야』 제3권 해제 §3-(2)-⑤도 참조할 것.

164) "'이것은 내 것이다(etaṁ mama).'라는 것은 갈애에 의한 거머쥠(taṇhā-gāha)이다. 이렇게 해서 108가지 갈애의 생각(taṇhā-vicarita)이 포함된다.(『상윳따 니까야』 제2권 「분석 경」(S12:2) §8의 주해와 『앙굿따라 니까야』 제2권 「갈애 경」(A4:199/ii.212~213) 참조) '이것은 나다(esohamasmi).'라는 것은 자만에 의한 거머쥠(māna-gāha)이다. 이렇게 해서 9가지 자만(9가지 자만에 대해서는 『상윳따 니까야』 제1권 「사밋디 경」(S1:20) §11 주해 참조)이 포함된다. '이것은 나의 자아다(eso me attā).'라는 것은 견해에 의한 거머쥠(diṭṭhi-gāha)이다. 이렇게 해서 62가지 견해(『디가 니까야』 제1권 「범망경」(D1/i.12~38) 참조)가 포함된다."(SA.ii.98)

165) "'움켜쥐고(ajjhosita)'란 갈애(taṇhā) 때문에 집어삼키어(gilitvā pariniṭṭhapetvā) 받아들인(gahita) 것이다. '내 것으로 삼고(mamāyita)'란 갈애 때문에 이것은 내 것(mama idaṁ)이라고 받아들인 것이다. '집착한다(parāmaṭṭha)'란 견해(diṭṭhi) 때문에 집착하여(parāmasitvā) 받아들인 것이다."(SA.ii.98)

된다.

그것은 무슨 이유인가? 비구들이여, 네 가지 근본물질로 이루어진 이 몸은 1년도 머물고 2년도 머물고 3년도 머물고 4년도 머물고 5년도 머물고 10년도 머물고 20년도 머물고 30년도 머물고 40년도 머물고 50년도 머물고 100년도 머물고 [95] 그 이상도 머문다.166) 그러나 마음이라고도 마노라고도 알음알이라고도 부르는 이것은 낮이건 밤이건 생길 때 다르고 소멸할 때 다르기 때문이다.167)

---

166) "[문]: 세존께서는 왜 이것을 말씀하셨는가? 삶의 첫 번째 단계에 생긴 몸은 삶의 중간 단계까지 지속하지 못하고 중간 단계에 생긴 몸은 … 삶의 마지막 단계까지 지속하지 못하지 않는가? 마치 달구어진 철판에 던져진 참깨처럼 형성된 것들은 매 지점이나 매 단계나 매 구간마다 부서지는 것이 아닌가?

[답]: 그렇다. 그러나 몸은 연속적인 차례에 있어서(paveṇi-vasena) 긴 시간 동안 지속된다. 그것은 마치 등불이 밤새 연속적으로 연결되어서(paveṇi-sambandha-vasena) 타는 것과 같다. 물론 등불의 불꽃은 연료가 다하면 다음의 심지로 건너가지 않고 거기서 꺼지지만."(SA.ii.99)

167) "'생길 때 다르고 소멸할 때 다르다(aññadeva uppajjati, aññaṁ nirujjhati).'는 것은 낮 동안에 생기고 소멸한 [마음]은 밤 동안에 생기고 소멸한 [마음]과 다르다는 뜻이다. 이것은 어떤 것이 일어나고 이것과 전혀 다른 아직 일어나지 않은 것(anuppannam eva aññaṁ)이 소멸한다고 받아들이면 안 된다. 여기서 '낮이건 밤이건(rattiyā ca divasassa ca)'은 지속하는 기간(paveṇi)이라는 의미로 설하신 것이다. 즉 앞에서 설한 [몸]보다 더 짧은 기간(parittaka paveṇi) 동안 지속한다는 뜻으로 말씀하신 것이다.(몸은 몇 십 년 동안 지속하지만 마음은 겨우 낮이나 밤 동안만 지속하는 더 변화무상한 것이라는 뜻임) 하나의 마음(eka citta)은 온 낮 동안이나 온 밤 동안도 머물지 못한다. 손가락을 한 번 튀기는 순간(eka accharā-kkhaṇa)에도 수십만 꼬띠(꼬띠는 천만을 뜻함)의 마음들(citta-koṭi-sata-sahassāni)이 생긴다."(SA.ii.99)

"마음이라고도 마노라고도 알음알이라고도 부르는 이것은 낮이건 밤이건 생길 때 다르고 소멸할 때 다르다."는 본경의 이 말씀은 마음의 찰나성을 설하는 경전적인 근거가 된다 하겠다. 경전의 이런 말씀이 『청정도론』을 위시한 많은 주석서 문헌들과 남북방 아비담마/아비달마와 유식 등의 여 비구들이여, 예를 들면 원숭이가 숲에서 돌아다니면서 이 나뭇가지를 잡았다가는 놓아버리고 다른 나뭇가지를 잡는 것과 같다.[168] 그와 같이 마음이라고도 마노라고도 알음알이라고도 부르는 이것은 낮이건 밤이건 생길 때 다르고 소멸할 때 다르다."

6. "비구들이여, 이 경우에 잘 배운 성스러운 제자는 다음과 같이 오직 연기를 잘 마음에 잡도리한다.[169]

러 문헌에서 심찰나(心刹那, citta-kkhaṇa)라는 술어로 발전된 것이다. 심찰나 혹은 마음순간에 대해서는 『아비담마 길라잡이』 4장 §6의 1번 해설을 참조할 것.

168) "원숭이(makkaṭa)의 비유는 다음과 같이 이해해야 한다. 밀림의 숲은 대상이라는 숲(ārammaṇa-vana)이다. 그 숲에서 돌아다니는 원숭이처럼 마음은 대상이라는 숲을 통해서 생겨난다(ārammaṇa-vane uppajjanaka-cittaṁ). 원숭이가 나뭇가지를 잡는 것(sākhā-gahaṇa)처럼 [마음은] 대상을 취한다. 마치 숲에서 돌아다니는 원숭이가 이런저런 가지를 놓아버리고 이런저런 다른 가지를 거머쥐는 것처럼, 이 마음도 대상이라는 숲을 돌아다니면서 어떤 때는 형색이라는 대상을 거머쥐고 일어나고, 어떤 때는 소리 등의 다른 대상을, 어떤 때는 과거의 대상을, 어떤 때는 미래의 대상을, 어떤 때는 현재의 대상을, 어떤 때는 안의 대상을, 어떤 때는 밖의 대상을 거머쥐고 일어난다. 마치 숲에서 돌아다니는 원숭이가 가지를 잡지 않고 맨땅에 내려와서 앉아있을 수가 없으며 어쨌든 잎사귀가 달린 하나의 가지(ekā paṇṇa-sākhā)를 잡고 앉는 것처럼, 그와 같이 대상이라는 숲에서 돌아다니는 마음도 의지할 대상을 하나도 얻지 못하는 경우란 존재하지 않으며 어쨌든 하나의 대상을 거머쥐고 생겨난다고 알아야 한다." (SA.ii.100)

여기서 유념할 점은 이 원숭이의 비유는 본경에서도 주석서에서도 제어되지 않은 마음이 원숭이처럼 쉬지 못하고 촐랑대는 것을 설명하는 것으로 나타나고 있지 않다는 점이다. 오히려 마음은 매 순간 항상 다른 대상과 더불어 일어난다는 점을 강조하고 있다. 이런 의미에서 주석서들은 마음은 대상을 아는 것(ārammaṇaṁ cinteti ti cittaṁ – DhsA.63 등)으로 마음을 정의하고 있다.

169) 주석서에 의하면 본경을 설한 순서는 이러하다.
세존께서는 이 비구들이 물질(rūpa)에 대해서 지나치게 붙들려 있었을 때

'이것이 있을 때 저것이 있다. 이것이 일어날 때 저것이 일어난다. 이것이 없을 때 저것이 없다. 이것이 소멸할 때 저것이 소멸한다.

즉 무명을 조건으로 의도적 행위들이, 의도적 행위들을 조건으로 알음알이가, … 이와 같이 전체 괴로움의 무더기[苦蘊]가 발생한다.

그러나 무명이 남김없이 빛바래어 소멸하기 때문에 의도적 행위들이 소멸하고, 의도적 행위들이 소멸하기 때문에 알음알이가 소멸하고, … 이와 같이 전체 괴로움의 무더기[苦蘊]가 소멸한다.'라고."[170]

7. "비구들이여, 이와 같이 보는 잘 배운 성스러운 제자는 물질에 대해서도 염오하고, 느낌에 대해서도 염오하고, 인식에 대해서도 염오하고, 의도적 행위들에 대해서도 염오하고, 알음알이에 대해서도 염오한다.

염오하면서 탐욕이 빛바래고, 탐욕이 빛바래므로 해탈한다. 해탈하면 해탈했다는 지혜가 있다. '태어남은 다했다. 청정범행(梵行)은 성취되었다. 할 일을 다 해 마쳤으며, 다시는 어떤 존재로도 돌아오지 않을 것이다.'라고 꿰뚫어 안다."[171]

에는(adhimatta-gāha-kāla) 먼저 이들이 물질을 거머쥐는 것을 버리고 정신(arūpa)에 확고하도록(patiṭṭhāpita) 가르치셨다. 그런 뒤에 다시 정신을 거머쥐는 것을 버리고 물질에 확고하도록 하셨다. 그런 뒤에 여기서 세존께서는 이제 비구들이 물질과 정신에 붙들려 있는 것을 제거하기 위해서(nīharaṇatthāya) 이 [연기의] 가르침을 설하셨다고 주석서는 설명하고 있다.(SA.ii.101)

170) 여기 나타나는 12연기의 정형구에 대한 설명은 본서 제5장 12연기에 싣고 있는 경들을 참조할 것.

171) "'염오하면서 탐욕이 빛바랜다(nibbindaṁ virajjati).'는 것은 도(magga)를, '탐욕이 빛바래므로 해탈한다(virāgā vimuccati).'는 것은 과(phala)를, '해탈하면 해탈했다는 지혜가 있다.'는 등은 반조(paccavekkhaṇā)를 설하신 것이다."(SA.ii.101)

포말 경

Pheṇa Sutta(S22:95)

【해설】

초기경의 도처에 오온의 가르침은 강조되어 나타난다. 특히 부처님 가르침을 주제별로 분류하여 담고 있는 『상윳따 니까야』에도 오온의 가르침은 「무더기 상윳따」(S22)로 정리되어 나타나는데 여기에는 모두 159개의 경들이 담겨있다. 이를 토대로 오온의 가르침에 대해서 결론적으로 말하자면 159개의 모든 경들이 결국은 오온의 무상이나 괴로움이나 무아를 강조하고 있으며 특히 오온이 무아임을 체득할 것을 강조하고 있다. 무상과 괴로움도 결국은 무아로 귀결되기 때문에 「무더기 상윳따」(S22)에 포함된 경들은 모두 오온무아를 강조하는 가르침이라고 결론지어도 무방할 것이다.

무아는 아무것도 없다는 말이 아니다. 주석서의 설명처럼 실체가 없다(nissāra, asāra)는 말이다.[172] 오온으로 해체해서 보지 않고 전체를 나라고 여기거나 내 것이라고 여기면 그것은 실체론이 되고 만다. 그러나 이것을 해체해서 보면 무상이 보이고, 고가 보이고, 실체 없음 즉 무아가 극명하게 드러난다. 무상・고・무아가 드러나면 이를 통해서 염오하고 이욕하고 해탈하고 구경해탈지를 증득하게 되거나, 염오하고 이욕하고 소멸하게 된다.

이것이 초기불전에서 해탈・열반의 실현을 위한 구체적인 방법으로 누누이 강조하고 있는 부처님의 말씀이라는 것을 저자는 거듭거듭 강조하고 싶다. 이제 오온에 대한 마지막 경으로 본경을 실으면서 오온에 대한 설명을 마무리하고자 한다.

172) 여기에 대해서는 본경 §§4~8의 주해들을 참조할 것.

1. 이와 같이 나는 들었다. 한때 세존께서는 아욧자[173]에서 강가 강의 언덕에 머무셨다.

2. 거기서 세존께서는 비구들을 불러서 말씀하셨다.[174]

3. "비구들이여, 예를 들면 이 강가 강이 포말덩이를 싣고 흐르는데 눈을 가진 사람이 이것을 쳐다보고 면밀히 살펴보고 근원적으로 조사한다 하자. 그가 그 [포말덩이를] 쳐다보고 면밀히 살펴보고 근원적으로 조사해보면 그것은 텅 빈 것으로 드러나고 공허한 것으로 드러나고 실체가 없는 것으로 드러날 것이다. 비구들이여, 포말덩이에 무슨 실체가 있겠는가?"[175]

---

173) 아욧자(Ayojjha) 혹은 아윳자(Ayujjha)는 니까야에서는 본경에서만 나타나고 있다. 몇몇 MSS에서는 『상윳따 니까야』 제4권 「나무 더미 비유경」 1(S35:241)에 꼬삼비 대신에 아욧자가 나타나기도 한다고 한다. 아욧자의 산스끄리뜨는 아요다(아요디야, Ayodhya)이다. 본경의 아욧자는 강가 강의 언덕에 있다고 나타나기 때문에, 인도의 서사시 『라마야나』(Rāmayāna)에 수도로 나타나고 지금도 힌두교의 가장 중요한 성지 중의 하나인 아요다(아요디야, Ayodhya)와는 다른 곳이거나, 본경의 언급이 조금 거칠게 되었거나 둘 중의 하나일 것이라고 DPPN은 적고 있다.

174) "아욧자 도시에 거주하는 사람(Ayojjha-pura-vāsi)들이 세존께서 많은 비구들과 함께 유행을 하시다가 그들의 도시에 오신 것을 보고 강가 강이 굽어지는 곳의 큰 숲으로 장엄된 지역(mahā-vanasaṇḍa-maṇḍita-ppadesa)에 스승을 위해서 승원(vihāra)을 지어 드렸다. 스승께서 이곳에 머무신 것을 두고 이렇게 말한 것이다.
세존께서는 그 승원에 머무시던 어느 날 해거름에 향실(香室, 향기로운 거주처, gandhakuṭi)로부터 나오셔서 강가 강의 언덕에 마련된 자리에 앉아서 강가 강에 흘러가는 큰 포말덩이(pheṇa-piṇḍa)를 보셨다. 이것을 본 뒤 오온에 관계된 법을 설해야겠다고 생각하시어 주위에 앉아있던 비구들에게 이렇게 말씀하신 것이다."(SA.ii.320)

175) 주석서는 물질(즉 몸)이 어떻게 포말덩이와 같은지를 자세하게 설명하고 있다.(SA.ii.320~321) 중요한 몇 가지를 간추려보면 다음과 같다.

4\. "비구들이여, 그와 같이 그것이 어떠한 물질이건 — 그것이 과거의 것이건 미래의 것이건 현재의 것이건 안의 것이건 밖의 것이건 거칠건 미세하건 저열하건 수승하건 멀리 있건 가까이 있건 — [141] 비구는 그것을 쳐다보고 면밀히 살펴보고 근원적으로 조사한다. 그가 그 [물질을] 쳐다보고 면밀히 살펴보고 근원적으로 조사해 보면 그것은 텅 빈 것으로 드러나고 공허한 것으로 드러나고 실체가 없는 것176)으로 드러난다. 비구들이여, 물질에 무슨 실체가 있겠

마치 포말덩이가 실체가 없듯이(nissāra), 이 물질(몸)도 항상한 실체와 견고한 실체와 자아라는 실체가 없기에(nicca-sāra-dhuva-sāra-atta-sāra-viraha) 실체가 없다(nissāra). 마치 포말덩이가 구멍이 숭숭 뚫려 있고 균열이 있고 많은 벌레들이 사는 것처럼, 이 몸도 그와 같다. 마치 포말덩이가 퍼져서 마침내는 부서져버리듯이, 이 몸도 죽음의 아가리(maraṇa-mukha)에서 가루로 만들어져(cuṇṇa-vicuṇṇa) 버린다.

이것은 『위방가 주석서』(VbhA.33~35)에도 나타나고 있다. 물질은 존재하지 않는 것이 아니고 환영도 아니다. 그러나 항상하고 견고하지 않기에 실체가 없는 것(nissāra)이다. 실체 없음(nissāra)이란 표현이 오온을 가장 적확하게 표현한 것이라고 역자는 파악한다.

한편 본경에 해당하는 복주서는 다음과 같이 실체 없음을 설명하고 있다. "무상함(aniccatā) 때문에 실체가 아님(asāratā)이 성립되고 실체가 아님 때문에 무상함이 성립된다. 그러므로 무상하기 때문에 항상함이라는 실체(nicca-sāra), 강건함이라는 실체(thirabhāva-sāra), 견고함이라는 실체(dhuva-sāra)는 결코 존재하지 않으며, 주인이 거주한다는 의미(sāmī-nivāsī-kāraka-bhūta)인 자아의 통제 하에 있는 것이라고는 결코 존재하지 않는다는 뜻이다. 그래서 '실체가 없다(nissāra).'고 한 것이다." (SAṬ.ii.223)

그 외에도 주석서들과 특히 복주서들은 무아를 실체 없음(nissāra)으로 설명하고 있다.

176) 본경 전체에서 '텅 빈 것'은 rittaka를, '공허한 것'은 tucchaka를, '실체가 없는 것'은 asāraka를, '실체'는 sāra를 옮긴 것이다. 여기서 sāra는 나무의 심재(心材, 속재목)를 뜻하기도 하고, 본질이나 핵심(*substance. essence*)을 뜻하기도 한다.(PED 참조) 이처럼 이미 초기불전에서부터 부처

는가?"

5. "비구들이여, 예를 들면 가을에 굵은 빗방울의 비가 떨어질 때 물에 거품이 생겼다가는 사라지는데 눈을 가진 사람이 이것을 쳐다보고 면밀히 살펴보고 근원적으로 조사한다 하자. 그가 그 [거품을] 쳐다보고 면밀히 살펴보고 근원적으로 조사해보면 그것은 텅 빈 것으로 드러나고 공허한 것으로 드러나고 실체가 없는 것으로 드러날 것이다. 비구들이여, 거품에 무슨 실체가 있겠는가?"

비구들이여, 그와 같이 그것이 어떠한 느낌이건 … 비구는 그것을 쳐다보고 면밀히 살펴보고 근원적으로 조사한다. 그가 그 [느낌을] 쳐다보고 면밀히 살펴보고 근원적으로 조사해보면 그것은 텅 빈 것으로 드러나고 공허한 것으로 드러나고 실체가 없는 것으로 드러난다. 비구들이여, 느낌에 무슨 실체가 있겠는가?"177)

6. "비구들이여, 예를 들면 무더운 여름의 마지막 달 한낮에 신기루가 생기는데 눈을 가진 사람이 이것을 쳐다보고 면밀히 살펴보고 근원적으로 조사한다 하자. 그가 그 [신기루를] 쳐다보고 면밀히

님께서 오온이 실체가 없음을 강조하고 계신다.

177) 주석서를 요약하면 다음과 같다.
'거품(bubbula)'은 연약하고 잡을 수가 없다. 쥐는 순간에 터져버리기 때문이다. 그와 같이 느낌도 항상하지 않고 견고하지 않아서 연약하고 잡을 수가 없다. 마치 거품이 조그마한 물에서 생겼다가는 사라지고 오래 가지 않듯이 느낌도 그와 같다. 손가락 한 번 튀기는 순간(eka-cchara-kkhaṇa)에 십만 꼬띠(koṭi, 1꼬띠는 천만임. 그러므로 십만 꼬띠는 1조가 됨.) 개의 느낌들이 일어나고 사라진다. 그리고 거품이 물의 표면과 물방울과 물의 더러움과 물 받는 통이라는 조건들에 의해서 일어나듯이 느낌도 감각장소(vatthu)와 대상(ārammaṇa)과 오염원의 더러움(kilesa-jalla)과 감각접촉의 자극(phassa-saṅghaṭṭana)이라는 네 가지 조건을 반연하여 일어난다.(SA.ii.322)

살펴보고 근원적으로 조사해보면 그것은 텅 빈 것으로 드러나고 공허한 것으로 드러나고 실체가 없는 것으로 드러날 것이다. 비구들이여, 신기루에 무슨 실체가 있겠는가?

비구들이여, 그와 같이 그것이 어떠한 인식이건 … 비구는 그것을 쳐다보고 면밀히 살펴보고 근원적으로 조사한다. 그가 그 [인식을] 쳐다보고 면밀히 살펴보고 근원적으로 조사해보면 그것은 텅 빈 것으로 드러나고 공허한 것으로 드러나고 실체가 없는 것으로 드러난다. 비구들이여, 인식에 무슨 실체가 있겠는가?"[178]

7. "비구들이여, 예를 들면 속재목[心材]이 필요한 사람이 속재목을 찾고 속재목을 탐색하여 돌아다니다가 날카로운 도끼를 들고 숲에 들어간다 하자. 그는 거기서 파초 줄기가 크고 곧고 싱싱하지만 안이 꽉 차지 않은 것[179]을 볼 것이다. 그는 그것의 뿌리를 자를 것이다. 뿌리를 자르고 꼭대기를 자를 것이다. 꼭대기를 자른 뒤 잔가지와 잎사귀를 깨끗하게 제거할 것이다. 이처럼 잔가지와 잎사귀까지 깨끗하게 제거해버리고 나면 그는 겉재목[白木質]조차도 얻을 수 없을 것이다. 그러니 어디서 속재목을 얻겠는가?

---

178) "인식도 실체가 아님이라는 뜻(asārak-aṭṭha)에서 '신기루(marīcikā)'와 같다. 왜냐하면 신기루를 잡아서 마시거나 목욕하거나 물주전자에 채울 수가 없기 때문이다. 그리고 신기루가 많은 사람들을 속이듯이(vippalambheti) 인식도 그러하다. 여러 가지 색깔에 대해서 아름답다, 즐겁다, 항상하다고 말하게 하여 사람들을 속이기 때문이다."(SA.ii.322)
여기서 인식도 실체 없음 혹은 실체 아님을 뜻하는 assāraka로 표현되고 있다.

179) '안이 꽉 차지 않은 것'은 akukkuka-jāta를 의역한 것이다. 주석서에서 "안에 유조직(柔組織)이 들어 있지 않은 것(anto asañjāta-ghana-daṇḍa-ka)"(SA.ii.322)으로 설명하고 있기 때문이다. 이것은 야자 나무의 껍질이 시멘트 같이 생겨서 두껍지만 내부가 비어 있는 것을 말한다.

그때 눈을 가진 사람이 이것을 쳐다보고 면밀히 살펴보고 근원적으로 조사한다 하자. 그가 그 [파초 줄기를] 쳐다보고 면밀히 살펴보고 [142] 근원적으로 조사해보면 그것은 텅 빈 것으로 드러나고 공허한 것으로 드러나고 실체가 없는 것으로 드러날 것이다. 비구들이여, 파초 줄기에 무슨 실체가 있겠는가?"

비구들이여, 그와 같이 그것이 어떠한 심리현상들이건 … 비구는 그것을 쳐다보고 면밀히 살펴보고 근원적으로 조사한다. 그가 그 [심리현상들을] 쳐다보고 면밀히 살펴보고 근원적으로 조사해보면 그것은 텅 빈 것으로 드러나고 공허한 것으로 드러나고 실체가 없는 것으로 드러난다. 비구들이여, 심리현상들에 무슨 실체가 있겠는가?"180)

---

180) "마치 파초 줄기(kadali-kkhandha)가 많은 잎과 껍질 등으로 조합(bahu-patta-vaṭṭi-samodhāna)되어 있듯이 심리현상들의 무더기도 많은 법들로 조합(bahu-dhamma-samodhāna)되어 있다. 마치 파초 줄기가 외부의 잎과 껍질 등의 색깔이 서로 다르고 내부의 것들도 서로 다른 등의 여러 가지 특징(nānā-lakkhaṇa)을 가지고 있듯이 심리현상들의 무더기도 감각접촉의 특징이 다르고 의도 등의 특징도 서로 다르다. 그러나 이들의 조합을 두고 심리현상들의 무더기라 부른다. 이처럼 심리현상들의 무더기는 파초 줄기와 같다."(SA.ii.323)
이렇게 서로 다른 개별적인 특징을 아비담마에서는 개별적 특징[自相, paccatta-lakkhaṇa = sabhāva-lakkhaṇa]이라 부른다. 그렇지만 이런 유위법들은 모두 무상・고・무아라는 보편적인 특징을 가지고 있는데 이것을 보편적 특징[共相, sāmañña-lakkhaṇa]이라 한다.
이 자상(自相)과 공상(共相)은 법(dhamma)을 파악하고 규명하고 이해하고 정의하는 가장 중요한 방법론으로 아비담마/아비달마와 중관과 유식과 여래장 계열의 모든 논서에 적용되어 나타나고 있다. 그러므로 자상과 공상에 대한 이해가 없이 불교교학을 논할 수가 없다 해도 과언이 아니다. 법의 자상(自相)과 공상(共相) 등에 대한 논의는 『상윳따 니까야』 제4권 「육처 상윳따」(S36)의 해제 §3-(6) '어떻게 해탈・열반을 실현할 것인가'에 나타나고 있으므로 그 부분을 참조하기 바란다. 본서에 싣고 있는 『상윳따 니까야』 제3권 「삼켜버림 경」(S22:79) §4의 주해도 참조할 것.

8. "비구들이여, 예를 들면 요술사나 요술사의 도제가 대로에서 요술을 부리는데 눈을 가진 사람[181]이 이것을 쳐다보고 면밀히 살펴보고 근원적으로 조사한다 하자. 그가 그 [요술을] 쳐다보고 면밀히 살펴보고 근원적으로 조사해보면 그것은 텅 빈 것으로 드러나고 공허한 것으로 드러나고 실체가 없는 것으로 드러날 것이다. 비구들이여, 요술에 무슨 실체가 있겠는가?

비구들이여, 그와 같이 그것이 어떠한 알음알이이건 … 비구는 그것을 쳐다보고 면밀히 살펴보고 근원적으로 조사한다. 그가 그 [알음알이를] 쳐다보고 면밀히 살펴보고 근원적으로 조사해보면 그것은 텅 빈 것으로 드러나고 공허한 것으로 드러나고 실체가 없는 것으로 드러난다. 비구들이여, 알음알이에 무슨 실체가 있겠는가?"[182]

---

181) "'눈을 가진 사람(cakkhumā purisa)'이란 육체적인 눈[肉眼, maṁsa-cakkhu]과 통찰지의 눈[慧眼, paññā-cakkhu]이라는 두 가지 눈을 가진 사람을 뜻한다. 육체적인 눈이란 깨끗한, 손상되지 않은 안구(apagata-paṭala-piḷaka)를 말하고 통찰지의 눈이란 실체 없음을 보는 능력(asāra-bhāva-dassana-samattha)을 뜻한다."(SA.ii.323)

182) "알음알이도 역시 실체가 아님이라는 뜻(asārak-aṭṭha)에서 그리고 거머쥘 것이 없다는 뜻(agayhūpag-aṭṭha)에서 요술과 같다. 알음알이는 요술보다도 더 일시적이고 재빠르다(lahu-paccupaṭṭhānā). 같은 마음을 가지고 사람이 오고 가고 서고 앉는 것처럼 보이지만 올 때의 마음과 가고 서고 앉을 때의 마음은 서로 다르다. 이처럼 알음알이는 요술과 같다.
요술은 많은 사람(mahā-jana)을 속인다(vañceti). 알음알이도 많은 사람을 속인다. 같은 마음이 오고 가고 서고 앉는 것처럼 보이지만 올 때의 마음과 가고 서고 앉는 때의 마음은 서로 다르다. 이처럼 알음알이는 요술과 같다."(SA.ii.323)
이 비유를 토대로 하여 알음알이가 가진, 현혹시키는 성질에 대한 현대적 비유는 냐나몰리(Ñāṇamoli) 스님, *The Magic of the Mind*, pp.5~7에도 나타나고 있다.
주석서는 여기서 알음알이도 실체 아님(asāraka)으로 설명하고 있다. 이

9. "비구들이여, 이렇게 보는 잘 배운 성스러운 제자는 물질에 대해서도 염오하고, 느낌에 대해서도 염오하고, 인식에 대해서도 염오하고, 심리현상들에 대해서도 염오하고, 알음알이에 대해서도 염오한다.

염오하면서 탐욕이 빛바래고, 탐욕이 빛바래므로 해탈한다. 해탈하면 해탈했다는 지혜가 있다. '태어남은 다했다. 청정범행(梵行)은 성취되었다. 할 일을 다 해 마쳤다. 다시는 어떤 존재로도 돌아오지 않을 것이다.'라고 꿰뚫어 안다."

10. 세존께서는 이렇게 말씀하셨다. 스승이신 선서께서는 이렇게 말씀하신 뒤 다시 [게송으로] 이와 같이 설하셨다.

> "물질은 포말덩이와 같고 느낌은 물거품과 같고
> 인식은 아지랑이와 같고 심리현상들은 파초와 같으며
> 알음알이는 요술과 같다고 태양의 후예는 밝혔도다. {1}
>
> 면밀히 살펴보고 근원적으로 조사해보고
> 지혜롭게 관찰해보면 그것은 텅 비고 공허한 것이로다. {2}

와 같이 본경에 해당하는 주석서는 오온 가운데 수(느낌)를 제외한 색·상·행·식을 모두 실체 없음(nissāra, asāraka)이라는 술어로 표현하고 있다.

그런데 『디가 니까야 복주서』는 "여기서 무상하고 괴롭기 때문에 느낌(vedanā)은 자아가 없고(atta-rahitā) 실체가 아니고(asārā) 실체가 없고(nissārā) 지배자가 아니고(avasavattinī) 공허한 것(tucchā)이다."(DAṬ.iii.287)라고 하여 느낌도 실체 아님(asāra)과 실체 없음(nissāra)으로 설명하고 있다. 위의 느낌에 해당하는 주석서에서 느낌(수)은 손가락 한 번 튀기는 사이에 십만 꼬띠(1조) 번이 일어나고 사라지는 거품(bubbula)에 비유하고 있기 때문에 무엇보다도 생생하게 실체 없음을 보여주고 있다. 이처럼 오온은 실체 없음으로 설명된다.

광대한 통찰지를 [143] 가진 분은 이 몸에 대해서
세 가지를 제거하여 물질이 버려진 것을 보도다. {3}

생명과 온기와 알음알이가
이 몸을 떠나면
그것은 던져져서 의도 없이 누워 있고
남들의 음식이 될 뿐이로다.183) {4}

이러한 이것은 흐름이며 요술이어서
어리석은 자를 현혹시키며
이것은 살인자라 불리나니
여기에 실체란 없도다.184) {5}

---

183) 『맛지마 니까야』 제2권 「교리문답의 긴 경」(M43/i.296) §24에서 사리뿟따 존자가 "도반이여, 수명과 온기와 알음알이의 세 가지 법들이 이 몸을 떠날 때 이 몸은 내던져지고 내팽개쳐져서 마치 통나무처럼 누워 있게 됩니다."라고 비슷한 말을 하고 있다. 그리고,

"오래지 않아 이 몸도 땅 위에 누워 있으리니
알음알이가 떠나 내팽개쳐져 쓸모없는 나무토막처럼."(Dhp {41})
(aciraṁ vatayaṁ kāyo, pathaviṁ adhisessati
chuddho apetaviññāṇo, niratthaṁva kaliṅgaraṁ)

이라는 『법구경』(Dhp.6) {41}도 참조할 것.

184) "'어리석은 자를 현혹시킨다(māyāyaṁ bālalāpini).'는 것은 알음알이의 무더기(viññāṇa-kkhandha)를 두고 한 말이다.
이 무더기라 불리는 것은 두 가지 이유에서 '살인자(vadhaka)'라 불린다. 첫째는 무더기들은 서로서로를 죽이기(ghātana) 때문이고, 둘째는 무더기들이 있을 때 살인(vadha)이란 것이 알려지기 때문이다.
즉 (1) 땅의 요소(pathavī-dhātu)가 무너지면(bhijjamānā) 나머지 요소들도 데리고 함께 무너지고, 물의 요소 등도 마찬가지이다. 물질의 무더기(rūpa-kkhandha)가 무너지면 정신의 무더기들(arūpa-kkhandha)도 데리고 함께 무너지고, 정신의 무더기들에서 느낌 등도 마찬가지이다. (2) 무더기들이 있기 때문에 살해하고 묶고 자르는(vadha-bandhana-ccheda)

비구는 열심히 정진하여
이와 같이 [오]온을 굽어봐야 하나니
날마다 낮과 밤 할 것 없이
알아차리고 마음챙기라. {6}

모든 속박을 제거해야 하고
자신을 의지처로 삼아야 하리니
머리에 불붙는 것처럼 행해야 하고
떨어지지 않는 경지185)를 간절히 원해야 하리." {7}

등도 생겨난다. 이처럼 이들이 있을 때 살인하는 성질(vadha-bhāva)로부터 살인자 됨(vadhakatā)이 알려지게 되는 것이다."(SA.ii.324)
오온을 살인자에 비유하는 다른 경으로는 『상윳따 니까야』 제3권 「야마까 경」(S22:85) §§17~18을 참조할 것.

185) "'떨어지지 않는 경지(accuta pada)'란 열반이다."(SA.ii.324)
"'떨어지지 않는 경지'란 열반이다. 이것은 스스로가 떨어지지 않는 성질(acavana-dhammatta)을 가졌고 증득한 자들에게 떨어지지 않는 원인이 있기(accuti-hetu-bhāva) 때문에 여기에 떨어짐이란 없다. 그래서 '떨어지지 않음(accuta)'이라 한다. 유위법들(saṅkhata-dhammā)과 섞이지 않고 이것을 원하는 자들은 도닦음으로 성취해야 하기 때문에(paṭipajjitabbatā) '경지(pada)'라고 불린다."(ThagA.i.18)

제3장

열두 가지 감각장소[十二處]

인간이 가지는 가장 근원적인 의문은 '나는 누구인가'라는 나의 문제와 '세상이란 무엇인가'라는 세상의 문제일 것이다. 그러므로 삼계대도사이신 부처님께서도 이 두 가지 문제에 대한 분명한 답을 제시하셨다. 부처님께서는 '나'의 문제를 오온으로 정리하셨고 '세상'의 문제를 12처 즉 12가지 감각장소[處, āyatana]로 말씀하셨다.

초기불전연구원에서는 초기불교의 특징을 '해체해서 보기'라고 강조해왔다. 앞의 제2장에서 살펴본 오온은 '나'라는 존재를 물질, 느낌, 인식, 심리현상들, 알음알이의 다섯으로 해체해서 말씀하신 것이고, 여기 제3장에서 살펴볼 열두 가지 감각장소 즉 12처 혹은 육내외처(六內外處)의 가르침은 '세상이란 무엇인가, 존재란 무엇인가, 일체란 무엇인가?'라는 의문을 눈·귀·코·혀·몸·마노의 여섯 가지 안의 감각장소[六內處]와 형색·소리·냄새·맛·감촉·법의 여섯 가지 밖의 감각장소[六外處]로 해체해서 말씀하신 것이다. 그러므로 오온은 불교의 인간관이요 12처는 불교의 세계관이다. 나와 세상을 이처럼 5온과 12처로 해체해서 보면 무상·고·무아가 극명하게 드러나고 이를 통해 염오-이욕-해탈-구경해탈지를 완성해서 궁극적 행복인 열반을 실현한다는 것이 초기불교의 근본 가르침이다. 그러므로 '해체해서 보기'는 아무리 강조해도 지나치지 않은 초기불교의 가장 중요한 특징이다.

12처는 육내처[六內處]와 육외처[六外處] 즉 여섯 가지 안의 감각장소와 여섯 가지 밖의 감각장소의 둘로 구성되어 있다. 여기서 '안[內, ajjhattika]'은 예외 없이 눈·귀·코·혀·몸·마노의 여섯 가지 안의 감각장소 혹은 감각기관을 지칭하는 술어이고, 반대로 '밖[外, bāhira]'은 예외 없이 형색 · 소리 · 냄새 · 맛 · 감촉 · 법의 여섯 가지 밖의 감각장소 혹은 감각대상을 지칭하는 술어이다. 한편 『상윳따 니까야』 제4권 「육처 상윳따」(S35) 등에 의하면 12처와 6처와 6내외처(六內外處)는 모두 동의어이다.

여기서 12처(十二處)로 옮긴 원어는 드와다사아야따나(dvadasa-āyatana)인데, 이것은 12를 뜻하는 드와다사(dvadasa)와 장소[處]를 뜻하는 아야따나(āyatana)가 합성된 술어이다. 아야따나는 불교 이전부터 인도 바라문교의 제의서(祭儀書) 문헌에 많이 나타나는 단어인데 거기서는 주로 제사 지내는 장소나 동물들의 서식지를 뜻하였다. 『청정도론』에 의하면 아야따나에는 ① 머무는 장소 ② 광산 ③ 만나는 장소 ④ 출산지 ⑤ 원인의 다섯 가지 의미가 있다고 한다.
중국에서는 이쪽으로(ā) 온다(√yam)는 문자적인 의미를 중시하여 아야따나를 입(入)으로 번역하기도 하였고, 이 단어가 장소(*base, sphere*)의 의미로 쓰이므로 처(處)라고 옮기기도 하였다. 예를 들면 12연기의 다섯 번째 구성요소는 육입(六入)으로 옮겼으며, 눈의 감각장소[眼處] 등과 형색의 감각장소[色處] 등의 12처와, 공무변처부터 비상비비상처까지의 4처는 처(處)로 옮겼다.

세존께서는 안의 감각장소(六內處)와 밖의 감각장소(六外處 = 대상)로 구성된 이 12처야말로 일체라고 정의하고 계시며, 이 12가지 외에 다른 일체는 세울 수 없다고 강조하신다.(「일체 경」(S35:23)) 그리고 「세상 경」(S35:82) 등에서는 이 12가지야말로 세상 그 자체라고 말씀하고 계신다. 이처럼 세상이나 일체라는 '개념적 존재(paññatti)'를 12가지의 '법(dhamma)'으로 해체해서 말씀하신 것이 바로 12처의 가르침이다.

일체 경

Sabba Sutta(S35:23)

【해설】

이제 12처 혹은 육처의 가르침의 중요성을 살펴보자. 무엇보다 먼저 12처는 존재하는 모든 것 즉 일체(一切)에 대한 부처님의 명쾌한 대답이라는 점을 들어야 한다. 12처의 가르침은 세상을 눈·귀·코·혀·몸·마노(안·이·비·설·신·의)의 육내처와 형색·소리·냄새·맛·감촉·법(색·성·향·미·촉·법)의 육외처로 '해체'해서 설하신 가르침인데, 이것이야말로 존재하는 모든 것이요 이 이외의 일체란 없다고 부처님은 단호하게 말씀하신다.

그래서 본경 §§4~5를 위시한 『상윳따 니까야』 제4권 「육처 상윳따」(S35)의 여러 경들에서 세존께서는 육내외처 즉 12처가 바로 일체이지 다른 일체란 없다고 강조하신다.

이처럼 부처님께서는 세상 혹은 존재하는 모든 것(일체)이란 모두 안과 밖이 만나는 것 – 즉 눈이 형색과, 귀가 소리와, 코가 냄새와, 혀가 맛과, 몸이 감촉과, 마노가 법과 조우하고 부딪히는 것 – 을 떠나서는 존재할 수 없다는 것을 12처의 가르침을 통해서 강조하고 계신다. 세존께서는 일체 존재와 세상을 이렇게 안과 밖의 감각장소로 해체해서 간단명료하게 제시하신다.

1. 이와 같이 나는 들었다. 한때 세존께서는 사왓티에서 제따 숲의 아나타삔디까 원림(급고독원)에 머무셨다.

2. 그곳에서 세존께서는 "비구들이여."라고 비구들을 부르셨다.

"세존이시여."라고 비구들은 세존께 응답했다. 세존께서는 이렇게 말씀하셨다.

3. "비구들이여, 그대들에게 일체[諸, sabba]를 설하리라. 이제 그것을 들어라. 듣고 마음에 잘 새겨라. 나는 설할 것이다."
"그렇게 하겠습니다, 세존이시여."라고 비구들은 세존께 응답했다. 세존께서는 이렇게 말씀하셨다.

4. "비구들이여, 그러면 무엇이 일체인가?
눈과 형색, 귀와 소리, 코와 냄새, 혀와 맛, 몸과 감촉, 마노[意]와 [마노의 대상인] 법 — 이를 일러 일체라 한다."

5. "비구들이여, 어떤 사람이 말하기를, '나는 이런 일체를 버리고 다른 일체를 천명할 것이다.'라고 한다면 그것은 단지 말로만 떠벌리는 것일 뿐이다.186) 만일 질문을 받으면 대답하지 못할 뿐만 아니라 나아가서 더 큰 곤경에 처하게 될 것이다. 그것은 무슨 이유 때문인가? 비구들이여, 그것은 그들의 영역을 벗어났기 때문이다."187)

---

186) "'단지 말로만 떠벌리는 것일 뿐이다(vācā-vatthur ev' assa).'라는 것은 말로만 말하게 되는 토대가 될 뿐이라는 말이다. 이 12가지 감각장소들을 떠나서 또 다른 고유성질을 가진 법(sabhāva-dhamma)이 있다고 설 할 수 없다는 뜻이다."(SA.ii.358)

187) "'그것은 그들의 영역을 벗어났기 때문이다(yathā taṁ avisayasmiṁ).'라고 했다. 사람들은 그들의 영역이 아닌 것(avisaya)에 대해서는 곤혹스럽게 된다. 그것은 마치 집채만 한 돌을 머리에 이고 깊은 물을 건너려는 것과 같고, 달과 태양을 끌어당겨서 떨어뜨리려는 것과 같아서, 자신의 영역이 아닌 것에 대해서 애를 쓰는 것(vāyamanta)은 곤혹스러움(vighāta)만 만나게 된다는 말이다."(SA.ii.358)

류트 비유 경

Vīṇopama Sutta(S35:246)

【해설】

부처님께서는 세상 혹은 존재하는 모든 것(일체)이란 모두 안과 밖이 만나는 것 – 즉 눈이 형색과, 귀가 소리와, 코가 냄새와, 혀가 맛과, 몸이 감촉과, 마노가 법과 조우하고 부딪히는 것 – 을 떠나서는 존재할 수 없다는 것을 12처의 가르침을 통해서 강조하고 계신다. 세존께서는 일체 존재와 세상을 이렇게 안과 밖의 감각장소로 해체해서 간단명료하게 제시하신다.

그러면 왜 세상을 12처로 해체해서 설하셨는가? 오온의 경우와 마찬가지로 무상·고·무아를 극명하게 드러내기 위해서이다. 세상이라든지 일체라든지 하면 고정불변한 영원한 세상이나 절대적인 존재로서의 일체가 존재하는 것처럼 착각을 해서 세상이나 일체에 집착하게 된다. 그러나 세상을 안·이·비·설·신·의와 색·성·향·미·촉·법의 열두 가지로 해체해서 보게 되면 세상의 무상·고·무아가 극명하게 드러나게 된다.

『상윳따 니까야』 제4권 「육처 상윳따」(S35)에 실려 있는 본경은 이러한 해체해서 보기의 중요한 토대가 되는 가르침이다. 주석서의 설명처럼 본경 §6에 나타나는 류트의 비유야말로 나라는 존재를 오온이나 12처로 해체해서 보면 오온이나 12처에 대한 염오-이욕-소멸 혹은 염오-이욕-해탈-구경해탈지가 생긴다는 멋진 비유라 할 수 있다.

1. 이와 같이 나는 들었다. 한때 세존께서는 사왓티에서 제따 숲의 아나타삔디까 원림(급고독원)에 머무셨다.

2. 그곳에서 세존께서는 "비구들이여."라고 비구들을 부르셨다. "세존이시여."라고 비구들은 세존께 응답했다. 세존께서는 이렇게 말씀하셨다.

3. "비구들이여, 어떤 비구에게든 어떤 비구니에게든 눈으로 인식되는 형색들에 대해서 마음으로 욕구나 탐욕이나 성냄이나 어리석음이나 적의가 일어나면188) 바로 그때 [다음과 같이] 마음의 고삐를 죄어야 한다. '이 길은 두렵고 무시무시하며, 가시밭이고 밀림에 덮

---

188) "여기서 '욕구(chanda)'란 처음에 일어난(pubb-uppattikā) 약한 갈애(dubbala-taṇhā)이다. 이것은 [마음을] 물들일 수 없다. '탐욕(rāga)'은 계속적으로(aparāparaṁ) 일어나는 강한 갈애(balava-taṇhā)이다. 이것은 [마음을] 물들일(rañjetuṁ) 수 있다. '성냄(dosa)'이란 몽둥이로 때리는 등을 실행할 수 없는 처음에 일어난 약한 분노(kodha)이다. '적의(paṭigha)'란 [때리는 등을] 실행할 수 있는 계속적으로 일어나는 강한 분노이다. '어리석음(moha)'이란 미혹함(mohana-sammohana)을 통해서 일어나는 무지(aññāṇa)이다.
이와 같이 이 다섯은 세 가지 해로움의 뿌리[不善根, akusala-mūla = 탐·진·치]로 섭수된다. 이들을 섭수하여 이것에 뿌리박고 있는 모든 오염원(kilesa)들을 다 모으게 된다.
한편 욕구와 탐욕을 통해서는 8가지 탐욕에 뿌리박은 마음들을, 성냄과 적의를 통해서는 두 가지 성냄에 뿌리박은 마음들을, 어리석음을 통해서는 두 가지 어리석음에 뿌리박은 마음들을 섭수하게 된다. 이렇게 하여 12가지 [해로운] 마음들이 일어나는 것을 설한 것이다."(SA.iii.64)
12가지 해로운 마음들에 대한 상세한 설명은 『아비담마 길라잡이』 제1장 §§4~7을 참조할 것.
여기서 언급되는 다섯 가지 오염원들은 『맛지마 니까야』 제4권 「걸식의 청정 경」(M151/iii.294~295) §§3~8에도 나타나고 있다.

여 있으며, 잘못된 길이고 나쁜 길이고 결핍된 도정이다.189) 이 길은 참되지 못한 사람들이 따르며 참된 사람들은 따르지 않는다. 그러므로 그대에게 이 길은 적당하지 않다.'라고 이와 같이 눈으로 인식되는 형색들에 대해서 마음의 고삐를 죄어야 한다.

비구들이여, 어떤 비구에게든 어떤 비구니에게든 귀로 인식되는 소리들에 대해서 … 코로 인식되는 냄새들에 대해서 … 혀로 인식되는 맛들에 대해서 … 몸으로 인식되는 감촉들에 대해서 … 마노로 인식되는 법들에 대해서 마음으로 욕구나 탐욕이나 성냄이나 어리석음이나 적의가 일어나면 바로 그때 [다음과 같이] 마음의 고삐를 죄어야 한다. '이 길은 두렵고 무시무시하며, 가시밭이고 밀림에 덮여 있으며, 잘못된 길이고 나쁜 길이고 결핍된 도정이다. 이 길은 참되지 못한 사람들이 따르며 참된 사람들은 따르지 않는다. 그러므로 그대에게 이 길은 적당하지 않다.'라고 이와 같이 마노로 인식되는 법들에 대해서 마음의 고삐를 죄어야 한다."

---

189) '결핍된 도정(道程)'은 duhitika를 옮긴 것이다. 주석서는 이것을 du+ihiti+ka로 분석한다. 그리고 ihiti는 iriyanā(움직임, 나아감)의 뜻이라고 설명한다. 그래서 전체적으로 다음과 같이 설명한다.
"'결핍된 도정(duhitika)'이라고 했다. 여기서 ihiti는 나아감(iriyanā)이라는 말이다. 여기서 괴롭게 나아간다고 해서(dukkhā ihiti etthā ti) 결핍된 도정이다. 이 길에는 뿌리나 열매 등의 먹을 것(mūla-phal-ādi-khādanīya)이나 맛볼 것(sāyanīya)이 없다. 그래서 거기에서 걸어가는 것은 괴롭고 그 길을 따라가서 원하는 곳(icchita-ṭṭhāna)으로 갈 수가 없다. 그와 같이 오염원의 길(kilesa-magga)을 걸어간 뒤(paṭipajjitvā) 번영의 경지(sampatti-bhava)로 갈 수가 없다고 해서 오염원의 길은 '결핍된 도정'이라 부른다."(SA.iii.64)
어원으로 볼 때 duhitika는 du+hita(이익)로 해석해야 한다. 이것은 Sk. dur-hita에 해당한다. 『상윳따 니까야』 제4권 「가문 경」(S42:9) §2의 주해를 참조할 것.

4. "비구들이여, 예를 들면 곡식이 다 익었는데 밭을 지키는 사람이 방일해 있다고 하자. 그러면 곡식을 좋아하는 황소가 그 밭에 [196] 들어가서 원하는 대로 먹는 데 흠뻑 빠질 것이다.

비구들이여, 그와 같이 배우지 못한 범부는 여섯 가지 감각접촉의 장소들을 단속하지 않고 다섯 가닥의 감각적 욕망에 원하는 대로 흠뻑 빠져들게 된다."190)

5. "비구들이여, 예를 들면 곡식이 다 익었는데 밭을 지키는 사람이 방일하지 않는다 하자. 만일 곡식을 좋아하는 황소가 그 밭에 들어가면 밭을 지키는 사람은 황소의 고삐를 굳게 잡을 것이다. 고삐를 굳게 잡은 뒤 두 뿔 사이에 조임틀을 조여 맬 것이다. 두 뿔 사이에 조임틀을 조여 맨 뒤에는 몽둥이로 세차게 때릴 것이다. 몽둥이로 세차게 때린 뒤에는 황소를 쫓아버릴 것이다.

만일 두 번째로 곡식을 좋아하는 황소가 그 밭에 들어가면 …

만일 세 번째로 곡식을 좋아하는 황소가 그 밭에 들어가면 … 몽둥이로 세차게 때린 뒤에는 황소를 쫓아버릴 것이다.

비구들이여, 이와 같이 하면 곡식을 좋아하는 황소는 마을로 갈 때나 숲으로 갈 때나 오래 서 있을 때나 오래 앉아 있을 때나, 이전에

---

190) "여기서 곡식이 다 익은 밭(sampanna-kiṭṭha)은 다섯 가닥의 감각적 욕망(pañca kāma-guṇā)과 같고 곡식을 좋아하는 황소는 길들여지지 않은 마음(kūṭa-citta)과 같고 밭을 지키는 사람이 방일한 것(pamāda)은 비구가 여섯 가지 감각의 대문에 대해서 마음챙김(sati)을 버려버리고 노니는 것(vicaraṇa)과 같다. 그래서 마음이 여섯 가지 감각의 대문을 지키는 마음챙김을 놓아버리고 다섯 가닥의 감각적 욕망을 맛보게 되면 유익함의 편에 있는 [특질](kusala-pakkha)들은 파괴되어버려 비구는 사문됨의 결실을 증득하지 못한다(sāmañña-phala-adhigama-abhāva)고 알아야 한다."(SA.iii.65)

몽둥이로 세차게 맞은 것을 기억하기 때문에 다시는 그 밭에 들어가지 않을 것이다.

비구들이여, 그와 같이 비구는 여섯 감각접촉의 장소들에 대해서 마음을 조복 받고 잘 조복받게 된다.191) 그러면 마음은 안으로 확립되고 안정되고 하나에 고정되고 삼매에 든다."192)

6. "비구들이여, 예를 들면 이전에 류트 소리를 들어보지 못한 왕이나 왕의 대신이 있다 하자. 그는 류트 소리를 듣고 이렇게 말할 것이다.

'여봐라, 이렇게 감미롭고 매혹적이고 도취하게 하고 [197] 황홀하게 하고 매료되게 하는 이 소리가 도대체 어디서 나는가?'

그러면 사람들은 말할 것이다.

'존자시여, 이것은 류트에서 나는 소리인데 이렇게 감미롭고 매혹적이고 도취하게 하고 황홀하게 하고 매료되게 합니다.'

'그러면 가서 류트를 나에게 가져오라.'

---

191) '조복 받고 잘 조복 받게 된다.'로 옮긴 원어는 Be: udujitaṁ hoti sudujitaṁ, Se: udujjitaṁ hoti sudujjitaṁ, Ee: ujujātaṁ hoti sammujujātaṁ로 나타난다. 주석서는 다음과 같이 해석하고 있다.
"'조복 받음(udujita)'이란 '그것을 이겼다(taj-jita).'는 말이고 '잘 조복 받음(sudujita)'이란 '그것을 잘 이겼다(su-tajjita).'는 말이다. '잘 이겼다(su-jita).'는 뜻도 된다. 여기서 udu와 sudu는 단지 불변사일 뿐(nipāta-matta)이다."(SA.iii.66)

192) "초선을 통해서 '확립되고(santiṭṭhati)', 제2선을 통해서 '안정되고(sanni-sīdati)', 제3선을 통해서 '하나에 고정되고(ekodi hoti)', 제4선을 통해서 '삼매에 든다(samādhiyati).'는 말이다. 혹은 이 [네 가지 표현] 전체는 초선을 통해서 알아야 한다.
여기서 정등각자께서는 사마타를 통한 보호와 감각기능의 단속에 대한 계(samatha-anurakkhaṇa-indriya-saṁvara-sīla)를 설하셨다."(SA.iii.66)

그러면 사람들이 그에게 류트를 가져와서 말할 것이다.

'존자시여, 이것이 바로 그렇게 감미롭고 매혹적이고 도취하게 하고 황홀하게 하고 매료되게 하는 소리를 내는 류트입니다.'

그러면 그는 이렇게 말할 것이다.

'여봐라, 그런 류트는 내게 필요가 없도다. 내게 그 소리를 가져오라.'

'존자시여, 이 류트는 여러 가지 많은 구성요소들로 이루어져 있습니다. 이와 같은 많은 구성요소들과 더불어 연주를 할 때 소리가 납니다. 다시 말씀드리면 양피지로 된 소리 나는 판을 반연하고 볼록한 부분을 반연하고 손잡이 부분을 반연하고 머리 부분을 반연하고 줄들을 반연하고 연주용 활[193]을 반연하고 연주자의 적당한 노력을 반연하여 이와 같은 많은 구성요소들과 더불어 연주를 할 때 소리가 납니다.'

그러면 그 왕은 그 류트를 열 토막이나 백 토막으로 토막토막 자를 것이다. 토막토막 자른 뒤에 쪼개고 또 쪼개어 다시 산산조각을 낼 것이다. 산산조각을 내어서 불로 태울 것이다. 불로 태워서 재로 만들 것이다. 재로 만든 뒤에는 강한 바람에 날려 보내거나 물살이 센 강에 흩어버릴 것이다. 그런 뒤 이렇게 말할 것이다.

'여봐라, 류트라거나 류트라 불리는 것은 무엇이든[194] 참으로 볼품없는 것[195]이로다. 많은 사람들이 도가 지나치게 이것에 빠지고

193) 여기서 옮긴 '류트(viṇa)'의 여섯 가지 부분 즉 '양피지로 된 소리 나는 판', '볼록한 부분', '손잡이 부분', '머리 부분', '줄', '연주용 활'은 각각 doṇi, camma, daṇḍa, upaveṇa, tanti, koṇa를 옮긴 것이다. 이 비유는 『밀린다 빤하』(Mil.53)에도 나타난다. 역자는 보디 스님의 번역과 설명을 참조하여 옮겼다.

194) "류트만 볼품없는 것이 아니라 줄을 매어서 만든(tanti-baddha) 다른 것도 모두 볼품없는 것이라는 뜻이다."(SA.iii.67)

195) "'볼품없는 것(asati)'이란, 이 류트는 저열한 것(lāmaka)이라는 뜻이다."

이것에 혹하는구나.'"

7. "비구들이여, 그와 같이[196] 비구는 물질이라는 범위[197]가

(SA.iii.67)

196) "여기서 류트는 오온이고 왕은 수행자(yoga-avacara)라고 봐야 한다. 왕이 류트를 열 조각으로 부순 뒤에 살펴보고 소리를 발견하지 못하여 류트에 대한 흥미가 없어진(anatthika) 것처럼 수행자도 오온에 대해서 명상하여(sammasanta) '나(ahaṁ)'라거나 '내 것(mamaṁ)'이라고 취할 수 있는 것을 보지 못하고 오온에 대해서 흥미를 잃게 된다. 그래서 그가 오온을 명상(khandha-sammasana)하는 것을 보여주시기 위해서 이제 '물질이라는 범위가 있는 한 물질을 탐구한다.'는 등으로 말씀하신 것이다."(SA.iii.67)
이 비유야말로 나라는 존재를 오온으로 해체해서 보면 오온에 대한 염오-이욕-소멸 혹은 염오-이욕-해탈-구경해탈지가 생긴다는 『상윳따 니까야』 제3권 「무더기 상윳따」(S22)의 가르침에 대한 멋진 비유라 할 수 있다. 여기에 대해서는 『상윳따 니까야』 제3권 「아누라다 경」(S22:86) §15의 주해를 참조할 것.

197) "여기서 '범위(gati)'에는 다섯 가지가 있으니 그것은 윤회하는 곳의 범위(gati-gati), 태어남의 범위(sañjāti-gati), 특징의 범위(salakkhaṇa-gati), 비존재의 범위(vibhava-gati), 무너짐의 범위(bheda-gati)이다.
① 물질은 아래로는 무간지옥(Avīci)을 한계로 하고 위로는 색구경천의 범천의 세상(Akaniṭṭha-brahmaloka)을 정점으로 하여 이 안에서 흐르고 존재한다. 이것을 윤회하는 곳의 범위(gati-gati)라 한다.
② 이 몸은 청련, 홍련, 백련 등의 안에서 태어나는 것이 아니다. 그와 반대로 위장의 아래와 소장의 위인 위장막과 척추 중간의 아주 좁고 어둡고 갖가지 몸의 냄새가 퍼져 있고 심한 악취가 통풍구로 순환하며 극도로 혐오스런 자궁에서 마치 썩은 생선과 썩은 죽과 오물구덩이 속의 벌레처럼 태어난다. 이것을 물질의 태어남의 범위(sañjāti-gati)라 한다.
③ 물질에는 두 가지 특징이 있다. 물질은 무너짐(변형)이라 불리는 개별적인 특징[自相, paccatta-lakkhaṇa]과 무상·고·무아로 구분되는 보편적인 특징[共相, sāmañña-lakkhaṇa]이 있다. 이것을 특징의 범위(salakkhaṇa-gati)라 한다.
④ '법들은 존재하지 않음을 그 범위로 한다.'라고 설명되듯이, 이처럼 물질이 존재하지 않게 되는 것이 비존재의 범위(vibhava-gati)라 한다.

있는 한 물질을 탐구한다. 느낌이라는 범위가 있는 한 느낌을 탐구한다. 인식이라는 범위가 있는 한 인식을 탐구한다. 심리현상들이라는 범위가 있는 한 심리현상들을 탐구한다. 알음알이라는 범위가 있는 한 알음알이를 탐구한다. 그러면 그에게 있었던 [198] '나'라거나 '내 것'이라거나 '나는 있다.'198)라는 [견해 등은] 더 이상 그에게 존재하지 못한다."199)

---

⑤ 물질의 무너짐[즉 순간적 소멸[刹那滅, khaṇa-nirodha] – SAṬ.iii.61]을 무너짐의 범위(bheda-gati)라 한다.

느낌 등에 대해서도 이 방법이 적용된다."(SA.iii.67)

즉 오온의 각각에 대해서 이러한 다섯 가지 범위나 한계나 영역을 정해 놓고 철저하게 살펴보고 탐구해야 한다는 뜻이라고 주석서는 설명하고 있다.

198) 주석서에 의하면 '나(ahaṁ)'라거나 '내 것(mamaṁ)'이라거나 '나는 있다(asmi).'는 것은 각각 견해와 갈애와 자만이라는 세 가지 거머쥠(diṭṭhi-taṇhā-māna-ggāha-ttaya)을 뜻한다고 한다. 물론 아라한에게는 이런 것이 존재하지 않는다고 주석서는 강조한다.(SA.ii.68)

199) 이처럼 수행자는 나라는 존재를 오온으로 해체해서 본 뒤에 자아가 있다는 어리석음을 몰아내고 현자가 된다.

한편 주석서는 『대주석서』(Mahā-aṭṭhakathā)의 게송을 인용하면서 본경에 대한 주석을 마무리 짓는다. 『대주석서』는 지금은 전해지지 않으며 붓다고사 스님이 정리한 현존하는 빠알리 주석서들의 모태가 되는 싱할리어로 된 고주석서이다.

"처음에는 계(戒)를 설하셨고
중간에는 삼매 닦는 것을 설하셨으며
다시 마지막에는 열반을 설하셨나니
이것이 류트의 비유에 대한 가르침이로다."(SA.iii.68)

난다까의 교계 경

Nandakovāda Sutta(M146)

【해설】

세존께서는 일체 존재와 세상을 안과 밖의 감각장소로 해체해서 간단명료하게 제시하신다. 그러면 왜 세상을 12처로 해체해서 설하셨는가? 오온의 경우와 마찬가지로 무상·고·무아를 극명하게 드러내기 위해서이다. 세상이라든지 일체라든지 하면 고정불변한 영원한 세상이나 절대적인 존재로서의 일체가 존재하는 것처럼 착각을 해서 세상이나 일체에 집착하게 된다. 그러나 세상을 안·이·비·설·신·의와 색·성·향·미·촉·법의 열두 가지로 해체해서 보게 되면 세상의 무상·고·무아가 극명하게 드러나게 된다. 눈은 무상한 것이요 눈의 대상인 형색도 무상한 것으로 분명하게 알 수 있기 때문이다.

그리고 무상이나 고나 무아를 보게 되면 결국은 염오-이욕-해탈-구경해탈지가 성취되어서 해탈열반을 실현하게 된다. 이것은 나라는 존재를 오온으로 해체해서 보면 무상·고·무아 염오-이욕-해탈-구경해탈지가 극명하게 드러나는 것과 같은 이치이다. 그래서 초기불전의 도처에서 이렇게 강조한다.

"비구들이여, 눈은 무상하다. … 괴로움이다. … 무아다. … 마노[意]는 무상하다. … 괴로움이다. … 무아다.

비구들이여, 이렇게 보는 잘 배운 성스러운 제자는 눈에 대해서도 염오하고 … 마노[意]에 대해서도 염오하고 … 마노의 감각접촉을 조건으로 하여 일어나는 즐겁거나 괴롭거나 괴롭지도 즐겁지도 않은 느낌에 대해서도 염오한다.

염오하면서 탐욕이 빛바래고, 탐욕이 빛바래기 때문에 해탈한다. 해탈하면 해탈했다는 지혜가 있다. '태어남은 다했다. 청정범행은 성취되었다. 할 일을 다 해 마쳤다. 다시는 어떤 존재로도 돌아오지 않을 것이다.'라고 꿰뚫어 안다."(S35:222 등)

뭉쳐두면 세상과 일체라는 개념[施設]에 속고 12처라는 법으로 해체하면 깨닫는다. 세상과 일체를 12처로 해체해서 보아야 그가 진정한 부처님 제자다. 여기 싣는 본경은 이러한 12처로 해체해서 보기 - 무상·고·무아 - 염오 - 이욕 - 해탈 - 구경해탈지의 6단계의 정형구를 드러내는 본보기가 되는 경들 가운데 하나이다.

이제 본경에 대해서 간략하게 살펴보자.

난다까 존자는 『앙굿따라 니까야』 제1권 「하나의 모음」(A1:14:4-11)에서 비구니들을 교계하는 자들 가운데서 으뜸이라고 거명된 분이다. 본경은 왜 난다까 존자가 비구니들을 교계하는 자들 가운데서 으뜸인지를 잘 보여준다.

난다까 존자는 자신이 설법을 할 차례가 되어 마하빠자빠띠 고따미를 상수로 하는 오백 명의 비구니들 처소인 라자까 원림에 가서 법을 설한다.(§5) 그는 육내처의 무상·고·무아(§6), 육외처의 무상·고·무아(§7), 육식의 무상·고·무아(§8), 기름등불의 비유(§9), 심재를 가진 큰 나무의 비유(§10), 능숙한 백정이나 그의 도제가 소를 잡는 것의 비유(§§11~12), 칠각지와 짧은 누진통(漏盡通)의 정형구의 순서로 법을 설한다.(§13)

세존께서는 그 다음 날 다시 난다까 존자로 하여금 비구니들에게 설법을 하게 하시고 난다까는 같은 법문을 설한다.(§§15~26) 이 가르침을 듣고 오백 명의 비구니들은 모두 예류자 이상이 되었다고 한다.(§27)

본경은 해체해서 보기 - 무상·고·무아가 드러남을 분명하게 보여주는 가르침이다. 『맛지마 니까야』의 여러 경들(M74, M108, M147, M148 등)에서 보듯이 부처님의 제자들 가운데 비구나 비구니를 막론하고 이처럼 존재를 오온이나 육내외처[十二處]로 해체해서 보아 무상·고·무아를 체득해서 염오 - 이욕 - 해탈 - 구경해탈지를 실현하는 방법을 통해서 깨달음을 실현한 분들이 많다. 본경도 그런 경들 가운데 하나라 할 수 있다.

1. 이와 같이 나는 들었다. 한때 세존께서는 사왓티에서 제따 숲의 아나타삔디까 원림(급고독원)에 머무셨다.

2. 그때 마하빠자빠띠 고따미는 오백 명의 비구니들과 함께 세존을 뵈러 왔다. 와서는 세존께 절을 올리고 한 곁에 섰다. 한 곁에 서서 마하빠자빠띠 고따미는 세존께 이렇게 말씀드렸다.

"세존이시여, 세존께서는 비구니들을 훈도해 주십시오. 세존이시여, 세존께서는 비구니들에게 가르침을 주십시오. 세존이시여, 세존께서는 비구니들에게 설법을 해주십시오."

3. 그때[200] 장로 비구들이 비구니들에게 차례를 정하여 훈도하고 있었는데 난다까 존자[201]는 그의 차례임에도 불구하고 비구니들에게 훈도하고 싶어 하지 않았다. 그러자 세존께서는 아난다 존자를 불러서 말씀하셨다.

"아난다여, 오늘은 누가 비구니들에게 훈도할 차례인가?"

"세존이시여, 난다까 존자가 비구니들에게 훈도할 차례입니다. 세존이시여, 그러나 난다까 존자는 자기 차례임에도 비구니들에게 훈

---

200) "세존께서 마하빠자빠띠가 요청하자 비구니 승가를 격려하고 비구 승가를 불러 모아 장로 비구들이 차례로 비구니들에게 가르침을 설하라고 승가에게 의무를 지웠다. 이 문단은 그와 관련된 것이다."(MA.v.92)

201) 난다까 존자(āyasmā Nandaka)는 『앙굿따라 니까야』 제1권 「하나의 모음」(A1:14:4-11)에서 비구니들을 교계하는 자(bhikkhun-ovādaka)들 가운데서 으뜸이라고 거명된 분이다. 본경은 그가 왜 비구니들을 교계하는 자들 가운데 으뜸인지를 보여주는 좋은 보기가 된다. 그는 사왓티의 부유한 장자 집안 출신이고 제따와나를 헌정하는 날에 부처님의 설법을 듣고 출가하여 오래지 않아서 아라한이 되었다고 한다.(AA.i.312, 등)
난다까 존자가 설한 경으로는 본경 외에도 『앙굿따라 니까야』 제1권 「살하 경」(A3:66)과 제5권 「난다까 경」(A9:4)이 있다.

도하기를 원하지 않습니다."

4. 그때 세존께서는 난다까 존자를 불러서 말씀하셨다.[202]

"난다까여, 비구니들을 훈도하라. 난다까여, 비구니들을 가르쳐라. 바라문이여, 비구니들에게 설법을 하라."

"그러겠습니다, 세존이시여."라고 [271] 난다까 존자는 세존께 대답하고서 오전에 옷매무새를 가다듬고 발우와 가사를 수하고 사왓티로 탁발을 갔다. 사왓티에서 탁발하여 공양을 마치고 탁발에서 돌아와 다른 동료와 함께 라자까 원림으로 갔다. 비구니들은 난다까 존자가 멀리서 오는 것을 보았다. 보고는 자리를 마련하고 발 씻을 물을 마련하였다. 난다까 존자는 마련된 자리에 앉아서 발을 씻었다. 그 비구니들은 난다까 존자에게 절을 올리고 한 곁에 앉았다. 한 곁에 앉은 그 비구니들에게 난다까 존자는 이렇게 말했다.

---

202) "난다까 장로가 비구니들에게 훈도(ovāda)하고 싶어 하지 않는데도 세존께서는 난다까 장로에게 훈도하게 하셨다. 무슨 까닭인가? 이 비구니들이 장로를 보면 마음이 하나로 집중되고 신심이 생길 것이고, 그러면 그들은 장로의 훈도를 받아들이고 싶어 할 것이고, 법문을 듣고 싶어 할 것이기 때문이다. 그래서 세존께서는 '난다까가 자기의 차례가 되면 훈도를 할 것이고, 법문을 설할 것이다.'라고 생각하시면서 순번을 정하여 훈도하게 하셨다. 그러나 장로는 자기 순서(vāra)를 행하지 않았다.
왜냐하면 난다까 존자가 전생에 왕국을 통치할 때 그 비구니들은 그의 후궁들(orodhā)이었다. 장로는 전생을 아는 지혜[宿命通, pubbenivāsa-ñāṇa]로 그것을 알고서는 다음과 같이 생각했다. '내가 이 비구니 승가에 앉아서 법을 설할 때 숙명통을 가진 다른 비구가 보게 되면 이 존자는 아직도 전생의 후궁들과 헤어지지 못하고 그들에 둘러싸여 있다고 말할지도 모른다.' 이렇게 여기면서 장로는 법을 설하기를 거부했고 세존께서는 난다까 장로의 법문이 이 비구니들에게 이익을 줄 것이라는 것을 아시고 '그때 세존께서는 난다까 존자를 불러서 말씀하셨다.'"(MA.v.93)

5. "자매들이여, 이제 질문을 하면서 설할 것이니 그대들이 이해하면 '우리는 이해합니다.'라고 말하고, 이해하지 못하면 '우리는 이해하지 못합니다.'라고 말해야 합니다. 의문이나 혼란이 있으면 나에게 질문을 해야 합니다. '존자시여, 이것은 어떻게 됩니까? 그 뜻은 무엇입니까?'라고 해야 합니다."

"존자시여, 난다까 존자께서 저희들에게 이렇게 대해주시니 저희들은 마음이 흡족하고 기쁩니다."

6. "이를 어떻게 생각합니까, 자매들이여? 눈은 항상합니까, 무상합니까?"

"무상합니다, 존자시여."

"무상한 것은 괴로움입니까, 즐거움입니까?"

"괴로움입니다, 존자시여."

"무상하고 괴로움이고 변하기 마련인 것을 두고 '이것은 내 것이다. 이것은 나다. 이것은 나의 자아다.'라고 보는 것이 타당하겠습니까?"

"그렇지 않습니다, 존자시여."

"이를 어떻게 생각합니까, 자매들이여? 귀는 … 코는 … 혀는 … 몸은 … 마노는 항상합니까, 무상합니까?"

"무상합니다, 존자시여."

"무상한 것은 괴로움입니까, 즐거움입니까?"

"괴로움입니다, 존자시여."

"무상하고 괴로움이고 [272] 변하기 마련인 것을 두고 '이것은 내 것이다. 이것은 나다. 이것은 나의 자아다.'라고 보는 것이 타당하겠습니까?"

"그렇지 않습니다, 존자시여. 그것은 무슨 까닭이겠습니까? 존자시여, 저희들은 전에 이미 '이 여섯 가지 안의 감각장소[六內處]들은 무상하다.'라고 있는 그대로 바른 통찰지로 보았기 때문입니다."

"장합니다, 자매들이여. 장합니다, 자매들이여. 이와 같이 성스러운 제자는 있는 그대로 바른 통찰지로 봅니다."

7. "이를 어떻게 생각합니까, 자매들이여? 형색은 항상합니까, 무상합니까?"

"무상합니다, 존자시여."

"무상한 것은 괴로움입니까, 즐거움입니까?"

"괴로움입니다, 존자시여."

"무상하고 괴로움이고 변하기 마련인 것을 두고 '이것은 내 것이다. 이것은 나다. 이것은 나의 자아다.'라고 보는 것이 타당하겠습니까?"

"그렇지 않습니다, 존자시여."

"이를 어떻게 생각합니까, 자매들이여? 소리는 … 냄새는 … 맛은 … 감촉은 … 법은 항상합니까, 무상합니까?"

"무상합니다, 존자시여."

"무상한 것은 괴로움입니까, 즐거움입니까?"

"괴로움입니다, 존자시여."

"무상하고 괴로움이고 변하기 마련인 것을 두고 '이것은 내 것이다. 이것은 나다. 이것은 나의 자아다.'라고 보는 것이 타당하겠습니까?"

"그렇지 않습니다, 존자시여. 그것은 무슨 까닭이겠습니까? 존자시여, 저희들은 전에 이미 '이 여섯 가지 밖의 감각장소[六外處]들은 무상하다.'라고 있는 그대로 바른 통찰지로 보았기 때문입니다."

"장합니다, 자매들이여. 장합니다, 자매들이여. 이와 같이 성스러운 제자는 있는 그대로 바른 통찰지로 봅니다."

8. "이를 어떻게 생각합니까, 자매들이여? 눈의 알음알이는 항상합니까, 무상합니까?"

"무상합니다, 존자시여."

"무상한 것은 괴로움입니까, 즐거움입니까?"

"괴로움입니다, 존자시여."

"무상하고 괴로움이고 변하기 마련인 것을 두고 '이것은 내 것이다. 이것은 나다. 이것은 나의 자아다.'라고 보는 것이 타당하겠습니까?"

"그렇지 않습니다, 존자시여." [273]

"이를 어떻게 생각합니까, 자매들이여? 귀의 알음알이는 … 코의 알음알이는 … 혀의 알음알이는 … 몸의 알음알이는 … 마노의 알음알이는 항상합니까, 무상합니까?"

"무상합니다, 존자시여."

"무상한 것은 괴로움입니까, 즐거움입니까?"

"괴로움입니다, 존자시여."

"무상하고 괴로움이고 변하기 마련인 것을 두고 '이것은 내 것이다. 이것은 나다. 이것은 나의 자아다.'라고 보는 것이 타당하겠습니까?"

"그렇지 않습니다, 존자시여. 그것은 무슨 까닭이겠습니까?[203] 존

---

203) 본경의 이 부분과 아래 §§9~11에 나타나는 '그것은 무슨 까닭이겠습니까?'를 역자는 비구니 스님들이 한 말로 옮겼다. Ee에도 이렇게 편집되어 있고 냐나몰리 스님도 이렇게 옮기고 있다. 일창스님의 제언에 의하면 미얀마 번역본에도 비구니 스님들의 말로 번역되어있다고 한다. 그런데 Be

자시여, 저희들은 전에 이미 '이 여섯 가지 알음알이의 무리들[六識身]은 무상하다.'라고 있는 그대로 바른 통찰지로 보았기 때문입니다."

"장합니다, 자매들이여. 장합니다, 자매들이여. 이와 같이 성스러운 제자는 있는 그대로 바른 통찰지로 봅니다."

9. "자매들이여, 여기 기름 등불이 타고 있을 때 그 기름도 무상하고 변하기 마련이고, 심지도 무상하고 변하기 마련이고, 불꽃도 무상하고 변하기 마련이고, 불빛도 무상하고 변하기 마련입니다. 그런데 어떤 사람이 '이 기름 등불이 타고 있을 때, 기름과 심지와 불꽃은 무상하고 변하기 마련이지만 그 불빛만은 항상하고 영원하고 영속적이며 결코 변하는 법이 없다.'라고 말한다면 그것이 옳겠습니까?"

"옳지 않습니다, 존자시여. 그것은 무슨 까닭이겠습니까? 존자시여, 기름 등불이 타고 있을 때 그 기름과 심지와 불꽃이 무상하고 변하기 마련인 것처럼 그 불빛 또한 무상하고 변하는 법이기 때문입니다."

"자매들이여, 그와 같이 어떤 사람이 말하기를, '여섯 가지 안의 감각장소들은 무상하지만, 그 여섯 가지 안의 감각장소들을 조건으로 경험하는 즐겁거나 괴롭거나 괴롭지도 즐겁지도 않은 느낌은 항상하고 영원하고 영속적이며 결코 변하는 법이 없다.'라고 한다면 그것이 옳겠습니까?"

"옳지 않습니다, 존자시여. 그것은 무슨 까닭이겠습니까? 존자시여, 각각의 조건을 반연하여 그에 상응하는 각각의 느낌들이 생겨나고, [274] 각각의 조건들이 소멸하면 그에 상응하는 각각의 느낌들도

에 의하면 본경의 이 부분과 아래 §§9~11에 나타나는 'taṁ kissa hetu(그것은 무슨 까닭이겠습니까?)'는 난다까 존자의 말로 편집되어 나타난다.

소멸하기 때문입니다."

"장합니다, 자매들이여. 장합니다, 자매들이여. 이와 같이 성스러운 제자는 있는 그대로 바른 통찰지로 봅니다."

10. "자매들이여, 심재를 가진 큰 나무가 서 있을 때 그 뿌리도 무상하고 변하기 마련이고, 수간도 무상하고 변하기 마련이고, 잔가지와 잎사귀도 무상하고 변하기 마련이고, 그늘도 무상하고 변하기 마련입니다. 그런데 어떤 사람이 '이 심재를 가진 큰 나무가 서 있을 때 뿌리와 수간과 잔가지와 잎사귀는 무상하고 변하기 마련이지만 그 그늘만은 항상하고 영원하고 영속적이며 결코 변하는 법이 없다.' 라고 말한다면 그것이 옳겠습니까?"

"옳지 않습니다, 존자시여. 그것은 무슨 까닭이겠습니까? 존자시여, 심재를 가진 큰 나무가 서 있을 때 뿌리와 수간과 잔가지와 잎사귀가 무상하고 변하기 마련인 것처럼 그 그늘 또한 무상하고 변하는 법이기 때문입니다."

"자매들이여, 그와 같이 어떤 사람이 말하기를, '여섯 가지 안의 감각장소들은 무상하지만, 그 여섯 가지 안의 감각장소들을 조건으로 경험하는 즐겁거나 괴롭거나 괴롭지도 즐겁지도 않은 느낌은 항상하고 영원하고 영속적이며 결코 변하는 법이 없다.'라고 한다면 그것이 옳겠습니까?"

"옳지 않습니다, 존자시여. 그것은 무슨 까닭이겠습니까? 존자시여, 각각의 조건을 반연하여 그에 상응하는 각각의 느낌들이 생겨나고, 각각의 조건들이 소멸하면 그에 상응하는 각각의 느낌들도 소멸하기 때문입니다."

"장합니다, 자매들이여. 장합니다, 자매들이여. 이와 같이 성스러운 제자는 있는 그대로 바른 통찰지로 봅니다."

11. "자매들이여, 능숙한 백정이나 그의 도제가 소를 잡아 안의 살덩어리를 손상하지 않고 밖의 가죽을 손상하지 않고 예리한 도살용 칼로 내부의 근육과 내부의 힘줄과 내부의 인대를 자르고 절단하고 도려낸다 합시다. [275] 그가 이와 같이 자르고 절단하고 도려낸 뒤 밖의 가죽을 벗겨서 다시 그 가죽으로 그 소를 덮어두고는 '그전처럼 이 소는 이 가죽으로 연결되어 있다.'라고 말한다면 그가 바르게 말한 것입니까?"

"아닙니다, 존자시여. 그것은 무슨 까닭이겠습니까? 존자시여, 능숙한 백정이나 그의 도제가 소를 잡아 안의 살덩어리를 손상하지 않고 밖의 가죽을 손상하지 않고 예리한 도살용 칼로 내부의 근육과 내부의 힘줄과 내부의 인대를 자르고 절단하고 도려낸다 합시다. 그가 이와 같이 자르고 절단하고 도려낸 뒤 밖의 가죽을 벗겨서 다시 그 가죽으로 그 소를 덮어두고는 '그전처럼 이 소는 이 가죽으로 연결되어 있다.'라고 말하더라도 그 소는 이미 그 가죽과 분리되어 있기 때문입니다."

12. "자매들이여, 이 비유는 뜻을 전달하기 위해서 내가 만든 것입니다. 그 뜻은 이러합니다. 자매들이여, 안의 살덩어리란 것은 여섯 가지 안의 감각장소들을 두고 한 말입니다. 자매들이여, 밖의 가죽이란 것은 여섯 가지 밖의 감각장소들을 두고 한 말입니다. 내부의 근육과 내부의 힘줄과 내부의 인대라는 것은 향락과 탐욕을 두고 한 말입니다. 자매들이여, 예리한 도살용 칼이란 성스러운 통찰지를 두고 한 말입니다. 성스러운 통찰지로 안의 오염원과 안의 족쇄와 안의 속박을 자르고 절단하고 도려냅니다."

13. "자매들이여, 일곱 가지 깨달음의 구성요소들[七覺支][204]을 닦고 많이 짓는 비구는 모든 번뇌가 다하여 아무 번뇌가 없는 마음의 해탈[心解脫]과 통찰지를 통한 해탈[慧解脫]을 바로 지금여기에서 스스로 최상의 지혜로 알고 실현하고 구족하여 머뭅니다[漏盡通]. 자매들이여, 어떤 것이 일곱 가지입니까?

자매들이여, 여기 비구는 한적함에 의지하고 탐욕이 빛바램에 의지하고 소멸에 의지하고 놓아버림에 이르는 마음챙김의 깨달음의 구성요소[念覺支]를 닦습니다. … 법을 간택하는 깨달음의 구성요소[擇法覺支]를 닦습니다. … 정진의 깨달음의 구성요소[精進覺支]를 닦습니다. … 희열의 깨달음의 구성요소[喜覺支]를 닦습니다. … 편안함의 깨달음의 구성요소 [輕安覺支]를 닦습니다. … 삼매의 깨달음의 구성요소[定覺支]를 닦습니다. 한적함에 의지하고 탐욕이 빛바램에 의지하고 소멸에 의지하고 놓아버림에 이르는 평온의 깨달음의 구성요소[捨覺支]를 닦습니다.

자매들이여, 일곱 가지 깨달음의 구성요소들을 닦고 많이 [공부]짓는 비구는 모든 번뇌가 다하여 아무 번뇌가 없는 마음의 해탈[心解脫]과 통찰지를 통한 해탈[慧解脫]을 바로 지금여기에서 스스로 최상의 지혜로 알고 실현하고 구족하여 머뭅니다." [276]

14. 그때 난다까 존자는 그 비구니들에게 이렇게 훈도하고서 비구니들을 해산시켰다.

"자매들이여, 시간이 되었으니 그만 가십시오."

---

204) 본경의 여기에 나타나고 있는 일곱 가지 깨달음의 구성요소들[七覺支, satta bojjhaṅga] 각각에 대한 주석서적인 설명은 『맛지마 니까야』 제1권 「모든 번뇌 경」(M2) §21의 주해를 참조할 것.

그러자 그 비구니들은 난다까 존자의 말씀을 기뻐하고 감사드리면서 자리에서 일어나 난다까 존자에게 절을 올리고 오른쪽으로 돌아 [경의를 표한] 뒤 세존을 뵈러 갔다. 가서는 세존께 절을 올리고 한 곁에 섰다. 한 곁에 선 비구니들에게 세존께서는 이렇게 말씀하셨다.

"비구니들이여, 시간이 되었으니 그만 가라."

그러자 그 비구니들은 세존께 절을 올리고 오른쪽으로 돌아 [경의를 표한] 뒤 물러갔다.

15. 그러자 세존께서는 비구니들이 물러간 지 얼마 되지 않아 비구들을 불러서 말씀하셨다.

"비구들이여, 예를 들면 14일의 포살일에 많은 사람들에게 달이 아직 차지 않았는지 가득 찼는지에 대해 의문과 혼란이 없다. 그것은 달이 아직 차지 않았기 때문이다. 비구들이여, 그와 같이 그 비구니들은 난다까의 법문으로 마음이 흡족하지만 그들의 의도한 바는 아직 채워지지 않았다."

16. ~ *26.* 그때 세존께서는 난다까 존자를 불러서 말씀하셨다.

"난다까여, 그러므로 그대는 내일 다시 그 비구니들에게 같은 방법으로 훈도를 하여라."

"그러겠습니다, 세존이시여."라고 난다까 존자는 세존께 대답했다.

그러자 난다까 존자는 그 밤이 지나고 오전에 옷매무새를 가다듬고 발우와 가사를 수하고 사왓티로 탁발을 갔다. 사왓티에서 탁발하여 공양을 마치고 탁발에서 돌아와 다른 동료와 함께 라자까 원림으로 갔다. 비구니들은 난다까 존자가 멀리서 오는 것을 보았다. … [277] …

<§§16~26은 본경 §§4~14와 같음.>

… "비구니들이여, 시간이 되었으니 그만 가라."라고. 그러자 그 비구니들은 세존께 절을 올리고 오른쪽으로 돌아 [경의를 표한] 뒤 물러갔다.

27. 그러자 세존께서는 비구니들이 물러간 지 얼마 되지 않아 비구들을 불러서 말씀하셨다.

"비구들이여, 예를 들면 15일의 포살일에 많은 사람들에게 달이 아직 차지 않았는지 가득 찼는지에 대해 의문과 혼란이 없다. 그것은 달이 가득 찼기 때문이다. 비구들이여, 그와 같이 그 비구니들은 난다까의 법문으로 마음이 흡족하고 그들의 의도한 바도 역시 가득 채워졌다. 오백 명의 비구니들 가운데 맨 마지막[205] 비구니도 흐름에 든 자[預流]가 되어 [악취에] 떨어지는 법이 없고 [해탈이] 확실하며 바른 깨달음으로 나아가게 되었다."

세존께서는 이와 같이 설하셨다. 그 비구들은 흡족한 마음으로 세존의 말씀을 크게 기뻐하였다.

---

205) "'맨 마지막(pacchimā)'이라고 하셨다. 그들의 '의도한 바(saṅkappā)'가 성향대로 가득 채워져서(ajjhāsaya-pāripūriyā) 공덕(guṇa)을 쌓은 측면에서 맨 마지막이었던 비구니도 예류자가 되었고, 나머지는 일래자, 불환자, 아라한이 되었다."(MA.v.97)

여섯 동물 비유 경

Chappāṇakopama Sutta(S35:247)

【해설】

본경은 12처 가운데 육내처(여섯 가지 안의 감각장소)를 여섯 마리 동물에 비유하여 마음챙김의 중요성을 명쾌하게 설명하고 있는 가르침이다. 본경을 요약하면 다음과 같다.

어떤 사람이 각각 다른 삶의 분야와 각각 다른 먹이의 영역을 가진 뱀, 악어, 새, 개, 자칼, 원숭이라는 여섯 마리의 동물을 튼튼한 밧줄로 함께 묶어두면 이 여섯 마리의 동물들은 모두 자기 자신의 먹이의 영역과 삶의 분야로 가려고 하다가 지치고 피곤해지면 그 가운데서 더 힘이 센 동물 가까이로 갈 것이고 그를 따를 것이고 그에게 복종할 것이다.(§5)

그러나 이 여섯 마리를 튼튼한 밧줄로 묶은 뒤 이 밧줄들을 모두 튼튼한 말뚝이나 기둥에 묶어 두면 모두 자신의 먹이의 영역과 삶의 분야로 가려고 하다가 지치고 피곤해지면 그들은 그 말뚝이나 기둥 가까이에 설 것이고 거기에 앉을 것이고 거기에 누울 것이다.(§7)

그와 같이 어떤 비구든 몸에 대한 마음챙김을 닦고 많이 [공부]지으면 눈 등으로 형색 등을 보더라도 사랑스러운 형색 등에도 홀리지 않고 사랑스럽지 않는 형색 등도 혐오하지 않는다. 그는 마음챙김을 확립하여 머물고 마음은 제한되어 있지 않다. 그는 이미 일어난 삿되고 해로운 법들이 남김없이 소멸되어버리는 마음의 해탈[心解脫]과 통찰지를 통한 해탈[慧解脫]을 있는 그대로 꿰뚫어 안다.(§7)

물론 여기서 튼튼한 말뚝이나 기둥이라는 것은 몸에 대한 마음챙김을 두고 한 말이다. 본경에서 세존께서는 '우리는 몸에 대한 마음챙김을 닦고 많이 [공부]짓고 수레로 삼고 기초로 삼고 확립하고 굳건히 하고 부지런히 정진하리라.'라고 공부지어야 한다고 강조하신다.(§8)

3. "비구들이여, 예를 들면 어떤 사람이 사지에 상처가 나고 사지가 곪아터진 채로 날카로운 갈대숲[206]에 들어간다 하자. 그러면 꾸사 풀의 가시가 발을 찌를 것이고 칼날 같은 갈대 잎이 사지를 깊숙이 벨 것이다. 비구들이여, 그러면 그 사람은 이 때문에 더욱 큰 육체적 고통과 정신적 고통을 겪을 것이다.

비구들이여, 그와 같이 여기 어떤 비구가 마을에 가거나 숲에 간다. 거기서 그는 '이 존자는 이렇게 행동하고 이렇게 처신한다. 그러니 그는 마을 사람들을 [찌르는] 가시와 같은 청정치 못한 자[207]다.'라고 자신을 비난하는 사람을 만난다. 그러면 자기 자신이 가시인 줄 안 뒤에 단속과 단속하지 못함에 대해서 알아야 한다."[208]

4. "비구들이여, 그러면 어떻게 단속하지 못하는가?

여기 비구는 눈으로 형색을 보고 사랑스러운 형색에는 열중하고

---

206) '갈대숲'은 sara-vana를 옮긴 것이다. 주석서는 kaṇṭaka-vana(가시 숲)이라고 설명하고 있다. PED에 의하면 sara는 화살을 만드는 갈대를 뜻한다.

207) '마을 사람들을 [찌르는] 가시와 같은 청정치 못한 자'는 asuci-gāma-kaṇṭaka를 풀어서 옮긴 것이다. 주석서에서 "깨끗하지 못하다는 뜻(asuddhaṭṭha)에서 '청정치 못한(asuci)'이다. 마을에 사는 사람(gāma-āsi)들을 해친다는 뜻(vijjhan-aṭṭha)에서 가시(kaṇṭaka)이다. 그래서 마을 사람들을 [찌르는] 가시라 한다."(SA.iii.69)라고 설명하고 있어서 이렇게 옮겼다. 복주서는 다음과 같이 덧붙이고 있다.

"마을 사람들을 해친다는 뜻에서라는 것은 대접을 받을 만하지 않으면서도(na āraha) 마을 사람들의 대접을 수용하는 것(paṭiggahaṇa)을 통해서 성가시게 한다는 뜻(pīḷan-aṭṭha)에서라는 말이다."(SAṬ.iii.62)

208) '자기 자신이 가시인 줄 안 뒤에'는 Be, Se: taṁ kaṇṭako ti iti viditvā를 옮긴 것이다. Ee도 iti만 빠진 것을 제외하고 Be, Se와 같다. 『상윳따 니까야』 제4권 「괴로움을 일으키는 법 경」(S35:244) §7의 주해도 참조할 것.

사랑스럽지 않는 형색은 혐오한다. 그는 마음챙김을 확립하지 못한 채 머물고 마음은 제한되어 있다. 그리고 그는 이미 일어난 삿되고 해로운 법들이 남김없이 소멸되어버리는 마음의 해탈[心解脫]과 통찰지를 통한 해탈[慧解脫]을 있는 그대로 꿰뚫어 알지 못한다.

귀로 소리를 듣고 … 코로 냄새를 맡고 … 혀로 맛을 보고 … 몸으로 감촉을 느끼고 … 마노로 법을 지각하고 사랑스러운 법에는 열중하고 사랑스럽지 않는 법은 혐오한다. 그는 마음챙김을 확립하지 못한 채 머물고 마음은 제한되어 있다. 그리고 그는 이미 일어난 삿되고 해로운 법들이 남김없이 소멸되어버리는 마음의 해탈[心解脫]과 통찰지를 통한 해탈[慧解脫]을 있는 그대로 꿰뚫어 알지 못한다."

5. "비구들이여, 예를 들면 어떤 사람이 각각 다른 삶의 분야와 각각 다른 먹이의 영역을 가진 여섯 마리의 동물을 튼튼한 밧줄로 묶었다 하자. 그는 뱀을 잡아 튼튼한 밧줄로 묶고 악어를 잡아 튼튼한 밧줄로 묶고 새를 잡아 튼튼한 밧줄로 묶고 개를 잡아 튼튼한 밧줄로 [199] 묶고 자칼을 잡아 튼튼한 밧줄로 묶고 원숭이를 잡아 튼튼한 밧줄로 묶은 뒤 이 밧줄들을 모두 가운데로 모아 매듭으로 묶어 두었다 하자.

비구들이여, 그러면 각각 다른 삶의 분야와 각각 다른 먹이의 영역을 가진 여섯 마리의 동물들은 모두 자기 자신의 먹이의 영역과 삶의 분야로 가려고 할 것이다. 뱀은 개미집으로 들어가려 할 것이고 악어는 물로 들어가려 할 것이고 새는 허공으로 날아가려 할 것이고 개는 마을로 들어가려 할 것이고 자칼은 공동묘지로 가려 할 것이고 원숭이는 숲으로 가려 할 것이다.

비구들이여, 그러다가 이들 여섯 동물들이 지치고 피곤해지면 그들은 그 가운데서 더 힘이 센 동물 가까이로 갈 것이고 그를 따를 것이고 그에게 복종할 것이다.

비구들이여, 그와 같이 어떤 비구든 몸에 대한 마음챙김을 닦지 않고 많이 [공부]짓지 않으면 눈은 그를 마음에 드는 형색들로 끌고 갈 것이고 마음에 들지 않는 형색들에 대해서는 혐오하게 할 것이다. 귀는 … 코는 … 혀는 … 몸은 … 마노는 그를 마음에 드는 법들로 끌고 갈 것이고 마음에 들지 않는 법들에 대해서는 혐오하게 할 것이다. 비구들이여, 그는 이와 같이 단속하지 못한다."

6. "비구들이여, 그러면 어떻게 단속하는가?

도반들이여, 여기 비구는 눈으로 형색을 보고 사랑스러운 형색에도 홀리지 않고 사랑스럽지 않는 형색도 혐오하지 않는다. 그는 마음챙김을 확립하여 머물고 마음은 제한되어 있지 않다. 그리고 그는 이미 일어난 삿되고 해로운 법들이 남김없이 소멸되어버리는 마음의 해탈[心解脫]과 통찰지를 통한 해탈[慧解脫]을 있는 그대로 꿰뚫어 안다. 귀로 소리를 듣고 … 코로 냄새를 맡고 … 혀로 맛을 보고 … 몸으로 감촉을 느끼고 … 마노로 법을 지각하고 사랑스러운 법에도 홀리지 않고 사랑스럽지 않는 법도 [200] 혐오하지 않는다. 그는 마음챙김을 확립하여 머물고 마음은 제한되어 있지 않다. 그리고 그는 이미 일어난 삿되고 해로운 법들이 남김없이 소멸되어버리는 마음의 해탈[心解脫]과 통찰지를 통한 해탈[慧解脫]을 있는 그대로 꿰뚫어 안다."

7. "비구들이여, 예를 들면 어떤 사람이 각각 다른 삶의 분야와 각각 다른 먹이의 영역을 가진 여섯 마리의 동물을 튼튼한 밧줄로 묶었다 하자. 그는 뱀을 잡아 튼튼한 밧줄로 묶고 악어를 잡아 튼튼한 밧줄로 묶고 새를 잡아 튼튼한 밧줄로 묶고 개를 잡아 튼튼한 밧줄로 묶고 자칼을 잡아 튼튼한 밧줄로 묶고 원숭이를 잡아 튼튼한 밧줄로

묶은 뒤 이 밧줄들을 모두 튼튼한 말뚝이나 기둥에 묶어 두었다 하자. 비구들이여, 그러면 각각 다른 삶의 분야와 각각 다른 먹이의 영역을 가진 여섯 마리의 동물들은 모두 자기 자신의 먹이의 영역과 삶의 분야로 가려고 할 것이다. 뱀은 개미집으로 들어가려 할 것이고 악어는 물로 들어가려 할 것이고 새는 허공으로 날아가려 할 것이고 개는 마을로 들어가려 할 것이고 자칼은 공동묘지로 가려 할 것이고 원숭이는 숲으로 가려 할 것이다.

비구들이여, 그러다가 이들 여섯 동물들이 지치고 피곤해지면 그들은 그 말뚝이나 기둥 가까이에 설 것이고 거기에 앉을 것이고 거기에 누울 것이다.

비구들이여, 그와 같이 어떤 비구든 몸에 대한 마음챙김을 닦고 많이 [공부]지으면 눈은 그를 마음에 드는 형색들로 끌고 가지 못할 것이고 마음에 들지 않는 형색들에 대해서 혐오하게 하지 못할 것이다. 귀는 … 코는 … 혀는 … 몸은 … 마노는 그를 마음에 드는 법들로 끌고 가지 못할 것이고 마음에 들지 않는 법들에 대해서는 혐오하게 하지 못할 것이다.

비구들이여, 그는 이와 같이 단속한다."

8. "비구들이여, 여기서 튼튼한 말뚝이나 기둥이라는 것은 몸에 대한 마음챙김을 두고 한 말이다. 비구들이여, 그러므로 그대들은 참으로 이와 같이 공부지어야 한다. '우리는 몸에 대한 마음챙김을 닦고 많이 [공부]짓고 수레로 삼고 기초로 삼고 확립하고 굳건히 하고 부지런히 정진하리라.'라고 그대들은 이와 같이 공부지어야 한다."

제4장

열여덟 가지 요소[十八界]

위에서 살펴본 12가지 감각장소[處]는 존재하는 모든 것[諸法]을 눈과 귀 등의 6가지 감각기능[根] 즉 안의 감각장소(육내처)와 형색과 소리 등의 6가지 대상[境] 즉 밖의 감각장소(육외처)의 12가지로 해체해서 설하신 것이다. 그런데 육내처와 육외처 즉 눈과 형색, 귀와 소리, … 마노[意]와 법이 만나면 반드시 이들에 관계된 알음알이[識]가 생겨난다. 즉 눈과 형색이 만나면 눈의 알음알이(안식)가, … 마노와 법이 만나면 마노의 알음알이(의식)가 발생한다. 이렇게 조건발생하는 여섯 가지 알음알이(육식)를 넣어서 18가지로 분류한 것이 바로 18가지 요소[界, dhātu] 즉 18계의 가르침이다.

그래서 경에서는 18계를 "눈의 요소, 형색의 요소, 눈의 알음알이의 요소, … 마노의 요소, 법의 요소, 마노의 알음알이의 요소이다."(S14:1)라고 정의하고 있는데 6내처와 6외처가 만나서 일어나는 6식을 더하여 18계가 된 것이다.

그러면 왜 세존께서는 12처를 설하시고 다시 18계를 설하셨는가? 몇몇 이유를 들 수 있겠지만 가장 중요한 것은 역시 마음을 절대화하는 것을 강하게 금하기 위해서라고 해야 할 것이다. 18계는 마음 혹은 알음알이란 절대적인 것이 아니라 감각기관[根, 내처]과 대상[境, 외처]이 만나서 생기는 조건발생이요 찰나적인 흐름일 뿐이라는 것을 극명하게 보여주기 때문이다. 그래서 18계는 "모든 법들이 중생이니 영혼이니 하는 실체가 없고 공함을 드러내기 위해서 붙여진 이름"(SA.ii.131)이라고 주석서는 설명하고 있다.

요소[界] 경

Dhātu Sutta(S14:1)

【해설】

『상윳따 니까야』 제2권 「요소 상윳따」(S14)에는 모두 39개의 경들이 포함되어 있는데 이 경들을 통해서 다양한 종류의 요소의 가르침이 설해지고 있다. 본경은 이 가운데 첫 번째 경으로 나타나고 있다. 요소[界]의 가르침 가운데 가장 중요하게 취급되는 것은 육내처-육외처-육식(六內處-六外處-六識)으로 구성된 본경의 이 18계의 가르침이라 할 수 있다. 그래서 「요소 상윳따」(S14)에서도 첫 번째 경으로 편집하였을 것이다. 그러나 특이하게도 「요소 상윳따」(S14)에서 18계는 여기 첫 번째 경 한 곳에만 나타나고 있다. 왜 그럴까? 여기에 대해서는 본경 §4의 마지막 주해를 참조하기 바란다.

1. 이와 같이 나는 들었다. 한때 세존께서는 사왓티에서 제따 숲의 아나타삔디까 원림(급고독원)에 머무셨다. [140]

2. 거기서 세존께서는 "비구들이여."라고 비구들을 부르셨다. "세존이시여."라고 비구들은 세존께 응답했다. 세존께서는 이렇게 말씀하셨다.

3. "비구들이여, 그대들에게 요소들의 다양함209)에 대해서 설

209) "'요소들의 다양함(dhātu-nānatta)'이란 중생이 없다는 뜻(nissatt-aṭṭha)과 공함이라는 뜻(suññat-aṭṭha)으로 불리는 고유성질을 가진 것이라는 의미(sabhāv-aṭṭha)에 의해서 요소[界, dhātu]라는 이름을 얻은 법들의 다양한 고유성질(sabhāva)을 말한다."(SA.ii.131)

하리라. 이제 그것을 들어라. 듣고 마음에 잘 새겨라. 나는 설할 것이다."

"그렇게 하겠습니다, 세존이시여."라고 비구들은 세존께 응답했다. 세존께서는 이렇게 말씀하셨다.

4. "비구들이여, 그러면 어떤 것이 요소들의 다양함인가? 눈의 요소, 형색의 요소, 눈의 알음알이의 요소, 귀의 요소, 소리의 요소, 귀의 알음알이의 요소, 코의 요소, 냄새의 요소, 코의 알음알이의 요소, 혀의 요소, 맛의 요소, 혀의 알음알이의 요소, 몸의 요소, 감촉의 요소, 몸의 알음알이의 요소, 마노의 요소, 법의 요소, 마노의 알음알이의 요소이다.[210]

즉 중국에서 계(界)로 옮긴 dhātu는 그것이 드러내고자 하는 법들이 중생이라는 실체가 없고 공함을 드러내기 위해서 붙여진 이름이라는 뜻이다. 그리고 이런 고유성질을 가진 법들은 하나가 아니라 다양하기 때문에 요소들의 다양함이라 불린다는 말이다. 즉 중생이니 자아니 인간이니 하는 개념적 존재[施設, paññatti]를 요소들로 해체해서 보면 무상·고·무아가 드러나고 그래서 개념적 존재의 공성이 드러나게 된다는 의미이다.

일반적으로 감각장소[處, āyatana]는 제법을 6가지 감각기능[根, indriya]과 6가지 대상[境, ārammaṇa]의 12가지로 나눈 것이고 18가지 요소[界]는 제법을 6가지 감각기능과 6가지 대상과 6가지 알음알이[識, viññāṇa]의 18가지로 분류한 것을 말한다. 여기에다 5가지 무더기[蘊, khandha]를 포함해서 5온, 12처, 18계로 분류하는 것이 불교의 존재론이다. 이 온·처·계의 가르침은 초기불교-아비담마-반야-유식 등 불교의 제파에서 공히 인정하는 기본적인 존재론이기도 하다.

이처럼 초기불전에서 강조해서 설하고 있는 온·처·계의 가르침은 모두 개념적 존재를 법으로 해체해서 무상·고·무아를 드러내어 염오-이욕-소멸 혹은 염오-이욕-해탈-구경해탈지를 통해서 아라한과를 증득하고 불사(不死)인 열반을 실현하기 위한 기본 법수가 된다.

210) "눈의 감성(cakkhu-pasāda)이 '눈의 요소(cakkhu-dhātu)'이다. 형색이라는 대상(rūp-ārammaṇa)이 '형색의 요소'이다. 눈의 감성의 토대가 되는 마음(cakkhu-pasāda-vatthuka citta)이 '눈의 알음알이의 요소'이다.

비구들이여, 이를 일러 요소들의 다양함이라 한다."211)

… '마노의 요소(mano-dhātu)'란 세 가지 마노의 요소이다. 느낌, 인식, 심리현상들(수・상・행)의 세 가지 무더기와 미세한 물질들(sukhuma-rūpāni)과 열반은 '법의 요소'이다. 모든 마노의 알음알이[意識]가 '마노의 알음알이의 요소'이다."(SA.ii.131)

"여기서 세 가지 마노의 요소란 두 가지 받아들이는 마음(sampaṭicchana)과 한 가지 작용만 하는 마음(오문전향의 마음)을 말한다."(SAṬ.ii.112)

이 술어들은 『아비담마 길라잡이』 제3장과 제4장 §6의 해설을 참조할 것.

"여기서 마노의 알음알이[意識]에는 76가지가 있다."(SAṬ.ii.112)

이들 76가지 마노의 알음알이는 『아비담마 길라잡이』 제3장 §21의 해설 등을 참조할 것.

감성(pasāda)의 물질은 감각기관 혹은 감각장소에 깃들어 있는 감각에 민감한 물질을 말하는데 경에는 나타나지 않는다. 여기에 대해서는 『아비담마 길라잡이』 제6장 §3-2의 주해를 참조할 것. 미세한 물질들도 경에는 나타나지 않는데 7가지 대상(색・성・향・미・지・화・풍)과 5가지 감성의 물질(안・이・비・설・신)을 제외한 나머지 16가지 물질을 말한다. 자세한 것은 『아비담마 길라잡이』 제6장 §7의 주해를 참조할 것.

삼장에 나타나는 18계에 대한 가장 오래된 정의는 『위방가』(Vbh.87~90)를 들 수 있다. 이것은 아비담마의 방법(Abhidhamma-bhājaniya)에만 나타나고 있다. 이처럼 삼장을 결집한 분들은 이 18계의 가르침을 경보다는 아비담마의 영역에 포함시키고 있다. 주석서 문헌에서 18계는 『청정도론』 XV.17~48과 『위방가 주석서』(VbhA.76~82)에 상세하게 나타나고 있다. 『아비담마 길라잡이』 제7장 §37도 참조할 것.

211) 요소[界]의 가르침 가운데 가장 중요하게 취급되는 것은 육내처-육외처-육식(六內處-六外處-六識)으로 구성된 본경의 이 18계의 가르침이라 할 수 있다. 그래서 본 상윳따에서도 첫 번째 경으로 편집하였을 것이다. 그러나 특이하게도 본 상윳따에서 18계는 여기 첫 번째 경 한 곳에만 나타나고 있다. 왜 그럴까? 그것은 이렇게 이해할 수 있을 것이다.

첫째, 『상윳따 니까야』 제3권 「들어감 상윳따」(S25)와 「일어남 상윳따」(S26)와 「오염원 상윳따」(S27)에 각각 10개씩 나타나는 모두 30개의 경들은 육내처와 육외처와 육식을 주제로 한 경들을 담고 있다. 그러므로 18계를 주제로 한 경들은 이러한 다른 상윳따들로 분리해 내고 여기서는 18계 외의 다른 여러 요소들을 중심으로 경들을 모은 것이라고 이해할 수 있다.
둘째, 18계는 육내처와 육외처 즉 『상윳따 니까야』 제4권 「육처 상윳따」 (S35)에서 모은 248개의 가르침과 연관될 수밖에 없기 때문에 본 상윳따에는 중점적으로 언급하지 않는 것으로도 이해할 수 있다.
셋째, 18계의 가르침은 "눈과 형색을 조건으로 눈의 알음알이가 일어난다. …"로 나타나는 『상윳따 니까야』 제4권 「육처 상윳따」 「통달하여 철저하게 앎 경」(S35:60) 등의 7개 경들과, 6내처-6외처-6식-6촉-6수로 나타나는 「육처 상윳따」 「불타오름 경」(S35:28) 등 38개 경들의 다른 상윳따와 다른 니까야에 포함된 경들에서도 많이 언급되고 있기 때문에 『상윳따 니까야』에서는 따로 주제를 설정하지 않은 것이라고도 볼 수 있다.

제5장

12연기(緣起, 조건발생)

연기의 가르침은 경장 즉 니까야의 도처에 나타나지만 특히 『상윳따 니까야』 제2권 「인연 상윳따」(S12)에 72개의 가르침으로 정리되어 있다. 이 72개의 가르침은 2지, 3지, 4지, 5지, 6지, 7지, 8지, 9지, 10지, 11지, 12지 연기로 정리되는 11종류의 다양한 연기의 가르침을 담고 있다. 여기서 2지 연기란 괴로움-감각접촉이라는 두 개의 연기의 구성요소[各支]를 포함하고 있는 S12:25의 가르침 등을 말하고, 12지 연기란 무명, 행부터 시작해서 생, 노사까지의 12개의 연기의 구성요소를 담고 있는 S12:1 등의 가르침을 뜻한다. 「인연 상윳따」의 72개의 가르침 가운데 34개의 경들만이 12지 연기를 담고 있고, 11지, 10지, 9지, 8지, 7지, 6지, 5지, 4지, 3지, 2지 연기는 각각 10, 4, 2, 4, 1, 1, 8, 3, 1, 4개의 경에 나타나고 있다. 이처럼 「인연 상윳따」만 놓고 보아도 다양한 연기의 가르침이 나타나고 있다.

여기서 강조하고 싶은 것은 연기의 가르침은 기본적으로 괴로움의 발생구조와 소멸구조를 설하는 가르침이라는 점이다. 더 자세히 설명하면, 연기의 가르침 특히 12지 연기의 가르침에서 괴로움이란 '윤회의 괴로움'이다. 그래서 연기 특히 12지 연기는 '윤회의 괴로움의 발생구조와 소멸구조'를 설하는 가르침이라고 정의할 수 있다.

잘 알려진 대로 12지 연기의 열두 가지 구성요소는 무명(無明), 의도적 행위들[行], 알음알이[識], 정신·물질[名色], 여섯 감각장소[六入], 감각접촉[觸], 느낌[受], 갈애[愛], 취착[取], 존재[有], 태어남[生], 늙음·죽음[老死]과 근심·탄식·육체적 고통·정신적 고통·절망[憂悲苦惱]이다.

이러한 12가지 구성요소는 "무명을 조건으로 의도적 행위들[行]이, 의도적 행위들을 조건으로 알음알이가, … 이와 같이 전체 괴로움의 무더기[苦蘊]가 발생한다."와 "그러나 무명이 남김없이 빛바래어 소멸하기 때문에 의도적 행위들[行]이 소멸하고, … 이와 같이 전체 괴로움의 무더기[苦蘊]가 소멸한다."(S12:1 등)는 두 개의 문장으로 정형화되어 나타난다.

이 가운데서 태어남[生]과 늙음・죽음[老死]이라는 괴로움의 발생구조를 밝히고 있는 첫 번째 정형구를 주석서는 유전문(流轉門, anuloma)이라 부른다. 그리고 괴로움의 소멸구조를 밝히고 있는 두 번째 정형구는 환멸문(還滅門, paṭiloma)이라 부른다.[212)]

이처럼 12지 연기로 대표되는 연기의 가르침은 기본적으로 윤회의 괴로움의 발생구조와 소멸구조를 설하고 있다. 여기서 괴로움을 '윤회의 괴로움'으로 볼 수밖에 없는 이유는 12지 연기의 11번째 구성요소인 생(生, jāti)이 초기불전에서는 예외 없이 한 생에 하나의 존재로 '태어남(*birth, rebirth*)'을 뜻하기 때문이다. 이 jāti는 일어남과 사라짐(udaya-vaya)을 뜻하는 생멸(生滅)의 생이 결코 아니다. 그러므로 12지 연기에서 괴로움은 생과 노사로 표현되는 윤회의 괴로움을 뜻한다.

그래서 주석서들도 12연기의 유전문은 윤회의 발생구조(vaṭṭa)를 드러내는 것이고 환멸문은 윤회로부터 벗어나는 구조(vivaṭṭa)를 설하신 것이라고 한결같이 설명하고 있다.(SA.ii.10 등) 이런 기본적인 관점을 무시하고 12연기를 중중무진연기 등으로 이해해서 전우주의 상호관계로 이해하려 드는 것은 부처님의 근본입장을 호도하는 것이 되고 만다. 연기(緣起, paṭiccasamuppāda)와 상호의존[緣, paccaya, paṭṭhāna]은 구분되어야 한다.

212) 12연기의 유전문(流轉門)・환멸문(還滅門)과 순관(順觀)・역관(逆觀)에 대해서는 본서의 본 장에 싣고 있는 「설법자[法師] 경」(S12:16)의 해설을 참조할 것.

분석 경

Vibhaṅga Sutta(S12:2)

【해설】

잘 알려진 대로 12지 연기의 열두 가지 구성요소는 무명(無明), 의도적 행위들[行], 알음알이[識], 정신·물질[名色], 여섯 감각장소[六入], 감각접촉[觸], 느낌[受], 갈애[愛], 취착[取], 존재[有], 태어남[生], 늙음·죽음[老死]과 근심·탄식·육체적 고통·정신적 고통·절망[憂悲苦惱]이다. 그러면 무엇이 무명이고 … 근심·탄식·육체적 고통·정신적 고통·절망인가? 본경은 이러한 12가지 구성요소들을 분명하게 정의하고 있다.

1. 이와 같이 나는 들었다. 한때 세존께서는 사왓티에서 제따 숲의 아나타삔디까 원림(급고독원)에 머무셨다.

2. 거기서 세존께서는 "비구들이여."라고 비구들을 부르셨다. "세존이시여."라고 비구들은 세존께 응답했다. 세존께서는 이렇게 말씀하셨다.

3. "비구들이여, 그대들에게 연기(緣起)를 분석하리라. 이제 그것을 들어라. 듣고 마음에 잘 새겨라. 나는 설할 것이다."

"그렇게 하겠습니다, 세존이시여."라고 비구들은 세존께 응답했다. 세존께서는 이렇게 말씀하셨다.

"비구들이여, 그러면 어떤 것이 연기인가?

비구들이여, 무명을 조건으로 의도적 행위들이, 의도적 행위들을 조건으로 알음알이가, 알음알이를 조건으로 정신·물질이, 정신·물질을 조건으로 여섯 감각장소가, 여섯 감각장소를 조건으로 감각접촉이, 감각접촉을 조건으로 느낌이, 느낌을 조건으로 갈애가, 갈애를 조건으로 취착이, 취착을 조건으로 존재가, 존재를 조건으로 태어남이, 태어남을 조건으로 늙음·죽음과 근심·탄식·육체적 고통·정신적 고통·절망이 발생한다.

이와 같이 전체 괴로움의 무더기[苦蘊]가 발생한다."

4. "비구들이여, 그러면 어떤 것이 늙음[老]인가?

이런저런 중생들의 무리 가운데서 이런저런 중생들의 늙음,213) 노쇠함, 부서진 이, 희어진 머리털, 주름진 피부, 수명의 감소, 감각기능[根]의 허약함 — 이를 일러 늙음이라 한다.

[비구들이여, 그러면 어떤 것이 죽음[死]인가?]214)

이런저런 [3] 중생들의 무리로부터 이런저런 중생들의 종말, 제거됨, 부서짐, 사라짐, 사망, 죽음, 서거,215) 오온의 부서짐,216) 시체를

---

213) "'늙음(jarā)'이란 고유성질을 설명한 것이다. '노쇠함(jīraṇatā)'이란 형태의 성질을 설명한 것이다. '부서짐(khaṇḍicca)' 등은 변화를 설명한 것이다. 젊은 시절에 치아는 희다. 그것이 나이가 들면서 점점 색깔도 변하고 여기저기가 빠진다. 이제 빠지고 남아있는 것과 비교해서 부서진 치아를 '부서진 것(pālicca)'이라 한다."(DA.iii.798)

214) [ ] 안은 『디가 니까야』 제2권 「대념처경」(D22) §18에는 나타나고 있지만 본경의 Ee, Be에는 나타나지 않는다. 본경의 Se에는 나타난다.

215) "여기서 '종말(cuti)'이라는 것은 고유성질(sabhāva)에 따른 설명이다. '제거됨(cavanatā)'이란 것은 형태의 성질에 따른 설명이다. 죽음에 이른 무더기(蘊)들이 부서지고 사라지고 보이지 않게 되기 때문에 '부서짐(bheda)', '사라짐(antaradhāna)'이라 부른다. '사망, 죽음(maccu-maraṇa)'이란 것은 찰나적인 죽음[刹那死, khaṇika-maraṇa]이 아니다. '서거(kāla-kiriya)'라는 것은 죽어서 없어지는 것이다. 이 모든 것은 인습적 의

안치함, 생명기능[命根]의 끊어짐217) — 이를 일러 죽음이라 한다.

이것이 늙음이고 이것이 죽음이다. 비구들이여, 이를 일러 늙음·죽음이라 한다."

5. "비구들이여, 그러면 어떤 것이 태어남[生]인가?

이런저런 중생들의 무리로부터 이런저런 중생들의 태어남, 출생, 도래함, 생김, 탄생, 오온의 나타남,218) 감각장소[處]를 획득함 — 비

미(sammuti)로서 설한 것이다."(DA.iii.798)

216) "'오온의 부서짐(khandhānaṁ bhedo)'이란 것은 궁극적 의미에서 설한 것이다. 하나의 구성요소를 가진 것 등에서 하나(색)와 넷(수·상·행·식)과 다섯(색·수·상·행·식)의 구성요소로 나누어지는 무더기(蘊)들이 부서진 것이지 사람이 [죽은 것이] 아니다. 그러나 이것이 있을 때 '인간이 죽었다.'는 단지 일상생활에서 통용되는 언어가 있는 것이다."(DA.iii.798~799)

217) '생명기능의 끊어짐'은 Ee와 Be에는 나타나지 않는다. Se에는 나타나고 Be의 각주에 의하면 태국과 캄보디아 판에는 나타나는 것으로 되어 있다. 그런데 같은 구절이 『디가 니까야』 제2권 「대념처경」(D22)에 해당하는 주석서(DA.iii.799)에는 나타나고 있다. 그래서 역자는 이를 넣어서 옮겼다. 그런데 본경에 해당하는 주석서에서는 이 구절이 나타나지 않는다.
"'생명기능(命根)의 끊어짐(jīvitindriyassa upacchedo)'은 모든 측면에서 궁극적 의미(승의제, paramattha)의 죽음이다. 아울러 이것은 인습적 의미(세속제, sammuti)로서의 죽음이라고도 불린다. 왜냐하면 생명기능의 끊어짐을 두고 세상에서는 '띳사가 죽었다. 풋사가 죽었다.'고 말하기 때문이다."(DA.iii.799)

218) "'태어남, 출생, 도래함, 생김, 탄생(jāti, sañjāti, okkanti, nibbatti, abhinibbatti)'은 인습적 의미의 가르침이다. 오온의 나타남과 감각장소를 획득함은 궁극적 의미의 가르침이다."(SA.ii.11)
"'오온의 나타남(khandhānaṁ pātubhāvo)'이란 것은 궁극적 의미로 설한 것이다. 하나의 구성요소를 가진 것 등에서 하나(색)와 넷(수·상·행·식)과 다섯(색·수·상·행·식)의 구성요소로 나누어지는 무더기(蘊)들이 나타난 것이지 사람이 [태어난 것이] 아니다. 그러나 이것이 있을 때 '인간이 태어났다.'라는 단지 일상생활에서 통용되는 인습적 표현(vohāra)이 있는 것이다."(DA.iii.798)

구들이여, 이를 일러 태어남이라 한다."[219]

6. "비구들이여, 그러면 어떤 것이 존재[有]인가?

비구들이여, 세 가지 존재가 있나니 욕계의 존재,[220] 색계의 존재,

---

219) 여기서 보듯이 태어남[生, jāti]은 한 생에 최초로 태어나는 것(*birth, rebirth* PED)을 말한다. 생(生)이라 한역하였다고 해서 이것을 생멸(生滅)의 생으로 이해하는 것은 무지의 극치라고밖에 할 수 없다. 생멸의 생은 일어남을 뜻하는 udaya 혹은 samudaya이지 jāti가 아니다. jāti가 한 생에 최초로 태어나는 것을 의미하기 때문에 12연기는 존재(유)와 태어남(생) 사이에 현재생과 미래생이 개재되는 것으로 이해해야 한다. 본서의 본장에 싣고 있는 『상윳따 니까야』 제2권 「우현 경」(S12:19) §6은 실제로 이렇게 설하고 있다. 그래서 유식에서는 12연기를 2세1중인과(二世一重因果)로 해석한다. 물론 초기불교와 남북의 모든 아비담마/아비달마 불교에서는 의도적 행위(행)와 알음알이(식) 사이에도 하나의 생이 개재되는 것으로 이해해서 삼세양중인과(三世兩重因果)로 이해한다.

『상윳따 니까야』 제2권 「우현 경」(S12:19)과 「알음알이 경」(S12:59)과 『디가 니까야』 제2권 「대인연경」(D15) §21과 『앙굿따라 니까야』 제1권 「외도의 주장 경」(A3:61) §9와 「존재 경」(A3:76)과 『상윳따 니까야』 제2권 「몰리야팍구나 경」(S12:12) §4 등에서 연기의 정형구에 나타나는 알음알이는 한 생의 최초에 어머니 모태에 드는 것으로 나타나기 때문에 12연기를 삼세양중인과로 이해하는 것은 이미 초기불전에 튼튼한 근거를 두고 있다고 해야 한다. 물론 주석서도 예외 없이 12연기의 식을 한 생의 최초에 일어나는 알음알이인 재생연결식(paṭisandhi-viññāṇa)으로 설명하고 있다.

220) "'욕계의 존재(kāma-bhava)'란 업으로서의 존재[業有, kamma-bhava]와 재생으로서의 존재[生有, upapatti-bhava]이다. 여기서 업으로서의 존재라는 것은 욕계의 존재에 태어나게 하는 업(kāmabhav-ūpaga-kamma)을 말한다. 왜냐하면 업은 거기에 재생하는 존재의 원인이 되기 때문(kāraṇattā)에 [결과에 해당하는 존재라는 이름을 원인인 업에도 할당하여 붙인 것이다.] '부처님의 출현은 행복이다.'라거나 '사악함의 적집은 괴로움이다.'라는 등에서처럼 결과에 대한 인습적 표현(phala-vohāra)으로 [업의 존재라고] 존재[有, bhava]라는 표현을 썼을 뿐이지 [업으로서의 존재는 업 자체를 말한다.]

재생으로서의 존재란 그 업으로 받은(nibbatta) 오취온(취착의 대상이 되

무색계의 존재이다. 비구들이여, 이를 일러 존재라 한다."

7. "비구들이여, 그러면 어떤 것이 취착[取]인가?

비구들이여, 네 가지 취착이 있나니 감각적 욕망에 대한 취착, 견해에 대한 취착, 계율과 의례의식에 대한 취착, 자아의 교리에 대한 취착이다. — 비구들이여, 이를 일러 취착이라 한다."221)

는 다섯 가지 무더기, upādiṇṇa-kkhandha-pañcaka)을 말한다. 왜냐하면 그것은 거기에 존재한다고 해서 존재라고 말하는 것이다. 모든 곳에서 이처럼 업으로서의 존재와 재생으로서의 존재 둘 다를 두고 욕계의 존재라고 한 것이다.

이 방법은 색계와 무색계(rūpa-arūpa-bhava)에도 적용되어야 한다."(SA. ii.14)

물론 무색계의 재생으로서의 존재는 색온을 제외한 4온만이 있다.

업으로서의 존재[業有]와 재생으로서의 존재[生有]에 대한 자세한 설명은 『청정도론』 XVII.250~251을 참조할 것.

다시 정리하면 이와 같다. 주석서는 '취착을 조건으로 해서 존재가 발생한다.'는 구절을 해석하면서 존재를 업으로서의 존재와 재생으로서의 존재 둘로 해석한다. 취착이 있기 때문에 업도 생기고 다음 생도 있기 때문이다. 그렇지만 유념해야 할 점은 '존재를 조건으로 태어남이 발생한다.'에서의 존재는 업으로서의 존재만을 뜻한다는 것이다. 재생으로서의 존재 안에 이미 태어남이 포함되기 때문이다. 여기에 대해서는 『청정도론』 XVII. 258~260과 XVII.270을 참조할 것.

221) 네 가지 '취착(upādāna)'에 대한 『청정도론』의 설명을 인용한다.

"① 대상(vatthu)이라 불리는 감각적 욕망을 취착하기 때문에 '감각적 욕망에 대한 취착[慾取, kām-upādāna]'이라 한다. 감각적 욕망 그 자체가 취착이기 때문에도 감각적 욕망에 대한 취착이라고 한다. 취착이라는 것은 강하게 거머쥐는 것(daḷha-ggahaṇa)이다.

② 마찬가지로 견해 그 자체가 취착이기 때문에 '견해에 대한 취착[見取, diṭṭh-upādāna]'이다. 혹은 견해를 취착하기 때문에 견해에 대한 취착이라고 한다. "자아와 세상은 영원하다(sassato attā ca loko ca, D1/i.14 §1. 31)."라는 데서는 뒤의 견해가 앞의 견해를 취착한다.

③ 마찬가지로 계와 의식을 취착하기 때문에 '계율과 의례의식에 대한 취착[戒禁取, sīlabbat-upādāna]'이라 한다. 계와 의식 그 자체가 취착이기

8. "비구들이여, 그러면 어떤 것이 갈애[愛]인가?

비구들이여, 여섯 가지 갈애의 무리[六愛身]가 있나니 형색에 대한 갈애, 소리에 대한 갈애, 냄새에 대한 갈애, 맛에 대한 갈애, 감촉에 대한 갈애, 법에 대한 갈애이다. — 비구들이여, 이를 일러 갈애라 한다."222)

때문에 계율과 의례의식에 대한 취착이라고도 한다. 소처럼 행동하고 소처럼 사는 것이 청정이라고 국집하기 때문에 그 자체가 취착이다.

④ 그와 마찬가지로 이것을 통해 주장하기 때문에 교리(vāda)라 한다. 이것을 통해 취착하기 때문에 취착이다. 무엇을 주장하거나 취착하는가? 자아다. 자아의 교리를 취착하는 것이 '자아의 교리에 대한 취착(attavād-upādāna)'이다. 혹은 단지 자아의 교리가 자아고 그것을 통해 취착하기 때문에 자아의 교리에 대한 취착이다. 이것이 그들의 뜻에 대한 분석이다."(Vis.XVII. 241) 더 자세한 설명은 『청정도론』 XVII.242 이하를 참조할 것.

222) "눈의 문(dvāra) 등에서 속행과정(javana-vīthi)에 의해서 전개되는 갈애의 이름이 '형색에 대한 갈애(rūpa-taṇhā)' 등이다. 이것은 마치 '장자의 아들, 바라문의 아들'이라고 아버지 쪽을 취해서 이름을 붙이는 것처럼 [형색, 소리, … 법이라는] 대상을 취해서 이름을 붙인 것(ārammaṇato nāmaṁ)이다. 여기서 형색을 대상으로 가진 갈애가 '형색에 대한 갈애'이다.

이러한 [갈애가] 감각적 욕망을 통해서 형색을 맛보면서(assādenti) 전개되는 것(pavattamānā)이 '감각적 욕망에 대한 갈애[欲愛, kāma-taṇhā]'이다. 상견(常見, sassata-diṭṭhi)과 함께하는 탐욕에 의해서 '물질은 항상하고 견고하고 영원하다.'라고 이와 같이 맛보면서 전개되는 것이 '존재에 대한 갈애[有愛, bhava-taṇhā]'이다. 단견(斷見, uccheda-diṭṭhi)과 함께하는 탐욕에 의해서 '물질은 부서지고 파멸하여 죽은 뒤에 존재하지 않는다.'라고 이와 같이 맛보면서 전개되는 갈애가 '존재하지 않음에 대한 갈애[無有愛, vibhava-taṇhā]'이다.

형색에 대한 갈애는 이와 같이 하여 세 가지가 된다. 이렇게 하여 소리에 대한 갈애 등까지 합하면 모두 18가지가 된다. 이것은 안의(ajjhatta) 형색 등에 대해서 18가지가 되고, 밖의(bahiddhā) 형색 등에 대해서 18가지가 되어 모두 36가지가 된다. 이렇게 하여 과거의 것(atītāni) 36가지, 미

9. "비구들이여, 그러면 어떤 것이 느낌[受]인가?

비구들이여, 여섯 가지 느낌의 무리가 있나니 눈의 감각접촉에서 생긴 느낌, 귀의 감각접촉에서 생긴 느낌, 코의 감각접촉에서 생긴 느낌, 혀의 감각접촉에서 생긴 느낌, 몸의 감각접촉에서 생긴 느낌, 마노의 감각접촉에서 생긴 느낌이다. — 비구들이여, 이를 일러 느낌이라 한다."223)

10. "비구들이여, 그러면 어떤 것이 감각접촉[觸]인가?

비구들이여, 여섯 가지 감각접촉의 무리가 있나니 형색에 대한 감각접촉, 소리에 대한 감각접촉, 냄새에 대한 감각접촉, 맛에 대한 감

래의 것(anāgatāni) 36가지, 현재의 것(paccuppannāni) 36가지가 되어 모두 108가지 갈애의 분류(taṇhā-vicaritāni)가 있게 된다."(SA.ii.15~16)

한편 『디가 니까야 주석서』는 세 가지 갈애를 다음과 같이 설명하고 있다.

"감각적 욕망에 대한 갈애란 다섯 가닥의 감각적 욕망에 대한 탐욕의 동의어이다. 존재에 대한 갈애란 존재를 열망함에 의해서 생긴 상견(常見)이 함께하는 색계와 무색계의 존재에 대한 탐욕과 禪을 갈망하는 것의 동의어이다. 존재하지 않음에 대한 갈애란 단견(斷見)이 함께하는 탐욕의 동의어이다."(DA.iii.800)

223) "'눈의 감각접촉에서 생긴 느낌(cakkhu-samphassajā vedanā)' 등으로 마치 '만따니의 아들 사리뿟따'라고 어머니 쪽을 취해서 이름을 붙이는 것(mātito nāmaṁ)처럼 [눈, 귀 … 마노라는] 토대를 취하여 이름을 붙인 것(vatthuto nāmaṁ)이 눈의 감각접촉에서 생긴 느낌이다. 이것은 '눈의 감각접촉에서 생긴 느낌은 유익한 것, 해로운 것, 이 둘로 설명할 수 없는 것(kusala-akusala-abyākata)이 있다.'(Vbh.15)라고 『위방가』에서 설하였듯이, 눈의 문 등에서 전개되는 유익하거나 해롭거나 중립적인 느낌을 말한다."(SA.ii.16)

느낌[受]은 오온(S22)의 두 번째 구성요소이고 『상윳따 니까야』 제4권 「느낌 상윳따」(S36)의 주제이기도 하다. 이 두 곳의 해당 부분과 해제를 참조할 것.

각접촉, 감촉에 대한 감각접촉, 법에 대한 감각접촉이다. — 비구들이여, 이를 일러 감각접촉이라 한다."

11. "비구들이여, 그러면 어떤 것이 여섯 감각장소[六入]인가?

눈의 감각장소, 귀의 감각장소, 코의 감각장소, 혀의 감각장소, 몸의 감각장소, 마노의 감각장소이다. — 비구들이여, 이를 일러 여섯 감각장소라 한다."224)

12. "비구들이여, 그러면 어떤 것이 정신·물질[名色]인가?225)

느낌, 인식, 의도, 감각접촉, 마음에 잡도리함(주의) — 이를 일러 정신이라 한다.226) [4] 네 가지 근본물질227)과 네 가지 근본물질에서

---

224) "'눈의 감각장소(cakkhāyatana)' 등으로 말씀하신 것은 『청정도론』 제14장 무더기의 해설(khandha-niddesa)과 제15장 감각장소의 해설(āyatana-niddesa)에서 이미 설명하였다."(SA.ii.16) 『청정도론』 XIV.37~57과 XV.1~16을 참조할 것. 여섯 감각장소[六入, 六處]는 『상윳따 니까야』 제4권 「육처 상윳따」(S35)의 주제이다. 그곳의 해제와 첫 번째 경의 주해들을 참조할 것.

225) "기우는 특징을 가진 것(namana-lakkhaṇa)이 '정신[名, nāma]'이고, 변형되는 특징을 가진 것(ruppana-lakkhaṇa)이 '물질[色, rūpa]'이다." (SA.ii.16)
"기우는 특징을 가진 것이란 대상과 대면(ārammaṇa-abhimukha)하여 기우는 고유성질(namana-sabhāva)을 가졌기 때문이다."(SAṬ.ii.16)
정신·물질에 대한 더 자세한 설명은 『청정도론』 XVII.187(『아비담마 길라잡이』 제8장 §3의 해설에 인용되어 있음)을 참조할 것.

226) "이 가운데서 '느낌(vedanā)'은 느낌의 무더기[受蘊]이고 '인식(saññā)'은 인식의 무더기[想蘊]이고 '의도(cetanā)'와 '감각접촉(phassa)'과 '마음에 잡도리함[作意, 주의, manasikāra]'은 심리현상들의 무더기[行蘊]라고 알아야 한다. 그런데 심리현상들의 무더기(행온)에 속하는 다른 법들도 많은데 [왜 여기서는 이들 셋만을 언급하였는가?] 이들 셋은 마음이 가장 미약할 때에도(sabba-dubbalesu pi cittesu) 존재하기(santi) 때문이다. 그래서 여기서는 이들 셋을 통해서 심리현상들의 무더기를 보이신 것이다." (SA.ii.16~17)

파생된 물질228) — 이를 일러 물질이라 한다. 이것이 정신이고 이것이 물질이다. 비구들이여, 이를 일러 정신 · 물질이라 한다."

이 다섯은 유식에서 다섯 가지 반드시들[遍行心所]로 언급되고 있으며(『주석 성유식론』 490쪽 이하 참조) 북방 아비달마의 집대성인 『구사론』에서는 10가지 대지법(大地法) 가운데 처음 다섯으로 나타난다.(권오민, 『아비달마 구사론』 제1권 162쪽 참조) 상좌부에서는 이 다섯에다 집중[心一境, ekaggatā]과 정신적 생명기능[命根, jīvitindriya]을 넣어 일곱 가지 반드시들을 설하고 있다.(『아비담마 길라잡이』 제2장 §2의 해설 참조)

일반적으로 정신[名]에는 알음알이[識]도 포함된다. 그래서 오온 가운데 수 · 상 · 행 · 식은 정신에 속하고 색은 물질이다.(SA.i.50 = 『상윳따 니까야』 제1권 「엉킴 경」(S1:23) {58}의 주석; AA.ii.278 등) 그러나 연기의 문맥에서 정신 · 물질[名色]의 정신은 항상 수 · 상 · 행 3온만을 뜻한다고 설명된다. 왜냐하면 식은 이미 12연기의 세 번째 구성요소로 독립되어 나타나기 때문이다. 『위방가』(Vbh.147) 등의 『논장』에도 이렇게 정의되고 있다.

227) '네 가지 근본물질(사대, 四大, cattāro mahā-bhūtā)'은 땅의 요소[地界, pathavī-dhātu], 물의 요소[水界, āpo-dhātu], 불의 요소[火界, tejo-dhātu], 바람의 요소[風界, vāyo-dhātu]이다. 이 cattāro mahā-bhūtā는 중국에서 四大로 옮겨져 우리에게 익숙하다. 4대에 대한 자세한 설명은 『청정도론』 XI.87~93에 나타난다. 주석서도 『청정도론』을 참조하라고 말하고 있다.(SA.ii.17)

228) '파생된 물질'은 upādāya rūpa(upādā-rūpa)를 옮긴 것이다. 주석서는 이것을 "여기서는 네 가지 근본물질의 적집(samūha)을 취해서(upādāya) 존재하는 물질이라고 그 뜻을 알아야 한다. 아비담마에서는 눈의 감각장소 등으로 구분하여 모두 23가지라고 알아야 한다."(SA.ii.17)라고 설명하고 있다. 아비담마에서는 모두 24가지 파생된 물질을 들고 있는데, 본 주석서는 심장토대(hadaya-vatthu)를 제외한 23가지를 들고 있다. 왜냐하면 아비담마 7론에는 심장토대란 술어가 나타나지 않기 때문이다. 그러나 7론의 마지막인 『빳타나』(Paṭṭhāna, 발취론, 發趣論)에 "그 물질을 의지하여(yaṁ rūpaṁ nissāya)"(Ptn1.7)라고 언급되는 물질을 주석서 문헌에서는 심장토대라고 해석해서(SAṬ.ii.17) 상좌부 아비담마에서는 모두 24가지 파생된 물질을 최종적으로 확립하고 있다.

13. "비구들이여, 그러면 어떤 것이 알음알이[識]인가?

비구들이여, 여섯 가지 알음알이의 무리가 있나니 눈의 알음알이, 귀의 알음알이, 코의 알음알이, 혀의 알음알이, 몸의 알음알이, 마노의 알음알이이다. — 비구들이여, 이를 일러 알음알이라 한다."229)

14. "비구들이여, 그러면 어떤 것이 의도적 행위들[行]230)인가?

---

229) "'눈의 알음알이(cakkhu-viññāṇa)'란 눈에 있는(cakkhumhi) 알음알이, 혹은 눈으로부터 생긴(cakkhuto vā jātaṁ) 알음알이를 말한다. 귀의 알음알이 등도 같은 방법으로 설명된다. 그러나 오직 마노[意]가 알음알이라고 해서(mano yeva viññāṇan ti) 마노[意]의 알음알이(mano-viññāṇa)이다. 이것은 한 쌍의 전오식을 제외한(dvi-pañca-viññāṇa-vajjita) 삼계의 모든 과보로 나타난 마음(tebhūmaka-vipāka-citta)과 동의어이다."(SA.ii.17) 한 쌍의 전오식은 『아비담마 길라잡이』 제1장 §8~9의 해설을 참조할 것.

여기서 중요한 것은 연기구조에 나타나는 알음알이는 과보로 나타난 마음(vipāka-citta)이라고 주석서는 설명하고 있다는 점이다. 아비담마적으로 보면 전오식(pañca-viññāṇa)은 모두 과보로 나타난 마음이고 의와 의식에 속하는 나머지 79가지 마음들 가운데서 12연기의 식에 해당되는 것은 과보로 나타난 마음들뿐이라는 것이다. 이것은 아비담마가 12연기를 인과의 중복된 반복(양중인과, 兩重因果)으로 12연기를 해석하는 것과 밀접한 관계가 있다. 여기에 대해서는 『아비담마 길라잡이』 제8장 §3 (2)의 해설과 『청정도론』 XVII.120~185를 참조할 것.

한편 알음알이[識]는 오온(S22)의 다섯 번째 구성요소이다. 『상윳따 니까야』 제3권 「무더기 상윳따」 (S22)의 해제와 해당부분의 주해를 참조할 것.

230) "업형성(abhisaṅkharaṇa)을 특징으로 하는 것이 '의도적 행위[行, saṅkhāra]'이다."(SA.ii.17)

한편 『청정도론』 XVII.46에서는 "삼계의 유익하거나 해로운 의도를 '업형성의 의도적 행위'라 부른다(tebhūmika-kusala-akusala-cetanā pana abhisaṅkharaṇaka-saṅkhāro ti vuccati)."라고 업형성의 의도적 행위를 정의하고 있다. 그래서 abhisaṅkharaṇa를 업형성으로 옮겼다.

여기서 '의도적 행위'로 옮긴 원어는 상카라(saṅkhāra)이고 중국에서는 비구들이여, 세 가지 의도적 행위가 있나니 몸의 의도적 행위, 말의 의도적 행위, 마음의 의도적 행위이다.231) — 비구들이여, 이를

행(行)으로 옮겼다. 초기불교에서 아주 많이 나타나며 가장 중요한 술어 가운데 하나인 이 상카라는 크게 네 가지 문맥에서 나타난다. 초기불전연구원에서는 다음과 같은 기준에 따라서 상카라를 옮기고 있다.

첫째, 제행무상 등의 문맥에 나타나는 모든 형성된 것들(sabbe saṅkhārā, 諸行, 복수로 나타남)이 있다. 이것은 유위법(有爲法)으로 한역되는 상카따 담마(saṅkhata-dhamma)와 같은 의미이다. 무위법인 열반을 제외한 모든 법들은 이 형성된 것들의 영역에 속한다. 이 경우에는 대부분 '형성된 것들'로 옮기고 있다.

둘째, 오온 가운데 네 번째인 행온(saṅkhāra-kkhanda)의 상카라는 '심리현상들'로 이해해야 한다. 이 경우도 항상 복수로 나타난다. 오온 가운데서 색온은 아비담마의 색법이고, 수온·상온·행온은 아비담마의 심소법이며, 식온은 아비담마의 심법이다. 그러므로 오온에서의 상카라들은 아비담마의 52가지 심소법들 가운데서 수온과 상온을 제외한 나머지 심소법들을 뜻한다. 초기불전연구원에서는 이 경우의 상카라를 모두 '심리현상들'로 옮기고 있다.

셋째, 본경에서처럼 12연기의 두 번째 각지인 상카라는 여기서처럼 '의도적 행위'로 옮긴다. 이 경우도 항상 복수로 나타난다. 위 『청정도론』 인용에서 보듯이 이 경우의 상카라는 의도적 행위(cetanā)를 뜻하기 때문이다.

넷째, 몸(身)과 말(口)과 마음(意)으로 짓는 세 가지 행위인 신행(身行, kāya-saṅkhāra) 구행(口行, vacī-saṅkhāra) 의행(意行, mano-saṅkhāra)으로 나타난다.

상카라(saṅkhāra)에 대한 조금 더 자세한 설명은 『상윳따 니까야』 제3권 「나꿀라삐따 경」(S22:1) §13의 주해들과 「삼켜버림 경」(S22:79) §7의 주해를 참조할 것.

231) "'몸의 의도적 행위(kāya-saṅkhāra)'란 몸으로부터 전개되는 의도적 행위(kāyato pavatta-saṅkhāra)이다. 이것은 몸의 문에서 활동함(copana)에 의해서 전개되는(pavatta) 욕계의 유익한 것 8가지와 해로운 것 12가지로 모두 20가지 몸의 의도적 행위(kāya-sañcetana)들과 동의어이다.

'말의 의도적 행위(vacī-saṅkhāra)'란 말로부터 전개되는 의도적 행위이다. 말의 문에서 말의 구분에 의해서 전개되는 20가지 말의 의도적 행위(vacī-sañcetana)들과 동의어이다.

'마음의 의도적 행위(citta-saṅkhāra)'란 마음으로부터 전개되는 의도적

일러 의도적 행위들이라 한다."

15. "비구들이여, 그러면 어떤 것이 무명(無明)인가?

비구들이여, 괴로움에 대한 무지,[232] 괴로움의 일어남에 대한 무지, 괴로움의 소멸에 대한 무지, 괴로움의 소멸로 인도하는 도닦음에 대한 무지이다.[233] — 비구들이여, 이를 일러 무명이라 한다."[234]

행위이다. 몸의 문과 말의 문에서 활동하지 않고 이를테면 홀로 앉아서 생각하는 자에게(raho nisīditvā cintentassa) 전개되는 세간적인 유익하고 해로운 것(lokiya-kusala-akusala)인 29가지(12+8+5+4) 마노[意]의 의도적 행위(mano-sañcetana)들과 동의어이다."(SA.ii.17)

232) '무지'는 aññāṇa(지혜 없음)를 옮긴 것이다. 주석서는 "이것은 어리석음(moha)과 동의어이다."(SA.ii.17)라고 설명하고 있다.

233) "여기서 '괴로움에 대한 무지(dukkhe aññāṇaṁ)'는 네 가지 방법(kāraṇa)을 통해서 알아야 한다. 그것은 ① 포함됨으로써(antogadhato) ② 토대를 통해서(vatthuto) ③ 대상을 통해서(ārammaṇato) ④ 숨김을 통해서(paṭicchādanato)이다.

여기서 괴로움에 대한 무지는 괴로움의 진리에 포함되기 때문에(dukkha-sacca-pariyāpannattā) 괴로움에 포함된다. 괴로움의 진리는 괴로움에 대한 무지가 의지하는 조건[依止緣, nissaya-paccaya]이 되기 때문에 토대이다. 대상의 조건[所緣緣, ārammaṇa-paccaya]을 통해서 대상이 된다. 괴로움의 진리는 있는 그대로의 특징을 꿰뚫는 것을 장애(yāthāva-lakkhaṇa-paṭivedha-nivāraṇa)하여 지혜가(ñāṇa) 일어나는 것을 막는다. 이렇게 하여 괴로움에 대한 무지를 숨긴다(paṭicchādeti).

'괴로움의 일어남에 대한 무지(dukkhasamudaye aññāṇaṁ)'는 세 가지 방법을 통해서, 즉 ① 토대를 통해서(vatthuto) ② 대상을 통해서(ārammaṇato) ③ 숨김을 통해서(paṭicchādanato) 알아야 한다. 괴로움의 소멸에 대한 무지와 괴로움의 소멸로 인도하는 도닦음에 대한 무지는 있는 그대로의 특징을 꿰뚫는 것을 장애하여 지혜가 일어나는 것을 막는다. 이렇게 덮어버림으로써 이들의 진리를 숨긴다.

여기서 [소멸과 도의] 두 가지는 심오하기 때문에 보기 어렵고(gambhīra-ttā duddasaṁ) [괴로움과 일어남의] 두 가지 진리는 고유성질의 특징(sabhāva-lakkhaṇa)을 보기 어렵기 때문에 심오하다(duddasattā gambhīraṁ)."(SA.ii.17~18)

16. "비구들이여, 이와 같이 무명을 조건으로 의도적 행위들이, 의도적 행위들을 조건으로 알음알이가, 알음알이를 조건으로 정신·물질이, 정신·물질을 조건으로 여섯 감각장소가, 여섯 감각장소를 조건으로 감각접촉이, 감각접촉을 조건으로 느낌이, 느낌을 조건으로 갈애가, 갈애를 조건으로 취착이, 취착을 조건으로 존재가, 존재를 조건으로 태어남이, 태어남을 조건으로 늙음·죽음과 근심·탄식·육체적 고통·정신적 고통·절망이 발생한다. 이와 같이 전체 괴로움의 무더기[苦蘊]가 발생한다.

의지하는 조건 등의 24가지 조건[緣, paccaya]에 대해서는 『아비담마 길라잡이』 제8장 §11 이하를 참조할 것.

234) 무명에 대한 본경의 이 정의에서 보듯이 삼계윤회의 근본원인이 되는 무명은 사성제에 대한 무지(aññāṇa)로 정의된다. 그리고 이와 반대로 사성제에 대한 지혜(ñāṇa)는 팔정도의 첫 번째인 바른 견해로 정의되고 있다. (『상윳따 니까야』 제5권 「분석 경」(S45:8) §4 등 참조) 이처럼 사성제와 8정도와 12연기는 서로 연결되어 있다.
혹자는 자아가 있다는 견해(유신견)를 무명으로 설명하기도 하지만 엄밀히 말하면 그것은 잘못이다. 자아가 있다는 견해(유신견)는 갈애에 조건 지워진 네 가지 취착 가운데 하나일 뿐이다. 그리고 『앙굿따라 니까야』 제6권 「갈애 경」(A10:62) §1에 의하면 이 갈애는 무명에 조건 지워져 있다. 이처럼 무명은 자아에 취착하는 것보다 훨씬 더 근원적인 것이다.
10가지 족쇄의 측면에서 보더라도 예류과를 증득하면 유신견은 소멸된다. 그러나 무명은 예류과를 증득한다고 해서 모두 다 소멸되지 않는다. 사성제를 관통해서 아라한이 되어야만 무명은 모두 없어진다. 그러므로 진아니 대아니 불성이니 일심이니 주인공이니 여래장이니 하면서 유사 자아관을 가진 자들은 무명이 다하는 것은 고사하고 아직 유신견 혹은 취착의 문제도 해결하지 못하여 예류과도 증득하지 못한 자들이어서 범부라고 할 수밖에 없다. 열 가지 족쇄(saṁyojana)에 대해서는 『상윳따 니까야』 제1권 「얼마나 끊음 경」(S1:5) {8}의 주해와 『상윳따 니까야』 제5권 「낮은 단계의 족쇄 경」(S45:179)과 「높은 단계의 족쇄 경」(S45:180)을 참조할 것.

그러나 무명이 남김없이 빛바래어 소멸하기 때문에 의도적 행위들이 소멸하고, 의도적 행위들이 소멸하기 때문에 알음알이가 소멸하고, 알음알이가 소멸하기 때문에 정신·물질이 소멸하고, 정신·물질이 소멸하기 때문에 여섯 감각장소가 소멸하고, 여섯 감각장소가 소멸하기 때문에 감각접촉이 소멸하고, 감각접촉이 소멸하기 때문에 느낌이 소멸하고, 느낌이 소멸하기 때문에 갈애가 소멸하고, 갈애가 소멸하기 때문에 취착이 소멸하고, 취착이 소멸하기 때문에 존재가 소멸하고, 존재가 소멸하기 때문에 태어남이 소멸하고, 태어남이 소멸하기 때문에 늙음·죽음과 근심·탄식·육체적 고통·정신적 고통·절망이 소멸한다. 이와 같이 전체 괴로움의 무더기[苦蘊]가 소멸한다."235)

---

235) "여기서 언급되는 모든 '소멸'이라는 구절(nirodha-pada)을 통해서 세존께서는 열반을 말씀하셨다. 왜냐하면 열반에 도달한 뒤 이 모든 법들은 소멸하기 때문이다. 그래서 열반은 이러한 법들의 소멸이라고 말해진다. 이처럼 세존께서는 본경에서 12가지 구절을 통해서 윤회(vaṭṭa)와 윤회로부터 벗어남(vivaṭṭa)을 말씀하시면서 아라한과를 정점으로 하는(arahatta-nikūṭa) 가르침을 펴셨다. 가르침이 끝나자 500명의 비구들은 아라한과에 확립되었다."(SA.ii.18)
그러므로 윤회의 괴로움의 발생구조를 밝히는 12연기의 유전문은 사성제의 고성제와 집성제에 해당하고, 윤회의 괴로움으로부터 벗어남을 밝히는 12연기의 환멸문은 사성제의 멸성제와 도성제(『상윳따 니까야』 제2권 「도닦음 경」(S12:3)에서 12연기의 환멸문을 바른 도닦음이라 부르고 있음)에 해당한다.

사까무니 고따마 경

Sakyamunigotama Sutta(S12:10)

【해설】

『상윳따 니까야』 제2권 「인연 상윳따」(S12)의 「위빳시 경」(S12:4)부터 본경까지의 7개 경들은 위빳시 부처님부터 석가모니 부처님까지 일곱 부처님께서 연기(緣起)와 연멸(緣滅)을 통해서 괴로움의 발생구조(유전문)와 소멸구조(환멸문)를 발견하신 것을 서술하고 있다. 모든 판본에 의하면 이 가운데 처음의 「위빳시 경」(S12:4)과 마지막의 「사꺄무니 고따마 경」(S12:10)은 생략이 없이 편집되어 있고 중간의 다섯 개 경들은 부처님 명호만 언급되고 나머지는 모두 생략하여 편집되어 있다.

본서에는 이 가운데 석가모니 부처님의 깨달음을 서술하고 있는 「사꺄무니 고따마 경」(S12:10)을 실었다. 위빳시 부처님을 비롯한 칠불의 일대기에 대해서는 『디가 니까야』 제2권 「대전기경」(D14) §§1.4~1.12를 참조할 것. 「대전기경」에 의하면 위빳시 부처님은 91겁 이전에 세상에 출현하였고, 시키 부처님과 웻사부 부처님은 31겁 이전에 출현하였으며, 까꾸산다, 꼬나가마나, 깟사빠, 석가모니 부처님은 행운의 겁(bhadda-kappa)이라 부르는 현겁에 출현하셨다고 한다.

본경에는 12연기를 늙음·죽음[老死]부터 무명까지 역순으로 고찰해 들어가는 연기법의 역관(逆觀)이 나타나고 있다. 먼저 §§3~16에서는 역관을 통한 12연기의 유전문 즉 괴로움의 발생구조가 나타나고 §§17~29에는 역관을 통한 12연기의 환멸문 즉 괴로움의 소멸구조가 언급된다.

1. 이와 같이 나는 들었다. 한때 세존께서는 사왓티에서 제따 숲의 아나타삔디까 원림(급고독원)에 머무셨다.

2. 그곳에서 세존께서는 "비구들이여."라고 비구들을 부르셨다. "세존이시여."라고 비구들은 세존께 응답했다. 세존께서는 이렇게 말씀하셨다.

3. "비구들이여, 내가 깨닫기 전[236], 아직 완전한 깨달음을 성취하지 못한 보살[237]이었을 때 나에게 이런 생각이 들었다. '참으로

---

236) "'깨닫기 전(pubbeva sambodhā)'이라 했다. '깨달음(sambodha)'이란 네 가지 도에 대한 지혜(catūsu maggesu ñāṇaṁ, 즉 예류도부터 아라한 도까지)를 말한다."(SA.ii.21)

237) '보살(bodhisatta, Sk. bodhisattva)'은 bodhi(覺, √budh, *to enlighten*)와 satta(有情, √as, *to be*)의 합성어이다. 그래서 중국에서는 覺有情으로 옮기기도 하였다. 그러나 주로 보리살타(菩提薩埵)로 음역하였고, 보살(菩薩)로 줄여서 옮긴 경우도 많다. 문자적인 의미는 '깨달음(bodhi)을 추구하는 존재(satta)'이다. 중요한 것은 본경과 『상윳따 니까야』 제2권 「위빳시 경」(S12:4)과 『디가 니까야』 제2권 「대전기경」(D14) 등에서 보듯이 초기불전들에서 보살(bodhisatta)은 항상 깨닫기 전의 부처님들께만 적용되는 술어라는 점이다. 초기불전에서는 부처님이 깨달음을 성취해서 붓다라고 불리기 이전의 상태만을 보살 즉 보디삿따로 부른다.

대승불교 운동을 주도하던 사람들은 이 점을 중시하여 보살이라는 개념을 보편화시켰다(*universalize*). 그들은 깨달음을 성취하기 위해서 노력하는 모든 생명체들도 보살이라 불러야 한다는 설득력 있는 주장을 하였고, 이렇게 보살이라는 개념을 보편화시키는 데 성공하여 대승불교 운동은 지금까지 전개되고 있는 것이다.

아래 주석서의 인용에서 보듯이 빠알리 주석가들은 보살(보디삿따, bodhi-satta)을 두 가지 어원으로 해석하고 있다. 산스끄리뜨로 적어보면, 첫째는 bodhi-sattva(깨달음의 중생)이요 둘째는 bodhi-sakta(깨달음에 몰두함, Sk. sakta는 √sañj(*to hang*)의 과거분사임)이다.

"여기서 '깨달음(bodhi)'이란 지혜(ñāṇa)이다. ① 깨달음을 가진 중생(bodhimā satta)이 '보살(bodhi-satta)'이다. 지혜를 가지고(ñāṇavā) 통

이 세상은 고통으로 가득하구나. 태어나고 늙고 죽고 죽어서는 다시 태어난다.[238] 그러나 늙음·죽음[老死]이라는 이 괴로움으로부터 벗어남을 꿰뚫어 알지 못한다. 도대체 어디서 늙음·죽음이라는 이 괴로움으로부터 벗어남을 꿰뚫어 알 것인가?'"[239]

4. "비구들이여, 그러자 나에게 이런 생각이 들었다. '무엇이 있을 때 늙음·죽음이 있으며 무엇을 조건으로 하여 늙음·죽음이 있는가?'라고.

비구들이여, 그러자 나는 지혜롭게 마음에 잡도리함[如理作意]을 통해서 마침내 '태어남이 있을 때 늙음·죽음이 있으며, 태어남을 조건으로 하여 늙음·죽음이 있다.'[240]라고 통찰지로써 관통하였다."[241]

찰지를 가진(paññavā) 현자(paṇḍita)라는 뜻이다. 이전의 부처님들의 발 아래서 마음을 기울였을(abhinīhārata) 때부터 시작해서 그는 현명한 중생이었다. 암둔(闇鈍, andha-bāla)하지 않다고 해서 보살이라 한다. 예를 들면 다 자란 연꽃(paduma)이 물위로 솟아올라서 햇빛을 받으면 필연적으로(avassaṁ) 활짝 피게 되나니 이것을 만개한 연꽃(bujjhanaka-paduma, 문자적으로는 깨달은 연꽃)이라 하는 것과 같다. 그와 같이 이전의 부처님들의 곁에서 수기(授記, vyākaraṇa)를 받았기 때문에 필연적으로(avassaṁ) 끊임없이(anantarāyena) 바라밀(pāramī)을 완성하여 깨달을 것이다(bujjhissati)라고 해서 깨달을 중생(bujjhanaka-satta)이라 한다. 그래서 보살이다.

② 그리고 네 가지 도에 대한 지혜라 불리는 깨달음(bodhi)을 지속적으로 원하면서(patthayamāna) [삶을] 영위한다(pavattati)고 해서, 깨달음에 몰두(satta)하고 전념(āsatta)한다고 해서 보살이라 한다."(SA.ii.21)

238) "'죽어서는 다시 태어난다(cavati ca upapajjati ca).'는 것은 계속 이어지는(aparāparaṁ) 죽음의 [마음](cuti)과 재생연결[식](paṭisandhi)을 통해서 설하셨다."(SA.ii.21) 죽음의 마음과 재생연결식에 대해서는 『아비담마 길라잡이』 3장 §8의 해설을 참조할 것.

239) 이하 연기의 구성요소[緣起各支]를 늙음·죽음으로부터 올라가면서 관찰하고 있다.

240) 본경에서 연기구조는 모두 이처럼 'A가 있을 때 B가 있으며, A를 조건으

로 하여 B가 있다.'는 구조로 설명되고 있음을 유념해서 봐야 한다. 'A가 있을 때 B가 있다'는 'A sati B hoti'의 구문이고 'A를 조건으로 하여 B가 있다'는 'A-paccayā B'의 구문이다. 이것은 "이것이 있을 때 저것이 있다. 이것이 일어날 때 저것이 일어난다. 이것이 없을 때 저것이 없다. 이것이 소멸할 때 저것이 소멸한다.(imasmiṁ sati idaṁ hoti imassuppādā idam uppajjati imasmiṁ asati idaṁ na hoti imassa nirodhā idaṁ nirujjhati)"라는 연기의 공식에 적용시켜서 생각해볼 수 있다.(이 연기의 공식은 『상윳따 니까야』 S12:21; 22; 49; 50; 61; 62에 나타나고 조금 다른 형태는 S12:41에도 나타나고 있다.)

즉 'A sati B hoti'는 imasmiṁ sati idaṁ hoti(이것이 있을 때 저것이 있다.)와 동일하고, 'A-paccayā B'는 imassuppādā idam uppajjati(이것이 일어날 때 저것이 일어난다.)에 배대시킬 수 있다. 학자들은 전자인 imasmiṁ sati idaṁ hoti(이것이 있을 때 저것이 있다)를 동시적[共時的] 연기(*synchronic conditionality*, A와 B가 동시에 일어나는 동시관계의 연기)라고 부르고, 후자인 imassuppādā idam uppajjati(이것이 일어날 때 저것이 일어난다.)는 이시적[通時的] 연기(*diachronic conditionality*, A와 B가 시간의 차이를 두고 일어나는 선후관계의 연기)를 설한 것이라고 말하기도 한다.

그러나 본경에서 이 둘은 모든 연기각지에 동시에 다 적용되고 있기 때문에 이런 견해는 인정할 수가 없다. 오히려 이 두 구문은 가능한 모든 연기의 양태를 다 포함하려는 의도에서 이렇게도 표현하고 저렇게도 표현한 것으로 받아들여야 할 것이다. 예를 들면 상식적으로 생과 노·사는 함께 일어날 수 없기 때문에 태어남(생)과 늙음·죽음(노·사)은 동시적이 될 수가 없다.

한편 『청정도론』에서는 식-명색(XVII.201), 명색-육입(XVII.207 등), 육입-촉(XVII.227), 촉-수(XVII.231), 애-취(XVII.248), 취-유(XVII.268~269)의 여섯 가지 등은 함께 생긴 조건[俱生緣], 즉 동시적 연기가 된다고 설명하고 있다.

241) '관통'은 abhisamaya를 옮긴 것이다. 『디가 니까야』 제2권 「대전기경」(D14 §2.18 등)에서는 이 단어를 '분명하게 꿰뚫어 보았다.'로 풀어서 옮겼다. 주석서에서 abisamaya는 paṭivedha(꿰뚫음)와 동의어로 나타나고 있기 때문이다.(DA.i.20) 『청정도론』 XXII.92와 『아비담마 길라잡이』 2장 §8의 해설이 좋은 보기이다. 중국에서는 現觀(현관)으로 옮겼다.

경들에서 abhisamaya는 법을 관통하여 법의 눈[法眼, dhamma-

5. "비구들이여, 그러자 나에게 이런 생각이 들었다. '무엇이 있을 때 태어남이 있으며 무엇을 조건으로 하여 태어남이 있는가?'라고. 비구들이여, 그러자 나는 지혜롭게 마음에 잡도리함을 통해서 마침내 '존재[有]가 있을 때 태어남이 있으며 존재를 조건으로 하여 태어남이 있다.'라고 통찰지로써 관통하였다."

6. "비구들이여, 그러자 나에게 이런 생각이 들었다. '무엇이 있을 때 존재가 있으며 무엇을 조건으로 하여 존재가 있는가?'라고.

비구들이여, 그러자 나는 지혜롭게 마음에 잡도리함을 통해서 마침내 '취착[取]이 있을 때 존재가 있으며 취착을 조건으로 하여 존재가 있다.'라고 통찰지로써 관통하였다."

7. "비구들이여, 그러자 나에게 이런 생각이 들었다. '무엇이 있을 때 취착이 있으며 무엇을 조건으로 하여 취착이 있는가?'라고.

비구들이여, 그러자 나는 지혜롭게 마음에 잡도리함을 통해서 마

---

cakkhu]을 얻는 문맥 등에 나타나며(『상윳따 니까야』 제2권 「손톱 끝 경」(S13:1) §4 등) 주석서에서는 사성제의 관통(sacca-abhisamaya)이라는 문맥에서 주로 나타난다.(D2 §97; A3:58 등과 주해 참조) 초기불전연구원에서는 abhisamaya를 '관통'으로 옮겼다. 그래서 본경에서도 abhisamaya를 관통으로 통일해서 옮기고 있다.

본경에서는 지혜롭게 마음에 잡도리함을 통해서 통찰지가 생기고 통찰지를 통해서 법을 관통하는 것이 깨달음을 실현하는 중요한 순서로 언급되고 있다.

관통(abhisamaya)은 경에 크게 세 가지 문맥에서 나타난다. 첫째는 법의 관통(dhamma-abhisamaya, 『상윳따 니까야』 제2권 「손톱 끝 경」(S13:1) §4 등)이고, 둘째는 바르게 자만을 관통함(sammā māna-abhisamaya, 『상윳따 니까야』 제1권 「아난다 경」(S8:4) {725} 등)이고 세 번째는 본경과 「조건 경」(S12:20) §4에서처럼 부처님이 법을 발견하시는 문맥에서이다.

침내 '갈애[愛]가 있을 때 취착이 있으며 갈애를 조건으로 하여 취착이 있다.'라고 통찰지로써 관통하였다."

8. "비구들이여, 그러자 나에게 이런 생각이 들었다. '무엇이 있을 때 갈애가 있으며 무엇을 조건으로 하여 갈애가 있는가?'라고.

비구들이여, 그러자 나는 지혜롭게 마음에 잡도리함을 통해서 마침내 '느낌[受]이 있을 때 갈애가 있으며 느낌을 조건으로 하여 갈애가 있다.'라고 통찰지로써 관통하였다."

9. "비구들이여, 그러자 나에게 이런 생각이 들었다. '무엇이 있을 때 느낌이 있으며 무엇을 조건으로 하여 느낌이 있는가?'라고.

비구들이여, 그러자 나는 지혜롭게 마음에 잡도리함을 통해서 마침내 '감각접촉[觸]이 있을 때 느낌이 있으며 감각접촉을 조건으로 하여 느낌이 있다.'라고 통찰지로써 관통하였다."

10. "비구들이여, 그러자 나에게 이런 생각이 들었다. '무엇이 있을 때 감각접촉이 있으며 무엇을 조건으로 하여 감각접촉이 있는가?'라고.

비구들이여, 그러자 나는 지혜롭게 마음에 잡도리함을 통해서 마침내 '여섯 감각장소[六入]가 있을 때 감각접촉이 있으며 여섯 감각장소를 조건으로 하여 감각접촉이 있다.'라고 통찰지로써 관통하였다."

11. "비구들이여, 그러자 나에게 이런 생각이 들었다. '무엇이 있을 때 여섯 감각장소가 있으며 무엇을 조건으로 하여 여섯 감각장소가 있는가?'라고.

비구들이여, 그러자 나는 지혜롭게 마음에 잡도리함을 통해서 마침내 '정신·물질[名色]이 있을 때 여섯 감각장소가 있으며 정신·물질을 조건으로 하여 여섯 감각장소가 있다.'라고 통찰지로써 관통하였다."

12. "비구들이여, 그러자 나에게 이런 생각이 들었다. '무엇이 있을 때 정신·물질이 있으며 무엇을 조건으로 하여 정신·물질이 있는가?'라고.

비구들이여, 그러자 나는 지혜롭게 마음에 잡도리함을 통해서 마침내 '알음알이[識]가 있을 때 정신·물질이 있으며 알음알이를 조건으로 하여 정신·물질이 있다.'라고 통찰지로써 관통하였다."242)

13. "비구들이여, 그러자 나에게 이런 생각이 들었다. '무엇이 있을 때 알음알이가 있으며 무엇을 조건으로 하여 알음알이가 있는가?'라고.

비구들이여, 그러자 나는 지혜롭게 마음에 잡도리함을 통해서 마침내 '의도적 행위들[行]이 있을 때 알음알이가 있으며 의도적 행위들을 조건으로 하여 알음알이가 있다.'라고 통찰지로써 관통하였다."

14. "비구들이여, 그러자 나에게 이런 생각이 들었다. '무엇이 있을 때 의도적 행위들이 있으며 무엇을 조건으로 하여 의도적 행위들이 있는가?'라고.

비구들이여, 그러자 나는 지혜롭게 마음에 잡도리함을 통해서 마

---

242) 한편 부처님의 깨달음을 담고 있는 『상윳따 니까야』 제2권 「도시 경」(S12:65) §5에서는 '이 알음알이는 정신·물질에 다시 되돌아오고 더 이상 넘어가지 않는다.'라고 하면서 무명과 행이 언급되지 않고 알음알이 ↔ 정신·물질의 상호관계로, 즉 식연명색(識緣名色)과 명색연식(名色緣識)의 순환구조로 연기의 유전문(流轉門)과 환멸문(還滅門)이 나타나고 있다. 그리고 부처님들의 전기를 담고 있는 『디가 니까야』 「대전기경」(D14 §2.18)에서도 마찬가지이다.

침내 '무명이 있을 때 의도적 행위들이 있으며 무명을 조건으로 하여 의도적 행위들이 있다.'라고 통찰지로써 관통하였다."

15. "이와 같이 참으로 무명을 조건으로 의도적 행위들이, 의도적 행위들을 조건으로 알음알이가, … 이와 같이 전체 괴로움의 무더기[苦蘊]가 발생한다."

16. "비구들이여, 나에게는 '일어남, 일어남'이라는, 전에 들어 보지 못한 법들에 대한 눈[眼]이 생겼다. 지혜[智]가 생겼다. 통찰지[慧]가 생겼다. 명지[明]가 생겼다. 광명[光]이 생겼다."243)

17. "비구들이여, 그때 나에게 이러한 생각이 들었다. '무엇이 없을 때 늙음·죽음[老死]이 없으며 무엇이 소멸하기 때문에 늙음·죽음이 소멸하는가?'라고.

비구들이여, 그러자 나는 지혜롭게 마음에 잡도리함을 통해서 마

---

243) "'전에 들어 보지 못한 법들에 대한(pubbe ananussutesu dhammesu)'이란 네 가지 성스러운 진리의 법들에 대한(catūsu ariya-sacca-dhamme-su)이란 뜻이다. 여기서 눈 등은 모두 지혜의 동의어(ñāṇa-vevacana)이다. 이것은 네 가지 진리들에 대한 세간적이거나 출세간적이거나 혼합된(lokiya-lokuttara-missaka) 설명이라고 알아야 한다."(SA.ii.21)
눈[眼], 지혜[智], 통찰지[慧], 명지[明], 광명[光]은 각각 cakkhu, ñāṇa, paññā, vijjā, āloka를 옮긴 것이다. 명지(明知)로 옮긴 vijjā는 vindati(알다, √vij, *to know*)에서 파생된 명사인데 주석서는 이것을 꿰뚫음(paṭivedha)의 뜻이라고 설명하고 있다.(*Ibid*) 초기불전연구원의 기존 번역에서는 영지(靈知)로 옮겼는데, 『상윳따 니까야』에서는 모두 명(明)의 의미를 살려서 명지로 통일해서 옮기고 있음을 밝힌다.
이 정형구는 『상윳따 니까야』 제2권 「도시 경」(S12:65) §6과 §9(12연기에 대해)와, 제4권 「지혜 경」(S36:25) §4 등(느낌에 대해)과, 제5권 「전에 들어보지 못함 경」(S47:31) §3 등(사념처에 대해)과, 「지혜 경」(S51:9) §3 등(4정근에 대해)과, 제6권 「초전법륜 경」(S56:11) §9 등(사성제에 대해)과, 「여래 경」(S56:12) §3 등(사성제에 대해)에도 나타난다.

침내 '태어남[生]이 없을 때 늙음·죽음이 없으며 태어남이 소멸하기 때문에 늙음·죽음이 소멸한다.'라고 통찰지로써 관통하였다."

18. "비구들이여, 그러자 나에게 이런 생각이 들었다. [11] '무엇이 없을 때 태어남이 없으며 무엇이 소멸하기 때문에 태어남이 소멸하는가?'라고.

비구들이여, 그러자 나는 지혜롭게 마음에 잡도리함을 통해서 마침내 '존재[有]가 없을 때 태어남이 없으며 존재가 소멸하기 때문에 태어남이 소멸한다.'라고 통찰지로써 관통하였다."

19. "비구들이여, 그러자 나에게 이런 생각이 들었다. '무엇이 없을 때 존재가 없으며 무엇이 소멸하기 때문에 존재가 소멸하는가?'라고.

비구들이여, 그러자 나는 지혜롭게 마음에 잡도리함을 통해서 마침내 '취착[取]이 없을 때 존재가 없으며 취착이 소멸하기 때문에 존재가 소멸한다.'라고 통찰지로써 관통하였다."

20. "비구들이여, 그러자 나에게 이런 생각이 들었다. '무엇이 없을 때 취착이 없으며 무엇이 소멸하기 때문에 취착이 소멸하는가?'라고.

비구들이여, 그러자 나는 지혜롭게 마음에 잡도리함을 통해서 마침내 '갈애[愛]가 없을 때 취착이 없으며 갈애가 소멸하기 때문에 취착이 소멸한다.'라고 통찰지로써 관통하였다."

21. "비구들이여, 그러자 나에게 이런 생각이 들었다. '무엇이 없을 때 갈애가 없으며 무엇이 소멸하기 때문에 갈애가 소멸하는가?'라고.

비구들이여, 그러자 나는 지혜롭게 마음에 잡도리함을 통해서 마침내 '느낌[受]이 없을 때 갈애가 없으며 느낌이 소멸하기 때문에 갈애가 소멸한다.'라고 통찰지로써 관통하였다."

22. "비구들이여, 그러자 나에게 이런 생각이 들었다. '무엇이 없을 때 느낌이 없으며 무엇이 소멸하기 때문에 느낌이 소멸하는가?'라고.

비구들이여, 그러자 나는 지혜롭게 마음에 잡도리함을 통해서 마침내 '감각접촉[觸]이 없을 때 느낌이 없으며 감각접촉이 소멸하기 때문에 느낌이 소멸한다.'라고 통찰지로써 관통하였다."

23. "비구들이여, 그러자 나에게 이런 생각이 들었다. '무엇이 없을 때 감각접촉이 없으며 무엇이 소멸하기 때문에 감각접촉이 소멸하는가?'라고.

비구들이여, 그러자 나는 지혜롭게 마음에 잡도리함을 통해서 마침내 '여섯 감각장소[六入]가 없을 때 감각접촉이 없으며 여섯 감각장소가 소멸하기 때문에 감각접촉이 소멸한다.'라고 통찰지로써 관통하였다."

24. "비구들이여, 그러자 나에게 이런 생각이 들었다. '무엇이 없을 때 여섯 감각장소가 없으며 무엇이 소멸하기 때문에 여섯 감각장소가 소멸하는가?'라고.

비구들이여, 그러자 나는 지혜롭게 마음에 잡도리함을 통해서 마침내 '정신·물질[名色]이 없을 때 여섯 감각장소가 없으며 정신·물질이 소멸하기 때문에 여섯 감각장소가 소멸한다.'라고 통찰지로써 관통하였다."

25. "비구들이여, 그러자 나에게 이런 생각이 들었다. '무엇이 없을 때 정신·물질이 없으며 무엇이 소멸하기 때문에 정신·물질이 소멸하는가?'라고.

비구들이여, 그러자 나는 지혜롭게 마음에 잡도리함을 통해서 마침내 '알음알이[識]가 없을 때 정신 · 물질이 없으며 알음알이가 소멸하기 때문에 정신 · 물질이 소멸한다.'라고 통찰지로써 관통하였다."

26. "비구들이여, 그러자 나에게 이런 생각이 들었다. '무엇이 없을 때 알음알이가 없으며 무엇이 소멸하기 때문에 알음알이가 소멸하는가?'라고.

비구들이여, 그러자 나는 지혜롭게 마음에 잡도리함을 통해서 마침내 '의도적 행위들[行]이 없을 때 알음알이가 없으며 의도적 행위들이 소멸하기 때문에 알음알이가 소멸한다.'라고 통찰지로써 관통하였다."

27. "비구들이여, 그러자 나에게 이런 생각이 들었다. '무엇이 없을 때 의도적 행위들이 없으며 무엇이 소멸하기 때문에 의도적 행위들이 소멸하는가?'라고.

비구들이여, 그러자 나는 지혜롭게 마음에 잡도리함을 통해서 마침내 '무명이 없을 때 의도적 행위들이 없으며 무명이 소멸하기 때문에 의도적 행위들이 소멸한다.'라고 통찰지로써 관통하였다."

28. "이와 같이 참으로 무명이 남김없이 빛바래어 소멸하기 때문에 의도적 행위들이 소멸하고, 의도적 행위들이 소멸하기 때문에 알음알이가 소멸하고, … 이와 같이 전체 괴로움의 무더기[苦蘊]가 소멸한다."

29. "비구들이여, 나에게는 '소멸, 소멸'이라는, 전에 들어 보지 못한 법들에 대한 눈[眼]이 생겼다. 지혜[智]가 생겼다. 통찰지[慧]가 생겼다. 명지[明]가 생겼다. 광명[光]이 생겼다."

우현(愚賢) 경

Bālapandita Sutta(S12:19)

【해설】

먼저 강조하고 싶은 것은 12연기에서 가장 중요한 사실은 12연기는 '원인과 결과의 반복적 지속'을 나타낸다는 것이다. 이것을 간과해버리면 12연기는 그때부터 혼란스러워 진다. 12지 연기 가운데 ①무명-②행과 ⑧애-⑨취-⑩유는 원인의 고리이고 나머지 ③식-④명색-⑤육입-⑥촉-⑦수와 ⑪생-⑫노사우비고뇌는 결과(과보)의 연결고리이다. 이렇게 12연기는 원인의 연결고리와 결과의 연결고리가 반복적으로 연결되어서 괴로움의 발생구조를 중층적으로 드러내고 있다. 이것을 우리는 삼세양중인과(三世兩重因果)라고 설명한다. 이것은 남・북 아비담마・아비달마의 공통된 설명방법이다.

남방 상좌부의 아비담마와 북방 설일체유부의 아비달마에서는 ①무명-②행 즉 무명과 의도적 행위와, ⑧애-⑨취-⑩유 즉 갈애와 취착과 존재를 두 가지 인(因) 즉 괴로움의 원인으로 이해한다. 그리고 ③식-④명색-⑤육입-⑥촉-⑦수 즉 알음알이와 정신물질과 여섯 감각장소와 감각접촉과 느낌과, ⑪생-⑫노사 즉 태어남과 늙음・죽음을 두 가지 과(果) 즉 괴로움이라는 결과로 이해한다. 이처럼 12연기는 삼세에 걸쳐서 이러한 원인과 결과가 인-과-인-과로 두 번 반복됨(兩重)을 가르친다고 해서 '삼세양중인과(三世兩重因果)'라고 결론짓고 있으며, 이것을 12지 연기를 비롯한 연기의 가르침을 이해하는 정설로 삼고 있다.

12연기를 '삼세'에 걸친 윤회를 설명하는 것으로 볼 수밖에 없는 이유는 12지 가운데 세 번째인 '식(알음알이)'과 11번째인 '생(태어남)' 때문이다. 주석서가 아닌 초기경에서 이미 "아난다여, 만일 알음알이가 모태에 들지 않았는데도 정신 · 물질이 모태에서 발전하겠는가?" (D15 §21)라고 나타난다. 그래서 주석서들은 12연기의 ③식을 한결같이 재생연결식 즉 한생의 최초의 알음알이로 설명하고 있다. 그리고 ⑪생은 한 생에 최초로 태어나는 것 이외의 뜻으로는 쓰이지 않는다. 그러므로 ①무명-②행은 전생을, ③식-④명색-⑤육입-⑥촉-⑦수와 ⑧애-⑨취-⑩유는 금생을, ⑪생-⑫노사는 내생을 나타낸다. 이것이 12연기를 이해하는 기본 출발점이다.
본경은 12연기를 네 개의 집합(catu-saṅkhepa)과 20가지 형태(vīsatākāra)를 토대로 하여 삼세양중인과로 해석하는 전통적인 견해 (Ps.i.51~52; 『청정도론』 XVII.288~298; 『아비담마 길라잡이』 제8장 §§4~8 등 참조)의 단초가 되는 중요한 경이다.(본경 §6의 주해도 참조할 것.) 이처럼 주석서가 아니라 이미 초기불전 자체에서 12연기는 삼세에 걸친 윤회구조를 밝히는 가르침으로 자리매김하고 있다.

3. "비구들이여, 무명에 덮이고 갈애에 묶여서 어리석은 자의
[24] 이 몸[244]은 이와 같이 생겨난다. 이처럼 이 몸과 밖의 정신 · 물질[245]이 생겨난다. 이렇게 해서 한 쌍이 존재하게 된다. 한 쌍을 조

---

244) "여기서 '이 몸(ayaṁ kāyo)'이란 자신의(attano) 알음알이와 함께한(saviññāṇaka) 몸을 말한다."(SA.ii.38)

245) "'밖의 정신 · 물질(bahiddhā nāma-rūpaṁ)'이란 남들의(paresaṁ) 알음알이와 함께한 몸을 말한다. 이렇게 하여 여기서는 [이 몸이라는 표현으로는] 자신의 다섯 무더기[五蘊, pañca khandhā]와 여섯 감각장소[六處, cha āyatannā]를, 그리고 [밖의 정신 · 물질이라는 표현으로는] 남의 오온과 육처를 드러내고 있다."(SA.ii.38)
밖의 정신 · 물질을 이렇게 남의 오온과 육처로 한정 짓는 것은 조금 의아스러운 설명이 아닌가 생각된다. 오히려 알음알이의 대상이 되는 모든 정신 · 물질을 뜻하는 것으로 해석하는 것이 더 타당할 수도 있을 것 같다.
다른 경들에서는 "알음알이를 가진 이 몸과 밖의 모든 표상들에 대해 (imasmiṁ saviññāṇake kāye bahiddā ca sabbanimittesu)"라는 표현이 나타난다.(『상윳따 니까야』 제2권 S18:21; 22; 제3권 S22:71; 72 등, 「잠재성향 경」(S18:21) §3의 주해 참조)

건으로 하여 감각접촉이 있고,[246] 여섯 [감각접촉의] 장소에 닿거나 이들 가운데 하나에 닿아서 어리석은 자는 즐거움과 괴로움을 경험한다."[247]

4. "비구들이여, 무명에 덮이고 갈애에 묶여서 현명한 자의 몸도 이와 같이 생겨난다. 이처럼 이 몸과 밖의 정신·물질이 생겨난다. 이렇게 해서 한 쌍이 존재하게 된다. 한 쌍을 조건으로 하여 감각접촉이 있고, 여섯 [감각접촉의] 장소에 닿거나 이들 가운데 하나에 닿아서 현명한 자는 즐거움과 괴로움을 경험한다."

5. "비구들이여, 그러면 어리석은 자와 현명한 자의 차이점은 무엇이고, 특별한 점은 무엇이고, 다른 점은 무엇인가?"

"세존이시여, 저희들의 법은 세존을 근원으로 하며, 세존을 길잡이

246) "'한 쌍을 조건으로 하여 감각접촉이 있고(dvayaṁ paṭicca phasso)'라고 하였다. 다른 곳에서는 눈과 형색 등의 한 쌍을 조건으로 눈의 감각접촉 등이 설해졌다. 그러나 여기서는 안의 감각장소들[內處]과 밖의 감각장소들[外處](ajjhattika-bāhirāni āyatanāni)을 말한다. 이러한 경우를 큰 한 쌍(mahā-dvaya)이라 한다. 그리고 여섯 감각장소들(saḷ'ev'āyatanā-ni)이란 여섯 감각접촉의 장소[六觸處, phass-āyatanāni]이니, 감각접촉의 원인이 되는 것(phassa-kāraṇa)이다."(SA.ii.38~39)

247) 본경의 연기구조는 다른 경들에서 찾아볼 수 없는 형태로 되어 있다. 식-명색-촉-육입-수의 구조로 나타나기 때문이다. 『디가 니까야』 제2권 「대인연경」(D15)에는 육입이 나타나지 않고 식-명색-촉-수-애…의 구조로 나타나기도 하지만 이처럼 육입이 촉과 수 사이에 나타나는 경우는 다른 연기의 가르침에서는 찾아볼 수 없다.
물론 주석서는 이 육입이 촉의 원인이 된다고 설명은 하고 있다. 즉 육입이 명색과 촉 사이에 들어가야 한다는 말이다. 아무튼 본경은 특이한 구조의 연기를 드러내고 있기 때문에 주석서는 본경의 연기구조를 알음알이를 가진 자신의 몸과 남의 정신·물질(명색)사이에만 국한해서 연기를 설하는 것으로 해석하는 듯하다.

로 하며, 세존을 귀의처로 합니다. 세존이시여, 세존께서 방금 말씀하신 이 뜻을 [친히] 밝혀주신다면 참으로 감사하겠습니다. 세존으로부터 듣고 비구들은 그것을 잘 호지할 것입니다."

"비구들이여, 그렇다면 이제 그것을 들어라. 듣고 마음에 잘 새겨라. 나는 설할 것이다."

"그렇게 하겠습니다, 세존이시여."라고 비구들은 세존께 응답했다.

6. 세존께서는 이렇게 말씀하셨다.

"비구들이여, 무명에 덮이고 갈애에 묶여서 어리석은 자의 몸은 이와 같이 생겨난다. 그러나 어리석은 자에게는 그 무명이 제거되지 않고 갈애가 다하지 않는다. 그것은 무슨 이유 때문인가?

비구들이여, 어리석은 자는 바르게 괴로움을 멸진하기 위해서 청정범행을 닦지 않기 때문이다.[248] 그래서 어리석은 자는 몸이 무너져 [죽은 뒤에 다른] 몸을 받게[249] 된다. 그는 [다른] 몸을 받아서는 태어남과 늙음·죽음으로부터 해탈하지 못하고, 근심·탄식·육체적 고통·정신적 고통·절망으로부터 해탈하지 못하고, 괴로움으로부터 해탈하지 못한다고 나는 말한다."[250]

---

248) "여기서 '청정범행(brahmacariya)'은 도의 청정범행(magga-brahmacariya)을 말한다. '괴로움을 멸진하기 위해서(dukkha-kkhayāya)'란 윤회의 괴로움(vaṭṭa-dukkha)을 끝내기 위해서이다."(SA.ii.40)

249) "'몸을 받음(kāy-ūpaga)'이란 다른(añña) 재생연결의 몸(paṭisandhi-kāya)을 받는다는 말이다."(SA.ii.40)

250) 이상에서 보았듯이 본경은 분명히 전생의 무명과 갈애 때문에 금생의 알음알이가 생겨났고, 금생의 무명과 갈애가 다 제거되지 않기 때문에 다시 내생의 다른 몸을 받아 생-노사우비고뇌가 계속 된다는 삼세에 걸친 윤회를 드러내고 있다. 그러므로 금생에서 무명과 갈애로 대표되는 모든 번뇌와 업지음을 끊어야 다시는 다른 몸을 받아 태어나지 않게 되고 괴로움으로부터 완전하게 해탈하는 것이다.

7. “비구들이여, 무명에 덮이고 갈애에 묶여서 현명한 자의 몸도 이와 같이 생겨난다. 그러나 현명한 자에게는 그 무명이 제거되고 갈애가 다하게 된다. 그것은 무슨 이유 때문인가?

비구들이여, 현명한 자는 [25] 바르게 괴로움을 멸진하기 위해서 청정범행을 닦기 때문이다. 그래서 현명한 자는 몸이 무너져 [죽은 뒤에 다른] 몸을 받지 않게 된다. 그는 몸을 받지 않아서 태어남과 늙음·죽음으로부터 해탈하고, 근심·탄식·육체적 고통·정신적 고통·절망으로부터 해탈하고, 괴로움으로부터 해탈한다고 나는 말한다.”

8. “비구들이여, 이것이 어리석은 자와 현명한 자의 차이점이고, 이것이 특별한 점이고, 이것이 다른 점이다.”251)

주석서 문헌들은 전생의 원인으로는 무명과 갈애 가운데 무명이 더 두드러진 것으로 설명하고, 내생의 태어남의 원인이 되는 금생의 원인으로는 무명과 갈애 가운데 갈애가 더 두드러진 것으로 설명하고 있다. 그래서 『청정도론』은 “무명과 상카라들을 언급함으로써 갈애와 취착과 존재도 포함되었다.”(『청정도론』 VII.21)라고도 적고 있고, “과거로부터 왔기 때문에 무명이 그 뿌리이고 느낌이 마지막이며, 미래로 상속하기 때문에 갈애가 그 뿌리이고 늙음과 죽음이 마지막이 되어 이 윤회의 바퀴는 두 가지이다.”(『청정도론』 XVII.285)라고 설하고 있다.

251) 본경은 무명·갈애 - 몸(알음알이와 함께한 몸)을 받음 - 밖의 정신·물질 - 감각접촉(여섯 감각접촉의 장소) - 느낌(즐거움과 괴로움) - 다시 몸을 받음의 6가지 구성요소를 들고 있으므로 6지 연기로 분류된다. 이렇게 하여 본경은 삼세양중인과의 튼튼한 경전적인 근거가 된다.

설법자[法師] 경

Dhammakathika Sutta(S12:16)

【해설】

본경은 연기의 소멸구조 즉 환멸문은 염오-이욕-소멸과 같은 가르침임을 천명하는 가르침이다. 본경 §4를 위시한 『상윳따 니까야』 제2권 「인연 상윳따」(S12)의 「되어있는 것 경」(S12:31 §5)과 「배우지 못한 자 경」 1/2(S12:61~62 §3)와 「갈대 다발 경」(S12:67 §8)에 "만일 비구가 늙음・죽음에 대해서 … 태어남에 대해서 … 존재에 대해서 … 취착에 대해서 … 갈애에 대해서 … 느낌에 대해서 … 감각접촉에 대해서 … 여섯 감각장소에 대해서 … 정신・물질에 대해서 … 알음알이에 대해서 … 의도적 행위들에 대해서 … 무명에 대해서 염오하고 탐욕이 빛바래고 소멸하기 위해서 법을 설하면 그를 일러 법을 설하는 비구라 부르기에 적당합니다."(S12:67 §8) 등으로 나타난다. 그러므로 연기의 소멸구조는 결국은 염오-이욕-소멸과 같은 말이다.

그리고 이것은 『상윳따 니까야』 제3권 「무더기 상윳따」(S22)와 제4권 「육처 상윳따」(S35) 등에서 반복해서 강조하고 있는 무상・고・무아를 통찰하여 염오-이욕-소멸이나 염오-이욕-해탈-구경해탈지를 성취하는 가르침과도 같은 맥락이다.

그러면 어떻게 해서 연기각지(緣起各支)에 대해서 염오-이욕-소멸을 성취하여 고(苦)를 소멸할 것인가? 「인연 상윳따」(S12)에는 그 방법이 구체적으로 언급되어 있지 않은 것으로 보인다. 따라서 「무더기 상윳따」(S22)와 「육처 상윳따」(S35)와 「진리 상윳따」(S56) 등에서 강조하고 있는 무상・고・무아의 통찰이나 사성제의 관통이 필요할 것이며, 그 구체적인 방법은 『상윳따 니까야』 제5권에서 강조되고 있는 팔정도를 위시한 37보리분법일 것이다. 혹은 12연기각지와 그것의 집·멸·도를 아는 것이 그 대답이라고 봐야 한다.
연기의 정형구 특히 12연기의 정형구는 유전문(流轉門)·환멸문(還滅門)과 순관(順觀)·역관(逆觀)의 형태로 나타나고 있다. 유전문은 괴로움의 발생구조를 뜻하고 환멸문은 소멸구조를 뜻하며 순관은 무명부터 생노사의 순으로 나타나는 것을 뜻하며 역관은 반대로 노사부터 무명까지의 순으로 나타나는 것이다. 이것을 적용시키면 다음과 같이 이해할 수 있다.

① 무명연행 행연식 … 생연노사 => 유전문이면서 순관
② 무명멸즉행멸 행멸즉식멸 … 생멸즉노사멸 => 환멸문이면서 순관
③ 생연노사 유연생 … 행연식 무명연행 => 유전문이면서 역관
④ 생멸즉노사멸 유멸즉생멸 … 무명멸즉행멸 => 환멸문이면서 역관

본경에서는 12연기의 환멸문과 역관이 설해지고 있다.

그런데 여기서 또 하나 중요한 관점이 있다. 그것은 괴로움을 소멸하기 위해서는 연기각지(緣起各支) 즉 12지 모두를 다 소멸시켜야 하는가라는 것이다. 여기에 대한 구체적인 언급은 「인연 상윳따」에는 나타나지 않는다. 주석서에도 그런 듯하다.
그러나 상식적으로 보면 12지 가운데 어느 하나를 소멸하면 된다. 특히 인-과의 고리로 본다면 과의 고리, 그 중에서도 현재의 과(果)의 고리인 식-명색-육입-촉-수는 소멸시키지 못한다. 그러므로 인(因)의 고리를 제거, 소멸 혹은 부수어야 하는데, 12지로 보자면 무명과 행은 과거의 인으로 중시하고 있기 때문에 금생의 입장에서 보면 특히 갈애가 중점이다. 그래서 사성제에서도 괴로움의 원인으로 갈애를 들고 있으며 이 갈애가 남김없이 멸진된 경지를 열반이라 부르고 있다. 물론 "감각적 욕망에 대한 취착, 사견에 대한 취착, 계율과 의례의식에 대한 취착, 자아의 교리에 대한 취착"(「분석 경」(S12:2) §7)으로 정리되는 네 가지 취착을 없애는 것도 중요하다.
그러면 어떻게 없앨 것인가? 사성제의 가르침에서 보듯이 팔정도로 대표되는 37보리분법을 닦아야 하며, 이 37보리분법은 『상윳따 니까야』 제5권에 모아져 전승되어 온다.

1. 이와 같이 나는 들었다. 한때 세존께서는 사왓티에서 제따 숲의 아나타삔디까 원림(급고독원)에 머무셨다.

2. 그때 [18] 어떤 비구가 세존께 다가갔다. 가서는 세존께 절을 올린 뒤 한 곁에 앉았다. 한 곁에 앉은 그 비구는 세존께 이렇게 여쭈었다.

3. "세존이시여, '법을 설하는 [비구], 법을 설하는 [비구]'라고들 합니다. 세존이시여, 어떻게 해서 법을 설하는 [비구]가 됩니까?"

4. "비구여, 만일 늙음·죽음을 염오하고[252] 탐욕이 빛바래고 소멸하기 위해서[253] 법을 설하면 그를 '법을 설하는 비구'라 부르기에 적당하다."

5. "비구여, 만일 늙음·죽음을 염오하고 탐욕이 빛바래고 소멸하기 위해서 도를 닦으면[254] 그를 '[출세간]법에 이르게 하는 법을

---

252) "'염오하기 위해서(nibbindan-atthāya)'라는 것은 염오의 관찰을 얻기 위해서(nibbida-anupassanā-paṭilābhāya)라는 말이다. 이것은 늙음·죽음을 처음으로 하여 말씀하신 유위법(saṅkhata-dhamma)들에 대해서 염오하는 형태로 전개된다. '빛바래기 위해서(virajjanatthāya)'라는 것도 빛바램의 관찰을 얻기 위해서라는 뜻이다."(SAṬ.ii.34)

253) 여기에 나타나는 '염오하고 탐욕이 빛바래고 소멸함(nibbidā, virāga, nirodha)'은 『상윳따 니까야』 제3권 「무더기 상윳따」(S22)와 제4권 「육처 상윳따」(S35)의 많은 경들에서 나타나는 염오-이욕-소멸의 정형구와 같으며, 이것은 염오-이욕-해탈-구경해탈지의 정형구와도 일맥상통한다. 여기에 대해서는 『상윳따 니까야』 제3권 해제 §3-(4)-②와 「과거·현재·미래 경」 1(S22:9)과 「무상 경」(S22:12)의 주해들을 참조할 것.

254) "'도를 닦는다(paṭipanno hoti).'라는 것은 계(sīla)로부터 시작해서 아라한도(arahatta-magga)까지를 도닦음(paṭipanna)이라 한다고 알아야 한다."(SA.ii.34)

닦는255) 비구'라 부르기에 적당하다."

6. "비구여, 만일 늙음·죽음을 염오하고 탐욕이 빛바래고 소멸하여 취착 없이 해탈하면256) 그를 '지금·여기[現法]에서 열반을 실현하는257) 비구'라 부르기에 적당하다."

같은 문장에 대해서 『맛지마 니까야 주석서』는 이렇게 설명한다.
"'소멸하기 위해서 도를 닦는다(nirodhāya paṭipanno).'는 것은 아라한도를 통해서 소멸하기 위해서(arahatta-maggā nirodhāya) 도를 닦는다는 뜻이다. 그러나 [아라한]과를 증득했을 때는(phala-patte) 참으로 소멸되었다(nirodhita)고 한다."(MA.iii.270)
앞에서도 살펴보았지만 여기서 염오는 위빳사나를 뜻하고 탐욕의 빛바램은 도를 뜻하고 소멸은 열반을 뜻한다.(nibbidāyāti vipassanā, virāgāyāti maggo, nirodhāya upasamāyāti nibbānaṁ – DA.ii.670)

255) "'[출세간]법에 이르게 하는 법을 닦는(dhamma-anudhamma-paṭipanna)'이라는 것은 '출세간인 열반의 법을 따르는 법이 되는 도닦음을 닦는(lokuttarassa nibbāna-dhammassa anudhamma-bhūtaṁ paṭipadaṁ paṭi-panno)'이라는 말이다."(SA.ii.34) 즉 '열반이라는 출세간법을 얻도록 하는 도닦음을 닦는'이라는 뜻으로 설명하고 있다.
복주서는 "열반의 법(nibbāna-dhamma)이란 열반을 가져오는(nibbānāvaha) 성스러운 도(ariya magga)를 말한다. 따르는 법이 됨이란 열반을 증득함(nibbāna-adhigama)에 적합한 고유성질을 가진 것(anucchavika-sabhāva-bhūta)을 말한다."(SAṬ.ii.34)라고 덧붙이고 있다.
이러한 설명을 통해서 볼 때 '[출세간]법에 이르게 하는 법을 닦는 비구'는 다름 아닌 유학(sekha, 예류자, 일래자, 불환자)인 비구를 말한다.

256) "'취착 없이 해탈함(anupādā vimutta)'이란 네 가지 취착(upādāna)을 통해서 어떤 법도 취착하지 않고 해탈하는 것을 말한다."(SA.ii.34) 네 가지 취착에 대해서는 『상윳따 니까야』 제2권 「분석 경」(S12:2) §7을 참조할 것.

257) "'지금·여기[現法]에서 열반을 실현하는(diṭṭhadhammanibbānappatta)'이란 것은 지금·여기에서 열반을 얻음(nibbāna-ppatta)을 말한다."(SA.ii.34) 이것은 아라한 혹은 무학(asekha)의 경지를 드러내고 있다.
한편 다른 주석서는 '지금·여기'를 이렇게 설명한다.
"지금·여기[現法, diṭṭha-dhamma]란 눈앞에 [직접 보이는](paccakkha) 법(dhamma, 현상)을 말한다."(DA.i.121)

7. "비구여, 만일 태어남을 … 만일 존재를 … 만일 취착을 … 만일 갈애를 … 만일 느낌을 …만일 감각접촉을 … 만일 여섯 감각 장소를 … 만일 정신·물질을 … 만일 알음알이를 … 만일 의도적 행위들을 … 만일 무명을 염오하고 탐욕이 빛바래고 소멸하기 위해서 법을 설하면 그를 '법을 설하는 비구'라 부르기에 적당하다."

8. "비구여, 만일 무명을 염오하고 탐욕이 빛바래고 소멸하기 위해서 도를 닦으면 그를 '[출세간]법에 이르게 하는 법을 닦는 비구'라 부르기에 적당하다."

9. "비구여, 만일 무명을 염오하고 탐욕이 빛바래고 소멸하여 취착 없이 해탈하면 그를 '지금·여기[現法]에서 열반을 실현하는 비구'라 부르기에 적당하다."258)

다시 복주서에서는 "지금·여기(diṭṭha-dhamma)란 봄(dassana)이라는 지혜를 통해서 얻어진 법(dhamma)이다. 여기서 감각기능[根]의 대상[境]이 아닌 [禪의 경지 등]도 분명하게 드러나기 때문에 감각기능의 대상처럼 간주될 수가 있다. 그래서 지금·여기를 두고 '눈앞에 [직접 보이는] 법'이라고 했다."(DAṬ.i.230)고 덧붙이고 있다.

'지금·여기'로 옮긴 diṭṭha(現)-dhamma(法)를 중국에서는 現法으로 직역하기도 하고 現今으로도 옮겼다. 그리고 서양에서는 *here and now*로 정착이 되고 있고 우리나라에서는 '지금·여기'로 정착이 되어간다.

258) "이와 같이 본경은 '설법자[法師, dhamma-kathika]'라는 하나의 질문에 대해서 유학과 무학의 경지(sekkha-asekkha-bhūmi)라는 두 가지를 보여주셨다."(SA.ii.34)

나체수행자 깟사빠 경

Acelakassapa Sutta(S12:17)

【해설】

연기(조건발생)의 가르침의 핵심은 괴로움의 발생구조와 소멸구조를 분명하게 밝히는 것이다. 본경은 괴로움은 조건발생임을 명쾌하게 드러내고 있다. 세존께서는 괴로움은 스스로가 만드는 것인가 아니면 타인이 만드는 것인가 스스로가 만들기도 하고 남이 만들기도 하는 것인가 우연히 생긴 것인가 아니면 괴로움이란 없는 것인가를 질문하는 (§7) 나체수행자 깟사빠에게 이런 의문은 단견이나 상견에 떨어진 것일 뿐이라고 말씀하신 뒤(§9) "깟사빠여, 이러한 양 극단을 의지하지 않고 중간[中]에 의해서 여래는 법을 설한다. 무명을 조건으로 의도적 행위들이, 의도적 행위들을 조건으로 알음알이가, … 이와 같이 전체 괴로움의 무더기[苦蘊]가 발생한다. 그러나 무명이 남김없이 빛바래어 소멸하기 때문에 의도적 행위들이 소멸하고, 의도적 행위들이 소멸하기 때문에 알음알이가 소멸하고, … 이와 같이 전체 괴로움의 무더기[苦蘊]가 소멸한다."라고 천명하시면서 12연기의 발생구조(유전문)와 소멸구조(환멸문)를 말씀하신다.(§10)

한편 이러한 중간에 의지함은 『상윳따 니까야』 제2권 「깟짜나곳따 경」(S12:15)에서는 바른 견해의 내용으로 설명되고 있다. 나체수행자 깟사빠는 출가해서 부처님의 제자가 되었고 마침내는 아라한이 되었다.

1. 이와 같이 나는 들었다. 한때 세존께서는 라자가하에서 대나무 숲의 다람쥐 보호구역에 머무셨다.

2. 그때 [19] 세존께서는 오전에 옷매무새를 가다듬고 발우와 가사를 수하시고 걸식을 위해서 라자가하로 들어가셨다. 나체수행자 깟사빠259)는 세존께서 멀리서 오시는 것을 보고 세존께 다가갔다. 가서는 세존과 함께 환담을 나누었다. 유쾌하고 기억할 만한 이야기로 서로 담소를 한 뒤 한 곁에 섰다. 한 곁에 서서 나체수행자 깟사빠는 세존께 이렇게 말씀드렸다.

3. "만일 고따마 존자께서 저의 질문에 대한 설명을 해 주실 기회를 내어주신다면 저는 고따마 존자께 어떤 문제를 질문 드리고자 합니다."

"깟사빠여, 지금은 질문할 적당한 때가 아니다. 우리는 이미 마을 안으로 들어섰다."

4. 두 번째로 나체수행자 깟사빠는 세존께 이렇게 말씀드렸다.

"만일 고따마 존자께서 저의 질문에 대한 설명을 해 주실 기회를 내어주신다면 저는 고따마 존자께 어떤 문제를 질문 드리고자 합니다."

"깟사빠여, 지금은 질문할 적당한 때가 아니다. 우리는 이미 마을 안으로 들어섰다."

5. 세 번째로 나체수행자 깟사빠는 세존께 이렇게 말씀드렸다.
"만일 고따마 존자께서 저의 질문에 대한 설명을 해 주실 기회를 내어주신다면 저는 고따마 존자께 어떤 문제를 질문 드리고자 합니다."

"깟사빠여, 지금은 질문할 적당한 때가 아니다. 우리는 이미 마을

---

259) 초기불전에 나타나는 세 명의 나체수행자 깟사빠(acela Kassapa)에 대해서는 『상윳따 니까야』 제4권 「나체수행자 깟사빠 경」(S41:9) §2의 주해를 참조할 것.

안으로 들어섰다."[260]

6. 이렇게 말씀하시자 나체수행자 깟사빠는 세존께 이렇게 말씀드렸다.

"저는 고따마 존자께 많은 것을 여쭙지 않을 것입니다."

"깟사빠여, 그대가 원한다면 질문을 하라."

7. "고따마 존자시여, 괴로움은 스스로가 만드는 것입니까?"[261]

"깟사빠여, 그렇지 않다."

"고따마 존자시여, 그러면 괴로움은 남이 만드는 것입니까?"[262]

"깟사빠여, 그렇지 않다."

"고따마 존자시여, 그러면 괴로움은 스스로가 만들기도 하고 남이 만들기도 하는 것입니까?"[263]

---

260) "왜 세존께서는 세 번이나 거절을 하셨는가? 존중하는 [마음]을 생기게 하기 위해서(gārava-jananattha)이다. 삿된 견해에 빠진 자(diṭṭhi-gatika)들은 즉시 대답을 해 주면 존중하지 않는다. 그러나 두세 번 거절하면 존중하게 된다. 그러면 그들은 듣고자 하고(sussūsanti) 믿음을 가지게 된다(saddahanti). 그리고 세존께서는 중생들의 지혜가 익게(ñāṇa-paripāka) 하기 위해서 세 번을 요청하도록 하신다."(SA.ii.35)

261) "'괴로움은 스스로가 만드는 것입니까(sayaṁkataṁ dukkhaṁ)?'라는 질문은 옳지 않다. 스승께서는 여기에 대해서 괴로움을 만드는, 자아라고 부를 만한 어떤 자가 있는 것이 아니라고 설명하고 계신다. 이 방법은 '남이 만드는 것(parato)'에도 적용된다."(SA.ii.35)
"이 삿된 견해에 빠진 자는, 자아는 오온을 벗어났고(pañcakkhandha-vinimutta) 항상하고(nicca) 행위자이고 경험하는 특징을 갖고 있다고(kāraka-vedaka-lakkhaṇa) 상상하면서 질문했기 때문에 이 질문 자체가 옳지 않다고 하신 것이다."(SAṬ.ii.35)
아래 §9에서 이것은 영속론자들 혹은 상견론자들(sassata-vādā)의 견해일 뿐이라고 논파되었다.

262) 아래 §9에서 이것은 단멸론자들(uccheda-vādā)의 견해일 뿐이라고 논파되었다.

"깟사빠여, 그렇지 않다."

"고따마 존자시여, [20] 그러면 괴로움은 스스로가 만드는 것도 아니고 남이 만드는 것도 아니고 우연히 생기는 것입니까?"264)

"깟사빠여, 그렇지 않다."

"고따마 존자시여, 그러면 괴로움이란 없습니까?"

"깟사빠여, 괴로움은 없는 것이 아니다. 깟사빠여, 괴로움은 있다."

"그렇다면 고따마 존자는 괴로움을 알지 못하고 보지 못합니까?"

"깟사빠여, 나는 괴로움을 알지 못하고 보지 못하는 것이 아니다. 깟사빠여, 나는 참으로 괴로움을 안다. 깟사빠여, 참으로 나는 괴로움을 본다."

8. "그런데 제가 '고따마 존자시여, 괴로움은 스스로가 만드는 것입니까?'라고 여쭈면 '깟사빠여, 그렇지 않다.'라고 대답하시고, 제가 '고따마 존자시여, 그러면 괴로움은 남이 만드는 것입니까?'라고 여쭈면 '깟사빠여, 그렇지 않다.'라고 대답하시고, 제가 '고따마 존자시여, 그러면 괴로움은 스스로가 만들기도 하고 남이 만들기도 하는 것입니까?'라고 여쭈면 '깟사빠여, 그렇지 않다.'라고 대답하시고, 제가 '고따마 존자시여, 그러면 괴로움은 스스로가 만드는 것도 아니고 남이 만드는 것도 아니고 우연히 생기는 것입니까?'라고 여쭈면 '깟사빠여, 그렇지 않다.'라고 대답하시고, 제가 '고따마 존자시여, 그러면 괴로움이란 없습니까?'라고 여쭈면 '깟사빠여, 괴로움은 없는 것

263) 이것은 일부영속론자들(ekacca-sassatikā)의 견해라 할 수 있다. 이것은 아래 §10에서 양 극단을 여읜 중간의 천명으로 논파되었다. 일부영속론자들에 대해서는 『디가 니까야』 제1권 「범망경」(D1) §2.1 이하를 참조할 것.

264) 이것은 우연발생론자들(adhicca-samuppannikā)의 견해라 할 수 있다. 이것은 아래 §10에서 연기를 통해서 논파되었다. 우연발생론자들에 대해서는 『디가 니까야』 「범망경」(D1) §2.30 이하를 참조할 것.

이 아니다. 깟사빠여, 괴로움은 있다.'라고 대답하시고, 제가 '그렇다면 고따마 존자는 괴로움을 알지 못하고 보지 못합니까?'라고 여쭈면 '깟사빠여, 나는 괴로움을 알지 못하고 보지 못하는 것이 아니다. 깟사빠여, 나는 참으로 괴로움을 안다. 깟사빠여, 나는 참으로 괴로움을 본다.'라고 대답하십니다.

세존이시여, 세존께서는[265] 부디 제게 괴로움에 대해서 설명해 주십시오. 세존이시여, 세존께서는 부디 제게 괴로움에 대해서 가르쳐 주십시오."

9. "깟사빠여, '그가 짓고 그가 [그 과보를] 경험한다.'고 한다면 처음부터 존재했던 [괴로움을 상정하여] '괴로움은 스스로가 짓는다.'라고 주장하는 것이 되어 이것은 상[견]에 떨어지고 만다.[266]

---

265) "여기서부터 그는 스승에 대한 존중심이 생겨서(sañjāta-gārava) 그대는(bhavaṁ)이라고 말하지 않고 세존께서는(bhagavā)이라고 말하고 있다."(SA.ii.35)
주석서의 이런 지적처럼 이때까지 그는 세존을 부를 때 'bhavaṁ Gotama(고따마 존자시여)'라고 하였는데 여기서부터는 호격도 세존이시여나 주인이시여를 뜻하는 bhante로 바뀌고 세존을 bhagavā(세존)라 부르고 있다. 존중하는(gārava) 마음이 생겼기 때문이다.

266) "'그가 짓고 그가 [그 과보를] 경험한다.'고 한다면 **처음부터 존재했던** [괴로움을 상정하여] '괴로움은 스스로가 짓는다.'라고 주장하는 것이 되어 …"로 옮긴 원어는 so karoti so paṭisaṁvediyatīti kho kassapa ādito sato sayaṁkataṁ dukkhanti iti vadaṁ이다.
이 문장을 주석서의 설명을 참조해서 옮기면 "**처음부터** '그가 짓고 그가 [그 과보를] 경험한다.'고 한다면 '괴로움은 스스로가 짓는다.'라고 주장하는 것이 되어 …"로 해석해야 한다. 'ādito sato(처음부터 존재하는 것)'를 어떻게 보느냐에 따라서 번역이 달라지는 것이다. 역자는 보디 스님의 설명을 참조하여 본문처럼 옮기는 것이 문맥에 더 잘 어울린다고 판단하여 이렇게 옮겼다. 미얀마어 번역본에도 이렇게 번역되어 나타나고 있다고 한다. 여기서 'ādito sato(처음부터 존재하는 것)'는 소유격인데 주석서는 깟사빠여, '다른 사람이 짓고 다른 사람이 [그 과보를] 경험한다.'고 한다면 느낌에 압도된 자가 '괴로움은 남이 짓는다.'라고 주장하는 것이 되어 이것은 단[견]에 떨어지고 만다."267)

10. "깟사빠여, 이러한 양 극단을 의지하지 않고 중간[中]에 의해서 여래는 법을 설한다.268)

이것을 처소격을 뜻하는 소유격이라고 설명하고 있다.(SA.ii.35)
주석서를 직역하면 다음과 같다.
"만일 처음부터 '그가 짓고 그가 [그 과보를] 경험한다.'라고 [생각한다면] 그 후에 그에게는 '괴로움은 스스로가 짓는다.'라는 믿음이 생긴다. 여기서 '괴로움'이란 윤회의 괴로움(vaṭṭa-dukkha)을 뜻한다. 이 문장에서 먼저 나타난 '처음'이라는 단어(ādi-sadda)는 나중에 나타나는 '상[견]'이라는 단어(sassata-sadda)와 연결해서 [해석해야] 한다. … 그래서 이와 같이 주장하면 처음부터(ādito va) 상견을 밝히고 상견을 취하는 것이라고 말하는 것이 된다. 왜? 그의 이러한 견해는 '짓는 자(kāraka)'와 '경험하는 자(vedaka)'는 오직 하나라고(ekam eva) 취하는 상견에 떨어진 것이기 때문이다."(SA.ii.35~36)

267) 이 부분도 바로 앞의 주해와 같은 이유로 역자는 주석서와는 다르게 옮겼다. 주석서를 직역하면 다음과 같다.
"만일 처음에 '다른 사람이(añño) 짓고 다른 사람이(añño) [그 과보를] 경험한다.'라고 [생각한다면] 그 후에 그에게는 '괴로움은 남이 짓는다.'라는 믿음이 생긴다. 그는 '짓는 자는 여기서 단멸한다. 그러면 그가 지은 것을 다른 자가 경험하게 된다(tena kataṁ añño paṭisaṁvediyati).'라는 이러한 단견과 함께하는 느낌에 의해서 두들겨 맞고(abhitunna) 찔렸기(viddha) 때문이다. 이와 같이 주장하면 처음부터 단견을 밝히고 단견을 취하는 것이라고 말하는 것이 된다. 왜? 그의 이러한 견해는 단견에 떨어진 것이기 때문이다."(SA.ii.36)

268) "'중간[中]에 의해서 여래는 법을 설한다(majjhena tathāgato dhammaṁ deseti).'는 것은 상견과 단견이라 불리는 양 극단(ubha anta)을 의지하지 않고(anupagamma) 제거하고(pahāya) 집착하지 않고(analliyitvā), 중도(中道, majjhimā paṭipadā)에 서서 설하신다는 뜻이다. 어떤 법을 설하셨는가라고 한다면, 바로 이 '무명을 조건으로 의도적 행위들이 있다.'는 것이다.

무명을 조건으로 의도적 행위들이, 의도적 행위들을 조건으로 알음알이가, … 이와 같이 전체 괴로움의 무더기[苦蘊]가 발생한다.

그러나 무명이 [21] 남김없이 빛바래어 소멸하기 때문에 의도적 행위들이 소멸하고, 의도적 행위들이 소멸하기 때문에 알음알이가 소멸하고, … 이와 같이 전체 괴로움의 무더기[苦蘊]가 소멸한다."269)

11. 이렇게 말씀하시자 나체수행자 깟사빠는 세존께 이렇게 말씀드렸다.

"경이롭습니다, 세존이시여. 경이롭습니다, 세존이시여. 마치 넘어진 자를 일으켜 세우시듯, 덮여 있는 것을 걷어내 보이시듯, [방향을] 잃어버린 자에게 길을 가리켜 주시듯, 눈 있는 자 형색을 보라고 어둠 속에서 등불을 비춰 주시듯, 세존께서는 여러 가지 방편으로 법을 설해 주셨습니다. 저는 이제 세존께 귀의하옵고 법과 비구 승가에 귀의합니다. 세존이시여, 저는 세존의 곁에 출가하여 구족계를 받고자 합니다."

여기서 이 [연기의 가르침을 통해서] 원인으로부터 결과가 일어남을(kāra-ṇato phalaṁ), 그리고 원인의 소멸에 의해서(kāraṇa-nirodhena) 그 [결과]가 소멸함을 밝히신 것이지 어떤 짓는 자(kāraka)도 경험하는 자(vedaka)도 상정하시지(niddiṭṭha) 않았다."(SA.ii.36)

아무튼 여기서 연기는 고락(苦樂)을 여의고 단상(斷常)을 여읜 것으로 설명되며 특히 고락의 자작자수(自作自收)와 자작타수(自作他收)의 문제를 짚어보고 있다. 중간[中]과 중도(中道)에 대해서는 『상윳따 니까야』 제2권 「깟짜나곳따 경」(S12:15) §6의 주해를 참조할 것.

269) "이렇게 해서 나머지 [두] 질문이 논파되었다(paṭisedhitā). 왜냐하면 여기서 '양 극단을 의지하지 않고(ubho ante anupagamma)'라는 말씀으로 세 번째 질문을 물리쳤으며(paṭikkhitta), '무명을 조건으로 의도적 행위들이 있다.'는 것을 통해서 [네 번째 질문인] 우연발생론(adhicca-samup-pannatā)을 물리쳤다고 알아야 하기 때문이다."(SA.ii.36)

12. "깟사빠여, 전에 외도였던 자가 이 법과 율에 출가하여 구족계 받기를 원하면 그는 넉 달의 견습기간을 거쳐야 한다. 넉 달이 지나고 비구들이 동의하면 출가하게 하여 비구가 되는 구족계를 받게 한다. 물론 여기에 개인마다 차이가 있음을 나는 인정한다."[270)]

13. "세존이시여, 만일 전에 외도였던 자가 이 법과 율에 출가하여 구족계 받기를 원하면 그는 넉 달의 견습기간을 거쳐야 하고 넉 달이 지나고 비구들이 동의하면 출가하게 하여 비구가 되는 구족계를 받게 하신다면 저는 4년의 견습기간을 거치겠습니다. 4년이 지나고 비구들이 동의하면 출가하게 하시어 비구가 되는 구족계를 받게 해 주소서."

나체수행자 깟사빠는 세존의 곁으로 출가하여 구족계를 받았다.

14. 구족계를 받은 지 얼마 되지 않아서 깟사빠 존자는 혼자 은둔하여 방일하지 않고 열심히, 스스로 독려하며 지냈다. 그는 오래지 않아 [22] 좋은 가문의 아들들이 집에서 나와 출가하는 목적인 그 위없는 청정범행의 완성을 지금·여기에서 스스로 최상의 지혜로 알고 실현하고 구족하여 머물렀다. '태어남은 다했다. 청정범행은 성취되었다. 할 일을 다 해 마쳤다.[271)] 다시는 어떤 존재로도 돌아오지 않

---

270) 이것은 『율장』의 『대품』(Vin.i.69~71)에서도 언급되고 있는 항목이다. 『율장 주석서』는 이를 '외도의 따로 머묾[外道別住, titthiya-parivāsa]'이라 부르고 있다.(VinA.v.990)
주석서에 의하면 전에 외도였던 사람은 먼저 사미가 되게 하고(sāmaṇera-bhūmiyaṁ ṭhita) 4개월이 지나서 대중의 동의를 얻어 구족계(upasam-padā)를 준다고 설명하고 있다. 그런데 만일 부처님께서 그가 별주를 거치지 않아도 된다고 인정하시면 별주의 과정이 면제된다고 한다. 깟사빠 존자의 경우에는 출가하여 [사미계를 받은] 직후에 세존께서 대중의 동의를 받아 바로 비구계를 주셨다(upasampādesi)고 한다.(SA.ii.36~37)

을 것이다.'[272]라고 최상의 지혜로 알았다.[273]

15. 깟사빠 존자는 아라한들 중의 한 분이 되었다.

---

271) "'청정범행(brahmacariya)'은 도의 청정범행(magga-brahmacariya)이다. '할 일을 다 해 마쳤다(kataṁ karaṇīyaṁ).'는 것은 네 가지 진리(sacca) 각각에 대해서 철저히 앎과 버림과 실현함과 닦음(pariññā-pahāna-sacchikiriya-bhāvanā)이라는 네 가지 도로써 모두 16가지 방법으로 할 일을 다 해 마쳤다는 뜻이다."(SA.i.205)

272) "'다시는 어떤 존재로도 돌아오지 않을 것이다(na aparam itthattāya).'라는 것은, ① 이러한 존재가 되기 위해서(ittha-bhāvāya), 이와 같이 16가지 방법으로 [다시] 할 일을 다 해 마치기 위해서(soḷasa-kicca-bhāvāya), 혹은 [다시] 오염원을 멸진하기 위해서(kilesa-kkhayāya) 도를 닦아야 할 일(kata-magga-bhāvanā)이 다시는 없다는 말이다. ② 혹은 여기서 어떤 존재란 어떤 존재로부터(itthatta-bhāvato)라는 뜻이다. 즉 지금 존재하는 오온의 지속으로부터(vattamāna-kkhandha-santānā) 다시 다음의 다른 오온의 지속이 존재하게 되지는 않는다는 말이니, 이 오온을 철저히 알고 머물기 때문에 마치 뿌리가 잘려진 나무와 같다고 철저하게 알았다는 말이다." (SA.i.205)
즉 주석서는 itthattāya를 두 가지로 해석하고 있다. 첫째는 여격(*Dative*)으로 해석하여 '이런 존재가 되기 위해서' 다시 오지 않는다는 뜻이고 둘째는 탈격(*Ablative*)으로 해석해서 '이런 존재로부터' 다른 존재로 되지 않는 것으로 해석하는 것이다. 역자는 첫째 방법대로 옮겼다. itthatta는 중성 추상명사이기 때문에 문법적으로 itthattāya를 여격으로 해석하는 것이 무난하기 때문이다.

273) "여기서 '태어남은 다했다 … 돌아오지 않을 것이다.'라고 최상의 지혜로 알았다는 것은 반조의 토대(paccavekkhaṇa-bhūmi)를 말씀하신 것이다." (SA.i.205)

갈애 멸진의 긴 경

Mahā-taṇhāsaṅkhaya Sutta(M38)

【해설】

지금도 많은 한국불자들은 마음 혹은 알음알이[識]가 감각장소[根]와 감각대상[境]을 반연하여 생긴 조건발생이 아니라 마음이라는 불변하는 실체가 있는 줄로 착각하고 있다. 한국불교에는 마음 깨쳐 성불한다거나 마음이 곧 부처[心卽是佛]라거나 마음 외에 부처란 없다[心外無佛]라거나 일체는 마음이 만들어낸 것[一切唯心造]이라거나 하며 마음을 절대화하는 데 열을 올리는 분들이 많다. 이처럼 마음을 절대화하여 마음이 우주의 모든 것을 만들어내는 창조주나 절대자인 양 받아들여 버린다면 이것은 큰 문제라 아니할 수 없다.

모든 불교에서 오온은 실체가 없다(오온무아)고 설한다. 그러므로 오온의 다섯 번째인 알음알이[識] 즉 마음도 실체가 없는 것이요, 단지 찰나생・찰나멸의 흐름일 뿐이다. '나'라는 존재를 알음알이 등의 오온으로 해체해서 보면 이들의 무상과 고와 무아가 극명하게 드러나고, 여기에 사무치면 존재에 넌더리치고(염오), 탐욕이 남김없이 빛바래고(이욕), 그래서 해탈하고, 구경해탈지가 일어나고, 열반을 실현하게 된다는 것이 초기불전의 도처에서 부처님이 강조하고 계신 가르침이다.[274]

마음을 절대화하면 즉시 외도의 자아이론[我相]이나 개아이론[人相]

---

274) 본서 오온편의 「배우지 못한 자 경」 1(S12:61)의 해설과 주해들과 『맛지마 니까야』 제4권의 M147과 M148의 해설 등을 참조하고 자세한 것은 『초기불교 이해』 213쪽 이하를 참조할 것.

이나 영혼이론[壽者相]이나 진인이론으로 떨어지고 만다. 그렇게 되면 그것은 『금강경』에서 척파의 대상으로 강조하는 산냐(saññā, 相, 想, 고정관념, 잘못된 인식)가 되어버린다. 이것은 우리 불교가 가장 유념하면서 고뇌해야 할 부분이기도 하다. 그런 의미에서 본경은 한국의 출가자나 불자들이 반드시 읽고 깊이 새기고 음미해야 하는 경이라 하겠다.

특히 본경은 연기에 대한 가르침으로 주목해야 할 경이다. 본경은 연기에 대한 유전문과 환멸문, 순관과 역관을 분명하게 설하기도 하지만(§§17~22) 니까야 전체에서 본경이야말로 알음알이[識] 혹은 마음을 윤회의 주체로 간주하는 것에 대해 연기의 가르침으로 무아를 명쾌하게 천명하는 가장 중요한 경이기 때문이다.

본경은 급고독원에서 세존께서 어부의 아들 사띠 비구의 일화를 계기로 비구들에게 하신 설법이다. 그때 어부의 아들 사띠라는 비구에게 '내가 세존께서 설하신 법을 알기로는, 다름 아닌 바로 이 알음알이가 계속되고 윤회한다.'라는 삿된 견해가 일어났다고 한다.(§2) 대중들의 경책을 받았지만 그는 자신의 소견을 굽히지 않았다.(§3) 그래서 대중들은 세존께 고하였고(§4) 세존께서 사띠를 불러 경책을 하시면서(§5) 비구들에게 본경을 말씀하셨다.

먼저 부처님께서는 알음알이는 조건발생이라는 점을 강조하신다.(§8) 그래서 세존께서는 "알음알이는 조건을 반연하여 생기는데, 그 각각의 조건에 따라 알음알이는 이름을 얻는다. 알음알이가 눈과 형색들을 조건하여 일어나면 그것은 눈의 알음알이[眼識]라고 한다. … 알음알이가 마노[意]와 법들을 조건하여 일어나면 그것은 마노의 알음알이[意識]라고 한다.
마치 어떤 것을 조건하여 불이 타면 그 불은 그 조건에 따라 이름을 얻나니, 장작으로 인해 불이 타면 장작불이라고 하고, … 쓰레기로 인해 불이 타면 쓰레기불이라고 하는 것과 같다."(§8)라고 명쾌하고 분명하게 말씀하신다.
지금도 많은 한국불자들은 알음알이나 마음이 이처럼 조건발생이 아니라 무슨 불변하는 실체가 있는 줄로 착각하고 있다. 그런 의미에서 본경은 한국불교에 시사하는 바가 크다 하겠다.

그리고 §9 이하에서는 비구대중들과 존재에 대한 여러 가지 일반적인 문답을 하시고 §15 이하에서는 네 가지 음식과 연기에 대해 자세하게 말씀하신다. 이렇게 하여 본경에서 세존께서는 여러 관점에서 12연기를 말씀하시는데 표제어만 발췌해 보면 다음과 같다.

§17에서는 일어남에 대한 연기의 순관을, §18에서는 일어남에 대한 연기의 역관을, §19에서는 일어남에 대한 연기의 유전문을, §20에서는 소멸에 대한 연기의 순관을, §21에서는 소멸에 대한 연기의 역관을, §22에서는 소멸에 대한 연기의 환멸문을 설하신다. 이처럼 12연기를 여섯 가지 관점에서 심도 깊게 설하고 계신다.

다시 §23에서 존재함에 대한 지혜를 설하시고 §§26~29에서는 윤회의 시작으로 수태에서부터 성장기까지를, 다시 §30에서는 윤회의 전개를, §§31~39에서는 윤회를 종식시키는 방법(점진적인 수행)으로 계의 구족의 정형구 등과(§31~38) 네 가지 禪의 정형구를 설하신다.(§39) 그리고 §40에서 윤회의 종식에 대한 가르침으로 짧은 누진통의 정형구를 말씀하시고 [근·경·식·촉]을 전제한 수·애·취·유·생·노사의 정형구로 전체 괴로움의 무더기가 소멸한다고 결론지으신다.(§40) 이렇게 해서 갈애의 멸진을 연기의 가르침으로 심도 깊게 해석하면서 마무리를 지으신다.

이렇게 하여 본경은 고정 불변하는 윤회의 주체로서의 알음알이는 없는 것이며 알음알이[識]란 감각장소[根]와 감각대상[境]에 의한 조건발생이고 알음알이가 조건생·조건멸하는 것을 본경은 6가지 관점에서 12연기를 분석하면서 담담하게 드러내고 있다.

본경의 문제제기는 사띠라는 비구에게 생긴 '내가 세존께서 설하신 법을 알기로는, 다름 아닌 바로 이 알음알이가 계속되고 윤회한다.'라는 아주 나쁜 견해를 토대로 하고 있다. 그러므로 본경은 앞의 제2장 오온의 가르침에 실을 수도 있지만 본경이 12연기의 유전문·환멸문과 순관·역관을 적용하여 갈애의 멸진을 연기의 가르침으로 심도 깊게 해석하고 있기 때문에 12연기를 이해하는 경으로 받아들여서 여기에 싣고 있음을 밝힌다.

법문의 배경

1. 이와 같이 나는 들었다. 한때 세존께서는 사왓티에서 제따 숲의 아나타삔디까 원림(급고독원)에 머무셨다.

2. 그때[275] 어부의 아들 사띠라는 비구[276]에게 '내가 세존께서 설하신 법을 알기로는, 다름 아닌 바로 이 알음알이가 계속되고 윤회한다.'라는 아주 나쁜 견해[惡見]가[277] 생겼다.[278]

3. 많은 비구들이 어부의 아들 사띠라는 비구에게 '내가 세존께서 설하신 법을 알기로는, 다름 아닌 바로 이 알음알이가 계속되고

275) 본경 §§2~7은 『맛지마 니까야』 제1권 「뱀의 비유 경」(M22) §§2~8과 내용만 다를 뿐 같은 형식으로 전개 되고 있다.

276) '사띠라는 비구(Sāti nāma bhikkhu)'는 학식이 적은 사람(appa-ssuta)이었다. 그래서 그는 세존께서 『자따까』(Jātaka)를 설하시면서 세존께서 여러 전생에 보살행을 하실 때에 여러 존재들로 태어나셨다고 하는 것을 듣고는 '이 물질과 느낌과 인식과 심리현상들은 거기서 소멸하지만 알음알이는 이 세상에서 저 세상으로 저 세상에서 이 세상으로 치달리고 윤회한다.'라는 상견(常見, sassata-dassana)이 생겼다고 한다. 그래서 그는 '내가 세존께서 설하신 법을 알기로는, 다름 아닌 바로 이 알음알이가 계속되고 윤회한다.'라는 말을 하게 된 것이라고 한다.(MA.ii.305)

277) "『맛지마 니까야』 제1권 「뱀의 비유 경」(M22)에서 '나쁜 견해(diṭṭhi-gata)'는 그릇된 견해를 굳게 거머쥔 것(laddhi-matta)이고, 여기서 나쁜 견해는 상견(常見, sassata-diṭṭhi)을 말한다."(MA.ii.305)

278) "물질(색), 느낌(수), 인식(상), 심리현상들(행)은 그 자리에서 바로바로 멸하지만 알음알이(식)는 이 세상(idha-loka)에서 저 세상(para-loka)으로, 저 세상에서 이 세상으로 '계속되고 윤회한다(sandhāvati saṁsarati).'는 상견(常見, sassata-dassana)이 이 비구에게 일어났다. 그래서 그는 다른 것이 아닌 바로 이 알음알이가 계속되고 윤회한다고 말한 것이다.
그러나 정등각자께서는 알음알이는 조건[緣]에 의해서 생기는 것(paccaya-sambhava)이기 때문에 조건이 있을 때 일어나고, 조건이 없으면 일어나지 않는다고 말씀하셨다."(MA.ii.305)

윤회한다.'라는 아주 나쁜 견해가 생겼다고 들었다. 그러자 그 비구들은 어부의 아들 사띠 비구를 만나러 갔다. 가서는 어부의 아들 사띠 비구에게 이렇게 말했다.

"도반 사띠여, 그대에게 '내가 세존께서 설하신 법을 알기로는, 다름 아닌 바로 이 알음알이가 계속되고 윤회한다.'라는 아주 나쁜 견해가 생겼다는 것이 사실입니까?"

"그렇습니다, 도반들이여. 내가 세존께서 설하신 법을 알기로는, 다름 아닌 바로 이 알음알이가 계속되고 윤회합니다."

그러자 그 비구들은 어부의 아들 사띠 비구에게 이러한 아주 나쁜 견해를 멀리 여의게 하려고 질문하고 반문하고 대화를 나누었다.

"도반 사띠여, 그렇게 말하지 마십시오. 세존을 비방하지 마십시오. 세존을 비방하는 것은 옳지 않습니다. 세존께서는 그렇게 말씀하지 않으셨습니다. 도반 사띠여, 세존께서는 여러 가지 방편으로 알음알이는 조건 따라 일어난다[緣而生][279]고 설하셨습니다. [257] 조건이 없어지면 알음알이도 일어나지 않는다고 하셨습니다."

이와 같이 어부의 아들 사띠 비구는 그 비구들과 더불어 질문하고 반문하고 대화를 나누었지만 그 나쁜 견해를 완강하게 고수하고 고집하여 주장했다.

"도반들이여, 내가 세존께서 설하신 법을 알기로는, 다름 아닌 바로 이 알음알이가 계속되고 윤회합니다."

---

279) '조건 따라 일어나는[緣而生]'은 paṭicca-samuppanna를 옮긴 것이다. 『상윳따 니까야』 제2권 「인연 상윳따」(S12)에서는 문장을 부드럽게 하기 위해 '연기된'으로 통일해서 옮겼다. 한편 CBETA로 검색을 해 보면 이 단어는 연이생(緣而生)으로 한역된 경우가 가장 많고, 緣已生으로도 많이 한역되었으며, 緣以生으로 나타나는 경우도 있다.
그리고 아랫줄의 '조건[緣]'은 paccaya를 옮긴 것이다.

4. 그 비구들이 어부의 아들 사띠 비구에게 그 나쁜 견해를 멀리 여의게 할 수 없자 세존을 찾아갔다. 가서는 세존께 절을 올리고 한 곁에 앉았다. 한 곁에 앉아서 그 비구들은 세존께 이렇게 말씀드렸다.

"세존이시여, 어부의 아들 사띠라는 비구에게 '내가 세존께서 설하신 법을 알기로는, 다름 아닌 바로 이 알음알이가 계속되고 윤회한다.'라는 아주 나쁜 견해가 생겼습니다. 세존이시여, 저희들은 어부의 아들 사띠라는 비구에게 '내가 세존께서 설하신 법을 알기로는, 다름 아닌 바로 이 알음알이가 계속되고 윤회한다.'라는 아주 나쁜 견해가 생겼다고 들었습니다. 세존이시여, 그러자 저희들은 어부의 아들 사띠 비구를 만나러 갔습니다. 가서는 어부의 아들 사띠 비구에게 이렇게 말했습니다.

'도반 사띠여, 그대에게 '내가 세존께서 설하신 법을 알기로는, 다름 아닌 바로 이 알음알이가 계속되고 윤회한다.'라는 아주 나쁜 견해가 생겼다는 것이 사실입니까?'

세존이시여, 그러자 어부의 아들 사띠는 저희들에게 이렇게 대답했습니다.

'그렇습니다. 도반들이여, 내가 세존께서 설하신 법을 알기로는, 다름 아닌 바로 이 알음알이가 계속되고 윤회합니다.'

세존이시여, 그러자 저희들은 어부의 아들 사띠 비구에게 이러한 아주 나쁜 견해를 멀리 여의게 하려고 질문하고 반문하고 대화를 나누었습니다.

'도반 사띠여, 그렇게 말하지 마십시오. 세존을 비방하지 마십시오. 세존을 비방하는 것은 옳지 않습니다. 세존께서는 그렇게 말씀하지 않으셨습니다. 도반 사띠여, 세존께서는 여러 가지 방편으로 알음알

이는 조건 따라 일어난다고 설하셨습니다. 조건이 없어지면 알음알이도 일어나지 않는다고 하셨습니다.'

세존이시여, 이와 같이 어부의 아들 사띠 비구는 저희들과 함께 질문하고 반문하고 대화를 나누었지만 그 나쁜 견해를 완강하게 고수하고 고집하여 주장했습니다.

'내가 세존께서 설하신 법을 알기로는, 다름 아닌 바로 이 알음알이가 계속되고 윤회합니다.'라고.

세존이시여, 저희들은 어부의 아들 사띠 비구에게 그 나쁜 견해를 멀리 여의게 할 수가 없어 이 사실을 세존께 말씀드리는 것입니다."

5. 그러자 세존께서는 다른 비구를 부르셨다.

"오라, 비구여. [258] 그대는 내 말이라 전하고 어부의 아들 사띠 비구를 불러오라. '도반 사띠여, 스승께서 그대를 부르십니다.'라고."

"그러겠습니다, 세존이시여."라고 그 비구는 세존께 대답하고 어부의 아들 사띠 비구를 만나러 갔다. 가서는 어부의 아들 사띠 비구에게 이렇게 말했다.

"도반 사띠여, 스승께서 그대를 부르십니다."

"도반이여, 잘 알겠습니다."라고 어부의 아들 사띠 비구는 그 비구에게 대답하고 세존을 뵈러 갔다. 가서는 세존께 절을 올리고 한 곁에 앉았다. 한 곁에 앉은 어부의 아들 사띠 비구에게 세존께서는 이렇게 말씀하셨다.

"사띠여, 그대에게 '내가 세존께서 설하신 법을 알기로는, 다름 아닌 바로 이 알음알이가 계속되고 윤회한다.'라는 아주 나쁜 견해가 생겼다는 것이 사실인가?"

"그렇습니다, 세존이시여. 제가 세존께서 설하신 법을 알기로는, 다름 아닌 바로 이 알음알이가 계속되고 윤회합니다."

"사띠여, 그러면 어떤 것이 알음알이인가?"

"세존이시여, 그것은 말하고 느끼고 여기저기서 선행과 악행의 과보를 경험하는 것입니다."[280)]

"쓸모없는 자여, 도대체 내가 누구에게 그런 법을 설했다고 그대는 이해하고 있는가? 쓸모없는 자여, 참으로 나는 여러 가지 방편으로 알음알이는 조건 따라 일어난다고 설했고, 조건이 없어지면 알음알이도 일어나지 않는다고 하지 않았던가? 쓸모없는 자여, 그러나 그대는 그대 스스로 잘못 파악하여 우리를 비난하고 자신을 망치고 많은 허물을 쌓는구나. 쓸모없는 자여, 그것은 그대를 긴 세월 불이익과 고통으로 인도할 것이다."

6. 그러자 세존께서는 비구들을 부르셨다.

"이를 어떻게 생각하는가, 비구들이여. 어부의 아들 사띠 비구가 이 법과 율에서 조금이라도 [지혜의] 열기가 있다고 생각하는가?"

"세존이시여, 어찌 그러하겠습니까? 전혀 그렇지 않습니다, 세존이시여."

이렇게 말했을 때 어부의 아들 사띠 비구는 말없이 의기소침하여 어깨를 늘어뜨리고 고개를 숙이고 우울한 표정으로 아무런 대답을 못하고 앉아있었다. 세존께서는 어부의 아들 사띠 비구가 말없이 의기소침하여 어깨를 늘어뜨리고 고개를 숙이고 우울한 표정으로 아무런 대답을 못하는 것을 아시고 그에게 이렇게 말씀하셨다.

---

280) 이것은 『맛지마 니까야』 제1권 「모든 번뇌 경」(M2) §8에서 정리하고 있는 지혜 없이 마음에 잡도리할 때 생기는 여섯 가지 견해 가운데 마지막인 '⑥ 이러한 나의 자아는 말하고 경험하며, 여기저기서 선행과 악행의 과보를 경험한다. 그런 나의 자아는 항상하고 견고하고 영원하고 변하지 않는 법이고 영원히 지속될 것이다.'와 같다.

"이 쓸모없는 자여, 그대는 그대 자신의 아주 나쁜 견해를 이제 인정하게 될 것이다. 이제 나는 비구들에게 물어보겠다."

7. 세존께서는 비구들을 부르셨다.

"비구들이여, 그대들도 내가 설한 법에 대해 어부의 아들 [259] 사띠 비구가 자기 스스로 잘못 파악하여 우리를 비난하고 자신을 망치고 많은 허물을 쌓는 것처럼 그렇게 이해하고 있는가?"

"그렇지 않습니다, 세존이시여. 세존께서는 여러 가지 방편으로 알음알이는 조건 따라 일어난다고 설하셨고, 조건이 없어지면 알음알이도 일어나지 않는다고 하셨습니다."

"장하구나, 비구들이여. 장하게도 그대들은 내가 설한 법을 이렇게 이해하고 있구나. 비구들이여, 참으로 나는 여러 가지 방편으로 알음알이는 조건 따라 일어난다고 설했고, 조건이 없어지면 알음알이도 일어나지 않는다고 말했다. 그러나 어부의 아들 사띠 비구는 자신이 스스로 잘못 파악하여 우리를 비난하고 자신을 망치고 많은 허물을 쌓는구나. 그것은 그 쓸모없는 인간을 긴 세월 불이익과 고통으로 인도할 것이다."

알음알이는 조건발생이다

8. "비구들이여, 알음알이는 조건을 반연하여 생기는데,[281] 그 각각의 조건에 따라 알음알이는 이름을 얻는다. 알음알이가 눈과 형색들을 조건하여 일어나면 그것은 눈의 알음알이[眼識]라고 한다. 알음알이가 귀와 소리들을 조건하여 일어나면 그것은 귀의 알음알이[耳識]라고 한다. 알음알이가 코와 냄새들을 조건하여 일어나면 그것

281) '알음알이는 조건을 반연하여 생긴다.'는 paccayaṁ paṭicca uppajjati viññāṇaṁ을 옮긴 것이다.

은 [260] 코의 알음알이[鼻識]라고 한다. 알음알이가 혀와 맛들을 조건하여 일어나면 그것은 혀의 알음알이[舌識]라고 한다. 알음알이가 몸과 감촉들을 조건하여 일어나면 그것은 몸의 알음알이[身識]라고 한다. 알음알이가 마노[意]와 법들[282]을 조건하여 일어나면 그것은 마노의 알음알이[意識]라고 한다.

비구들이여, 마치 어떤 것을 조건하여 불이 타면 그 불은 그 조건에 따라 이름을 얻나니, 장작으로 인해 불이 타면 장작불이라고 하고,[283] 지저깨비로 인해 불이 타면 모닥불이라고 하고, 짚으로 인해 불이 타면 짚불이라고 하고, 소똥으로 인해 불이 타면 소똥불이라고 하고, 왕겨로 인해 불이 타면 왕겨불이라고 하고, 쓰레기로 인해 불

282) "여기서 '마노(mano, 意)'란 전향과 함께한(sah-āvajjana) 바왕가의 마노(bhavaṅga-mana, 잠재의식)를 말하고, '법들(dhammā)'이란 삼계의 법들(tebhūmaka-dhammā)을 말한다."(MA.ii.306)

283) "'장작으로 인해 불이 타면 장작불이라고 하고(kaṭṭhañca paṭicca aggi jalati kaṭṭhaggitveva saṅkhyaṁ gacchati)' 등으로 말씀하셨다. 이 비유는 감각의 문을 옮겨가는(dvāra-saṅkanti) [알음알이의 윤회라는 것이] 없음(abhāva)을 보여준다.
마치 장작으로 인해 타는 불은 연료라는 조건(upādāna-paccaya)이 있을 때 계속해서 불타고, 연료가 떨어지면 조건의 결여(paccaya-vekalla)로 반드시 그 자리에서 소멸되지 그것이 지저깨비 등으로 옮겨가서 모닥불 등이라 불리지 않듯이, 눈과 형색들을 조건하여 생긴 알음알이는 그 문에서 눈과 형색들과 빛과 마음에 잡도리함이라고 불리는(cakkhu-rūpa-āloka-manasi-kāra-saṅkhāta) 조건들이 있을 때 생기고, 그것이 없으면 조건의 결여로 반드시 그곳에서 소멸하지 귀 등으로 옮겨가서 귀의 알음알이 등으로 불리지 않는다.
그러므로 세존께서는 다음과 같이 사띠 비구를 질책하신다. '나는 알음알이가 생기는 것(viññāṇa-ppavatta)에 관해 감각의 문에서 감각의 문으로 옮겨간다고(dvāra-saṅkanti-matta)도 말하지 않거늘, 이 쓸모없는 인간 사띠는 [이 생에서 저 생으로] 존재를 옮겨간다(bhava-saṅkanti)고 말한다.'라고."(MA.ii.306~307)

이 타면 쓰레기불이라고 하는 것과 같다.

비구들이여, 그와 같이 알음알이는 어떤 것을 조건하여 생기는데, 그 각각의 조건에 따라 알음알이는 이름을 얻는다. 알음알이가 눈과 형색들을 조건하여 일어나면 그것은 눈의 알음알이라고 한다. 알음알이가 귀와 소리들을 조건하여 일어나면 그것은 귀의 알음알이라고 한다. 알음알이가 코와 냄새들을 조건하여 일어나면 그것은 코의 알음알이라고 한다. 알음알이가 혀와 맛들을 조건하여 일어나면 그것은 혀의 알음알이라고 한다. 알음알이가 몸과 감촉들을 조건하여 일어나면 그것은 몸의 알음알이라고 한다. 알음알이가 마노[意]와 법들을 조건하여 일어나면 그것은 마노의 알음알이라고 한다."

존재에 대한 일반적인 문답

9. "비구들이여, '이것은 생긴 것이다.'라고 보는가?"284)

"그러합니다, 세존이시여."

"비구들이여, '이것은 음식에서 생긴 것이다.'285)라고 보는가?"

"그러합니다, 세존이시여."

"비구들이여, '음식이 소멸하기 때문에 그 생긴 것도 소멸하기 마

---

284) "알음알이는 조건과 함께 생긴 것(sappaccaya-bhāva)이라는 것을 보이시고 지금은 다섯 가지 무더기(오온, khandha-pañcaka)도 조건에서 생긴 것(paccaya-sambhava)임을 보이시면서 '이것은 생긴 것이다(bhūtam idaṁ).'라고 말씀을 시작하셨다.
'이것은 생긴 것이다(bhūtam idaṁ).'라는 것은 이 오온은 출생한 것(jāta)이고 생긴 것(bhūta)이고 태어난 것(nibbatta)이라는 뜻이다."(MA.ii.307)

285) "'이것은 음식에서 생긴 것이다(tad āhāra-sambhavaṁ).'라는 것은 이 오온은 음식에서 생긴 것이요 조건에서 생긴 것으로, 조건이 있을 때 생겨난다는 것을 보는가를 물으신 것이다."(MA.ii.307)

련이다.'라고 보는가?"

"그러합니다, 세존이시여."

10. "비구들이여, 이것이 생긴 것인지, 혹은 그렇지 않은 것인지 불명확할 때 의심이 생기는가?"

"그러합니다, 세존이시여."

"비구들이여, '이것이 음식에서 생긴 것인지, 혹은 그렇지 않은 것인지 불명확할 때 의심이 생기는가?"

"그러합니다, 세존이시여."

"비구들이여, '음식이 소멸하기 때문에 그 생긴 것도 소멸하기 마련인 것인지 혹은 그렇지 않은지 불명확할 때 의심이 생기는가?"

"그러합니다, 세존이시여."

11. "비구들이여, '이것은 생긴 것이다.'라고 있는 그대로 바른 통찰지로 보면 그 의심은 제거되는가?"

"그러합니다, 세존이시여."

"비구들이여, '이것은 음식에서 생긴 것이다.'라고 있는 그대로 바른 통찰지로 보면 그 의심은 제거되는가?"

"그러합니다, 세존이시여."

"비구들이여, '음식이 소멸하기 때문에 그 생긴 것도 소멸하기 마련이다.'라고 있는 그대로 바른 통찰지로 보면 그 의심은 제거되는가?"

"그러합니다, 세존이시여."

12. "비구들이여, '이것은 생긴 것이다.'라는 이것에 그대들은 의심이 없는가?"

"그러합니다, 세존이시여."

"비구들이여, '이것은 음식에서 생긴 것이다.'라는 이것에 그대들은 의심이 없는가?"

"그러합니다, 세존이시여."

"비구들이여, '음식이 소멸하기 때문에 그 생긴 것도 소멸하기 마련이다.'라는 이것에 그대들은 의심이 없는가?"

"그러합니다, 세존이시여."

13. "비구들이여, '이것이 생긴 것이다.'라고 있는 그대로 바른 통찰지로 잘 보았는가?"

"그러합니다, 세존이시여."

"비구들이여, '이것은 음식에서 생긴 것이다.'라고 있는 그대로 바른 통찰지로 잘 보았는가?"

"그러합니다, 세존이시여."

"비구들이여, '음식이 소멸하기 때문에 그 생긴 것도 소멸하기 마련이다.'라고 있는 그대로 바른 통찰지로 잘 보았는가?"

"그러합니다, 세존이시여."

14. "비구들이여, 만일 그대들이 이와 같이 청정하고 이와 같이 깨끗한 견해[286]를 집착하고 즐기고 재산으로 여기고 내 것으로 여긴다면,[287] 법은 건너기 위한 것[288]이지 움켜쥐기 위한 것이 아니라고

---

286) "'견해(diṭṭhi)'란 위빳사나로 인한 바른 견해(vipassanā-sammā-diṭṭhi)를 말한다. 본성을 보기(sabhāva-dassana) 때문에 '청정한(parisuddha)'이라 하고 조건을 보기(paccaya-dassana) 때문에 '깨끗한(pariyodāta)'이라고 하는 것이다."(MA.ii.307)

287) "'집착한다(allīyetha).'는 것은 갈애와 사견(taṇhā-diṭṭhi)으로 집착하면서 머물고, '즐긴다(kelāyetha).'는 것은 갈애와 사견으로 즐기면서 머물고, '재산으로 여긴다(dhanāyetha).'는 것은 마치 재산처럼 바라면서 애착(gedha)을 일으키고, '내 것으로 여긴다(mamāyetha).'는 것은 갈애와 사견으로 내 것이라는 생각을 일으키는 것을 말한다."(MA.ii.307~308)

뗏목에 비유[289]해서 설한 것을 이해했다고 할 수 있겠는가?"

"아닙니다, 세존이시여."

"비구들이여, 만일 그대들이 이와 같이 청정하고 이와 같이 깨끗한 견해를 집착하지 않고 [261] 즐기지 않고 재산으로 여기지 않고 내 것으로 여기지 않는다면, 법은 건너기 위한 것이지 움켜쥐기 위한 것이 아니라고 뗏목에 비유해서 설한 것을 이해했다고 할 수 있겠는가?"

"그러합니다, 세존이시여."

네 가지 음식과 연기

15. "비구들이여, 네 가지 음식이 있나니, 그것은 생겨난 중생들을 유지하게 하고 생겨나게 될 중생들을 지탱하게 한다. 무엇이 넷인

---

288) "'건너기 위한 것(nittharaṇatthāya)'이라는 것은 법은 네 가지 폭류(catur-ogha)를 건너기 위한 것이라는 말이다."(MA.ii.308)
네 가지 폭류는 감각적 욕망의 폭류, 존재의 폭류, 사견의 폭류, 무명의 폭류이다. 주석서는 이렇게 설명하고 있다.
"윤회(vaṭṭa)에서 중생들을 삼켜버린다, 가라앉게 한다고 해서 폭류라 한다. [네 가지 폭류가 있다.] 다섯 가닥의 얽어매는 감각적 욕망으로 구성된 욕망이 감각적 욕망의 폭류(kāma-ogha)이다. 색계와 무색계에 대한 욕탐이 존재의 폭류(bhav-ogha)이다. 禪을 갈망(jhāna-nikanti)하는 상견(常見)과 함께하는 욕망과 62가지 견해가 견해의 폭류(diṭṭh-ogha)이다. [그리고 네 번째로 무명의 폭류(avijj-ogha)가 있다.]"(DA.iii.1023)
여기서 보듯이 감각적 욕망의 폭류는 눈·귀·코·혀·몸을 통한 다섯 가닥의 얽어매는 감각적 욕망에 대한 집착을, 존재의 폭류는 색계나 무색계나 禪에 대한 집착을 뜻하고, 견해의 폭류는 62가지 견해를 의미하며, 무명의 폭류는 사성제를 모르는 것(『상윳따 니까야』 제2권 「분석 경」(S12:2) §15 참조)을 말한다. 이 넷은 번뇌(āsava)라 부르기도 하고 속박(yoga)이라 부르기도 한다. 『아비담마 길라잡이』 7장 §§3~4의 해설도 참조할 것.

289) '뗏목의 비유(kullūpama)'에 대해서는 『맛지마 니까야』 제1권 「뱀의 비유 경」(M22) §§13~14와 주해들을 참조할 것.

가? 거칠거나 미세한 덩어리진 [먹는] 음식[段食]이 [첫 번째요], 두 번째는 감각접촉[觸食], 세 번째는 마음의 의도[意思食], 네 번째는 알음알이[識食]이다."290)

16. "비구들이여, 이 네 가지 음식들은 무엇을 원인으로 하고 무엇을 조건으로 하고 무엇을 근원으로 하고 무엇에서 기원한 것인가? 이 네 가지 음식들은 갈애[愛]를 원인으로 하고 갈애를 조건으로 하며 갈애를 근원으로 하고 갈애에서 기원한 것이다.

비구들이여, 그러면 이 갈애는 무엇을 원인으로 하고 … 이 갈애는 느낌[受]을 원인으로 하고 …느낌에서 기원한 것이다.

이 느낌은 무엇을 원인으로 하고 … 이 느낌은 감각접촉[觸]을 원인으로 하고 … 감각접촉에서 기원한 것이다.

이 감각접촉은 무엇을 원인으로 하고 … 이 감각접촉은 여섯 가지 감각장소[六入]를 원인으로 하고 … 여섯 가지 감각장소에서 기원한 것이다.

이 여섯 가지 감각장소[六入]는 무엇을 원인으로 하고 … 이 여섯 가지 감각장소는 정신 · 물질[名色]을 원인으로 하고 … 정신 · 물질에서 기원한 것이다.

이 정신 · 물질[名色]은 무엇을 원인으로 하고 … 이 정신 · 물질은 알음알이[識]를 원인으로 하고 … 알음알이에서 기원한 것이다.

이 알음알이는 무엇을 원인으로 하고 … 이 알음알이는 의도적 행

290) '네 가지 음식(cattāro āhārā)'은 각각 kabaḷīkāra-āhāra, phassa-āhāra, manosañcetanā-āhāra, viññāṇa-āhāra이다. 중국에서 이를 각각 단식(段食), 촉식(觸食), 의사식(意思食), 식식(識食)으로 옮겼다. 네 가지 음식에 대한 설명은 『맛지마 니까야』 제1권 「바른 견해 경」(M9) §11의 주해를 참조할 것.

위들[行]을 원인으로 하고 … 의도적 행위들[行]에서 기원한 것이다.

이 의도적 행위들[行]은 무엇을 원인으로 하고 무엇을 조건으로 하고 무엇을 근원으로 하고 무엇에서 기원한 것인가? 이 의도적 행위들은 무명을 원인으로 하고 무명을 조건으로 하고 무명을 근원으로 하고 무명에서 기원한 것이다."

괴로움의 발생구조[流轉門]에 대한 연기의 순관[291]

---

291) 본경에서는 12연기로 대표되는 연기의 정형구가 다음의 네 가지 형태로 나타난다. 편의상 한자 정형구로 적어보면 다음과 같다.
첫째, 무명연행 행연식 … 생연노사우비고뇌
둘째, 무명멸즉행멸 행멸즉식멸 … 생멸즉노사우비고뇌멸
셋째, 생연노사 유연생 … 행연식 무명연행
넷째, 생멸즉노사멸 유멸즉생멸 … 행멸즉식멸 무명멸즉행멸

이 가운데서 괴로움의 발생구조를 밝히고 있는 첫 번째 정형구를 주석서에서는 anuloma라는 술어로 정리하고 있다. 초기불전연구원에서는 중국불교에서 사용되던 유전문(流轉門)을 차용하여 유전문(流轉門)이라고 옮긴다.
두 번째 정형구를 주석서에서는 paṭiloma라고 부른다. 초기불전연구원에서는 중국불교에서 사용되던 환멸문(還滅門)을 차용하여 환멸문(還滅門)이라고 옮긴다.

한편 북방의 『아비달마대비바사론』(阿毘達磨大毘婆沙論)이나 『아비달마순정리론』(阿毘達磨順正理論) 등에서 순관(順觀)은 위의 첫째와 둘째를 뜻하고 역관(逆觀)은 위의 셋째와 넷째를 뜻하는 것으로 주로 나타나고 있다. 즉 무명부터 노사우비고뇌의 순서는 순관(順觀)이 되고 노사우비고뇌부터 무명까지의 순서는 역관(逆觀)이 된다. 초기불전연구원에서도 이를 차용하여 사용함을 밝힌다.
북방불교의 입장에 따라 유전문(流轉門)·환멸문(還滅門)과 순관(順觀)·역관(逆觀)을 구분하여 적용하면 다음과 같다.
① 무명연행 행연식 … 생연노사 ☞ 유전문이면서 순관
② 무명멸즉행멸 행멸즉식멸 … 생멸즉노사멸 ☞ 환멸문이면서 순관
③ 생연노사 유연생 … 행연식 무명연행 ☞ 유전문이면서 역관
④ 생멸즉노사멸 유멸즉생멸 … 무명멸즉행멸 ☞ 환멸문이면서 역관

17. "비구들이여, 이와 같이 무명을 조건으로 의도적 행위들[行]이, 의도적 행위들을 조건으로 알음알이[識]가, 알음알이를 조건으로 정신・물질[名色]이, 정신・물질을 조건으로 여섯 감각장소[六入]가, 여섯 감각장소를 조건으로 감각접촉[觸]이, 감각접촉을 조건으로 느낌[受]이, 느낌을 조건으로 갈애[愛]가, 갈애를 조건으로 취착[取]이, 취착을 조건으로 존재[有]가, 존재를 조건으로 태어남[生]이, 태어남을 조건으로 늙음과 죽음[老死], 근심・탄식・육체적 고통・정신적 고통・절망이 발생한다. 이와 같이 전체 괴로움의 무더기[苦蘊]가 발생한다."292)

괴로움의 발생구조[流轉門]에 대한 연기의 역관

18. "'태어남[生]을 조건으로 늙음과 죽음[老死]이 있다.'라고 설했다. 비구들이여, 참으로 태어남을 조건으로 늙음과 죽음이 있는가, 아니면 그렇지 않은가? 이것에 대해 어떻게 생각하는가?"

"세존이시여, 참으로 태어남을 조건으로 늙음과 죽음이 있습니다. 이것에 대해 저희들은 이와 같이 '태어남을 조건으로 늙음과 죽음이 있다.'라고 생각합니다."

"'존재[有]를 조건으로 태어남이 있다.'라고 설했다. 비구들이여, 참으로 존재를 조건으로 태어남이 있는가, 아니면 그렇지 않은가? 이것에 대해 어떻게 생각하는가?"

"세존이시여, 참으로 존재를 조건으로 태어남이 [262] 있습니다. 이

292) 본 문단에 나타나는 12연기의 구성요소들은 『상윳따 니까야』 제2권 「연기(緣起) 경」(S12:1)과 「분석 경」(S12:2) 등에서 주해로 잘 설명하고 있으므로 참조하기 바란다. 그리고 이것은 『초기불교 이해』 239~252쪽에 정리되어 있다.

것에 대해 저희들은 이와 같이 '존재를 조건으로 태어남이 있다.'라고 생각합니다."

"'취착[取]을 조건으로 존재가 있다.'라고 설했다. 비구들이여, 참으로 취착을 조건으로 존재가 있는가, 아니면 그렇지 않은가? 이것에 대해 어떻게 생각하는가?"

"세존이시여, 참으로 취착을 조건으로 존재가 있습니다. 이것에 대해 저희들은 이와 같이 '취착[取]을 조건으로 존재가 있다.'라고 생각합니다."

"'갈애[愛]를 조건으로 취착이 있다.'라고 설했다. 비구들이여, 참으로 갈애를 조건으로 취착이 있는가, 아니면 그렇지 않은가? 이것에 대해 어떻게 생각하는가?"

"세존이시여, 참으로 갈애를 조건으로 취착이 있습니다. 이것에 대해 저희들은 이와 같이 '갈애를 조건으로 취착이 있다.'라고 생각합니다."

"'느낌[受]을 조건으로 갈애가 있다.'라고 설했다. 비구들이여, 참으로 느낌을 조건으로 갈애가 있는가, 아니면 그렇지 않은가? 이것에 대해 어떻게 생각하는가?"

"세존이시여, 참으로 느낌을 조건으로 갈애가 있습니다. 이것에 대해 저희들은 이와 같이 '느낌을 조건으로 갈애가 있다.'라고 생각합니다."

"'감각접촉[觸]을 조건으로 느낌이 있다.'라고 설했다. 비구들이여, 참으로 감각접촉을 조건으로 느낌이 있는가, 아니면 그렇지 않은가? 이것에 대해 어떻게 생각하는가?"

"세존이시여, 참으로 감각접촉을 조건으로 느낌이 있습니다. 이것에 대해 저희들은 이와 같이 '감각접촉을 조건으로 느낌이 있다.'라고 생각합니다."

"'여섯 가지 감각장소[六入]를 조건으로 감각접촉이 있다.'라고 설했다. 비구들이여, 참으로 여섯 가지 감각장소를 조건으로 감각접촉이 있는가, 아니면 그렇지 않은가? 이것에 대해 어떻게 생각하는가?"

"세존이시여, 참으로 여섯 가지 감각장소를 조건으로 감각접촉이 있습니다. 이것에 대해 저희들은 이와 같이 '여섯 가지 감각장소를 조건으로 감각접촉이 있다.'라고 생각합니다."

"'정신·물질[名色]을 조건으로 여섯 가지 감각장소가 있다.'라고 설했다. 비구들이여, 참으로 정신·물질을 조건으로 여섯 가지 감각장소가 있는가, 아니면 그렇지 않은가? 이것에 대해 어떻게 생각하는가?"

"세존이시여, 참으로 정신·물질을 조건으로 여섯 가지 감각장소가 있습니다. 이것에 대해 저희들은 이와 같이 '정신·물질을 조건으로 여섯 가지 감각장소가 있다.'라고 생각합니다."

"'알음알이[識]를 조건으로 정신·물질이 있다.'라고 설했다. 비구들이여, 참으로 알음알이를 조건으로 정신·물질이 있는가, 아니면 그렇지 않은가? 이것에 대해 어떻게 생각하는가?"

"세존이시여, 참으로 알음알이를 조건으로 정신·물질이 있습니다. 이것에 대해 저희들은 이와 같이 '알음알이를 조건으로 정신·물질이 있다.'라고 생각합니다."

"'의도적 행위들[行]을 조건으로 알음알이가 있다.'라고 설했다. 비구들이여, 참으로 의도적 행위들을 조건으로 알음알이가 있는가, 아니면 그렇지 않은가? 이것에 대해 어떻게 생각하는가?"

"세존이시여, 참으로 의도적 행위들을 조건으로 알음알이가 있습니다. 이것에 대해 저희들은 이와 같이 '의도적 행위들을 조건으로 알음알이가 있다.'라고 생각합니다."

"'무명을 조건으로 의도적 행위들이 있다.'라고 설했다. 비구들이여, 참으로 무명을 조건으로 의도적 행위들이 있는가, 아니면 그렇지 않은가? 이것에 대해 어떻게 생각하는가?"

"세존이시여, 참으로 무명을 조건으로 의도적 행위들이 있습니다. 이것에 대해 저희들은 이와 같이 '무명을 조건으로 의도적 행위들이 있다.'라고 생각합니다."

괴로움의 발생구조[流轉門]에 대한 연기의 정형구

19. "비구들이여, 장하구나. 비구들이여, 그대들도 이와 같이 설하고 나도 또한 이와 같이 설한다.

'이것이 있을 때 저것이 있다. [263] 이것이 일어날 때 저것이 일어난다.293) 즉 무명을 조건으로 의도적 행위들[行]이, 의도적 행위들을 조

---

293) "이것이 있을 때 저것이 있다. 이것이 일어날 때 저것이 일어난다(imasmiṁ sati idaṁ hoti imassuppādā idam uppajjati)."와 §22의 "이것이 없을 때 저것이 없다. 이것이 소멸할 때 저것이 소멸한다(imasmiṁ asati idaṁ na hoti imassa nirodhā idaṁ nirujjhati)."는 다른 경들에서는 함께 연결되어서 하나의 게송의 형태로 나타나고 있다. 그런 다음에 "즉 무명을 조건으로 의도적 행위들이, 의도적 행위들을 조건으로 알음알이가, … 이와 같이 전체 괴로움의 무더기[苦蘊]가 발생한다. 그러나 무명이 남김없이 빛바래어 소멸하기 때문에 의도적 행위들이 소멸하고, 의도적 행위들이 소멸하기 때문에 알음알이가 소멸하고, … 이와 같이 전체 괴로움의 무더기[苦蘊]가 소멸한다."라는 12연기의 정형구가 나타나고 있다.
예를 들면 『상윳따 니까야』 제2권 「인연 상윳따」(S12)의 「십력 경」1(S12:21) 등의 7개 경들과 『앙굿따라 니까야』 제6권 「증오 경」(A10:92) §5에 이 구문이 나타나는데 예외 없이 모든 경에서 이 두 구문은 붙어서 나타나고 있다.(『초기불교 이해』 231쪽과 『상윳따 니까야』 제2권 해제 §3의 「인연 상윳따」(S12)의 해당부분을 참조할 것.)
본경처럼 '이것이 있을 때 저것이 있다. 이것이 일어날 때 저것이 일어난

건으로 알음알이[識]가, 알음알이를 조건으로 정신·물질[名色]이, 정신·물질을 조건으로 여섯 가지 감각장소[六入]가, 여섯 가지 감각장소를 조건으로 감각접촉[觸]이, 감각접촉을 조건으로 느낌[受]이, 느낌을 조건으로 갈애[愛]가, 갈애를 조건으로 취착[取]이, 취착을 조건으로 존재[有]가, 존재를 조건으로 태어남[生]이, 태어남을 조건으로 늙음과 죽음, 근심·탄식·육체적 고통·정신적 고통·절망이 발생한다. 이와 같이 전체 괴로움의 무더기[苦蘊]가 발생한다.'라고."

괴로움의 소멸구조[還滅門]에 대한 연기의 순관

20. "무명이 남김없이 빛바래어 소멸하기 때문에 의도적 행위들[行]이 소멸하고, 의도적 행위들이 소멸하기 때문에 알음알이가 소멸하고, 알음알이가 소멸하기 때문에 정신·물질이 소멸하고, 정신·물질이 소멸하기 때문에 여섯 가지 감각장소가 소멸하고, 여섯 가지 감각장소가 소멸하기 때문에 감각접촉이 소멸하고, 감각접촉이 소멸하기 때문에 느낌이 소멸하고, 느낌이 소멸하기 때문에 갈애가 소멸하고, 갈애가 소멸하기 때문에 취착이 소멸하고, 취착이 소멸하기 때문에 존재가 소멸하고, 존재가 소멸하기 때문에 태어남이 소멸하고, 태어남이 소멸하기 때문에 늙음과 죽음, 근심·탄식·육체적 고통·정신적 고통·절망이 소멸한다. 이와 같이 전체 괴로움의 무더기가 소멸한다."

다.'와 '이것이 없을 때 저것이 없다. 이것이 소멸할 때 저것이 소멸한다.'가 유전문의 정형구(§19)와 환멸문의 정형구(§22)에 분리되어서 나타나는 경우는 다른 니까야에서는 찾아보기 힘들다.

이 연기의 추상화된 정형구에 대해서는 『맛지마 니까야』 제3권 「사꿀루다이 짧은 경」(M79) §7의 주해도 참조할 것.

괴로움의 소멸구조[還滅門]에 대한 연기의 역관

21. "'태어남이 소멸하기 때문에 늙음과 죽음이 소멸한다.'라고 설했다. 비구들이여, 참으로 태어남이 소멸하기 때문에 늙음과 죽음이 소멸하는가, 아니면 그렇지 않은가? 이것에 대해 어떻게 생각하는가?"

"세존이시여, 참으로 태어남이 소멸하기 때문에 늙음과 죽음이 소멸합니다. 이것에 대해 저희들은 이와 같이 '태어남이 소멸하기 때문에 늙음과 죽음이 소멸한다.'라고 생각합니다."

"'존재가 소멸하기 때문에 태어남이 소멸한다.'라고 설했다. 비구들이여, 참으로 존재가 소멸하기 때문에 태어남이 소멸하는가, 아니면 그렇지 않은가? 이것에 대해 어떻게 생각하는가?"

"세존이시여, 참으로 존재가 소멸하기 때문에 태어남이 소멸합니다. 이것에 대해 저희들은 이와 같이 '존재가 소멸하기 때문에 태어남이 소멸한다.'라고 생각합니다."

"'취착이 소멸하기 때문에 존재가 소멸한다.'라고 설했다. 비구들이여, 참으로 취착이 소멸하기 때문에 존재가 소멸하는가, 아니면 그렇지 않은가? 이것에 대해 어떻게 생각하는가?"

"세존이시여, 참으로 취착이 소멸하기 때문에 존재가 소멸합니다. 이것에 대해 저희들은 이와 같이 '취착이 소멸하기 때문에 존재가 소멸한다.'라고 생각합니다."

"'갈애가 소멸하기 때문에 취착이 소멸한다.'라고 설했다. 비구들이여, 참으로 갈애가 소멸하기 때문에 취착이 소멸하는가, 아니면 그렇지 않은가? 이것에 대해 어떻게 생각하는가?"

"세존이시여, 참으로 갈애가 소멸하기 때문에 취착이 소멸합니다. 이것에 대해 저희들은 이와 같이 '갈애가 소멸하기 때문에 취착이 소멸한다.'라고 생각합니다."

"'느낌이 소멸하기 때문에 갈애가 소멸한다.'라고 설했다. 비구들이여, 참으로 느낌이 소멸하기 때문에 갈애가 소멸하는가, 아니면 그렇지 않은가? 이것에 대해 어떻게 생각하는가?"

"세존이시여, 참으로 느낌이 소멸하기 때문에 갈애가 소멸합니다. 이것에 대해 저희들은 이와 같이 '느낌이 소멸하기 때문에 갈애가 소멸한다.'라고 생각합니다."

"'감각접촉이 소멸하기 때문에 느낌이 소멸한다.'라고 설했다. 비구들이여, 참으로 감각접촉이 소멸하기 때문에 느낌이 소멸하는가, 아니면 그렇지 않은가? 이것에 대해 어떻게 생각하는가?"

"세존이시여, 참으로 감각접촉이 소멸하기 때문에 느낌이 소멸합니다. 이것에 대해 저희들은 이와 같이 '감각접촉이 소멸하기 때문에 [264] 느낌이 소멸한다.'라고 생각합니다."

"'여섯 가지 감각장소가 소멸하기 때문에 감각접촉이 소멸한다.'라고 설했다. 비구들이여, 참으로 여섯 가지 감각장소가 소멸하기 때문에 감각접촉이 소멸하는가, 아니면 그렇지 않은가? 이것에 대해 어떻게 생각하는가?"

"세존이시여, 참으로 여섯 가지 감각장소가 소멸하기 때문에 감각접촉이 소멸합니다. 이것에 대해 저희들은 이와 같이 '여섯 가지 감각장소가 소멸하기 때문에 감각접촉이 소멸한다.'라고 생각합니다."

"'정신 · 물질이 소멸하기 때문에 여섯 가지 감각장소가 소멸한다.'라고 설했다. 비구들이여, 참으로 정신 · 물질이 소멸하기 때문에 여섯 가지 감각장소가 소멸하는가, 아니면 그렇지 않은가? 이것에 대해 어떻게 생각하는가?"

"세존이시여, 참으로 정신 · 물질이 소멸하기 때문에 여섯 가지 감각장소가 소멸합니다. 이것에 대해 저희들은 이와 같이 '정신 · 물질이 소멸하기 때문에 여섯 가지 감각장소가 소멸한다.'라고 생각합니다."

"'알음알이가 소멸하기 때문에 정신 · 물질이 소멸한다.'라고 설했다. 비구들이여, 참으로 알음알이가 소멸하기 때문에 정신 · 물질이 소멸하는가, 아니면 그렇지 않은가? 이것에 대해 어떻게 생각하는가?"

"세존이시여, 참으로 알음알이가 소멸하기 때문에 정신 · 물질이 소멸합니다. 여기서 저희들은 이와 같이 '알음알이가 소멸하기 때문에 정신 · 물질이 소멸한다.'라고 생각합니다."

"'의도적 행위들[行]이 소멸하기 때문에 알음알이가 소멸한다.'라고 설했다. 비구들이여, 참으로 의도적 행위들이 소멸하기 때문에 알음알이가 소멸하는가, 아니면 그렇지 않은가? 이것에 대해 어떻게 생각하는가?"

"세존이시여, 참으로 의도적 행위들이 소멸하기 때문에 알음알이가 소멸합니다. 이것에 대해 저희들은 이와 같이 '의도적 행위들이 소멸하기 때문에 알음알이가 소멸한다.'라고 생각합니다."

"'무명이 소멸하기 때문에 의도적 행위들이 소멸한다.'라고 설했다. 비구들이여, 참으로 무명이 소멸하기 때문에 의도적 행위들이 소멸하는가, 아니면 그렇지 않은가? 이것에 대해 어떻게 생각하는가?"

"세존이시여, 참으로 무명이 소멸하기 때문에 의도적 행위들이 소멸합니다. 이것에 대해 저희들은 이와 같이 '무명이 소멸하기 때문에 의도적 행위들이 소멸한다.'라고 생각합니다."

괴로움의 소멸구조[還滅門]에 대한 연기의 정형구

22. "비구들이여, 장하구나. 비구들이여, 그대들도 이와 같이 설하고 나도 또한 이와 같이 설한다.

'이것이 없을 때 저것이 없고, 이것이 소멸함으로써 저것이 소멸한다. 즉 무명이 소멸하기 때문에 의도적 행위들이 소멸하고, 의도적 행위들이 소멸하기 때문에 알음알이가 소멸하고, 알음알이가 소멸하기 때문에 정신 · 물질이 소멸하고, 정신 · 물질이 소멸하기 때문에 여섯 가지 감각장소가 소멸하고, 여섯 가지 감각장소가 소멸하기 때문에 감각접촉이 소멸하고, 감각접촉이 소멸하기 때문에 느낌이 소멸하고, 느낌이 소멸하기 때문에 갈애가 소멸하고, 갈애가 소멸하기 때문에 취착이 소멸하고, 취착이 소멸하기 때문에 존재가 소멸하고, 존재가 소멸하기 때문에 태어남이 소멸하고, 태어남이 소멸하기 때문에 늙음과 죽음, 근심 · 탄식 · 육체적 고통 · 정신적 고통 · 절망이 소멸한다. 이와 같이 전체 괴로움의 무더기가 소멸한다.'라고."[294]

존재함에 대한 지혜

23. "비구들이여, 그대들이 이와 같이 알고 이와 같이 보면서도[295]

---

294) 이상으로 본경의 §§17~22에서는 12연기가 6가지 방법으로 설해지고 있는데 이것을 한문술어를 이용해서 간략하게 정리하면 다음과 같다.
§17 → 무명연행 행연식 … 생연노사우비고뇌(유전문의 순관)
§18 → 생연노사 유연생 … 행연식 무명연행(유전문의 역관)
§19 → 차유고피유 … 무명연행 행연식 … 생연노사우비고뇌(유전문의 정형구)
§20 → 무명멸즉행멸 행멸즉식멸 … 생멸즉노사우비고뇌멸(환멸문의 순관)
§21 → 생멸즉노사멸 유멸즉생멸 … 행멸즉식멸 무명멸즉행멸(환멸문의 역관)
§22 → 차유고피유 … 무명멸즉행멸 행멸즉식멸 … 생멸즉노사우비고뇌멸(환멸문의 정형구)
여기서 처음 셋(§§17~19)은 괴로움의 일어남 즉 발생구조(유전문)를 나타내고 있고, 뒤의 셋(§§20~22)은 괴로움의 소멸 즉 소멸구조(환멸문)를 밝히고 있다.

295) "'이와 같이 알고 이와 같이 본다(evaṁ jānantā evaṁ passantā).'는 것

[265] '나는 정말 과거에 존재했는가? 아니면 과거에 존재하지 않았는가? 나는 과거에 무엇이었을까? 나는 과거에 어떠했을까? 나는 과거에 무엇이었다가 무엇으로 변했을까?'라고 과거로 치닫겠는가?"[296]

"그렇지 않습니다, 세존이시여."

"비구들이여, 그대들이 이와 같이 알고 이와 같이 보면서도 '나는 정말 미래에도 존재할까? 아니면 미래에 존재하지 않을까? 나는 미래에 무엇이 될까? 나는 미래에 어떠할까? 나는 미래에 무엇이 되어 무엇으로 변할까?'라고 미래로 치닫겠는가?"

"그렇지 않습니다, 세존이시여."

"비구들이여, 그대들이 이와 같이 알고 이와 같이 보면서도 '나는 존재하기는 하는가? 나는 존재하지 않는가? 나는 무엇인가? 나는 어떠한가? 이 중생은 어디서 와서 어디로 가는가?'라고 지금 현재에 대해서 안으로 의심을 가지겠는가?"[297]

"그렇지 않습니다, 세존이시여."

24. "비구들이여, 그대들이 이와 같이 알고 이와 같이 보는데도 '우리는 스승을 존중한다. 스승을 존중하므로 우리는 이렇게 말한다.' 라고 말하겠는가?"

"그렇지 않습니다, 세존이시여."

"비구들이여, 그대들이 이와 같이 알고 이와 같이 보는데도 '사문

은 위빳사나와 함께한 도로써 알고 보는 것을 말한다."(MA.ii.309)

296) "'과거(pubbanta)'란 과거의 무더기(온), 감각장소(처), 요소(계)를 말하고, '치닫는다(paṭidhāveyyātha).'는 것은 갈애와 사견을 가지고 치닫는 것을 말한다."(MA.ii.309)

297) 본경 §23에 나타나는 15가지 의심의 정형구는 『맛지마 니까야』 제1권 「모든 번뇌 경」(M2) §7에 나타나는 지혜 없이 마음에 잡도리하는 내용과 같다. 그곳의 주해를 참조할 것.

께서[298] 이와 같이 말씀하시고, 다른 사문들도 이와 같이 말한다. 그러나 우리는 이와 같이 말하지 않는다.'라고 말하겠는가?"

"그렇지 않습니다, 세존이시여."

"비구들이여, 그대들이 이와 같이 알고 이와 같이 보는데도 다른 사람을 스승이라고 인정하겠는가?"

"그렇지 않습니다, 세존이시여."

"비구들이여, 그대들이 이와 같이 알고 이와 같이 보는데도 일반 사문・바라문들[299]이 서계를 지니고 예언을 하고 점복하는 것[300]을 [수행의] 핵심이라 여겨 다시 움켜쥐겠는가?"

"그렇지 않습니다, 세존이시여."

"비구들이여, 참으로 그대들이 스스로 알고 스스로 보고 스스로 체득한 것을 말해야 하지 않겠는가?"

"그러합니다. 세존이시여."

25. "비구들이여, 장하구나. 비구들이여, 스스로 보아 알 수 있고, 시간이 걸리지 않고, 와서 보라는 것이고, 향상으로 인도하고, 지자들이 각자 알아야 하는 이 법으로써 나는 그대들을 잘 인도하였다. 내가 '비구들이여, 이 법은 스스로 보아 알 수 있고, 시간이 걸리지 않고, 와서 보라는 것이고, 향상으로 인도하고, 지자들이 각자 알아야 하는 것이다.'[301]라고 설한 것은 바로 이것을 두고 설한 것이다."

---

298) "여기서 '사문(samaṇa)'이란 부처님을 말한다."(MA.ii.309)

299) "다른 외도들의 사문과 바라문을 말한다."(MA.ii.309)

300) "'서계를 지니고 예언을 하고 점복(占卜)하는 것(vatta-kotūhala-maṅgalāni)'이란 서계를 받는 것(vata-samādānāni)과 조짐을 보는 것(diṭṭhi-kutūhalāni)과 보고 듣고 생각한 것으로 점복(占卜)하는 것(diṭṭha-suta-muta-maṅgalāni)을 말한다."(MA.ii.309)

301) 이것은 법에 대한 정형구로 초기불전의 여러 곳에 나타난다. 이 법에 대한

윤회의 시작 — 수태에서부터 성장기까지

26. "비구들이여, 세 가지가 만나서 수태302)가 이루어진다. 여기303) 어머니와 아버지가 교합하더라도 어머니가 월경이 없고, 간담바304)가 있지 않으면, 수태가 [266] 이루어지지 않는다. 여기 어머니

정형구의 설명은 『청정도론』 VII.68~88에 잘 설명되어 있으므로 참조할 것.

302) 여기서 '수태'는 gabbhassa avakkanti를 옮긴 것인데 이것은 '모태에 듦'으로 직역할 수 있다. 모태에 듦과 12연기의 알음알이[識]의 관계에 대해서는 『상윳따 니까야』 제2권 「알음알이 경」(S12:59) §3의 주해를 참조할 것.

303) "'여기(idha)'란 이 중생 세계(satta-loka)를 말한다."(MA.ii.310)

304) "'간답바(gandhabba)'란 그곳에 올 중생(tatrūpaga-satta)을 말한다."(MA.ii.310)

일반적으로 빠알리어 간답바는 산스끄리뜨 간다르와(Gandharva)와 관련된 단어로 간주되며 중국에서 건달바(乾達婆)로 옮겨졌다. 그러나 빠알리어 '간답바(gandhabba)'는 초기불전에서는 크게 다음의 세 가지 문맥에서 나타나고 있다.

첫 번째는 사대왕천(Cātummahārājika)에 있는 신들이다. 『디가 니까야』 제2권 「자나와사바 경」(D18) §20에서 그들은 가장 낮은 영역의 신들이라 불리고 있다. 일반적으로 간답바는 천상의 음악가로 불리는데(J.ii.249 등) 『디가 니까야』 제2권 「제석문경」(D21) §1.2 이하에서도 빤짜시카 간답바가 벨루와빤두 류트를 켜면서 연주하고 노래하는 장면이 나타난다. 『디가 니까야』 제3권 「아따나띠야 경」(D32) §4에 의하면 간답바들은 사대왕천의 동쪽에 거주하며 다따랏타가 그들의 왕이라고 한다. 이 신들은 산스끄리뜨로 간다르와(Gandharva)에 해당한다.

두 번째는 향기(gandha) 나는 곳에 사는 신들을 뜻한다. 『상윳따 니까야』 제3권 「간답바 무리 상윳따」(S31)의 「간단한 설명 경」(S31:1) §3에서 세존께서는 간답바 무리의 신들(Gandhabbakāyikā devā)은 나무의 뿌리나 껍질이나 수액이나 꽃의 향기(gandha)에 거주하기 때문에 붙여진 이름이라고 설하고 계신다.(S.iii.250.) 그래서 『디가 니까야 주석서』에서도 "간답바는 뿌리의 무더기 등에 사는 신들"(DA.ii.498)이라고 설명하기

와 아버지가 교합하고 어머니가 월경이 있더라도 간답바가 있지 않으면 수태가 이루어지지 않는다. 비구들이여, 어머니와 아버지가 교합하고 어머니가 월경이 있고 간답바가 있어서, 이와 같이 세 가지가 만날 때 수태가 이루어진다."[305]

27. "비구들이여, 어머니는 아홉 달이나 열 달을 이 태아를 무거운 짐으로 크게 염려하면서 뱃속에 잘 잉태한다. 비구들이여, 어머니

도 한다. 이 향기와 관계있는 신들이 사대왕천의 동쪽에 거주하는 앞의 간답바 신들과 같은지는 알 수 없다. DPPN도 이 둘에 대한 연관성을 설명하지 않고 있다.

그리고 세 번째가 바로 본경에 나타나는 태아의 잉태와 관련이 있는 존재이다. 『율장 복주서』는 이 간답바를 간땁바(gantabba)로 설명하고 있다.(VinAṬ.ii.13) 그리고 마치 nekkhamma(出離)가 nekkamma의 속어 형태이듯이 gandhabba도 gantabba의 속어 형태라는 설명을 덧붙이고 있다. 여기서 간땁바(gantabba)는 √gam(*to go*)의 가능태(*Potential*) 분사이다. 그래서 그 의미는 '가야만 하는 [것, 자]'가 된다. 그리고 같은 복주서는 계속해서 "업에 의해서 [다음 생으로] 가야만 하는 어떤 중생이 다시 태어날 때에 전생의 [마지막 자와나 순간에] 생긴 태어날 곳의 표상 등의 대상을 원인으로 하여 다시 태어남에 직면한 것(upapattābhimukha)을 말한다."(Vin AṬ.ii.13)라고 설명하고 있다.

그래서 『청정도론』 VIII.35에도 '가야만 하는'을 뜻하는 gamanīya(gantabba처럼 √gam에서 파생된 또 다른 형태의 Pot. 분사임)라는 단어로 이 간답바를 나타내고 있으며, 당연히 『청정도론 복주서』(Pm)는 이 gamanīya를 gandhabba(간답바)라고 해석하고 있다.(Pm.175) 그래서 "간답바가 되어 내생으로 갈 것이다."(Vis.VIII.35)라고 설명하고 있다. 중생들은 업에 의해서 죽은 다음에 반드시 다시 태어나야 하기 때문에 이 간답바에는 간땁바 즉 '다시 태어나야만 하는 [자]'라는 의미가 들어 있다는 해석이다.
이처럼 빠알리어 간답바는 크게 세 가지 문맥에서 초기불전에 나타나고 있다.

305) 수태에 대한 본경 §26의 가르침은 『맛지마 니까야』 제3권 「앗살라야나 경」(M93) §18의 뒷부분에도 나타난다.

는 아홉 달이나 열 달이 지나면 무거운 짐으로 크게 염려하면서 이 태아를 출산한다. 아이가 태어나면 어머니는 자신의 피로 키운다. 비구들이여, 성자의 율에서는 모유를 피라고 부르기 때문이다."

28. "비구들이여, 그 어린아이가 점점 성장하고 감각기능들이 원숙해지면 소년에게 어울리는 놀이를 한다. 즉 장난감 쟁기 놀이, 자치기 놀이, 재주넘기, 팔랑개비 놀이, 잎사귀로 만든 튜브 놀이,306) 장난감 마차 놀이, 장난감 활 놀이를 하며 논다."

29. "비구들이여, 그 소년은 점점 성장하고 감각기능들이 원숙해지면 다섯 가닥의 얽어매는 감각적 욕망들을 갖추고 완비하여 즐긴다. 즉 원하고 좋아하고 마음에 들고 사랑스럽고 감각적 욕망을 짝하고 매혹적인, 눈으로 인식되는 형색들, … 귀로 인식되는 소리들, … 코로 인식되는 냄새들, … 혀로 인식되는 맛들, … 몸으로 인식되는 감촉들인 이 다섯 가닥의 얽어매는 감각적 욕망들을 갖추고 완비하여 즐긴다."

윤회의 전개

30. "그는 눈으로 형색을 보고 사랑스러운 형색에는 욕망을 일으키고 사랑스럽지 않은 형색에는 혐오를 일으킨다. 그는 몸에 대한 마음챙김을 확립하지 못하고, 마음은 제한되어 있다.307) 그는 나쁘고 해로운 법들이 남김없이 소멸되는, 마음의 해탈[心解脫]과 통찰지를 통한 해탈[慧解脫]308)을 있는 그대로 꿰뚫어 알지 못한다.

---

306) "'잎사귀로 만든 튜브 놀이(pattāḷhaka)'란 그 안에 모래 등을 담아 무게를 재면서 노는 것을 말한다."(MA.ii.311)

307) "'마음은 제한되어 있다(paritta-cetaso).'는 것은 해로운 마음(akusala-citta)으로 차있다는 말이다."(MA.ii.311)

그는 이와 같이 욕망과 성냄에 구속되어 그가 무슨 느낌을 느끼든지[受], 그것이 즐거운 것이든 괴로운 것이든 괴롭지도 즐겁지도 않은 것이든, 그 느낌을 즐기고 환영하고 움켜쥔다.309) 그가 그 느낌을 즐기고 환영하고 움켜쥘 때 즐거워함[愛]이 일어난다.310) 느낌들을 즐거워함이 바로 취착[取]이다. 그 취착을 조건으로 존재[有]가 있다. 존재를 조건으로 태어남[生]이 있다. 태어남을 조건으로 늙음과 죽음, 근심・탄식・육체적 고통・정신적 고통・절망이 생겨난다. 이와 같이 전체 괴로움의 무더기가 일어난다.

그는 귀로 소리를 듣고 … 코로 냄새를 맡고 … 혀로 맛을 보고 … 몸으로 감촉을 느끼고 … 마노로 법을 지각하고 [267] 사랑스러운 법에는 욕망을 일으키고 사랑스럽지 않은 법에는 혐오를 일으킨다. 그는 몸에 대한 마음챙김을 확립하지 못하고, 마음은 제한되어 있다. 그는 나쁘고 해로운 법들이 남김없이 소멸되는, 마음의 해탈[心解脫]과 통찰지를 통한 해탈[慧解脫]을 있는 그대로 꿰뚫어 알지 못한다.

그는 이와 같이 욕망과 성냄에 구속되어 그가 무슨 느낌을 느끼든

---

308) '마음의 해탈[心解脫]'과 '통찰지를 통한 해탈[慧解脫]'에 대해서는 『맛지마 니까야』 제1권 「원한다면 경」(M6) §19의 주해를 참조할 것. 그리고 양면해탈과 통찰지를 통한 해탈에 대해서는 『맛지마 니까야』 제2권 「끼따기리 경」(M70) §§14~16의 주해들도 참조할 것.

309) '즐기고 환영하고 움켜쥔다(abhinandati abhivadati ajjhosāya tiṭṭhati).'는 것은 갈애(taṇhā)를 가지고 즐기고, 갈애를 가지고 '나는 행복하다.'라고 말하면서 환영하고, 갈애를 가지고 움켜쥐는 것을 말한다. 즐거운 느낌이나 괴롭지도 즐겁지도 않은 느낌을 즐길 수는 있지만 어떻게 괴로운 느낌을 즐기는가? 이 경우에는 '나는 괴롭다, 나의 괴로움'이라고 움켜쥐는 것(gaṇhanta)이 즐기는 것이다."(MA.ii.311)

310) 여기서 '즐거워함이 일어난다(uppajjati nandi).'라는 것은 갈애가 일어난다는 말이다. 바로 그 갈애는 움켜쥔다는 뜻(gahaṇ-aṭṭha)에서 '취착(upādāna)'이라고 불린다."(MA.ii.311)

지[受], 그것이 즐거운 것이든 괴로운 것이든 괴롭지도 즐겁지도 않은 것이든, 그 느낌을 즐기고 환영하고 움켜쥔다. 그가 그 느낌을 즐기고 환영하고 움켜쥘 때 즐거워함[愛]이 일어난다. 느낌들을 즐거워함이 바로 취착[取]이다. 그 취착을 조건으로 존재[有]가 있다. 존재를 조건으로 태어남[生]이 있다. 태어남을 조건으로 늙음과 죽음, 근심·탄식·육체적 고통·정신적 고통·절망이 생겨난다. 이와 같이 전체 괴로움의 무더기가 일어난다."

윤회를 종식시키는 방법 — 점진적인 수행

31. 비구들이여,[311] 그와 같이 여기 여래가 이 세상에 출현한다. 그는 아라한[應供]이며, 완전히 깨달은 분[正等覺]이며, 명지와 실천을 구족한 분[明行足]이며, 피안으로 잘 가신 분[善逝]이며, 세간을 잘 알고 계신 분[世間解]이며, 가장 높은 분[無上士]이며, 사람을 잘 길들이는 분[調御丈夫]이며, 하늘과 인간의 스승[天人師]이며, 부처님[佛]이며, 세존(世尊)이다. 그는 신을 포함하고 마라를 포함하고 범천을 포함한 이 세상을 스스로 최상의 지혜로 알고 실현하여 드러낸다. 그는 시작도 훌륭하고 중간도 훌륭하고 끝도 훌륭하며 의미와 표현을 구족했고 더할 나위 없이 완벽하고 지극히 청정한 법을 설하고, 범행(梵行)을 드러낸다."

32. "이런 법을 장자나 장자의 아들이나 다른 가문에 태어난 자가 듣는다. 그는 이 법을 듣고 여래에게 믿음을 가진다. 그는 이런 믿음을 구족하여 이렇게 숙고한다. '재가의 삶이란 번잡하고 때가 낀 길이지만 출가의 삶은 열린 허공과 같다. 재가에 살면서 더할 나위

311) 이 문단부터 아래 §38까지는 『맛지마 니까야』 제1권 「코끼리 발자국 비유의 짧은 경」(M27)의 §§11~18까지와 동일함.

없이 완벽하고 지극히 청정한 소라고둥처럼 빛나는 청정범행을 실천하기란 쉽지 않다. 그러니 나는 이제 머리와 수염을 깎고 물들인 옷을 입고 집을 떠나 출가하리라.'라고. 그는 나중에 재산이 적건 많건 간에 모두 다 버리고, 일가친척도 적건 많건 간에 다 버리고, 머리와 수염을 깎고, 물들인 옷을 입고 집을 떠나 출가한다."

33. "그는 이와 같이 출가하여 비구들의 학습계목을 받아 지녀 그것과 더불어 생활한다.

그는 생명을 죽이는 것을 버리고 생명을 죽이는 것을 멀리 여의고, 몽둥이를 내려놓고 칼을 내려놓고, 양심적이고 동정심이 있으며 모든 생명의 이익을 위하여 연민하며 머문다. 그는 주지 않은 것을 가지는 것을 버리고 주지 않은 것을 가지는 것을 [268] 멀리 여의고, 준 것만을 받고 준 것만을 받으려고 하며 스스로 훔치지 않아 자신을 깨끗하게 하여 머문다. 그는 금욕적이지 못한 삶을 버리고 청정범행을 닦으며, 도덕적이고, 성행위의 저속함을 멀리 여읜다.

그는 거짓말을 버리고 거짓말을 멀리 여의고, 진실을 말하며 진실에 부합하고 굳건하고 믿음직하여 세상을 속이지 않는다. 그는 중상모략하는 말을 버리고 중상모략하는 말을 멀리 여의고, 여기서 듣고 이들을 이간하려고 저기서 말하지 않고 저기서 듣고 저들을 이간하려고 여기서 말하지 않는다. 오히려 그는 이와 같이 이간된 자들을 합치고 우정을 장려하며 화합을 좋아하고 화합을 기뻐하고 화합을 즐기며 화합하게 하는 말을 한다. 그는 욕설을 버리고 욕설을 멀리 여의고, 유순하고 귀에 즐겁고 사랑스럽고 가슴에 와 닿고 예의바르고 많은 사람들이 좋아하고 많은 사람들의 마음에 드는 그런 말을 한다. 그는 잡담을 버리고 잡담을 멀리 여의고, 적절한 시기에 말하고, 사실을 말하고, 유익한 말을 하고, 법을 말하고, 율을 말하며, 가슴에 담아둘 만한 말을 하고, 이치에 맞고, 절제가 있으며, 유익한 말을 적절한 시기에 한다.

그는 씨앗류와 초목류를 손상시키는 것을 멀리 여읜다. 하루 한 끼만 먹는다. 그는 밤에 [먹는 것을] 여의고 때 아닌 때에 먹는 것을 멀리 여읜다. 춤, 노래, 연주, 연극을 관람하는 것을 멀리 여읜다. 화환을 두르고 향과 화장품을 바르고 장신구로 꾸미는 것을 멀리 여읜다. 높고 큰 침상을 멀리 여읜다.

금과 은을 받는 것을 멀리 여읜다. [요리하지 않은] 날곡식을 받는 것을 멀리 여읜다. 생고기를 받는 것을 멀리 여읜다. 여자나 동녀를 받는 것을 멀리 여읜다. 하인과 하녀를 받는 것을 멀리 여읜다. 염소와 양을 받는 것을 멀리 여읜다. 닭과 돼지를 받는 것을 멀리 여읜다. 코끼리, 소, 말, 암말을 받는 것을 멀리 여읜다. 농토나 토지를 받는 것을 멀리 여읜다.

심부름꾼이나 전령으로 가는 것을 멀리 여읜다. 사고파는 것을 멀리 여읜다. 저울을 속이고 금속을 속이고 치수를 속이는 것을 멀리 여읜다. 악용하고 속이고 횡령하고 사기하는 것을 멀리 여읜다. 상해, 살해, 포박, 약탈, 노략질, 폭력을 멀리 여읜다."

34. "그는 몸을 보호할 정도의 옷과 위장을 지탱할 정도의 음식으로 만족한다. 그는 어디를 가더라도 그의 자구(資具)를 몸에 지니고 간다. 예를 들면 새가 어디를 날아가더라도 자기 양 날개를 짐으로 하여 날아가는 것과 같다. 그와 같이 비구는 몸을 보호할 정도의 옷과 위장을 지탱할 정도의 음식으로 만족한다. 어디를 가더라도 그의 자구를 몸에 지니고 간다. 그는 이러한 [269] 성스러운 계의 조목[戒蘊]을 구족하여 안으로 비난받을 일이 없는 행복을 경험한다."

35. "그는 눈으로 형색을 봄에 그 표상[全體相]을 취하지 않으며, 또 그 세세한 부분상[細相]을 취하지도 않는다. 만약 그의 눈의 기능[眼根]이 제어되어 있지 않으면, 욕심과 싫어하는 마음이라는 나쁘고 해로운 법[不善法]들이 그에게 [물밀듯이] 흘러들어 올 것이다. 따라서 그는 눈의 감각기능을 잘 단속하기 위해 수행하며, 눈의 감각기능을 잘 방호하고, 눈의 감각기능을 잘 단속한다.

그는 귀로 소리를 들음에 … 코로 냄새를 맡음에 … 혀로 맛을 봄에 … 몸으로 감촉을 느낌에 … 마노[意]로 법을 지각함에 그 표상을 취하지 않으며, 그 세세한 부분상을 취하지도 않는다. 만약 그의 마노의 기능[意根]이 제어되어 있지 않으면, 욕심과 싫어하는 마음이라는 나쁘고 해로운 법[不善法]들이 그에게 [물밀듯이] 흘러들어 올 것이다. 따라서 그는 마노의 감각기능을 잘 단속하기 위해 수행하며, 마노의 감각기능을 잘 방호하고, 마노의 감각기능을 잘 단속한다. 그는 이러한 성스러운 감각기능의 단속을 구족하여 안으로 더럽혀지지 않는 행복을 경험한다."

36. "그는 나아갈 때도 돌아올 때도 [자신의 거동을] 분명히 알아차리면서[正知] 행한다. 앞을 볼 때도 돌아볼 때도 분명히 알아차리면서 행한다. 구부릴 때도 펼 때도 분명히 알아차리면서 행한다. 법의(法衣)·발우·의복을 지닐 때도 분명히 알아차리면서 행한다. 먹을 때도 마실 때도 씹을 때도 맛볼 때도 분명히 알아차리면서 행한다. 대소변을 볼 때도 분명히 알아차리면서 행한다. 갈 때도 서 있을 때도 앉아 있을 때도 잠잘 때도 깨어있을 때도 말할 때도 침묵할 때도 분명히 알아차리면서 행한다."

37. "그는 이러한 성스러운 계의 조목을 잘 갖추고 이러한 성스러운 감각기능의 단속을 잘 갖추고 이러한 마음챙김과 알아차림[正念·正知]을 잘 갖추어 숲 속이나 나무 아래나 산이나 골짜기나 산속 동굴이나 묘지나 밀림이나 노지나 짚더미와 같은 외딴 처소를 의지한다."

38. "그는 탁발하여 공양을 마치고 탁발에서 돌아와 가부좌를 틀고 상체를 곧추세우고 전면에 마음챙김을 확립하여 앉는다. 그는 세상에 대한 욕심을 제거하여 욕심을 버린 마음으로 머물고, 욕심으로부터 마음을 청정하게 한다. 악의의 오점을 제거하여 악의가 없는 마음으로 머물고, 모든 생명의 이익을 위하여 연민하며, 악의의 오점으로부터 마음을 청정하게 한다. 해태와 혼침을 제거하여 해태와 혼침 없이 머물고, 광명상(光明想)을 가져 마음챙기고 알아차리며[正念·正知] 해태와 혼침으로부터 마음을 청정하게 한다. 들뜸과 후회를 제거하여 들뜨지 않고 머물고, 안으로 고요히 가라앉은 마음으로 들뜸과 후회로부터 마음을 청정하게 한다. 의심을 제거하여 의심을 극복하여 머물고, 유익한 법들에 아무런 의심이 없어서 의심으로부터 마음을 청정하게 한다."

39. "그는 [270] 마음의 오염원이고 통찰지를 무력하게 만드는 이들 다섯 가지 장애를 제거하여 감각적 욕망들을 완전히 떨쳐버리고 해로운 법[不善法]들을 떨쳐버린 뒤, 일으킨 생각[尋]과 지속적 고찰[伺]이 있고, 떨쳐버렸음에서 생긴 희열[喜]과 행복[樂]이 있는 초선(初禪)을 구족하여 머문다.

비구들이여, 다시 비구는 일으킨 생각[尋]과 지속적 고찰[伺]을 가라앉혔기 때문에 [더 이상 존재하지 않고], 자기 내면의 것이고, 확신이 있으며, 마음의 단일한 상태이고, 일으킨 생각과 지속적 고찰은 없고, 삼매에서 생긴 희열과 행복이 있는 제2선(二禪)을 구족하여 머문다.

비구들이여, 다시 비구는 희열이 빛바랬기 때문에 평온하게 머물고, 마음챙기고 알아차리며[正念 · 正知] 몸으로 행복을 경험한다. [이 禪 때문에] 성자들이 그를 두고 '평온하고 마음챙기며 행복하게 머문다.'고 묘사하는 제3선(三禪)을 구족하여 머문다.

비구들이여, 다시 비구는 행복도 버리고 괴로움도 버리고, 아울러 그 이전에 이미 기쁨과 슬픔을 소멸하였으므로 괴롭지도 즐겁지도 않으며, 평온으로 인해 마음챙김이 청정한[捨念淸淨] 제4선(四禪)을 구족하여 머문다."

윤회의 종식 — 완전한 소멸

40. "그는 눈으로 형색을 보고 사랑스러운 형색에 욕망을 일으키지 않고, 사랑스럽지 않은 형색에 혐오를 일으키지 않는다. 그는 몸에 대한 마음챙김을 확립하고, 무량한 마음312)을 갖는다. 그는 나쁘고 해로운 법들이 남김없이 소멸되는, 마음의 해탈[心解脫]과 통찰지를 통한 해탈[慧解脫]을 있는 그대로 꿰뚫어 안다.313)

그는 이와 같이 욕망과 성냄을 버려 그가 무슨 느낌을 느끼든지[受], 그것이 즐거운 것이든 괴로운 것이든 괴롭지도 즐겁지도 않은

312) "'무량한 마음(appamāṇa-cetaso)'이란 도의 마음이 함께한(magga-citta-samaṅgi) 출세간(lokuttara)의 마음을 말한다."(MA.ii.311)

313) 보통 4선을 통해서 여섯 가지 신통(육신통)이나 여덟 가지 명지[八明, 八通]이나 삼명으로 회향되는데(『맛지마 니까야』 제1권 「코끼리 발자국 비유의 짧은 경」(M27) §26의 주해 참조) 여기서는 4선을 통해서 심해탈 · 혜해탈의 정형구로 회통되고 그래서 수-애-취-유-생-노사우비고뇌의 6지연기로 마무리를 하고 있다.

것이든, 그 느낌을 즐기지 않고 환영하지 않고 움켜쥐지 않는다. 그가 그 느낌을 즐기지 않고 환영하지 않고 움켜쥐지 않을 때 느낌을 즐거워함[愛]이 소멸한다. 그 즐거워함이 소멸하므로 취착[取]이 소멸한다. 취착이 소멸하므로 존재[有]가 소멸한다. 존재가 소멸하므로 태어남[生]이 소멸한다. 태어남이 소멸하므로 늙음과 죽음, 근심・탄식・육체적 고통・정신적 고통・절망이 소멸한다. 이와 같이 전체 괴로움의 무더기가 소멸한다.

그는 귀로 소리를 듣고, … 코로 냄새를 맡고, … 혀로 맛을 보고, … 몸으로 감촉을 느끼고 … 마노로 법을 지각하고 사랑스러운 법에 욕망을 일으키지 않고, 사랑스럽지 않은 법에 혐오를 일으키지 않는다. 그는 몸에 대한 마음챙김을 확립하고, 무량한 마음을 갖는다. 그는 나쁘고 해로운 법들이 남김없이 소멸되는, 마음의 해탈[心解脫]과 통찰지를 통한 해탈[慧解脫]을 있는 그대로 꿰뚫어 안다.

그는 이와 같이 욕망과 성냄을 버려 그가 무슨 느낌을 느끼든지[受], 그것이 즐거운 것이든 괴로운 것이든 괴롭지도 즐겁지도 않은 것이든, 그 느낌을 즐기지 않고 환영하지 않고 움켜쥐지 않는다. 그가 그 느낌을 즐기지 않고 환영하지 않고 움켜쥐지 않을 때 느낌들을 즐거워함[愛]이 소멸한다. 그 즐거워함이 소멸하므로 취착[取]이 소멸한다. 취착이 소멸하므로 존재[有]가 소멸한다. 존재가 소멸하므로 태어남[生]이 소멸한다. 태어남이 소멸하므로 늙음과 죽음, 근심・탄식・육체적 고통・정신적 고통・절망이 소멸한다. 이와 같이 전체 괴로움의 무더기가 소멸한다."[314)]

314) 이 §40은 앞의 §30과 반대되는 구조로 설해지고 있다.

결론

41. "비구들이여, 내가 간략하게 설한 이 갈애의 멸진을 통한 해탈[315]을 잘 호지하라. 어부의 아들 [271] 비구 사띠는 갈애의 큰 그물과 갈애의 올가미에 걸린 것[316]이다."

세존께서는 이와 같이 설하셨다. 그 비구들은 흡족한 마음으로 세존의 말씀을 크게 기뻐했다.

---

315) "'갈애의 멸진을 통한 해탈(taṇhā-saṅkhaya-vimutti)'이라고 하셨다. [갈애의 멸진에 대한] 이 가르침은 해탈을 얻는 원인(vimutti-paṭilābha-hetu)이기 때문에 해탈이라고 하셨다."(MA.ii.311)

316) "'갈애의 큰 그물과 갈애의 올가미에 걸린(mahā-taṇhā-jāla-taṇhā-saṅghāṭa-paṭimukka)'이라고 하셨다. 갈애는 꿰매어져 있다는 뜻에서(saṁsibbitaṭṭha) '큰 갈애의 그물(mahā-taṇhā-jāla)'이고, 걸려들어 있다는 뜻에서(saṅghaṭit-aṭṭha) '올가미(saṅghāṭa)'이다. 이처럼 큰 갈애의 그물과 올가미에 이 사띠 비구가 '걸린 것(paṭimukka)'이다."(MA. ii.311)

제3편

초기불교의 수행

초기불전에서 수행의 의미로 가장 일반적으로 쓰이는 술어는 바와나(bhāvanā)이다. 이 단어는 √bhū(*to become*)의 사역형 동사 bhāveti에서 파생된 여성명사이다. 되게 하다라는 문자적인 뜻에서 개발, 수행을 뜻하고 특히 불교의 수행을 통칭하는 전문술어로 정착되었다. 초기불전에서 바와나는 다양한 문맥에서 나타난다. 37보리분법을 닦는 것으로도 나타나고(D27 §30) 감각기능을 닦는 것(indriya-bhāvanā)으로도 나타나며(M152) 네 가지 거룩한 마음가짐을 닦는 것으로 나타나기도 하며(M118) 그 외 여러 문맥에서 등장하고 있다. 그러므로 주석서에도 다양한 설명을 한다. 37보리분법을 수행이라고 설명하기도 하고(AA.i.81) 사마타와 위빳사나를 닦는 것을 수행이라고 하기도 하며(AA.i.82) 마음을 고요하게 하는 것(citta-vūpasama) 즉 삼매수행을 지칭하기도 하고(SA.i.106) 네 가지 거룩한 마음가짐을 닦는 것도 수행이라고 한다. 그리고 주석서의 여러 군데서는 향상(vaḍḍhi, vaḍḍhana)을 수행이라고 설명하고 있다.(MA.iii.243 등) 그러므로 향상하는 모든 노력이나 행위를 수행(bhāvanā)으로 이해하는 것이 가장 상식적이면서도 적합한 것이 아닐까 생각한다.

한편 상좌부 불교에서는 아비담마를 배우는 것을 빠리얏띠(pariyatti)라 하는데 교학(배움)이란 뜻이다. 이런 교학의 문에 들어섰으면 저 언덕으로 실제로 나아가야 한다. 이것을 빠띠빳띠(paṭipatti) 즉 수행(도닦음)이라 한다. 이 도닦음은 주로 삼매를 닦는 용어로 쓰인다. 도를 닦아 번뇌를 꿰뚫어 열반을 성취하는 것을 빠띠웨다(paṭivedha) 즉 꿰뚫음이라 한다. 이것은 무상 · 고 · 무아의 세 가지 특상을 꿰뚫는 것으로 통찰지[慧, paññā]를 뜻하는 용어이다.

이제 본서 제3편 초기불교의 수행에서는 초기불전에서 정리되어 나타나는 37보리분법과 사마타와 위빳사나[止觀]에 관계된 경들을 뽑아서 싣는다.

제1장

37보리분법 총설

불교의 목적은 괴로움을 여의고 행복을 실현하는 것[離苦得樂]이다. 그러나 괴로움은 그냥 없어지지 않는다. 괴로움은 수행을 통해서 없어진다. 이러한 수행은 초기불전에서 37보리분법으로 정리되어 나타난다.

이 37보리분법은 『상윳따 니까야』 제5권의 S45부터 제6권의 S51까지에서 도, 각지, 염처, 기능, 바른 노력, 힘, 성취수단의 일곱 개의 상윳따로 나타나는데, 이들은 각각 팔정도, 칠각지, 사념처, 오근, 사정근, 오력, 사여의족의 7가지 주제이며 이것이 바로 37보리분법이다. 이것은 『논장』의 두 번째인 『위방가』(분석론, Vbh)에도 제7장부터 제11장까지의 5개 장으로 정리되어 나타나고 있다.

여기서 '보리분법(菩提分法)'은 보디빡키야 담마(bodhi-pakkhiyā dhammā)를 bodhi(보리)-pakkhiyā(분) dhammā(법)로 직역한 것인데 '깨달음(보리)의 편(분)에 있는 법들'로 옮겨진다. 37보리분법은 모두 일곱 개 주제로 분류되는데 이것을 정리하면 다음과 같다.

① 4념처(四念處, 네 가지 마음챙김의 확립)
② 4정근(四正勤, 네 가지 바른 노력)
③ 4여의족(四如意足, 네 가지 성취수단)
④ 5근(五根, 다섯 가지 기능)
⑤ 5력(五力, 다섯 가지 힘)
⑥ 7각지(七覺支, 일곱 가지 깨달음의 구성요소)
⑦ 8정도(八正道, 八支聖道, 성스러운 팔정도)

이처럼 37보리분법은 모두 일곱 가지 주제로 되어 있으며, 이러한 주제에 포함된 법수들을 다 합하면 37가지가 되기 때문에 전통적으로 이를 37보리분법이라 불러왔다. 『청정도론』은 보리분법을 이렇게 설명한다.

"깨달았다는 뜻에서 깨달음이라고 이름을 얻은 성스러운 도(예류도부터 아라한도까지)의 편에 있기 때문에 깨달음의 편[菩提分]에 있는 법이라 한다. 여기서 편에 있기 때문이라는 것은 '도와주는 상태에 서 있기 때문'이라는 뜻이다."(Vis.XXII.33)

여기에 나타나고 있는 '도와주는 상태'라는 설명 등을 고려해서 중국에서는 조도품(助道品)으로도 옮긴 듯하다. 우리나라에서는 보리분법보다는 조도품으로 더 많이 통용되지만 CBETA로 검색해보면 중국에서는 보리분법으로 옮긴 경우가 훨씬 더 많다. 보리분법이 원어를 직역한 것이기 때문에 필자는 조도품 대신에 보리분법으로 통일해서 옮기고 있다.

이처럼 『청정도론』을 위시한 주석서 문헌들은 보리분법을 '깨달음의 편에 있는 법들'로 해석하는데, 보리분법은 깨달음을 성취한 예류자 이상의 성자들의 편에 있는 법들이며, 깨달음을 성취할 때 이 37가지가 함께 모두 드러나는 것으로 설명한다.(XXII.39) 보리분법이라는 술어 자체가 '깨달음의 편에 속하는 법들'이라는 뜻이기 때문에 이렇게 설명할 수밖에 없을 것이다.

그러나 아직 깨달음을 성취하지 못한 우리들의 입장에서 보자면, 37보리분법은 당연히 '깨달음을 실현하도록 도와주는 법들'로 이해되어야 하고 이렇게 받아들여질 수밖에 없을 것이다. 그래야 실참수행을 하려는 불자들에게 37보리분법은 도움이 되고 의미가 있는 것이다. 『상윳따 니까야』에 모은 37보리분법에 대한 가르침(S45~S51)에서는 이런 측면이 절대적으로 강조되고 있다. 이런 관점에서 보면, 이 37가지를 '도를 도와주는 것[助道]'으로 해석한 『청정도론』의 설명이 돋보인다. 이처럼 보리분법은 '깨달음의 편에 있는[菩提分] 법들'과 '깨달음을 도와주는[助道] 법들'로 설명된다.

까꿔 자루 경

Vāsijaṭa Sutta(S22:101)

【해설】

본경의 가르침처럼 오온을 알고 보는 자는 번뇌가 멸한다. 그러나 번뇌는 염원만 한다고 해서 문득 멸하지 않는다. 본경의 말씀처럼 당연히 수행을 해야 번뇌가 멸한다. 이것은 상식이다. 본경은 이렇게 수행을 해야 번뇌가 멸하고 해탈을 실현하게 된다고 가르친다. 그러면 무엇을 수행해야 하는가? 본경은 당연히 37보리분법을 수행해야 한다고 강조한다. 그리고 본경은 이것을 암탉이 계란을 품는 비유와 까꿔 자루에 난 손자국의 비유로 알기 쉽게 풀어서 강조하고 있다.

여기서 관심을 가지고 볼 점은 대부분의 경들에서 이 37가지 보리분법은 나열만 되고 있지 37가지 깨달음의 편에 있는 법(보리분법)이라는 술어는 나타나지 않는다는 점이다. '깨달음의 편에 있는 법들[菩提分法, bodhi-pakkhiyā dhammā]'이라는 술어는 4부 니까야에는 그다지 많이 나타나지 않는다. 이 술어가 나타나는 곳은 『디가 니까야』 제3권 「세기경」(D27) §30과 『앙굿따라 니까야』 제3권 「은사 경」(A5:56)과 제4권 「잠 경」(A6:17) 등이다. 『맛지마 니까야』에는 보리분법이라는 이 술어가 나타나지 않는다. 그리고 『상윳따 니까야』 제5권 「기능 상윳따」(S48)의 「살라 경」(S48:51)을 위시한 7개 정도의 경은 다섯 가지 기능[五根]만을 깨달음의 편에 있는 법이라고 부르고 있다. 특이하게도 『디가 니까야』 제3권 「세기경」(D27) §30에는 '일곱 가지(satta) 깨달음의 편에 있는 법'으로 나타난다. 이 37보리분법의 주제가 일곱 가지이기 때문이다. 『앙굿따라 니까야』 「은사 경」(A5:56)과 「잠 경」(A6:17)에는 37이라는 숫자의 언급이 없다.

이 '[37가지] 깨달음의 편에 있는 법들[菩提分法]'이라는 술어는 『담마상가니』(법집론, Dhs.)등의 『논장』과 『청정도론』(예를 들면 Vis. XXII.39)을 위시한 주석서 문헌에서 주로 많이 나타나고 있다.

3. "비구들이여, 나는 알고 보는 자에게 번뇌가 멸진한다고 말하지 알지 못하고 보지 못하는 자에게 [번뇌가 멸진한다고 말하지 않는다].

비구들이여, 그러면 무엇을 알고 무엇을 보는 자에게 번뇌가 멸진하는가? '이것이 물질이다. 이것이 물질의 일어남이다. 이것이 물질의 사라짐이다. 이것이 느낌이다. 이것이 느낌의 일어남이다. 이것이 느낌의 사라짐이다. 이것이 인식이다. 이것이 인식의 일어남이다. 이것이 인식의 사라짐이다. 이것이 심리현상[行]들이다. 이것이 심리현상들의 일어남이다. 이것이 심리현상들의 사라짐이다. 이것이 알음알이다. 이것이 알음알이의 일어남이다. 이것이 알음알이의 [153] 사라짐이다.'라고 이와 같이 알고 이와 같이 보는 자에게 번뇌는 멸진한다."[317]

4. "비구들이여,[318] 수행에 몰두하지 않고 머무는 비구에게 '오, 참으로 나의 마음은 취착이 없어져서 번뇌들로부터 마음이 해탈하기를.'이라는 이러한 소망이 일어날지도 모른다. 그러나 그의 마음은 결코 취착 없이 번뇌들로부터 해탈하지 못한다.

그것은 무슨 이유 때문인가? 수행하지 않았기 때문이라는 것이 그 대답이다. 무엇을 수행하지 않았기 때문인가? 네 가지 마음챙김의 확립[四念處], 네 가지 바른 노력[四正勤], 네 가지 성취수단[四如意足],

317) 이상은 『상윳따 니까야』 제2권 「의지처 경」(S12:23) §3에도 나타난다.
318) 이하 본경의 마지막까지는 『앙굿따라 니까야』 제4권 「수행 경」(A7:67)과 같은 내용이다.

다섯 가지 기능[五根], 다섯 가지 힘[五力], 일곱 가지 깨달음의 구성요소[七覺支], 여덟 가지 구성요소를 가진 성스러운 도[八支聖道]이다."319)

5. "비구들이여, 예를 들면 암탉이 여덟 개나 열 개나 열두 개의 계란을 품는다 하자. 그런데 암탉은 계란에 바르게 앉지도 못하고 바르게 온기를 주지도 못하고 바르게 다루지도 못한다. 그러면서도 그 암탉에게 이런 소망이 일어날 것이다. '오, 이 병아리들이 발톱 끝이나 부리로 계란의 껍질을 잘 부순 뒤 안전하게 뚫고 나오기를.'이라고. 그렇지만 병아리들은 발톱 끝이나 부리로 계란의 껍질을 잘 부순 뒤 안전하게 뚫고 나올 수 없다.

그것은 무슨 이유 때문인가? 그 암탉이 계란에 바르게 앉지 못했고 바르게 온기를 주지 못했고 바르게 다루지 못했기 때문이다."320)

---

319) 이것은 37보리분법(菩提分法, 깨달음의 편에 있는 법, bodhi-pakkhiya-dhammā = 助道品)이다. 37가지에 대한 설명은 『상윳따 니까야』 제5권 해제 §5-(1)과 「도 상윳따」(S45)의 첫 번째 주해와 『아비담마 길라잡이』 제7장의 III. 보리분(菩提分)의 길라잡이(§§24~33)의 설명과 『청정도론』 XXII.32~43 등을 참조할 것.

320) 주석서는 이 비유를 다음과 같이 적용시키고 있다. 요약하여 옮긴다.
'암탉(kukkuṭi)'이 바르게 앉고 바르게 온기를 주고 계란을 바르게 다루는 것은 비구가 수행에 전념(bhāvā-anuyoga)하는 것과 같다. 암탉이 세 가지 노력으로 계란을 썩지 않게 하는 것은 비구가 [무상·고·무아에 대한] 세 가지 관찰을 구족(tividha-anupassanā-sampādana)하여 위빳사나의 지혜(vipassanā-ñāṇa)가 쇠퇴하지 않는 것과 같다. 계란에 습기를 없애 주는 것은 비구가 삼계에 대한 집착을 말리는 것(bhavattaya-anugata-nikanti-sineha-pariyādāna)과 같다. 계란의 껍질이 얇아지는 것은 무명이 엷어지는 것(tanu-bhāva)과 같다. '병아리들(kukkuṭa-potakā)'이 계란 안에서 성숙하는 것은 위빳사나의 지혜가 성숙하는 것(sūra-bhāva)과 같다. 병아리들이 껍질을 안전하게 뚫고 나오는 것은 비구가 무명의 껍질을 깨고 아라한이 되는 때(arahatta-patta-kāla)와 같다. 병아리들이 들판을 다니면서 그 마을을 아름답게 만드는 것은 위대한 아라한들이 열반

6. "비구들이여, 그와 같이 수행에 몰두하지 않고 머무는 비구에게 이러한 소망321)이 일어날 것이다. '오, 참으로 나는 취착이 없어져서 번뇌들로부터 마음이 해탈하기를.'이라고. 그러나 그는 결코 취착이 없어져서 번뇌들로부터 마음이 해탈하지 못한다.

그것은 무슨 이유 때문인가? 수행하지 않았기 때문이라는 것이 그 대답이다. 무엇을 수행하지 않았기 때문인가? 네 가지 마음챙김의 확립[四念處], 네 가지 바른 노력[四正勤], 네 가지 성취수단[四如意足], 다섯 가지 기능[五根], 다섯 가지 힘[五力], 일곱 가지 깨달음의 구성요소[七覺支], 여덟 가지 구성요소를 가진 성스러운 도[八支聖道]이다."

7. "비구들이여, 수행에 몰두하여 머무는 비구에게 [154] 이러한 소망은 일어나지 않을 것이다. '오, 참으로 나는 취착이 없어져서 번뇌들로부터 마음이 해탈하기를.'이라고. 그러나 그는 취착이 없어져서 번뇌들로부터 마음이 해탈한다.

그것은 무슨 이유 때문인가? 수행하기 때문이라는 것이 그 대답이다. 무엇을 수행하기 때문인가? 네 가지 마음챙김의 확립[四念處], 네 가지 바른 노력[四正勤], 네 가지 성취수단[四如意足], 다섯 가지 기능

을 대상으로 하여(nibbān-ārammaṇa) 과의 증득(phala-samāpatti)에 들어 머물면서 자신이 거주하는 가람(伽藍, saṅghārāma)을 장엄하는 것과 같다.(SA.ii.329~330)

한편 이 병아리들의 비유는 『맛지마 니까야』 제1권 「추론 경」(M16) §27과 제2권 「유학 경」(M53) §§19~22에도 나타나는데 다르게 적용이 되고 있다. 『율장』(Vin.iii.3~5)도 참조할 것.

321) 본경에서 계속 나타나고 있는 '소망'은 icchā(願, 바램)의 역어이다. 이런 측면에서 본경은 청정범행을 닦아서 과를 실현하는 데(phalassa adhigamā-ya) 과연 소원(희망, āsa)을 가지는 것(āsañ ce pi karitvā)이 필요한가라는 질문을 다루고 있는 『맛지마 니까야』 제4권 「부미자 경」(M126)과 비교가 된다.

[五根], 다섯 가지 힘[五力], 일곱 가지 깨달음의 구성요소[七覺支], 여덟 가지 구성요소를 가진 성스러운 도[八支聖道]이다."

8. "비구들이여, 예를 들면 암탉이 여덟 개나 열 개나 열두 개의 계란을 품는다 하자. 그런데 암탉은 계란에 바르게 앉고 바르게 온기를 주고 바르게 다룬다. 그렇지만 그 암탉에게 이런 소망은 일어나지 않을 것이다. '오, 이 병아리들이 발톱 끝이나 부리로 계란의 껍질을 잘 부순 뒤 안전하게 뚫고 나오기를.'이라고. 그러나 병아리들은 발톱 끝이나 부리로 계란의 껍질을 잘 부순 뒤 안전하게 뚫고 나올 수 있다.

그것은 무슨 이유 때문인가? 그 암탉이 계란에 바르게 앉았고 바르게 온기를 주었고 바르게 다루었기 때문이다."

9. "비구들이여, 그와 같이 수행에 몰두하여 머무는 비구에게 이러한 소망은 일어나지 않을 것이다. '오, 참으로 나는 취착이 없어져서 번뇌들로부터 마음이 해탈하기를.'이라고. 그러나 그는 취착이 없어져서 번뇌들로부터 마음이 해탈한다.

그것은 무슨 이유 때문인가? 수행하기 때문이라는 것이 그 대답이다. 무엇을 수행하기 때문인가? 네 가지 마음챙김의 확립[四念處], 네 가지 바른 노력[四正勤], 네 가지 성취수단[四如意足], 다섯 가지 기능[五根], 다섯 가지 힘[五力], 일곱 가지 깨달음의 구성요소[七覺支], 여덟 가지 구성요소를 가진 성스러운 도[八支聖道]이다."

10. "비구들이여, 예를 들면 목수나 목수의 도제는 까뀌 자루에 생긴 손가락 자국이나 엄지손가락 자국을 보고 '오늘은 나의 까뀌 자루가 이만큼 닳았고 어제는 이만큼 닳았고 그 전에는 이만큼 닳았다.'라고 알지 못한다. 대신에 다 닳았을 때 닳았다고 안다.

그와 같이 수행에 몰두하여 머무는 [155] 비구는 '오늘은 나의 번뇌들이 이만큼 멸진했고 어제는 이만큼 멸진했고 그 전에는 이만큼 멸진했다.'라고 알지 못한다. 대신에 [번뇌가] 멸진했을 때 멸진했다고 안다."

11. "비구들이여, 예를 들면 넝쿨로 된 밧줄로 묶어 만든 배가 바다를 항해하면서 육 개월 동안 바닷물에 떠다니다가 겨울철에 뭍에 닿는다 하자. 그러면 그 밧줄들은 바람과 햇볕에 퇴락할 것이고 다시 우기에 많은 비에 젖으면 쉽게 푸석푸석해질 것이고 썩어버릴 것이다.322)

그와 같이 수행에 몰두하여 머무는 비구의 [열 가지] 족쇄323)는 쉽게 푸석푸석해지고 썩어버린다."

---

322) 이 비유는 『상윳따 니까야』 제5권 「배 경」(S45:158) §3에도 나타나고 있다. 주석서는 앞의 병아리들의 비유보다 이 비유를 더 정밀하게 적용시키고 있다. 요약하면 다음과 같다.

배(nāvā)는 수행자(yoga-avacara)와 같다. 밧줄이 바닷물에 의해서 푸석푸석해지는 것은 비구가 출가하여 공부하고 질문하는(uddesa-pari-puccha) 등을 통해서 그의 족쇄(saṁyojana)가 약해지는 것과 같다. 배가 물에 닿는 것은 비구가 명상주제(kammaṭṭhāna)를 들고 숲에 머무는 것과 같다. 낮 동안에 밧줄들이 바람과 햇볕에 퇴락하는 것은 위빳사나의 지혜로 비구의 갈애가 마르는 것과 같다. 밤에 눈으로 젖는 것은 비구의 마음이 참선에서 생긴 희열과 환희(pīti-pāmojja)로 젖는 것과 같다.('밤에 눈으로 젖는 것'은 경에는 나타나지 않지만 주석서에는 이렇게 설명되어 나타난다.) 비가 내리는 것은 아라한도의 지혜와 같다. 밧줄이 썩는 것은 아라한과를 증득(arahatta-phala-adhigama)하는 것과 같다. 밧줄이 낡은 상태에서도 유지가 되는 것은 아라한이 많은 사람들을 섭수(anug-gaṇhanta)하여 수명이 다하도록(yāvat-āyukaṁ) 머무는 것과 같다. 낡은 밧줄이 끊어지는 것은 아라한이 무여열반의 요소로 반열반하는 것(anupādi-sesāya nibbāna-dhātuyā parinibbuta)과 같다.(SA.ii.330~331)

323) 열 가지 족쇄(saṁyojana)에 대해서는 『초기불교 이해』 제31장과 『상윳따 니까야』 제1권 「얼마나 끊음 경」(S1:5)의 주해를 참조할 것.

힘 경[324)]

Bala Sutta(A10:90)

【해설】

본경은 37보리분법을 아라한이 가지는 힘으로 설명하는 경이다. 주석서 문헌들은 대부분 이 37보리분법들을 깨달음을 얻은 성자들이 구족하는 출세간적인 것으로 설명하고 있는데, 이것이 아비담마나 주석서 문헌들의 입장이다. 주석서 문헌들은 이렇게 설명하고 있다.

"보리분이라고 했다. 깨달음이라는 뜻에서 보리(bodhi)라고 하는 이 것을 얻은 성자나 혹은 도의 지혜를 가진 자의 편에 존재한다고 해서 보리분이라고 한다. 보리의 항목(bodhi-koṭṭhāsiyā)이라는 뜻이다."(ItA.73)

"보리분법이란 네 가지 진리[四諦]를 깨달았다고 말해지는 도의(도를 얻은 자의) 지혜의 편에 존재하는 법들이다."(VbhA.347)

이처럼 여기서 보리(菩提, bodhi)라는 것은 사성제를 깨닫거나 도를 얻은 성자(예류부터 아라한까지)의 지혜나 바른 견해를 뜻하고 보리분법(菩提分法)들 즉 깨달음의 편에 있는 법들은 이러한 깨달음을 성취한 자들의 편에 있으면서 깨달음을 도와주고 장엄하는 37가지 법들을 말하는 것으로 주석서들은 설명하고 있다.

아비담마는 법수들을 정확하게 정의하고 이러한 법들이 어디에 속하는가를 밝히고 정의하는 것을 중시한다. 이런 아비담마의 입장에서 보면 이러한 법들은 이미 그 주제어가 깨달음의 편에 속하는 법들이

---

324) 6차결집본의 경제목은 '번뇌 다한 자의 힘'(Khīṇāsavabala Sutta)이다. 그리고 본경에서 네 가지 바른 노력과 다섯 가지 힘을 제외한 여덟 가지는 『앙굿따라 니까야』 제5권 「힘 경」 2(A8:28)와 같은 내용이다.

고 깨달은 자들이 구족하는 법들이라서 이렇게 설명할 수밖에 없을 것이다. 본경은 37보리분법들을 출세간적인 것으로 설명하는 주석서들의 입장을 뒷받침해주는 경전적 근거가 된다고 할 수 있다.

1. 그때 사리뿟따 존자가 세존께 다가갔다. 가서는 세존께 절을 올리고 한 곁에 앉았다. 한 곁에 앉은 사리뿟따 존자에게 세존께서는 이렇게 말씀하셨다.

"사리뿟따여, 번뇌 다한 비구는 어떤 힘들을 가져서 '나의 번뇌는 다했다.'고 번뇌의 소멸을 천명하는가?"

"세존이시여, 번뇌 다한 비구는 열 가지 힘을 가져서 '나의 번뇌는 다했다.'고 번뇌의 소멸을 천명합니다. 무엇이 열인가요?"

2. "세존이시여, 여기 번뇌 다한 비구는 모든 형성된 것들[諸行]을 무상하다고, 있는 그대로 바른 통찰지로 분명하게 봅니다. 세존이시여, 번뇌 다한 비구가 모든 형성된 것들을 무상하다고, 있는 그대로 바른 통찰지로 분명하게 보는 이것이 번뇌 다한 비구의 힘입니다. 그 힘을 가져서 번뇌 다한 비구는 '나의 번뇌는 다했다.'고 번뇌의 소멸을 천명합니다."

3. "다시 세존이시여, 번뇌 다한 비구는 감각적 욕망을 숯불구덩이와 같다고, 있는 그대로 바른 통찰지로 분명하게 봅니다. 세존이시여, 번뇌 다한 비구가 감각적 욕망을 숯불구덩이와 같다고, 있는 그대로 바른 통찰지로 분명하게 보는 이것 역시 번뇌 다한 비구의 힘입니다. 그 힘을 가져서 번뇌 다한 비구는 '나의 번뇌는 다했다.'고 번뇌의 소멸을 천명합니다."

4. "다시 세존이시여, 번뇌 다한 비구의 마음은 멀리 여읨을 향

하고, 멀리 여읨으로 기울고, 멀리 여읨에 기대고, 멀리 여읨에 머물고, 출리를 기뻐하고, 모든 곳에서 번뇌를 일으킬만한 법들을 없애버립니다. 세존이시여, 번뇌 다한 비구의 마음이 멀리 여읨을 향하고, 멀리 여읨으로 기울고, 멀리 여읨에 기대고, 멀리 여읨에 머물고, 출리를 기뻐하고, 모든 곳에서 번뇌를 일으킬만한 법들을 없애버리는 것 역시 번뇌 다한 비구의 힘입니다. 그 힘을 가져서 번뇌 다한 비구는 '나의 번뇌는 다했다.'고 번뇌의 소멸을 천명합니다."

5. "다시 세존이시여, 번뇌 다한 비구는 네 가지 마음챙김의 확립[四念處]을 잘 닦았고 완전하게 닦았습니다. 세존이시여, 번뇌 다한 비구가 네 가지 마음챙김의 확립[四念處]을 잘 닦았고 완전하게 닦은 이것 역시 번뇌 다한 비구의 힘입니다. 그 힘을 가져서 번뇌 다한 비구는 '나의 번뇌는 다했다.'고 번뇌의 소멸을 천명합니다."

6. "다시 세존이시여, 번뇌 다한 비구는 네 가지 바른 노력[四正勤]을 잘 닦았고 완전하게 닦았습니다. …

다시 세존이시여, 번뇌 다한 비구는 네 가지 성취수단[四如意足]을 잘 닦았고 완전하게 닦았습니다. …

다시 세존이시여, 번뇌 다한 비구는 다섯 가지 기능[五根]을 잘 닦았고 완전하게 닦았습니다. …

다시 세존이시여, 번뇌 다한 비구는 다섯 가지 힘[五力]을 잘 닦았고 완전하게 닦았습니다. …

다시 세존이시여, 번뇌 다한 비구는 일곱 가지 깨달음의 구성요소[七覺支]를 잘 닦았고 완전하게 닦았습니다. …

다시 세존이시여, 번뇌 다한 비구는 여덟 가지 구성요소를 가진 성스러운 도[八支聖道=팔정도]를 잘 닦았고 완전하게 닦았습니다. 세존이시여, 번뇌 다한 비구가 여덟 가지 구성요소를 가진 성스러운 도[八支聖道]를 잘 닦았고 완전하게 닦은 이것 역시 번뇌 다한 비구의 힘입니다. 그 힘을 가져서 번뇌 다한 비구는 '나의 번뇌는 다했다.'고 번뇌의 소멸을 천명합니다.

세존이시여, 번뇌 다한 비구에게는 이러한 열 가지 힘이 있어서, 그 힘을 가진 번뇌 다한 비구는 '나의 번뇌는 다했다.'고 번뇌의 소멸을 천명합니다."

제2장

네 가지 마음챙기는 공부[四念處]

37보리분법(菩提分法) 혹은 37조도품(助道品) 가운데 항상 제일 먼저 나타나는 가르침은 '네 가지 마음챙김의 확립[四念處, cattaro satipaṭṭhānā]'이다. 먼저 편집자가 항상 가슴에 품고 있는 초기불전 한 구절부터 소개한다.

"세존이시여, 저희들은 어떻게 여인을 대처해야 합니까?"

"아난다여, 쳐다보지 마라."

"세존이시여, 쳐다보게 되면 어떻게 대처해야 합니까?"

"아난다여, 말하지 마라."

"세존이시여, 말을 하게 되면 어떻게 대처해야 합니까?"

"아난다여, 마음챙김을 확립해야 한다."(「대반열반경」(D22) §5.9)

여기서 '마음챙김의 확립'으로 옮긴 원어는 사띠빳타나(sati-paṭṭhāna)이다. 주석서에 의하면 이 술어는 두 가지로 분석되고 해석된다. 첫째는 사띠+우빳타나(sati+upaṭṭhāna)이고 둘째는 사띠+빳타나(sati+paṭṭhāna)다. 전자는 마음챙김의 확립으로, 후자는 마음챙김의 토대로 옮겨진다. 전자는 마음챙김을 일으키는 행위를, 후자는 마음챙김의 대상을 강조한다. 이 둘 가운데 전자의 의미가 더 원래적이라 할 수 있다. 사띠+우빳타나(sati+upaṭṭhāna)로 이해한 것이 이미 초기불전(S54:1, S54:13 등)에 나타나고 있기 때문이다.

그럼 마음챙김[念, sati]에 대해서 살펴보자. 마음챙김은 빠알리어 사띠(sati, 念)의 역어인데 이것은 √smṛ(기억하다)에서 파생된 추상명사로 사전적인 의미는 '기억'이다. 그러나 초기불전에서 사띠(sati)는 거의 대부분 기억이라는 의미로는 쓰이지 않는다. 기억이라는 의미로 쓰일 때는 주로 접두어 'anu-'를 붙여 '아눗사띠(anussati)'라는 술어를 사용하거나 √smṛ에서 파생된 다른 명사인 '사라나(saraṇa)'라는 단어가 쓰인다. 물론 수행과 관계없는 문맥에서 사띠는 기억이라는 의미로 쓰이기도 한다.

한국에서 사띠는 마음챙김으로 정착이 되고 있다. 그러면 사띠를 왜 기억 등으로 옮기지 않고 마음챙김으로 옮겼는가? 본서에서 싣고 있는 「운나바 바라문 경」(S48:42)에 의하면 사띠는 마음을 해탈과 연결시켜주는 중요한 기능을 한다. 즉 사띠가 마음을 챙겨서 마음이 불선법으로 향하지 못하게 하고 해탈로 향하게 하는 역할을 한다는 의미이다.

그리고 2세기(후한 시대)에 안세고(安世高) 스님이 옮긴 「불설대안반수의경」(佛說大安般守意經)이라는 경의 제목을 주의해볼 필요가 있다. 여기서 안세고 스님은 아나빠나(ānāpāna, 出入息, 들숨날숨)를 안반(安般)으로 음사하고 있으며, 사띠는 염(念)이 아닌 '수의(守意)' 즉 마음[意, mano]을 지키고 보호[守]하는 기능으로 의역하고 있다. 이처럼 이미 중국에 불교가 전래되던 최초기에 마음챙김은 보호로 이해되어 왔다. 이런 것을 참조해서 사띠를 '마음챙김'으로 옮겼다.

마음챙김은 '마음이 대상을 챙기는 것'으로 정리된다. 이 대상을 신·수·심·법(身·受·心·法) 즉 몸·느낌·마음·법의 넷으로 정리하였기 때문에 네 가지 마음챙김의 확립[四念處]이라 부르는 것이다. 마음챙김은 일견 마음을 챙김으로 이해할 수도 있겠지만 경전적인 의미는 이처럼 '마음이 대상을 챙김'이다. 그래서 『디가 니까야 주석서』에서는

"여기서 마치 송아지 길들이는 자가
송아지를 기둥에 묶는 것처럼
자신의 마음을 마음챙김으로써
대상에 굳게 묶어야 한다."(DA.iii.763; 『청정도론』 VIII.154)

라고 옛 스님의 경책의 말씀을 인용하고 있는데 마음챙김에 관한 가장 요긴한 설명이라 할 수 있다.

이처럼 마음챙기는 공부에서 가장 중요한 것은 대상이다. 주석서의 설명을 종합해보면 마음챙김은 대상에 깊이 들어가고, 대상을 거머쥐고, 대상에 확립되어 해로운 표상이나 해로운 심리현상들이 일어나지 못하도록 마음을 보호하는 역할을 한다.(DA.iii.763 등) 마음챙김이 이

처럼 중요하기 때문에 부처님께서는 「새매 경」(S47:6)에서 네 가지 마음챙김의 확립을 "자신의 행동의 영역인 고향동네"라고 강조하셨다.
마음챙김이란 마음이 대상을 챙기는 것이요, 마음챙기는 공부는 마음이 대상을 거듭해서 챙기는 공부요, 마음챙김의 확립은 마음이 정해진 대상에 확립되는 것이다. 이처럼 마음챙김은 그 대상이 중요하다. 마음챙김의 대상은 크게 몸·느낌·마음·법의 넷으로 정리된다.

여기서 중요한 것은 마음챙김의 대상은 '나' 자신이라는 것이다. 오온(다섯 가지 무더기)이 나라는 존재를 물질, 느낌, 인식, 심리현상들, 알음알이 즉 색·수·상·행·식의 다섯으로 해체해서 이들의 무상·고·무아를 명쾌하게 드러내는 교학적인 가르침이라면, 사념처(네 가지 마음챙김의 확립)는 나 자신을 몸, 느낌, 마음, 법 즉 신·수·심·법의 21가지 혹은 44가지로 해체해서 이 가운데 하나를 챙기고 알아차려 이들의 무상·고·무아를 직접 통찰하여 염오-이욕-해탈-구경해탈지를 체득하게 하는 구체적인 수행법이다. 그래서 오온은 온·처·계·근·제·연(蘊·處·界·根·諦·緣)의 6가지 교학의 주제 가운데 맨 처음으로 강조되며, 사념처는 37보리분법이라는 7가지 수행의 주제 가운데 가장 먼저 설해지고 있는 것이다.

초기경들 가운데서 마음챙김 혹은 실참수행법을 설한 대표적인 경을 들라면 『디가 니까야』 제2권 「대념처경」(D22)과 『맛지마 니까야』 제1권 「마음챙김의 확립 경」(염처경, M10)을 들 수 있다. 이 두 개 경은 초기불교 수행법을 몸[身]·느낌[受]· 마음[心]· 법(法)의 네 가지 주제 하에 집대성한 경으로 초기 수행법에 관한 한 가장 중요한 경이며, 마음챙김으로 대표되는 초기불교 수행법은 이 경을 토대로 지금까지 전승되어오고 있다.
이런 중요성 때문인지 같은 내용을 담은 경이 『맛지마 니까야』 제1권 「마음챙김의 확립 경」(염처경, M10)으로도 나타나고 『디가 니까야』 제2권 「대념처경」(D22)으로도 나타난다. 이 두 경의 차이점이라면 「대념처경」에서는 네 가지 성스러운 진리[四聖諦]를 상세하게 설명하지만 본경에서는 간략하게 나타나는 것만 다를 뿐이다.[325] 본경은 『중아함』의 98번째인 「염처경」(念處經)으로 중국에 소개되었다.

그러나 본서에서는 이 경들을 싣지 않는다. 가장 큰 이유는 주해까지 포함하면 분량이 너무 많기 때문이다. 초기불전연구원에서는 이미 「대념처경」과 이에 대한 주석서를 함께 모아 『네 가지 마음챙기는 공부 — 대념처경과 그 주석서』로 번역 출간하였다. 관심이 있는 분들은 이 책을 일독하실 것을 권한다.

거듭 강조하지만 마음챙기는 공부에서 가장 중요한 것은 대상이다. 그래서 「대념처경」(D22)과 「염처경」(M10)은 이 대상을 크게 신·수·심·법 즉 몸·느낌·마음·법의 넷으로 나누고 다시 이를 21가지 혹은 44가지 대상으로 나누어서 설하고 있다. 그것은,
(1) 몸[身, kāya]: 14가지
(2) 느낌[受, vedanā]: 한 가지 혹은 9가지
(3) 마음[心, citta]: 한 가지 혹은 16가지
(4) 법(法, dhamma): 5가지이다.

한편 「마음챙김의 확립 경」(M10)이나 「대념처경」(D22)을 『맛지마 니까야』 제4권 「몸에 대한 마음챙김 경」(M119)과 비교해 보면 「대념처경」(D22)은 위빳사나적인 측면을 강조하고 「몸에 대한 마음챙김 경」(M119)은 사마타 혹은 삼매 수행을 강조하고 있다. 이 두 경에 대한 간단한 비교는 『맛지마 니까야』 제4권 해제 가운데 「몸에 대한 마음챙김 경」(M119)의 해설 마지막 부분을 참조하기 바란다.

---

325) Ee와 Se에 의하면 『디가 니까야』 제2권 「대념처경」(D22)과 『맛지마 니까야』 제1권 「마음챙김의 확립 경」(염처경, M10)의 다른 부분은 사성제에 관한 부분(M.i.62)이다. 「대념처경」(D22)에는 사성제가 자세하게 설명되어 나타나고 「염처경」(M10)에는 간략하게 나타난다.
그러나 Be와 Te에 의하면 이 두 경은 완전히 같은 것으로 편집되어 있다. 즉 Be와 Te의 「염처경」(M10)의 사성제에 관한 이 부분은 「대념처경」(D22)의 사성제에 관한 부분과 꼭 같이 자세하게 나타난다. 그래서 Be와 Te에 의하면 이 두 경은 완전히 같은 내용을 담고 있다.

운나바 바라문 경

Uṇṇābhabrāhmaṇa Sutta(S48:42)

【해설】

불교는 해탈과 열반을 실현하는 가르침 체계이다. 초기불전에서 해탈은 가장 넓게는 네 가지 과(즉 예류과 일래과 불환과 아라한과)의 증득을 뜻하기도 하고 아라한과의 증득을 뜻하기도 하고 열반의 실현을 뜻하기도 한다. 이러한 성자의 경지를 체득하지 못하고서는 결코 그것을 해탈(vimutti)이라고 부르지 않는다. 그러면 이러한 해탈을 가능하게 하는 데 가장 중요한 것은 무엇일까? 본경은 해탈을 가능하게 하는 마음챙김의 역할을 중시하고 있다. 경문을 인용한다.

"고따마 존자시여, 그러면 마노[意]는 무엇을 의지합니까?"
"바라문이여, 마노[意]는 마음챙김을 의지한다."
"고따마 존자시여, 그러면 마음챙김은 무엇을 의지합니까?"
"바라문이여, 마음챙김은 해탈을 의지한다."

이처럼 본경 §§5~6에는 마음챙김(sati)이 마노[意, mano] 즉 마음과 해탈을 연결시켜주는 중요한 기능을 하는 것으로 나타난다. 즉 사띠(sati)는 마음이 대상을 챙겨서 그 마음이 해탈・열반을 향하도록 하는 기능을 하는 것으로 설명되고 있는 것이다. 본경은 사띠를 마음챙김으로 이해하고 번역하는 근거로 인용할 수 있는 좋은 보기가 된다 할 수 있다.
이런 경전적인 근거를 토대로 하여 안세고(安世高) 스님은 사띠를 염(念)이 아닌 '수의(守意)'로, 즉 마음[意, mano]이 해탈・열반을 향하도록 그 마음을 지키고 보호[守]하는 기능으로 의역하였을 것이다.

1. 이와 같이 나는 들었다. 한때 세존께서는 사왓티에서 제따 숲의 아나타삔디까 원림(급고독원)에 머무셨다.

2. 그때 운나바 바라문[326)]이 세존께 다가갔다. 가서는 세존과 함께 환담을 나누었다. 유쾌하고 기억할 만한 이야기로 서로 담소를 하고서 한 곁에 앉았다. 한 곁에 앉은 운나바 바라문은 세존께 이렇게 여쭈었다.

3. "고따마 존자시여, 다섯 가지 감각기능은 각각 다른 대상과 각각 다른 영역을 가져서 서로 다른 대상과 영역을 경험하지 않습니다. 무엇이 다섯입니까?

눈의 감각기능, 귀의 감각기능, 코의 감각기능, 혀의 감각기능, 몸의 감각기능입니다.[327)] [218]

고따마 존자시여, 이처럼 다섯 가지 감각기능은 각각 다른 대상과 각각 다른 영역을 가져서 서로 다른 대상과 영역을 경험하지 않습니다. 그렇다면 이들 다섯 가지 감각기능은 무엇을 의지합니까? 무엇이 그들의 대상과 영역을 경험합니까?"[328)]

---

326) 같은 이름을 가진 바라문이 『상윳따 니까야』 제6권 「운나바 바라문 경」(S51:15)에도 나타난다. 이 두 바라문이 동일인인지는 알 수 없다.

327) 일반적으로 다섯 가지 감각기능은 다섯 가지 감각기관과 상응하는 것이지만 본경에서 다섯 가지 감각기능은 다섯 가지 알음알이와 상응하는 것으로 여겨진다. 왜냐하면 육체적인 감각기능 자체가 대상(visaya) 혹은 영역(gocara)을 경험한다(paccanubhoti)고 할 수 없기 때문이다. 감각기능은 단지 알음알이가 대상들을 인식하는 매개체 역할을 할 뿐이다.

328) 이상의 대화는 『맛지마 니까야』 제2권 「교리문답의 긴 경」(M43) §21에서 마하꼿티따 존자와 사리뿟따 존자의 대화로도 나타나고 있다. 거기서는 오근-마노(의)-수명-온기로 대화가 진전되지만 여기서는 오근-마노(의)-마음챙김-해탈-열반의 순서로 진행이 되고 있다.

4. "바라문이여, 다섯 가지 감각기능은 각각 다른 대상과 각각 다른 영역을 가져서 서로 다른 대상과 영역을 경험하지 않는다. 무엇이 다섯인가?

눈의 감각기능, 귀의 감각기능, 코의 감각기능, 혀의 감각기능, 몸의 감각기능이다.

바라문이여, 이처럼 다섯 가지 감각기능은 각각 다른 대상과 각각 다른 영역을 가져서 서로 다른 대상과 영역을 경험하지 않는다. 이들 다섯 가지 감각기능은 마노[意]를 의지한다. 마노[意]가 그들의 대상과 영역을 경험한다."329)

5. "고따마 존자시여, 그러면 마노는 무엇을 의지합니까?"

"바라문이여, 마노[意]는 마음챙김을 의지한다."330)

---

329) '마노[意]를 의지한다. 마노[意]가 그들의 대상과 영역을 경험한다.'는 mano-paṭisaraṇam, mano ca nesaṁ gocaravisayam paccanubhoti를 옮긴 것이다. 주석서는 여기서 마노[意, mano]를 속행의 마음(javana-mano)이라고 설명한 뒤에 이렇게 덧붙이고 있다.

"의문전향에 있는 속행의 마음(manodvārika-javana-mano)이 이들 대상과 영역(gocara-visaya)을 탐내는 등으로 경험한다. 눈의 알음알이는 단지 형색을 볼 뿐(rūpa-dassana-matta)이지 여기에 탐냄이나 성냄이나 어리석음이 있지 않다. 하나의 문에서(ekasmiṁ dvāre) 속행이 탐내거나 성내거나 어리석은 것이다. 귀의 알음알이 등에도 이 방법이 적용된다."(SA.iii. 245)

아비담마의 인식과정에 의하면 눈의 알음알이 등의 전오식은 과보로 나타난 마음이라서 대상을 알 뿐이지 대상을 탐·진·치 등을 통해서 경험하지는 못한다. 그래서 속행의 마음이 대상과 영역을 경험하는 것이라고 설명하고 있다. 속행에 대해서는 『아비담마 길라잡이』 제3장 §8의 [해설] 12를 참조할 것. 인식과정과 의문전향 등에 대해서는 『아비담마 길라잡이』 제4장을 참조할 것.

330) "'마음챙김을 의지한다(sati-paṭisaraṇaṁ).'는 것은 도의 마음챙김(magga-sati)을 의지한다는 뜻이다."(SA.iii.246)

6. "고따마 존자시여, 그러면 마음챙김은 무엇을 의지합니까?
"바라문이여, 마음챙김은 해탈을 의지한다."331)

7. "고따마 존자시여, 그러면 해탈은 무엇을 의지합니까?"
"바라문이여, 해탈은 열반을 의지한다."

8. "고따마 존자시여, 그러면 열반은 무엇을 의지합니까?"
"바라문이여, 그대는 질문의 범위를 넘어버렸다.332) 그대는 질문의 한계를 잡지 못하였구나. 바라문이여, 청정범행을 닦는 것은 열반으로 귀결되고 열반으로 완성되고 열반으로 완결되기 때문이다."333)

9. 그때 운나바 바라문은 세존의 말씀을 기뻐하고 감사드린 뒤 자리에서 일어나 세존께 절을 올리고 오른쪽으로 [세 번] 돌아 [경의를 표한] 뒤에 물러갔다.

10. 그때 세존께서는 운나바 바라문이 물러간 지 오래지 않아서 비구들을 불러서 말씀하셨다.
"비구들이여, 예를 들면 누각이나 중각강당의 북쪽이나 남쪽이나 동쪽으로 창이 나 있다고 하자. 그러면 태양이 떠오를 때 창을 통해 빛이 들어와 어디에 멈추겠는가?"
"서쪽 벽입니다, 세존이시여."

---

331) "'해탈(vimutti)'이란 과의 해탈(phala-vimutti)이다."(SA.iii.246)
332) '범위를 넘어버렸다.'는 Be: accayāsi(ati+√i, *to go*)나 Se: accasarā (ati+√sṛ, *to flow*)로 읽어서 옮긴 것이다. Ee: ajjhaparaṁ은 아무런 뜻을 유추할 수 없다.
333) 이 구절은 『상윳따 니까야』 제3권 「마라 경」(S23:1) §6에도 나타난다. 그곳의 주해를 참조할 것.

11. "비구들이여, [219] 그와 같이 운나바 바라문은 여래에 믿음을 가져 흔들리지 않고 뿌리내려 확고하고 굳세다. 어떤 사문도 바라문도 신도 마라도 범천도 이 세상의 그 누구도 그것을 빼앗아갈 수 없다. 비구들이여, 만일 운나바 바라문이 지금 임종을 한다면 그는 이 세상에 다시 돌아오지 않는다. 이 세상에 다시 돌아오도록 그를 묶고 있는 그런 족쇄가 운나바 바라문에게는 없기 때문이다."334)

---

334) 이 말씀은 일반적으로 그가 불환자임을 인정하는 것이다. 그런데 주석서는 그를 禪에 든 불환자의 경지(jhāna-anāgāmitā)에 놓고 있다. 주석서는 다음과 같이 설명한다.
"그는 첫 번째 도(paṭhama-magga, 예류도)에 의해서 다섯 가지 해로운 마음[12가지 해로운 마음들 가운데 사견과 결합된 네 가지 마음과 의심과 결합된 한 가지 마음 – SAṬ]을 제거하였고 초선에 의해서 다섯 가지 장애를 제거하였기 때문에 禪에 든 불환자의 경지(jhāna-anāgāmiṭṭhāna)에 선 것이다. 그가 禪을 버리지 않고 임종을 하면 [천상세계에 태어나] 거기서 반열반할 것이다. 그러나 만일 그가 처자식을 훈육하고 사업에 몰두하느라 禪을 잃게 되면 그의 태어날 곳(gati)은 정해지지 않는다. 그러나 그는 禪을 잃지 않았기 때문에 태어날 곳이 정해진 것이다. 그래서 이것을 두고 禪에 든 불환자의 경지라고 한 것이다."(SA.iii.246)
12가지 해로운 마음은 『아비담마 길라잡이』 제1장 §§4~7을 참조할 것.

새매 경

Sakuṇagghi Sutta(S47:6)

【해설】

마음챙기는 공부에서 가장 중요한 것은 대상이다. 주석서의 설명을 종합해보면 마음챙김은 대상에 깊이 들어가고, 대상을 거머쥐고, 대상에 확립되어 해로운 표상이나 해로운 심리현상들이 일어나지 못하도록 마음을 보호하는 역할을 한다.(『초기불교 이해』 281쪽 참조)

마음챙김의 대상은 이처럼 중요하기 때문에 부처님께서는 본경에서 마음챙김의 대상을 자신의 고향동네에 비유하고 계신다. 수행자가 자신의 고향동네요 행동의 영역인 마음챙김의 대상을 놓아버리고 다섯 가닥의 감각적 욕망에 휩쓸려 지내면 감각적 욕망은 마치 새매가 메추리를 채가듯이 수행자를 낚아가 버린다. 그래서 본경에서 부처님께서는 말씀하신다.

"비구들이여, 자신의 고향동네인 행동의 영역에서 다녀라. 자신의 고향동네인 행동의 영역에서 다니는 자에게 마라는 내려앉을 곳을 얻지 못할 것이고 마라는 대상을 얻지 못할 것이다. 비구들이여, 그러면 어떤 것이 자신의 고향동네인 행동의 영역인가? 바로 이 네 가지 마음챙김의 확립이다."(§7)라고 강조하셨다.

1. 이와 같이 나는 들었다. 한때 세존께서는 사왓티에서 제따 숲의 아나타삔디까 원림(급고독원)에 머무셨다.

2. 그곳에서 세존께서는 "비구들이여."라고 비구들을 부르셨다. "세존이시여."라고 비구들은 세존께 응답했다. 세존께서는 이렇게

말씀하셨다.

3. "비구들이여, 옛날에 새매가 급강하하여 메추리를 채 갔다.[335] 비구들이여, 그러자 메추리는 새매에 잡혀가면서 이와 같이 탄식했다.

'아! 참으로 우리는 이처럼 보호받지 못하는구나. 우리의 공덕은 이처럼 작구나. 참으로 우리는 우리의 행동영역이 아닌 남의 세력범위를 헤매고 다녔구나. 만일 우리가 자신의 고향동네[336]인 우리의 행동영역에서 다녔더라면 이 새매는 싸움에서 나를 낚아채지는 못했을 텐데.'

'메추리여, 그러면 어떤 것이 자신의 고향동네인 그대들의 행동영역인가?'

'흙덩이로 덮여 있는 쟁기질한 저 들판이라오.'"

4. "비구들이여, [147] 그런데 그때 새매는 자기 자신의 힘을 과신하지만 자신의 힘을 자랑하지 않으면서[337] 메추리를 놓아 주었다.

---

335) '새매(sakuṇagghi)'와 '메추리(lāpa)'의 우화는 「새매 자따까」(J168/ii. 58~59)와 관련이 있다. 거기서 새매는 데와닷따였고 메추리는 보살이었다. '급강하하여'는 ajjhapattā를 옮긴 것인데 이 단어는 중복 아오리스트 과거형인데 빠알리에서는 과거분사로 쓰인다.(Hinüber, "Traces of the Reduplicated Aorist in Pāli," *Selected Papers*, pp.52~61 참조)

336) '자신의 고향동네인'으로 옮긴 원어는 sake(자신의) pettike(아버지에 속하는) visaye(대상에)이다. 그래서 이렇게 옮겼다. 한편 '남의 세력범위'는 para-visaya를, '행동영역'은 gocara를 옮긴 것이다.

337) '자기 자신의 힘을 과신하지만 자신의 힘을 자랑하지 않으면서'는 sake bale apatthaddhā sake bale asaṁvadamānā를 옮긴 것이다. '과신하는'으로 옮긴 apatthaddhā는 PED에는 나타나지 않지만 CPD에는 apa+√stambh(*to prop*)의 과거분사로 나타난다.

'자랑하지 않으면서'는 Ee, Be: asaṁvadamānā(Se: avacamānā)를 옮긴 것이다. 그런데 주석서에는 saṁvadamānā(자랑하면서)로 나타나고

'메추리여, 그대는 가거라. 그러나 거기 가더라도 그대는 나로부터 벗어나지는 못할 것이로다.'라고 하면서.

비구들이여, 그러자 메추리는 흙덩이로 덮여 있는 쟁기질한 들판으로 가서 큰 흙덩이 위로 올라가서 새매에게 '새매여, 이제 내게로 오시오. 새매여, 이제 내게로 오시오.'라고 하면서 서 있었다.

비구들이여, 그러자 새매는 자기 자신의 힘을 과신하지만 자신의 힘을 자랑하지 않으면서 두 날개를 접고 메추리를 향해 급강하하였다. 메추리는 '새매가 내 가까이 왔구나.'라고 알고는 그 흙덩이 안으로 들어가 버렸고 새매는 바로 그 자리에서 가슴이 찢어져 버렸다."

5. "비구들이여, 자신의 행동영역이 아닌 남의 세력범위를 헤매고 다니는 자도 이와 같다. 비구들이여, 그러므로 그대들은 그대들의 행동영역이 아닌 남의 세력범위를 헤매고 다니지 마라. 자신의 행동영역이 아닌 남의 세력범위를 헤매고 다니는 자에게서 마라는 내려앉을 곳을 얻을 것이고 마라는 대상을 얻을 것이다."[338]

6. "비구들이여, 그러면 어떤 것이 자신의 행동영역이 아닌 남의 세력범위인가?

바로 이 다섯 가닥의 감각적 욕망이다. 무엇이 다섯인가?

눈으로 인식되는 형상들이 있으니, 원하고 좋아하고 마음에 들고 사랑스럽고 감각적 욕망을 짝하고 매혹적인 것들이다. 귀로 인식되는 소리들이 있으니, … 코로 인식되는 냄새들이 있으니, … 혀로 인

있고 "자신의 힘을 아주 칭송하여 말하는 것을 뜻한다."(SA.iii.200)라고 설명하고 있는데 문맥상 더 좋은 듯하다. 그러나 역자는 본문을 존중하여 부정으로 옮겼다.

338) 『상윳따 니까야』 제4권 「오염원들이 흐름에 대한 법문 경」(S35:243) §§12~13과 §§15~16을 참조할 것.

식되는 맛들이 있으니, … 몸으로 인식되는 감촉들이 있으니, 원하고 좋아하고 마음에 들고 사랑스럽고 감각적 욕망을 짝하고 매혹적인 것들이다.

비구들이여, 이것이 자신의 행동영역이 아닌 남의 세력범위이다."

7. "비구들이여, 자신의 고향동네인 행동영역에서 다녀라. 자신의 고향동네인 행동영역에서 다니는 자에게 마라는 내려앉을 곳을 얻지 못할 것이고 마라는 대상을 얻지 못할 것이다.[339] [148] 비구들이여, 그러면 어떤 것이 자신의 고향동네인 행동영역인가? 바로 이 네 가지 마음챙김의 확립이다. 무엇이 넷인가?

비구들이여, 여기 비구는 몸에서 몸을 관찰하며 머문다. 세상에 대한 욕심과 싫어하는 마음을 버리면서 근면하게, 분명히 알아차리고 마음챙기면서 머문다. 느낌에서 … 마음에서 … 법에서 법을 관찰하며 머문다. 세상에 대한 욕심과 싫어하는 마음을 버리면서 근면하게, 분명히 알아차리고 마음챙기면서 머문다.

비구들이여, 이것이 자신의 고향동네인 행동영역이다."

---

339) 이 문장은 『디가 니까야』 제3권 「전륜성왕 사자후 경」(D26) §1에도 나타나고 있는데, 이 경에서도 네 가지 마음챙김의 확립을 자신의 고향동네로 밝히고 계신다.
「전륜성왕 사자후 경」(D26)은 도도한 물처럼 흘러가는 유장한 우주의 질서 속에서 인간들이 어떻게 타락하여 수명이 줄어들고, 인간들이 어떻게 다시 마음을 다잡아 향상하여 수명이 증장하는가를 밝히고 있다. 그런데 이 경을 통해서 부처님께서 광활하고도 도도한 우주의 흐름을 말씀하시기 전에 마음챙김이야말로 진정한 비구들의 고향동네라고 먼저 확실하게 밝히고 계시는 것이다. 마음챙김이야말로 세상의 기원을 살펴보는 우리의 근본 마음가짐이어야 한다고 세존께서는 강조하시는 것이다.

하나의 법 경

Ekadhamma Sutta(S54:1)

【해설】

「대념처경」(D22)에서 들숨날숨[出入息]은 몸·느낌·마음·법[身·受·心·法]으로 정리되는 네 가지 마음챙기는 공부의 주제 가운데 첫 번째인 몸[身]에 관계된 14가지 주제 중에서도 다시 첫 번째에 해당되는 것이다. 그리고 이것은 『상윳따 니까야』 제6권 「들숨날숨 상윳따」(S54)의 20개 경들에도 정리되어 나타난다. 이 20개 경들 가운데 맨 처음에 실려 있는 본경을 여기에 옮겨왔다.

본경뿐만 아니라 『상윳따 니까야』 제6권 「들숨날숨 상윳따」(S54)의 모든 경들에 나타나고 있는 들숨날숨에 마음챙기는 공부는 "① 길게 들이쉬면서는 '길게 들이쉰다.'고 꿰뚫어 알고, 길게 내쉬면서는 '길게 내쉰다.'고 꿰뚫어 안다. … ⑯ '놓아버림을 관찰하면서 들이쉬리라.'며 공부짓고 '놓아버림을 관찰하면서 내쉬리라.'며 공부짓는다."의 16단계로 구성되어 있다. 이 16단계에 대한 주석서의 설명은 본경의 주해에서 밝히고 있으므로 참조하기 바란다.

『청정도론』(VIII.186)은 이 가운데서 첫 번째 네 개조(①~④)는 초심자를 위한 가장 기본이 되는 명상주제이며, 나머지 세 개의 네 개조(⑤~⑯)는 ①~④의 수행으로 삼매를 증득한 자를 위해 설한 것이라고 설명한다. 그리고 이 네 개의 네 개조는 각각 몸[身], 느낌[受], 마음[心], 법(法)의 관찰로써 설한 것이라고 덧붙이고 있다.

1. 이와 같이 나는 들었다. [311] 한때 세존께서는 사왓티에서 제따 숲의 아나타삔디까 원림(급고독원)에 머무셨다.

2. 거기서 세존께서는 비구들을 불러서 말씀하셨다.

3. "비구들이여, 하나의 법을 닦고 많이 [공부]지으면 큰 결실이 있고 큰 이익이 있다. 무엇이 하나의 법인가?

들숨날숨에 대한 마음챙김이다.

비구들이여, 그러면 들숨날숨에 대한 마음챙김을 어떻게 닦고 많이 [공부]지으면 큰 결실이 있고 큰 이익이 있는가?"

4. "비구들이여, 여기 비구는 숲 속에 가거나 나무 아래에 가거나 빈방에 가거나 하여 가부좌를 틀고 상체를 곧추세우고 전면에 마음챙김을 확립하여[340] 앉는다. 그는 오로지 마음챙기면서 숨을 들이쉬고 오로지 마음챙기면서 숨을 내쉰다."[341]

---

340) '전면에 마음챙김을 확립하여'는 parimukhaṁ satiṁ upaṭṭhapetvā를 옮긴 것이다. 『위방가』는 "이 마음챙김은 코끝이나 입의 표상에(nāsikagge vā mukhanimitte vā) 확립되고 잘 확립되었다(upaṭṭhitā hoti supaṭṭhitā)고 해서 '전면에 마음챙김을 확립하여'라고 한 것이다."(Vbh.252)라고 설명하고 있다.

한편 『위방가 주석서』는 "입의 표상(mukha-nimitta)이란 윗입술의 가운데 부분(uttar-oṭṭhassa vemajjha-ppadeso)이라고 봐야 하나니, 즉 코의 바람(nāsika-vāta)이 닿는(paṭihaññati) 곳을 말한다."(VbhA.368)라고 설명하고 있다.

그러므로 여기서 '전면(全面 혹은 前面)에(parimukhaṁ)'라 함은 구체적으로 코끝에나, 숨이 닿는 윗입술의 중간부분에 혹은 인중(人中) 즉 코의 밑과 윗입술 사이에 오목하게 골이 진 곳에라는 뜻이다.

341) 다음 §5에 나타나는 16단계의 들숨날숨에 대한 마음챙김은 『맛지마 니까야』 제4권 「들숨날숨에 대한 마음챙김 경」(出入息念經, Ānāpānasati-sutta, M118)의 핵심이다. 이 16단계는 『청정도론』 VIII.146~237에 상

5. "① 길게 들이쉬면서는 '길게 들이쉰다.'고 꿰뚫어 알고, 길게 내쉬면서는 '길게 내쉰다.'고 꿰뚫어 안다. ② 짧게 들이쉬면서는 '짧게 들이쉰다.'고 꿰뚫어 알고, 짧게 내쉬면서는 '짧게 내쉰다.'고 꿰뚫어 안다. ③ '온몸을 경험하면서 들이쉬리라.'며 공부짓고, '온몸을 경험하면서 내쉬리라.'며 공부짓는다.[342] ④ '몸의 작용[身行][343]

세히 설명되어 있다. 초기불전연구원에서는 이 「출입식념경」(M118)과 『청정도론』의 설명을 엮어서 『들숨날숨에 마음챙기는 공부』(대림 스님 역, 개정3판, 2008)를 출간하였으므로 참조할 것.

『상윳따 니까야』 제6권 「낌빌라 경」(S54:10) §§7~10에도 나타나지만 이 16단계는 다시 크게 네 개로 구성된 네 무리로 구분이 되는데 이 각각은 네 가지 마음챙김의 확립의 각각에 배대된다. 그래서 들숨날숨에 대한 마음챙김은 몸에 대한 관찰(kāya-anupassanā, S54:10 §7)에서부터 시작하여 느낌(vedanā)에 대한 관찰(S54:10 §8)과 마음(citta)에 대한 관찰(S54:10 §9)을 거쳐 법(dhamma)에 대한 관찰(S54:10 §10)로 종결된다.

『청정도론』에서도 이 가운데서 첫 번째 네 개 조(①~④)는 초심자를 위한 가장 기본이 되는 명상주제이며, 나머지 세 개의 네 개 조(⑤~⑯)는 ①~④를 통해서 삼매를 증득한 자를 위해서 각각 느낌[受], 마음[心], 법(法)의 관찰로써 설한 것이라고 설명하고 있다.

특히 『청정도론』에서는 이 공부법을 ① 헤아림(gaṇanā) ② 연결(anu-bandhanā) ③ 닿음(phusanā) ④ 안주함(ṭhapanā) ⑤ 주시(sallakkha-ṇā) ⑥ 환멸(還滅, vivaṭṭanā) ⑦ 두루 청정함(pārisuddhi) ⑧ 되돌아봄(paṭipassanā)의 여덟 단계로 설명하는데 아주 요긴한 가르침이므로 『청정도론』의 해당부분을 정독할 것을 권한다.

342) 『청정도론』은 다음과 같이 부연하고 있다.
"온 들숨의 몸의 … 온 날숨의 몸의 처음과 중간과 끝을 체험하면서, 분명하게 하면서 내쉬리라고 공부짓는다. 이와 같이 체험하면서, 분명하게 하면서 지혜와 함께한 마음으로 들이쉬고 내쉰다."(『청정도론』 VIII.171)
여기서 밝히고 있듯이 이 문맥에서 몸(kāya)은 호흡 그 자체를 나타낸다.

343) 여기서 '몸의 작용[身行, kāya-saṅkhāra]'은 들숨날숨을 말한다. 『상윳따 니까야』 제4권 「까마부 경」 2(S41:6/iv.293) §5에서 까마부 존자는 찟따 장자에게 "장자여, 들숨날숨은 몸에 속하는 것이고 이런 법들은 몸에 묶여 있습니다. 그래서 들숨날숨은 몸의 작용입니다."라고 말하고 있다.

을 편안히 하면서 들이쉬리라.'며 공부짓고, '몸의 작용을 편안히 하면서 내쉬리라.'며 공부짓는다." [312]

6. "⑤ '희열을 경험하면서344) 들이쉬리라.'며 공부짓고, '희열을 경험하면서 내쉬리라.'며 공부짓는다. ⑥ '행복을 경험하면서345) 들이쉬리라.'며 공부짓고, '행복을 경험하면서 내쉬리라.'며 공부짓는다. ⑦ '마음의 작용[心行]346)을 경험하면서 들이쉬리라.'며 공부짓고, '마음의 작용을 경험하면서 내쉬리라.'며 공부짓는다. ⑧ '마음의 작

그리고 『청정도론』의 복주서인 『빠라맛타 만주사』도 "여기서 '몸의 작용[身行, kāya-saṅkhāra]'이란 들숨날숨을 말한다. 비록 이것은 마음에서 생긴 것이지만 그것의 존재가 몸에 묶여 있고 몸을 통해 형성되기 때문에 몸의 작용이라 부른다.(Pm.220)"라고 설명하고 있다.

『상윳따 니까야』 제3권 「앗사지 경」(S22:88) §7의 주해도 참조할 것.

344) "두 가지 방법을 통해서 '희열을 경험한다(pīti-paṭisaṁvedī).' 그것은 대상을 통해서와 미혹하지 않음을 통해서(ārammaṇato ca asammohato ca)이다. ① 그는 희열이 있는 두 禪 [즉, 초선과 제2선]에 든다. 그가 그것에 드는 순간에 禪을 얻음으로써 대상을 경험했기 때문에 대상을 통해서 희열을 경험한다. ② 희열이 있는 두 禪에 들었다가 출정하여 禪과 함께 한 희열을 파괴되기 마련이고 사라지기 마련이라고 명상한다. 그가 위빳사나를 하는 순간에 특상을 경험하기 때문에 잊어버리지 않음을 통해서 희열을 경험한다."(『청정도론』 VIII.226~227)

즉 ①은 사마타를 닦아서 禪에 들었을 때의 희열이고 ②는 禪에서 출정하여 무상·고·무아의 특상(lakkhaṇa)을 꿰뚫는 위빳사나를 할 때의 희열을 말한다.

345) 『청정도론』은 '행복을 경험하면서(sukha-paṭisaṁvedī)'도 희열의 경험과 같은 방법으로 두 측면에서 이해해야 한다고 설명하고 있다. 즉 ① 사마타를 닦아서 禪에 들었을 때의 행복과 ② 禪에서 출정하여 무상·고·무아의 특상을 꿰뚫는 위빳사나를 할 때의 행복을 말한다. 다른 점은 행복은 초선부터 제3선까지에서 경험된다는 것이다.(『청정도론』 VIII.229)

346) "마음의 작용[心行, citta-saṅkhāra]은 느낌의 무더기[受蘊]와 인식의 무더기[想蘊]를 말한다. … 네 가지 禪들로 '마음의 작용을 경험한다(citta-saṅkhāra-paṭisaṁvedī).'고 알아야 한다."(『청정도론』 VIII.229)

용을 편안히 하면서 들이쉬리라.'며 공부짓고, '마음의 작용을 편안히 하면서 내쉬리라.'며 공부짓는다."

7. "⑨ '마음을 경험하면서[347] 들이쉬리라.'며 공부짓고, '마음을 경험하면서 내쉬리라.'며 공부짓는다. ⑩ '마음을 기쁘게 하면서[348] 들이쉬리라.'며 공부짓고, '마음을 기쁘게 하면서 내쉬리라.'며 공부짓는다. ⑪ '마음을 집중하면서[349] 들이쉬리라.'며 공부짓고, '마음을 집중하면서 내쉬리라.'며 공부짓는다. ⑫ '마음을 해탈하게 하면서[350] 들이쉬리라.'며 공부짓고, '마음을 해탈하게 하면서 내쉬리

---

347) "'마음을 경험하면서(citta-paṭisaṁvedī)'란 네 가지 禪들로 마음을 경험한다고 알아야 한다."(『청정도론』 VIII.231)

348) "'마음을 기쁘게 하면서(abhippamodayaṁ cittaṁ)': 여기서는 삼매와 위빳사나의 두 가지 방법으로 기쁘게 한다. 어떻게 삼매를 통해 기쁘게 하는가? 희열(pīti)이 있는 두 禪에 든다. 그 증득의 순간에 그 禪과 함께한 희열로 마음을 반갑게 하고 기쁘게 한다. 어떻게 위빳사나를 통해 기쁘게 하는가? 희열이 있는 두 禪에 들었다가 출정하여 禪과 함께한 희열을 파괴되기 마련이고 사그라지기 마련이라고 명상한다. 이와 같이 위빳사나를 하는 순간에 禪과 함께한 희열을 대상으로 삼아 마음을 반갑게 하고 기쁘게 한다."(『청정도론』 VIII.232)

349) 『청정도론』 VIII.232는 두 가지로 '마음을 집중하면서(samādaha citta)'를 설명하고 있는데 하나는 네 가지 禪에 드는 것이고 다른 하나는 찰나삼매(刹那三昧, 순간적인 마음이 한끝에 집중됨, 刹那心一境性, khaṇika-citt-ekaggatā)를 통해서이다. 찰나삼매는 "그 禪에 들었다가 출정하여 禪과 함께한 마음을 파괴되기 마련이고 사그라지기 마련이라고 명상할 때 그 위빳사나를 하는 순간에 특상을 통찰하는 것"이라고 『청정도론』(VIII.232)은 정의하고 있다.

350) "'마음을 해탈하게 하면서(vimocayaṁ cittaṁ)': 초선을 통해 장애들로부터 마음을 벗어나게 하고 해탈하게 하면서, 제2선을 통해 일으킨 생각(尋)과 지속적 고찰(伺)로부터, 제3선을 통해 희열로부터, 제4선을 통해 행복과 고통으로부터 마음을 벗어나게 하고 해탈하게 하면서 들이쉬고 내쉰다. 혹은 그가 그 禪에 들었다가 출정하여 禪과 함께한 마음은 파괴되기 마련이고 사그라지기 마련이라고 명상한다. 그가 위빳사나를 하는 순간에 무

라.'며 공부짓는다."

8. "⑬ '무상을 관찰하면서[351] 들이쉬리라.'며 공부짓고, '무상을 관찰하면서 내쉬리라.'며 공부짓는다. ⑭ '탐욕이 빛바램을 관찰하면서[352] 들이쉬리라.'며 공부짓고, '탐욕이 빛바램을 관찰하면서 내쉬리라.'며 공부짓는다. ⑮ '소멸을 관찰하면서 들이쉬리라.'며 공부짓고, '소멸을 관찰하면서 내쉬리라.'며 공부짓는다. ⑯ '놓아버림[353]을 관찰하면서 들이쉬리라.'며 공부짓고, '놓아버림을 관찰하면

상의 관찰로 영원하다는 인식(nicca-saññā)으로부터, 괴로움의 관찰로 행복하다는 인식(sukha-saññā)으로부터, 무아의 관찰로 자아라는 인식(atta-saññā)으로부터, 염오의 관찰(nibbidānupassanā)로 즐김(nandi)으로부터, 탐욕이 빛바램의 관찰로 탐욕(rāga)으로부터, 소멸의 관찰로 일어남(samudaya)으로부터, 놓아버림의 관찰로 가짐(ādāna)으로부터 마음을 벗어나게 하고 해탈하게 하면서 들이쉬고 내쉰다."(『청정도론』 VIII.233)

351) "'무상을 관찰하면서(anicca-anupassī)'라고 했다. 여기서 무상한 것(anicca)이란 다섯 가지 무더기[五蘊]이다. 왜 그런가? 그들은 일어나고 멸하고 변하는 성질을 가졌기 때문(uppāda-vay-aññathatta-bhāvā)이다. 무상한 성질(aniccatā)이란 그들에게 존재하는 일어나고 멸하고 변하는 성질이다. 혹은 생겼다가 없어지는 것이다. 생긴 무더기[蘊]가 그 본래의 모습으로 머물지 않고 순간적인 부서짐(khaṇa-bhaṅga)을 통해 부서진다(bheda)는 뜻이다. 무상의 관찰이란 그 무상함으로 물질 등에 대해 무상하다고 관찰하는 것이다."(『청정도론』 VIII.234)

352) "탐욕이 빛바램을 관찰하면서(virāga-anupassī): 여기 탐욕의 빛바램은 파괴로서의 탐욕의 빛바램과 절대적인 탐욕의 빛바램(khaya-virāgo ca accanta-virāgo ca)의 두 가지가 있다. 여기서 파괴로서의 탐욕의 빛바램이란 형성된 것들[行]이 순간적으로 무너지는 것(khaṇa-bhaṅga)이다. 절대적인 탐욕의 빛바램이란 열반이다. 탐욕이 빛바램을 관찰함이란 이 둘의 관찰로 일어나는 위빳사나와 도(magga)이다. '소멸을 관찰하면서(nirodha-anupassī)'라는 구절에도 이 방법이 적용된다."(『청정도론』 VIII.235)

353) "여기서도 놓아버림(paṭinissagga)은 두 가지이다. 버림으로서의 놓아버림

서 내쉬리라.'며 공부짓는다."354)

9. "비구들이여, 들숨날숨에 대한 마음챙김을 이와 같이 닦고 이와 같이 많이 [공부]지으면 큰 결실이 있고 큰 이익이 있다."

과 들어감으로서의 놓아버림(pariccāga-paṭinissaggo ca pakkhandana-paṭinissaggo ca)이다. 놓아버림의 관찰이란 놓아버림 그 자체가 관찰(anupassanā)이다. 이것은 위빳사나와 도의 동의어이다.

① 위빳사나는 ㉠ 반대되는 것으로 대체하여 [과보로 나타난] 무더기들과, 업형성력(abhisaṅkhāra)들과 함께 오염원(kilesa)들을 버리기 때문에 ㉡ 형성된 것에 대해 [무상 등의] 결점을 보고 그 [형성된 것의] 반대인 열반으로 기울어짐으로써 열반에 들어가기 때문에 각각 버림으로서의 놓아버림과 들어감으로서의 놓아버림이라 한다.

② 도는 ㉠ 근절(samuccheda)로써 무더기를 생기게 하는 업형성력들과 함께 오염원들을 버리기 때문에 ㉡ 열반을 대상으로 삼음으로써 열반에 들어가기 때문에 각각 버림으로서의 놓아버림과 들어감으로서의 놓아버림이라 한다. 이 두 [위빳사나의 지혜와 도의 지혜]는 각각 이전의 지혜를 계속해서 따라 보기 때문에 관찰[隨觀]이라 한다."(『청정도론』 VIII.236)

354) 『청정도론』의 설명에서 보듯이 ⑫번째까지의 앞의 세 번째의 네 개 조까지는 사마타와 위빳사나의 방법이 둘 다 적용되었지만 이 네 번째의 네 개 조는 위빳사나의 방법만이 적용되고 있다.

제3장

네 가지 바른 노력[四正勤]

초기불교의 수행법을 체계적으로 담고 있는 37보리분법 가운데 두 번째는 네 가지 바른 노력[四正勤, sammappadhāna]이다. 그러면 무엇이 네 가지 바른 노력인가? 경은 이렇게 말한다.

"비구들이여, 네 가지 바른 노력[四正勤]이 있다. 무엇이 넷인가?

비구들이여, 비구는 ① 아직 일어나지 않은 나쁘고 해로운 법[不善法]들을 일어나지 못하게 하기 위해서 열의를 생기게 하고 정진하고 힘을 내고 마음을 다잡고 애를 쓴다. ② 이미 일어난 나쁘고 해로운 법들을 제거하기 위해서 열의를 생기게 하고 정진하고 힘을 내고 마음을 다잡고 애를 쓴다.

③ 아직 일어나지 않은 유익한 법[善法)들을 일어나도록 하기 위해서 열의를 생기게 하고 정진하고 힘을 내고 마음을 다잡고 애를 쓴다. ④ 이미 일어난 유익한 법들을 지속시키고 사라지지 않게 하고 증장시키고 충만하게 하고 닦아서 성취하기 위해서 열의를 생기게 하고 정진하고 힘을 내고 마음을 다잡고 애를 쓴다."(S49:1 등)

이 정형구에서 보듯이 바른 노력 혹은 정진은 불선법에 대한 두 가지와 선법에 대한 두 가지 즉 모두 네 가지로 구성되어 있다. 그래서 이것을 네 가지 바른 노력이라 부른다. 그리고 이 네 가지 바른 노력[四正勤]은 팔정도의 여섯 번째인 바른 정진[正精進]의 내용이고, 오근・오력의 두 번째인 정진의 기능[精進根]과 정진의 힘[精進力]의 내용이며, 칠각지의 세 번째인 정진의 깨달음의 구성요소[精進覺支]의 내용이기도 하다.

위의 경의 인용에서 보듯이 바른 노력에서 가장 중요한 것은 선법(善法, 유익한 법)과 불선법(不善法, 해로운 법)의 판단이다. 이것이 없으면 바른 노력이 아니다. 이러한 선법・불선법의 판단을 칠각지에서는 법 간택하는 깨달음의 구성요소[擇法覺支]라 하여 중시하고 있다. 그리고 이 택법각지 바로 다음에 정진의 깨달음의 구성요소[精進覺支]가 나타나는데 정진각지는 바른 노력과 동의어이며 팔정도의 여섯 번째인 바른 정진과도 동의어이다. 그러므로 칠각지는 바른 정진 즉 정진각지의 전제조건으로 선법・불선법에 대한 판단을 중시하여 택법각지를 들고 있는 것이다. 경에서 택법각지는 다음과 같이 정의되고 있다.

"비구들이여, 유익하거나 해로운 법들, 나무랄 데 없는 것과 나무라야 마땅한 법들, 받들어 행해야 하는 것과 받들어 행하지 말아야 하는 법들, 고상한 것과 천박한 법들, 흑백으로 상반되는 갖가지 법들이 있어 거기에 지혜롭게 마음에 잡도리하기를 많이 공부지으면 이것이 아직 일어나지 않은 법을 간택하는 깨달음의 구성요소를 일어나도록 하고 이미 일어난 법을 간택하는 깨달음의 구성요소를 늘리고 드세게 만들고 수행을 성취하는 자양분이다."(S46:2)

그러면 무엇이 불선법(해로운 법)이고 무엇이 선법(유익한 법)인가? 주석서들은 불선법을 ① 10불선업도 즉 살생, 도둑질, 삿된 음행, 망어, 기어, 양설, 악구, 탐욕, 악의, 삿된 견해(DA.ii.644, MA.i.197 등)와 ② 다섯 가지 장애(MA.iii.145) 등을 포함한 14가지 해로운 마음부수법들(DA.iii.843)로 설명하고 있다. 한편 선법은 「확신경」(D28 §3) 등과 주석서들에서 10선업도와 37보리분법 등으로 설명하고 있다. 결론적으로 말하자면, 비난받을 일이 없는 행복한 과보를 가져오며, 궁극적 행복[至福]인 해탈・열반에 도움이 되는 37보리분법 등은 선법이고 그렇지 못한 10불선업도나 14가지 해로운 마음부수법[心所法]들은 불선법이다. 이처럼 초기불교에서 말하는 정진 혹은 바른 노력이란 해탈・열반에 방해가 되는 불선법들을 제거하고 해탈・열반에 도움이 되는 선법들을 일어나게 하는 것이다.

동쪽으로 흐름 경

Pācīnaninna Sutta(S49:1)

3. “비구들이여, 네 가지 바른 노력[四正勤]이 있다. 무엇이 넷인가?

비구들이여, 여기 비구는 아직 일어나지 않은 나쁘고 해로운 법[不善法]들을 일어나지 못하게 하기 위해서 열의를 생기게 하고 정진하고 힘을 내고 마음을 다잡고 애를 쓴다. 이미 일어난 나쁘고 해로운 법들을 제거하기 위해서 열의를 생기게 하고 정진하고 힘을 내고 마음을 다잡고 애를 쓴다. 아직 일어나지 않은 유익한 법[善法]들을 일어나게 하기 위해서 열의를 생기게 하고 정진하고 힘을 내고 마음을 다잡고 애를 쓴다. 이미 일어난 유익한 법들을 지속시키고 사라지지 않게 하고 증장시키고 충만하게 하고 닦아서 성취하기 위해서 열의를 생기게 하고 정진하고 힘을 내고 마음을 다잡고 애를 쓴다.[355]

355) 정형구의 용어들에 대한 설명은 『위방가』(Vbh.208~210)에서 경의 분류방법(Sutanta-bhājanīya)에 의해서 설명되고 있으며 『위방가 주석서』(VbhA.289~96)에서 상세하게 주석되고 있다. 『청정도론』 XXII.35에도 간략하게 나타나고 있다. 아비담마의 분류방법(Abhidhamma-bhājanīya)에 의한 설명은 『위방가』(Vbh.211~214)에 나타나고 있다. 『위방가』의 설명을 요약하면 다음과 같다.
‘나쁘고 해로운 법들(pāpakā akusalā dhammā)’이란 탐욕(lobha)과 성냄(dosa)과 어리석음(moha)과 이들과 함께하는 오염원(kilesa)들이다.
‘열의(chanda)’란 유익하고 법다운 하고자함(kattu-kamyatā)이다.
‘정진하고 힘을 내고 마음을 다잡고 애를 쓰는 것(vāyamati, viriyam ārabhati, cittam paggaṇhāti, padahati)’은 모두 정진(viriya)을 뜻하는

비구들이여, 이러한 네 가지 바른 노력이 있다."

4. "비구들이여, 예를 들면 강가 강은 동쪽으로 흐르고 동쪽으로 향하고 동쪽으로 들어간다.

비구들이여, 그와 같이 비구가 네 가지 바른 노력을 닦고 네 가지 바른 노력을 많이 [공부]지으면 그는 열반으로 흐르고 열반으로 향하고 열반으로 들어간다."

5. "비구들이여, 그러면 비구가 어떻게 네 가지 바른 노력을 닦고 네 가지 바른 노력을 많이 [공부]지으면 열반으로 흐르고 열반으로 향하고 열반으로 들어가는가?

비구들이여, [245] 여기 비구는 아직 일어나지 않은 나쁘고 해로운 법[不善法]들을 일어나지 못하게 하기 위해서 열의를 생기게 하고 정진하고 힘을 내고 마음을 다잡고 애를 쓴다. 이미 일어난 나쁘고 해로운 법들을 제거하기 위해서 열의를 생기게 하고 정진하고 힘을 내고 마음을 다잡고 애를 쓴다. 아직 일어나지 않은 유익한 법[善法]들을 일어나게 하기 위해서 열의를 생기게 하고 정진하고 힘을 내고 마음을 다잡고 애를 쓴다. 이미 일어난 유익한 법들을 지속시키고 사라지지 않게 하고 증장시키고 충만하게 하고 닦아서 성취하기 위해서 열의를 생기게 하고 정진하고 힘을 내고 마음을 다잡고 애를 쓴다."

6. "비구들이여, 이와 같이 비구가 네 가지 바른 노력을 닦고 네 가지 바른 노력을 많이 [공부]지으면 그는 열반으로 흐르고 열반으로 향하고 열반으로 들어간다."

말이다.

'유익한 법들(kusalā dhammā)'이란 탐욕 없음, 성냄 없음, 어리석음 없음과 이들과 함께하는 느낌의 무더기(수온), 인식의 무더기(상온), 심리현상들의 무더기(행온), 알음알이의 무더기(식온)이다.

노력 경

Padhāna Sutta(A4:69)

【해설】

본경은 네 가지 바른 노력[四正勤, sammappadhāni] 혹은 바른 정진[正精進, sammā-vāyāma]의 내용 네 가지를 각각 단속(saṁvara), 버림(pahāna), 수행(bhāvanā), 보호(anurakkhana)에 배대(配對)해서 설하신 경이다. 바른 정진을 제대로 이해하는 것은 수행의 가장 중요한 출발점이다.

1. "비구들이여, 네 가지 노력이 있다. 무엇이 넷인가? 단속의 노력, 버림의 노력, 수행의 노력, 보호의 노력이다."

2. "비구들이여, 그러면 어떤 것이 단속의 노력인가? 비구들이여, 여기 비구는 아직 일어나지 않은 나쁘고 해로운 법[不善法]들을 일어나지 못하게 하기 위해서 열의를 생기게 하고 정진하고 힘을 내고 마음을 다잡고 애를 쓴다. 비구들이여, 이를 일러 단속의 노력이라 한다."

3. "비구들이여, 그러면 어떤 것이 버림의 노력인가? 비구들이여, 여기 비구는 이미 일어난 나쁘고 해로운 법들을 제거하기 위해서 열의를 생기게 하고 정진하고 힘을 내고 마음을 다잡고 애를 쓴다. 비구들이여, 이를 일러 버림의 노력이라 한다."

4. "비구들이여, 그러면 어떤 것이 수행의 노력인가? 비구들이여, 여기 비구는 아직 일어나지 않은 유익한 법[善法]들을 일어나게 하기 위해서 열의를 생기게 하고 정진하고 힘을 내고 마음을 다잡고 애를 쓴다. 비구들이여, 이를 일러 수행의 노력이라 한다."

5. "비구들이여, 그러면 어떤 것이 보호의 노력인가? 비구들이여, 여기 비구는 이미 일어난 유익한 법들을 지속시키고 사라지지 않게 하고 증장시키고 충만하게 하고 닦아서 성취하기 위해서 열의를 생기게 하고 정진하고 힘을 내고 마음을 다잡고 애를 쓴다. 비구들이여, 이를 일러 보호의 노력이라 한다.

비구들이여, 이것이 네 가지 노력이다."

6. "단속과 버림과 수행과 보호 —
이 네 가지 노력을 태양의 후예께서 가르치셨다.
이것으로 여기 근면한 비구는
괴로움이 다함을 얻는다."

제4장
네 가지 성취수단[四如意足]

【해설】

초기불교의 수행법을 체계적으로 담고 있는 37보리분법 가운데 세 번째 주제는 네 가지 성취수단[四如意足, 잇디빠다, iddhi-pāda]이다. 경에서 잇디(iddhi)는 신통을 뜻하기도 하고 성취를 의미하기도 한다. 그리고 빠다(pāda)는 √pad(*to go*)에서 파생된 남성 혹은 중성명사인데 다리[足]를 뜻한다. 그래서 이 전체를 중국에서는 如意足(여의족)으로 옮겼다. 주석서는 '성취를 위한 수단'과 '성취가 된 수단'의 두 가지로 성취수단을 설명하고 있다.(SA.iii.250) 성취수단에는 네 가지가 있는데 그것은 열의(chanda), 정진(viriya), 마음(citta), 검증(vīmaṁsa)이다. 경에서 네 가지 성취수단은 다음과 같이 정형화되어서 나타난다.

"여기 비구는 열의를 [주로 한] 삼매와 노력의 의도적 행위[行]를 갖춘 성취수단을 닦는다. 정진을 [주로 한] 삼매와 노력의 의도적 행위를 갖춘 성취수단을 닦는다. 마음을 [주로 한] 삼매와 노력의 의도적 행위를 갖춘 성취수단을 닦는다. 검증을 [주로 한] 삼매와 노력의 의도적 행위를 갖춘 성취수단을 닦는다."(S51:1 등)

이 성취수단의 정형구에서 보듯이 성취수단의 정형구에는 ① 삼매(samādhi) ② 노력의 의도적 행위 ③ 삼매를 낳는 데 필요한 네 가지 특별한 요소들(열의, 정진, 마음, 검증) — 이러한 세 가지가 포함되어 있다. 여기서 보듯이 네 가지 성취수단에서의 성취(iddhi)는 특히 '삼매의 성취'를 말한다. 그리고 삼매 특히 제4선을 닦아서 얻게 되는 '신통의 성취'도 포함된다. 이처럼 삼매를 성취하고 신통을 성취하는 데 없어서는 안 되는 열의, 정진, 마음, 검증(통찰지)이라는 네 가지를

'네 가지 성취수단[四如意足]'이라 부른다.

초기불전의 여러 경들을 종합해보면, 네 가지 성취수단은 ① 삼매를 성취하는 수단도 되고 ② 신통을 성취하는 수단도 되며 ③ 깨달음과 열반을 성취하는 수단도 된다. 경의 인용을 통해서 살펴보자.

첫째, "비구들이여, 만일 비구가 열의를 의지하여 삼매를 얻고 마음이 한끝에 집중됨[心一境性]을 얻으면 이를 일러 열의를 주로 한 삼매라 한다. … 비구들이여, 만일 비구가 정진을 의지하여 … 비구들이여, 만일 비구가 마음을 의지하여 … 비구들이여, 만일 비구가 검증을 의지하여 삼매를 얻고 마음이 한끝에 집중됨을 얻으면 이를 일러 검증을 주로 한 삼매라 한다."(S51:13 §§3~6)라고 나타난다. 이 가르침에서 성취수단은 '삼매를 성취하는 수단'을 뜻한다.

둘째, "비구들이여, 과거에 … 미래에 … 현재에 크나큰 신통력과 크나큰 위력이 있는 사문들이나 바라문들은 누구든지 네 가지 성취수단을 닦고 많이 [공부]짓는 자들이다."(S51:16 §3) 등에서는 '신통을 성취하는 수단'을 의미한다.

셋째, "비구들이여, 네 가지 성취수단을 게을리하는 사람들은 누구든지 바르게 괴로움의 끝냄으로 인도하는 성스러운 도를 게을리하는 것이다. 비구들이여, 네 가지 성취수단을 열심히 행하는 자들은 누구든지 괴로움의 끝냄으로 인도하는 성스러운 도를 열심히 행하는 것이다."(S51:2 §3)와 "비구들이여, 네 가지 성취수단을 닦고 많이 [공부]지으면 그것은 염오로 인도하고, 탐욕의 빛바램으로 인도하고, 소멸로 인도하고, 고요함으로 인도하고, 최상의 지혜로 인도하고, 바른 깨달음으로 인도하고, 열반으로 인도한다."(S51:4 §3)는 등의 가르침에서 성취수단은 '깨달음과 열반을 성취하는 수단'을 뜻한다.

이 언덕 경

Apāra Sutta(S51:1)

1. 이와 같이 나는 들었다. 한때 세존께서는 사왓티에서 제따 숲의 아나타삔디까 원림(급고독원)에 머무셨다.

2. 그곳에서 세존께서는 "비구들이여."라고 비구들을 부르셨다. "세존이시여."라고 비구들은 세존께 응답했다. 세존께서는 이렇게 말씀하셨다.

3. "비구들이여, 네 가지 성취수단356)을 닦고 많이 [공부]지으

356) 여기서 '성취수단'은 iddhi-pāda를 옮긴 것이다. 먼저 iddhi의 의미부터 살펴보자. iddhi(Sk. ṛddhi)는 √ṛdh(*to prosper*)에서 파생된 여성명사로 번영, 번창, 향상, 성공, 성취를 뜻하며 베다에서부터 나타나고 있다.
초기불전의 몇몇 경에서는 여러 가지 세속적인 번영이 언급되고 있다. (D17; M129 등) 예를 들면 『디가 니까야』 제2권 「마하수닷사나 경」(D17) §§1.18~21에는 용모(vaṇṇa-pokkharatā), 긴 수명(dīgh-āyuka), 병없음(appābādha), 호감(piya manāpa)의 넷을 마하수닷사나 왕이 이룬 네 가지 성취로 들고 있는데, 이 넷은 대표적인 세속적인 성취라 할 수 있다. 그리고 『디가 니까야』 제2권 「대반열반경」(D16) §4.25나 다른 경에서는 큰 신통과 큰 위력(mahiddhikatā mahānubhāvatā)이라는 문맥으로도 나타나고 있다.
『청정도론』 XII.20~21은 세 가지로 iddhi를 정의하는데, 그것은 ① 성공과 획득의 성취(XII.20) ② 수단의 구족(XII.21) ③ 신통(XII.22)이다.

이미 초기불전에서부터 iddhi는 두 가지 전문술어로 나타나고 있는데 그것은 ① 신통변화[神足通]로 옮기는 iddhi-vidhā와 본경을 위시한 본 상

면 이 언덕에서 저 언덕으로 건너가게 된다. 무엇이 넷인가?"

4. "비구들이여, 여기 비구는 열의를 [주로 한] 삼매와 노력의 의도적 행위[行]를 갖춘 성취수단을 닦는다. 정진을 [주로 한] 삼매와 노력의 의도적 행위를 갖춘 성취수단을 닦는다. 마음을 [주로 한] 삼매와 노력의 의도적 행위를 갖춘 성취수단을 닦는다. 검증을 [주로 한] 삼매와 노력의 의도적 행위를 갖춘 성취수단을 닦는다."357)

윳따(S51)에 나타나는 ② 성취수단[如意足]으로 옮기고 있는 iddhi-pāda 이다.

첫째, 신통변화는 육신통 가운데 첫 번째 신통으로 『상윳따 니까야』 제6권 「이전 경」(S51:11) §8과 『상윳따 니까야』 제2권 「수시마 경」(S12:70) §9 등에서 "하나인 채 여럿이 되기도 하고 여럿이 되었다가 하나가 되기도 한다. … 저 막강하고 위력적인 태양과 달을 손으로 만져 쓰다듬기도 하며 심지어는 저 멀리 범천의 세상에까지도 몸의 자유자재함을 발한다."로 정형화되어 나타난다. 중국에서는 신족통(神足通)으로 옮겼다.
한편 『청정도론』 XII.21 이하에서는 『무애해도』에 나타나는 열 가지 신통을 든 뒤에 XII장 전체에서 설명하고 있다.
그리고 두 번째가 본 상윳따의 주제요 '성취수단'으로 옮기고 있는 iddhi-pāda이다. 여기서 pāda는 √pad(*to go*)에서 파생된 남성 혹은 중성명사인데 다리[足]를 뜻한다. 그래서 이 전체를 중국에서는 如意足으로 옮겼다. 주석서는 ① 성취를 위한 수단(iddhiyā pādaṁ)과 ② 성취가 된 수단(iddhi-bhūtaṁ pādaṁ)의 두 가지로 '성취수단(iddhi-pāda)'을 설명하고 있다.(SA.iii.250)
성취수단은 네 가지 성취수단[사여의족]으로 정형화되어 나타나는데 그것은 열의, 정진, 마음, 검증이다. 여기에 대해서는 바로 다음 주해를 참조할 것.
초기불전의 여러 경들을 종합해보면, 네 가지 성취수단은 니까야에서 ① 삼매를 성취하는 수단 ② 신통을 성취하는 수단 ③ 깨달음과 열반을 성취하는 수단의 셋으로 나타나고 있다.
경에 나타나는 여러 가지 iddhi(신통, 성취)에 대한 자세한 논의는 『무애해도』(Ps.205~214)에 나타나고 있다.

357) 이 정형구는 아래 「열의를 주로 한 삼매 경」(S51:13)에서 분석되고 있다.

5. "비구들이여, 이러한 네 가지 성취수단을 닦고 많이 [공부] 지으면 이 언덕에서 저 언덕으로 건너가게 된다."

정형구의 용어들은 『위방가』(Vbh.216~220)에서 경의 분류방법(Suttanta-bhājaniya)으로 더 자세하게 설명되고 있다. 그리고 아비담마의 분류방법(Abhidhamma-bhājaniya)에 의한 설명은 『위방가』(Vbh.220~224)에 나타나고 있다. 그리고 『청정도론』 XII.50~53과 『위방가 주석서』(VbhA. 303~308)에도 나타나고 있다.

아래 「열의를 주로 한 삼매 경」(S51:13)의 분석이 보여주듯이 성취수단의 정형구는 ① 삼매(samādhi) ② 노력의 의도적 행위(padhāna-saṅkhāra) ③ 삼매를 낳는 데 필요한 네 가지 특별한 요소들 즉 열의(chanda), 정진(viriya), 마음(citta), 검증(vīmaṁsā)을 포함하고 있다. 여기서 삼매와 노력의 의도적 행위는 네 가지 성취수단 모두에 다 포함되어 있다.

여기서 보듯이 네 가지 성취수단에서 성취(iddhi)는 특히 삼매의 성취를 말한다. 물론 이러한 삼매 특히 제4선에 자유자재해야 신통(iddhi)도 성취된다고 주석서들은 말한다. 그래서 제4선을 신통의 토대가 되는 禪(pādaka-jjhāna)이라고 한다.

비구 경

Bhikkhu Sutta(S51:7)

1. 이와 같이 나는 들었다. 한때 세존께서는 사왓티에서 제따 숲의 아나타삔디까 원림(급고독원)에 머무셨다.

2. 그곳에서 세존께서는 "비구들이여."라고 비구들을 부르셨다. "세존이시여."라고 비구들은 세존께 응답했다. 세존께서는 이렇게 말씀하셨다.

3. "비구들이여, [257] 과거에 번뇌가 다하여 아무 번뇌가 없는 마음의 해탈[心解脫]과 통찰지를 통한 해탈[慧解脫]을 바로 지금・여기에서 스스로 최상의 지혜로 알고 실현하고 구족하여 머물렀던 비구들은 누구든지 네 가지 성취수단을 닦고 많이 [공부]지었던 자들이다. 비구들이여, 미래에 번뇌가 다하여 아무 번뇌가 없는 마음의 해탈[心解脫]과 통찰지를 통한 해탈[慧解脫]을 바로 지금・여기에서 스스로 최상의 지혜로 알고 실현하고 구족하여 머물 비구들은 누구든지 네 가지 성취수단을 닦고 많이 [공부]지을 자들이다. 비구들이여, 현재에 번뇌가 다하여 아무 번뇌가 없는 마음의 해탈[心解脫]과 통찰지를 통한 해탈[慧解脫]을 바로 지금・여기에서 스스로 최상의 지혜로 알고 실현하고 구족하여 머무는 비구들은 누구든지 네 가지 성취수단을 닦고 많이 [공부]짓는 자들이다. 무엇이 넷인가?

비구들이여, 여기 비구는 열의를 [주로 한] 삼매와 … 정진을 [주로 한] 삼매와 … 마음을 [주로 한] 삼매와 … 검증을 [주로 한] 삼매와 노력의 의도적 행위를 갖춘 성취수단을 닦는다.

비구들이여, 과거에 … 미래에 … 현재에 번뇌가 다하여 아무 번뇌가 없는 마음의 해탈[心解脫]과 통찰지를 통한 해탈[慧解脫]을 바로 지금 · 여기에서 스스로 최상의 지혜로 알고 실현하고 구족하여 머무는 비구들은 누구든지 이러한 네 가지 성취수단을 닦고 많이 [공부]짓는 자들이다."

이전 경

Pubba Sutta(S51:11)

3. "비구들이여, 내가 깨닫기 전, 아직 완전한 깨달음을 성취하지 못한 보살358)이었을 때 이런 생각이 들었다.

'성취수단을 닦기 위한 원인은 무엇이고 조건은 무엇인가?'

비구들이여, 그런 나에게 이런 생각이 들었다."

4. "비구는 '이처럼 나의 열의는 지나치게 느슨하지도 않을 것이고 지나치게 팽팽하지도 않을 것이다. 안으로 수축되지도 않을 것이고 밖으로 흩어지지도 않을 것이다.'라고 하면서 열의를 [주로 한] 삼매와 노력의 의도적 행위[行]를 갖춘 성취수단을 닦는다.

그는 '앞에처럼 뒤에도 뒤에처럼 앞에도, 아래처럼 위에도 위처럼 아래도, 밤에처럼 낮에도 낮에처럼 밤에도'359)라고 하면서 앞과 뒤에 대한 인식을 가진 자가 되어 머문다. 그는 이와 같이 열려 있는 마음과 방해받지 않은 마음으로 마음을 밝게 만든다."360)

---

358) '보살(菩薩, bodhisatta, Sk. bodhisattva)'에 대해서는 본서 241쪽에 싣고 있는 『상윳따 니까야』 제2권 「사꺄무니 고따마 경」(S12:10) §3의 주해를 참조할 것.

359) ' ' 안의 부분은 『앙굿따라 니까야』 제1권 「공부지음 경」 2(A3:89) §2의 게송에도 나타나고 있다.

360) 본문에 나타나는 용어들에 대한 자세한 분석은 『상윳따 니까야』 제6권 「분석 경」(S51:20) §5 이하에 나타나고 있다.

5. "그는 [264] '이처럼 나의 정진은 지나치게 느슨하지도 않을 것이고 지나치게 팽팽하지도 않을 것이다. 안으로 수축되지도 않을 것이고 밖으로 흩어지지도 않을 것이다.'라고 하면서 정진을 [주로 한] 삼매와 노력의 의도적 행위[行]를 갖춘 성취수단을 닦는다.

그는 '앞에처럼 뒤에도 뒤에처럼 앞에도, 아래처럼 위에도 위처럼 아래도, 밤에처럼 낮에도 낮에처럼 밤에도'라고 하면서 앞과 뒤에 대한 인식을 가진 자가 되어 머문다. 그는 이와 같이 열려 있는 마음과 방해받지 않은 마음으로 마음을 밝게 만든다."

6. "그는 '이처럼 나의 마음은 지나치게 느슨하지도 않을 것이고 지나치게 팽팽하지도 않을 것이다. 안으로 수축되지도 않을 것이고 밖으로 흩어지지도 않을 것이다.'라고 하면서 마음을 [주로 한] 삼매와 노력의 의도적 행위[行]를 갖춘 성취수단을 닦는다.

그는 '앞에처럼 뒤에도 뒤에처럼 앞에도, 아래처럼 위에도 위처럼 아래도, 밤에처럼 낮에도 낮에처럼 밤에도'라고 하면서 앞과 뒤에 대한 인식을 가진 자가 되어 머문다. 그는 이와 같이 열려 있는 마음과 방해받지 않은 마음으로 마음을 밝게 만든다."

7. "그는 '이처럼 나의 검증은 지나치게 느슨하지도 않을 것이고 지나치게 팽팽하지도 않을 것이다. 안으로 수축되지도 않을 것이고 밖으로 흩어지지도 않을 것이다.'라고 하면서 검증을 [주로 한] 삼매와 노력의 의도적 행위[行]를 갖춘 성취수단을 닦는다.

그는 '앞에처럼 뒤에도 뒤에처럼 앞에도, 아래처럼 위에도 위처럼 아래도, 밤에처럼 낮에도 낮에처럼 밤에도'라고 하면서 앞과 뒤에 대한 인식을 가진 자가 되어 머문다. 그는 이와 같이 열려 있는 마음과 방해받지 않은 마음으로 마음을 밝게 만든다."

8. "비구가 이와 같이 네 가지 성취수단을 닦고 이와 같이 많이 [공부]지으면 그는 여러 가지 신통변화를 나툰다.361) 하나인 채 여럿이 되기도 하고 여럿이 되었다가 하나가 되기도 한다. 나타났다 사라졌다 하고 벽이나 담이나 산을 아무런 장애 없이 통과하기를 마치 허공에서처럼 한다. 땅에서도 떠올랐다 잠겼다 하기를 물속에서처럼 한다. 물 위에서 빠지지 않고 걸어가기를 땅 위에서처럼 한다. [265] 가부좌한 채 허공을 날아가기를 날개 달린 새처럼 한다. 저 막강하고 위력적인 태양과 달을 손으로 만져 쓰다듬기도 하며 심지어는 저 멀리 범천의 세상에까지도 몸의 자유자재함을 발한다.[神足通]"

9. "비구가 이와 같이 네 가지 성취수단을 닦고 이와 같이 많이 [공부]지으면 그는 신성한 귀의 요소[天耳界]로 마음을 향하게 하고 기울게 한다. 그는 인간의 능력을 넘어선 청정하고 신성한 귀의 요소로 천상이나 인간의 소리 둘 다를 멀든 가깝든 간에 다 듣는다.[天耳通]"

10. "비구가 이와 같이 네 가지 성취수단을 닦고 이와 같이 많이 [공부]지으면 그는 자기의 마음으로 다른 중생들과 다른 인간들의

---

361) '여러 가지 신통변화[神足通]를 나툰다.'는 anekavihitam iddhividham paccanubhoti를 옮긴 것이다. 본경에서 보듯이 여섯 가지 신통[六神通, chaḷ-abhiññā]은 네 가지 성취수단(iddhi-pāda)을 닦은 결과이다. 본경에 나타나는 여섯 가지 신통의 정형구는 『상윳따 니까야』 제2권 「선(禪)과 최상의 지혜 경」(S16:9) §§12~17에도 나타나고 있다. 그리고 제2권 「수시마 경」(S12:70) §§8~12와 §§21~25에는 앞의 다섯 가지 신통의 정형구가 나타나며, 누진통의 정형구 대신에 혜해탈의 정형구가 언급되고 있다.
그리고 이 육신통의 정형구 가운데 맨 마지막의 누진통의 정형구를 제외한 다섯 가지 신통은 『청정도론』 제12장(XII)과 제13장(XIII)에서 상세히 설명되어 있으니 참조하기 바란다.

마음을 꿰뚫어 안다. 탐욕이 있는 마음은 탐욕이 있는 마음이라고 꿰뚫어 알고 탐욕을 여읜 마음은 탐욕을 여읜 마음이라고 꿰뚫어 안다. 성냄이 있는 마음은 성냄이 있는 마음이라고 꿰뚫어 알고 성냄을 여읜 마음은 성냄을 여읜 마음이라고 꿰뚫어 안다. 어리석음이 있는 마음은 어리석음이 있는 마음이라고 꿰뚫어 알고 어리석음을 여읜 마음은 어리석음을 여읜 마음이라고 꿰뚫어 안다. 수축한 마음은 수축한 마음이라고 꿰뚫어 알고 흩어진 마음은 흩어진 마음이라고 꿰뚫어 안다. 고귀한 마음은 고귀한 마음이라고 꿰뚫어 알고 고귀하지 않은 마음은 고귀하지 않은 마음이라고 꿰뚫어 안다. 위가 있는 마음은 위가 있는 마음이라고 꿰뚫어 알고 위가 없는 마음은 위가 없는 마음이라고 꿰뚫어 안다. 삼매에 든 마음은 삼매에 든 마음이라고 꿰뚫어 알고 삼매에 들지 않은 마음은 삼매에 들지 않은 마음이라고 꿰뚫어 안다. 해탈한 마음은 해탈한 마음이라고 꿰뚫어 알고 해탈하지 않은 마음은 해탈하지 않은 마음이라고 꿰뚫어 안다.[他心通]"

11. "비구가 이와 같이 네 가지 성취수단을 닦고 이와 같이 많이 [공부]지으면 그는 수많은 전생의 갖가지 삶들을 기억한다. 즉 한 생, 두 생, 세 생, 네 생, 다섯 생, 열 생, 스무 생, 서른 생, 마흔 생, 쉰 생, [266] 백 생, 천 생, 십만 생, 세계가 수축하는 여러 겁, 세계가 팽창하는 여러 겁, 세계가 수축하고 팽창하는 여러 겁을 기억한다. '어느 곳에서 이런 이름을 가졌고, 이런 종족이었고, 이런 용모를 가졌고, 이런 음식을 먹었고, 이런 행복과 고통을 경험했고, 이런 수명의 한계를 가졌고, 그곳에서 죽어 다른 어떤 곳에 다시 태어나 그곳에서는 이런 이름을 가졌고, 이런 종족이었고, 이런 용모를 가졌고, 이런 음식을 먹었고, 이런 행복과 고통을 경험했고, 이런 수명의 한계를 가졌고, 그곳에서 죽어 여기 다시 태어났다.'라고. 이처럼 한량없는 전생

의 갖가지 모습들을 그 특색과 더불어 상세하게 기억해낸다.[宿命通]"

12. "비구가 이와 같이 네 가지 성취수단을 닦고 이와 같이 많이 [공부]지으면 그는 청정하고 인간을 넘어선 신성한 눈[天眼]으로 중생들이 죽고 태어나고, 천박하고 고상하고, 잘생기고 못생기고, 좋은 곳[善處]에 가고 나쁜 곳[惡處]에 가는 것을 보고, 중생들이 지은 바 그 업에 따라가는 것을 꿰뚫어 안다. '이들은 몸으로 못된 짓을 골고루 하고 입으로 못된 짓을 골고루 하고 또 마음으로 못된 짓을 골고루 하고, 성자들을 비방하고, 삿된 견해를 지니어 사견업(邪見業)을 지었다. 이들은 죽어서 몸이 무너진 다음에는 처참한 곳, 불행한 곳, 파멸처, 지옥에 태어났다. 그러나 이들은 몸으로 좋은 일을 골고루 하고 입으로 좋은 일을 골고루 하고 마음으로 좋은 일을 골고루 하고 성자들을 비방하지 않고 바른 견해를 지니고 정견업(正見業)을 지었다. 이들은 죽어서 몸이 무너진 다음에는 좋은 곳[善處], 천상세계에 태어났다.'라고. 이와 같이 그는 청정하고 인간을 넘어선 신성한 눈으로 중생들이 죽고 태어나고, 천박하고 고상하고, 잘생기고 못생기고, 좋은 곳[善處]에 가고 나쁜 곳[惡處]에 가는 것을 보고, 중생들이 지은 바 그 업에 따라가는 것을 꿰뚫어 안다.[天眼通]"

13. "비구가 이와 같이 네 가지 성취수단을 닦고 이와 같이 많이 [공부]지으면 그는 모든 번뇌가 다하여 아무 번뇌가 없는 마음의 해탈[心解脫]과 통찰지를 통한 해탈[慧解脫]을 바로 지금 · 여기에서 스스로 최상의 지혜로 실현하고 구족하여 머문다.[漏盡通]"

열의를 주로 한 삼매 경

Chandasamādhi Sutta(S51:13)

3. "비구들이여, 만일 비구가 열의[362]를 의지하여 삼매를 얻고 마음이 한끝에 집중됨[心一境性]을 얻으면 이를 일러 열의를 주로 한 삼매라 한다.

그는 아직 일어나지 않은 나쁘고 해로운 법[不善法]들을 일어나지 못하게 하기 위해서 열의를 생기게 하고 정진하고 힘을 내고 마음을 다잡고 애를 쓴다. 이미 일어난 나쁘고 해로운 법들을 제거하기 위해서 열의를 생기게 하고 정진하고 힘을 내고 마음을 다잡고 애를 쓴다. 아직 일어나지 않은 유익한 법[善法]들을 일어나게 하기 위해서 열의를 생기게 하고 정진하고 힘을 내고 마음을 다잡고 애를 쓴다. 이미 일어난 유익한 법들을 지속시키고 사라지지 않게 하고 증장시키고 충만하게 하고 닦아서 성취하기 위해서 열의를 생기게 하고 정진하고 힘을 내고 마음을 다잡고 애를 쓴다. 이를 일러 노력의 의도적 행위[行][363]라 한다.

---

362) 주석서는 여기서 '열의(chanda)'를 '행하고자 하는 열의(kattu-kamyatā-chanda)'로 설명하고 있다.(SA.iii.255) 『위방가』(Vbh.216)와 『상윳따 니까야』 제5권 「계의 구족 경」 등(S45:50~55)의 주해도 참조할 것.

363) "'노력의 의도적 행위(padhānasaṅkhārā)'란 노력을 위한 의도적 행위(padhāna-bhūtā saṅkhārā)인데 이것은 바른 노력의 네 가지 역할을 수반하는 정진(catu-kicca-sādhaka-sammappadhāna-vīriya)의 동의어(adhivacana)이다."(SA.iii.255)

비구들이여, 이처럼 이러한 열의와 이러한 열의를 주로 한 삼매와 이러한 노력의 의도적 행위라고 해서 열의를 [주로 한] 삼매와 노력의 의도적 행위[行]를 갖춘 성취수단이라 한다."

4. "비구들이여, 만일 비구가 정진을 의지하여 삼매를 얻고 마음이 한끝에 집중됨[心一境性]을 얻으면 이를 일러 정진을 주로 한 삼매라 한다.

그는 아직 일어나지 않은 … 이미 일어난 유익한 법들을 지속시키고 사라지지 않게 하고 증장시키고 충만하게 하고 닦아서 성취하기 위해서 열의를 생기게 하고 정진하고 힘을 내고 마음을 다잡고 애를 쓴다. 이를 일러 노력의 의도적 행위[行]라 한다.

비구들이여, 이처럼 이러한 정진과 이러한 정진을 주로 한 삼매와 이러한 노력의 의도적 행위라고 해서 정진을 [주로 한] 삼매와 노력의 의도적 행위[行]를 갖춘 성취수단이라 한다."

5. "비구들이여, [269] 만일 비구가 마음364)을 의지하여 삼매를 얻고 마음이 한끝에 집중됨[心一境性]을 얻으면 이를 일러 마음을 주로 한 삼매라 한다.

그는 아직 일어나지 않은 … 이미 일어난 유익한 법들을 지속시키고 사라지지 않게 하고 증장시키고 충만하게 하고 닦아서 성취하기 위해서 열의를 생기게 하고 정진하고 힘을 내고 마음을 다잡고 애를 쓴다. 이를 일러 노력의 의도적 행위[行]라 한다.

---

364) 『위방가』(Vbh.218)에서는 '마음(citta)'의 동의어로 간주되는 여러 술어들(citta, mano, mānasa, hadaya, paṇḍara, manāyatana, manindriya, viññāṇa, viññāṇakkhandha, tajjā manoviññāṇadhātu)을 나열하여 마음을 정의만 할 뿐 왜 마음이 성취수단을 얻기 위한 의지처가 되는지에 대해서는 언급이 없다.

비구들이여, 이처럼 이러한 마음과 이러한 마음을 주로 한 삼매와 이러한 노력의 의도적 행위라고 해서 마음을 [주로 한] 삼매와 노력의 의도적 행위[行]를 갖춘 성취수단이라 한다."

6. "비구들이여, 만일 비구가 검증365)을 의지하여 삼매를 얻고 마음이 한끝에 집중됨[心一境性]을 얻으면 이를 일러 검증을 주로 한 삼매라 한다.

그는 아직 일어나지 않은 … 이미 일어난 유익한 법들을 지속시키고 사라지지 않게 하고 증장시키고 충만하게 하고 닦아서 성취하기 위해서 열의를 생기게 하고 정진하고 힘을 내고 마음을 다잡고 애를 쓴다. 이를 일러 노력의 의도적 행위[行]라 한다.

비구들이여, 이처럼 이러한 검증과 이러한 검증을 주로 한 삼매와 이러한 노력의 의도적 행위라고 해서 검증을 [주로 한] 삼매와 노력의 의도적 행위[行]를 갖춘 성취수단이라 한다."366)

---

365) 『위방가』(Vbh.219)는 통찰지(paññā)와 동의어로 간주되는 32개 정도의 술어들을 나열하여 '검증(vīmaṁsā)'을 정의하고 있다. 그것은 다음과 같다.

paññā pajānanā vicayo pavicayo dhammavicayo sallakkhaṇā upalakkhaṇā paccuppalakkhaṇā paṇḍiccaṁ kosallaṁ nepuññaṁ vebhabyā cintā upaparikkhā bhūrī medhā pariṇāyikā vipassantā sampajaññaṁ patodo paññā paññindriyaṁ paññābalaṁ paññāsatthaṁ paññāpāsādo paññāāloko paññaobhāso paññāpajjoto paññā-ratanaṁ amoho dhammavicayo sammādiṭṭhi.

『닛데사』(義釋, Nd1. 44~45)도 참조할 것.

366) 주석서는 열의(chanda)를 손잡이(dhura)로 삼아서 출세간법을 얻은 본보기로 랏타빨라 존자(āyasmā Raṭṭhapāla, M82)를 들고 있고, 정진을 의지해서는 소나 장로(āyasmā Soṇa, A6:55/iii.374~379, Vin.i.179~85)를, 마음을 의지해서는 삼부따 장로(āyasmā Sambhūta, Thag.291~294)를, 검증을 의지해서는 모가라자 장로(āyasmā Mogharāja, Sn.216~217 {1116 ~1119})를 들고 있다.(SA.iii.256)

운나바 바라문 경

Uṇṇābhabrāhmaṇa Sutta(S51:15)

【해설】

삼매와 신통과 열반과 같은 유익한 법을 성취하는 데에만 열의·정진·마음·검증이라는 네 가지 성취수단이 필요한 것은 아니다. 세속적인 성취나 해로운 법을 성취하는 데도 역시 강한 열망과 부단한 노력과 마음집중과 주도면밀한 검증은 있기 마련이다. 그래서 본경에서 아난다 존자는 운나바 바라문에게 열의 등을 제거하기 위해서 세존 아래서 청정범행을 닦는데(§3) 그 도는 바로 열의·정진·마음·검증이라고 말한다.(§5)

그러면 무한소급으로 가버리는 것이 아닌가라는 바라문의 반문에(§6) 아난다 존자는 [갈애에 대한] 열의 등을 제거하기 위해서 열의 등의 4여의족을 닦는 것이기 때문에 무한소급이 아니라고 멋진 비유와 함께 이를 설명하고 있다.(§7) 그러고 나서 다시 §8에서 아라한과를 얻기 위해서 가졌던 열의·정진·마음·검증도 아라한과를 증득하면 가라앉는다고 설명하며 그러므로 무한소급이 아니라고 결론을 맺는다.(§9)

네 가지 성취수단의 의미를 새롭게 음미해볼 수 있는 가르침이라서 본경을 여기에 싣는다.

1. 이와 같이 나는 들었다. 한때 아난다 존자는 꼬삼비에서 고시따 원림에 머물렀다.

2. 그때 [272] 운나바 바라문367)이 아난다 존자에게 다가갔다.

가서는 아난다 존자와 함께 환담을 나누었다. 유쾌하고 기억할 만한 이야기로 서로 담소를 하고서 한 곁에 앉았다. 한 곁에 앉은 운나바 바라문은 아난다 존자에게 이렇게 말했다.

3. "아난다 존자여, 무슨 목적을 위해서 사문 고따마 아래에서 청정범행을 닦습니까?"

"바라문이여, 열의를 제거하기 위해서[368] 세존 아래에서 청정범행을 닦습니다."

4. "아난다 존자여, 그러면 이러한 열의를 제거하기 위한 도가 있고 도닦음이 있습니까?"

"바라문이여, 이러한 열의를 제거하기 위한 도가 있고 도닦음이 있습니다."

5. "아난다 존자여, 그러면 어떤 것이 이러한 열의를 제거하기 위한 도이고 어떤 것이 도닦음입니까?"

"바라문이여, 여기 비구는 열의를 [주로 한] 삼매와 … 정진을 [주로 한] 삼매와 … 마음을 [주로 한] 삼매와 … 검증을 [주로 한] 삼매와 노력의 의도적 행위를 갖춘 성취수단을 닦습니다. 바라문이여, 이것이 이러한 열의를 제거하기 위한 도이고 이것이 도닦음입니다."

---

367) 같은 이름을 가진 바라문이 『상윳따 니까야』 제5권 「운나바 바라문 경」(S48:42)에도 나타났다. 이 두 바라문이 동일인인지는 알 수 없다.

368) "'열의를 제거하기 위해서(chanda-ppahānattha)'라는 것은 갈애에 대한 열의(taṇhā-chanda)를 제거하기 위해서라는 뜻이다. 여기서는 윤회를 벗어나는 토대가 되는 성취수단(vivaṭṭa-pādak-iddhi)을 설했다."(SA.iii.258)

"'제거함(pahāna)'이란 일어나지 않음(anuppāda)을 말하는 것이다."(SAṬ.ii.214)

6. "아난다 존자여, 만일 그러하다면 이것은 무한소급이어서 끝이 없게 됩니다.369) 열의로써 열의를 제거한다는 것은 가능하지 않습니다."

7. "바라문이여, 그렇다면 이제 내가 그대에게 다시 물어보리니 그대가 옳다고 생각하는 대로 설명해보십시오.

바라문이여, 이를 어떻게 생각합니까? 전에 그대에게는 '나는 원림에 가리라.'라는 열의가 있었습니까? 그리고 그대가 원림에 갔을 때 그 열의는 가라앉았습니까?"

"그러합니다, 존자여."

"전에 그대에게는 '나는 원림에 가리라.'라는 정진이 있었습니까? 그리고 그대가 원림에 갔을 때 그 정진은 가라앉았습니까?" [273]

"그러합니다, 존자여."

"전에 그대에게는 '나는 원림에 가리라.'라는 마음이 있었습니까? 그리고 그대가 원림에 갔을 때 그 마음은 가라앉았습니까?"

"그러합니다, 존자여."

"전에 그대에게는 '나는 원림에 가리라.'라는 검증이 있었습니까? 그리고 그대가 원림에 갔을 때 그 검증은 가라앉았습니까?"

"그러합니다, 존자여."

---

369) '무한소급이어서 끝이 없게 됩니다.'로 옮긴 원어에 해당하는 빠알리는 Ee, Be, Se 모두에 santakaṁ hoti no asantakaṁ(끝이 있어서 무한소급이 아닙니다.)으로 나타나는데 이렇게 되면 본경 맨 마지막에 나타나는 말과 같이 되어버리는 모순이 생긴다. 그런데 anantakaṁ hoti no santakaṁ으로 읽고 있는 SS가 Ee의 각주에 나타나고 있다. 그래서 이렇게 읽어서 '무한소급이어서 끝이 없게 됩니다.'로 옮긴 것이다. 여기서 santaka는 sa+antaka(끝이 있는)이고, anantaka는 an+antaka(끝이 없는 = 무한소급)이다.

8. "바라문이여, 그와 같이 여기 아라한이어서 번뇌가 다했고 삶을 완성했으며 할 바를 다했고 짐을 내려놓았으며 참된 이상을 실현했고 삶의 족쇄를 부수었으며 바른 구경의 지혜로 해탈한 비구가 있습니다.

그에게는 전에 아라한과를 얻기 위한 열의가 있었지만 그가 아라한과를 얻은 뒤에 그 열의는 가라앉습니다. 그에게는 전에 아라한과를 얻기 위한 정진이 있었지만 그가 아라한과를 얻은 뒤에 그 정진은 가라앉습니다. 그에게는 전에 아라한과를 얻기 위한 마음이 있었지만 그가 아라한과를 얻은 뒤에 그 마음은 가라앉습니다. 그에게는 전에 아라한과를 얻기 위한 검증이 있었지만 그가 아라한과를 얻은 뒤에 그 검증은 가라앉습니다."370)

9. "바라문이여, 이를 어떻게 생각합니까? 만일 이러하다면 이것은 무한소급입니까 무한소급이 아닙니까?"

"아닌다 존자여, 그러하다면 그것은 끝이 있어서 무한소급이 아닙니다."

10. "경이롭습니다, 아난다 존자시여. 경이롭습니다, 아난다 존자시여. … 아난다 존자께서는 저를 재가신자로 받아주소서. 오늘부터 목숨이 붙어 있는 그날까지 귀의하옵니다."

---

370) 『앙굿따라 니까야』 제2권 「비구니 경」(A4:159/ii.145~146) §3에서도 아난다 존자는 어떤 비구니에게 갈애(taṇhā)를 의지하여 갈애를 버리고(taṇhaṁ nissāya taṇhā pahātabbā) 자만(māna)을 의지하여 자만을 버리라고 설하고 있다.

제5장

다섯 가지 기능[五根]

37보리분법은 해탈열반을 실현하기 위한 초기불교의 수행법 7가지를 집대성한 것이며, 이 가운데 네 번째 주제는 다섯 가지 기능[五根, pañca indriya]이다. 여기서 빤짜(pañca)는 다섯을 뜻하고 인드리야(indriya)는 기능이나 능력을 뜻한다. 그래서 중국에서는 이것을 '오근(五根)'으로 직역하였다.

여기서 '기능[根]'으로 옮긴 인드리야(indriya)는 문자적으로만 보면 √ind(*to be powerful*)에서 파생된 남성명사인 indra의 형용사 형태로서 '인드라(Indra)에 속하는'의 뜻이다. 여기서 말하는 인드라는 다름 아닌 신들의 왕[帝]을 말한다. 인드라는 막강한 힘을 가진 자라는 뜻에서 Sakka(Sk. Śakra, √śak, *to be able*)라고 불리는데 이 삭까가 釋(석)으로 음역되어 중국에서 제석(帝釋)이나 석제(釋帝桓因) 등으로 정착이 되어서 우리에게 알려진 인도의 신이다. 이처럼 인드라는 힘의 상징이며 지배자, 통치자, 권력자를 뜻한다. 이러한 지배력을 가진 것이라는 의미에서 중성명사로 정착된 것이 인드리야 즉 기능[根]이다. 그래서 기능들은 각각의 영역에서 이들과 관계된 법들을 지배하는 정신적인 현상을 뜻한다.

한편 이 다섯 가지 기능은 『상윳따 니까야』 제5권 「기능 상윳따」(S48)에서 22가지 기능[二十二根]에 포함되어 전승되어 온다. 먼저 22가지 기능[二十二根]부터 간략하게 살펴보자.
22가지 기능은 ① 눈의 기능[眼根] ② 귀의 기능[耳根] ③ 코의 기능[鼻根] ④ 혀의 기능[舌根] ⑤ 몸의 기능[身根] ⑥ 여자의 기능[女根] ⑦ 남자의 기능[男根] ⑧ 생명기능[命根] ⑨ 마노의 기능[意根] ⑩ 육체적 즐거움의 기능[樂根] ⑪ 육체적 괴로움의 기능[苦根] ⑫

정신적 즐거움의 기능[喜根] ⑬ 정신적 괴로움의 기능[憂根] ⑭ 평온의 기능[捨根] ⑮ 믿음의 기능[信根] ⑯ 정진의 기능[精進根] ⑰ 마음챙김의 기능[念根] ⑱ 삼매의 기능[定根] ⑲ 통찰지의 기능[慧根] ⑳ 구경의 지혜를 가지려는 기능[未知當知根] ㉑ 구경의 지혜의 기능[已知根] ㉒ 구경의 지혜를 구족한 기능[具知根]이다.(『아비담마 길라잡이』 제7장 §18 참조)
이 22가지 기능은 인간이라는 존재를 인간이 가진 기능이나 특수하고 고유한 능력의 측면에서 본 것이다. 이것은 다시 ⓐ 여섯 가지 감각기능과 ⓑ 다섯 가지 느낌과 ⓒ 믿음 등의 다섯 가지 기능과 ⓓ 남자, 여자, 생명의 세 가지 특수한 기능과 ⓔ 예류도부터 아라한과까지의 여덟 단계의 성자들이 가지는 세 가지 능력으로 크게 다섯 부분으로 나누어진다.

이 22가지는 『상윳따 니까야』 제5권 「기능 상윳따」(S48)에 모두 나타나고 있다. 물론 하나의 경에서 22가지가 모두 다 언급되는 경우는 없으며 「기능 상윳따」에서 주제별로 독립되어 나타나 있다. 이 22가지가 함께 언급되고 설명되는 것은 『논장』의 『위방가』(분별론)부터이다. 그러므로 엄밀히 말하면 22가지 기능은 논장 혹은 아비담마의 가르침이다. 그래서 니까야의 가르침을 기본주제로 다루고 있는 본서에서는 이를 제외하였다.

『상윳따 니까야』 「기능 상윳따」(S48)에는 반복된 경들을 제외하면 70개 경들이 포함되어 있는데, 이 가운데 50개의 경들이 다섯 가지 기능에 대한 가르침을 담고 있다. 이처럼 오근은 22가지 기능 가운데서도 가장 중요한 가르침이다. 다섯 가지 기능[五根]은 믿음의 기능[信根], 정진의 기능[精進根], 마음챙김의 기능[念根], 삼매의 기능[定根], 통찰지의 기능[慧根]이다. 「기능 상윳따」의 여러 경은 이러한 오근을 닦아서 예류자가 되고(S48:2 등), 아라한이 되며(S48:4 등), 오근을 가진 자가 진정한 사문・바라문이라고 강조하고 있다.(S48:6 등)
『청정도론』(IV.45~49)에 의하면 다섯 가지 기능을 조화롭게 닦는 것이 중요하다. 『청정도론』은 강조한다.
"기능[根]을 조화롭게 유지함이란 믿음 등의 기능들을 조화롭게 만드는 것이다. … 여기서 특별히 믿음과 통찰지의 균등함(samatā)과 삼매와 정진의 균등함을 권한다. 믿음이 강하고 통찰지가 약한 자는 미신이 되고, 근거 없이 믿는다. 통찰지가 강하고 믿음이 약한 자는 교활한 쪽으로 치우친다. 약으로 인해 생긴 병처럼 치료하기가 어렵다. 두 가지 모두 균등함을 통해서 믿을 만한 것을 믿는다. 삼매는 게으름으로 치우치기 때문에 삼매가 강하고 정진이 약한 자는 게으름에 의해 압도된다. 정진은 들뜸으로 치우치기 때문에 정진이 강하고 삼매가 약한 자는 들뜸에 의해 압도된다. 삼매가 정진과 함께 짝이 될 때 게으름에 빠지지 않는다. 정진이 삼매와 함께 짝이 될 때 들뜸에 빠지지 않는다. 그러므로 그 둘 모두 균등해야 한다. 이 둘이 모두 균등하여 본삼매를 얻는다.
다시 삼매를 공부하는 자에게 강한 믿음이 적당하다. 이와 같이 믿고 확신하면서 본삼매를 얻는다. 삼매[定]와 통찰지[慧] 가운데서 삼매를 공부하는 사람에게 [마음의] 하나됨(ekaggatā)이 강한 것이 적당하다. 이와 같이 하여 그는 본삼매를 얻는다. 위빳사나를 공부하는 자에게 통찰지가 강한 것이 적당하다. 이와 같이 그는 [무상 · 고 · 무아의 세 가지] 특상에 대한 통찰(paṭivedha)을 얻는다. 그러나 둘이 모두 균등하여 본삼매를 얻는다.
마음챙김은 모든 곳에서 강하게 요구된다. 마음챙김은 마음이 들뜸으로 치우치는 믿음과 정진과 통찰지로 인해 들뜸에 빠지는 것을 보호하고, 게으름으로 치우치는 삼매로 인해 게으름에 빠지는 것을 보호한다. 그러므로 이 마음챙김은 모든 요리에 맛을 내는 소금과 향료처럼, 모든 정치적인 업무에서 일을 처리하는 대신처럼 모든 곳에서 필요하다. 그래서 말씀하였다. "마음챙김은 모든 곳에서 유익하다고 세존께서는 말씀하셨다. 무슨 이유인가? 마음은 마음챙김에 의지하고, 마음챙김은 보호로 나타난다. 마음챙김이 없이는 마음의 분발(paggaha)과 절제(niggaha)란 없다"라고."(『청정도론』 IV.45~49)
그러면 이제 오근의 각각은 구체적으로 무엇을 뜻하는가를 경을 통해 살펴보자.

보아야 함 경[371)]

Daṭṭhabba Sutta(S48:8)

【해설】

본경은 다섯 가지 기능의 각각이 무엇을 의미하는지를 각각 네 가지 씩으로 간략하게 정의하고 있다.
아래에서 인용하는 『상윳따 니까야』 제5권 「분석 경」 2(S48:10) 등 다른 경들과 비교해서 종합적으로 살펴보면 믿음[信]은 불·법·승·계에 대한 믿음이요, 정진은 선법·불선법의 판단에 기초한 네 가지 바른 노력(四正勤)을 뜻하며, 마음챙김[念]은 몸·느낌·마음·법[身·受·心·法]을 챙기는 네 가지 마음챙김[四念處]으로 정리되고, 삼매[定]는 초선부터 제4선까지를 뜻하며, 통찰지[慧]는 고·집·멸·도의 네 가지 성스러운 진리[四聖諦]를 꿰뚫어 아는 것을 의미한다.

1. 이와 같이 나는 들었다. 한때 세존께서는 사왓티에서 제따 숲의 아나타삔디까 원림(급고독원)에 머무셨다.

2. 그곳에서 세존께서는 "비구들이여."라고 비구들을 부르셨다. "세존이시여."라고 비구들은 세존께 응답했다. 세존께서는 이렇게 말씀하셨다.

---

371) 본경과 같은 방법으로 다섯 가지 힘[五力, pañca bala]을 설명하는 것이 『앙굿따라 니까야』 제3권 「보아야 함 경」(A5:15)에도 나타난다.

3. "비구들이여, 다섯 가지 기능이 있다. 무엇이 다섯인가?

믿음의 기능, 정진의 기능, 마음챙김의 기능, 삼매의 기능, 통찰지의 기능이다."

4. "비구들이여, 그러면 믿음의 기능은 어디서 봐야 하는가? 믿음의 기능은 여기 네 가지 예류자의 구성요소에서 봐야 한다.372)

비구들이여, 그러면 정진의 기능은 어디서 봐야 하는가? 정진의 기능은 여기 네 가지 바른 노력에서 봐야 한다.

비구들이여, 그러면 마음챙김의 기능은 어디서 봐야 하는가? 마음챙김의 기능은 여기 네 가지 마음챙김의 확립에서 봐야 한다.

비구들이여, 그러면 삼매의 기능은 어디서 봐야 하는가? 삼매의 기능은 여기 네 가지 禪에서 봐야 한다.

비구들이여, 그러면 통찰지의 기능은 어디서 봐야 하는가? 통찰지의 기능은 여기 네 가지 성스러운 진리에서 봐야 한다.

비구들이여, 이러한 다섯 가지 기능이 있다."

---

372) 이 넷은 불·법·승에 대한 청정한 믿음과 계를 지니는 것이다. 구체적인 내용은 『상윳따 니까야』 제6권 「깊이 들어감 경」(S55:2)을 참조할 것.

분석 경2

Vibhaṅga Sutta(S48:10)

3. "비구들이여, 다섯 가지 기능이 있다. 무엇이 다섯인가?

믿음의 기능, 정진의 기능, 마음챙김의 기능, 삼매의 기능, 통찰지의 기능이다."

4. "비구들이여, 그러면 어떤 것이 믿음의 기능인가?

비구들이여, 여기 성스러운 제자는 믿음을 가졌다. 그는 여래의 깨달음을 믿는다. '이런 [이유로] 그분 세존께서는 아라한[應供]이시며, 완전히 깨달은 분[正等覺]이시며, 명지와 실천을 구족한 분[明行足]이시며, 피안으로 잘 가신 분[善逝]이시며, 세간을 잘 알고 계신 분[世間解]이시며, 가장 높은 분[無上士]이시며, 사람을 잘 길들이는 분[調御丈夫]이시며, 하늘과 인간의 스승[天人師]이시며, 깨달은 분[佛]이시며, 세존(世尊)이시다.'라고.

비구들이여, 이를 일러 믿음의 기능이라 한다."

5. "비구들이여, [198] 그러면 어떤 것이 정진의 기능인가?

비구들이여, 여기 성스러운 제자는 열심히 정진하며 머문다. 그는 해로운 법[不善法]들을 버리고 유익한 법[善法]들을 구족하기 위해서 굳세고 크게 분발하며 유익한 법들에 대한 임무를 내팽개치지 않는다. 그는[373] 아직 일어나지 않은 나쁘고 해로운 법[不善法]들을 일어나지

못하게 하기 위해서 열의[374]를 생기게 하고 정진하고 힘을 내고 마

---

373) 이하 본 문단에 나타나고 있는 정형구는 여기서처럼 다섯 가지 기능[五根, pañca-indriya]과 다섯 가지 힘[五力, pañca-bala, 아래「힘 상윳따」(S50) 참조]의 두 번째인 정진(精進, viriya)의 내용이면서, 팔정도의 여섯 번째인 바른 노력[正精進, sammā-vāyāma,『상윳따 니까야』제5권「도 상윳따」(S45) 참조]의 내용이기도 하며, 네 가지 바른 노력[四正勤, sammap-padhāna,「노력 상윳따」(S49) 참조]의 내용이기도 하다.

374) 여기서 '열의'로 옮긴 단어는 chanda이다. 초기불전연구원에서 출간한 기존의 책에서 chanda는 대부분 열의로 옮겼다. 예를 들면 아비담마의 공통되는 심소법들 가운데 '때때로들' 여섯 가지에 나타나는 chanda도 열의로 옮겼으며, 네 가지 성취수단[四如意足, iddhi-pāda,『상윳따 니까야』제6권「성취수단 상윳따」(S51) 참조]에 나타나는 chanda도 마찬가지이다. 그러나 '의욕'으로 옮긴 경우도 있다. 특히 여기에 나타나는 정진 혹은 정정진 혹은 사정근의 정형구에서는 '의욕을 생기게 하고(chandaṁ jāneti)'로 통일해서 옮겼다. 그러나 본『상윳따 니까야』에서는 이런 경우에는 모두 '열의'로 통일해서 옮기고 있음을 밝힌다.

그리고 그 외에 특히 chanda가 해로운 의미로 쓰일 때나 위의 정형구에 나타나지 않을 때는 대부분 '욕구'로 옮기고 있다.『상윳따 니까야』제1권「사슴 장딴지 경」(S1:30) {77}의 주해와 제4권「류트 비유 경」(S35:246) §3의 주해를 참조할 것.

한편 초기불전에서 chanda는 chanda-rāga라는 합성어로도 많이 나타나는데 이 경우에는 문맥에 따라서 욕망과 탐욕이나 욕탐이나 열렬한 욕망 등으로 옮겨왔다.『맛지마 니까야』에서는 대부분 욕탐으로 통일해서 옮기고 있다. 여기에 대해서는『상윳따 니까야』제3권「데와다하 경」(S22:2) §7의 주해를 참조할 것.

그리고 초기불전에 자주 나타나는 단어로 까마찬다(kāma-cchanda)가 있다. 이 단어는 거의 대부분 다섯 가지 장애[五蓋]의 문맥에서 나타나고 있다. 그간 초기불전연구원에서는 이것을 '감각적 욕망'으로만 옮겨왔는데 이것은 chanda(욕구, 열의)의 의미를 제외한 번역이다. 문자대로 옮기면 감각적 욕망(kāma)에 대한 욕구(chanda, 열의)인데, 이것은 감각적 욕망에 대한 탐욕(kāma-rāga), 감각적 욕망을 즐김(kāma-nandī), 감각적 욕망에 대한 갈애(kāma-taṇhā)와 동의어로 나타난다.(Dhs.195) 그래서『맛지마 니까야』에서는 chanda의 의미를 적극적으로 살려서 kāma-cchanda를 '감각적 욕망에 대한 욕구'로 통일해서 옮기고 있음을 밝힌다.

음을 다잡고 애를 쓴다. 이미 일어난 나쁘고 해로운 법들을 제거하기 위하여 열의를 생기게 하고 정진하고 힘을 내고 마음을 다잡고 애를 쓴다. 아직 일어나지 않은 유익한 법[善法]들을 일어나게 하기 위해서 열의를 생기게 하고 정진하고 힘을 내고 마음을 다잡고 애를 쓴다. 이미 일어난 유익한 법들을 지속시키고 사라지지 않게 하고 증장시키고 충만하게 하고 닦아서 성취하기 위해서 열의를 생기게 하고 정진하고 힘을 내고 마음을 다잡고 애를 쓴다.

비구들이여, 이를 일러 정진의 기능이라 한다."

6. "비구들이여, 그러면 어떤 것이 마음챙김의 기능인가?

비구들이여, 여기 성스러운 제자는 마음챙기는 자이다. 그는 최상의 마음챙김과 슬기로움을 구족하여 오래 전에 행하고 오래 전에 말한 것일지라도 모두 기억하고 생각해낸다.

그는 몸에서 몸을 관찰하며 머문다. 세상에 대한 욕심과 싫어하는 마음을 버리면서 근면하게, 분명히 알아차리고 마음챙기며 머문다. 느낌에서 … 마음에서 … 법에서 법을 관찰하며 머문다. 세상에 대한 욕심과 싫어하는 마음을 버리면서 근면하게, 분명히 알아차리고 마음챙기며 머문다.

비구들이여, 이를 일러 마음챙김의 기능이라 한다."

7. "비구들이여, 그러면 어떤 것이 삼매의 기능인가?

비구들이여, 여기 성스러운 제자는 철저한 버림을 대상으로 삼아 삼매를 얻고 마음이 한끝에 집중됨[心一境性]을 얻는다.

그는 감각적 욕망들을 완전히 떨쳐버리고 해로운 법[不善法]들을 떨쳐버린 뒤, 일으킨 생각[尋]과 지속적 고찰[伺]이 있고, 떨쳐버렸음에서 생긴 희열[喜]과 행복[樂]이 있는 초선(初禪)에 들어 머문다.

일으킨 생각과 지속적 고찰을 가라앉혔기 때문에 [더 이상 존재하지 않으며], 자기 내면의 것이고, 확신이 있으며, 마음의 단일한 상태이고, 일으킨 생각과 지속적 고찰은 없고, 삼매에서 생긴 희열과 행복이 있는 제2선(二禪)에 들어 머문다.

희열이 빛바랬기 때문에 평온하게 머물고, 마음챙기고 알아차리며 몸으로 행복을 경험한다. 이 [禪 때문에] '평온하고 마음챙기며 행복하게 머문다.'고 성자들이 묘사하는 제3선(三禪)에 들어 머문다.

행복도 버리고 괴로움도 버리고, 아울러 그 이전에 이미 기쁨과 슬픔이 소멸되었으므로 괴롭지도 즐겁지도 않으며, 평온으로 인해 마음챙김이 청정한[捨念淸淨] 제4선(四禪)에 들어 머문다.

비구들이여, 이를 일러 삼매의 기능이라 한다."

8. "비구들이여, [199] 그러면 어떤 것이 통찰지의 기능인가?

비구들이여, 여기 성스러운 제자는 통찰지를 가졌다. 그는 성스럽고, 꿰뚫음을 갖추었으며, 괴로움의 멸진으로 바르게 인도하는, 일어나고 사라짐으로 향하는 통찰지를 구족했다.

그는 '이것이 괴로움이다.'라고 있는 그대로 꿰뚫어 안다. '이것이 괴로움의 일어남이다.'라고 있는 그대로 꿰뚫어 안다. '이것이 괴로움의 소멸이다.'라고 있는 그대로 꿰뚫어 안다. '이것이 괴로움의 소멸로 인도하는 도닦음이다.'라고 있는 그대로 꿰뚫어 안다.

비구들이여, 이를 일러 통찰지의 기능이라 한다."

9. "비구들이여, 이러한 다섯 가지 기능이 있다."

간략하게 경1

Saṅkhitta Sutta(S48:12)

3. "비구들이여, 다섯 가지 기능이 있다. 무엇이 다섯인가?

믿음의 기능, 정진의 기능, 마음챙김의 기능, 삼매의 기능, 통찰지의 기능이다.

비구들이여, 이러한 다섯 가지 기능이 있다."

4. "비구들이여, 이러한 다섯 가지 기능을 완전하게 하고 완성하기 때문에 아라한이 된다. 이보다 더 약하면 불환자가 되고, 이보다 더 약하면 일래자가 되고, 이보다 더 약하면 예류자가 되고, 이보다 더 약하면 법을 따르는 자가 되고, 이보다 더 약하면 믿음을 따르는 자가 된다."375)

---

375) '법을 따르는 자(dhamma-anusārī)'와 '믿음을 따르는 자(saddhānusārī)'에 대해서는 『상윳따 니까야』 제3권 「눈[眼] 경」(S25:1) §§4~5와 주해들을 참조할 것.

"법을 따르는 자의 도는 예리하며(tikkha), 강한 지혜(sūra ñāṇa)를 수반한다. 그는 자극을 받지 않고(asaṅkhāra) 노력하지 않고(appayoga) 오염원들(kilesā)을 자르는데 마치 날카로운 칼(tikhiṇā asidhārā)로 야자수 줄기(kadali-kkhandha)를 자르는 것과 같다. 믿음을 따르는 자의 도는 예리하지 않으며, 강한 지혜를 수반하지 않는다. 그는 자극을 받고(sasaṅkhāra) 노력하여 오염원들을 자르는데 마치 무딘 칼로 야자수 줄기를 자르는 것과 같다. 그러나 오염원들의 소멸에 있어서 이들의 차이는 없다."(SA.iii.235)

간략하게 경2(S48:13)

… …

5. "비구들이여, 이와 같이 기능의 차이 때문에 결실의 차이가 있고, 결실의 차이 때문에[376] 개인의 차이가 있다."

간략하게 경3(S48:14)

… …

5. "비구들이여, 이와 같이 완전하게 짓는 자는 완전한 것을 성취하고 부분적으로 짓는 자는 부분적인 것을 성취한다.[377] 비구들이여, 그러므로 다섯 가지 기능은 결코 무익하지 않다고 나는 말한다."

---

376) Ee에는 bala-vemattatā(힘의 차이 때문에)로 오기되어 나타난다. Be, Se에는 phala-vemattatā로 바르게 나타나고 있다. 주석서는 phala-vemattena 즉 도구격(*Instrumental*)으로 해석하고 있다.(SA.iii.235)

377) "'완전하게 짓는 자는 완전한 것을 성취하고(paripūraṁ paripūrakārī ārādheti)'란 완전한 아라한도(paripūra arahatta-magga)를 행하는 자는 아라한과(arahatta-phala)를 성취한다는 뜻이다. '부분적으로 짓는 자는 부분적인 것을 성취한다(padesaṁ padesakāri).'는 것은 나머지 세 가지 부분적인 도(tayo padesa-maggā, 예류도부터 불환도까지)를 행하는 자는 부분적인 세 가지 과(果)만을(padesa phala-ttaya-matta) 성취한다는 뜻이다."(SA.iii.235~236)

여기에 대해서는『앙굿따라 니까야』제1권「외움 경」1(A3:85) §5와「외움 경」2(A3:86) §4도 참조할 것.

제6장
다섯 가지 힘[五力]

【해설】

37보리분법을 구성하고 있는 4념처, 4정근, 4여의족, 5근, 5력, 7각지, 8정도의 7가지 주제 가운데 다섯 번째는 다섯 가지 힘[五カ, pañca-bala] 즉 5력이다. 다섯 가지 힘[五カ]은 『상윳따 니까야』 제5권 「힘 상윳따」(S50)의 기본 주제이다. 이 다섯 가지 힘은 초기불전의 여러 곳에 나타나는 다섯 가지 기능[五根, pañca-indriya]과 같은 내용이다. 단지 다섯 가지 기능의 믿음의 기능, 정진의 기능, 마음챙김의 기능, 삼매의 기능, 통찰지의 기능이 "믿음의 힘, 정진의 힘, 마음챙김의 힘, 삼매의 힘, 통찰지의 힘"(S50:1 등)으로 나타나는 것만 다르다.

이처럼 믿음 등의 같은 다섯 가지 구성요소들이 기능으로도 나타나고 힘으로도 나타난다. 이미 『상윳따 니까야』 제5권 「사께따 경」(S48:43)에서 세존께서는 이렇게 말씀하고 계신다.

"믿음의 기능이 곧 믿음의 힘이고 믿음의 힘이 곧 믿음의 기능이다. 정진의 기능이 곧 정진의 힘이고 정진의 힘이 곧 정진의 기능이다. … 통찰지의 기능이 곧 통찰지의 힘이고 통찰지의 힘이 곧 통찰지의 기능이다."(S48:43 §5)

이러한 말씀은 기능들과 힘들 사이에는 근본적인 차이점이 없다는 것을 인정하는 것이 되고, 기능들과 힘들은 단지 다른 두 각도에서 같은 요소들을 쳐다보는 차이에 지나지 않는다는 것이 된다. 그러면 이 둘의 차이는 무엇인가? 기능은 통제와 지배하는 것을 의미하고 힘은 반대되는 것에 의해서 흔들리지 않는 것을 뜻한다. 그래서 주석서는 다음과 같이 설명하고 있다.

"'확신'을 특징으로 하는 것에 대해서 통제를 한다는 뜻에서 믿음의 '기능'이라 하고, '불신'에 의해서 흔들리지 않기 때문에 믿음의 '힘'이라 한다. 나머지들은 각각 '분발'과 '확립'과 '산란하지 않음'과 '꿰뚫어 앎'을 특징으로 하는 것에 대해서 통제를 한다는 뜻에서 '기능[根]'이 되고, 각각 '게으름'과 '마음챙김을 놓아버림'과 '산란함'과 '무명'에 의해서 흔들리지 않기 때문에 '힘[力]'이 된다고 알아야 한다."(SA.iii.247)

다시 정리해보면, 믿음은 확신 등의 측면에서 보면 믿음의 기능이 되고 불신에 흔들리지 않는 측면에서 보면 믿음의 힘이 된다. 정진은 분발하는 측면에서 보면 정진의 기능이 되고 게으름에 흔들리지 않는 측면에서 보면 정진의 힘이 된다. 같이하여 확립과 마음챙김을 놓아버림에 흔들리지 않는 측면에서 각각 마음챙김의 기능과 마음챙김의 힘이 되고, 산란하지 않음과 산란함에 흔들리지 않는 측면에서 각각 삼매의 기능과 삼매의 힘이 되고, 꿰뚫어 앎과 무명에 흔들리지 않는 측면에서 통찰지의 기능과 통찰지의 힘이 된다. 이렇게 기능과 힘을 구분하는 것이 아비담마의 정설이다.

그래서 『아비담마 길라잡이』에서는 "기능들은 그 각각의 영역에서 지배하는 요소들이고 힘들은 반대되는 것들에 의해서 흔들리지 않고 이들과 함께하는 법들을 강하게 만드는 요소이다."(제7장 §28)라고 설명하고 있다. 그러므로 굳이 이 다섯 가지 힘(오력)을 독립된 주제(상윳따)로 따로 모으지 않아도 되겠지만 다섯 가지 힘은 불교 수행법을 모두 담고 있는 37가지 깨달음의 편에 있는 법(보리분법)에 5근과 함께 포함되어서 초기불전의 여러 곳에 나타나고 있다. 그래서 『상윳따 니까야』에서도 「힘 상윳따」(S50)라는 별도의 상윳따로 편집되어 나타나는 것이다.

사께따 경

Sāketa Sutta(S48:43)

【해설】

본경은 기능들과 힘들 사이에는 근본적인 차이점이 없다는 것을 인정하시는 부처님 말씀을 담고 있다. 본경에서 세존께서는 이렇게 말씀하고 계신다.
"믿음의 기능이 곧 믿음의 힘이고 믿음의 힘이 곧 믿음의 기능이다. 정진의 기능이 곧 정진의 힘이고 정진의 힘이 곧 정진의 기능이다. … 통찰지의 기능이 곧 통찰지의 힘이고 통찰지의 힘이 곧 통찰지의 기능이다."(§5)
그러면 이 둘의 차이는 무엇인가? 기능은 통제와 지배하는 것을 의미하고 힘은 반대되는 것에 의해서 흔들리지 않는 것을 뜻한다.

1. 이와 같이 나는 들었다. 한때 세존께서는 사께따에서 안자나 숲의 녹야원에서 머무셨다.

2. 거기서 세존께서는 비구들을 불러서 말씀하셨다.

3. "비구들이여, 다섯 가지 기능이 다섯 가지 힘이 되고 다섯 가지 힘이 다섯 가지 기능이 되는 그러한 방법이 있는가?"
"세존이시여, 저희들의 법은 세존을 근원으로 하며, 세존을 길잡이로 하며, 세존을 귀의처로 합니다. 세존이시여, 세존께서 방금 말씀하신 이 뜻을 [친히] 밝혀주신다면 참으로 감사하겠습니다. 세존으로

부터 듣고 비구들은 그것을 잘 호지할 것입니다."

"비구들이여, 그렇다면 이제 그것을 들어라. 듣고 마음에 잘 새겨라. 나는 설할 것이다."

"그렇게 하겠습니다, 세존이시여."라고 비구들은 세존께 응답했다.

4. "비구들이여, 다섯 가지 기능이 다섯 가지 힘이 되고 다섯 가지 힘이 다섯 가지 기능이 되는 그러한 방법이 있다. 그러면 무엇이 다섯 가지 기능이 다섯 가지 힘이 되고 다섯 가지 힘이 다섯 가지 기능이 되는 그러한 방법인가?

5. "비구들이여, 믿음의 기능이 곧 믿음의 힘이고 믿음의 힘이 곧 믿음의 기능이다.378) 정진의 기능이 곧 정진의 힘이고 정진의 힘이 곧 정진의 기능이다. 마음챙김의 기능이 곧 마음챙김의 힘이고 마음챙김의 힘이 곧 마음챙김의 기능이다. 삼매의 기능이 곧 삼매의 힘이고 삼매의 힘이 곧 삼매의 기능이다. 통찰지의 기능이 곧 통찰지의

---

378) 이러한 말씀은 기능[根, indriya]들과 힘[力, bala]들 사이에는 근본적인 차이점이 없다는 것을 인정하는 것이 되고, 기능들과 힘들은 단지 다른 두 각도에서 같은 요소들을 쳐다보는 차이에 지나지 않는다는 것이 된다. 용어를 가지고만 보면 힘들은 기능들보다 더 발전된 단계인 것처럼 보이지만 경이나 주석서에서 이를 뒷받침할 출처를 찾을 수가 없다. 주석서는 다음과 같이 설명한다.

"확신을 특징으로 하는 것에 대해서(adhimokkha-lakkhaṇe) 통제를 한다는 뜻에서(indaṭṭhena) '믿음의 기능'이라 하고, 불신(assaddhiya)에 의해서 흔들리지 않기(akampana) 때문에 '믿음의 힘'이라 한다. 나머지들은 각각 분발(paggaha)과 확립(upaṭṭhāna)과 산란하지 않음(avikkhepa)과 꿰뚫어 앎(pajānana)을 특징으로 하는 것에 대해서 통제를 한다는 뜻에서 '기능[根]'이 되고(indriya-bhāva), 각각 게으름(kosajja)과 마음챙김을 놓아버림(muṭṭha-sacca)과 산란함(vikkhepa)과 무명(avijjā)에 의해서 흔들리지 않기 때문에 '힘[力]'이 된다고(bala-bhāva) 알아야 한다."(SA.iii.247)

힘이고 통찰지의 힘이 곧 통찰지의 기능이다."

6. "비구들이여, 예를 들면 강이 동쪽으로 흐르고 동쪽으로 향하고 동쪽으로 들어가는데 그 가운데 섬이 있다 하자. 비구들이여, 그러면 그 강을 하나의 흐름이라고 헤아리는 방법도 있고, 그 강을 두 개의 흐름이라고 헤아리는 방법도 있다."

7. "비구들이여, [220] 그러면 어떤 것이 그 강을 하나의 흐름이라고 헤아리는 방법인가? 비구들이여, 그 섬의 동쪽의 물과 서쪽의 물을 고려하면 이것은 그 강을 하나의 흐름이라고 헤아리는 방법이 된다.

비구들이여, 그러면 어떤 것이 그 강을 두 개의 흐름이라고 헤아리는 방법인가? 비구들이여, 그 섬의 북쪽 물과 남쪽 물을 고려하면 이것은 그 강을 두 개의 흐름이라고 헤아리는 방법이 된다."

8. 비구들이여, 그와 같이 믿음의 기능이 곧 믿음의 힘이고 믿음의 힘이 곧 믿음의 기능이다. … 통찰지의 기능이 곧 통찰지의 힘이고 통찰지의 힘이 곧 통찰지의 기능이다."

9. "비구들이여, 다섯 가지 기능을 닦고 많이 [공부]지으면 비구는 모든 번뇌가 다하여 아무 번뇌가 없는 마음의 해탈[心解脫]과 통찰지를 통한 해탈[慧解脫]을 바로 지금 · 여기에서 스스로 최상의 지혜로 알고 실현하고 구족하여 머문다."

다시 누각 경

Punakūṭa Sutta(A5:16)

【해설】

본경은 다섯 가지 힘[五力] 가운데 통찰지의 힘이 최상이고 포괄적이고 총체적임을 설하시는 경이다.

『앙굿따라 니까야』 제3권 「다섯의 모음」(A5)에 포함된 「간략함 경」(A5:13)과 「상세함 경」(A5:14)과 「보아야 함 경」(A5:15)과 본경의 네 개 경은 다섯 가지 힘[五力, pañca bala]을 설명하고 있다. 이들 가운데 본경을 제외한 처음의 세 개 경들은 각각 다섯 가지 기능[五根]을 설명하는 『상윳따 니까야』 제5권 「기능 상윳따」(S48)의 「간단한 설명 경」(S48:1)과 「분석 경」 1(S48:9)과 「보아야 함 경」(S48:8)과 같은 방법으로 설해지고 있다. 특이하게도 이 네 개의 경들은 『상윳따 니까야』 제5권 「힘 상윳따」(S50)에 포함되지 않고 『앙굿따라 니까야』 제3권 「다섯의 모음」(A5)에 포함되어 나타난다.

1. "비구들이여, 다섯 가지 힘이 있다. 무엇이 다섯인가?"

2. "믿음의 힘, 정진의 힘, 마음챙김의 힘, 삼매의 힘, 통찰지의 힘이다. 비구들이여, 이것이 다섯 가지 힘이다. 비구들이여, 이러한 다섯 가지 힘 가운데서 통찰지의 힘이 최상이고 포괄적이고 총체적이다."

3. "비구들이여, 예를 들면 누각이 있는 집에서 누각이 최상이고 포괄적이고 총체적인 것과 같다. 그와 같이 이러한 다섯 가지 힘 가운데서 통찰지의 힘이 최상이고 포괄적이고 총체적이다."

제7장

일곱 가지 깨달음의 구성요소[七覺支]

【해설】

일곱 가지 깨달음의 구성요소[七覺支, satta bojjhaṅga]는 37보리분법의 일곱 가지 주제 가운데 여섯 번째에 해당한다. 그리고 일곱 가지 깨달음의 구성요소는 『상윳따 니까야』 제5권 「깨달음의 구성요소 상윳따」(S46)의 주제이기도 하다.

여기서 '깨달음의 구성요소'로 옮긴 bojjhaṅga는 bodhi(覺)+aṅga(支)의 합성어이다. 주석서는 이 합성어를 ① 깨달음의 구성요소(bodhiyā aṅga)와 ② 깨달은 분의 구성요소(bodhissa aṅga)의 두 가지로 풀이하고 있는데 경들에서는 주로 전자의 의미로 나타나므로 필자는 전자로 옮겼다. 깨달음의 구성요소는 모두 일곱 가지로 정리되어 나타나는데 그것은 다음과 같다.

① 마음챙김의 깨달음의 구성요소[念覺支, sati-sambojjhaṅga]
② 법을 간택하는 깨달음의 구성요소[擇法覺支, dhamma-vicaya-sambojjhaṅga]
③ 정진의 깨달음의 구성요소[精進覺支, vīriya-sambojjhaṅga]
④ 희열의 깨달음의 구성요소[喜覺支, pīti-sambojjhaṅga]
⑤ 고요함의 깨달음의 구성요소[輕安覺支, passaddhi-sambojjhaṅga]
⑥ 삼매의 깨달음의 구성요소[定覺支, samādhi-sambojjhaṅga]
⑦ 평온의 깨달음의 구성요소[捨覺支, upekkhā-sambojjhaṅga)

초기불전에서 칠각지는 반드시 이 순서대로 나타난다. 그러므로 21가지 혹은 44가지로 정리되는 마음챙김의 대상 가운데 하나에 마음을 챙기고(염각지), 이를 바탕으로 특정한 심리현상들이 해탈열반에 도움이 되는 선법인지 그렇지 않은 불선법인지를 간택하고(택법각지), 그래서 선법은 증장시키고 불선법은 없애기 위해서 노력해야 한다. (정진각지) 이렇게 정진을 해나가면 크나큰 희열이 생기고(희각지), 이를 바탕으로 마음은 고요함을 체득하게 되고(경안각지) 마음은 본삼매에 들게 되며(정각지), 그래서 제4선에서 성취되는 평온에 머물거나 모든 유위법들에 대해서 흔들리지 않는 평온을 얻게 된다.(사각지) 이것이 칠각지가 수행자들에게 제시하는 기본적인 가르침이라 할 수 있다. 여기에 대해서는 아래에 실은 「계 경」(S46:3)을 참조하기 바란다.

그러면 세존께서는 왜 깨달음의 구성요소로 이 일곱 가지만 설하셨는가? 주석서는 "① 침체와 들뜸에 반대되는 것으로서, ② 모든 곳에 이로운 것으로서, ③ 모자라지도 더하지도 않게 이 일곱 가지만 설하셨다. 침체되어 있을 때에는 그와 반대되는 택법, 정진, 희열의 세 가지 깨달음의 구성요소를 닦는 것이 적당하고, 들떠있을 때에는 그와 반대되는 고요함, 삼매, 평온의 세 가지 깨달음의 구성요소를 닦는 것이 적당하고, 한 가지인 마음챙김의 깨달음의 구성요소는 모든 곳에 이롭다고 설하셨기 때문이다. 그래서 이 일곱 가지 깨달음의 구성요소만 설하신 것이다."(MA.i.85)라고 설명하고 있다.
그리고 경전들(S46:37 등)에서 칠각지는 다섯 가지 장애와 반대되는 개념으로 나타난다. 한편 니까야와 주석서들과 『논장』은 이 칠각지를 두고 각각 다른 입장을 보인다. ① 니까야(경들)는 칠각지를 아직 깨닫지 못한 자들이 깨닫기 위해서 닦는 '세간적인 도'라고 설명하여 (S46:5 §3 등) 칠각지를 닦아야 깨달음을 성취한다는 점을 강조한다. ② 그러나 『논장』은 이 일곱 가지는 예류자부터 아라한까지의 깨달은 성자들만이 완성하여 갖추는 '출세간적인 도'라고 말한다.(Vbh.229~232) ③ 주석서 문헌은 이를 세간적인 도와 출세간적인 도에 다 적용되는 '혼합된 도'라고 설명한다.(SA.iii.138)

계(戒) 경

Sīla Sutta(S46:3)

【해설】

본경은 칠각지가 순차적으로 발생함을 설하시는 중요한 경이다. 특히 본경 §6이하에서 보듯이 본경에서 칠각지의 각각을 닦는 것은 ① 처음 일어나는 단계(자리 잡기 시작함, āraddho hoti)와 ② 성숙하는 단계(닦음, bhāveti)와 ③ 정점에 도달하는 단계(완성, pāripūri)의 세 단계로 묘사되어 이해되고 있다.

본경에서 설명하고 있는 칠각지에 대한 순차적인 설명은 아비담마에서도 중시되어 『위방가』(분석론) 제10장 「깨달음의 구성요소 위방가」(Vbh.277 §467)에서 칠각지를 설명하는 문장으로 인용되고 있다.

그리고 본경은 칠각지 수행의 일곱 가지 이익을 설하고 있다. 이 일곱 가지가운데 처음 두 가지는 아라한과의 증득이고 뒤의 다섯 가지는 불환과의 증득이다. 여기에 대해서는 본경 §13의 주해들을 참조하기 바란다.

1. 이와 같이 나는 들었다. 한때 세존께서는 사왓티에서 제따 숲의 아나타삔디까 원림(급고독원)에 머무셨다.

2. 그곳에서 세존께서는 "비구들이여."라고 비구들을 부르셨다. "세존이시여."라고 비구들은 세존께 응답했다. 세존께서는 이렇게 말씀하셨다.

3. "비구들이여, 비구가 계를 구족하고, 삼매를 구족하고, 통찰지를 구족하고, 해탈을 구족하고, 해탈지견을 구족한 비구들을 만나는 것은 많은 도움이 된다고 나는 말한다."379)

4. "비구들이여, 그러한 비구들의 말을 듣는 것도 … 가까이 하는 것도 … 섬기는 것도 … 계속해서 생각하는 것도 … 따라서 출가하는 것도 많은 도움이 된다고 나는 말한다."

5. "그것은 무슨 이유 때문인가? 비구들이여, 그러한 비구들로부터 법을 배워서 그는 몸이 멀리 떠남과 마음이 멀리 떠남이라는 두 가지 멀리 떠남을 갖추어 머물기 때문이다. 그는 이처럼 멀리 떠남을 갖추어 머물면서 그 법을 계속해서 생각하고 계속해서 고찰한다."

6. "비구들이여, 비구가 이처럼 멀리 떠남을 갖추어 머물면서 그 법을 계속해서 생각하고 계속해서 고찰하면 비구에게는 마음챙김의 깨달음의 구성요소가 [68] 자리 잡기 시작한다.380) 그래서 비구는

---

379) "'계를 구족한(sīla-sampannā)'이란 번뇌 다한 자의 세간적이거나 출세간적인 계(lokiya-lokuttara-sīla)를 구족한 자라는 뜻이다. '삼매(samādhi)'와 '통찰지(paññā)'의 경우도 같다. 그러나 '해탈(vimutti)'은 과의 해탈(phala-vimutti)이다. '해탈지견(vimutti-ñāṇa-dassana)'은 반조의 지혜(paccavekkhaṇa-ñāṇa)이다. 그러므로 계와 삼매와 통찰지는 세간적이거나 출세간적인 것이고, 해탈은 출세간적인 것이고, 해탈지견은 세간적인 것이다."(SA.iii.141~142)

380) 여기서 보듯이 마음챙김(sati)은 들은 법을 계속해서 생각하는 것(dhammam anussarati)과 연관이 있는 것으로 설해지고 있다. '계속해서 생각함(anusaraṇa)'은 마음챙김과 같은 어근인 √smṛ(*to remember*)에다 접두어 'anu-'가 붙은 것이다. 물론 마음챙김(sati)은 초기불전의 도처에서 현재를 알아채는 전문적인 의미가 더 강한 것이 분명하지만 『상윳따 니까야』 제5권 「분석 경」 1(S48:9) §6의 마음챙김의 기능[念根]의 정의에서 보듯이 마음챙김에는 이러한 기억의 의미가 남아있는 것도 사실이다.

마음챙김의 깨달음의 구성요소를 [꾸준히] 닦는다. 그러면 비구의 마음챙김의 깨달음의 구성요소는 이러한 닦음을 통해서 성취된다.[381] 그는 이처럼 마음챙겨 머물면서 법을 통찰지로 조사하고 고찰하고 철저하게 검증한다."

7. "비구들이여, 비구가 이처럼 마음챙겨 머물면서 그런 법을 통찰지로 조사하고 고찰하고 철저하게 검증하면 비구에게는 법을 간택하는 깨달음의 구성요소가 자리 잡기 시작한다. 그래서 비구는 법을 간택하는 깨달음의 구성요소를 [꾸준히] 닦는다. 그러면 비구의 법을 간택하는 깨달음의 구성요소는 이러한 닦음을 통해서 성취된다. 그가 이처럼 법을 통찰지로 조사하고 고찰하고 철저하게 검증할 때 불굴의 정진이 일어난다."

8. "비구들이여, 비구가 이처럼 법을 통찰지로 조사하고 고찰하고 철저하게 검증하여 불굴의 정진이 일어나면 비구에게는 정진의 깨달음의 구성요소가 자리 잡기 시작한다. 그래서 비구는 정진의 깨달음의 구성요소를 [꾸준히] 닦는다. 그러면 비구의 정진의 깨달음의 구성요소는 이러한 닦음을 통해서 성취된다. 정진을 시작한 자에게는 비세속적인 희열이 일어난다."

9. "비구들이여, 비구가 이처럼 정진을 시작하여 비세속적인 희열이 일어나면 비구에게는 희열의 깨달음의 구성요소가 자리 잡기 시작한다. 그래서 비구는 희열의 깨달음의 구성요소를 [꾸준히] 닦는다. 그래서 비구의 희열의 깨달음의 구성요소는 이러한 닦음을 통해

381) 이처럼 본경에서는 칠각지의 각각을 닦는 것이 처음 일어나는 단계(자리 잡기 시작함, āraddho hoti)와 성숙하는 단계(닦음, bhāveti)와 정점에 도달하는 단계(완성, pāripūri)의 세 단계로 묘사되어 이해되고 있다.

서 성취된다. 마음이 희열로 가득한 자는 몸도 고요하고 마음도 고요하다."

10. "비구들이여, 비구가 이처럼 마음이 희열로 가득하여 몸도 고요하고 마음도 고요하면 비구에게는 고요함의 깨달음의 구성요소가 자리 잡기 시작한다. 그래서 비구는 고요함의 깨달음의 구성요소를 [꾸준히] 닦는다. 그래서 비구의 고요함의 깨달음의 구성요소는 이러한 닦음을 통해서 [69] 성취된다. 몸이 고요하고 행복한 자의 마음은 삼매에 든다."382)

11. "비구들이여, 비구가 이처럼 몸이 고요하고 행복하여 마음이 삼매에 들면 비구에게는 삼매의 깨달음의 구성요소가 자리 잡기 시작한다. 그래서 비구는 삼매의 깨달음의 구성요소를 [꾸준히] 닦는다. 그래서 비구의 삼매의 깨달음의 구성요소는 이러한 닦음을 통해서 성취된다. 그는 이처럼 삼매에 든 마음을 아주 평온하게 한다."

12. "비구들이여, 비구가 이처럼 삼매에 든 마음을 아주 평온하게 하면 비구에게는 평온의 깨달음의 구성요소가 자리 잡기 시작한다. 그래서 비구는 평온의 깨달음의 구성요소를 [꾸준히] 닦는다. 그

---

382) '몸이 편안하고 행복한 자의 마음은 삼매에 든다.'는 Be: passaddha-kāyassa sukhino cittaṁ samādhiyati를 옮긴 것이다. Ee, Se에는 passaddha-kāyassa sukhaṁ hoti, sukhino cittaṁ samādhiyati(몸이 편안한 자는 행복하다. 행복한 자의 마음은 삼매에 든다.)로 나타나는데 이것은 보디 스님의 생각처럼 아마 『상윳따 니까야』 제5권 「비구니 거처 경」(S47:10) §6이나 『앙굿따라 니까야』 제6권 「의도 경」(A10:2) §1에서 행복(sukha)이 수행이 진전되는 특별한 단계 중의 하나로 설명되고 있는 것과 혼동된 것이 아닌가 여겨진다. 여기 채용하고 있는 Be는 『상윳따 니까야』 제6권 「아난다 경」 1(S54:13) §16에 나타나는 Ee와 Se의 문장과 동일하기 때문에 본경에서도 Be를 따르는 것이 옳다고 생각된다.

래서 비구의 평온의 깨달음의 구성요소는 이러한 닦음을 통해서 성취된다."

13. "비구들이여, 이와 같이 일곱 가지 깨달음의 구성요소를 닦고 이와 같이 일곱 가지 깨달음의 구성요소를 많이 [공부]지으면 일곱 가지 결실과 일곱 가지 이익이 기대된다. 어떤 것이 일곱 가지 결실과 일곱 가지 이익인가?

(1) 지금 · 여기[現法]에서 구경의 지혜를 성취한다.383)

(2) 만일 지금 · 여기에서 구경의 지혜를 성취하지 못하면, 죽을 때에 구경의 지혜를 성취한다.

(3) 만일 지금 · 여기에서 구경의 지혜를 성취하지 못하고, 죽을 때에도 구경의 지혜를 성취하지 못하면, 그는 다섯 가지 낮은 단계의 족쇄를 완전히 없애고384) 수명의 중반쯤에 이르러 완전한 열반에 드는 자가 된다.385)

---

383) "지금 이 몸에서(imasmiṁyeva attabhāve) 아라한과(arahatta)를 얻는다는 뜻이다."(SA.iii.143)

384) 위의 (1)과 (2) 두 가지는 아라한의 경지이다. 그리고 이 이하 본경에는 다섯 가지 유형의 불환자가 언급되는데 이것은 『상윳따 니까야』 제5권 S48:15, 24, 66과 제6권 S51:26; S54:5; S55:25에도 나타나고 있다. 이 다섯 가지는 다음과 같이 정리된다.
① 더 높은 세계에 화현하여 수명의 중반쯤에 이르러 완전한 열반에 드는 자(antarā-parinibbāyī)
② 수명의 반이 지나서, 때로는 죽음이 임박해서 완전한 열반에 드는 자(upahacca-parinibbāyī)
③ 노력 없이 쉽게 완전한 열반에 드는 자(asaṅkhāra-parinibbāyī)
④ 노력하여 어렵게 완전한 열반에 드는 자(saṅkhāra-parinibbāyī)
⑤ 더 높은 세계로 재생하여 정거천 가운데서 제일 높은 색구경천(Akaniṭṭha)에 이르러서 거기서 완전한 열반에 드는 자(uddhanisoto Akaniṭṭha-gāmī)
이 다섯 유형의 불환자는 『청정도론』 XXIII.56~57에서 설명되고 있다.

⑷ 만일 지금・여기에서 구경의 지혜를 성취하지 못하고, 죽을 때에도 구경의 지혜를 성취하지 못하고, 다섯 가지 낮은 단계의 족쇄를 완전히 없애고 수명의 중반쯤에 이르러 완전한 열반에 드는 자가 되지 못하면, 그는 다섯 가지 낮은 단계의 족쇄를 완전히 없애고 [수명의] 반이 지나서 완전한 열반에 드는 자가 된다.

⑸ 만일 지금・여기에서 구경의 지혜를 성취하지 못하고, 죽을 때에도 구경의 지혜를 성취하지 못하고, 다섯 가지 [70] 낮은 단계의 족쇄를 완전히 없애고 수명의 중반쯤에 이르러 완전한 열반에 드는 자가 되지 못하고, 다섯 가지 낮은 단계의 족쇄를 완전히 없애고 [수명의] 반이 지나서 완전한 열반에 드는 자가 되지 못하면, 그는 다섯 가지 낮은 단계의 족쇄를 완전히 없애고 노력 없이 쉽게 완전한 열반에 드는 자[386]가 된다.

⑹ 만일 지금・여기에서 구경의 지혜를 성취하지 못하고, 죽을 때에도 구경의 지혜를 성취하지 못하고, 다섯 가지 낮은 단계의 족쇄를 완전히 없애고 수명의 중반쯤에 이르러 완전한 열반에 드는 자가 되지 못하고, 다섯 가지 낮은 단계의 족쇄를 완전히 없애고 [수명의]

---

385) "'[수명의] 중반쯤에 이르러 완전한 열반에 드는 자(antarā-parinibbāyi)'는 수명의 중반을 넘기지 않고(āyu-vemajjhaṁ anatikkamitvā) 완전한 열반에 드는 자인데 이것은 세 가지가 있다. ① 어떤 자는 1000겁(kappa)의 수명을 가진 무번천(Avihā)에 태어나는 날에 아라한과를 얻거나 첫 날에 얻지 못하면 처음의 100겁 안에 얻는다. 이것이 첫 번째 경우이다. ② 그렇지 못하면 200겁 안에 얻는다. 이것이 두 번째 경우이다. ③ 그렇지 못하면 400겁 안에 얻는다. 이것이 세 번째 경우이다."(SA.iii.143)

386) "'노력 없이 쉽게 완전한 열반에 드는 자(asaṅkhāra-parinibbāyi)'란 노력 없이(appayoga), 피로함이 없이(akilamanta), 쉽게(sukhena) 열반에 드는 자란 말이다."(DA.iii.1030)
"이것은 노력 없이(appayoga) 아라한과(arahatta)를 얻는 것을 말한다."(SA.iii.143)

반이 지나서 완전한 열반에 드는 자가 되지 못하고, 다섯 가지 낮은 단계의 족쇄를 완전히 없애고 노력 없이 쉽게 완전한 열반에 드는 자가 되지 못하면, 그는 다섯 가지 낮은 단계의 족쇄를 완전히 없애고 노력하여 어렵게 완전한 열반에 드는 자[387]가 된다.

(7) 만일 지금・여기에서 구경의 지혜를 성취하지 못하고, 죽을 때에도 구경의 지혜를 성취하지 못하고, 다섯 가지 낮은 단계의 족쇄를 완전히 없애고 수명의 중반쯤에 이르러 완전한 열반에 드는 자가 되지 못하고, 다섯 가지 낮은 단계의 족쇄를 완전히 없애고 [수명의] 반이 지나서 완전한 열반에 드는 자가 되지 못하고, 다섯 가지 낮은 단계의 족쇄를 완전히 없애고 노력 없이 쉽게 완전한 열반에 드는 자가 되지 못하고, 다섯 가지 낮은 단계의 족쇄를 완전히 없애고 노력하여 어렵게 완전한 열반에 드는 자가 되지 못하면, 그는 다섯 가지 낮은 단계의 족쇄를 완전히 없애고 더 높은 세계로 재생하여 색구경천에 이르는 자가 된다."[388]

---

387) "'노력하여 어렵게 완전한 열반에 드는 자(sasaṅkhāra-parinibbāyi)'란 노력을 하여(sappayoga), 피로하고, 어렵게(dukkhena) 열반에 드는 자란 뜻이다.(DA.iii.1030)

한편 『앙굿따라 니까야』 제2권 「정력적인 노력 경」(A4:169/ii.155~156) §2에서 세존께서는 "몸에 대해서 부정함을 관찰하면서 머물고, 음식에 혐오하는 인식을 가지고, 온 세상에 대해 기쁨이 없다는 인식을 가지고, 모든 형성된 것들에 대해서 무상하다고 관찰하고, 안으로 죽음의 인식이 잘 확립되어 있는" 자를 노력하여 어렵게 완전한 열반에 드는 자라고 설하고 계시고, 네 가지 禪을 잘 닦은 자를 노력 없이 쉽게 완전한 열반에 드는 자라고 말씀하고 계신다.

388) 이러한 다섯 유형의 불환자에 대한 주석서적인 설명은 이미 『인시설론』(Pug.16~17)에 나타나고 있으며, 『인시설론 주석서』(PugA.198~201)에서 설명되고 있다.

14. "비구들이여, 이와 같이 일곱 가지 깨달음의 구성요소를 닦고 이와 같이 일곱 가지 깨달음의 구성요소를 많이 [공부]지으면 이러한 일곱 가지 결실과 일곱 가지 이익이 기대된다."389)

389) "본경에서 깨달음의 구성요소들은 전도 아니고 후도 아니고(apubba acarima) 하나의 마음 순간에 존재하는(eka-citta-kkhaṇikā) 여러 가지 특징을 가진(nānā-lakkhaṇā) 아라한도의 예비단계의 위빳사나(pubba-bhāga-vipassanā)로 설해졌다."(SA.iii.144)
이런 양식의 칠각지의 설명은 『상윳따 니까야』 제6권 「아난다 경」 1(S54:13)의 (ii)에도 나타나고 있는데 거기서는 마음챙김의 깨달음의 구성요소를 일으키는 수단으로 네 가지 마음챙김의 확립[四念處]이 설해지고 있는 것만 다르다.

자양분 경

Āhāra Sutta(S46:51)

【해설】

『상윳따 니까야』 제5권 「깨달음의 구성요소 상윳따」(S46)의 「몸 경」(S46:2) 등의 12개의 경들에서 칠각지는 다섯 가지 장애와 함께 나타나고 있는데, 이들 경에서 칠각지는 다섯 가지 장애와 반대되는 개념으로 나타난다. 예를 들면 「덮개 경」(S46:37 §§3~4)에 의하면 다섯 가지 장애는 "덮개요 장애여서 이것은 마음을 압도하고 통찰지를 무력하게 만들지만" 칠각지는 "덮개가 아니요 장애가 아니며 마음의 오염원이 아니니 이를 닦고 많이 [공부]지으면 명지와 해탈의 결실을 실현함으로 인도한다."고 나타난다.

한편 「장애 경」(S46:40 §§3~4)에 의하면 "다섯 가지 장애는 어둠을 만들고 안목을 없애버리고 무지를 만들고 통찰지를 소멸시키고 곤혹스러움에 빠지게 하고 열반으로 인도하지 못한다." 그러나 칠각지는 "안목을 만들고 지혜를 만들고 통찰지를 증장시키고 곤혹스러움에 빠지지 않게 하고 열반으로 인도한다."

여기 싣는 「자양분 경」(S46:51)은 다섯 가지 장애와 칠각지를 일어나게 하는 조건이나 원인을 잘 설명하고 있다. 그래서 본경을 여기에 싣는다.

이처럼 칠각지는 삼매와 깨달음을 방해하는 대표적인 불선법인 다섯 가지 장애와 반대편에 있으며, '깨달음을 구성하고 있는' 요소들이거나 '깨달음으로 인도하는' 요소들이기 때문에 깨달음의 실현에 관심이 많은 불자들은 『상윳따 니까야』 제5권 「깨달음의 구성요소 상윳따」(S46)에 나타나는 경들을 정독할 것을 권한다.

1. 이와 같이 나는 들었다. 한때 세존께서는 사왓티에서 제따 숲의 아나타삔디까 원림(급고독원)에 머무셨다.

2. 그곳에서 세존께서는 "비구들이여."라고 비구들을 부르셨다. "세존이시여."라고 비구들은 세존께 응답했다. 세존께서는 이렇게 말씀하셨다.

3. "비구들이여, 다섯 가지 장애와 일곱 가지 깨달음의 구성요소의 자양분390)과 자양분이 아닌 것을 설하리라. 그것을 잘 들어라. 듣고 마음에 잘 새겨라. 나는 설할 것이다."

"그러겠습니다, 세존이시여."라고 비구들은 세존께 응답했다. 세존께서는 이렇게 말씀하셨다.

(1) 장애의 자양분(Āhāro nīvaraṇānaṁ)391)

4. "비구들이여, 그러면 무엇이 아직 일어나지 않은 감각적 욕망에 대한 욕구를 일어나게 하고 이미 일어난 감각적 욕망에 대한 욕구를 늘리고 [103] 드세게 만드는 자양분인가?

비구들이여, 아름다운 표상이 있어 거기에 지혜롭지 못하게 마음에 잡도리하기를 많이 지으면, 이것이 아직 일어나지 않은 감각적 욕망에 대한 욕구를 일어나게 하고 이미 일어난 감각적 욕망에 대한 욕구를 더욱 증장하게 하고 충만하게 만드는 자양분이다."

---

390) 『상윳따 니까야』 제5권 「몸 경」(S46:2) §3의 주해에서 밝혔듯이 『상윳따 니까야』 전체에서 '자양분'으로 옮기고 있는 원어는 āhāra인데 이것은 일반적으로 '음식'으로 옮겨지는 술어이다. 그런데 이것이 전문적인 술어로 사용되면 조건[緣]을 뜻하기 때문에 자양분으로 옮기고 있음을 밝힌다.

391) 본경의 (i)과 (ii)는 『상윳따 니까야』 「몸 경」(46:2)과 일치한다.

5. "비구들이여, 그러면 무엇이 아직 일어나지 않은 악의를 일어나게 하고 이미 일어난 악의를 더욱 증장하게 하고 충만하게 만드는 자양분인가?

비구들이여, 적의를 일으키는 표상이 있어 거기에 지혜롭지 못하게 마음에 잡도리하기를 많이 지으면 아직 일어나지 않은 악의를 일어나게 하고 이미 일어난 악의를 더욱 증장하게 하고 충만하게 만드는 자양분이다.

6. "비구들이여, 그러면 무엇이 아직 일어나지 않은 해태와 혼침을 일어나게 하고 이미 일어난 해태와 혼침을 더욱 증장하게 하고 충만하게 만드는 자양분인가?

비구들이여, 권태로움, 나른함, 무기력함, 식곤증, 정신적 태만이 있어 거기에 지혜롭지 못하게 마음에 잡도리하기를 많이 지으면 이것이 아직 일어나지 않은 해태와 혼침을 일어나게 하고 이미 일어난 해태와 혼침을 더욱 증장하게 하고 충만하게 만드는 자양분이다.

7. "비구들이여, 그러면 무엇이 아직 일어나지 않은 들뜸과 후회를 일어나게 하고 이미 일어난 들뜸과 후회를 더욱 증장하게 하고 충만하게 만드는 자양분인가?

비구들이여, 마음이 고요하지 못한 것에 대해 지혜롭지 못하게 마음에 잡도리하기를 많이 지으면 이것이 아직 일어나지 않은 들뜸과 후회를 일어나게 하고 이미 일어난 들뜸과 후회를 더욱 증장하게 하고 충만하게 만드는 자양분이다.

8. "비구들이여, 그러면 무엇이 아직 일어나지 않은 의심을 일어나게 하고 이미 일어난 의심을 더욱 증장하게 하고 충만하게 만드

는 자양분인가?

비구들이여, 의심스러운 것들이 있어 거기에 지혜롭지 못하게 마음에 잡도리하기를 많이 지으면 이것이 아직 일어나지 않은 의심을 일어나게 하고 이미 일어난 의심을 더욱 증장하게 하고 충만하게 만드는 자양분이다."

⑵ 깨달음의 구성요소의 자양분(Āhāro bojjhaṅgānaṁ)[392]

9. "비구들이여, 그러면 무엇이 아직 일어나지 않은 마음챙김의 깨달음의 구성요소를 일어나게 하고 이미 일어난 마음챙김의 깨달음의 구성요소를 닦아서 성취하게 하는 자양분인가?

비구들이여, 마음챙김의 깨달음의 구성요소를 확립시키는 [104] 법들이 있어 거기에 지혜롭게 마음에 잡도리하기를 많이 [공부]지으면 이것이 아직 일어나지 않은 마음챙김의 깨달음의 구성요소를 일어나게 하고 이미 일어난 마음챙김의 깨달음의 구성요소를 닦아서 성취하게 하는 자양분이다."[393]

---

392) 주석서는 깨달음의 구성요소들을 성취하는 자양분으로 새로운 내용을 덧붙이고 있다. 이것은 『디가 니까야』 제2권 「대념처경」(D22)에 해당하는 『디가 니까야 주석서』(DA)에도 그대로 나타나 있다. 역자는 이미 「대념처경」(D22)과 그 주석서(DA.iii.741~806)를 함께 엮어서 『네 가지 마음챙기는 공부』로 번역·출간한 바 있다. 그러므로 이 책의 해당부분을 참조하기를 바란다. 이하 본경을 주해하면서 역자는 이 가운데 제목만을 주해에서 인용할 것이다. 더 자세한 내용을 알기를 원하는 분들은 『네 가지 마음챙기는 공부』 235~258쪽을 참조하기 바란다. 그리고 Soma Thera, *The Way of Mindfulness*, pp.174~190도 참조할 것. 아울러 이 제목은 간단한 설명과 함께 『청정도론』 IV.54~62에도 나타나고 있다.

393) "나아가서 네 가지 법이 있어 마음챙김의 깨달음의 구성요소를 일어나게 한다. 그것은 (1) 마음챙기고 분명하게 알아차림(正念正知) (2) 마음챙김을 잊어버린 사람을 피함 (3) 마음챙김을 확립한 사람을 친근함 (4) 이것을 확신함이다."(SA.iii.155)

10. "비구들이여, 그러면 무엇이 아직 일어나지 않은 법을 간택하는 깨달음의 구성요소를 일어나게 하고 이미 일어난 법을 간택하는 깨달음의 구성요소를 닦아서 성취하게 하는 자양분인가?

비구들이여, 유익하거나 해로운 법들, 나무랄 데 없는 것과 나무라야 마땅한 법들, 받들어 행해야 하는 것과 받들어 행하지 말아야 하는 법들, 고상한 것과 천박한 법들, 흑백으로 상반되는 갖가지 법들이 있어 거기에 지혜롭게 마음에 잡도리하기를 많이 [공부]지으면 이것이 아직 일어나지 않은 법을 간택하는 깨달음의 구성요소를 일어나게 하고 이미 일어난 법을 간택하는 깨달음의 구성요소를 닦아서 성취하게 하는 자양분이다."394)

11. "비구들이여, 그러면 무엇이 아직 일어나지 않은 정진의 깨달음의 구성요소를 일어나게 하고 이미 일어난 정진의 깨달음의 구성요소를 닦아서 성취하게 하는 자양분인가?

비구들이여, [정진을] 시작하는 요소와 벗어나는 요소와 분발하는 요소가 있어 거기에 지혜롭게 마음에 잡도리하기를 많이 [공부]지으면 이것이 아직 일어나지 않은 정진의 깨달음의 구성요소를 일어나게 하고 이미 일어난 정진의 깨달음의 구성요소를 닦아서 성취하게 하는 자양분이다."395)

---

394) "나아가서 일곱 가지 법들이 있어 법을 간택하는 깨달음의 구성요소를 일어나게 한다. 그것은 (1) 탐구함 (2) 토대를 깨끗하게 함 (3) 기능(五根)을 조화롭게 닦음 (4) 지혜 없는 사람을 피함 (5) 지혜로운 사람을 친근함 (6) 심오한 지혜로 행해야 할 것에 대해 반조함 (7) 이것을 확신함이다."(SA. iii.156)

395) "나아가서 11가지 법이 있어 정진의 깨달음의 구성요소를 일어나게 한다. (1) 악처 등의 두려움을 반조함 (2) 이점을 봄 (3) 가야 할 길의 과정을 반조함 (4) 탁발한 음식을 공경함 (5) [정법의] 유산의 위대함을 반조함 (6) 스승

12. "비구들이여, 그러면 무엇이 아직 일어나지 않은 희열의 깨달음의 구성요소를 일어나게 하고 이미 일어난 희열의 깨달음의 구성요소를 닦아서 성취하게 하는 자양분인가?

비구들이여, 희열의 깨달음의 구성요소를 확립시키는 법들이 있어 거기에 지혜롭게 마음에 잡도리하기를 많이 [공부]지으면 이것이 아직 일어나지 않은 희열의 깨달음의 구성요소를 일어나게 하고 이미 일어난 희열의 깨달음의 구성요소를 닦아서 성취하게 하는 자양분이다."396)

13. "비구들이여, 그러면 무엇이 아직 일어나지 않은 고요함의 깨달음의 구성요소를 일어나게 하고 이미 일어난 고요함의 깨달음의 구성요소를 닦아서 성취하게 하는 자양분인가?

비구들이여, 몸의 고요함과 마음의 고요함이 있어 거기에 지혜롭게 마음에 잡도리하기를 많이 [공부]지으면 이것이 아직 일어나지 않은 고요함의 깨달음의 구성요소를 일어나게 하고 이미 일어난 고요함의 깨달음의 구성요소를 닦아서 성취하게 하는 자양분이다."397)

의 위대함을 반조함 (7) 태생의 위대함을 반조함 (8) 동료수행자들의 위대함을 반조함 (9) 게으른 사람을 멀리함 (10) 부지런히 정진하는 자를 친근함 (11) 그것에 대해 마음을 기울임이다."(SA.iii.158)

396) "나아가서 11가지 법이 희열의 깨달음의 구성요소를 일어나게 한다. (1) 부처님을 계속해서 생각함(佛隨念) (2) 법을 계속해서 생각함(法隨念) (3) 승가를 계속해서 생각함(僧隨念) (4) 계를 계속해서 생각함(戒隨念) (5) 관대함을 계속해서 생각함(捨隨念) (6) 천신을 계속해서 생각함(天隨念) (7) 고요함을 계속해서 생각함(止息隨念) (8) 거친 자를 멀리 함 (9) 인자한 자를 섬김 (10) 신심을 일으키는 경들을 반조함 (11) 그것에 대해 마음을 기울임이다."(SA.iii.161)

397) "나아가서 일곱 가지 법이 고요함의 깨달음의 구성요소를 일어나게 한다. 그것은 (1) 좋은 음식을 수용함 (2) 안락한 기후에 삶 (3) 편안한 자세를 취

14. "비구들이여, [105] 그러면 무엇이 아직 일어나지 않은 삼매의 깨달음의 구성요소를 일어나게 하고 이미 일어난 삼매의 깨달음의 구성요소를 닦아서 성취하게 하는 자양분인가?

비구들이여, 사마타의 표상과 산란함이 없는 표상이 있어 거기에 지혜롭게 마음에 잡도리하기를 많이 [공부]지으면 이것이 아직 일어나지 않은 삼매의 깨달음의 구성요소를 일어나게 하고 이미 일어난 삼매의 깨달음의 구성요소를 닦아서 성취하게 하는 자양분이다."398)

15. "비구들이여, 그러면 무엇이 아직 일어나지 않은 평온의 깨달음의 구성요소를 일어나게 하고 이미 일어난 평온의 깨달음의 구성요소를 닦아서 성취하게 하는 자양분인가?

비구들이여, 평온의 깨달음의 구성요소를 확립시키는 법들이 있어 거기에 지혜롭게 마음에 잡도리하기를 많이 [공부]지으면 이것이 아직 일어나지 않은 평온의 깨달음의 구성요소를 일어나게 하고 이미 일어난 평온의 깨달음의 구성요소를 닦아서 성취하게 하는 자양분이다."399)

함 (4) 적절한 노력 (5) 포악한 사람을 멀리함 (6) 몸이 고요한 사람을 친근함 (7) 그것에 대해 마음을 기울임이다."(SA.iii.162)

398) "나아가서 11가지 법이 있어 삼매의 깨달음의 구성요소를 일어나게 한다. 그것은 (1) 토대들을 깨끗하게 함 (2) 모든 기능들을 고르게 조절함 (3) 표상에 대한 능숙함 (4) 적당한 때에 마음을 분발함 (5) 적당한 때에 마음을 절제함 (6) 적당한 때에 격려함 (7) 적당한 때에 평온하게 함 (8) 삼매에 들지 않은 사람을 멀리함 (9) 삼매에 든 사람을 친근함 (10) 禪과 해탈을 반조함 (11) 그것에 대해 마음을 기울임이다."(SA.iii.163)

399) "나아가서 다섯 가지 법이 있어 평온의 깨달음의 구성요소를 일어나게 한다. 그것은 (1) 중생에 대한 중립적인 태도 (2) 상카라(行)에 대한 중립적인 태도 (3) 중생과 상카라에 대해 애착을 가지는 사람을 멀리함 (4) 중생과 상카라에 대해 중립을 지키는 사람을 친근함 (5) 그것에 대해 마음을 기울

(3) 장애의 자양분이 아닌 것(Anāhāro nīvaraṇānaṁ)400)

16. "비구들이여, 그러면 무엇이 아직 일어나지 않은 감각적 욕망에 대한 욕구를 일어나게 하고 이미 일어난 감각적 욕망에 대한 욕구를 더욱 증장하게 하고 충만하게 만드는 자양분이 아닌 것인가?

비구들이여, 부정한 표상[不淨相]401)이 있어 거기에 지혜롭게 마음에 잡도리하기를 많이 [공부]지으면, 이것이 아직 일어나지 않은 감각적 욕망에 대한 욕구를 일어나게 하고 이미 일어난 감각적 욕망에 대한 욕구를 더욱 증장하게 하고 충만하게 만드는 자양분이 아닌 것이다."402)

임이다."(SA.iii. 164)

400) 여기서도 주석서는 다섯 가지 장애를 제거하는 새로운 내용을 덧붙이고 있다. 이것은 『디가 니까야』 제2권 「대념처경」(D22)에 해당하는 『디가 니까야 주석서』(DA)에도 그대로 나타나 있다. 역자는 본경을 주해하면서 여기서도 이 가운데 제목만을 주해에서 인용할 것이다. 더 자세한 내용을 알기를 원하는 분들은 『네 가지 마음챙기는 공부』 214~228쪽을 참조하기 바란다. 그리고 Soma Thera, *The Way of Mindfulness*, pp.155~167도 참조할 것.

401) "'부정한 표상[不淨相, asubha-nimitta]'이란 부푼 것 등의 열 가지 부정함의 대상(dasa asubh-ārammaṇā)인 법들이다."(SA.iii.165)
이것은 시체의 부패 정도에 따라서 10가지로 나눈 것이다. 그 열 가지는 ① 부푼 것 ② 검푸른 것 ③ 문드러진 것 ④ 끊어진 것 ⑤ 뜯어 먹힌 것 ⑥ 흩어져 있는 것 ⑦ 난도질당하여 뿔뿔이 흩어진 것 ⑧ 피가 흐르는 것 ⑨ 벌레가 버글거리는 것 ⑩ 해골이 된 것인데 『청정도론』 VI.1~11에 상세하게 설명되어 있다.
그런데 경에서 부정의 인식(asubha-saññā)은 『앙굿따라 니까야』 제6권 「기리마난다 경」(A10:60/v.109) 등에서 몸의 31가지 부위(『무애해도』와 주석서 문헌에서 32가지가 됨, 「대념처경」(D22) §5의 주해 참조)를 주시하는 것이라고 설명되고 있다.

402) "나아가서 감각적 욕망에 대한 욕구(kāmacchanda)를 제거하기 위한 여섯 가지 법들이 있나니 그것은 (1) 부정한 표상(不淨相, asubhanimitta)

17. "비구들이여, 그러면 무엇이 아직 일어나지 않은 악의를 일어나게 하고 이미 일어난 악의를 더욱 증장하게 하고 충만하게 만드는 자양분이 아닌 것인가?

비구들이여, 자애를 통한 마음의 해탈[慈心解脫]이 있어 거기에 지혜롭게 마음에 잡도리하기를 많이 [공부]지으면, 이것이 아직 일어나지 않은 악의를 일어나게 하고 이미 일어난 악의를 더욱 증장하게 하고 충만하게 만드는 자양분이 아닌 것이다.403)

18. "비구들이여, 그러면 무엇이 아직 일어나지 않은 해태와 혼침을 일어나게 하고 이미 일어난 해태와 혼침을 더욱 증장하게 하고 충만하게 만드는 자양분이 아닌 것인가?

비구들이여, [정진을] 시작하는 요소와 벗어나는 요소와 분발하는 요소404)가 있어 거기에 지혜롭게 마음에 잡도리하기를 많이 [공부]지으면 이것이 아직 일어나지 않은 해태와 혼침을 [106] 일어나게 하고 이미 일어난 해태와 혼침을 더욱 증장하게 하고 충만하게 만드는

을 지님(배움) (2) 부정함을 닦기(asubha-bhāvanā)에 전념함 (3) 감각의 문들을 잘 단속함 (4) 음식에서 적당함을 앎 (5) 훌륭한 도반(선지식)을 만남 (6) 적절한 대화이다.

이러한 여섯 가지 방법으로 [일시적으로] 제거된 감각적 욕망에 대한 욕구는 아라한도에 의해서 완전히 제거된다.(여기서 말하는 감각적 욕망에 대한 욕구는 아비담마의 방법(abhidhamma-pariyāya)에 의하면 모든 탐욕[貪, lobha]을 나타내기 때문이다. – SAṬ.iii.148)"(SA.iii.165)

403) "나아가서 악의(byāpāda)를 제거하기 위한 여섯 가지 법들이 있나니 그것은 (1) 자애의 표상을 지님(배움) (2) 자애를 닦기에 전념함 (3) 자기 자신이 바로 자기 업의 주인이며, 상속자임을 명심함 (4) 이에 관해 거듭해서 숙고함 (5) 훌륭한 도반 (6) 적절한 대화이다. 악의는 불환도에 의해서 완전하게 제거된다."(SA.iii.166)

404) 세 가지 정진을 구성하는 요소에 대한 설명은 『상윳따 니까야』 제5권 「몸 경」(S46:2) §13의 주해를 참조할 것.

자양분이 아닌 것이다.405)

19. "비구들이여, 그러면 무엇이 아직 일어나지 않은 들뜸과 후회를 일어나게 하고 이미 일어난 들뜸과 후회를 더욱 증장하게 하고 충만하게 만드는 자양분이 아닌 것인가?

비구들이여, 마음이 고요한 것에 대해 지혜롭게 마음에 잡도리하기를 많이 [공부]지으면 이것이 아직 일어나지 않은 들뜸과 후회를 일어나게 하고 이미 일어난 들뜸과 후회를 더욱 증장하게 하고 충만하게 만드는 자양분이 아닌 것이다.406)

20. "비구들이여, 그러면 무엇이 아직 일어나지 않은 의심을 일어나게 하고 이미 일어난 의심을 더욱 증장하게 하고 충만하게 만드는 자양분이 아닌 것인가?

비구들이여, 유익하거나 해로운 법들, 나무랄 데 없는 것과 나무라야 마땅한 법들, 받들어 행해야 하는 것과 받들어 행하지 말아야 하는 법들, 고상한 것과 천박한 법들, 흑백으로 상반되는 갖가지 법들이 있어 거기에 지혜롭게 마음에 잡도리하기를 많이 [공부]지으면 이것이 아직 일어나지 않은 의심을 일어나게 하고 이미 일어난 의심

---

405) "나아가서 해태와 혼침(thīna-middha)을 제거하기 위한 여섯 가지 법들이 있다. 그것은 (1) 과식이 그 원인이라는 것을 아는 것 (2) 자세를 바꿈 (3) 광명상(光明想, āloka-saññā)을 마음에 잡도리함 (4) 옥외에 머묾 (5) 훌륭한 도반 (6) 적절한 대화이다. 해태와 혼침은 아라한도에 의해서 완전히 제거된다."(SA.iii.166)

406) "나아가서 들뜸과 후회(uddhacca-kukkucca)를 제거하기 위한 여섯 가지 법들이 있다. 그것은 (1) [경을] 많이 배움 (2) [경을] 탐구함 (3) 계율을 숙지함 (4) 연륜과 경험이 풍부한 분들을 친근함 (5) 훌륭한 도반 (6) 적절한 대화이다. 들뜸은 아라한도에서 완전히 제거되고 후회는 불환도에서 완전히 제거 된다."(SA.iii.167)

을 더욱 증장하게 하고 충만하게 만드는 자양분이 아닌 것이다."407)

(4) 깨달음의 구성요소의 자양분이 아닌 것(Anāhāro bojjhaṅgānaṁ)

21. "비구들이여, 그러면 무엇이 아직 일어나지 않은 마음챙김의 깨달음의 구성요소를 일어나게 하고 이미 일어난 마음챙김의 깨달음의 구성요소를 닦아서 성취하게 하는 자양분이 아닌 것인가?

비구들이여, 마음챙김의 깨달음의 구성요소를 확립시키는 법들이 있는데 이것을 자주 마음에 잡도리하지 않으면 이것이 아직 일어나지 않은 마음챙김의 깨달음의 구성요소를 일어나게 하고 이미 일어난 마음챙김의 깨달음의 구성요소를 닦아서 성취하게 하는 자양분이 아닌 것이다."

22. "비구들이여, 그러면 무엇이 아직 일어나지 않은 법을 간택하는 깨달음의 구성요소를 일어나게 하고 이미 일어난 법을 간택하는 깨달음의 구성요소를 닦아서 성취하게 하는 자양분이 아닌 것인가?

비구들이여, 유익하거나 해로운 법들, 나무랄 데 없는 것과 나무라야 마땅한 법들, 받들어 행해야 하는 것과 받들어 행하지 말아야 하는 법들, 고상한 것과 천박한 법들, 흑백으로 상반되는 갖가지 법들이 있는데 이것을 자주 마음에 잡도리하지 않으면 이것이 아직 일어나지 않은 법을 간택하는 깨달음의 구성요소를 일어나게 하고 이미 일어난 법을 간택하는 깨달음의 구성요소를 닦아서 성취하게 하는

---

407) "나아가서 의심(vicikicchā)을 제거하기 위한 여섯 가지 법들이 있다. 그것은 (1) [경을] 많이 배움 (2) [경을] 탐구함 (3) 계율을 숙지함 (4) [불·법·승 삼보에 대한] 확고한 믿음을 가짐 (5) 훌륭한 도반 (6) 적절한 대화이다. 의심은 예류도에서 완전히 제거된다."(SA.iii.167)

자양분이 아닌 것이다."

23. "비구들이여, 그러면 무엇이 아직 일어나지 않은 정진의 깨달음의 구성요소를 일어나게 하고 이미 일어난 정진의 깨달음의 구성요소를 닦아서 성취하게 하는 [107] 자양분이 아닌 것인가?

비구들이여, [정진을] 시작하는 요소와 벗어나는 요소와 분발하는 요소가 있는데 이것을 자주 마음에 잡도리하지 않으면 이것이 아직 일어나지 않은 정진의 깨달음의 구성요소를 일어나게 하고 이미 일어난 정진의 깨달음의 구성요소를 닦아서 성취하게 하는 자양분이 아닌 것이다."

24. "비구들이여, 그러면 무엇이 아직 일어나지 않은 희열의 깨달음의 구성요소를 일어나게 하고 이미 일어난 희열의 깨달음의 구성요소를 닦아서 성취하게 하는 자양분이 아닌 것인가?

비구들이여, 희열의 깨달음의 구성요소를 확립시키는 법들이 있는데 이것을 자주 마음에 잡도리하지 않으면 이것이 아직 일어나지 않은 희열의 깨달음의 구성요소를 일어나게 하고 이미 일어난 희열의 깨달음의 구성요소를 닦아서 성취하게 하는 자양분이 아닌 것이다."

25. "비구들이여, 그러면 무엇이 아직 일어나지 않은 고요함의 깨달음의 구성요소를 일어나게 하고 이미 일어난 고요함의 깨달음의 구성요소를 닦아서 성취하게 하는 자양분이 아닌 것인가?

비구들이여, 몸의 고요함과 마음의 고요함이 있는데 이것을 자주 마음에 잡도리하지 않으면 이것이 아직 일어나지 않은 고요함의 깨달음의 구성요소를 일어나게 하고 이미 일어난 고요함의 깨달음의 구성요소를 닦아서 성취하게 하는 자양분이 아닌 것이다."

26. "비구들이여, 그러면 무엇이 아직 일어나지 않은 삼매의 깨달음의 구성요소를 일어나게 하고 이미 일어난 삼매의 깨달음의 구성요소를 닦아서 성취하게 하는 자양분이 아닌 것인가?

비구들이여, 사마타의 표상과 산란함이 없는 표상이 있는데 이것을 자주 마음에 잡도리하지 않으면 이것이 아직 일어나지 않은 삼매의 깨달음의 구성요소를 일어나게 하고 이미 일어난 삼매의 깨달음의 구성요소를 닦아서 성취하게 하는 자양분이 아닌 것이다."

27. "비구들이여, 그러면 무엇이 아직 일어나지 않은 평온의 깨달음의 구성요소를 일어나게 하고 이미 일어난 평온의 깨달음의 구성요소를 닦아서 성취하게 하는 자양분이 아닌 것인가?

비구들이여, 평온의 깨달음의 구성요소를 확립시키는 법들이 있는데 이것을 자주 마음에 잡도리하지 않으면 이것이 아직 일어나지 않은 평온의 깨달음의 구성요소를 일어나게 하고 이미 일어난 평온의 깨달음의 구성요소를 닦아서 성취하게 하는 자양분이 아닌 것이다."

제8장

팔정도[八支聖道]

【해설】

부처님 최초의 설법은 팔정도이다. 부처님의 최초의 설법을 담고 있는 가르침을 기념하기 위해서 합송자들은 그 경을 「초전법륜 경」(S56:11)이라 불렀다. 경은 이렇게 강조한다.

"비구들이여, 출가자가 가까이하지 않아야 할 두 가지 극단이 있다. 무엇이 둘인가?

그것은 저열하고 촌스럽고 범속하고 성스럽지 못하고 이익을 주지 못하는 감각적 욕망들에 대한 쾌락의 탐닉에 몰두하는 것과, 괴롭고 성스럽지 못하고 이익을 주지 못하는 자기 학대에 몰두하는 것이다. 비구들이여, 이러한 두 가지 극단을 의지하지 않고 여래는 중도(中道)를 완전하게 깨달았나니 [이 중도는] 안목을 만들고 지혜를 만들며, 고요함과 최상의 지혜와 바른 깨달음과 열반으로 인도한다.

비구들이여, 그러면 어떤 것이 안목을 만들고 지혜를 만들며, 고요함과 최상의 지혜와 바른 깨달음과 열반으로 인도하는 중도인가? 그것은 바로 여덟 가지 구성요소를 가진 성스러운 도이니, 바른 견해[正見], 바른 사유[正思惟], 바른 말[正語], 바른 행위[正業], 바른 생계[正命], 바른 정진[正精進], 바른 마음챙김[正念], 바른 삼매[正定]이다."(S56:11 §3)

부처님의 최후의 설법도 팔정도이다. 부처님의 마지막 발자취를 담고 있는 『디가 니까야』 제2권 「대반열반경」(D16)에 의하면 부처님께서 마지막 유훈으로 다섯 가지를 당부하시기 이전에 설법의 형태로 말씀하신 최후의 가르침은 수밧다라는 유행승에게 하신 설법이다. 수밧다는 세존께 육사외도가 최상의 지혜를 가진 자들인가를 여쭈었고 세존께서는 다음과 같이 말씀하셨다.

"수밧다여, 어떤 법과 율에서든 여덟 가지 구성요소를 가진 성스러운 도가 없으면 거기에는 사문이 없다. 거기에는 두 번째 사문도 없다. 거기에는 세 번째 사문도 없다. 거기에는 네 번째 사문도 없다. 수밧다여, 그러나 어떤 법과 율에서든 여덟 가지 구성요소를 가진 성스러운 도가 있으면 거기에는 사문이 있다. … 거기에는 네 번째 사문도 있다.

수밧다여, 이 법과 율에는 여덟 가지 구성요소를 가진 성스러운 도가 있다. 수밧다여, 그러므로 오직 여기에만 사문이 있다. … 여기에만 네 번째 사문이 있다. 다른 교설들에는 사문들이 텅 비어 있다. 수밧다여, 이 비구들이 바르게 머문다면 세상에는 아라한들이 텅 비지 않을 것이다."(D16 §5.27)

주석서는 "첫 번째 사문은 예류자를, 두 번째 사문은 일래자를, 세 번째 사문은 불환자를, 네 번째 사문은 아라한을 말한다."(MA.ii.4~5; A4:239 참조)라고 설명하고 있다.

그리고 『디가 니까야』 제2권 「마하고윈다경」(D19) §61에서도 세존께서는 전생에 마하고윈다였을 때는 팔정도를 알지 못하였기 때문에 열반을 실현하지는 못하고 단지 범천의 세상에 태어나는 것만이 가능했다고 말씀하신다. 그러나 금생에는 열반을 실현한 부처님이 되어 이제부터 팔정도를 설하시어 천상으로 윤회하는 것조차 완전히 극복한 열반의 길을 드러내 보이신다고 강조하고 계신다.

그 외 『디가 니까야』 제1권 「마할리 경」(D6 §14)과 「깟사빠 사자후 경」(D8 §13)과 제2권 「빠야시 경」(D23 §31) 등에서도 팔정도를 불교에만 있는 가장 현저한 가르침으로 언급하고 있다. 특히 세존의 임종 직전에 마지막으로 세존의 제자가 된 수밧다에게 팔정도가 있기 때문에 불교 교단에는 진정한 사문이 있다고 하신, 위에서 인용한 「대반열반경」의 말씀은 불교 만대에 길이 남을 대사자후이시다. 이처럼 부처님께서는 최초설법도 중도인 팔정도로 시작하셨고 최후의 설법도 팔정도로 마무리하셨다.

여기서 분명히 하고 싶은 것은 팔정도가 중도(中道, majjhimā paṭi-padā)라는 사실이다. 부처님 최초의 설법인 『상윳따 니까야』 제6권

「초전법륜 경」(S56:11)에서 보듯이 팔정도가 바로 중도다. 「초전법륜 경」 뿐만 아니라 37보리분법 전체가 중도의 내용으로 나타나고 있는 『앙굿따라 니까야』 제1권 「나체수행자 경」 1/2(A3:151~152)를 제외한 모든 초기불전에서 중도는 반드시 팔정도로 설명이 되고 있다. 물론 37보리분법도 팔정도가 핵심이다. 이처럼 초기불전에서는 팔정도를 중도라고 천명하고 있지 그 어디에도 반야·중관학파의 기본 가르침인 『중론』에서 주장하는 공·가·중 삼관(空·假·中三觀)의 중을 중도라 부르지 않는다.
대승불교에 익숙한 우리는 중도하면 일·이·거·래·유·무·단·상(一·異·去·來·有·無·斷·常)을 여읜 것으로 정의되며 길장(吉藏) 스님이 『중관론소』(中觀論疏)에서 주창한 팔불중도(八不中道)나, 공·가·중(空·假·中)으로 정리되는 『중론』의 삼제게(三諦偈, 24:18)를 먼저 떠올리지만 초기경에서의 중도는 명명백백하게 팔정도이다.
특히 삼제게는 연기(緣起)적 현상을 공·가·중으로 통찰하는 것을 중도라고 설파하고 있기 때문에 『중론』에서 말하는 중도는 연기에 대한 통찰지이며 이것은 팔정도의 첫 번째인 정견(正見)의 내용이다. 그러므로 용수 스님을 위시한 중관학파에서 주창하는 중도는 팔정도의 첫 번째인 정견을 말하는 것이지 팔정도로 정의되는 실천도로서의 중도는 아니다.

편집자는 CBETA로 '中道'를 검색해보았다. 아함 등 초기불교에 관계된 한역경전들을 제외한 여러 대승의 한역 경전과 논서들에서 중도는 『중관론소』의 팔불중도를 뜻하거나 역시 『중관론소』의 원리이변명위중도(遠離二邊名為中道, 양변을 여읜 것을 중도라 한다)나, 『법보단경』의 즉리양변(即離兩邊, 양변을 여읜 것)이나, 쌍리양변명위중도(雙離兩邊名爲中道, 양변을 둘 다 여읜 것을 중도라 한다)나, 『중론』의 삼제게를 설명하는 산문에 나타나는 이유무이변고명위중도(離有無二邊故名為中道, 유무의 양변을 여의었기 때문에 중도라 한다) 등등으로 나타나지 어디에도 중도를 팔정도로 설명한 곳은 필자가 전체를 다 찾아보지 않은 탓인지는 모르지만 아직 보지 못하였다.

물론 이것은 반야·중관 계열의 경론에만 해당되는 것은 아니다. 유식 계열과 여래장 계열과 선종 계열의 경론들도 그러하다. 심지어 빠알리 주석서들까지도 유무의 양극단을 여읜 중간(中, majjha)을 중도(中道)로 설명하는 곳이 나타나기도 한다.(SA.ii.36)

그러므로 중도를 유무중도나 고락중도나 팔불중도로 이해하는 것은 후대 모든 불교에 다 적용되는 시대적인 상황인지도 모른다. 그런데 요즘은 초기불교가 한국에 급속히 뿌리내리면서 중도는 팔정도라고 인정하는 분들이 점차 많아지는 것 같아서 참으로 다행이다. 초기불교는 불교의 뿌리이다. 그러므로 이제는 중도를 견해나 철학으로만 보지 말고 부처님께서 고구정녕히 말씀하신 팔정도라는 실천체계로 이해해서 중도를 실천으로 받아들여야 한다는 것이 편집자가 거듭해서 강조하고 있는 것이다.

이처럼 중도는 철학이나 견해가 아니라 실천이다. 우리는 중(中)의 의미를 철학적 사유에 바탕하여 여러 가지로 설명하기를 좋아한다. 그러한 설명은 오히려 실천체계로서의 중도를 관념적으로 만들어버릴 위험이 크다. 중도가 팔정도인 이상 중도는 부처님께서 팔정도의 정형구로써 정의하신 내용 그 자체를 실천하는 것을 말한다고 강조하고 싶다.

분석 경

Vibhaṅga Sutta(S45:8)

【해설】

성스러운 팔정도[八支聖道]는 여덟 가지 항목으로 구성되어 있는데 그것은 다음과 같다.

① 바른 견해[正見, sammā-diṭṭhi]
② 바른 사유[正思惟, sammā-saṅkappa]
③ 바른 말[正語, sammā-vācā]
④ 바른 행위[正業, sammā-kammanta]
⑤ 바른 생계[正命, sammā-ājīva]
⑥ 바른 정진[正精進, sammā-vāyāma]
⑦ 바른 마음챙김[正念,sammā-sati]
⑧ 바른 삼매[正定, sammā-samādhi]

중요한 불교술어는 경에 나타나는 대로 정확하게 정의되어야 하겠지만 특히 팔정도의 여덟 가지 항목은 더욱 그러하다. 본경은 이 여덟 가지 항목을 정확하게 정의하고 있는 가르침으로 잘 알려져 있다.

1. 이와 같이 나는 들었다. 한때 세존께서는 사왓티에서 제따 숲의 아나타삔디까 원림(급고독원)에 머무셨다.

그곳에서 세존께서는 "비구들이여."라고 비구들을 부르셨다. "세존이시여."라고 비구들은 세존께 응답했다. 세존께서는 이렇게 말씀하셨다.

2. "비구들이여, 그대들에게 여덟 가지 구성요소를 가진 성스러운 도[八支聖道]를 설하고 분석하리라. 이제 그것을 들어라. 듣고 마음에 잘 새겨라. 나는 설할 것이다."

"그렇게 하겠습니다, 세존이시여."라고 비구들은 세존께 응답했다. 세존께서는 이렇게 말씀하셨다.

3. "비구들이여, 어떤 것이 여덟 가지 구성요소를 가진 성스러운 도인가?

그것은 바른 견해, 바른 사유, 바른 말, 바른 행위, 바른 생계, 바른 정진, 바른 마음챙김, 바른 삼매이다."[408]

4. "비구들이여, 그러면 무엇이 바른 견해[正見]인가?

비구들이여, 괴로움에 대한 지혜,[409] 괴로움의 일어남에 대한 지혜, 괴로움의 소멸에 대한 [9] 지혜, 괴로움의 소멸로 인도하는 도닦음에 대한 지혜 — 이를 일러 바른 견해라 한다."[410]

---

408) 아래에 나타나는 팔정도의 구성요소에 대한 정의는 『디가 니까야』 제2권 「대념처경」(D22/ii.311~313) §21과 『맛지마 니까야』 제4권 「진리의 분석 경」(M141/iii.251~252) §§23~31에도 나타나고 있다. 아래에 달고 있는 주해들은 역자가 옮긴 「대념처경」(D22)의 주해들 가운데서 뽑은 것이다. 경에 나타나는 팔정도의 구성요소에 대한 정의는 『논장』의 『위방가』(분석론)에서도 경의 분류방법(Sutanta-bhājanīya)으로 반영되어 나타난다.(Vbh.235~236) 그러나 아비담마의 분류방법(Abhidhamma-bhājanīya)에 의하면 팔정도의 구성요소들은 예외 없이 모두 출세간적인 것(lokuttara)으로 여겨지고 있다.

409) "괴로움에 대한 지혜(dukkhe ñāṇaṁ)라는 등으로 네 가지 진리의 명상주제를 보이셨다. 여기서 처음의 두 가지 진리(고와 집)는 윤회하는 것(vaṭṭa)이고 나중의 둘(멸과 도)은 윤회에서 물러나는 것(vivaṭṭa)이다. 이들 가운데서 비구가 윤회하는 것을 명상주제로 하여 명상하면 윤회에서 물러나는 것에 대해서는 명상하지 못한다."(DA.iii.801)

5. "비구들이여, 그러면 무엇이 바른 사유[正思惟]인가?

비구들이여, 출리(出離)에 대한 사유, 악의 없음에 대한 사유, 해코지 않음[不害]에 대한 사유 — 이를 일러 바른 사유라 한다."411)

---

410) "여기서 [괴로움과 일어남의] 두 가지 진리는 보기 어렵기 때문에 심오하고, [소멸과 도의] 두 가지는 심오하기 때문에 보기 어렵다.

괴로움의 진리는 일어날 때 분명하다. 몽둥이나 가시 등으로 때릴 때 '아, 괴롭다.'라는 말이 절로 나온다. 일어남의 진리는 먹고 싶어함 등을 통해서 일어날 때 분명하다. 그러나 특징을 통찰하는 것으로는 이 둘은 모두 심오하다. 이처럼 이 둘은 보기 어렵기 때문에 심오하다.

나머지 둘을 보기 위해 노력하는 것은 마치 우주의 꼭대기를 거머쥐려고 손을 펴는 것과 같고, 무간지옥에 닿으려고 발을 뻗는 것과 같고, 일곱 가닥으로 쪼갠 머리털 끝을 떼어내려는 것과 같다. 이처럼 이 둘은 심오하기 때문에 보기 어렵다.

이와 같이 보기 어렵기 때문에 심오하고, 심오하기 때문에 보기 어려운 네 가지 진리들에 대해서 공부짓는 등을 통해서 처음 단계의 지혜가 일어남을 두고 괴로움에 대한 지혜(dukkhe ñāṇa) 등으로 설하셨다. [그러나] 통찰하는 순간에는 그 지혜는 오직 하나이다."(DA.iii.802)

411) '출리(出離)에 대한 사유'와 '악의 없음에 대한 사유'와 '해코지 않음[不害]에 대한 사유'는 각각 nekkhamma-saṅkappa, abyāpāda-saṅkappa, avihiṁsā-saṅkappa를 옮긴 것이다.

"출리에 대한 사유 등은 감각적 욕망과 악의와 해코지를 삼가는 인식들의 다양함 때문에 처음에는 여럿이다. 그렇지만 도의 순간에는 이들 세 경우에 대해서 일어난 해로운 사유의 다리를 잘라버리기 때문에 이들은 더 이상 일어나지 않게 된다. 이렇게 도의 구성요소를 완성할 때에는 오직 하나의 유익한 사유가 일어난다. 이것을 '바른 사유[正思惟, sammā-saṅkappa]'라 한다."(DA.iii.802)

한편 여기서 사유로 옮기고 있는 saṅkappa는 생각이나 일으킨 생각으로 옮기고 있는 vitakka[尋]와 동의어이다.(『앙굿따라 니까야』 제5권 「사밋디 경」(A9:14) §1 참조) 주석서들도 이렇게 밝히고 있다.(saṅkappā ti vitakkā — SnA.i.201 등) 『아비담마 길라잡이』 7장 §33 [해설]도 참조할 것.

6. "비구들이여, 그러면 무엇이 바른 말[正語]인가?

비구들이여, 거짓말을 삼가고 중상모략을 삼가고 욕설을 삼가고 잡담을 삼가는 것 — 이를 일러 바른 말이라 한다."412)

7. "비구들이여, 그러면 무엇이 바른 행위[正業]인가?

비구들이여, 살생을 삼가고 도둑질을 삼가고 삿된 음행을 삼가는 것413) — 이를 일러 바른 행위라 한다."414)

---

412) "거짓말을 삼가는 것 등도 거짓말 등을 삼가는 인식들의 다양함 때문에 처음에는 여럿이지만 도의 순간에는 이 네 경우에 대해서 일어난 해롭고 나쁜 행실을 가진 의도의 다리를 잘라버리기 때문에 이들은 더 이상 일어나지 않게 된다. 이처럼 도의 구성요소를 완성할 때는 오직 하나의 유익한 절제(kusala-veramaṇi)가 일어난다. 이것을 '바른 말[正語, sammā-vācā]'이라 한다."(DA.iii.802)

절제(veramaṇi 혹은 virati)는 주석서와 아비담마에서부터 쓰이는 전문술어로서 팔정도 가운데서 바른 말[正語], 바른 행위[正業] 바른 생계[正命]의 셋을 지칭한다. 자세한 것은 『아비담마 길라잡이』 2장 §6을 참조할 것.

413) '삿된 음행을 삼가는 것'으로 옮긴 원어는 Ee, Be, Se에 모두 다 abrahma-cariyā veramaṇī(순결하지 못한 삶을 삼가는 것)으로 나타난다. 이것은 성생활을 완전히 금하는 것으로 비구와 비구니 계목에 속한다. 그러나 「대념처경」(D22) §21과 「진리의 분석 경」(M141) §27과 『위방가』(Vbh.235) 등의 같은 부분에는 모두 kāmesu micchācārā veramaṇī(삿된 음행을 삼가는 것)으로 나타나고 있는데, 이것은 재가자들이 지키는 계목에 속한다.

그러나 본경에 해당하는 주석서는 왜 본경에서는 이렇게 나타나는지에 대한 설명이 없다. 이로 미루어 볼 때 본경의 이 부분은 주석서 문헌이 생긴 후에 벌어진 필사상의 오기가 아닌가 여겨지기도 한다. 그렇지 않다면 분명히 주석서는 그 이유를 설명했을 것이기 때문이다. 그래서 역자는 「대념처경」(D22) §21 등과 같이 '삿된 음행을 삼가는 것'으로 옮겼다.

414) "산목숨을 죽이는 것(살생)을 삼가는 것 등도 산목숨을 죽이는 것 등을 삼가는 인식들의 다양함 때문에 처음에는 여럿이지만 도의 순간에는 이 세 경우에 대해서 일어난 해롭고 나쁜 행실을 가진 의도의 다리를 잘라버리

8. "비구들이여, 그러면 무엇이 바른 생계[正命]인가?

비구들이여, 성스러운 제자는 삿된 생계를 제거하고 바른 생계로 생명을 영위한다.

비구들이여, 이를 일러 바른 생계라 한다."415)

9. "비구들이여, 그러면 무엇이 바른 정진[正精進]인가?

비구들이여, 여기 비구는 아직 일어나지 않은416) 나쁘고 해로운 법[不善法]들을 일어나지 못하게 하기 위해서 열의를 생기게 하고417) 정진하고 힘을 내고 마음을 다잡고 애를 쓴다.418) 이미 일어난419)

기 때문에 이들은 더 이상 일어나지 않게 된다. 이처럼 도의 구성요소를 완성할 때에는 오직 하나의 유익한 절제가 일어난다. 이것을 '바른 행위[正業, sammā-kammanta]'라 한다."(DA.iii.803)

415) "'삿된 생계(micchā-ājīva)'란 먹는 것 등을 위해 일어난 몸과 말의 나쁜 행실이다. '제거하고(pahāya)'라는 것은 없애고라는 말이다. '바른 생계로(sammā-ājīvena)'라는 것은 부처님께서 칭송하신 생계를 통해서라는 말이다. '생명을 영위한다(jīvitaṁ kappeti).'는 것은 생명을 지속하고 유지한다는 말이다. 바른 생계는 음모 등을 삼가는 인식들의 다양함 때문에 처음에는 여럿이지만 도의 순간에는 이 일곱 경우에 대해서 일어난 삿된 생계라는 나쁜 행실을 가진 의도의 다리를 잘라버리기 때문에 더 이상 일어나지 않게 된다. 이처럼 도의 구성요소를 완성할 때에는 오직 하나의 유익한 절제가 일어난다. 이것을 '바른 생계[正命, sammā-ājīva]'라 한다."(DA.iii.803)

416) "'아직 일어나지 않은(anuppanna)'이라는 것은 '하나의 존재에 대해서나 그와 같은 대상에 대해서 아직 자신에게 일어나지 않은'이란 말이다. 남에게서 일어나는 것을 보고서 '오, 참으로 나에게는 이런 나쁘고 해로운 법들이 일어나지 않기를'이라고 이와 같이 아직 일어나지 않은 사악한 해로운 법들을 일어나지 않게 하기 위해서 [열의를 생기게 한다.]"(DA.iii.803)

417) "'열의를 생기게 하고(chandaṁ janeti)'라는 것은 그들을 일어나지 않도록 하는 도닦음을 성취하는 정진의 열의를 생기게 한다는 말이다."(DA.iii.803)

나쁘고 해로운 법들을 제거하기 위하여 열의를 생기게 하고 정진하고 힘을 내고 마음을 다잡고 애를 쓴다. 아직 일어나지 않은 유익한[420] 법[善法]들을 일어나게 하기 위해서 열의를 생기게 하고 정진하고 힘을 내고 마음을 다잡고 애를 쓴다. 이미 일어난[421] 유익한 법들을 지속시키고[422] 사라지지 않게 하고 증장시키고 충만하게 하고 닦아서 성취하기 위해서 열의를 생기게 하고 정진하고 힘을 내고 마음을 다잡고 애를 쓴다.

비구들이여, 이를 일러 바른 정진이라 한다."[423]

10. "비구들이여, 그러면 무엇이 바른 마음챙김[正念]인가?

비구들이여, 여기 비구는 몸에서 몸을 관찰하며[身隨觀] 머문다. 세상에 대한 욕심과 싫어하는 마음을 버리면서 근면하게, 분명히 알아차리고 마음챙기면서 머문다. 느낌에서 … 마음에서 … [10] 법에서 법을 관찰하며[法隨觀] 머문다. 세상에 대한 욕심과 싫어하는 마음을

418) "'애를 쓴다(padahati).'는 것은 '피부와 힘줄과 뼈만 남은들 무슨 상관이랴.'라고 생각하면서 노력하는 것이다."(DA.iii.803)

419) "'이미 일어난(uppanna)'이란 습관적으로 자신에게 이미 일어난 것이다. 이제 이런 것들을 일어나게 하지 않으리라고 생각하면서 이들을 버리기 위해서 열의를 생기게 한다."(DA.iii.803)

420) "'아직 일어나지 않은 유익한(anuppanna kusala)'이란 것은 아직 얻지 못한 초선(初禪) 등을 말한다."(DA.iii.803)

421) "'이미 일어난(uppanna)'이란 것은 이들을 이미 얻은 것이다."(DA.iii.803)

422) "'지속시키고(ṭhiti)'라는 것은 계속해서 일어나게 하여 머물게 하기 위해서라는 뜻이다."(DA.iii.803)

423) "이 바른 정진도 아직 일어나지 않은 해로움을 일어나지 않도록 하는 마음 등의 다양함 때문에 처음에는 여럿이지만, 도의 순간에는 이 네 경우에 대한 역할을 성취하여 도의 구성요소를 완성하면서 오직 하나의 유익한 정진이 일어난다. 이것을 '바른 정진[正精進, sammā-vāyāma]'이라 한다."(DA.iii.803)

버리면서 근면하게, 분명히 알아차리고 마음챙기면서 머문다.

비구들이여, 이를 일러 바른 마음챙김이라 한다."424)

11. "비구들이여, 그러면 무엇이 바른 삼매[正定]인가?

비구들이여, 여기 비구는 감각적 욕망들을 완전히 떨쳐버리고 해로운 법[不善法]들을 떨쳐버린 뒤, 일으킨 생각[尋]과 지속적 고찰[伺]이 있고, 떨쳐버렸음에서 생긴 희열[喜]과 행복[樂]이 있는 초선(初禪)에 들어 머문다.

일으킨 생각과 지속적 고찰을 가라앉혔기 때문에 [더 이상 존재하지 않으며], 자기 내면의 것이고, 확신이 있으며, 마음의 단일한 상태이고, 일으킨 생각과 지속적 고찰은 없고, 삼매에서 생긴 희열과 행복이 있는 제2선(二禪)에 들어 머문다.

희열이 빛바랬기 때문에 평온하게 머물고, 마음챙기고 알아차리며 몸으로 행복을 경험한다. 이 [禪 때문에] '평온하고 마음챙기며 행복하게 머문다.'고 성자들이 묘사하는 제3선(三禪)에 들어 머문다.

행복도 버리고 괴로움도 버리고, 아울러 그 이전에 이미 기쁨과 슬픔이 소멸되었으므로 괴롭지도 즐겁지도 않으며, 평온으로 인해 마음챙김이 청정한[捨念淸淨] 제4선(四禪)에 들어 머문다.425)

---

424) "바른 마음챙김 역시 몸 등을 파악하는 마음의 다양함 때문에 처음에는 여럿이지만, 도의 순간에는 이 네 경우에 대한 역할을 성취하여 도의 구성요소를 완성하면서 오직 하나의 마음챙김이 일어난다. 이것을 '바른 마음챙김[正念, sammā-sati]'이라 한다."(DA.iii.803)

425) "禪은 예비단계에도 도의 순간에도 여럿이다. 예비단계에는 [禪의] 증득에 따라 여럿이지만, 도의 순간에는 여러 가지 도(즉 예류도부터 아라한도까지)에 따라 여럿이다. 왜냐하면 어떤 자는 첫 번째 도(예류도)를 초선을 통해서 얻거나 혹은 두 번째 도 등도 초선을 통해 얻거나 혹은 제2선 등 가운데 어느 한 禪을 통해서 얻기 때문이다. 어떤 자는 첫 번째 도를 제2선 등 가운데 어떤 禪을 통해서 얻기도 하고 두 번째 도 등도 제2선 등 가

비구들이여, 이를 일러 바른 삼매라 한다."426)

운데 어떤 선을 통해서 얻기도 하고 초선을 통해서 얻기도 하기 때문이다. 이와 같이 [예류도 등의] 네 가지 도는 禪을 통해서 같기도 하고 다르기도 하며 전적으로 같기도 하다. 그런데 이 차이점은 기초가 되는 禪(pādaka-jjhāna)에 의해서 결정된다.

기초가 되는 禪의 결정에 따라 우선 초선을 얻은 자가 초선에서 출정(出定)하여 위빳사나를 할 때 일어난 도가 초선을 통한 것이다. 도의 구성요소와 깨달음의 구성요소는 여기서 성취된다. 제2선에서 출정하여 위빳사나를 할 때 일어난 도가 제2선을 통해서 얻은 것이다.

여기서 도의 구성요소는 일곱 가지이다. 제3선에서 출정하여 위빳사나를 할 때 일어난 도가 제3선을 통해서 얻은 것이다. 여기서는 도의 구성요소는 일곱 가지이고 깨달음의 구성요소는 여섯 가지이다. 이 방법은 제4선에서 출정하는 것에서부터 비상비비상처까지 적용된다.

무색계에서는 '사종선(四種禪)'과 '오종선(五種禪)'이 일어난다. 이것은 출세간이지 세간적인 것이 아니라고 설했다. 왜 그런가? 여기서도 초선 등의 어떤 禪에서 출정하여 예류도를 얻고는 무색계 [禪]의 증득을 닦은 뒤 그는 무색계에 태어난다. 그 禪을 가진 자에게 그곳에서 세 가지 도가 일어난다. 이와 같이 기초가 되는 선에 따라 [도가] 결정된다.

그러나 어떤 장로들은 위빳사나의 대상이 되는 무더기들[蘊]이 [도를] 결정한다고 주장하고 어떤 자들은 개인의 성향이 결정한다고 주장하고 어떤 자들은 [도의] 출현으로 인도하는 위빳사나가 결정한다고 주장하기도 한다. 그들의 주장에 대한 판별은 『청정도론』에서 [도의] 출현으로 인도하는 위빳사나의 해설에서 설한 방법대로 알아야 한다."(DA.iii.803~04)

『청정도론』 XXI.83 이하와 『아비담마 길라잡이』 808~809쪽도 참조할 것.

426) "비구들이여, 이를 일러 '바른 삼매[正定, sammā-samādhi]'라 한다는 것은 이것은 예비단계에서는 세간적이고 나중에는 출세간에 속하는 바른 삼매가 된다고 설하신 것이다."(DA.iii.804)

깟짜나곳따 경

바른 견해[正見]란 무엇인가

Kaccānagotta Sutta(S12:15)

【해설】

본경은 무엇이 바른 견해[正見]인가를 밝히는 잘 알려진 경이다. 니까야에서 정견은 여러 경에서 나타나고 있지만 대표적으로 다음 세 가지 경들을 들 수 있다.

첫째, 위에 실은 『상윳따 니까야』 제5권 「분석 경」(S45:8)에서 보았듯이 바른 견해[正見]는 "괴로움에 대한 지혜, 괴로움의 일어남에 대한 지혜, 괴로움의 소멸에 대한 지혜, 괴로움의 소멸로 인도하는 도닦음에 대한 지혜"(S45:8 §4)로 정의되고 있다. 한마디로 바른 견해는 사성제에 대한 지혜를 말한다.

둘째, 그리고 본경[427]에서 무엇이 바른 견해인가를 질문 드리는 깟짜나곳따 존자에게 부처님께서는 "깟짜야나여, 모든 것이 있다는 것은 하나의 극단이다. 모든 것이 없다는 것은 두 번째 극단이다. 깟짜야나여, 여래는 이들 두 극단을 따르지 않고 중(中, 가운데)에 의지해서 법을 설한다."(S12:15)라고 명쾌하게 말씀하신 뒤 12연기의 유전문과 환멸문의 정형구로 이 중(中)을 표방하신다. 즉 연기의 가르침이야말로 바른 견해이다.

이처럼 바른 견해는 사성제에 대한 지혜와 연기의 가르침으로 정리된다. 그런데 사성제 가운데 집성제는 연기의 유전문(流轉門, anu-

427) 본경 즉 『상윳따 니까야』 제2권 「깟짜나 곳따 경」(S12:15)은 팔정도인 중도를 설하신 경이 아니라 중(中, 가운데, majjha)으로 표현되는 바른 견해[正見]를 설하신 것이다.

loma, 苦의 발생구조)과 연결되고, 멸성제는 연기의 환멸문(還滅門, paṭiloma, 苦의 소멸구조)과 연결된다. 그러므로 사성제와 연기의 가르침은 같은 내용을 담고 있으며 이것을 바르게 보는 것이 팔정도의 정견이다.

셋째, 『맛지마 니까야』 제1권 「바른 견해 경」(M9)에서 사리뿟따 존자는 ① 유익함[善]과 해로움[不善]을 꿰뚫어 앎 ② 네 가지 음식(자양분)과 그것의 집・멸・도를 꿰뚫어 앎 ③ 네 가지 성스러운 진리(사성제)를 꿰뚫어 앎 ④ 12연기를 꿰뚫어 앎의 넷을 바른 견해[正見]라고 설파하고 있다.

2. 그때 [17] 깟짜나곳따 존자[428)]가 세존께 다가갔다. 가서는 세존께 절을 올린 뒤 한 곁에 앉았다. 한 곁에 앉은 깟짜나곳따 존자는 세존께 이렇게 여쭈었다.

3. "세존이시여, '바른 견해[正見], 바른 견해'라고들 합니다. 세존이시여, 바른 견해는 어떻게 해서 있게 됩니까?"

---

428) 깟짜나곳따는 Ee: 깟짜야나곳따(Kaccāyanagotta) 대신에 Be, Se: 깟짜나곳따(Kaccānagotta)로 읽은 것이다. Ee:「찬나 경」(S22:90)에도 깟짜나곳따(Kaccānagotta)로 인용되고 있다.

이 깟짜나곳따 존자(āyasmā Kaccānagotta)는 우리에게 가전연 존자로 잘 알려진 마하깟짜나(Mahā-Kaccāna) 혹은 마하깟짜야나(Mahā-Kacā-yana, 니까야에는 두 가지 표현이 다 나타난다. 마하깟짜나 존자에 대해서는 『상윳따 니까야』 제3권 「할릿디까니 경」 1(S22:3) §1의 주해를 참조할 것.) 존자와는 다른 사람이다. 깟짜나곳따는 깟짜나 족성을 가진 자라는 뜻인데 깟짜나는 그 당시 유명했던 바라문 가문의 족성이다. 깟짜나곳따라고 이름한 이유는 마하깟짜나 존자와 구분하기 위해서였을 것이다.

아무튼 깟짜나곳따 존자는 본경에만 나타나고 있다. 그리고 『상윳따 니까야』 제3권 「찬나 경」(S22:90) §9에서는 아난다 존자가 본경의 §4~6을 찬나 존자에게 인용하여 설하는 것이 나타난다.

본경의 주제는 바른 견해[正見, sammā-diṭṭhi]이며, 세존께서는 12연기가 바로 바른 견해임을 명쾌하게 표방하신다.

4. "깟짜야나여, 이 세상은 대부분 두 가지를 의지하고 있나니 그것은 있다는 관념과 없다는 관념이다.429)

깟짜야나여, 세상의 일어남을 있는 그대로 바른 통찰지로 보는 자에게는 세상에 대해 없다는 관념이 존재하지 않는다. 깟짜야나여, 세상의 소멸을 있는 그대로 바른 통찰지로 보는 자에게는 세상에 대해 있다는 관념이 존재하지 않는다."430)

---

429) "'대부분(yebhuyyena)'이란 성자들을 제외한 나머지 많은 사람들을 말씀하시는 것이다. '두 가지를 의지한(dvaya-nissita)'이란 양 극단(koṭṭhāsa)을 의지한 것을 말한다. '있다는 관념(atthitā)'이란 영원하다는 [견해][常見, sassata]이다. '없다는 관념(natthitā)'이란 단멸한다는 [견해][斷見, uccheda]이다."(SA.ii.32)
"'이 모든 세상은 있고 항상 존재한다.'는 삿된 견해에 빠진 자(diṭṭhi-gati-ka)가 국집하는(gaṇhāti) 견해(diṭṭhi)가 '있다는 관념'이다. '이 모든 세상은 없고 단멸한다.'라는 삿된 견해에 빠진 자가 국집하는 견해가 '없다는 관념'이다. 여기서 세상이란 형성된 세상(유위의 세상, saṅkhāra-loka)을 뜻한다."(SAṬ.ii.32)
역자가 '있다는 관념'과 '없다는 관념'으로 풀어서 옮긴 원어는 각각 atthitā와 natthitā이다. 이것은 있다와 없다를 뜻하는 동사 atthi와 natthi에다 추상명사 어미 '-tā'를 붙여서 만든 추상명사이다. 단순하게 취급하여 이 두 단어를 그냥 '있음'과 '없음'으로 옮기면 『상윳따 니까야』 제3권 「꽃 경」(S22:94)에서 세존이 인정하시는 '세상의 현자들이 있다(atthi)고 동의하는 것과 없다(natthi)고 동의하는 것'과 구분이 되지 않는다. (『상윳따 니까야』 제3권 「꽃 경」(S22:94)과 그곳 §3의 주해 참조)
역자는 복주서의 해석을 주의 깊게 살펴보았다. 복주서는 "sā diṭṭhi atthitā"와 "sā diṭṭhi natthitā"(SAṬ.ii.32)로 표현하여 atthitā와 natthitā가 단순한 '있음'과 '없음'이 아니라 '있다는 견해(diṭṭhi)'와 '없다는 견해'로 분명하게 이해하고 있다. 그래서 보디 스님의 제안도 받아들이면서 역자는 이 둘을 각각 '있다는 관념'과 '없다는 관념'으로 풀어서 옮겼다.

430) "'세상의 일어남(lokasamudaya)'이란 형성된 세상(saṅkhāra-loka)의 생겨남(nibbatti)을 뜻한다. '바른 통찰지(sammappaññā)'란 위빳사나와 함께하는 도의 통찰지(savipassanā maggapaññā)를 뜻한다.

5. "깟짜야나여, 세상은 대부분 [갈애와 사견으로 인해] 집착과 취착과 천착에 묶여 있다.431) 그러나 [바른 견해를 가진 성스러운 제

'세상에 대해 없다는 관념이 존재하지 않는다(yā loke natthitā sā na hoti).'는 것은, 형성된 세상(saṅkhāra-loka)에 대해서 법들이 생겨나는 것(nibbatta)을 통찰지로 보게 되면, 없다는 단견(natthīti uccheda-diṭṭhi)이 일어나는 그런 것이 존재하지 않는다는 뜻이다.

'세상의 소멸(loka-nirodha)'은 형성된 것들의 부서짐(bhaṅga)이다. '세상에 대해 있다는 관념이 존재하지 않는다(yā loke atthitā sā na hoti).'는 것은, 형성된 세상에 대해서 법들이 부서지는 것(bhijjamāna)을 통찰지로 보게 되면, 있다는 상견(atthīti sassata-diṭṭhi)이 일어나는 그런 것이 존재하지 않는다는 뜻이다.

나아가서 '세상의 일어남'은 유전문을 통한 조건의 형태(anuloma-paccay-ākāra)이다. '세상의 소멸'은 환멸문을 통한 조건의 형태(paṭiloma-paccay-ākāra)이다. 왜냐하면 [조건이라는] 세상의 의지처(loka-nissaya)를 보는 자는 조건들이란 단멸하는 것이 아니기 때문에 조건 따라 일어난 것(paccay-uppanna)은 단멸하지 않음(anuccheda)을 본다. 그래서 그에게는 없다는 단견(natthīti uccheda-diṭṭhi)이 일어나지 않는다. 그리고 조건들의 소멸(paccaya-nirodha)을 보는 자도 조건들이란 소멸하는 것이기 때문에 조건 따라 일어난 것의 소멸(paccay-uppanna-nirodha)을 본다. 그래서 그에게는 있다는 상견(atthīti sassata-diṭṭhi)이 일어나지 않는다. 이것이 여기서 말하고자 하는 뜻이다."(SA.ii.32~33)

여기서 단멸(uccheda)과 소멸(nirodha)을 구분해서 음미해야 한다. 단멸은 없어지면 다시는 일어나지 않는 멸절과 단절을 말하고(단멸론), 소멸은 일어난 것이 사라지고 소멸하는 것을 말한다.

431) '집착과 취착과 천착에 묶여 있다.'는 긴 합성어 upay-upādāna-abhinivesa-vinibaddho를 옮긴 것인데, upaya는 '집착'으로(문맥상 Se, Ee의 upāy- 대신 Be의 upay-로 읽었음), upādāna는 '취착'으로, abhinivesa는 '천착'으로, vinibaddha(Be, Ee의 vinibandho 대신 Se의 vinibaddho로 읽었음)는 '묶여 있음'으로 옮긴 것이다. 이렇게 옮긴 것은 주석서가 제시한 대로 합성어를 풀었기 때문이다. 그리고 주석서는 여기서 집착과 취착과 천착은 모두 갈애(taṇhā)와 사견(diṭṭhi)에 의한 집착과 취착과 천착이라고 설명하고 있는데, 중생들은 갈애와 사견 때문에 삼계의 법(tebhūmaka-dhamma)들을 '나'라거나 '내 것'이라는 등의 형태(ākāra)

자는], 마음이 머무는 곳이요 천착하는 곳이요 잠재하는 곳인 그러한 집착과 취착을 '나의 자아'432)라고 가까이하지 않고 취착하지 않고 고수하지 않는다.433) 그는 '단지 괴로움이 일어날 뿐이고, 단지 괴로움이 소멸할 뿐이다.'라는 데 대해서 의문을 가지지 않고 의심하지 않는다.434) 여기에 대한 그의 지혜는 다른 사람을 의지하지 않는

들로 집착하고 취착하고 천착하기 때문이라고 적고 있다.(SA.ii.33)
물론 여기서 갈애에 의한 집착과 취착과 천착은 대상을 좋아해서 생기는 것이요, 사견에 의한 집착과 취착과 천착은 대상을 상·락·아·정(常樂我淨) 등으로 잘못 알아서 생기는 것이다.

432) Ee에는 'attā na me(나의 자아가 아니다.)'로 나타나지만 Be, Se에는 'attā me(나의 자아다)'로 나타난다. 문맥상 Be, Se의 '나의 자아다.'가 적당하다. 보디 스님도 이렇게 옮겼다.

433) '그러나 [바른 견해를 가진 성스러운 제자는], 마음이 머무는 곳이요 천착하는 곳이요 잠재하는 곳인 그러한 집착과 취착을 '나의 자아'라고 가까이하지 않고 취착하지 않고 고수하지 않는다.'는 tañcāyaṁ upayupādānaṁ cetaso adhiṭṭhānaṁ abhinivesānusayaṁ na upeti na upādiyati nādhiṭṭhāti 'attā me'ti라는 해석하기에 쉽지 않은 문장을 주석서에 입각하여 옮긴 것이다. 주석서는 다음과 같이 설명하고 있다.
"여기서 'tañcāyaṁ(= taṁ ca ayaṁ)'은 '그러나 이(ayaṁ) 성스러운 제자(ariya-sāvako)는 이러한(taṁ) 집착과 취착을 …'로 읽어야 한다. 'cetaso adhiṭṭhānaṁ'이란 '마음이 머무는 곳이 됨(cittassa patiṭṭhāna-bhūtaṁ)'을 말한다. 갈애와 사견에(taṇhā-diṭṭhīsu) 해로운 마음[不善心, akusala-citta]을 확립하면(patiṭṭhāti) 거기에 대해서 천착하게 되고 잠재성향을 가지게 된다. 그러므로 이 둘을 마음이 머무는 곳(adhiṭṭhāna)이라 부르고 천착과 잠재성향(abhinivesa-anusaya)이라 부르는 것이다. 그렇기 때문에 그는 '나의 자아'라고 가까이하지 않고 '나의 자아'라고 취착하지 않고 '나의 자아'라고 고수하지 않는다."(SA.ii.33)

434) "'단지 괴로움(dukkham eva)'이란 것은 단지 취착의 대상이 되는 다섯 가지 무더기(오취온)일 뿐(pañc-upādāna-kkhandha-matta)이란 뜻이다. '의문을 가지지 않고 의심하지 않는다(na kaṅkhati na vicikicchati).'란 단지 괴로움이 일어날 뿐이고, 단지 괴로움이 소멸할 뿐이어서 여기에 다른 어떤 중생(satta)이란 것이 존재하지 않는다는 것에 어떤 의문도 품지 않고 의심하지 않는다는 말이다."(SA.ii.33)

다.[435] 깟짜야나여, 이렇게 해서 바른 견해가 있게 된다."[436]

6. "깟짜야나여, '모든 것은 있다.'는 이것이 하나의 극단이고 '모든 것은 없다.'는 이것이 두 번째 극단이다.[437] 깟짜야나여, 이러한 양 극단을 의지하지 않고 중간[中]에 의해서[438] 여래는 법을 설한다.

이 문맥에 가장 적당한 것이 와지라 비구니의 게송(『상윳따 니까야』 제1권 「와지라 경」(S5:10) {553}~{555})이다. 이렇게 하여 중생이라는 고정관념[衆生相, satta-saññā]이 극복되는 것이다.

435) "'그의 지혜는 다른 사람을 의지하지 않는다(aparapaccayā ñāṇaṁ).'는 것은 남을 의지하지 않고(aññassa apattiyāyetvā) 자기 자신이 직접 경험한 지혜(atta-paccakkha-ñāṇa)를 말한다."(SA.ii.33)

여기서 paccakkha는 눈앞에 드러난(prati+akṣa)에서 파생된 단어로 인명학(因明學)에서 말하는 직접지[現量, Sk. pratakṣa]와 같은 말이다. 추론지[比量, anumāna]나 비유지[譬喩量 upamāna]나 성인의 가르침[聖言量, āpta-vaca]을 통해서 알게 된 지혜가 아니고 직접 체득한 지혜라는 뜻이며, 온·처·계·근·제·연으로 대표되는 법에 대한 지혜가 생긴 것을 말한다. 그리고 이것은 예류과 이상의 성자의 경지이기도 하다.(SA.ii.282)

436) "'이렇게 해서 바른 견해가 있게 된다.'는 것은 이와 같이 중생이라는 고정관념(satta-saññā, 衆生相)을 제거하였기 때문에 이렇게 해서 바르게 봄(sammā-dassana)이 있게 된다고 혼합된 바른 견해(missaka-sammā-diṭṭhi)를 말씀하셨다."(SA.ii.34)

여기서 혼합된 것(missaka)이란 세간적인 것(lokiya)과 출세간적인 것(lokuttara)에 다 통용되는 것을 말한다.

437) "'하나의 극단(eko anto)'이라는 것은 이것이 하나의 정점이 되는 극단(nikūṭanta)이요 저속함의 극단(lāmak-anta)인 첫 번째 것으로 상견(sassata)을 말한다. '두 번째 극단(dutiyo anto)'이라는 것은 두 번째 [견해로써] '모든 것은 없다.'라고 하면서 생겨난 견해(uppajjanaka-diṭṭhi)인데 이것도 정점이 되는 극단이고 저속함의 극단이다. 이것이 두 번째인데 단견(uccheda)을 말한다."(SA.ii.34)

438) '중간[中]에 의해서'는 majjhena를 옮긴 것이다. 주석서와 복주서는 여기에 대해서 별다른 설명을 하지 않는다. 그러나 『상윳따 니까야』 제2권 「나체수행자 깟사빠 경」(S12:17)에서는 이 majjhena를 "'중간에 의해

서 여래는 법을 설한다(majjhena tathāgato dhammaṁ deseti).'는 것은 상견과 단견이라 불리는 양 극단(ubha anta)을 의지하지 않고(anupagamma) 제거하고(pahāya) 집착하지 않고(anallīyitvā), 중도(中道, maj-jhimā paṭipadā)에 서서 설하신다는 뜻이다. 어떤 법을 설하셨는가라고 한다면, 바로 이 '무명을 조건으로 의도적 행위들이 있다.'는 것 등이다."(SA.ii.36)라고 설명하고 있다.
일부 주석서에서는 이처럼 양극단을 여읜 중간[中, majjha]을 중도(中道, majjhimā paṭipadā)로 설명하고 있기는 하지만 초기불전 자체를 두고 보자면 중도는 팔정도를 말한다. 예를 들면 4부 니까야(Nikāya)에는 『상윳따 니까야』 제6권 「초전법륜 경」(S56:11)을 위시하여 대략 6군데에서 중도(majjhimā paṭipadā)가 나타나는데 4념처와 37조도품을 중도라고 설하고 계신 『앙굿따라 니까야』 제1권 「나체수행자 경」 1/2(A3:151～152/i.295)를 제외한 초기불전에서 중도는 반드시 팔정도로 설명이 되고 있다. (『상윳따 니까야』 제4권 「라시야 경」(S42:12) §4 참조) 물론 37조도품도 팔정도가 핵심이요 4념처는 팔정도의 바른 마음챙김의 내용이다. 그리고 『무애해도』(Ps.ii.147)에도 팔정도가 중도로 표방되고 있다.
그러므로 일부 주석서 문헌을 제외한 모든 초기불전에서 중도는 팔정도를 뜻한다고 이해해도 아무 문제가 없다. 그러므로 역자는 중간과 중도를 엄격히 구분해야 한다고 생각한다. 중간은 본경에서처럼 유무의 양극단을 여읜 중간이며 고락(苦樂)과 단상(斷常)을 여읜 양극단의 중간(『상윳따 니까야』 제2권 「나체수행자 깟사빠 경」(S12:17) §7 이하 참조)으로 바른 견해(정견)의 내용이지만, 중도는 팔정도 전체를 뜻하는 것으로 이해해야 한다.

대승불교에 익숙한 우리는 중도하면 팔불중도(八不中道, 팔불중도는 중국 길장(吉藏) 스님의 『중관론소』(中觀論疏)에 여러 번 나타나는 대승불교에는 잘 알려진 술어임.)나 공·가·중도(空·假·中道)로 정리되는 『중론』(中論, 中論頌, Mula-madhyamakakarika) 「관사제품」의 삼제게(三諦偈, 24:18)를 먼저 떠올리지만 초기불전에서의 중도는 이처럼 명명백백하게 팔정도이다. 특히 삼제게는 연기(緣起)적 현상을 공·가·중도로 통찰하는 것을 설파하고 있기 때문에 『중론』의 중도는 연기에 대한 통찰지이며, 이것은 본경에서 보듯이 팔정도의 첫 번째인 정견의 내용이고, 이것은 유무의 중간[中, majjha]이다. 그러므로 용수 스님을 위시한 중관학파에서 주창하는 중도는 팔정도의 첫 번째인 정견을 말하는 것이지, 팔정도 전체로 정의되는 실천도로서의 중도는 아니라고 해야 한다.

무명을 조건으로 의도적 행위들이, 의도적 행위들을 조건으로 알음알이가, 알음알이를 조건으로 정신·물질이, 정신·물질을 조건으로 여섯 감각장소가, 여섯 감각장소를 조건으로 감각접촉이, 감각접촉을 조건으로 느낌이, 느낌을 조건으로 갈애가, 갈애를 조건으로 취착이, 취착을 조건으로 존재가, 존재를 조건으로 태어남이, 태어남을 조건으로 늙음·죽음과 근심·탄식·육체적 고통·정신적 고통·절망이 발생한다. 이와 같이 전체 괴로움의 무더기[苦蘊]가 발생한다.

그러나 무명이 남김없이 빛바래어 소멸하기 때문에 의도적 행위들이 소멸하고, 의도적 행위들이 소멸하기 때문에 알음알이가 소멸하고, 알음알이가 소멸하기 때문에 정신·물질이 소멸하고, 정신·물질이 소멸하기 때문에 여섯 감각장소가 소멸하고, 여섯 감각장소가 소멸하기 때문에 감각접촉이 소멸하고, 감각접촉이 소멸하기 때문에 느낌이 소멸하고, 느낌이 소멸하기 때문에 갈애가 소멸하고, 갈애가 소멸하기 때문에 취착이 소멸하고, 취착이 소멸하기 때문에 존재가 소멸하고, 존재가 소멸하기 때문에 태어남이 소멸하고, 태어남이 소멸하기 때문에 늙음·죽음과 근심·탄식·육체적 고통·정신적 고통·절망이 소멸한다. 이와 같이 전체 괴로움의 무더기[苦蘊]가 소멸한다."

역자가 중도를 자꾸 팔정도로 강조하는 데는 이유가 있다. 중도를 일·이·거·래·유·무·단·상(一異去來有無斷常)의 팔불(八不)이나 공·가·중(空假中) 등으로만 이해하게 되면, 실천체계로서의 중도를 오히려 관념적으로 만들어버릴 위험이 아주 크기 때문이며, 실제 한국불교에 이런 모습이 많이 나타나기 때문이다. 중도가 팔정도인 이상 중도는 부처님께서 팔정도의 정형구로써 정의하신 내용 그 자체를 실천하는 것, 말 그대로 도닦음(paṭipadā)을 말한다. 이것은 중도의 도(道)에 해당하는 빠알리어 빠띠빠다(patipadā)가 실제로 길 위를(pati) 밟으면서 걸어가는 것(padā), 즉 도닦음을 의미하는 데서도 알 수 있다.

디가나카 경

Dīghanakha Sutta(M74)

【해설】

인간은 견해의 동물이다. 인간은 매순간 대상과 조우하면서 수많은 인식을 하게 되고 그런 인식은 항상 견해로 자리 잡기 때문이다. 세존께서는『디가 니까야』제1권「범망경」(D1)에서 인간이 가질 수 있는 견해들을 모두 62가지로 분류해서 말씀하신 뒤 이러한 모든 견해는 감각장소 - 감각접촉 - 느낌 - 갈애 - 취착 - 존재 - 생 - 노사의 8지 연기를 통해서 일어남을 밝히고 계신다.(D1 §3.71) 그리고 37가지로 정리되는 견해의 문제를 다루고 있는『맛지마 니까야』제3권「다섯과 셋 경」(M102)과「범망경」(D1)은 이러한 모든 견해들은 결국 지금·여기에서 여섯 가지 안의 감각장소[六內處]와 여섯 가지 밖의 감각장소[六外處]와 이들의 감각접촉[觸]에 기인한 것이라는 결론에 도달한다.(M102 §25)

그러면 이러한 견해에 어떻게 대처해야 하는가? 본경에서 세존께서는 그 방법을 제시하신다. 본경에서 세존께서는 사문·바라문들의 주장과 견해를 ① 나는 일체를 인정한다. ② 나는 아무것도 인정하지 않는다. ③ 나는 어떤 것은 인정하고 어떤 것은 인정하지 않는다는 3가지로 정리해서 설명하시면서 지혜로운 사람들은 이런 견해들을 버리고 배제한다고 말씀하신다.(§§4~8)

다시 세존께서는 이처럼 세 가지로 정리되는 주장과 견해들을 버리고 몸의 무상·고·무아를 있는 그대로 통찰할 것을 말씀하신다.(§9) 특히 즐거운 느낌과 괴로운 느낌과 괴롭지도 즐겁지도 않은 느낌의 무상을 통찰해서 염오 - 이욕 - 해탈 - 구경해탈지를 체득할 것을 강조하신다.(§§10 ~12) 이렇게 마음이 해탈한 비구는 누구를 편들지도 않고 누구와 논쟁하지도 않으며 세상에서 통용되고 있는 말을 집착하지 않고 사용할 뿐이라고 설명하신다.(§13)

이처럼 참다운 수행자는 견해의 문제에 빠지지 않고 지금・여기에서 몸과 느낌 등의 무상・고・무아를 통찰해서 염오 - 이욕 - 해탈 - 구경해탈지를 체득한다고 세존께서는 강조하신다. 이것이야말로 진정으로 견해의 문제를 뛰어넘는 것이다. 이런 귀중한 말씀을 듣고 디가나카 유행승은 예류자가 되지만 그의 삼촌인 사리뿟따 존자는 세존의 뒤에서 세존께 부채질을 해드리면서 이 가르침을 듣고 드디어 아라한이 된다.(§14)

1. 이와 같이 나는 들었다. 한때 세존께서는 라자가하의 독수리봉 산에 있는 수까라카따라는 동굴에 머무셨다.

2. 그때 디가나카 유행승439)이 세존을 뵈러 갔다.440) 가서는 세존과 함께 환담을 나누었다. 유쾌하고 기억할만한 이야기로 서로 담소를 하고서 한 곁에 섰다. 한 곁에 서서 디가나카 유행승은 세존께 이렇게 말씀드렸다.

"고따마 존자시여, 저는 '나는 아무것도 인정하지 않는다.'441)라

---

439) 디가나카 유행승(Dīghanakha paribbājaka)은 사리뿟따 존자의 여동생의 아들이었다. 주석서에 의하면 그는 단견론자(uccheda-vāda)였다고 한다.(MA.iii.203)

440) "디가나카 유행승(Dīghanakha paribbājaka)는 왜 세존을 뵈러 갔는가? 사리뿟따 존자가 출가한 지 보름이 되었을 때 디가나카는 다음과 같이 생각했다. '내 외숙부(mātula)가 다른 교단(pāsaṇḍa)에 출가했지만 오래 머물지 않았다. 그러나 이제 사문 고따마의 곁으로 출가한 지 보름이 되었다. 그의 소식도 듣지 못했고, 훌륭한 교법(sāsana)인지, 그것을 알아야겠다.' 라는 생각에 세존을 뵙고 싶은 마음이 생겼던 것이다."(MA.iii.203)

441) "'나는 아무것도 인정하지 않는다(sabbaṁ me nakkhamati).'라는 것은 모든 재생(upapattiyo)과 더불어 모든 재생연결(paṭisandhiyo)을 인정하지 않는다는 것을 염두에 두고 한 말이다. 이것으로 '나는 단견(斷見)을

는 이런 주장과 이런 견해를 가졌습니다."

"악기웻사나여,442) '나는 아무것도 인정하지 않는다.'라는 그것이 그대의 견해로구나. '나는 아무것도 인정하지 않는다.'라는 이 견해는 적어도 그대가 인정하는 것이 아닌가?"

"고따마 존자시여, 제가 이 견해를 인정하더라도 그것은 마찬가지일 뿐입니다. 그것은 여전히 [498] 마찬가지일 뿐입니다."

3. "악기웻사나여, 지금 이 세상에는 '그것은 마찬가지일 뿐이다. 그것은 여전히 마찬가지일 뿐이다.'라고 말하면서도 그런 견해를 버리지 않고 또 다른 견해를 취착하는 사람들이 훨씬 많다.443) 악기

주장하는 사람(uccheda-vāda)이다.'라는 것을 드러내었다. 그러나 세존께서는 그의 의도는 우선 제쳐두고 그의 말에서 결점(dosa)을 드러내시면서 '아무것도 인정하지 않는다는 그대의 견해는 적어도 인정하고 있는 것이 아닌가?'라고 반문하신다.

그러나 디가나카는 아무것도 인정하지 않는다는 자기의 견해를 인정한다 하더라도 아무것도 인정할 수 없는 자기의 견해는 변함이 없다고 대답을 한다. 그 '아무것, 모든 것(sabbaṁ)' 속에 자기의 견해도 포함되기 때문에 그는 그의 말에 모순(dosa)이 있음을 알고 그것을 보호하려 하지만 자기의 견해를 인정할 수 없는 잘못을 범하고 만다. 결국 단견(uccheda-diṭṭhi)에 대한 단멸(uccheda)을 긍정하는 꼴이 되고 만 것이다."(MA.iii.204)

442) 악기웻사나(Aggivessana)는 웨살리의 종족의 이름인 듯하다. 니까야에서 악기웻사나라는 이름은 본경(M74)에서 디가나카 유행승을 부를 때와 『맛지마 니까야』 제2권 「삿짜까 짧은 경」(M35)과 「삿짜까 긴 경」(M36)에서는 삿짜까를 부를 때 나타나고, 제4권 「길들임의 단계 경」(M125)에서는 아찌라와띠 사미도 이렇게 호칭되고 있다. 그리고 『디가 니까야』 제1권 「사문과경」(D2) §28에서는 니간타 나따뿟따가 악기웻사나라 호칭되고 있다. 이들은 모두 웨살리(Vesāli) 출신들이다. 그러므로 악기웻사나는 웨살리 지방에 사는 왓지 족들에게 사용되던 족성의 호칭이었던 듯하다.

443) "그런 견해를 버리지 않는 사람들이 그런 견해를 버리는 사람보다 훨씬 많

웻사나여, 지금 이 세상에는 '그것은 마찬가지일 뿐이다. 그것은 여전히 마찬가지일 뿐이다.'라고 말하면서 그런 견해를 버리고 다른 견해를 취착하지 않는 자들은 훨씬 적다."

4. "악기웻사나여, 어떤 사문・바라문들은 '나는 일체를 인정한다.'라는 이런 주장과 이런 견해를 가졌다. 악기웻사나여, 어떤 사문・바라문들은 '나는 아무것도 인정하지 않는다.'라는 이런 주장과 이런 견해를 가졌다. 악기웻사나여, 어떤 사문・바라문들은 '나는 어떤 것은 인정하고 어떤 것은 인정하지 않는다.'라는 이런 주장과 이런 견해를 가졌다.

악기웻사나여, 여기서 '나는 일체를 인정한다.'라는 이런 주장과 이런 견해를 가진 사문・바라문들의 그런 견해는 욕망에 가깝고 족쇄에 가깝고 환락에 가깝고 집착에 가깝고 취착에 가깝다. 악기웻사나여, 여기서 '나는 아무것도 인정하지 않는다.'라는 이런 주장과 이런 견해를 가진 사문・바라문들의 그런 견해는 욕망 없음에 가깝고 족쇄 없음에 가깝고 환락 없음에 가깝고 집착 없음에 가깝고 취착 없음에 가깝다."

5. 이렇게 말씀하시자 디가나카 유행승은 세존께 이렇게 말씀드렸다.

"고따마 존자께서는 저의 견해를 추켜세워 주시는군요. 고따마 존자께서는 저의 견해를 아주 추켜세워 주시는군요."

"악기웻사나여, 여기서 사문・바라문들은 '나는 어떤 것은 인정하고 어떤 것은 인정하지 않는다.'라는 이런 주장과 이런 견해를 가졌는데, 그들이 인정하는 그런 견해는 욕망에 가깝고 족쇄에 가깝고 환

다는 말이다."(MA.iii.204)

락에 가깝고 집착에 가깝고 취착에 가깝고, 그들이 인정하지 않는 그런 견해는 욕망 없음에 가깝고 족쇄 없음에 가깝고 환락 없음에 가깝고 집착 없음에 가깝고 취착 없음에 가깝다."

6. "악기웻사나여, 여기 '나는 일체를 인정한다.'라는 이런 주장과 이런 견해를 가진 사문·바라문들 가운데 지혜로운 사람은 이렇게 숙고한다.

'나는 일체를 인정한다.'라는 이런 견해를 가졌는데, 내가 이것을 완강하게 고수하고 고집하여 주장하기를 '이것만이 진리요 다른 것은 쓸모가 없다.'라고 한다면 내게는 다른 두 사람과 불화가 생길 것이다. 즉 '나는 아무것도 인정하지 않는다.'라는 이런 주장과 [499] 이런 견해를 가진 사문·바라문들과 '나는 어떤 것은 인정하고 어떤 것은 인정하지 않는다.'라는 이런 주장과 이런 견해를 가진 사문·바라문들과 불화가 생길 것이다. 불화가 있으면 논쟁이 생기고 논쟁이 있으면 다툼이 있고 다툼이 있으면 곤혹스러움이 있다.'라고.

이와 같이 그는 불화와 논쟁과 다툼과 곤혹스러움을 자신에게서 잘 관찰해 보고서 그런 견해를 버리고 다른 견해를 취착하지도 않는다. 이와 같이 이런 견해들을 버리고 이와 같이 이런 견해들을 배제하게 된다."

7. "악기웻사나여, 여기 '나는 아무것도 인정하지 않는다.'라는 이런 주장과 이런 견해를 가진 사문·바라문들 가운데 지혜로운 사람은 이렇게 숙고한다.

'나는 아무것도 인정하지 않는다.'라는 이런 견해를 가졌는데, 내가 이것을 완강하게 고수하고 고집하여 주장하기를 '이것만이 진리요 다른 것은 쓸모가 없다.'라고 한다면 내게는 다른 두 사람과 불화가 생길 것이다. 즉 '나는 일체를 인정한다.'라는 이런 주장과 이런 견해를 가진 사문・바라문들과 '나는 어떤 것은 인정하고 어떤 것은 인정하지 않는다.'라는 이런 주장과 이런 견해를 가진 사문・바라문들과 불화가 생길 것이다. 불화가 있으면 논쟁이 생기고 논쟁이 있으면 다툼이 있고 다툼이 있으면 곤혹스러움이 있다.'라고.

이와 같이 그는 불화와 논쟁과 다툼과 곤혹스러움을 자신에게서 잘 관찰해 보고서 그런 견해를 버리고 다른 견해를 취착하지도 않는다. 이와 같이 이런 견해들을 버리고 이와 같이 이런 견해들을 배제하게 된다."

8. "악기웻사나여, 여기 '나는 어떤 것은 인정하고 어떤 것은 인정하지 않는다.'라는 이런 주장과 이런 견해를 가진 사문・바라문들 가운데 지혜로운 사람은 이렇게 숙고한다.

'나는 어떤 것은 인정하고 어떤 것은 인정하지 않는다.'라는 이런 견해를 가졌는데, 내가 이것을 완강하게 고수하고 고집하여 주장하기를 '이것만이 진리요 다른 것은 쓸모가 없다.'라고 한다면 내게는 다른 두 사람과 불화가 생길 것이다. 즉 '나는 일체를 인정한다.'라는 이런 주장과 이런 견해를 가진 사문・바라문들과 '나는 아무것도 인정하지 않는다.'라는 이런 주장과 이런 견해를 가진 사문・바라문들과 불화가 생길 것이다. 불화가 있으면 논쟁이 생기고 논쟁이 있으면 다툼이 있고 다툼이 있으면 곤혹스러움이 있다.'라고.

이와 같이 그는 불화와 논쟁과 다툼과 곤혹스러움을 자신에게서 잘 관찰해 보고서 그런 견해를 버리고 다른 견해를 취착하지도 않는다. 이와 같이 이런 견해들을 버리고 이와 같이 이런 견해들을 배제하게 된다." [500]

9. "악기웻사나여, 이 몸은 물질로 된 것이고, 사대로 이루어진 것이며, 부모에서 생겨났고, 밥과 죽으로 성장했으며, 무상하고 파괴

되고 분쇄되고 분리되고 분해되기 마련인 것이다. 그것을 무상하다고 괴로움이라고 병이라고 종기라고 쇠살이라고 재난이라고 질병이라고 남[他]이라고 부서지기 마련인 것이라고 공한 것이라고 무아라고 바르게 관찰해야 한다.

그 몸에 대해 무상하다고 괴로움이라고 병이라고 종기라고 쇠살이라고 재난이라고 질병이라고 남[他]이라고 부서지기 마련인 것이라고 공한 것이라고 무아라고 바르게 관찰하는 자는 몸에 대한 욕망과 몸에 대한 애정과 몸에 복종함444)을 버린다."

10. "악기웻사나여, 세 가지 느낌이 있나니 즐거운 느낌과 괴로운 느낌과 괴롭지도 즐겁지도 않은 느낌이다.

악기웻사나여, 사람이 즐거운 느낌을 느낄 때, 그때는 괴로운 느낌이나 괴롭지도 즐겁지도 않은 느낌은 느끼지 않고 오직 즐거운 느낌만을 느낀다. 악기웻사나여, 괴로운 느낌을 느낄 때, 그때는 즐거운 느낌이나 괴롭지도 즐겁지도 않은 느낌은 느끼지 않고 오직 괴로운 느낌만을 느낀다. 악기웻사나여, 괴롭지도 즐겁지도 않은 느낌을 느낄 때, 그때는 즐거운 느낌이나 괴로운 느낌을 느끼지 않고 오직 괴롭지도 즐겁지도 않은 느낌만을 느낀다."

11. "악기웻사나여, 즐거운 느낌도 무상하고 형성된 것이고 조건 따라 일어난 것이고 부서지기 마련인 것이고 사그라지기 마련인 것이고 빛바래기 마련인 것이고 소멸하기 마련인 것이다. 악기웻사나여, 괴로운 느낌도 무상하고 형성된 것이고 조건 따라 일어난 것이고 부서지기 마련인 것이고 사그라지기 마련인 것이고 빛바래기 마련인

---

444) "'몸에 대한 욕망(kāya-chanda)'은 몸에 대한 갈애이고, '몸에 대한 애정(kāya-sneha)'은 몸에 대한 갈애를 동반한 애정이고, '몸에 복종함(kāy-anvayatā)'이란 몸에 순종하는 오염원(kilesa)을 말한다."(MA.iii.207)

것이고 소멸하기 마련인 것이다. 악기웻사나여, 괴롭지도 즐겁지도 않은 느낌도 무상하고 형성된 것이고 조건 따라 일어난 것이고 부서지기 마련인 것이고 사그라지기 마련인 것이고 빛바래기 마련인 것이고 소멸하기 마련인 것이다."

12. "악기웻사나여, 이와 같이 보는 잘 배운 성스러운 제자는 즐거운 느낌도 염오하고, 괴로운 느낌도 염오하고, 괴롭지도 즐겁지도 않은 느낌도 염오한다. 염오하기 때문에 탐욕이 빛바랜다. 탐욕이 빛바래므로 해탈한다. 해탈했을 때 해탈했다는 지혜가 생긴다. '태어남은 다했다. 청정범행은 성취되었다. 할 일을 다 해 마쳤다. 다시는 어떤 존재로도 돌아오지 않을 것이다.'라고 꿰뚫어 안다."

13. "악기웻사나여, 이와 같이 마음이 해탈한 비구는 누구를 편들지도 않고 누구와 논쟁하지도 않는다. 세상에서 통용되고 있는 말을 집착하지 않고 사용할 뿐이다."445)

14. 그때 사리뿟따 존자가 세존의 뒤에서 세존께 부채질을 해드리면서 [501] 서 있었다. 그때 사리뿟따에게 이런 생각이 들었다.

'세존께서는 참으로 이런 법들을 최상의 지혜로 알아서 제거하는 것을 말씀하시는구나. 세존께서는 참으로 이런 법들을 최상의 지혜로 알아서 제거하는 것을 말씀하시는구나.'446)

---

445) 부처님께서는 『디가 니까야』 제1권 「뽓타빠다 경」(D9) §53에서도 "찟따여, 이런 것들은 세상의 일반적인 표현(loka-samañña)이며 세상의 언어(loka-nirutti)이며 세상의 인습적 표현(loka-vohāra)이며 세상의 개념(loka-paññatti)이다. 여래는 이런 것을 통해서 집착하지 않고 사용할 뿐이다(voharati aparāmasaṁ)."(D9 §53)라고 말씀하신다.

446) "'최상의 지혜로 알아서 제거하는 것을 말씀하시는구나(abhiññā-pahānam āha).'라고 했다. 영속[常見, sassata] 등 각 법들에서 영속을 최상의 지혜로 알아서 영속을 버림(pahāna)을 말씀하셨고, 단멸[斷見, uccheda]이나

사리뿟따 존자가 이처럼 숙고하였을 때 취착이 없어져서 번뇌들에서 마음이 해탈했다.447)

15. 그리고 디가나카 유행승에게는 '무엇이든 생기기 마련인 것은 모두 멸하기 마련인 것이다.'라는 티끌이 없고 때가 없는 법의 눈이 생겼다. 그래서 디가나카 유행승은 법을 보았고, 법을 얻었고, 법을 체득했고, 법을 간파했고, 의심을 건넜고, 혼란을 제거했고, 무외를 얻었고, 스승의 교법에서 다른 사람에게 의지하지 않게 되었다.

16. "경이롭습니다, 고따마 존자시여. 경이롭습니다, 고따마 존자시여. 마치 넘어진 자를 일으켜 세우시듯, 덮여있는 것을 걷어내 보이시듯, [방향을] 잃어버린 자에게 길을 가리켜주시듯, 눈 있는 자 형상을 보라고 어둠 속에서 등불을 비춰주시듯, 고따마 존자께서는 여러 가지 방편으로 법을 설해주셨습니다. 저는 이제 고따마 존자께 귀의하옵고 법과 비구 승가에 귀의합니다. 고따마 존자께서는 저를 재가신자로 받아주소서. 오늘부터 목숨이 붙어 있는 그날까지 귀의하옵니다."

일부영속(ekacca-sassata)을 최상의 지혜로 알아서 단멸이나 일부영속을 버림을 말씀하셨다. 물질을 최상의 지혜로 알아 물질을 버림을 말씀하신 것 등으로 [오온을 버림을 말씀하신 것으로] 알아야 한다."(MA.iii.208)

447) "'취착이 없어져서 번뇌들에서 마음이 해탈했다(anupādāya āsavehi cittaṁ vimucci).'라고 했다. 취착 없이 소멸함(anuppāda-nirodha)으로 인해 소멸한 번뇌들에서 마음이 취착하지 않고 해탈했다는 말이다. 마치 남에게 제공한 밥을 먹고 배고픔을 물리치듯이 사리뿟따 존자는 세존께서 조카에게 설하신 법문의 지혜에 들어가 위빳사나를 증장시켜 아라한과를 얻어 제자들이 얻는 바라밀의 지혜(sāvaka-pāramī-ñāṇa)의 정수리(matthaka)가 되었고, 디가나카는 예류과를 얻어서 귀의하게 되었다."(MA.iii.209)

두 가지 사유 경

Dvedhāvitakka Sutta(M19)

【해설】

본경은 팔정도의 두 번째 항목인 정사유를 이해하는 데 도움이 되는 가르침이다. 실천적인 측면에서 부처님의 가르침은 중도(中道)로 정리가 되고(M3 §8 등) 이 중도를 초기불전에서 부처님께서는 항상 팔정도로 설명을 하신다. 팔정도의 두 번째는 바른 사유[正思惟]이다. 정사유는 출리와 관련된 사유와 악의 없음과 관련된 사유와 해코지 않음과 관련된 사유의 셋으로 정의된다.(M141 §25)
본경에서 사유로 번역한 술어는 vitakka(일으킨 생각)이고 팔정도의 바른 사유의 사유는 saṅkappa로 서로 다르다. 그러나 이 두 술어가 지칭하는 내용이 공히 출리와 악의 없음과 해코지 않음의 셋이기 때문에(본경 §§8~10; M141 §25) 이 두 술어는 동의어이다. 그런데 니까야에서 바른 사유에 대한 구체적인 실례는 쉽게 만날 수 없다. 그러나 본경에 부처님께서 깨달음을 성취하기 전의 보살이었을 때 가졌던 사유에 대한 대처 방법이 나타나므로 바른 사유에 대한 구체적인 실례가 된다는 점에서 본경의 가치는 크다 하겠다.

본경에서 부처님께서는 바른 깨달음을 성취하지 못한 아직 보살이었을 적에 감각적 욕망과 관련된 사유, 악의와 관련된 사유, 해코지와 관련된 사유를 하나의 부분으로 만들었고, 출리와 관련된 사유, 악의 없음과 관련된 사유, 해코지 않음과 관련된 사유를 또 하나의 부분으로 만들었다고 말씀하신다.(§2)
이렇게 사유하신 뒤에 감각적 욕망과 악의와 해코지에 관련된 사유가 일어나자 세존께서는 그것을 바르게 극복하신다.(§§3~5) 그리고 세존께서는 "비구가 어떤 것에 대해 사유를 거듭해서 일으키고 고찰을 거듭하다보면 그대로 마음의 성향이 된다."(§6)고 말씀하신다.

그런 뒤에 위의 세 가지 사유와 반대되는 출리와 관련된 사유나 악의 없음과 관련된 사유나 해코지 않음과 관련된 사유가 일어나면 이러한 사유가 통찰지를 증장시키고 곤혹스럽게 하지 않고 열반에 이바지한다고 알고(§§8~10) 마음이 들뜨지 않게 하기 위해 안으로 마음을 확고하게 하고 가라앉히고 통일하여 삼매에 들었다고 말씀하신다.(§10) 그래서 보살(세존)에게는 불굴의 정진과 마음챙김의 확립과 몸의 경안이 생겼고 마음이 집중되어 일념이 되었다.(§13) 이것을 토대로 4선과 3명을 증득하여 깨달은 분이 되었다고 세존께서는 강조하고 계신다.(§§14~24)

바른 사유는 팔정도의 두 번째 구성요소이다. 바른 사유를 기본 주제로 설하신 경들은 만나기가 힘든데 본경이 바른 사유를 통한 4선 - 3명을 증득하는 것을 말씀하시는 대표적인 가르침이라 할 수 있다. 『맛지마 니까야』 제1권에서 본경 다음에 나타나는 「사유를 가라앉힘 경」(M20)도 해로운 사유를 극복하는 구체적인 방법을 제시하고 있는데 수행자들에게 꼭 필요한 경이라 할 수 있다. 관심있는 분들의 일독을 권한다.

1. 이와 같이 나는 들었다. 한때 세존께서는 사왓티에서 제따 숲의 아나타삔디까 원림(급고독원)에 머무셨다. 거기서 세존께서는 "비구들이여."라고 비구들을 부르셨다. "세존이시여."라고 비구들은 세존께 응답했다. 세존께서는 이렇게 말씀하셨다.

2. "비구들이여, 내가 전에 바른 깨달음을 성취하지 못한 아직 보살이었을 적에 이런 생각이 들었다. '나는 사유[448]를 둘로 나누어

---

448) 본경에서 '사유'는 vitakka를 옮긴 것이다. 일반적으로 사유는 팔정도의 두 번째 구성요소인 sammā-saṅkappa(바른 사유, 正思惟)로 많이 나타나는 saṅkappa를 옮긴 것이다. 그리고 본경의 vitakka는 주로 초선의 정형구에서 vitakka-vicāra의 문맥에서 나타나며 이 경우에 vitakka는 '일

머물리라.'라고. 비구들이여, 그런 나는 감각적 욕망과 관련된 사유와 악의와 관련된 사유와 해코지와 관련된 사유를 하나의 부분으로 만들었다.[449] 출리(出離)와 관련된 사유와 악의 없음과 관련된 사유와 해코지 않음과 관련된 사유를 또 하나의 부분으로 만들었다."[450]

으킨 생각'으로 vicāra는 '지속적 고찰'로 옮겼다. 그러므로 본경에서도 이 vitakka를 '일으킨 생각'이나 '생각'으로 옮기는 것이 타당할 것이다.

그런데 본경에 나타나는 vitakka는 두 가지로 나뉘어져 언급되는데, 첫 번째는 감각적 욕망(kāma)과 악의(byāpāda)와 해코지(vihiṁsā)와 관련된 것이고 두 번째는 출리(nekkhamma), 악의 없음(abyāpāda), 해코지 않음(avihiṁsā)과 관련된 것이다. 그런데 이 출리, 악의 없음, 해코지 않음은 바로 팔정도의 정사유(正思惟, 바른 사유, sammā-saṅkappa)의 내용으로 나타난다. 그래서 본경에서의 vitakka는 팔정도에서 [정]사유로 옮기는 saṅkappa와 동의어가 된다. 그래서 여기서는 vitakka를 '사유'로 옮겼다.

449) '감각적 욕망과 관련된 사유'는 kāma-vitakka(감각적 욕망의 사유)인데 주석서에서 kāmapaṭisaṁyutta vitakka(감각적 욕망과 관련된 사유)라고 설명하고 있어서(MA.ii.79) 이렇게 옮겼다. 나머지의 경우에도 마찬가지이다.

"'하나의 부분으로 만들었다(ekaṁ bhāgam akāsiṁ).'는 것은 안의 것이건, 밖의 것이건, 거친 것이건, 미세한 것이건, 이 모든 사유는 오직 해로움에 속한다(akusala-pakkhiko yeva)고 생각하면서 비록 세 가지이지만 감각적 욕망과 악의와 해코지와 관련된 사유(kāma-byāpāda-vihiṁsā-vitakka)를 하나의 부분(eka koṭṭhāsa)으로 만들었다는 말이다."(MA.ii.79)

450) 여기서 '출리와 관련된 사유'도 nekkhamma-vitakka(출리의 사유)인데 주석서에서 "감각적 욕망으로부터 벗어난 출리와 관련된 사유(kāmehi nissa-ṭo nekkhamma-paṭisaṁyutto vitakko)"(MA.ii.79)라고 설명하고 있어서 이렇게 옮겼다.

"'출리와 관련된 사유'는 초선까지 작용한다. '악의 없음과 관련된 사유(abyāpāda-vitakka)'는 자애 수행의 예비단계(mettā-pubbabhāga)부터 시작하여 초선까지 작용한다. '해코지 않음과 관련된 사유(avihiṁsā-vitakka)'는 연민 수행의 예비단계(karuṇā-pubbabhāga)부터 시작하여 초선까지 작용한다. '또 하나의 부분으로 만들었다(dutiyaṁ bhāgam akā

3. "비구들이여, 그런 내가 이와 같이 방일하지 않고 열심히, 스스로 독려하며 머물 때에 [115] 감각적 욕망과 관련된 사유가 일어났다. 그런 나는 이와 같이 꿰뚫어 알았다.

'내게 이 감각적 욕망과 관련된 사유가 일어났다. 이것은 참으로 나 자신을 고통에 빠트리고,451) 다른 사람을 고통에 빠트리고, 둘 다를 고통에 빠트린다. 이것은 통찰지를 소멸시키고452) 곤혹스럽게 하고 열반에 이바지하지 못한다.'

비구들이여, '이것은 참으로 나 자신을 고통에 빠트린다.'라고 숙고했을 때 그것은 사라졌다. '이것은 참으로 다른 사람을 고통에 빠트린다.'라고 숙고했을 때 그것은 사라졌다. '이것은 둘 다를 고통에

-siṁ).'는 것은 이 모든 것은 오직 유익함에 속한다고 생각하면서 두 번째 부분(dutiya koṭṭhāsa)으로 만들었다는 말이다. 이것은 보살이 사유를 제지할 때(vitakka-niggahaṇa-kāla)를 말한 것이다."(MA.ii.79)

거듭 말하지만 이 셋은 팔정도의 바른 사유[正思惟, sammā-saṅkappa]의 내용에 해당하는 구성요소이다.

451) '나 자신을 고통에 빠트리고'로 옮긴 원문은 atta-byābādhāya pi(자신을 해치는)인데 주석서에서 atta-dukkhāya pi(자신을 고통에 빠트리는)'의 뜻이라고 설명하고 있어서(MA.ii.81) 이렇게 옮겼다. 『맛지마 니까야』 제3권 「깐나깟탈라 경」(M90) §13의 주해도 참조할 것.

"그렇다면 마하살(mahā-satta)에게도 둘 다를 고통에 빠트리는 그런 사유가 일어나는가? 일어나지 않는다. 그러나 철저하게 알지 못함에 머무는 자(apariññāyaṁ ṭhita)의 사유는 둘 다를 고통에 빠트리기 때문에 이러한 세 가지 이름을 얻는다. 그러므로 이렇게 말씀하셨다."(MA.ii.81)

452) "'통찰지를 소멸시키고(paññā-nirodhika)'란 일어나지 않은 세간적인 통찰지와 출세간적인 통찰지를 일어나지 못하게 한다는 말이다. 감각적 욕망과 관련된 사유가 일어나면 이것은 세간적인 통찰지가 여덟 가지 증득[八等至, aṭṭha-samāpatti, 초선부터 비상비비상처까지]과 다섯 가지 신통지[五神通, pañca-abhiññā, 신족통, 천이통, 타심통, 숙명통, 천안통]로 일어나더라도 이것을 끊어버리고 던져버리기 때문에 통찰지를 소멸시키는 것이다."(MA.ii.81)

빠트린다.'라고 숙고했을 때 그것은 사라졌다. '이것은 통찰지를 소멸시키고 곤혹스럽게 하고 열반에 이바지하지 못한다.'라고 숙고했을 때 그것은 사라졌다. 비구들이여, 그런 나는 감각적 욕망과 관련된 사유가 일어날 때마다 반드시 그것을 버렸고 제거했고 없앴다."

4. ~ *5.* "비구들이여, 그런 내가 이와 같이 방일하지 않고 열심히, 스스로 독려하며 머물 때에 악의와 관련된 사유[453]가 일어났다. … 해코지와 관련된 사유[454]가 일어났다. 그런 나는 이와 같이 꿰뚫어 알았다.

'내게 이 해코지와 관련된 사유가 일어났다. 이것은 참으로 나 자신을 고통에 빠트리고, 다른 사람을 고통에 빠트리고, 둘 다를 고통에 빠트린다. 이것은 통찰지를 소멸시키고 곤혹스럽게 하고 열반에 이바지하지 못한다.'

비구들이여, '이것은 참으로 나 자신을 고통에 빠트린다.'라고 숙고했을 때 그것은 사라졌다. '이것은 참으로 다른 사람을 고통에 빠트린다.'라고 숙고했을 때 그것은 사라졌다. '이것은 둘 다를 고통에

---

453) "'악의와 관련된 사유(byāpāda-vitakka)'란 보살에게는 다른 사람에게 고통을 주는 것과 관련된 사유가 마음에 일어나지 않는다. 그러나 비가 너무 많이 오거나 너무 많이 덥거나 너무 많이 추운 것에 관해서는 마음에 변화가 온다. 그것과 관련하여 악의와 관련된 사유라 했다."(MA.ii.81)

454) "'해코지와 관련된 사유(vihiṁsā-vitakka)'란 마하살(mahā-satta)에게는 다른 사람에게 고통을 일으키는 것과 관련된 사유가 일어나지 않는다. 그러나 마음이 안정되지 못한 상태, 여러 갈래의 상태가 있는데 그것을 취하여 해코지의 사유를 만든다. 초막의 문에 앉아서 호랑이와 사자 등의 숲 속 짐승들이 돼지 등 작은 동물들을 해치는 것을 본다. 그때 보살은 '이 평화로운(akuto-bhaya) 숲 속에 이런 동물들의 적들이 나타나는구나. 강자들이 약자들을 잡아먹고, 약한 자들을 먹으면서 생을 영위하다니.'라고 연민심(kā-ruñña)을 일으킨다. 그것과 관련하여 해코지와 관련된 사유를 일으킨다고 했다."(MA.ii.81)

빠트린다.'라고 숙고했을 때 그것은 사라졌다. '이것은 통찰지를 소멸시키고 곤혹스럽게 하고 열반에 이바지하지 못한다.'라고 숙고했을 때 그것은 사라졌다. 비구들이여, 그런 나는 해코지와 관련된 사유가 일어날 때마다 반드시 그것을 버렸고 제거했고 없앴다."

6. "비구들이여, 비구가 어떤 것에 대해 사유를 거듭해서 일으키고 고찰을 거듭하다보면 그대로 마음의 성향이 된다.455) 비구들이여, 만일 비구가 감각적 욕망과 관련된 사유를 거듭해서 일으키고 고찰을 거듭하다보면 출리와 관련된 사유가 없어져 버리고 감각적 욕망과 관련된 사유를 거듭하여 그의 마음은 감각적 욕망과 관련된 사유로 기울어진다. 악의와 관련된 사유를 거듭해서 일으키고 고찰을 거듭하다보면 악의 없음과 관련된 사유가 없어져버리고 악의와 관련된 사유를 거듭하여 그의 마음은 악의와 관련된 사유로 기울어진다. 해코지와 관련된 사유를 거듭해서 일으키고 고찰을 거듭하다보면 해코지 않음과 관련된 사유가 없어져버리고 해코지와 관련된 사유를 거듭하여 그의 마음은 해코지와 관련된 사유로 기울어진다."

7. "비구들이여, 예를 들면 우기철의 마지막 달인 가을에 곡식이 여물어 풍성해지면 소치는 사람이 소떼를 보호하는 것과 같다. 그는 소떼를 여기저기서 회초리로 때리고 제지하고 묶고 잘 단속해야 한다. 그것은 무슨 까닭인가? 비구들이여, 그 소치는 사람은 그 때문에 매를 맞거나 구속되거나 몰수를 당하거나 비난을 받기 때문이다. 비구들이여, 그와 같이 나는 해로운 법[不善法]들의 재난과 비천함과

455) "감각적 욕망과 관련된 사유 등에서 어떤 것을 사유하고 어떤 사유를 일으키면, 그 상태에 따라 감각적 욕망과 관련된 사유 등으로 그에게 마음의 성향이 된다는 말씀이다."(MA.ii.81~82)

더러움을 보았고 유익한 법[善法]들의 출리와 공덕과 깨끗함을 보았다."

8. "비구들이여, [116] 그런 내가 이와 같이 방일하지 않고 열심히, 스스로 독려하며 머물 때에 출리와 관련된 사유가 일어났다. 그런 나는 이와 같이 꿰뚫어 알았다.

'내게 이런 출리와 관련된 사유가 일어났다. 이것은 참으로 나 자신을 고통에 빠트리지 않고, 다른 사람을 고통에 빠트리지 않고, 둘 다를 고통에 빠트리지 않는다. 이것은 통찰지를 증장시키고 곤혹스럽게 하지 않고 열반에 이바지한다.'

비구들이여, 나는 온 밤을 그것을 거듭 생각하고 거듭 고찰해도 그로 인해 어떤 두려움도 보지 못했다. 비구들이여, 나는 온 낮을 그것을 거듭 생각하고 거듭 고찰해도 그로 인해 어떤 두려움도 보지 못했다. 비구들이여, 나는 낮과 밤을 온통 그것을 거듭 생각하고 거듭 고찰해도 그로 인해 어떤 두려움도 보지 못했다.

그러나 '내가 너무 오래 생각하고 고찰하면 몸이 피로할 것이고, 몸이 피로하면 마음이 혼란스러울 것이고,456) 마음이 혼란스러우면 삼매에서 멀어질 것이다.'라고 [꿰뚫어 알았다]. 비구들이여, 그런 나는 안으로 마음을 확고하게 하고 가라앉히고 통일하여 삼매에 들었다. 그것은 무슨 까닭인가? 나의 마음이 들뜨지 않게 하기 위해서였다."

9. ~ *10.* "비구들이여, 그런 내가 이와 같이 방일하지 않고 열심히, 스스로 독려하며 머물 때에 악의 없음과 관련된 사유가 일어났다. … 비구들이여, 그런 내가 이와 같이 방일하지 않고 열심히, 스스

456) "'혼란스러울 것이다(ūhaññeyya).'라는 것은 마음이 들뜨게 될 것이고(ugghātīyittha) 들뜸(uddhacca)이 생긴다는 말이다."(MA.ii.83)

로 독려하며 머물 때에 해코지 않음과 관련된 사유가 일어났다. 그런 나는 이와 같이 꿰뚫어 알았다.

'내게 이런 해코지 않음과 관련된 사유가 일어났다. 이것은 참으로 나 자신을 고통에 빠트리지 않고, 다른 사람을 고통에 빠트리지 않고, 둘 다를 고통에 빠트리지 않는다. 이것은 통찰지를 증장시키고 곤혹스럽게 하지 않고 열반에 이바지한다.'

비구들이여, 나는 온 밤을 그것을 거듭 생각하고 거듭 고찰해도 그로 인해 어떤 두려움도 보지 못했다. 비구들이여, 나는 온 낮을 그것을 거듭 생각하고 거듭 고찰해도 그로 인해 어떤 두려움도 보지 못했다. 비구들이여, 나는 낮과 밤을 온통 그것을 거듭 생각하고 거듭 고찰해도 그로 인해 어떤 두려움도 보지 못했다.

그러나 '내가 너무 오래 생각하고 고찰하면 몸이 피로할 것이고, 몸이 피로하면 마음이 혼란스러울 것이고, 마음이 혼란스러우면 삼매에서 멀어질 것이다.'라고 [꿰뚫어 알았다]. 비구들이여, 그런 나는 안으로 마음을 확고하게 하고 가라앉히고 통일하여 삼매에 들었다. 그것은 무슨 까닭인가? 나의 마음이 들뜨지 않게 하기 위해서였다."

11. "비구들이여, 비구가 어떤 것에 대해 사유를 거듭해서 일으키고 고찰을 거듭하다보면 그대로 마음의 성향이 된다. 비구들이여, 만일 비구가 출리와 관련된 사유를 거듭해서 일으키고 고찰을 거듭하다보면 감각적 욕망과 관련된 사유가 없어져 버리고 출리와 관련된 사유를 거듭하여 그의 마음은 출리와 관련된 사유로 기울어진다. 악의 없음과 관련된 사유를 거듭해서 일으키고 고찰을 거듭하다보면 악의와 관련된 사유가 없어져버리고 악의 없음과 관련된 사유를 거듭하여 그의 마음은 악의 없음과 관련된 사유로 기울어진다. 해코지 않음과 관련된 사유를 거듭해서 일으키고 고찰을 거듭하다보면 해코

지와 관련된 사유가 없어져버리고 해코지 않음과 관련된 사유를 거듭하여 그의 마음은 해코지 않음과 관련된 사유로 기울어진다."

12. "비구들이여, 예를 들면 더운 여름의 마지막 달에 모든 곡식들을 마을 안으로 다 거둬들였을 때 소치는 [117] 사람이 소떼를 보호한다고 하자. 그는 나무 아래로 가거나 노지에 가서 '여기 소떼가 있구나.'라고 마음챙김만 잘하면 된다.457) 비구들이여, 그와 같이 '이런 마음의 현상들[法]이 있구나.'라고 나는 마음챙김만 하면 되었다.458)

13. "비구들이여, 내게는 불굴의 정진이 생겼고, 마음챙김이 확립되어 잊어버림이 없었고, 몸이 경안하여 교란하지 않았고, 마음이 집중되어 일념이 되었다."

---

457) "'마음챙김만 잘하면 된다(sati-karaṇīyam eva hoti).'는 것은 오로지 마음챙김을 일으키는 것만(sati-uppādana-matta) 하면 되고 여기저기를 쫓아가서 밧줄로 때리는 등의 행동을 할 필요가 없다는 말이다."(MA.ii.84)

458) 본문의 '마음의 현상들[法]'은 dhammā를 풀어서 옮긴 것이다.
"여기서 "이런 마음의 현상들[法]이 있구나.'라고 마음챙김만 하면 되었다(satikaraṇīyameva ahosi ete dhammāti).'는 것은 '사마타와 위빳사나의 법들이 있구나.'라고 마음챙김을 일으키는 것만 하면 되었다는 말이다. 이것은 보살의 사마타와 위빳사나가 굳건해진 시기(thāma-jāta-kāla)를 말한 것이다. 그때 보살이 본삼매의 증득(samāpattiṁ appana)에 들기 위해 앉아있을 때에는 여덟 가지 증득이 한 번의 전향에 의해 나타났고, 위빳사나를 확립하여 앉아있을 때에는 일곱 가지 수관(七隨觀, satta anupassanā)이 한 번의 꿰뚫음으로 실현되었다고 한다."(MA.ii.84)
일곱 가지 수관(隨觀, 관찰)은 무상의 수관(anicca-anu-passanā), 괴로움의 수관(dukkha-anupassanā), 무아의 수관(anatta-anupassanā), 염오의 수관(nibbida-anupassanā), 이욕의 수관(virāga-anupassanā), 소멸의 수관(nirodha-anupassanā), 놓아버림의 수관(paṭinissagga-anupassanā)이다.(MA.i.157) 『맛지마 니까야』 제1권 「원한다면 경」(M6) §3의 주해도 참조할 것.

14. ~ **24.** "비구들이여, 그런 나는 감각적 욕망을 완전히 떨쳐버리고 해로운 법[不善法]들을 떨쳐버린 뒤 일으킨 생각[尋]과 지속적 고찰[伺]이 있고, 떨쳐버렸음에서 생긴 희열[喜]과 행복[樂]이 있는 초선(初禪)을 구족하여 머물렀다. … 제2선(二禪)을 … 제3선(三禪)을 … 제4선(四禪)을 구족하여 머물렀다.

그런 나는 이와 같이 마음이 집중되고, 청정하고, 깨끗하고, 흠이 없고, 오염원이 사라지고, 부드럽고, 활발발하고, 안정되고, 흔들림이 없는 상태에 이르렀을 때 전생을 기억하는 지혜[宿命通]로 마음을 향하게 했다. … 중생들의 죽음과 다시 태어남을 [아는] 지혜[天眼通]로 마음을 향하게 했다. … 모든 번뇌를 소멸하는 지혜[漏盡通]로 마음을 향하게 했다. … 비구들이여, 이것이 내가 밤의 삼경(三更)에 증득한 세 번째 명지(明知)이다. 마치 방일하지 않고 열심히, 스스로 독려하며 머무는 자에게 무명이 제거되고 명지가 일어나고 어둠이 제거되고 광명이 일어나듯이, 내게도 무명이 제거되고 명지가 일어났고 어둠이 제거되고 광명이 일어났다."459)

25. "비구들이여, 예를 들면 깊은 숲 속에 큰 호수가 있는데, 그 부근에 큰 사슴의 무리가 산다고 하자. 그들의 이로움을 바라지 않고 복리를 바라지 않고 안전을 바라지 않는 어떤 사람이 나타나서 그 평화롭고 안전하고 기쁨을 주는 길을 막아버리고 나쁜 길을 열어 그들을 유인하기 위한 미끼를 놓아두고460) 꼭두각시를 설치하면, 큰 사

459) 이상 본경 §§14~24는 『맛지마 니까야』 제1권 「두려움과 공포 경」(M4) §§23~33과 같다.

460) "'미끼를 놓아두고(odaheyya okacaraṁ)'라는 것은 그들의 영역(loka)에서 움직이는 것처럼(caramānaṁ viya) 그렇게 영양(羚羊, dīpakamiga)을 한쪽에 놓아둔다는 말이다."(MA.ii.85)

슴의 무리는 나중에 재난과 참화에 처하고 점점 줄게 될 것이다.

비구들이여, 그러나 그들의 이로움을 바라고 복리를 바라고 안전을 바라는 어떤 사람이 나타나서 그 평화롭고 안전하고 기쁨을 주는 길을 열고 나쁜 길을 막아버리며 그들을 유인하기 위한 미끼를 없애고 꼭두각시를 제거해버리면, 큰 사슴의 무리는 나중에 번창하고 증가하여 아주 많아질 것이다."

26. "비구들이여, 내가 이 비유를 설한 것은 뜻을 전달하기 위해서이다. 그 [118] 뜻은 이러하다.

비구들이여, 깊은 숲 속의 큰 호수는 감각적 욕망들을 두고 한 말이다. 비구들이여, 큰 사슴의 무리는 중생들을 두고 한 말이다. 비구들이여, 그들의 이로움을 바라지 않고 복리를 바라지 않고 안전을 바라지 않는 어떤 사람이란 마라461)를 두고 한 말이다. 비구들이여, 나쁜 길이란 여덟 가지 그릇된 길을 두고 한 말이니 즉 그릇된 견해, 그릇된 사유, 그릇된 말, 그릇된 행위, 그릇된 생계, 그릇된 정진, 그릇된 마음챙김, 그릇된 삼매이다. 비구들이여, 유인하기 위한 미끼란 향락과 탐욕을 두고 한 말이다. 비구들이여, 꼭두각시란 무명을 두고 한 말이다.

비구들이여, 그들의 이로움을 바라고 복리를 바라고 안전을 바라는 어떤 사람이란 여래·아라한·정등각자를 두고 한 말이다. 비구들이여, 평화롭고 안전하고 기쁨을 주는 길은 성스러운 팔정도[八支聖道]를 두고 한 말이니 즉 바른 견해, 바른 사유, 바른 말, 바른 행위, 바른 생계, 바른 정진, 바른 마음챙김, 바른 삼매이다. 비구들이여, 이

---

461) 마라(Māra)에 대해서는 『맛지마 니까야』 제2권 「마라에 대한 견책 경」(M50) §2의 주해를 참조할 것.

와 같이 나는 평화롭고 안전하고 기쁨을 주는 길을 열었고 나쁜 길을 막아버렸고 미끼를 없앴고 꼭두각시를 제거했다."

27. "비구들이여, 항상 제자들의 이익을 기원하며 제자들을 연민하는 스승이 마땅히 해야 할 바를 나는 연민으로 했다. 비구들이여, 여기 나무 밑이 있다. 여기 빈집이 있다. 참선을 하라. 비구들이여, 방일하지 마라. 나중에 후회하지 마라. 이것이 그대들에게 주는 나의 간곡한 당부이다."

세존께서는 이와 같이 설하셨다. 그 비구들은 흡족한 마음으로 세존의 말씀을 크게 기뻐했다.

쭌다 경

Cunda Sutta(A10:176)

【해설】
팔정도의 세 번째부터 다섯 번째까지는 바른 말[正語], 바른 행위[正業] 바른 생계[正命]이고 이것은 계에 관한 것이다. 이 셋을 주석서와 아비담마에서는 절제(virati 혹은 veramaṇi)라 한다. 자세한 것은 『아비담마 길라잡이』 2장 §6을 참조하기 바란다.
여기서는 십불선법과 십선법을 강조하고 설명하는 본경을 실었다. 특히 본경은 부처님 당시의 인도인들이 물에 들어가서 행하던 정화의식(soceyyāni)을 언급하는데 이것은 지금도 인도의 어느 곳에서라도 볼 수 있는 의식이다. 세존께서는 본경에서 몸과 말과 마음으로 십선업도를 실천하는 것이 진정한 정화의식이라고 강조하고 계신다.

1. 한때 세존께서는 빠와[462]에서 대장장이의 아들 쭌다의 망고 숲에 머무셨다.[463] 그때 대장장이의 아들 쭌다가 세존께 다가갔다.

---

462) 빠와(Pāva)는 말라(Malla)족들의 도시이다. 『디가 니까야』 제3권 「정신 경」(D29) §1에 의하면 자이나교의 창시자인 니간타 나따뿟따는 이곳에서 임종을 했다.

463) 대장장이의 아들 쭌다(kammāraputta Cunda)는 세존께 마지막 공양을 올린 바로 그 사람이다. 세존께서는 그가 올린 음식을 드시고 심한 적리(赤痢, 피와 곱이 섞여 나오는 이질)에 걸리셨고 꾸시나라에서 반열반에 드셨다. 주석서에 의하면 그는 금을 다루는 대장장이의 아들(suvaṇṇa-kāra-putta)이었으며 전에 세존을 처음 뵙고 이미 수다원과(예류과)를 얻었다고 한다. 그래서 자신의 망고 숲에 승원(vihāra)을 지었다고 하는데 지금 세존께서 머무시는 바로 이곳이다.(DA.ii.568)

가서는 세존께 절을 올리고 한 곁에 앉았다. 한 곁에 앉은 대장장이의 아들 쭌다에게 세존께서는 이렇게 말씀하셨다.

"쭌다여, 그대는 누구의 정화의식464)을 좋아하는가?"

"세존이시여, 서쪽지방에 바라문들이 있어, 그들은 물병을 들고 세왈라 수초로 만든 화환을 두르고 불을 숭배하고 물에 들어가는 정화의식을 천명합니다. 저는 그들의 정화의식을 좋아합니다."

"쭌다여, 그렇다면 서쪽지방의 바라문들은 정화의식을 어떻게 천명하는가?"

"세존이시여, 서쪽지방의 바라문들은 물병을 들고 세왈라 수초로 만든 화환을 두르고 불을 숭배하고 물에 들어가서는, 그의 제자들에게 이와 같이 가르칩니다. '오시오, 아무개 사람이여. 그대는 좋은 시간에 침상에서 일어나 땅을 만지시오. 땅을 만지지 못하면 젖은 소똥을 만지시오. 젖은 소똥을 만지지 못하면 푸른 풀을 만지시오. 푸른 풀을 만지지 못하면 불을 숭배하시오. 불을 숭배하지 못하면 합장하고 태양에 예배하시오. 만일 합장하고 태양에 예배하지 못하면 밤의 삼경에 물에 들어가시오.' 세존이시여, 서쪽지방의 바라문들은 이와 같이 물병을 들고 세왈라 수초로 만든 화환을 두르고 불을 숭배하고 물에 들어가는 정화의식을 천명합니다. 저는 그들의 정화의식을 좋아합니다."

"쭌다여, 서쪽지방의 바라문들이 천명하는, 물병을 들고 세왈라 수초로 만든 화환을 두르고 불을 숭배하고 물에 들어가는 정화의식과

464) '정화의식'으로 옮긴 원어는 soceyyāni이다. 앞의 A10:119~120 등의 경에서는 불에 예배하는 의식을 하강의식(paccorohaṇī)으로 불렀는데, 여기서는 물에 들어가는 의식을 정화의식이라 부르고 있다. 세존께서는 몸과 말과 마음으로 십선업도를 실천하는 것이 진정한 정화의식이라고 본경에서 강조하고 계신다.

성스러운 율에서의 정화의식은 다르다."

"세존이시여, 그러면 성스러운 율에서의 정화의식은 어떻게 합니까? 성스러운 율에서의 정화의식에 대해 제게 법을 설해주시면 감사하겠습니다."

"쭌다여, 그렇다면 그것을 들어라. 듣고 마음에 잘 새겨라. 나는 설할 것이다."

"그렇게 하겠습니다, 세존이시여."라고 대장장이의 아들 쭌다는 세존께 응답했다. 세존께서는 이렇게 말씀하셨다.

2. "쭌다여, 몸으로 [짓는] 세 가지 불결함이 있고, 말로 [짓는] 네 가지 불결함이 있고, 마음으로 [짓는] 세 가지 불결함이 있다. 쭌다여, 그러면 어떤 것이 몸으로 [짓는] 세 가지 불결함인가?"

3. "쭌다여, 여기 어떤 자는 생명을 죽인다. 그는 잔인하고, 손에 피를 묻히고, 죽이고 폭력을 휘두르는 데 몰두하며, 모든 생명들에게 동정심이 없다.

그는 주지 않은 것을 가진다. 그는 마을에서나 숲속에서 자기에게 주지 않은, 남의 재산과 재물을 도적질로써 취한다.

그는 삿된 음행을 한다. 어머니가 보호하고 있고, 아버지가 보호하고 있고, 오빠가 보호하고 있고, 언니가 보호하고 있고, 친지들이 보호하고 있고, 법으로 보호하고 있고, 남편이 있고, 몽둥이로 보호하고 있고,465) 심지어 [혼약의 정표로] 화환을 두른 그러한 여인들과 성행위를 한다.

465) "'이러이러한 여인(itthi)에게 접근하는 사람에겐 몽둥이(daṇḍa)로 이만큼의 벌을 준다.'라고 마을이나 집이나 길에다 형벌을 알린, 그런 여인들을 '몽둥이로 보호하고 있는(saparidaṇḍā) [여인들]'이라 한다."(MA.ii.330)

쭌다여, 이것이 몸으로 [짓는] 세 가지 불결함이다."

4. "쭌다여, 그러면 어떤 것이 말로 [짓는] 네 가지 불결함인가?

쭌다여, 여기 어떤 자는 거짓말을 한다. 그는 법정에서나 회의에서나 친척들 사이에서나 조합원들 사이에서나 왕 앞에서 증인으로 출두하여, '오시오, 선남자여. 그대가 아는 것을 말해주시오.'라고 질문을 받는다. 그러면 그는 알지 못하면서 '나는 압니다.'라고 말하고, 알면서 '나는 알지 못합니다.'라고 말한다. 보지 못하면서 '나는 봅니다.'라고 말하고, 보면서 '나는 보지 않습니다.'라고 말한다. 이와 같이 자기의 목적을 위해서나 남의 목적을 위해서나 어떤 세속적인 목적을 위해서 고의로 거짓말을 한다.

그는 중상모략을 한다. 그는 여기서 듣고서 이들을 이간시키려고 저기서 말한다. 저기서 듣고서 저들을 이간시키려고 여기서 말한다. 이처럼 화합하는 자들을 이간시키고 이간을 조장한다. 그는 불화를 좋아하고, 불화를 기뻐하고, 불화를 즐기며, 불화를 만드는 말을 한다.

그는 욕설을 한다. 그는 거칠고, 험하고, 남을 언짢게 하고, 남을 모욕하고, 분노에 휩싸이고, 삼매로 이끌지 못하는 그런 말을 한다.

그는 잡담을 한다. 그는 부적절한 시기에 말하고, 사실이 아닌 것을 말하고, 무익한 것을 말하고, 법에 어긋나는 것을 말하고, 율에 저촉되는 말을 하고, 가슴에 새겨둘 필요가 없는 말을 한다. 그는 이치에 맞지 않고, 무절제하며, 유익하지 못한 말을 부적절한 시기에 한다.

쭌다여, 이것이 말로 [짓는] 네 가지 불결함이다."

5. "쭌다여, 그러면 어떤 것이 마음으로 [짓는] 세 가지 불결함인가?

쭌다여, 여기 어떤 자는 간탐한다. 그는 '오, 저 사람 것이 내 것이라면.'이라고 남의 재산과 재물을 탐한다.

그의 마음은 악의로 차있다. 그는 '이 중생들이 죽어버리기를, 파멸되기를, 파괴되기를, 멸망해버리기를, 없어져버리기를.' 하고 타락한 생각을 품는다.

그는 삿된 견해를 가진다. '보시도 없고 공물도 없고 제사(헌공)도 없다. 선행과 악행의 업들에 대한 열매도 없고 과보도 없다. 이 세상도 없고 저 세상도 없다. 어머니도 없고 아버지도 없다. 화생하는 중생도 없고 이 세상과 저 세상을 스스로 최상의 지혜로 실현하여 선언하는, 덕스럽고 바른 도를 구족한 사문·바라문들도 이 세상에는 없다.'라는 전도된 소견을 가진다.

쭌다여, 이것이 마음으로 [짓는] 세 가지 불결함이다."

6. "쭌다여, 이것이 열 가지 해로운 업의 길[十不善業道]이다. 쭌다여, 이러한 열 가지 해로운 업의 길을 갖춘 자는 적당한 시간에 침상에서 일어나 땅을 만지더라도 청정하지 못하며, 땅을 만지지 않더라도 청정하지 못하다. 젖은 소똥을 만지더라도 청정하지 못하며, 젖은 소똥을 만지지 않더라도 청정하지 못하다. 푸른 풀을 만지더라도 청정하지 못하며, 푸른 풀을 만지지 않더라도 청정하지 못하다. 불을 숭배하더라도 청정하지 못하며, 불을 숭배하지 않더라도 청정하지 못하다. 합장하고 태양에 예배하더라도 청정하지 못하며, 합장하고 태양에 예배하지 않더라도 청정하지 못하다. 밤의 삼경에 물에 들어가더라도 청정하지 못하며, 밤의 삼경에 물에 들어가지 않더라도 청정하지 못하다.

그것은 무슨 이유 때문인가? 이러한 열 가지 해로운 업의 길 자체가 청정하지 못하고, 또 청정하지 못함을 만들기 때문이다. 쭌다여, 이러한 열 가지 해로운 업의 길을 갖춤으로써 지옥이 알려졌으며, 축생의 모태가 알려졌으며, 아귀계가 알려졌으며, 여러 비참한 세계[惡趣]들이 알려진 것이다."

7. "쭌다여, 몸으로 [짓는] 세 가지 청정함이 있고 말로 [짓는] 네 가지 청정함이 있고 마음으로 [짓는] 세 가지 청정함이 있다. 쭌다여, 그러면 어떤 것이 몸으로 [짓는] 세 가지 청정함인가?"

8. "쭌다여, 여기 어떤 자는 생명을 죽이는 것을 버리고, 생명을 죽이는 것을 멀리 여읜다. 몽둥이를 내려놓고 칼을 내려놓는다. 양심적이고 동정심이 있으며 모든 생명의 이익을 위하고 연민하며 머문다.

그는 주지 않은 것을 가지는 것을 버리고, 주지 않은 것을 가지는 것을 멀리 여읜다. 그는 마을에서나 숲속에서 남의 재산과 재물을 도적질로써 취하지 않는다.

그는 삿된 음행을 버리고 삿된 음행을 멀리 여읜다. 그는 어머니가 보호하고 있고, 아버지가 보호하고 있고, 오빠가 보호하고 있고, 언니가 보호하고 있고, 친지들이 보호하고 있고, 법으로 보호하고 있고, 남편이 있고, 몽둥이로 보호하고 있고, [혼약의 정표로] 화환을 두른 그러한 여인들과 성행위를 범하지 않는다.

쭌다여, 이것이 몸으로 [짓는] 세 가지 청정함이다."

9. "쭌다여, 그러면 어떤 것이 말로 [짓는] 네 가지 청정함인가?

쭌다여, 여기 어떤 자는 거짓말을 버리고, 거짓말을 멀리 여읜다. 그는 법정에서나 회의에서나 친척들 사이에서나 조합원들 사이에서나 왕 앞에서 증인으로 출두하여, '오시오, 선남자여. 그대가 아는 것을 말해주시오.'라고 질문을 받는다. 그러면 그는 알지 못하면 '나는 알지 못합니다.'라고 말하고, 알면 '나는 압니다.'라고 말한다. 보지 못하면 '나는 보지 못합니다.'라고 말하고, 보면 '나는 봅니다.'라고 말한다. 이와 같이 자기의 목적을 위해서나 남의 목적을 위해서나 세속적인 어떤 목적을 위해서도 고의로 거짓말을 하지 않는다.

그는 중상모략을 버리고, 중상모략을 멀리 여읜다. 여기서 듣고서 이들을 이간시키려고 저기서 말하지 않는다. 저기서 듣고서 저들을 이간시키려고 여기서 말하지 않는다. 오히려 그는 이와 같이 분열된 자들을 합치고, 우정을 장려하며, 화합을 좋아하고, 화합을 기뻐하고, 화합을 즐기며, 화합하게 하는 말을 한다.

그는 욕설을 버리고, 욕설을 멀리 여읜다. 그는 유순하고, 귀에 즐겁고, 사랑스럽고, 가슴에 와 닿고, 점잖고, 많은 사람들이 좋아하고, 많은 사람들의 마음에 드는 그런 말을 한다.

그는 잡담을 버리고, 잡담을 멀리 여읜다. 그는 적절한 시기에 말하고, 사실을 말하고, 유익한 말을 하고, 법을 말하고, 율을 말하며, 가슴에 담아둘 만한 말을 한다. 그는 이치에 맞고, 절제가 있으며, 유익한 말을 적절한 시기에 한다.

쭌다여, 이것이 말로 [짓는] 네 가지 청정함이다."

10. "쭌다여, 그러면 어떤 것이 마음으로 [짓는] 세 가지 청정함인가?

쭌다여, 여기 어떤 자는 간탐하지 않는다. 그는 '오, 저 사람 것이 내 것이라면.'이라고 남의 재산과 재물을 탐하지 않는다.

그의 마음은 악의가 없다. '이 중생들이 적의에서 벗어나기를, 고통에서 벗어나기를, 해악에서 벗어나기를. 그들 스스로 행복하게 지내기를.' 하고 타락하지 않은 생각을 품는다.

그는 바른 견해를 가진다. '보시도 있고 공물도 있고 제사(헌공)도 있다. 선행과 악행의 업들에 대한 열매도 있고 과보도 있다. 이 세상도 있고 저 세상도 있다. 어머니도 있고 아버지도 있다. 화생하는 중생도 있고 이 세상과 저 세상을 스스로 최상의 지혜로 실현하여 선언하는, 덕스럽고 바른 도를 구족한 사문 · 바라문들도 이 세상에는 있다.'라고 전도되지 않은 소견을 가진다.

쭌다여, 이것이 마음으로 [짓는] 세 가지 청정함이다."

11. "쭌다여, 이것이 열 가지 유익한 업의 길[十善業道]이다. 쭌다여, 이러한 열 가지 유익한 업의 길을 갖춘 자는 적당한 시간에 침상에서 일어나 땅을 만지더라도 청정하며, 땅을 만지지 않더라도 청정하다. 젖은 소똥을 만지더라도 청정하며, 젖은 소똥을 만지지 않더라도 청정하다. 푸른 풀을 만지더라도 청정하며, 푸른 풀을 만지지 않더라도 청정하다. 불을 숭배하더라도 청정하며, 불을 숭배하지 않더라도 청정하다. 합장하고 태양에 예배하더라도 청정하며, 합장하고 태양에 예배하지 않더라도 청정하다. 밤의 삼경에 물에 들어가더라도 청정하며, 밤의 삼경에 물에 들어가지 않더라도 청정하다.

그것은 무슨 이유 때문인가? 이러한 열 가지 유익한 업의 길 자체가 청정하고, 또 청정함을 만들기 때문이다. 쭌다여, 이러한 열 가지 유익한 업의 길을 갖춤으로써 천상이 알려졌으며, 인간이 알려졌으며, 여러 좋은 곳[善處]들이 알려진 것이다."

12. 이렇게 말씀하시자 대장장이의 아들 쭌다는 세존께 이렇게 말씀드렸다.

"경이롭습니다, 세존이시여. 경이롭습니다, 세존이시여. 마치 넘어진 자를 일으켜 세우시듯, … 세존께서는 여러 가지 방편으로 법을 설해주셨습니다. 저는 이제 세존께 귀의하옵고 법과 비구승가에 귀의합니다. 세존께서는 저를 재가신자로 받아주소서. 오늘부터 목숨이 붙어 있는 그날까지 귀의하옵니다."

소나 경

활줄의 비유로 본 바른 정진

Soṇa Sutta(A6:55)

【해설】

본경은 우리에게 한역『중아함』과『증일아함』의「이십억경」을 통해서 거문고 타기[彈琴]의 비유로 알려진 경이다. 열심히 정진하였지만 해탈을 성취하지 못한 소나 존자가 낙담하여 환속한 뒤 재가자로 살면서 부유한 집안의 재물을 즐기고 공덕을 짓는 것이 더 나은 삶이 아닐까 생각하자 세존께서 존자의 이러한 번민을 아시고 자상하게 법문을 해주시는 것이 본경의 내용이다.

세존께서는 "소나여, 그러나 그대의 류트의 활줄이 지나치게 팽팽하지도 않고 지나치게 느슨하지도 않고 적당한 음계(音階)에 맞추어졌을 때 그대의 류트는 선율이 아름답고 연주하기에 적합하게 된다."라고 말씀하신 뒤, "소나여, 그와 같이 지나치게 열심히 하는 정진은 들뜸으로 인도하고 지나치게 느슨한 정진은 나태함으로 인도한다. 소나여, 그러므로 그대는 정진을 고르게 유지해야 한다. [다섯 가지] 기능들[五根]의 균등함을 꿰뚫어야 하고 거기서 표상을 취해야 한다."(§1)라고 수행의 지침을 주신다.

이러한 세존의 명쾌하신 가르침을 듣고 소나 존자는 바르게 정진하여 마침내 아라한이 되었다고 한다. 본경은 팔정도의 여섯 번째인 바른 정진을 이해하는 데 도움이 될 것이라 생각해서 여기에 실었다.

1. 이와 같이 나는 들었다. 한때 세존께서는 라자가하에서 독수리봉 산에 머무셨다. 그 무렵에 소나 존자[466]는 라자가하에서 차가

운 숲[467])에 머물렀다. 그때 소나 존자가 한적한 곳에 가서 홀로 앉아 있을 때 문득 마음속에 이런 생각이 떠올랐다.

'세존의 제자들은 열심히 정진하면서 머문다. 나도 그 가운데 한 사람이다. 그런데도 나는 취착을 없애지 못했고 번뇌들로부터 마음이 해탈하지 못하였다. 그러나 우리 집은 부유하다. 나는 재물을 즐길 수도 있고 공덕을 지을 수도 있다. 그러니 나는 이제 공부지음을 버리고 낮은 [재가자의] 삶으로 되돌아가서 재물을 즐기고 공덕을 지어야겠다.'

그때 세존께서는 마음으로 소나 존자의 마음에 일어난 생각을 아시고 마치 힘 센 사람이 구부렸던 팔을 펴고 폈던 팔을 구부리는 것처럼 독수리봉 산을 떠나 차가운 숲에 소나 존자의 앞에 나타나셔서 마련된 자리에 앉으셨다. 소나 존자는 세존께 절을 올린 뒤 한 곁에

---

466) 본경에 나타나는 소나 존자(āyasmā Soṇa)는 『앙굿따라 니까야』 제1권 「하나의 모음」(A1:14:2-8)에 "열심히 정진하는 자들 가운데서 소나 꼴리위사가 으뜸이다."라고 언급되고 있는 소나 꼴리위사(Soṇa Koḷivisa) 존자이다.

소나 꼴리위사(Soṇa Koḷivisa) 존자는 짬빠(Campā)의 부유한 상인의 아들로 태어났다. 소나는 이름이고 꼴리위사는 족성이다. 그가 입태했을 때부터 집안의 재산이 엄청나게 불기 시작했으며 태어나서 그는 아주 호화로운 삶을 살았다고 한다. 그는 수쿠말라 소나(Sukhumāla Soṇa)라고도 불리는데 태어나면서부터 그의 손과 발 등이 아주 섬세하였기(sukhumāla) 때문이라고 한다. 그를 만나고 싶어 한 빔비사라 왕의 초청으로 라자가하에 갔다가 부처님의 가르침을 듣고 출가하였다.

467) 차가운 숲(Sītavana)은 본경에서 보듯이 왕사성 근처에 있는 숲이다. 이곳에 있는 공동묘지(susāna)에서 급고독(아나타삔디까) 장자가 처음으로 부처님을 뵈었다고 한다.(Vin.ii.155f.; ThagA.i.24)

그리고 본경의 소나 꼴리위사 존자도 세존으로부터 명상주제(kammaṭṭhāna)를 받아서 차가운 숲의 이 공동묘지에서 정진을 하여 마침내 아라한이 되었다고 한다.(AA.i.236)

앉았다. 한 곁에 앉은 소나 존자에게 세존께서는 이렇게 말씀하셨다.

"소나여, 그대가 한적한 곳에 가서 홀로 앉아있을 때 문득 마음속에 이런 생각이 떠오르지 않았는가? '세존의 제자들은 열심히 정진하면서 머문다. 나도 그 가운데 한 사람이다. 그런데도 나는 취착을 없애지 못했고 번뇌들로부터 마음이 해탈하지 못하였다. 그러나 우리 집은 부유하다. 나는 재물을 즐길 수도 있고 공덕을 지을 수도 있다. 그러니 나는 이제 공부지음을 버리고 낮은 [재가자의] 삶으로 되돌아가서 재물을 즐기고 공덕을 지어야겠다.'라고."

"그러합니다, 세존이시여."

"소나여, 이를 어떻게 생각하는가? 그대는 전에 재가자였을 때 류트의 활줄 소리에 능숙하였는가?"

"그렇습니다, 세존이시여."

"소나여, 이를 어떻게 생각하는가? 류트의 활줄이 지나치게 팽팽한데도 그대의 류트는 그때 선율이 아름답고 연주하기에 적합하게 되는가?"

"그렇지 않습니다, 세존이시여."

"소나여, 이를 어떻게 생각하는가? 류트의 활줄이 지나치게 느슨한데도 그대의 류트는 그때 선율이 아름답고 연주하기에 적합하게 되는가?"

"그렇지 않습니다, 세존이시여."

"소나여, 그러나 그대의 류트의 활줄이 지나치게 팽팽하지도 않고 지나치게 느슨하지도 않고 적당한 음계(音階)468)에 맞추어졌을 때 그대의 류트는 그때 선율이 아름답고 연주하기에 적합하게 된다."

---

468) "'적당한 음계(sama guṇa)'란 팽팽하지도 느슨하지도 않은 중간 음계(majjhima sara)를 뜻한다."(AA.iii.390)

"그러합니다, 세존이시여."

"소나여, 그와 같이 지나치게 열심히 하는 정진은 들뜸으로 인도하고 지나치게 느슨한 정진은 나태함으로 인도한다. 소나여, 그러므로 그대는 정진을 고르게 유지해야 한다.469) [다섯 가지] 기능들[五根]의 균등함을 꿰뚫어야 하고470) 거기서 표상을 취해야 한다."471)

"그렇게 하겠습니다, 세존이시여."라고 소나 존자는 세존께 응답했다.

세존께서는 이처럼 소나 존자를 교계하신 뒤 마치 힘 센 사람이 구부렸던 팔을 펴고 폈던 팔을 구부리는 것처럼 차가운 숲에서 사라져 독수리봉 산에 나타나셨다.

2. 소나 존자는 그 뒤에 정진을 고르게 유지하였고 [다섯 가지]

---

469) '정진을 고르게 함'은 저본인 PTS본을 따라 vīriya-samata을 옮긴 것이다. 그러나 6차결집본과 PTS본 주석서와 육차결집본 주석서에는 viriya-samatha로 나타난다. 그리고 이것을 "정진과 함께한 사마타(vīriya-sampayutta samatha)"(*Ibid*)로 설명하고 있다. 그러나 다른 주석서들 몇 군데와 『청정도론』(III.131, VIII.221)에서는 vīriya-samata가 나타나고 있고 본경의 문맥상으로도 이것이 더 타당하다고 판단하여 저본인 PTS본을 따라 이렇게 옮겼다.

470) "'기능들[五根]의 균등함을 꿰뚫어야 하고(indriyānañ ca samataṁ paṭivijjha)'란 믿음 등의 다섯 가지 기능의 균등함에 확고해야 한다는 뜻이다. 즉 믿음은 통찰지와, 통찰지는 믿음과, 정진은 삼매와, 삼매는 정진과 연결되는 것이 다섯 가지 기능의 균등함에 확고한 것이다. 그러나 마음챙김은 모든 곳에서 이롭기 때문에 항상 강해야 한다. 연결 방법은 『청정도론』에 설명되어 있다."(AA.iii.390)
다섯 가지 기능의 균등함에 대해서는 『청정도론』 IV.45~49를 참조할 것.

471) "'표상을 취한다.(nimittaṁ gaṇhāhi)'는 것은 다섯 가지 기능의 균등함이 있을 때 거울에 비친 영상처럼 표상이 나타난다. 이러한 삼매의 표상, 위빳사나의 표상, 도의 표상, 과의 표상을 취한다는 말이다."(AA.iii.390~391)

기능들[五根]의 적당함을 꿰뚫었으며 거기서 표상을 취하였다.472) 그때 소나 존자는 혼자 은둔하여 방일하지 않고 열심히, 스스로 독려하며 지냈다. 그는 오래지 않아 좋은 가문의 아들들이 성취하고자 집에서 나와 출가하는 그 위없는 청정범행의 완성을 지금여기에서 스스로 최상의 지혜로 알고 실현하고 구족하여 머물렀다. '태어남은 다했다. 청정범행은 성취되었다. 할 일을 다 해 마쳤다. 다시는 어떤 존재로도 돌아오지 않을 것이다.'라고 최상의 지혜로 알았다. 그래서 소나 존자는 아라한들 중의 한 분이 되었다.

그때 소나 존자는 아라한과를 얻은 뒤 이렇게 생각하였다.

'나는 세존께 다가가리라. 가서 세존의 곁에서 구경의 지혜를 말씀드리리라.'

그래서 소나 존자는 세존께 다가갔다. 가서는 세존께 절을 올린 뒤 한 곁에 앉았다. 한 곁에 앉아서 소나 존자는 세존께 이렇게 말씀드렸다.

3. "세존이시여, 아라한이고 번뇌를 다했고 삶을 완성했으며 할 바를 다했고 짐을 내려놓았으며 참된 이상을 실현했고 삶의 족쇄를 부수었으며 바른 구경의 지혜로 해탈한 비구는 여섯 가지 경우에 대한 확신이 있습니다. 출리에 대한 확신이 있고, 멀리 여읨에 대한 확신이 있고, 악의 없음에 대한 확신이 있고, 갈애의 소멸에 대한 확신이 있고, 취착의 소멸에 대한 확신이 있고, 어리석지 않음에 대한 확신이 있습니다."

4. "세존이시여, 그런데 여기 어떤 존자에게 이런 생각이 들지

---

472) "'표상을 취하였다.(nimittaṁ aggahesi)'는 것은 사마타의 표상과 위빳사나의 표상을 취하였다는 말이다."(AA.iii.391)

도 모릅니다. '이 존자는 오직 믿음만을 의지하여[473] 출리에 대한 확신을 가지고 있다고 하는구나.'라고. 세존이시여, 그러나 그는 그렇게 생각해서는 안 됩니다. 번뇌를 다했고 삶을 완성했으며 할 바를 다 한 비구는 [다시 더] 해야 할 바나 이미 한 것에다 더 모으는 것[474]을 자신에게서 찾아보지 못합니다. 그는 탐욕이 소멸하였고 탐욕을 여의었기 때문에 출리에 대한 확신이 있으며, 성냄이 소멸하였고 성냄을 여의었기 때문에 출리에 대한 확신이 있으며, 어리석음이 소멸하였고 어리석음을 여의었기 때문에 출리에 대한 확신이 있습니다."

5. "세존이시여, 그러나 여기 어떤 존자에게 이런 생각이 들지도 모릅니다. '이 존자는 이득과 존경과 명성을 갈구하면서도 멀리 여읨에 대한 확신을 가지고 있다고 하는구나.'라고. 세존이시여, 그러나 그는 그렇게 생각해서는 안 됩니다. 번뇌를 다했고 삶을 완성했으며 할 바를 다 한 비구는 [다시 더] 해야 할 바나 이미 한 것에다 더 모으는 것을 자신에게서 찾아보지 못합니다. 그는 탐욕이 소멸하였고 탐욕을 여의었기 때문에 멀리 여읨에 대한 확신이 있으며, 성냄이 소멸하였고 성냄을 여의었기 때문에 멀리 여읨에 대한 확신이 있으며, 어리석음이 소멸하였고 어리석음을 여의었기 때문에 멀리 여읨에 대한 확신이 있습니다."

6. "세존이시여, 그러나 여기 어떤 존자에게 이런 생각이 들지도 모릅니다. '이 존자는 계율과 의례의식에 대한 집착[戒禁取]을 가져 본질로부터 되돌아가면서도 악의 없음에 대한 확신을 가지고 있

473) "즉 꿰뚫음(paṭivedha)이 결여되고 꿰뚫음을 통한 통찰지가 함께 섞이지 않고(asammissaka) 단지 믿음만이 있는 것을 말한다."(AA.iii.391)

474) "'더 모은다(paṭicaya)'는 것은 계속해서 행하여 이미 한 것에다 보태는 것을 뜻한다."(*Ibid*)

다고 하는구나.'라고. 세존이시여, 그러나 그는 그렇게 생각해서는 안 됩니다. 번뇌를 다했고 삶을 완성했으며 할 바를 다 한 비구는 [다시 더] 해야 할 바나 이미 한 것에다 더 모으는 것을 자신에게서 찾아보지 못합니다.

그는 탐욕이 소멸하였고 탐욕을 여의었기 때문에 악의 없음에 대한 확신이 있으며, 성냄이 소멸하였고 성냄을 여의었기 때문에 악의 없음에 대한 확신이 있으며, 어리석음이 소멸하였고 어리석음을 여의었기 때문에 악의 없음에 대한 확신이 있습니다."

7. "… 그는 탐욕이 소멸하였고 탐욕을 여의었기 때문에 갈애의 소멸에 대한 확신이 있으며, 성냄이 소멸하였고 성냄을 여의었기 때문에 갈애의 소멸에 대한 확신이 있으며, 어리석음이 소멸하였고 어리석음을 여의었기 때문에 갈애의 소멸에 대한 확신이 있습니다."

8. "… 그는 탐욕이 소멸하였고 탐욕을 여의었기 때문에 취착의 소멸에 대한 확신이 있으며, 성냄이 소멸하였고 성냄을 여의었기 때문에 취착의 소멸에 대한 확신이 있으며, 어리석음이 소멸하였고 어리석음을 여의었기 때문에 취착의 소멸에 대한 확신이 있습니다."

9. "… 그는 탐욕이 소멸하였고 탐욕을 여의었기 때문에 어리석지 않음에 대한 확신이 있으며, 성냄이 소멸하였고 성냄을 여의었기 때문에 어리석지 않음에 대한 확신이 있으며, 어리석음이 소멸하였고 어리석음을 여의었기 때문에 어리석지 않음에 대한 확신이 있습니다."

10. "세존이시여, 이와 같이 마음이 바르게 해탈한 비구에게 만일 눈으로 인식되는 강한 형상들이 눈의 영역에 나타나더라도 그의

마음을 사로잡지 못하고, 그의 마음에 섞이지 않나니, 그의 마음은 안정되고 흔들림이 없는 상태에 도달하며, 다시 사라짐을 관찰합니다.[475]

만일 귀로 인식되는 강한 소리들이 … 코로 인식되는 강한 냄새들이 … 혀로 인식되는 강한 맛들이 … 몸으로 인식되는 강한 감촉들이 … 마노로 인식되는 강한 법들이 마노의 영역에 나타나더라도 그의 마음을 사로잡지 못하고, 그의 마음에 섞이지 않나니, 그의 마음은 안정되고 흔들림이 없는 상태에 도달하며, 다시 사라짐을 관찰합니다."

11. "세존이시여, 예를 들면 틈이 없고 균열이 없고 단단하게 뭉쳐진 바위산이 있습니다. 만일 동쪽에서 강한 비를 동반한 바람이 불어온다 하더라도 그 바위산을 흔들지 못하고 진동하지 못하고 움직이지 못합니다. 만일 서쪽에서 … 만일 북쪽에서 … 만일 남쪽에서 강한 비를 동반한 바람이 불어온다 하더라도 그 바위산을 흔들지 못하고 진동하지 못하고 움직이지 못합니다.

그와 같이 마음이 바르게 해탈한 비구에게는 만일 눈으로 인식되는 강한 형상들이 눈의 영역에 나타나더라도 그의 마음을 사로잡지 못하고, 그의 마음에 섞이지 않나니, 그의 마음은 안정되고 흔들림이 없는 상태에 도달하며, 다시 사라짐을 관찰합니다.

마음이 바르게 해탈한 비구에게는 만일 귀로 인식되는 강한 소리들이 … 코로 인식되는 강한 냄새들이 … 혀로 인식되는 강한 맛들이 … 몸으로 인식되는 강한 감촉들이 … 마노로 인식되는 강한 법들이 마노의 영역에 나타나더라도 그의 마음을 사로잡지 못하고, 그

475) "'다시 사라짐을 관찰한다(vayañ cassa anupassati)'는 것은 그런 그의 마음의 일어남과 사라짐을 본다는 말이다."(AA.iii.392)

의 마음에 섞이지 않나니, 그의 마음은 안정되고 흔들림이 없는 상태에 도달하며, 다시 사라짐을 관찰합니다."

12. "출리에 대한 확신이 있고[476]
멀리 여읨에 대한 확신이 있으며
악의 없음에 대한 확신이 있고
취착의 소멸에 대한 확신이 있으며
갈애의 소멸에 대한 확신이 있고
어리석지 않음에 대한 확신이 있는 자는
감각장소들의 일어남[477]을 보고
바르게 마음이 해탈하노라.
이렇게 바르게 해탈하여
마음이 평화로운 비구는
이미 한 것에다 더 모으지 않으며
더 해야 할 바도 없네.
단단하게 뭉쳐진 바위산을
바람이 흔들지 못하듯이
형색 · 소리 · 냄새 · 맛 · 감촉 · 법들은
그것이 원하는 것이건, 그렇지 않은 것이건
그러한 비구를 관통하지 못하네.
그의 마음은 안정되고 해탈하였으니
[마음의 일어남과] 사라짐을 관찰할 뿐이로다."

---

476) "'출리에 대한 확신이 있고(nekkhammaṁ adhimuttassa)'란 아라한과를 꿰뚫고 머무는 번뇌 다한 자를 말한다. 나머지 구절에서도 아라한과에 대해서 설하고 있다."(AA.iii.392~393)

477) "감각장소(āyatana)들의 일어남과 사라짐을 본다는 뜻이다."(AA.iii.393)

제9장
사마타와 위빳사나[止觀]

'사마타(samatha)'와 '위빳사나(vipassanā)'는 불교 수행을 대표하는 술어이며 특히 상좌부 불교의 수행 체계를 극명하게 드러내는 핵심 술어이기도 하다. 그리고 이 두 술어는 일찍이 중국에서 각각 지(止)와 관(觀)으로 정착되었다.478) 그래서 지와 관을 고르게 닦을 것

---

478) '사마타(samatha, Sk. śamatha)'는 중국에서 止, 止住, 止息, 消滅, 滅, 禪定, 等靜, 舍摩他(지, 지주, 지식, 소멸, 멸, 선정, 등정, 사마타)로 번역되기도 하고 修觀, 停, 奢摩他, 奢摩陀, 定, 定心, 寂止, 寂滅, 寂靜(수관, 정, 사마타, 사마타, 정, 정심, 적지, 적멸, 적정)으로 번역되기도 하였다.
한편 '위빳사나(vipassanā, Sk. vipaśyanā)'는 內觀, 慧, 智慧, 正見, 毘婆舍那, 毘鉢舍那, 觀(내관, 혜, 지혜, 정견, 비파사나, 비발사나, 관) 등으로 번역되었다.
육조 혜능 스님의 전법제자요 『증도가』의 저자로 유명한 영가현각(永嘉玄覺, 665~713) 스님의 주요 저술에 『선종 영가집』(禪宗 永嘉集)이 있다. 이 책은 한글이 창제된 직후인 1464년에 세조가 친히 원문에 한글로 토를 달고 혜각 존자 신미(信眉) 등이 『선종영가집 언해』로 번역할 정도로 한국불교에 큰 영향을 미쳤다. 이 책은 전체 10장으로 구성되어 있는데 그 가운데 수행의 핵심이 되는 제4장의 제목이 사마타(奢摩陀)이고 제5장의 제목은 비발사나(毘鉢舍那)이며 제6장은 우필차(優畢叉)이다. 여기서 우필차는 평온으로 옮겨지는 초기불교의 중요한 술어인 upekkhā의 음역이다. 이처럼 사마타와 위빳사나는 이미 중국에서 심도 깊게 이해되었다.
『선종 영가집』(혜업 스님 번역, 불광출판사, 1991)을 참조할 것.

을 강조하여 지관겸수(止觀兼修)로 정착되었고, 이것은 다시 선종에서 정혜쌍수(定慧雙修)로 계승되었다. 불교 2,600년사에서 내로라하는 논사들이나 수행자들이 지와 관에 대해서 많은 말을 한 것을 봤기 때문에 현대를 살아가는 우리의 관심은 '후대 논사들이나 수행자들의 견해가 아닌 초기불전에서 부처님이 직접 사마타와 위빳사나를 설명하신 것이 있는가? 부처님께서는 사마타와 위빳사나를 어떻게 정의하셨는가?'하는 것으로 기울게 되었다 할 수 있다.

결론적으로 말해서 사마타와 위빳사나는 부처님의 직설이다. 적지 않은 초기불전에서 세존께서는 사마타와 위빳사나를 분명하게 정의하고 계시기 때문이다. 이제 본서 제3편 수행자의 길의 마지막 주제로 이것에 관한 경들을 싣는다.

명지(明知)의 일부 경

Vijjābhāgiya Sutta(A2:3:10)

【해설】

니까야의 여러 곳에서 사마타와 위빳사나라는 술어가 나타난다. 그러나 무엇이 사마타이고 무엇이 위빳사나인지를 설명하신 경은 드물다. 그런 의미에서 사마타와 위빳사나를 정의하고 계신 본경은 아주 중요하다.

본경에서 부처님께서는 분명히 사마타를 마음과 마음의 해탈(심해탈) 즉 삼매[定, samādhi]와 연결 지으시고, 위빳사나를 통찰지와 통찰지를 통한 해탈(혜해탈) 즉 통찰지[慧, paññā]와 연결 지으신다. 그리고 삼매는 욕망을 극복하는 수행이고, 통찰지는 무명을 극복하는 수행이라고 밝히고 계신다. 『앙굿따라 니까야』 제2권의 「삼매 경」 1/2/3(A4:92~94)에서도 사마타 수행과 위빳사나 수행에 대한 귀중한 말씀을 하신다. 「삼매 경」 1/2/3은 본서의 아래에서 인용되고 있으므로 참조하기 바란다.

1. "이와 같이 나는 들었다. 한때 세존께서는 사왓티에서 제따 숲의 급고독원에 머무셨다. 거기서 세존께서는 "비구들이여."라고 비구들을 부르셨다. "세존이시여."라고 비구들은 세존께 응답했다. 세존께서는 다음과 같이 말씀하셨다.

"비구들이여, 두 가지 법은 명지(明知)의 일부이다. 무엇이 둘인가? 사마타와 위빳사나[479]이다.

비구들이여, 사마타를 닦으면 어떤 이로움을 경험하는가? 마음이 개발된다. 마음이 개발되면 어떤 이로움을 경험하는가? 욕망이 제거된다.

비구들이여, 위빳사나를 닦으면 어떤 이로움을 경험하는가? 통찰지가 개발된다. 통찰지가 개발되면 어떤 이로움을 경험하는가? 무명이 제거된다."

2. "탐욕에 오염된 마음은 해탈하지 못하고 무명에 오염된 통찰지는 개발되지 못한다. 비구들이여, 탐욕이 제거되어 마음의 해탈[心解脫][480]이 있고, 무명이 제거되어 통찰지를 통한 해탈[慧解脫]이 있다."

---

479) "'사마타[止, samatha]는 마음이 하나로 된 상태(cittekaggatā)이고 위빳사나[觀, vipassanā]는 형성된 것들을 [무상·고·무아라고] 파악하는 지혜(saṅkhāra-pariggāhaka-ñāṇa)이다."(AA.ii.119) 한편 『디가 니까야 주석서』는 "사마타는 삼매[定]이고 위빳사나는 통찰지[慧]이다(samatho samādhi, vipassanā paññā)."(DA.iii.983)라고 정의한다.
사마타와 위빳사나에 대한 설명은 『아비담마 길라잡이』 9장 §1의 해설을 참조할 것.

480) 마음의 해탈[心解脫, ceto-vimutti]과 통찰지를 통한 해탈[慧解脫, paññā-vimutti]에 대해서는 『앙굿따라 니까야』 제2권 「흐름을 따름 경」(A4:5) §1의 주해를 참조할 것.

삼매 경1

Samādhi Sutta(A4:92)

【해설】

여기서 소개하는 『앙굿따라 니까야』 제2권 「삼매 경」 1/2/3(A4:92~94)의 세 개 경들은 사마타와 위빳사나에 대한 답변을 명확하게 제공하고 있다. 이 세 개의 경들에 나타나는 "마음의 사마타"와 "통찰지라 [불리는] 법들에 대한 위빳사나"라는 표현에서 보듯이 사마타는 마음의 개발을 뜻하는 삼매와 동의어이고, 위빳사나는 통찰지와 동의어이다.

그래서 「삼매 경」 3(A4:94)에서는 사마타를 얻기 위해서는 사마타를 체득한 분을 찾아가서 '도반이여, 어떻게 마음을 고정시켜야 합니까? 어떻게 마음을 안정시켜야 합니까? 어떻게 마음을 하나가 되게 해야 합니까? 어떻게 마음이 삼매에 들게 해야 합니까?'라고 물어야 한다고 설명하고 있다. 그리고 위빳사나를 얻기 위해서는 위빳사나에 통달한 분을 찾아가서 '도반이여, 형성된 것들[行, saṅkhāra]을 어떻게 보아야 합니까? 형성된 것들을 어떻게 명상해야 합니까? 형성된 것들을 어떻게 깊이 관찰해야 합니까?'라고 물어야 한다고 말씀하신다.

이처럼 사마타는 마음을 [하나의 대상에] 고정시키고 고요하게 하는 삼매를 개발하는 수행이며, 위빳사나는 유위제법을[行] 명상하고 관찰하여 무상 · 고 · 무아를 통찰하는 수행이라고 부처님께서는 분명하게 밝히고 계신다. 그리고 이 둘을 다 얻은 사람은 "유익한 법들에 굳게 서서 번뇌들을 소멸하기 위해서 수행해야 한다."고 말씀하신다.

1. 이와 같이 나는 들었다. 한때 세존께서는 사왓티에서 제따 숲의 급고독원에 머무셨다. 거기서 세존께서는 "비구들이여."라고 비구들을 부르셨다. "세존이시여."라고 비구들은 세존께 응답했다. 세존께서는 다음과 같이 말씀하셨다.

"비구들이여, 세상에는 네 부류의 사람이 있다. 무엇이 넷인가?

비구들이여, 여기 어떤 사람은 안으로 마음의 사마타[止]는 얻었지만[481] 위빳사나[觀]의 높은 통찰지[482]는 얻지 못했다. 비구들이여, 그러나 여기 어떤 사람은 위빳사나의 높은 통찰지는 얻었지만 안으로 마음의 사마타는 얻지 못했다. 비구들이여, 그러나 여기 어떤 사람은 안으로 마음의 사마타도 얻지 못했고 위빳사나의 높은 통찰지도 얻지 못했다. 비구들이여, 그러나 여기 어떤 사람은 안으로 마음의 사마타도 얻었고 위빳사나의 높은 통찰지도 얻었다.[483]

비구들이여, 세상에는 이러한 네 부류의 사람이 있다."

---

481) "'안으로 마음의 사마타를(ajjhattaṁ cetosamatha) 얻은 자'란 자기 안에서 본삼매인 마음의 삼매(appanā-citta-samādhi)를 [얻은 자를] 말한다."(AA.iii.116)

482) "원문은 adhipaññā-dhamma-vipassanā이다. 즉 형성된 것[行]들을 파악하는 위빳사나의 지혜(saṅkhāra-pariggāhaka-vipassanā-ñāṇa)를 뜻한다. 왜냐하면 이것은 높은 통찰지[增上慧]라고도 불리고, 또한 오온이라 불리는 법들에 대한 위빳사나이기 때문에 위빳사나의 높은 통찰지라 한다."(*Ibid*)

483) 본경과 다음의 두 개의 경은 사마타와 위빳사나에 대한 훌륭한 답변을 제공하고 있다. 이 세 경에서 보듯이 사마타는 삼매와 동의어이고 위빳사나는 통찰지와 동의어이다. 그리고 사마타 즉 삼매를 먼저 얻은 사람도 있고 위빳사나 즉 통찰지를 먼저 얻은 사람도 있으며 이 둘을 다 얻은 사람도 있다. 그러므로 사마타를 먼저 닦느냐 위빳사나를 먼저 닦느냐 하는 것은 개인의 기질의 문제이지 반드시 사마타를 먼저 닦고 위빳사나를 닦아야만 하는 것은 아니다. 그러나 사마타와 위빳사나 둘 다를 구족할 것을 본경은 강조하고 있다.

삼매 경2

Samādhi Sutta(A4:93)

1. "비구들이여, 세상에는 네 부류의 사람이 있다. 무엇이 넷인가? 비구들이여, 여기 어떤 사람은 안으로 마음의 사마타[止]는 얻었지만 위빳사나[觀]의 높은 통찰지는 얻지 못했다. 비구들이여, 그러나 여기 어떤 사람은 위빳사나의 높은 통찰지는 얻었지만 안으로 마음의 사마타는 얻지 못했다. 비구들이여, 그러나 여기 어떤 사람은 안으로 마음의 사마타도 얻지 못했고 위빳사나의 높은 통찰지도 얻지 못했다. 비구들이여, 그러나 여기 어떤 사람은 안으로 마음의 사마타도 얻었고 위빳사나의 높은 통찰지도 얻었다."

2. "비구들이여, 이 가운데 안으로 마음의 사마타는 얻었지만 위빳사나의 높은 통찰지를 얻지 못한 사람은 안으로 자기 마음의 사마타에 굳게 서서 위빳사나의 높은 통찰지를 얻기 위해서 수행(yoga)을 해야 한다. 그러면 그는 나중에 안으로 마음의 사마타도 얻고 위빳사나의 높은 통찰지도 얻을 것이다."

3. "비구들이여, 이 가운데 위빳사나의 높은 통찰지는 얻었지만 안으로 마음의 사마타는 얻지 못한 사람은 위빳사나의 높은 통찰지에 굳게 서서 안으로 마음의 사마타를 얻기 위해서 수행을 해야 한다. 그러면 그는 나중에 위빳사나의 높은 통찰지도 얻고 안으로 마음

의 사마타도 얻을 것이다."

4. "비구들이여, 이 가운데 안으로 마음의 사마타도 얻지 못했고 위빳사나의 높은 통찰지도 얻지 못한 사람은 [번뇌의 소멸로 인도하는] 이러한 유익한 법들을 얻기 위해서 아주 강한 의욕과 노력과 관심과 분발과 불퇴전과 마음챙김과 알아차림을 행해야 한다.

비구들이여, 예를 들면 옷이 불타고 머리가 불타는 자는 옷이나 머리의 불을 끄기 위해서 아주 강한 의욕과 노력과 관심과 분발과 불퇴전과 마음챙김과 알아차림을 행해야 하는 것과 같다. 이와 같은 사람은 유익한 법들을 얻기 위해서 아주 강한 의욕과 노력과 관심과 분발과 불퇴전과 마음챙김과 알아차림을 행해야 한다. 그러면 그는 나중에 안으로 마음의 사마타도 얻고 위빳사나의 높은 통찰지도 얻을 것이다."

5. "비구들이여, 이 가운데 안으로 마음의 사마타도 얻었고 위빳사나의 높은 통찰지도 얻은 사람은 이러한 유익한 법들에 굳게 서서 번뇌들을 소멸하기 위해서 수행해야 한다.

비구들이여, 세상에는 이러한 네 부류의 사람이 있다."

삼매 경3

Samādhi Sutta(A4:94)

1. "비구들이여, 세상에는 네 부류의 사람이 있다. 무엇이 넷인가? 비구들이여, 여기 어떤 사람은 안으로 마음의 사마타는 얻었지만 위빳사나의 높은 통찰지는 얻지 못했다. 비구들이여, 그러나 여기 어떤 사람은 위빳사나의 높은 통찰지는 얻었지만 안으로 마음의 사마타는 얻지 못했다. 비구들이여, 그러나 여기 어떤 사람은 안으로 마음의 사마타도 얻지 못했고 위빳사나의 높은 통찰지도 얻지 못했다. 비구들이여, 그러나 여기 어떤 사람은 안으로 마음의 사마타도 얻었고 위빳사나의 높은 통찰지도 얻었다."

2. "비구들이여, 이 가운데 안으로 마음의 사마타는 얻었지만 위빳사나의 높은 통찰지는 얻지 못한 사람은 위빳사나의 높은 통찰지를 얻은 사람을 찾아 그에게 다가가서 이렇게 물어야 한다. '도반이여, 형성된 것[行, saṅkhāra]들을 어떻게 보아야 합니까? 형성된 것들을 어떻게 명상해야 합니까? 형성된 것들을 어떻게 깊이 관찰해야 합니까?'라고.

그러면 그분은 그가 본대로 그가 체득한대로 '도반이여, 참으로 형성된 것들을 이렇게 보아야 합니다.[484] 형성된 것들을 이렇게 명상

484) "형성된 것들은 참으로 무상(anicca)하다고 보아야 하고 무상하다고 명상

해야 합니다. 형성된 것들을 이렇게 깊이 관찰해야 합니다.'라고 그에게 설명해줄 것이다. 그러면 그는 나중에 안으로 마음의 사마타도 얻고 위빳사나의 높은 통찰지도 얻을 것이다."

3. "비구들이여, 이 가운데 위빳사나의 높은 통찰지는 얻었지만 안으로 마음의 사마타는 얻지 못한 사람은 안으로 마음의 사마타를 얻은 사람을 찾아 그에게 다가가서 이렇게 물어야 한다. '도반이여, 어떻게 마음을 하나에 고정시켜야 합니까? 어떻게 마음을 안정시켜야 합니까? 어떻게 마음을 하나가 되게 해야 합니까? 어떻게 마음이 삼매에 들게 해야 합니까?'라고.

그러면 그분은 그가 본 대로 그가 체득한 대로 '도반이여, 참으로 이렇게 마음을 고정시켜야 합니다.[485] 이렇게 마음을 안정시켜야 합니다. 이렇게 마음을 하나가 되게 해야 합니다. 이렇게 마음이 삼매에 들게 해야 합니다.'라고 그에게 설명해줄 것이다. 그러면 그는 나중에 위빳사나의 높은 통찰지도 얻고 안으로 마음의 사마타도 얻을 것이다."

4. "비구들이여, 이 가운데 안으로 마음의 사마타도 얻지 못했고 위빳사나의 높은 통찰지도 얻지 못한 사람은 안으로 마음의 사마타도 얻고 위빳사나의 높은 통찰지도 얻은 사람을 찾아 그에게 다가가서 이렇게 물어야 한다.

'도반이여, 어떻게 마음을 고정시켜야 합니까? 어떻게 마음을 안

해야 하고 무상하다고 깊이 관찰해야 한다. 그와 같이 괴로움(dukkha)이라고 무아(anatta)라고 보아야 한다는 뜻이다."(*Ibid*)

485) "초선(paṭhamajjhāna)을 통해서 마음을 고정시켜야 하고 마음을 안정시켜야 하고 마음을 하나가 되게 해야 한다. 그와 같이 2선과 3선과 4선을 통해서 마음을 고정시켜야 한다는 뜻이다."(*Ibid*)

정시켜야 합니까? 어떻게 마음을 하나가 되게 해야 합니까? 어떻게 마음이 삼매에 들게 해야 합니까? 형성된 것들을 어떻게 보아야 합니까? 형성된 것들을 어떻게 명상해야 합니까? 형성된 것들을 어떻게 깊이 관찰해야 합니까?'라고.

그러면 그분은 그가 본 대로 그가 체득한 대로 '도반이여, 참으로 이렇게 마음을 고정시켜야 합니다. 이렇게 마음을 안정시켜야 합니다. 이렇게 마음을 하나가 되게 해야 합니다. 이렇게 마음이 삼매에 들게 해야 합니다. 참으로 형성된 것들을 이렇게 보아야 합니다. 형성된 것들을 이렇게 명상해야 합니다. 형성된 것들을 이렇게 깊이 관찰해야 합니다.'라고 그에게 설명해줄 것이다. 그러면 그는 나중에 안으로 마음의 사마타도 얻고 위빳사나의 높은 통찰지도 얻을 것이다."

5. "비구들이여, 이 가운데 안으로 마음의 사마타도 얻었고 위빳사나의 높은 통찰지도 얻은 사람은 이러한 유익한 법들에 굳게 서서 번뇌들을 소멸하기 위해서 수행을 해야 한다.

비구들이여, 세상에는 이러한 네 부류의 사람이 있다."

쌍 경

Yuganaddha Sutta(A4:170)

【해설】

사마타를 먼저 닦아야 하는가? 아니면 위빳사나를 먼저 닦아야 하는가? 아니면 둘 다를 동시에 닦아야 하는가? 이것도 사마타와 위빳사나에 관심을 가진 모든 사람들의 토론거리가 되고 있다. 본경은 여기에 대한 명확한 지침을 준다. 결론적으로 말하면 사마타를 먼저 닦을 수도 있고, 위빳사나를 먼저 닦을 수도 있고, 사마타와 위빳사나를 함께 닦을 수도 있다는 것이다. 그것은 각 개인의 문제이지 어느 것을 먼저 닦아야 하는가는 정해진 것이 아니라는 것이다.

본경은 아난다 존자가 비구들에게 설한 것이다. 본경에서 아난다 존자는 "도반들이여, 어떤 비구든 비구니든 나의 곁에서 아라한과를 증득했다고 설명하는 자는 모두 네 가지 가운데 어느 하나에 속합니다."라고 하면서 사마타를 먼저 닦고 위빳사나를 닦는 경우, 위빳사나를 먼저 닦고 사마타를 닦는 경우, 사마타와 위빳사나를 쌍으로 닦는 경우, [성스러운] 법이라고 생각하면서 일어난 들뜸에 의해서 마음이 붙들린 경우[486]의 넷을 들고 있다.

그러면 여기서 사마타와 위빳사나를 쌍으로 닦는다는 것은 어떤 것인가? 사마타에 든 상태에서 위빳사나를 닦는다는 말인가? 경에서는 별다른 설명이 없다. 그러나 주석서는 사마타와 위빳사나를 쌍으로 닦는 경우를 다음과 같이 명확하게 설명하고 있다.

"증득[等至]에 든 마음으로 형성된 것들[行]을 명상할 수는 없다. 그러므로 이것은 증득에 든 만큼 형성된 것들을 명상하는 것이고 형성

---

486) 주석서는 이것은 사마타와 위빳사나 [수행 도중에 생기는] 법들 가운데 열 가지 위빳사나의 경계라고 설명한다.(AA.iii.143)

된 것들을 명상하는 만큼 [다시] 증득에 든 것이라는 [말이다.] 어떻게? 초선을 증득한다. 거기서 출정(出定)한 뒤 형성된 것들을 명상한다. 형성된 것들을 명상한 뒤 제2선의 증득에 든다. 거기서 출정한 뒤 다시 형성된 것들을 명상한다. … 비상비비상처의 증득에 든다. 거기서 출정한 뒤 형성된 것들을 명상한다. 이와 같이 하는 것을 사마타와 위빳사나를 쌍으로 닦는다고 한다."(AA.iii.143)

사마타와 위빳사나를 쌍으로 닦는다는 이 말씀에 대해 사마타 즉 본삼매에 든 상태에서 무상・고・무아를 통찰하는 위빳사나를 동시에 닦는 것으로 잘못 생각하는 분들이 있다면 주석서의 이 설명에서 명확해질 것이다. 사마타와 위빳사나는 그 대상이 완전히 다르다. 사마타는 표상이라는 개념[施設, paññatti]이 그 대상이고, 위빳사나는 일어나고 사라지는 법(dhamma)이 그 대상이다. 그러므로 한 순간에 서로 다른 대상을 가진 사마타와 위빳사나는 결코 함께 일어날 수 없다.

이처럼 『앙굿따라 니까야』는 사마타와 위빳사나에 대한 중요한 언급들을 포함하고 있다.

1. "이와 같이 나는 들었다. 한때 아난다 존자는 꼬삼비에서 고시따 원림에 머물렀다. 거기서 아난다 존자는 "도반 비구들이여"라고 비구들을 불렀다. "도반이시여"라고 비구들은 아난다 존자에게 응답했다. 아난다 존자는 이렇게 말하였다.

"도반들이여, 어떤 비구든 비구니이든 나의 곁에서 아라한과를 증득했다고 설명하는 자는 모두 네 가지 특징 가운데 어느 하나에 속합니다. 무엇이 넷인가요?"

2. "도반들이여, 여기 비구는 사마타를 먼저 닦고 위빳사나를 닦습니다.[487] 그가 사마타를 먼저 닦고 위빳사나를 닦을 때 도를 인

---

487) "이것은 사마타 행자(samatha-yānika)를 두고 한 말이다. 그는 첫 번째로 근접삼매(upacāra-samādhi)나 본삼매(appanā-samādhi)를 일으킨

식합니다.488) 그는 그 도를 거듭하고 닦고 많이 [공부]짓습니다.489) 그가 그 도를 거듭하고 닦고 많이 [공부]지으면 족쇄들이 제거되고490) 잠재성향491)들이 끝이 나게 됩니다."

다. 이것은 사마타이다. 그는 삼매와 이러한 삼매와 함께하는 법에 대해서 무상 등으로 관찰한다(vipassati). 이것은 위빳사나이다. 이처럼 첫 번째 사마타가 있고 그다음에 위빳사나가 있다. 그래서 '사마타를 먼저 닦고 위빳사나를 닦는다(samathapubbaṅgamaṁ vipassanaṁ bhāveti)'고 한 것이다."(AAṬ.ii.314)

488) "첫 번째 출세간 도(lokuttara-magga)가 생긴다는 말이다."(A.iii.142)
"여기서 첫 번째 출세간 도란 예류도(sotāpatti-magga)를 두고 한 말이다. 혹은 세간적인 도(lokiya-magga)로도 이 성전의 뜻을 알아도 된다. 예비단계인(pubbabhāgiya) 세간의 도가 생긴다는 뜻으로 [이해할 수 있기 때문이다.]"(AAṬ.ii.314)

489) "염오를 따라 관찰하는 것(nibbidānupassanā)을 통해서 '거듭한다(āsev-ati).' 해탈하기를 원함(muccitukamyatā)에 의해서 '닦는다(bhāveti).' 숙고함을 따라 관찰함(paṭisaṅkhānupassanā)을 통해서 '많이 [공부]짓는다(bahulīkaroti).'
혹은 공포로 나타나는 지혜(bhayatupaṭṭhānañāṇa)를 통해서 '거듭한다.' 해탈하고자 하는 지혜(muñcitukamyatāñāṇa) 등을 통해서 '닦는다.' 도의 출현으로 인도하는 위빳사나(vuṭṭhānagāminīvipassanā)를 통해서 '많이 [공부]짓는다.'"(AAṬ.ii.314)
여기서 언급되는 술어들은 『청정도론』 XXI.1 이하를 참조할 것.

490) 『청정도론』은 도(예류도부터 아라한도까지)에 의해서 족쇄(saṁyoja-na)들이 제거되는 것을 다음과 같이 설명한다.
"유신견, 의심, 계율과 의례의식에 대한 집착, 악처로 인도하는 감각적 욕망, 악의 — 이 다섯 가지 법들은 첫 번째 도(예류도)의 지혜로 버리고, 나머지 거친 감각적 욕망과 적의는 두 번째 도(일래도)의 지혜로 버리고, 미세한 감각적 욕망과 적의는 세 번째 도(불환도)의 지혜로 버리고, 색계에 대한 욕망 등 다섯은 오직 네 번째 도(아라한도)의 지혜로 버린다."(Vis. XXII.64)

491) '잠재성향'은 anusaya를 옮긴 것이다. 이 단어는 anu(~를 따라서, ~의 아래) + √śī(*to lie*)에서 파생된 남성명사이다. 문자적인 뜻을 살려 잠재성향으로 옮겼다. 『청정도론』은 다음과 같이 설명한다.

3. "다시 도반들이여, 비구는 위빳사나를 먼저 닦고 사마타를 닦습니다.[492] 그가 위빳사나를 먼저 닦고 사마타를 닦을 때 도를 인식합니다. 그는 그 도를 거듭 반복하고 닦고 많이 [공부]짓습니다. 그가 그 도를 거듭 반복하고 닦고 많이 [공부]지으면 족쇄들이 제거되고 잠재성향들이 끝이 나게 됩니다."

4. "다시 도반들이여, 비구는 사마타와 위빳사나를 쌍으로 닦습니다.[493] 그가 사마타와 위빳사나를 쌍으로 닦을 때 도를 인식합니

"이들은 고질적(thāma-gata)이기 때문에 잠재성향이라고 한다. 왜냐하면 이들은 반복해서 감각적 욕망 등이 일어날 원인의 상태로 잠재해 있기 때문이다."(『청정도론』 XXII.60)

『디가 니까야』 제3권 「합송경」(D33) §2.3(12) 등에서 잠재성향은 감각적 욕망의 잠재성향, 적의(敵意)의 잠재성향, 자만의 잠재성향, 사견(邪見)의 잠재성향, 의심의 잠재성향, 존재에 대한 탐욕의 잠재성향, 무명의 잠재성향의 일곱 가지가 나타난다.

『청정도론』은 이들 일곱 가지 잠재성향이 어떻게 도에 의해서 버려지는가를 다음과 같이 설명한다.

"사견의 잠재성향과 의심의 잠재성향은 첫 번째 지혜(예류도의 지혜)로 버린다. 감각적 욕망에 대한 잠재성향과 적의의 잠재성향은 세 번째 지혜(불환도의 지혜)로 버린다. 자만의 잠재성향과 존재에 대한 탐욕의 잠재성향과 무명의 잠재성향은 네 번째 지혜(아라한도의 지혜)로 버린다."(Vis.XXII.73)

492) "이것은 위빳사나 행자를 두고 한 말이다. 그는 앞서 말한 사마타를 성취하지 않고 다섯 가지 취착하는 무더기[五取蘊]에 대해서 무상 등으로 관찰한다.(vipassati)"(*Ibid*)

초기경에서 세존께서 고구정녕하게 강조하시는 것으로 많은 경들에서 거듭 나타나는 '오온의 무상 · 고 · 무아를 통찰하라.'는 가르침을 바로 실천하는 것이 위빳사나를 먼저 닦는 수행이라는 설명이다. 이렇게 사마타와 위빳사나는 분명하게 정리할 수 있다.

493) "'쌍으로 닦는다(.yuganaddhaṁ bhāveti)'고 하였다. 그러나 증득[等至]에 든(samāpattiṁ samāpajjitvā) 마음(citta)으로 형성된 것(saṅkhāra)

다. 그는 그 도를 거듭 반복하고 닦고 많이 [공부]짓습니다. 그가 그 도를 거듭 반복하고 닦고 많이 [공부]지으면 족쇄들이 제거되고 잠재성향들이 끝이 나게 됩니다."

5. "다시 도반들이여, 비구가 [성스러운] 법이라고 생각하면서 일어난 들뜸에 의해서 마음이 붙들리게 되는 [경우가] 있습니다.494)

들을 명상할 수는 없다.(sammasituṁ na sakkā) 그러므로 이것은 증득에 든 만큼 형성된 것들을 명상하고 형성된 것들을 명상하는 만큼 [다시] 증득에 든다는 [말이다.] 어떻게?
초선을 증득한다(samāpajjati). 거기서 출정(出定)한 뒤(tato vuṭṭhāya) 형성된 것들을 명상한다(sammasati). 형성된 것들을 명상 한 뒤 제2선의 증득에 든다. 거기서 출정한 뒤 다시 형성된 것들을 명상한다. … 비상비비상처의 증득에 든다. 거기서 출정한 뒤 형성된 것들을 명상한다. 이와 같이 하는 것을 사마타와 위빳사나를 쌍으로 닦는다고 한다."(AA.iii.143)
주석서는 사마타와 위빳사나를 쌍으로 닦는다는 의미를 이렇게 분명하게 밝히고 있다. 본삼매 즉 禪에 들어서 위빳사나를 닦는 것이 지관겸수 혹은 정혜쌍수라고 주장하는 것은 잘못이다. 표상이라는 개념에 집중된 사마타와 법의 찰나성(무상) 등을 통찰하는 위빳사나는 그 성격이 전혀 다르기 때문이다. 위빳사나 즉 법의 무상·고·무아를 통찰하는 것은 이처럼 반드시 사마타에서 출정한 뒤에야 가능하다. 이것이 상좌부의 정통 견해이다.

494) "'[성스러운] 법이라고 생각하면서 일어난 들뜸에 의해서 마음이 붙들림(dhamm-uddhacca-viggahita)'이란 사마타와 위빳사나 [도중에 생기는] 법들 가운데 열 가지 위빳사나의 경계(dasa-vipassan-upakkilesa)라 불리는 들뜸에 의해서 붙들렸다, 완전히 붙들렸다는 뜻이다."(AA.iii.143)
한편 『청정도론』 XX.106은 이 문장에 대한 『무애해도』의 말씀을 다음과 같이 인용하고 있다.
"어떻게 [성스러운] 법이라고 생각하면서 일어난 들뜸에 의해서 마음이 붙들리게 되는가? 그가 [상카라들을] 무상이라고 마음에 잡도리할 때 ① 광명이 일어난다. 광명이 법이라고 생각하고 광명으로 전향한다. 그것으로 인한 산만함이 들뜸이다. 그 들뜸에 마음이 붙들려 그들이 일어남을 무상하다고 있는 그대로 꿰뚫어 알지 못한다. 그들이 일어남을 괴로움이라고 … 무아라고 있는 그대로 꿰뚫어 알지 못한다.

그런 과정에서 일어난 마음을 안으로 확립하고 안정시키고 하나에 고정하여 삼매에 들 때 그는 도를 인식합니다. 그는 그 도를 거듭 반복하고 닦고 많이 [공부]짓습니다. 그가 그 도를 거듭 반복하고 닦고 많이 [공부]지으면 족쇄들이 제거되고 잠재성향들이 끝이 나게 됩니다.

비구들이여, 어떤 비구든 비구니든 나의 곁에서 아라한과를 증득했다고 설명하는 자는 모두 이러한 네 가지 특징 가운데 어느 하나에 속합니다."

그와 마찬가지로 무상이라고 마음에 잡도리할 때 ② 지혜가 일어난다. … ③ 희열이 … ④ 경안이 … ⑤ 행복이 … ⑥ 결심이 … ⑦ 분발이 … ⑧ 확립이 … ⑨ 평온이 … ⑩ 욕구가 일어난다. 욕구가 법이라고 생각하고 욕구로 전향한다. 그것으로 인한 산만함이 들뜸이다. 그 들뜸에 마음이 붙들려 그들이 일어남을 무상하다고 있는 그대로 꿰뚫어 알지 못한다. 그들이 일어남을 괴로움이라고 … 무아라고 있는 그대로 꿰뚫어 알지 못한다."(Ps.ii.100~101)

열 가지 위빳사나의 경계는 『청정도론』 XX.105 이하에 상세하게 설명되어 있으니 참조할 것.

수시마 경

Susīma Sutta(S12:70)

【해설】

비록 본경의 경문에는 위빳사나라는 술어가 나타나지 않지만 본경은 초기불전에서 부처님이 직접 설하신 순수 위빳사나의 입장을 드러내는 대표적인 경이라 할 수 있다. 그래서 여기에 실었다.
먼저 본경을 요약하면 이러하다. 외도 유행승이었던 수시마는 불법을 염탐하기 위해서 짐짓 부처님 문하로 출가하여 비구가 된다.(§§3~5) 수시마는 여러 비구들이 번뇌가 다한 구경의 지혜를 천명하자(§6) 그들이 5신통과 무색계선의 경지를 체득했는지를 그들에게 묻는다.(§§8~13) 그들은 그렇지 않다고 대답하면서 "도반 수시마여, 우리는 통찰지를 통한 해탈[慧解脫]을 하였습니다."(§14)라고 대답한다.
수시마가 세존께 가서 이 일화를 말씀드리자 세존께서도 "수시마여, 먼저 법들의 조건에 대한 지혜가 있고 나중에 열반에 대한 지혜가 있다."(§15)라고 대답하신다. 그리고 세존께서는 이것을 이해하지 못하고 재차 질문하는 수시마에게 오온으로 해체해서 보기 - 무상·고·무아 - 염오 - 이욕 - 해탈 - 구경해탈지의 정형구를 말씀하신다.(§§16~18) 다시 세존께서는 역관으로 12연기의 발생구조(유전문)를 말씀하시고(§19) 다시 역관으로 12연기의 소멸구조(환멸문)를 말씀하신다.(§20) 그리고 이렇게 꿰뚫어 안 자에게는 오신통과 무색계선이 없음을 문답으로 말씀하신다.(§21) 이를 정확하게 이해한 수시마는 자신이 불법을 훔치기 위해서 거짓 출가했음을 고백하고 참회한다.(§22) 세존께서는 이를 섭수하시면서 가르침은 마무리된다.

본경에서 핵심이 되는 문장은 ① "도반 수시마여, 우리는 통찰지를 통한 해탈[慧解脫]을 하였습니다."(§14)와 ② "수시마여, 먼저 법들의 조건에 대한 지혜가 있고 나중에 열반에 대한 지혜가 있다."(§15)의 두 개라 할 수 있다.
전자의 키워드는 통찰지를 통한 해탈 즉 혜해탈이고 후자의 키워드는 복주서의 설명처럼 [순수] 위빳사나이고(SAṬ.ii.107) "삼매(samādhi)가 없이도 지혜가 일어남을 보여주시기 위해서"(SA.ii.127)하신 말씀이다.

① 출가자들에게 주시는 가장 중요한 부처님의 메시지는 해탈이라 할 수 있다. 중생은 수많은 속박과 장애와 족쇄에 계박되어서 윤회의 고통을 달게 받고 있다. 초기불전에서 세존께서는 수많은 방법으로 이러한 속박으로부터 해탈할 것을 참으로 고구정녕하게 설하고 계신다. 물론 진정한 해탈은 탐·진·치로 대표되는 모든 해로운 법들이 완전히 가라앉고 소멸된 열반의 실현이다.
이미 초기불전의 도처에서 세존께서는 여러 종류의 해탈을 말씀하셨다. 그 대표적인 것인 마음의 해탈[心解脫, ceto-vimutti]과 통찰지를 통한 해탈[慧解脫, paññā-vimutti]과 양면해탈(兩面解脫, ubhato-bhāga-vimutti)이다.
이 가운데 마음의 해탈(심해탈)은 단지 색계 네 가지 禪과 무색계 네 가지 선 가운데 하나의 경지를 얻은 것 즉 사마타의 경지를 뜻한다. 『디가 니까야 주석서』 등에 의하면 통찰지를 통한 해탈(혜해탈)에는 마른 위빳사나를 닦은 자(sukkha-vipassaka)와 네 가지 禪으로부터 출정하여 아라한과를 얻은 자들로 모두 다섯 가지 경우가 있다. (DA.iii.879) 양면해탈은 무색계 삼매(공무변처부터 비상비비상처까지)와 더불어 아라한과를 증득하는 것을 뜻한다. 통찰지를 통한 해탈(혜해탈)은 무색계 삼매 없이 아라한과를 증득한 것을 말한다.
여기서 보듯이 마음의 해탈(심해탈)은 도와 과를 증득하지 못한 경지이며 이것은 아직 열반을 체험하지 못한 해탈이다. 그래서 이미 경에서 이런 해탈을 일시적 해탈이라 부르고 있다.(「고디까 경」(S4:23)) 주석서는 "'일시적인 해탈을 얻은 자'란 오직 본삼매에 들어있는 순간에만 억압된 오염원들로부터 해탈하기 때문에 일시적인 해탈이라 불리는 세간적인 해탈을 통해 마음이 해탈한 자를 뜻한다."(AA.iii.292)

라고 설명하고 있다.

② 그리고 본경에 나타나는 "수시마여, 먼저 법들의 조건에 대한 지혜가 있고 나중에 열반에 대한 지혜가 있다."(§15)에 대한 주석서의 설명에서 보듯이 이 말씀은 "삼매(samādhi)가 없이도 지혜가 일어남을 보여주시기 위해서"(SA.ii.127)하신 말씀이다. 그리고 이것은 "위빳사나를 수레로 삼은 자(vipassanā-yānika)를 두고 말씀하신 것이다."(SAṬ.ii.107)

주석서나 복주서에 자주 나타나는 '마른 위빳사나를 닦은 자(sukkha-vipassaka, Vis.XXI.112)'나 '순수한 위빳사나를 수레로 삼은 자(suddha-vipassanā-yānika, Vis.XVIII.5)' 등의 술어는 초기불전들에는 나타나지 않는다. 그러나 오온의 무상·고·무아를 통찰함에 의해서 염오-이욕-해탈-구경해탈지 성취하여 번뇌 다한 아라한이 되는 본경 §§16~18의 가르침은 이런 마른 위빳사나 혹은 순수 위빳사나(suddha-vipassanā, Vis.VIII.237 등)의 입장을 분명하게 보여주고 있다 하겠다.

1. 이와 같이 나는 들었다. 한때 세존께서는 라자가하에서 대나무 숲의 다람쥐 보호구역에 머무셨다.

2. 그 무렵 세존께서는 존경받으셨고 존중받으셨고 공경받으셨고 숭상받으셨으며 의복과 탁발음식과 거처와 병구완을 위한 약품을 얻으셨다. 비구 승가도 역시 존경받았고 존중받았고 공경받았고 숭상받았으며 의복과 탁발음식과 거처와 병구완을 위한 약품을 얻었다. 그러나 외도 유행승들은 존경받지 못했고 존중받지 못했고 공경받지 못했고 숭상받지 못했으며 의복과 탁발음식과 거처와 병구완을 위한 약품을 얻지 못하였다.

3. 그 무렵 수시마 유행승[495]이 많은 유행승들의 회중과 함께

---

495) 수시마 유행승(Susīma paribbājaka)이 누구인지 주석서와 복주서는 자

라자가하에 살고 있었다. 그때 [120] 수시마 유행승의 회중들이 수시마 유행승에게 이렇게 말했다.

"이리 오시오, 도반 수시마여. 그대는 사문 고따마 아래서 청정범행을 닦으시오. 그래서 그대가 법을 철저히 배운 뒤 우리에게 말해 주시오. 우리도 그 법을 철저히 배워서 재가자들에게 설해줄 것이오. 그러면 우리도 존경을 받고 존중받고 공경받고 숭상받게 되고 의복과 탁발음식과 거처와 병구완을 위한 약품을 얻게 될 것이오."

4. "알겠습니다, 도반들이여."라고 수시마 유행승은 자신의 회중에게 대답한 뒤 아난다 존자에게 다가갔다. 가서는 아난다 존자와 함께 환담을 나누었다. 유쾌하고 기억할 만한 이야기로 서로 담소를 한 뒤 한 곁에 앉았다. 한 곁에 앉은 수시마 유행승은 아난다 존자에게 이렇게 말했다.

"도반 아난다여, 나는 이 법과 율에서 청정범행을 닦고자 합니다."

5. 그때 아난다 존자는 수시마 유행승을 데리고 세존께 다가갔다. 가서는 세존께 절을 올리고 한 곁에 앉았다. 한 곁에 앉은 아난다 존자는 세존께 이렇게 말씀드렸다.

"세존이시여, 수시마 유행승이 '도반 아난다여, 나는 이 법과 율에서 청정범행을 닦고자 합니다.'라고 말합니다."

"아난다여, 그렇다면 수시마를 출가하게 하라."

수시마 유행승은 세존의 곁에서 출가하여 구족계를 받았다.496)

세한 설명을 하지 않는다. 주석서는 단지 "베당가에 능한 현명한 유행승(vedaṅgesu kusalo paṇḍitaparibbājako)"(SA.ii.124)이라고만 적고 있다. 그는 본경 §§16~17의 오온의 무상·고·무아와 염오-이욕-해탈-구경해탈지에 관한 부처님의 말씀을 듣고 아라한이 되었다고 한다.(SA.ii.127)

6. 그 무렵 많은 비구들이 세존의 곁에서 '태어남은 다했다. 청정범행은 성취되었다. 할 일을 다 해 마쳤다. 다시는 어떤 존재로도 돌아오지 않을 것이라고 꿰뚫어 압니다.'라고 구경의 지혜를 드러내었다.

7. 수시마 존자는 [121] 많은 비구들이 세존의 곁에서 '태어남은 다했다. 청정범행은 성취되었다. 할 일을 다 해 마쳤다. 다시는 어떤 존재로도 돌아오지 않을 것이라고 꿰뚫어 압니다.'라고 구경의 지혜를 드러내었다는 것을 들었다. 그때 수시마 존자는 그 비구들에게 다가갔다. 가서는 그 비구들과 함께 환담을 나누었다. 유쾌하고 기억할 만한 이야기로 서로 담소를 한 뒤 한 곁에 앉았다. 한 곁에 앉은 수시

---

496) 주석서에 의하면 수시마는 '아난다 존자는 가장 많이 배운 제자이고, 세존은 여러 곳에서 설한 법들을 자주 그에게 말해준다. 그러니 그의 문하에 있으면 내가 법을 빨리 배울 수 있을 것이다.'라고 생각하여서 아난다 존자에게 다가갔다고 적고 있다.

그리고 아난다 존자는 수시마가 유행승들을 가르치던 사람이었고 그래서 그는 출가한 뒤에 교법(sāsana)을 받아들이지 않을 것이라고 알았기 때문에 그를 세존께 데리고 간 것이다.

세존께서는 수시마가 출가하여 법을 훔치려고 한다(dhammaṁ thenessā-mi)고 아셨지만 수시마가 곧 마음을 바꾸어서 아라한과를 얻을 것이라는 것을 아셨기 때문에 아난다 존자에게 그를 출가시키라고 말씀하신 것이다.(SA.ii.125~126)

다른 경들에 의하면 외도였던 자가 출가하려면 넉 달의 견습기간을 거쳐야 하는데(『상윳따 니까야』「나체수행자 깟사빠 경」(S12:17) §12와 D8 §24; M57 §14; 『율장』의 『대품』(Vin.i.69) 등) 여기서 세존께서는 그런 언급 없이 그를 바로 출가시키고 계신다.

『율장 주석서』에 의하면 이 규정은 나체수행자(nagga-paribbājaka, acelaka 등)였던 외도들이 교단으로 출가할 때만 적용되었다고 한다.(VinA.v.990~991) 수시마는 나체수행자가 아니었기 때문에 이 규정을 적용시키지 않으셨을 것이다.

마 존자는 그 비구들에게 이렇게 말했다.

"존자들이 세존의 곁에서 '태어남은 다했다. 청정범행은 성취되었다. 할 일을 다 해 마쳤다. 다시는 어떤 존재로도 돌아오지 않을 것이라고 꿰뚫어 압니다.'라고 구경의 지혜를 드러내었다는 것이 사실입니까?"497)

"그렇습니다, 도반이여."

8. "그렇다면 그대 존자들은 이렇게 알고 이렇게 보면서 여러 가지 신통변화를 나툽니까?498) 즉, 하나인 채 여럿이 되기도 하고 여럿이 되었다가 하나가 되기도 합니까? 나타났다 사라졌다 하고 벽이나 담이나 산을 아무런 장애 없이 통과하기를 마치 허공에서처럼 합니까? 땅에서도 떠올랐다 잠겼다 하기를 물속에서처럼 합니까? 물 위에서 빠지지 않고 걸어가기를 땅 위에서처럼 합니까? 가부좌한 채 허공을 날아가기를 날개 달린 새처럼 합니까? 저 막강하고 위력적인 태양과 달을 손으로 만져 쓰다듬기도 하며 심지어는 저 멀리 범

---

497) "이 비구들은 세존으로부터 명상주제를 받아 3개월간 우기철의 안거(vassa)에 들어갔다. 안거동안 그들은 열심히 정진하여 아라한과를 증득하였다. 안거가 끝나자 그들은 세존께 다가가서 그들의 증득을 말씀드린 것이다.

'구경의 지혜(aññā)'란 아라한과(arahatta)의 이름(nāma)이다. '드러내었다(vyākatā).'는 것은 말씀드렸다(ārocitā)는 뜻이다. 수시마 존자는 '구경의 지혜란 이 교법(sāsana)에서 '으뜸가는 권위(parama-ppamāṇa)'여서 핵심이 되는(sāra-bhūtā) 스승의 주먹[師拳, ācariya-muṭṭhi]임에 틀림없다. 그러니 나는 그들에게 물어서 사실을 확인해야겠다.'라고 생각하면서 그들에게 다가간 것이다."(SA.ii.126)

'스승의 주먹'에 대해서는 『상윳따 니까야』 제5권 「병 경」(S47:9) §7의 주해를 참조할 것.

498) 본경에서 언급되고 있는 다섯 가지 신통지(abhiññā)의 정형구는 『청정도론』 XII장과 XIII장에 상세히 설명되어 있다.

천의 세상499)에까지도 몸의 자유자재함을 발합니까?[神足通]"

"그렇지 않습니다, 도반이여."

9. "그렇다면 그대 존자들은 이렇게 알고 이렇게 보면서 인간의 능력을 넘어선 청정하고 신성한 귀의 요소로 천상이나 인간의 소리 둘 다를 멀든 가깝든 간에 다 듣는 신성한 귀의 요소를 나툽니까?[天耳通]"

"그렇지 않습니다, 도반이여."

10. "그렇다면 그대 존자들은 이렇게 알고 이렇게 보면서 자기의 마음으로 다른 중생들과 다른 인간들의 마음을 꿰뚫어 압니까? 즉, 탐욕이 있는 마음은 탐욕이 있는 마음이라고 꿰뚫어 알고 탐욕을 여읜 마음은 탐욕을 여읜 마음이라고 꿰뚫어 압니까? 성냄이 있는 마음은 성냄이 있는 마음이라고 꿰뚫어 알고 성냄을 여읜 마음은 성냄을 여읜 마음이라고 꿰뚫어 압니까? 어리석음이 있는 마음은 [122] 어리석음이 있는 마음이라고 꿰뚫어 알고 어리석음을 여읜 마음은 어리석음을 여읜 마음이라고 꿰뚫어 압니까? 수축한 마음은 수축한 마음이라고 꿰뚫어 알고 흩어진 마음은 흩어진 마음이라고 꿰뚫어 압니까? 고귀한 마음은 고귀한 마음이라고 꿰뚫어 알고 고귀하지 않은 마음은 고귀하지 않은 마음이라고 꿰뚫어 압니까? 위가 있는 마음은 위가 있는 마음이라고 꿰뚫어 알고 위가 없는 마음은 위가 없는 마음이라고 꿰뚫어 압니까? 삼매에 든 마음은 삼매에 든 마음이라고 꿰뚫어 알고 삼매에 들지 않은 마음은 삼매에 들지 않은 마음이라고 꿰뚫어 압니까? 해탈한 마음은 해탈한 마음이라고 꿰뚫어 알고 해

499) '범천의 세상(brahma-loka)'에 대해서는 『상윳따 니까야』 제6권 「병 경」(S55:54) §11의 주해를 참조할 것.

탈하지 않은 마음은 해탈하지 않은 마음이라고 꿰뚫어 압니까?[他心通]"

"그렇지 않습니다, 도반이여."

11. "그렇다면 그대 존자들은 이렇게 알고 이렇게 보면서 수많은 전생의 갖가지 삶들을 기억합니까? 즉, 한 생, 두 생, 세 생, 네 생, 다섯 생, 열 생, 스무 생, 서른 생, 마흔 생, 쉰 생, 백 생, 천 생, 십만 생, 세계가 수축하는 여러 겁, 세계가 팽창하는 여러 겁, 세계가 수축하고 팽창하는 여러 겁을 기억합니까? '어느 곳에서 이런 이름을 가졌고, 이런 종족이었고, 이런 용모를 가졌고, 이런 음식을 먹었고, 이런 행복과 고통을 경험했고, 이런 수명의 한계를 가졌고, 그곳에서 죽어 다른 어떤 곳에 다시 태어나 그곳에서는 이런 이름을 가졌고, 이런 종족이었고, 이런 용모를 가졌고, 이런 음식을 먹었고, 이런 행복과 고통을 경험했고, 이런 수명의 한계를 가졌고, 그곳에서 죽어 여기 다시 태어났다.'라고. 이처럼 한량없는 전생의 갖가지 모습들을 그 특색과 더불어 상세하게 기억해 냅니까?[宿命通]"

"그렇지 않습니다, 도반이여."

12. "그렇다면 그대 존자들은 이렇게 알고 이렇게 보면서 청정하고 인간을 넘어선 신성한 눈[天眼]으로 중생들이 죽고 태어나고, 천박하고 고상하고, 잘생기고 못생기고, 좋은 곳[善處]에 가고 나쁜 곳[惡處]에 가는 것을 보고, 중생들이 지은 바 그 업에 따라가는 것을 꿰뚫어 압니까? '이들은 몸으로 못된 짓을 골고루 하고 [123] 입으로 못된 짓을 골고루 하고 또 마음으로 못된 짓을 골고루 하고, 성자들을 비방하고, 삿된 견해를 지니어 사견업(邪見業)을 지었다. 이들은 죽어서 몸이 무너진 다음에는 처참한 곳, 불행한 곳, 파멸처, 지옥에

태어났다. 그러나 이들은 몸으로 좋은 일을 골고루 하고 입으로 좋은 일을 골고루 하고 마음으로 좋은 일을 골고루 하고 성자들을 비방하지 않고 바른 견해를 지니고 정견업(正見業)을 지었다. 이들은 죽어서 몸이 무너진 다음에는 좋은 곳[善處], 천상세계에 태어났다.'라고. 이와 같이 그대 존자들은 청정하고 인간을 넘어선 신성한 눈으로 중생들이 죽고 태어나고, 천박하고 고상하고, 잘생기고 못생기고, 좋은 곳[善處]에 가고 나쁜 곳[惡處]에 가는 것을 보고, 중생들이 지은 바 그 업에 따라가는 것을 꿰뚫어 압니까?[天眼通]"

"그렇지 않습니다, 도반이여."

13. "그렇다면 그대 존자들은 이렇게 알고 이렇게 보면서 물질[色]을 초월하여 물질이 없는[無色] 저 [네 가지] 평화로운 해탈들을 몸으로 체득하여 머뭅니까?"500)

---

500) 먼저 '평화로운 해탈(santa vimokkha)'이 무엇을 뜻하는가부터 살펴보자. 『청정도론 주석서』는 평화로운 해탈을 무색계禪(arūpa-jjhāna)이라고 설명하고 있다.(santavimokkhato ti arūpajjhānato – Pm.394 = Vis. X.5에 대한 주석) 본경에 해당하는 주석서는 다음과 같이 설명한다.
"'평화로운 해탈들(santā vimokkhā)'이란 구성요소들도 평화롭고 대상도 평화롭기 때문에 평화로운데 이것은 무색계의 해탈들(āruppa-vimokkhā)을 말한다. '몸으로 체득하여(kāyena phusitvā)'란 정신적인 몸(nāma-kāya)으로 체득하여, 증득하여(paṭilabhitvā)라는 뜻이다."(SA.ii.126)
복주서는 '정신적인 몸'이란 함께 생긴 정신의 무더기(nāma-kkhandha = 수・상・행・식의 4온)를 뜻한다고 설명하고 있다.(MAṬ.i.265)
『맛지마 니까야 주석서』는 다음과 같이 설명한다.
"'평화로운'이란 것은 구성요소가 평화롭고 대상이 평화롭기 때문에 평화롭다. '해탈'이란 반대되는 법들로부터 해탈했고(vimuttatta) 또 대상에 대해 확신이 있기 때문에(adhimuttatta) 해탈이다. '물질을 초월한다(atikkamma ruupe).'는 것은 색계선(ruupa-avacara-jjhāna)을 초월한다는 것이다."(MA.i.162)

"그렇지 않습니다, 도반이여."

14. "여기서 존자들은 [구경의 지혜를] 드러내었지만 이러한 법들은 증득하지 못하였습니다. 어떻게 해서 이렇게 됩니까?"501)

"도반 수시마여, 우리는 통찰지를 통한 해탈[慧解脫]을 하였습니다."502)

수시마는 여기서 육신통 가운데 마지막인 누진통 대신에 공무변처부터 비상비비상처까지의 네 가지 무색계 삼매를 들고 있다. 이 무색계 삼매는 양면해탈(즉 누진통)을 성취하기 위한 토대가 되기 때문에 이러한 질문을 하는 듯하다. 아래 §14의 주해를 참조할 것. 그리고 양면해탈 등에 대해서는 『상윳따 니까야』 「선(禪)과 최상의 지혜 경」(S16:9) §17의 주해를 참조할 것.

501) Ee에는 본 문단의 끝에 ( ) 안에 넣어서 §§22~23에 나타났던 'api pana tumhe … imesañcadhammānaṁ asamāpatti'를 다시 표기하고 있는데 오히려 이 부분이 없어야 문맥이 통한다. 그래서 역자는 이 부분을 빼고 옮겼다. Be와 Se에는 나타나지 않는다. 보디 스님도 이렇게 번역하였다.

502) "'우리는 통찰지를 통한 해탈[慧解脫]을 하였습니다(paññāvimuttā kho mayaṁ).'라는 것은, 우리는 禪이 없는(nijjhānaka) 마른 위빳사나를 닦은 자(sukkha-vipassaka)들이어서 오직 통찰지(paññā-matta)로써 해탈하였다는 것을 보여준다."(SA.ii.126~127)

"여기서 오직 통찰지로써 해탈하였다[慧解脫]는 것은 양면으로 해탈하지 않은 것(na ubhato-bhāga-vimuttā)이다."(SAṬ.ii.107)

위에서 언급한 다섯 가지 신통은 반드시 삼매, 특히 제4선에 들어야 나툴 수 있다.(『앙굿따라 니까야』 「삼매 경」(A6:70) §1 참조) 그래서 제4선을 신통지(초월지)를 위한 '기초가 되는 선(padaka-jjhāna)'이라 한다. (여기에 대해서는 『청정도론』 XII.57 이하를 참조할 것.) 그리고 양면해탈은 무색계 삼매를 토대로 해야 가능하다. 그래서 본경에 해당하는 주석도 아라한과를 증득했다는 이 비구들에게 5신통과 평화로운 해탈이라 불리는 무색계 삼매가 없는 이유를 그들은 禪이 없는 마른 위빳사나를 닦았기 때문이라고 설명하고 있다.

한편 주석서는 통찰지를 통한 해탈을 성취한 아라한을 다섯 가지로 설명하고 있다. 그것은 초선부터 제4선까지의 네 가지 禪으로부터 출정하여

"나는 존자들이 간략하게 말씀하신 뜻을 자세하게 알지 못합니다. 그러니 존자들이 제게 상세하게 설해 주시면 감사하겠습니다. 그러면 저는 존자들이 간략하게 말씀하신 뜻을 자세하게 알 것입니다."

"도반 수시마여, [124] 그대가 자세하게 알든 자세하게 알지 못하든 간에 우리는 통찰지를 통한 해탈[慧解脫]을 하였습니다."

15. 그때 수시마 존자는 자리에서 일어나서 세존께 다가갔다. 가서는 세존께 절을 올리고 한 곁에 앉았다. 한 곁에 앉은 수시마 존자는 그 비구들과 함께 주고받은 대화를 모두 세존께 말씀드렸다.

"수시마여, 먼저 법들의 조건에 대한 지혜가 있고 나중에 열반에 대한 지혜가 있다."503)

아라한이 된 네 가지 경우에다 이러한 네 가지 禪의 체험 없이 해탈한 마른 위빳사나를 닦은 자를 더한 것이다.(DA.ii.512; MA.iii.188 등)

마른 위빳사나를 닦은 자는 순수 위빳사나를 닦는 자(suddha-vipassaka, 『청정도론』 XVIII.8)라고도 불린다. 마른 위빳사나를 닦은 자는 『아비담마 길라잡이』 9장 §29의 해설과 『청정도론』 XXI.112의 주해 등을 참조할 것.

503) "'법들의 조건에 대한 지혜(dhammaṭṭhiti-ñāṇa)'란 조건의 다양한 형태(paccay-ākāra)에 대한 지혜를 말한다. 조건의 다양한 형태란 법들이 전개되고 머무는 원인이 되기 때문에(pavatti-ṭṭhiti-kāraṇattā) 법들의 머묾(dhamma-ṭṭhiti)이라 부른다."(SA.ii.68 – 『상윳따 니까야』 「지혜의 토대 경」 2(S12:34)의 주해임.)

"법들의 머묾이란 법들의 [보편적] 성질(sabhāvatā)을 말하나니 그것은 바로 무상함과 괴로움과 무아임(anicca-dukkha-anattatā)을 말한다."(SAṬ.ii.107)

"여기서 '법들의 조건에 대한 지혜'는 위빳사나의 지혜(vipassanā-ñāṇa)이다. 이것이 먼저 일어난다. '열반에 대한 지혜(nibbāne ñāṇa)'는 위빳사나의 [과정이] 끝났을 때 일어나는 도의 지혜(magga-ñāṇa)를 말한다. 이것은 뒤에 일어난다. 그래서 세존께서는 이렇게 말씀하신 것이다."(SA.ii.127)

법들의 조건에 대한 지혜[法住智]에 대해서는 『상윳따 니까야』 「지혜의

"세존이시여, 저는 세존께서 간략하게 말씀하신 뜻을 자세하게 알지 못합니다. 그러니 세존께서 제게 상세하게 설해 주시면 감사하겠습니다. 그러면 저는 세존께서 간략하게 말씀하신 뜻을 자세하게 알 것입니다."

"수시마여, 그대가 자세하게 알든 자세하게 알지 못하든 간에 먼저 법들의 조건에 대한 지혜가 있고 나중에 열반에 대한 지혜가 있다."504)

16. "수시마여, 이를 어떻게 생각하는가? 물질은 항상한가, 무상한가?"505)

토대 경」2(S12:34)의 주해와 『청정도론』 VII.20; 22, XIX.25~26을 참조할 것.

504) "세존께서는 왜 이렇게 말씀하셨는가? 삼매(samādhi)가 없이도 지혜가 일어남을 보여주시기 위해서(ñāṇ-uppatti-dassanattha)이다. 세존께서는 다음과 같이 말씀하신 것이다.
'수시마여, 도(magga)와 과(phala)는 삼매의 소산(samādhi-nissanda)이 아니고 삼매의 이익(samādhi-ānisaṁsa)도 아니고 삼매의 결과물(nipphatti)도 아니다. 이 둘은 위빳사나의 소산이고 위빳사나에서 생긴 이익이고 위빳사나의 결과물이다. 그러므로 그대가 자세하게 알든 자세하게 알지 못하든 간에 먼저 법들의 조건에 대한 지혜가 있고 나중에 열반에 대한 지혜가 있다.'라고."(SA.ii.127)
"여기서 '삼매가 없이도'라는 것은 고요함이라는 특징을 얻는 것(samatha-lakkhaṇa-ppatta)을 먼저 성취(purima-siddha)하는 삼매가 없이도라는 뜻이다. 이것은 위빳사나를 수레로 삼은 자(vipassanā-yānika)를 두고 말씀하신 것이다."(SAṬ.ii.107)
주석서에 나타나는 '마른 위빳사나를 닦은 자(sukkha-vipassaka)'나 복주서에 나타나는 '위빳사나를 수레로 삼은 자(vipassanā-yānika)' 등의 술어는 초기불전들에는 나타나지 않는 술어이다. 그러나 바로 다음에 나타나는 본경의 가르침은 오온의 무상·고·무아를 통찰함에 의해서 염오-이욕-해탈-구경해탈지를 성취하여 번뇌 다한 아라한이 되는 것을 분명하게 설하고 있다. 그러므로 이것을 주석서와 복주서는 순수 위빳사나를 닦아서 아라한이 되는 경우로 설명하고 있는 것이다.

505) "이제 세존께서는 그가 통찰을 할 수 있음(paṭivedha-bhabbata)을 아시

"무상합니다, 세존이시여."

"그러면 무상한 것은 괴로움인가, 즐거움인가?"

"괴로움입니다, 세존이시여."

"그러면 무상하고 괴로움이고 변하기 마련인 것을 두고 '이것은 내 것이다. 이것은 나다. 이것은 나의 자아다.'라고 관찰하는 것이 타당하겠는가?"

"그렇지 않습니다, 세존이시여."

수시마여, 이를 어떻게 생각하는가? 느낌은 … 인식은 … 심리현상들은 … 알음알이는 항상한가, 무상한가?" [125]

"무상합니다, 세존이시여."

"그러면 무상한 것은 괴로움인가, 즐거움인가?"

"괴로움입니다, 세존이시여."

"그러면 무상하고 괴로움이고 변하기 마련인 것을 두고 '이것은 내 것이다. 이것은 나다. 이것은 나의 자아이다.'라고 관찰하는 것이 타당하겠는가?"

"그렇지 않습니다, 세존이시여."

17. "수시마여, 그러므로 그것이 어떠한 물질이건, 그것이 과거의 것이건 미래의 것이건 현재의 것이건 안의 것이건 밖의 것이건 거칠건 미세하건 저열하건 수승하건 멀리 있건 가까이 있건 '이것은 내

고 세 번에 걸쳐서(te-parivaṭṭaṁ) 설법을 하시면서 이렇게 질문하시는 것이다. 이 가르침이 끝나자 장로는 아라한과를 얻었다."(SA.ii.127)

"여기서 '세 번에 걸쳐서'란 오온에 대해서 삼특상(무상·고·무아)을 제기하는 것을 말한다."(SAṬ.ii.108)

삼특상에 대한 교리문답은 『상윳따 니까야』 제3권 「무더기 상윳따」(S22) 전체를 통해서 나타나는데 특히 S22:49; 59; 79; 80; 82 등을 들 수 있다.

것이 아니요, 이것은 내가 아니며, 이것은 나의 자아가 아니다.'라고 있는 그대로 바른 통찰지로 보아야 한다.

수시마여, 그것이 어떠한 느낌이건 … 그것이 어떠한 인식이건 … 그것이 어떠한 심리현상들이건 … 그것이 어떠한 알음알이건, 그것이 과거의 것이건 미래의 것이건 현재의 것이건 안의 것이건 밖의 것이건 거칠건 미세하건 저열하건 수승하건 멀리 있건 가까이 있건 '이것은 내 것이 아니요, 이것은 내가 아니며, 이것은 나의 자아가 아니다.'라고 있는 그대로 바른 통찰지로 보아야 한다."

18. "수시마여, 이와 같이 보는 잘 배운 성스러운 제자는 물질에 대해서도 염오하고 느낌에 대해서도 염오하고 인식에 대해서도 염오하고 심리현상들에 대해서도 염오하고 알음알이에 대해서도 염오한다.

염오하면서 탐욕이 빛바래고, 탐욕이 빛바래기 때문에 해탈한다. 해탈하면 해탈했다는 지혜가 있다. '태어남은 다했다. 청정범행(梵行)은 성취되었다. 할 일을 다 해 마쳤으며, 다시는 어떤 존재로도 돌아오지 않을 것이다.'라고 꿰뚫어 안다."

19. "수시마여, 그대는 태어남을 조건으로 늙음·죽음이 있다고 보는가?"506)

"그렇습니다, 세존이시여."

"수시마여, 그대는 존재를 조건으로 태어남이 있다고 … 취착을

---

506) "앞에서 물질 등에 대해서 삼특상을 제기하여 가르침을 설하셨다. 이제 이러한 세 가지 양상(무상·고·무아)에 대한 가르침(te-parivaṭṭa-desanā)을 더 깊이 적용(anuyoga)시키면서 '수시마여, 아라한과를 증득한 자는 모든 곳에서 조건의 형태(paccay-ākāra)를 꿰뚫은 뒤에 미혹을 제거(vigata-sammoha)한다.'라고 하시면서 [이제 12연기를 설하시는 것이다.]"(SAṬ.ii.108)

조건으로 존재가 있다고 … [126] 갈애를 조건으로 취착이 있다고 … 느낌을 조건으로 갈애가 있다고 … 감각접촉을 조건으로 느낌이 있다고 … 여섯 감각장소를 조건으로 감각접촉이 있다고 … 정신·물질을 조건으로 여섯 감각장소가 있다고 … 알음알이를 조건으로 정신·물질이 있다고 … 의도적 행위들을 조건으로 알음알이가 있다고 … 무명을 조건으로 의도적 행위들이 있다고 보는가?"

"그렇습니다, 세존이시여."

20. "수시마여, 그대는 태어남이 소멸하기 때문에 늙음·죽음이 소멸한다고 보는가?"

"그렇습니다, 세존이시여."

"수시마여, 그대는 존재가 소멸하기 때문에 태어남이 소멸한다고 … 취착이 소멸하기 때문에 존재가 소멸한다고 … 갈애가 소멸하기 때문에 취착이 소멸한다고 … 느낌이 소멸하기 때문에 갈애가 소멸한다고 … 감각접촉이 소멸하기 때문에 느낌이 소멸한다고 … 여섯 감각장소가 소멸하기 때문에 감각접촉이 소멸한다고 … 정신·물질이 소멸하기 때문에 여섯 감각장소가 소멸한다고 … 알음알이가 소멸하기 때문에 정신·물질이 소멸한다고 … 의도적 행위들이 소멸하기 때문에 알음알이가 소멸한다고 … 무명이 소멸하기 때문에 의도적 행위들이 소멸한다고 보는가?"

"그렇습니다, 세존이시여."

21. "수시마여, 그런데 그대는 이렇게 알고 이렇게 보면서 여러 가지 신통변화를 나투는가?507) 즉, 하나인 채 여럿이 되기도 하고

507) "그런데 이 말씀은 왜 하셨는가? 禪이 없는(nijjhānaka) 마른 위빳사나를 닦은(sukkha-vipassaka) 비구들이 있음을 분명하게 하시기 위해서

… 심지어는 저 멀리 범천의 세상에까지도 몸의 자유자재함을 발하는가?[神足通]"

"그렇지 않습니다, 세존이시여."

"그렇다면 그대는 이렇게 알고 이렇게 보면서 인간의 능력을 넘어선 청정하고 신성한 귀의 요소로 천상이나 인간의 소리 둘 다를 멀든 가깝든 간에 다 듣는 신성한 귀의 요소를 나투는가?[天耳通]" [127]

"그렇지 않습니다, 세존이시여."

"그렇다면 그대는 이렇게 알고 이렇게 보면서 자기의 마음으로 다른 중생들과 다른 인간들의 마음을 꿰뚫어 아는가? 즉, 탐욕이 있는 마음은 탐욕이 있는 마음이라고 꿰뚫어 알고 … 해탈하지 않은 마음은 해탈하지 않은 마음이라고 꿰뚫어 아는가?[他心通]"

"그렇지 않습니다, 세존이시여."

"그렇다면 이렇게 알고 이렇게 보는 그대는 수많은 전생의 갖가지 삶들을 기억하는가? 즉, 한 생, 두 생, … 이처럼 한량없는 전생의 갖가지 모습들을 그 특색과 더불어 상세하게 기억하는가?[宿命通]"

"그렇지 않습니다, 세존이시여."

"그렇다면 이렇게 알고 이렇게 보는 그대는 청정하고 인간을 넘어선 신성한 눈[天眼]으로 중생들이 죽고 태어나고, … 중생들이 지은 바 그 업에 따라가는 것을 꿰뚫어 아는가?[天眼通]"

"그렇지 않습니다, 세존이시여."

"그렇다면 이렇게 알고 이렇게 보는 그대는 물질[色]을 초월하여 물질이 없는[無色] 저 [네 가지] 평화로운 해탈들을 몸으로 체득하여

(pākaṭa-karaṇattha)이다. 즉, '그대만이 禪이 없는 마른 위빳사나를 닦은 자가 아니라 이 비구들도 마찬가지이다.'라고 말씀하시는 것이다."(SA.ii.127)

머무는가?"

"그렇지 않습니다, 세존이시여."

"수시마여, 여기서 그대는 이렇게 [자신의 지혜를] 드러내었지만 이러한 법들은 증득하지 못하였다. 어떻게 해서 이렇게 되었는가?"[508]

22. 그때 수시마 존자는 세존의 발에 머리 조아려 절을 올린 뒤 세존께 이렇게 말씀드렸다.

"세존이시여, 저는 잘못을 범하였습니다. 세존이시여, 저는 참으로 어리석고 미혹하고 신중하지 못해서 잘못을 범하였습니다. 세존이시여, 저는 법을 훔치려고[509] 이처럼 잘 설해진 법과 율에 출가하였습니다. 세존이시여, 세존께서는 이러한 제가 미래에 [다시 이와 같은 잘못을 범하지 않고] 제 자신을 단속할 수 있도록 제 잘못에 대한 참회를 섭수하여 주소서."

"수시마여, 확실히 그대는 잘못을 범하였다. 그대는 법을 훔치려고 이처럼 잘 설해진 법과 율에 출가하였다."

23. "수시마여, [128] 예를 들면 죄를 지은 도둑을 붙잡아 '폐하, 이 자는 죄를 지은 도둑입니다. 폐하께서 원하시는 처벌을 내리십시오.'라고 하면서 대령하는 것과 같다. 그러면 왕은 이렇게 말할 것이다. '여봐라, 그렇다면 이 사람을 단단한 밧줄로 손을 뒤로 한 채 꽁

---

508) 세존께서는 이렇게 마른 위빳사나를 닦은 자나 통찰지로 해탈한 자[慧解脫者]는 오온의 무상·고·무아를 통찰해서 깨달음을 실현하여 아라한이 되었지만 본삼매 특히 제4선의 힘이 없기 때문에 신통을 나투지 못하는 것으로 멋지게 설명하고 계신다.

509) '법을 훔침'은 dhamma-tthenaka를 옮긴 것이다. 잘못을 범하여 용서를 구하고 이를 용서하는 정형구는 『상윳따 니까야』 제2권 「교계 경」 1(S16:6) §§8~9에도 나타나고 있다.

꽁 묶어서 머리를 깎고 요란한 북소리와 함께 이 골목 저 골목 이 거리 저 거리로 끌고 다니다가 남쪽 문으로 데리고 가서는 도시의 남쪽에서 머리를 잘라버려라.'라고.

그러면 왕의 사람들은 그 사람을 단단한 밧줄로 손을 뒤로 한 채 꽁꽁 묶어서 머리를 깎고 요란한 북소리와 함께 이 골목 저 골목 이 거리 저 거리로 끌고 다니다가 남쪽 문으로 데리고 가서는 도시의 남쪽에서 머리를 자를 것이다."

24. "수시마여, 이를 어떻게 생각하는가? 그러면 그 사람은 그 때문에 육체적 고통과 정신적 고통을 겪겠는가?"

"그렇습니다, 세존이시여."

"수시마여, 그 사람이 그 때문에 육체적 고통과 정신적 고통을 겪든 겪지 않든 간에 법을 훔치려고 이처럼 잘 설해진 법과 율에 출가하는 것은 그보다 더 큰 괴로움의 과보가 있고 더 혹독한 과보가 있고 게다가 파멸처로 떨어지게 된다.

수시마여, 그러나 그대는 잘못을 범한 것을 잘못을 범했다고 인정하고 법답게 참회를 하였다. 그러므로 우리는 그대를 받아들인다. 수시마여, 잘못을 범한 것을 잘못을 범했다고 인정한 다음 법답게 참회하고 미래에 [그러한 잘못을] 단속하는 자는 성자의 율에서 향상하기 때문이다."

참고문헌

I. 4부 니까야와 주석서 빠알리 원본

The Dīgha Nikāya. 3 vols. edited by Rhys Davids, T. W. and Carpenter, J. E.. First published 1890. Reprint. London. PTS, 1975.

The Majjhima Nikāya. 3 vols. Vol 1 edited by V. Trenckner; Vols 2 and 3 edited by Robert Chalmers. First published 1888-99. Reprint. London. PTS, 1977-79.

The Saṁyutta Nikāya. 5 vols. edited by Rhys Davids, T. W. and Carpenter, J. E. First published 1890. Reprint. London. PTS, 1991.

The Aṅguttara Nikāya. 5 vols.

Vol. I and II, edited by Richard Morris, First published 1885. Reprint. London. PTS, 1961.

Vol III~V, edited by E. Hardy, First published 1897. Reprint. London. PTS, 1976.

Dīgha Nikāya Aṭṭhakathā (Sumaṅgalavilāsinī) 3 vols. edited by Rhys David, T. W. and Carpenter J. E. and Stede, W. PTS, 1886-1932.

Dīgha Nikāya Aṭṭhakathā Ṭīka (3 vols) ed. Lily de Silva, PTS, 1970.

The Majjhima Nikāya Aṭṭhakathā (Papañcasūdanī). 4 vols. edited by Rhys David, T. W. and Carpenter J. E. and Stede, W. PTS,

1886-1932.

Saṁyutta Nikāya Aṭṭhakathā (Sāratthappakāsinī) 3 vols. edited by Rhys David, T. W. and Carpenter J. E. and Stede, W. PTS, 1886-1932.

Aṅguttara Nikāya Aṭṭhakathā (Manorathapūraṇī) 5 vols. edited by Max Walleser and Hermann Kopp, PTS, First published 1924-1956. Reprint. 1973-1977.

The Caṭṭha Saṅghāyana CD-ROM edition (3th version). Igatpuri: VRI, 1998)

II. 빠알리 삼장 번역본

디가 니까야(Dīgha Nikāya):

각묵 스님, 『디가 니까야』 (전3권) 초기불전연구원, 2006, 3쇄 2010.

T. W. Rhys Davids, *Dialogues of the Buddha* (3 vols). London: PTS, First Published 1899, Reprinted 1977.

Walshe, Maurice. *Thus Have I Heard: Long Discourse of the Buddha.* London: Wisdom Publications, 1987.

맛지마 니까야(Majjhima Nikāya):

대림 스님, 『맛지마 니까야』 (전4권) 초기불전연구원, 2012.

Horner, I. B. *The Collection of the Middle Length Sayings*, PTS, 1954-59.

Ñāṇamoli Bhikkhu and Bodhi Bhikkhu. *The Middle Length Discourse of the Buddha*, Kandy: BPS, 1995.

상윳따 니까야(Saṁyutta Nikāya):

각묵 스님, 『상윳따 니까야』 (전6권) 초기불전연구원, 2009.

Woodward, F. L. *The Book of the Kindred Sayings,* PTS, 1917-27.

Bodhi, Bhikkhu. *The Connected Discourses of the Buddha* (2 Vol.s). Wisdom Publications, 2000.

앙굿따라 니까야(Aṅguttara Nikāya):
대림 스님, 『앙굿따라 니까야』 (전6권) 초기불전연구원, 2006~2007.
Woodward and Hare. *Book of Gradual Sayings* (5 vols). London: PTS, 1932-38.
Vinaya Pitaka: Horner, I. B. *The Book of the Discipline.* 6 vols. London: PTS, 1946-66.
Dhammasangaṇi: Rhys Davids, C.A.F. *A Buddhist Manual of Psychological Ethics.* 1900. Reprint. London: PTS, 1974.
Vibhaṅga: Thittila, U. *The Book of Analysis* London: PTS, 1969.
Dhātukathā: Nārada, U. *Discourse on Elements.* London: PTS, 1962.
Puggalapaññatti: Law, B.C. *A Designation of Human Types.* London: PTS, 1922, 1979.
Kathāvatthu: Shwe Zan Aung and C.A.F. Rhys Davids. *Points of Controversy* London: PTS, 1915, 1979.
Paṭṭhana: U Nārada. *Conditional Relations* London: PTS, Vol.1, 1969; Vol. 2, 1981.
Atthasālinī (Commentary on the Dhammasāṅganī): Pe Maung Tin. *The Expositor* (2 Vol.s), London: PTS, 1920-21, 1976.
Sammohavinodanī (Commentary on the Vibhaṅga): Ñāṇamoli, Bhikkhu. *The Dispeller of Delusion.* Vol. 1. London: PTS, 1987; Vol. 2. Oxford: PTS, 1991.
청정도론(Visuddhimagga):
대림 스님, 『청정도론』 (전3권) 초기불전연구원, 2004, 3쇄 2009.
Ñāṇamoli, Bhikkhu. *The Path of Purification.* (tr. of Vism) Berkeley: Shambhala, 1976.
Pe Maung Tin. *The Path of Purity.* P.T.S. 1922 (Vol. I), 1928 (Vol. II), 1931 (Vol. III)

III. 사전류

(1) 빠알리 사전

Pāli-English Dictionary (PED), by Rhys Davids and W. Ste- de, PTS, London, 1923.

Pāli-English Glossary of Buddhist Technical Terms (NMD), by Ven. Ñāṇamoli, BPS, Kandy, 1994.

A Dictionary of the Pali Language (DPL), by R.C. Childers, London, 1875.

Buddhist Dictionary, by Ven. Ñāṇatiloka, Colombo, 1950.

Concise Pāli-English Dictionary (BDD), by Ven. A.P. Buddha -datta, 1955.

Dictionary of Pāli Proper Names (DPPN), by G.P. Malala- sekera, 1938.

Critical Pāli Dictionary (CPD), by Royal Danish Academy of Sciences & Letters

A Dictionary of Pāli (Part I: a - kh), by Cone, M. PTS. 2001.

(2) 기타 사전류

Buddhist Hybrid Sanskrit Grammar and Dictionary (BHD), by F. Edgerton, New Javen: Yale Univ., 1953.

Sanskrit-English Dictionary (MW), by Sir Monier Monier- Williams, 1904.

Practical Sanskrit-English Dictionary (DVR), by Prin. V.S. Apte, Poona, 1957.

Dictionary of Pāṇini (3 vols), Katre S. M. Poona, 1669.

A Dictionary of Sanskrit Grammar, Abhyankar, K. V. Baroda, 1986.

A Dictionary of the Vedic Rituals, Sen, C. Delhi, 1978.

Puranic Encyclopaedia, Mani, V. Delhi, 1975, 1989.

Root, Verb-Forms and Primary Derivatives of the Sanskrit Language, by W. D. Wintney, 1957.

A Vedic Concordance, Bloomfield, M. 1906, 1990.

A Vedic Word-Concordance (16 vols), Hoshiarpur, 1964-1977.

An Illustrated Ardha-Magadhi Dictionary (5 vols), Maharaj, R. First Edition, 1923, Reprint: Delhi, 1988.

Abhidhāna Rājendra Kosh (*Jain Encyclopaedia,* 7 vols), Suri, V. First Published 1910-25, Reprinted 1985.

Prakrit Proper Names (2 vols), Mehta, M. L. Ahmedabad, 1970.

Āgamaśabdakośa (Word-Index of Aṅgasuttāni), Tulasi, A. Ladnun, 1980.

『梵和大辭典』 鈴木學術財團, 동경, 1979.

『佛敎 漢梵大辭典』 平川彰, 동경, 1997.

『パーリ語佛敎辭典』 雲井昭善 著, 1997

IV. 기타 참고도서.

Bodhi, Bhikkhu. *A Comprehensive Manual of Abhidhamma* (CMA). Kandy: BPS, 1993.

CBETA, Chinese Electronic Tripitaka Collection, CD-ROM edition: Chinese Buddhist Electronic Text Association(CBETA, 中華電子佛典協會), Taipei, 2008.

Eggeling, J. *Satapatha Brahmana* (5 Vol.s SBE Vol. 12, 26, 41, 43-44), Delhi, 1989.

Geiger, Wilhelm. A Pāli Grammar. Rev. ed. by K.R. Norman. PTS, 1994.

Gombrich, Richard F. *How Buddhism Began: The Conditioned Genesis of the Early Teachings.* London, 1996.

Hinüber, Oskar von. *A Handbook of Pāli Literature*, Berlin, 1996.
Horner I. B. *Early Buddhist Theory of Man Perfected,* 1937.
__________. *Milinda's Questions* (tr. of Mil). 2 vols. London: PTS, 1963-64.
Jambuvijaya, edited by Muni, *Āyāraṅga-Suttam,* Bombay, 1976.
________________________, *Sūyagaḍaṅga-Suttam,* Bombay, 1978.
Norman, K.R. *Collected Papers* (5 vols), Oxford, 1990-93.
___________. *Pāli Literature Including the Canonical Literature in Prakrit and Sanskrit of All the Hīnayāna Schools of Buddhism,* Wiesbaden, 1983.
Rāhula, Walpola Ven. *What the Buddha Taught,* Colombo, 1959, 1996.
Vipassana Reserach Institute. *Ti-pitaka, The Caṭṭha Saṅghāya-na CD-ROM edition* (3th version). Igatpuri: VRI, 1998.

각묵 스님, 『초기불교이해』 초기불전연구원, 2010, 3쇄 2012
_________, 〈초기불교 산책〉 1~50(불교신문 연재, 2010)
권오민, 『아비달마 불교』 민족사, 2003.
대림 스님/각묵 스님, 『아비담마 길라잡이』 (전2권) 초기불전연구원, 2002, 9쇄 2011.
라다끄리슈난, 이거룡 옮김, 『인도 철학사』 (전4권) 한길사, 1999.
마쓰야 후미오, 이원섭 역, 『아함경 이야기』 1976, 22쇄 1997.
뻬야다시 스님, 소만 옮김, 『마음 과연 무엇인가』 고요한소리, 2008.
일창 스님, 『부처님을 만나다』 이솔, 2012.
赤沼智善, 『漢巴四部四阿含互照錄』 나고야, 소화4년.
平川 彰, 이호근 역, 『印度佛敎의 歷史』 (전2권) 민족사, 1989.
혜업 스님 역, 『선종 영가집』 불광사 출판부, 1991

찾아보기

【가】

가까이 섬김(veyyāvacca) 44
가전연 존자 421
각유정(覺有情)(bodhi-satta) 241
간다마다나(Gandhamādana) 62
간답바(gandhabba) 297[설명]
간청(yācana) 85
간탐(abhijjhā) 452, 455
갈대(naḷa) 87, 215
갈애[愛, taṇhā] 69, 99, 110, 139, 151, 175, 194, 200, 231[설명], 232 [18가지], 245, 248, 252, 255, 284, 300, 365, 367, 423
갈애의 소멸 461, 463, 465
갈애의 소진(taṇhā-khaya) 167
갈애의 올가미 308
감각기능의 단속(indriya-saṁvara) 197, 304
감각장소[處, āyatana] 192, 221, 465
감각적 욕망(kāma-guṇa, kāma-rāga) 320, 439, 447
감각적 욕망에 대한 갈애[欲愛, kāma-taṇhā] 69, 231
감각적 욕망에 대한 생각 167
감각적 욕망에 대한 욕구 374, 396, 402[설명]
감각적 욕망에 대한 취착[慾取, kām-upādāna] 230
감각적 욕망의 잠재성향 480
감각적 욕망의 즐거움 155
감각적 욕망의 폭류(kām-ogha) 283
감각접촉[觸, phassa] 111, 141, 196, 232[설명], 233, 245, 249, 284
감성의 물질(pasāda-rūpa) 222
감촉(phoṭṭhabba) 192
강가 강(Gaṅga) 346
개념[施設, paññatti] 221, 481
개별적 특징[自相, paccatta-lakkhaṇa, sabhāva-lakkhaṇa] 125, 184, 199
개아(puggala) 124, 126
개인의 차이 378, 419
거머쥠 175
거짓말(musāvāda) 38, 414, 452
거품(bubbula) 182, 186
건달바(乾達婆, gandhabba) 297
검증(vīmaṁsa) 352, 365
검증을 주로 한 삼매와 노력의 의도적 행위를 갖춘 성취수단 352, 355, 357, 363[설명]
겉재목[白木質] 183
게으름(kosajja) 382
견고함이라는 실체 181
견습기간 268, 487
견해(diṭṭhi) 175, 200, 282
견해를 바로잡음 44
견해에 대한 취착[見取, diṭṭh-upādā-na] 230
견해의 전도 161
결실(phala) 337, 378
결핍된 도정(道程) 194[설명]
경안(passaddhi) 482
경의 분류방법(Suttanta-bhājanīya) 71
경험하는 자 267

계(sīla) 40, 137, 200, 302, 388
계속해서 생각함[隨念, anussati] 388
계율과 의식에 대한 집착[戒禁取, sīla-bbataparāmāsa] 230, 462, 479
계의 구족(sīla-sampanna) 54[설명], 303
계행(sīla, sīlana) 32, 40
고락(苦樂) 267, 426
고시따 원림(Ghositārāma) 364, 478
고요함 90, 93
고요함의 깨달음의 구성요소[輕安覺支, passaddhi-sambojjhaṅga] 390, 400[설명]
고유성질[自性, sabhāva] 98, 192, 220
고의로 하는 거짓말(sampajānamusā-vāda) 452
고주석서(Mahāṭṭhakathā) 200
고향동네(pettika visaya) 335[설명]
골수 97, 102
공(空, suñña) 124
공・가・중(空・假・中) 426
공덕(puñña) 32, 36, 443, 458
공상(共相, sāmañña-lakkhaṇa) 125
공작 87
공포로 나타나는 지혜 479
공함[空性, suññatā] 124, 130, 220, 434
공함의 특징[suññatā-lakkhaṇa] 124 130
공허한 것 180, 186
과보(vipāka) 453
관통(abhisamaya) 151, 242, 243[설명]
광명[光] 247, 446, 481
광명상(光明想) 305
괴로운 느낌[苦受, dukkha-vedanā] 99, 126, 150, 154, 155, 434
괴로움, 일곱 가지~ 96
괴로움에 대한 무지 237[설명]
괴로움에 대한 지혜 71, 413
괴로움은 스스로 만드는 것인가 263
괴로움의 발생구조[流轉門 anuloma] 109, 285, 289
괴로움의 성스러운 진리[苦聖諦, dukkha ariya-sacca] 63, 64, 95
괴로움의 소멸[苦滅, dukkha-nirodha] 110
괴로움의 소멸구조[還滅門 paṭiloma] 109, 290, 293
괴로움의 소멸로 인도하는 도닦음에 대한 무지 237[설명]
괴로움의 소멸로 인도하는 도닦음의 성스러운 진리[苦滅道聖諦, dukkha-nirodha-gāmini-paṭipadā ariya-sacca 63, 70[설명], 95
괴로움의 소멸에 대한 무지 237[설명]
괴로움의 소멸에 대한 지혜 413
괴로움의 소멸의 성스러운 진리[苦滅聖諦, dukkha-nirodha-ariya-sacca] 63, 69[설명], 95
괴로움의 수관 445
괴로움의 일어남 110
괴로움의 일어남에 대한 무지 237
괴로움의 일어남의 성스러운 진리[苦集聖諦, dukkha-samudaya ariya-sacca] 63, 69[설명], 95
괴로움의 진리[苦聖諦, dukkha sacca] 96[설명], 143
괴로움의 특징 130
괴롭지도 즐겁지도 않은 느낌[不苦不樂受, adukkhamasukha-vedanā] 126, 150, 154, 156, 434
교학(pariyatti, 배움) 56
구경의 지혜(aññā) 461, 487
구부득고(求不得苦) 64, 67[설명], 96
구족(sampadā) 388
구족계 267, 268, 487

구차제멸(九次第滅, nava anupubba-nirodha) 153
구행(口行, vacī-saṅkhāra) 236
궁극적 의미(paramattha) 228
권태로움 397
귀의(歸依, saraṇa) 135
귀의의 정형구 367
귀의 감각기능[耳根] 328
극단(anta) 425
근면함 51[설명], 55
근본물질(bhūta-rūpa) 97, 137, 141
근심 64, 66[설명], 300
근절 342
근접단계(upacāra) 126
근접삼매(upacāra-samādhi) 478
금생의 이익 56
금생의 이익과 행복 51[설명], 54[설명]
급고독 장자 458
기능의 차이 378
기쁨 143, 393, 446
기술(sippa) 32
기억(saraṇa) 123, 375
기질 471
기초가 되는 선(padaka-jjhāna) 76, 77, 418, 492
까시(Kāsi) 62
까시까(Kāsikā) 61[설명]
깍까라빳따(Kakkarapatta) 49
깟짜나곳따 존자(āyasmā Kaccāna-gotta) 421[설명]
깨끗한 믿음[淸淨信] 100
깨끗함[淨, subha] 282, 443
깨달음(菩提, 보리, bodhi) 241[설명], 241, 242, 352
깨달음의 구성요소[覺支, bojjhaṅga] 398[설명], 405[설명], 419
꼬띠(Koṭi) 176, 182
꼬살라(Kosala) 62
꼬삼비 92, 364, 478
꼭두각시 446
꼴라 나무 50
꼴라나가라 50
꼴리야(Koliya) 49, 50
꾸사 풀 215
꿰뚫어 앎(pajānana) 382
꿰뚫음(paṭivedha, 통찰) 143, 243
끄샤뜨리야(kśatriya, khattiya) 40, 86

【나】

나[我] 146, 175[설명]
나라는 생각 143
나른함 397
나무 밑 448
나무 아래 305
나무토막 187
나쁜 견해 273
나의 자아 175[설명], 277, 424
나체수행자 114, 487
나체수행자 깟사빠(acela Kassapa) 262
나태함 460
난다까 존자(āyasmā Nandaka) 203
날라까가마까(Nālaka-gāmaka) 114
남[他] 434
남의 세력범위 333, 334[설명]
내 것 143, 146, 175[설명]
내 것·나·나의 자아 200, 205, 496
내려놓음 173
내면의 길 55
내생의 이익과 행복 50
내생의 행복 56
네 가지 근본물질[四大, cattāro ma-hā-bhūtā] 97, 175, 233
네 가지 마음챙김의 확립[四念處,

cattaro satipaṭṭhānā] 314, 321, 335, 372, 394
네 가지 바른 노력[四正勤, sammap-padhāna] 314, 321, 343[설명], 345[설명], 372
네 가지 성스러운 진리[四聖諦, cattā-ri ariyasaccāni] 34, 59[설명], 63, 71, 95, 269, 372
네 가지 성취수단[四如意足, cattāro iddhipādā] 314, 321, 349, 351, 354[설명], 365
네 가지 음식(자양분, āhāra) 283
네 가지 전도[四顚倒] 161
노력(viriya) 473
노력의 의도적 행위(padhāna-saṅ-khāra) 353, 361[설명]
노름 53
노쇠함 227
노지 305
녹야원(鹿野苑, Migadāya) 62[설명]
녹야원, 안자나 숲의~ 381
논쟁 432, 435
놓아버림 69, 70, 211, 341[설명], 342
놓아버림의 관찰 341, 445
누진통(漏盡通, āsavakkhaya-ñāṇa, 번뇌를 소멸하는 지혜) 211, 360[정형구], 492
눈[眼, cakkhu] 192, 194
눈물 102
눈을 가진 사람 185
눈의 감각기능 328
눈의 감성(cakkhu-pasāda) 107, 221
눈의 문 129
눈의 알음알이 221, 235[설명]
눈의 영역 107, 463
눈의 요소 221
느낌[受 vedanā] 126[설명] 130, 132, 140, 182, 208, 232[설명], 245, 247, 284, 339, 434
느낌에 대한 관찰 338
느낌은 물거품 186
늙음[老, jarā] 64, 65[설명], 88, 227
늙음·죽음[老死, jarā-maraṇa] 300
능숙함(kosalla) 141, 158
니간타 나따뿟따(Nigaṇṭha Nātaputta) 449
닛데사(Niddesa) 125

【다】

다따랏타 297
다섯 가닥의 감각적 욕망 196, 334
다섯 가지 기능[五根, pañc-indriya] 315, 321, 368, 372[설명], 377, 378, 381, 460
다섯 가지 기능과 다섯 가지 힘 382[설명]
다섯 가지 무더기[五蘊, pañca-kkha-ndha] 96, 119[설명], 280, 341
다섯 가지 장애[五蓋, pañca-nīvara-ṇa] 305, 396
다섯 가지 힘[五力, pañca-bala] 315, 321, 371, 379[설명], 381, 384
다시 태어남을 가져옴 69
다툼 432
닦음[修, bhāvanā] 269
단견(斷見, uccheda-diṭṭhi) 69, 231, 266, 422, 425, 429, 430
단견론자 429
단멸 423, 435
단멸론자 263
단상(斷常) 267, 426
단속(saṁvara) 215, 217, 304, 347[설명]
달콤함(assāda) 143[설명]
닮은 표상[相似影像, patibhaga-nimitta] 144

담론 33
닿음(phusanā) 338
대나무 숲(Veḷuvana) 261, 485
대상(ārammaṇa) 237, 328
대상을 아는 것(ārammaṇaṁ cinteti /vijānāti) 129
대아 238
대장장이의 아들 쭌다 449
대주석서(Mahāṭṭhakathā) 200
대화 52, 274
더러움[不淨, asubha] 443
덩어리진 먹는 음식[段食] 284
데와다하 49
데와닷따 333
도(道, magga) 115, 130, 341, 342
도닦음(paṭipadā) 115, 188, 258
도둑질 415
도반 474
도솔천(兜率天, Tusitā) 41, 46
도와 과에 대한 질문 138
도의 구성요소, 일곱 가지 419
도의 지혜 493
도의 진리[道諦] 143
도의 청정범행 254
도의 출현으로 인도하는 위빳사나 77, 479
독수리봉 산 429, 457
독화살 86
동시적 연기 243
되돌아봄(paṭipassanā) 338
두려움 없음 37
두루 청정함(pārisuddhi) 338
들뜸[掉擧, uddhacca] 404[설명] 443 460, 481, 482
들뜸과 후회(uddhacca-kukucca) 305, 397, 404
들숨날숨에 대한 마음챙김(ānāpāna -sati, 出入息念) 165, 168[설명], 337
디가나카(Dīghanakha) 428
디가자누(Dīghajānu) 49[설명]
땅의 요소[地界, pathavī-dhātu] 97 [설명], 98, 233
떨어지지 않는 경지 188
뗏목의 비유 283[설명]

【라】

라다 143
라마가마(Rāmagama) 49
라자가하(Rājagaha) 261, 429, 457, 485
라자까 원림(Rājakārāma) 204, 212
라훌라 존자(āyasmā Rāhula) 102
랏타빨라 존자(āyasmā Raṭṭhapāla) 363
로히니(Rohiṇi) 강 49
류트 197, 198[설명], 200, 459

【마】

마가다(Māgadha) 114
마노[意, mano] 110, 129, 174[설명], 192, 279, 328, 329
마노의 감각장소[意處] 174
마노의 문(mano-dvāra) 111
마노의 알음알이[意識] 111, 235
마노의 요소[意界] 222
마노의 의도적 행위, 29가지~ 237
마라(Māra) 48, 162, 334, 447
마른 위빳사나(sukkha-vipassaka) 492, 497
마야부인(Mahā-māyā) 46
마음[心, citta] 107, 129, 174[설명], 352, 353, 362[설명], 365
마음[心]·마노[意]·알음알이[識]

174[설명]
마음부수[心所, cetasikā] 129
마음순간[心刹那,citta-kkhaṇa] 99
마음에 대한 관찰 338, 340[설명]
마음에 잡도리함[作意, 주의, manasi-kāra] 108, 233, 482
마음은 제한되어 있다 216, 299
마음을 주로 한 삼매와 노력의 의도적 행위를 갖춘 성취수단 352, 355, 357, 363[설명]
마음의 사마타(ceto-samatha) 400, 471, 474
마음의 의도의 음식[意思食] 284
마음의 작용[心行, citta-saṅkhāra] 338
마음의 전도(citta-vipallāsā) 161
마음의 집중 100
마음의 찰나성 176[설명]
마음의 해탈[心解脫, ceto-vimutti] 216, 217, 300, 354, 469
마음의 현상들[法] 445
마음이 개발됨 468
마음이 고요하지 못한 것 397
마음이 한 끝에 집중됨[心一境性, cittassa ekaggatā] 375
마음챙김[念, sati] 196, 217, 218, 328, 329, 382, 445, 473
마음챙김의 기능[念根, satindriya] 372, 375[설명]
마음챙김의 깨달음의 구성요소[念覺支, sati-sambojjhaṅga] 211, 388[설명], 398[설명]
마음챙김의 확립[念處, satipaṭṭhāna] 100, 305, 306
마하깟짜나 존자(āyasmā Mahā-kaccāna) 421
마하꼿티따 존자(āyasmā Mahā-koṭṭhita) 328
마하빠자빠띠 고따미(Mahāpajāpati Gotami) 203
마하살 440, 441
마하시 스님(Mahasi Sayadaw) 123
말리족 449
말룽꺄뿟따 존자(āyasmā Māluṅkya-putta) 80
말의 의도적 행위[口行, vacī-saṅ-khāra] 236[설명]
맛(rasa) 128, 192
망고 숲 449
머리에 불붙은 것처럼 188
명상주제(kammaṭṭhāna) 99, 148, 318, 458
명지[明, 明知, vijjā] 247[설명], 303 446, 462
명칭 107
모가라자 장로 363
모태에 듦(gabbhassa avakkanti) 297
목갈라나 존자(āyasmā Moggallā-na) 63
몰리야팍구나 존자(āyasmā Moliya-phagguna) 229
몸(kāya) 80, 99, 192, 252, 393, 433
몸에 대한 관찰 338
몸에 대한 마음챙김(kāyagata-sati) 218
몸으로 체득하여 491
몸을 받음(kāyūpaga) 254
몸의 32가지 부위 98, 402
몸의 감각기능[身根] 328
몸의 감성의 토대 67
몸의 경안 100
몸의 의도적 행위[身行, kāya-saṅ-khāra] 236[설명]
몸의 작용[身行, kāya-saṅkhāra] 338
무간지옥 199
무관심 130

무기력함 397
무너짐(변형) 199
무더기[蘊, khandha] 140, 187, 228
무명(無明, avijjā) 237[설명], 238[설명], 250, 252, 255, 285, 382, 446, 447, 469, 469
무명의 껍질 315
무명의 잠재성향 150[설명], 151, 156, 480
무명의 폭류 283
무상(無常, anicca) 98, 99, 131, 143, 146, 161, 166[설명], 205, 208, 320, 341, 393, 433, 474, 482
무상 · 고 · 무아 98, 480
무상의 관찰 341[설명], 445
무상의 특징 131
무색계 禪(arūpa-jjhāna) 77, 491
무색계의 존재(arūpa-bhava) 230
무아(無我, anatta) 130, 161, 434, 475, 482
무아의 관찰 341, 445
무애해도(無碍解道, paṭisambhidā) 102, 352
무외(無畏, vesārajja) 436
무학 132, 260
무한소급 366
묶여 있음 423
물거품 186
물의 요소[水界, āpo-dhātu] 98, 101 [설명], 233
물질[色, rūpa] 108, 124[설명], 130, 132, 140, 178, 181, 199, 234[설명], 314, 433
물질은 포말덩이 186
물질을 초월한다 491
물질의 무너짐 199
물질의 일어남/사라짐 314
미가다야 62
미혹함(sammoha) 194
믿음(saddhā) 54[설명], 331, 462
믿음을 따르는 자(saddhānusārī) 377[설명]
믿음의 기능[信根, saddhindriya] 373[설명]
밀림 194, 305

【바】

바라나시(Bārānasi) 61[설명], 62
바라드와자 102
바라문 40, 86, 453
바라밀 436
바람의 요소[風界, vāyo-dhātu] 105 [설명], 233
바르게 생계를 유지함 51, 52[설명]
바른 견해[正見, sammā-diṭṭhi] 71 [설명], 162, 238, 282, 413[설명], 420, 421[설명], 455
바른 깨달음(sambodha) 90, 93
바른 노력[正勤, sammāppadhāna] 374
바른 마음챙김[正念,sammā-sati] 75 [설명], 417[설명]
바른 말[正語, sammā-vācā] 72[설명], 414[설명]
바른 사람들 141
바른 사유[正思惟, sammāsaṅkappa] 71[설명], 414[설명]
바른 삼매[正定, sammā-samādhi] 75[설명], 77, 417[설명]
바른 생계[正命, sammā-ājīva] 55, 73[설명], 415[설명], 416
바른 정진[正精進, sammā-vāyāma] 74[설명], 75, 416[설명]
바른 통찰지 207, 422
바른 행위[正業, sammā-kammanta] 72[설명], 415[설명]

비왕가(잠재의식) 108, 111
밖의 감각장소[外處, bāhira āyatana] 253
밖의 모든 표상들 144
밖의 정신·물질 252
반조의 토대 269
방법 269
방일 115, 196, 448
방일의 근본이 되는 술과 중독성 물질 38
방편 274
방해받지 않는 마음 356
배우지 못한 범부 141, 154, 156, 173[설명], 196
백정 210
버리다 132, 134
버림 69, 70, 143 167, 269, 348
버림을 관찰하는 지혜에서 생긴 인식 165, 167[설명]
번뇌[漏, āsava] 283, 314, 318, 458
번뇌 다한 자 133, 156
번뇌를 소멸하는 지혜[漏盡通, āsavakkhaya-ñāṇa] 446
번뇌의 멸진 314
번뇌의 소멸 473
번영의 통로 53
번천의 세상 489
범부(puthujjana) 173[설명]
범위(gati) 199[설명]
범중천(梵衆天 Brahmapārisajjā) 41
법(法, dhamma) 192, 282, 301
법념처(法念處, dhamma-sati-paṭṭhāna) 169
법담 138
법들의 머묾 493
법들의 소멸 239
법들의 조건에 대한 지혜[法住智] 493
법수관(法隨觀) 75
법에 귀의 36
법에 대한 관찰 338
법에 대한 눈[法眼] 247[설명]
법에 대한 정형구 296
법을 가르침 44
법을 간택하는 깨달음의 구성요소[擇法覺支, dhamma-vicaya-sambojjhaṅga] 211, 389, 399[설명]
법을 간택하는 깨달음의 구성요소를 일어나게 하는 7가지 법 399[설명]
법을 계속해서 생각함 101
법을 들음 44
법을 따르는 자(dhamma-anusāri) 377[설명]
법을 설하는 비구 258
법을 훔침 499
법의 관통 244
법의 길 152
법의 눈[法眼, dhamma-cakkhu] 243, 436
법의 바퀴(法輪, dhamma-cakka) 62
법의 요소 222
법의 찰나성 481
법정 452
벗어나는 출구 155
벗어남 70, 143[설명], 155
베풂의 구족 52, 55[설명]
벨루와빤두 류트(Veluvapaṇḍu-vīṇa) 297
변하기 마련인 것 99, 205
변하는 것 143
변하는 법 208
변형(變形, ruppana, ruppati) 124[설명], 233
변화(viparinnāma) 125, 227
병 없음 351
보리분법, 311[설명], 314, 426
보리살타 241
보살 241[설명], 242, 356, 438, 440
보시(布施, dāna) 37, 39[설명], 40,

44, 55, 453
보편적 특징[共相, sāmañña-lakkha-ṇa] 125, 184, 199
보호(ārakkha) 51[설명], 348, 451
본삼매(appanā-samādhi) 471
본성(sabhāva) 98, 282
본질 99, 181
부미자 316
부분상[細相] 304
부분적으로 짓는 자 378
부서지기 마련인 것 98, 434
부정(不淨) 161, 166
부정의 인식 402
부정이라고 관찰하는 지혜에서 생긴 인식 165, 166[설명]
부정한 표상[不淨相] 402
부처님 정형구 301
부처님께 귀의 36
부처님을 계속해서 생각함[佛隨念] 101
부처님의 상수제자 63
분발(paggaha) 382, 473, 482
분석 63, 226[설명], 373, 412[설명]
분해 434
불 숭배 450
불가촉천민의 가문 45
불교의 존재론 221
불굴의 정진 100, 389
불망어 38
불변하는 존재 더미가 있다는 견해[有身見] 141
불사음 38
불살생 37
불선법(不善法, 해로운 법, akusala-dhamma) 33
불성 238
불신 382
불운 44, 101
불의 요소[火界, tejo-dhātu] 104[설명], 105, 233
불자(拂子) 46
불타오름 223
불투도 38
불환도 479
불환자 156, 331, 377, 391[설명]
비구 258, 388
비구니 203
비난받지 않는 것 37
비세속적인 희열 389
비유 210
비유지[譬喩量] 425
비존재의 범위 199[설명]
비참한 세계[惡趣] 453
비천함 442
비탄 67
빛바래기 마련인 것 434
빛바래기 위해서 258
빠와(Pāva) 449
빤짜시카 간답바(Pañcasikha gan-dhabba) 297
빳타나(paṭṭhāṇa) 234
뽓타빠다 유행승(Poṭṭhapaada pari-bbaajaka) 81, 435
뿌리 139, 209

【사】

사견 99, 168, 423
사견의 잠재성향 150[설명], 480
사견의 폭류 283
사고팔고(四苦八苦) 96
사꺄(Sskya) 49
사꺄무니 고따마(Sakyamuni-gota-ma) 151, 240, 356
사께따(Saketa) 62, 381
사꿀루다이(Sakuludāyi) 110, 290
사념처(四念處, cattāro satipaṭṭhā-

nā) 169, 247, 426
사대(四大, cattāri mahā-bhūtāni) 433
사대왕천(Cātu-mahārājikā) 41, 45, 297
사띠(Sati)라는 비구 273
사르나트 62
사리뿟따 존자(āyasmā Sāriputta) 63, 114, 187, 320, 328
사마타(samatha, 止) 102, 339, 342, 445, 460, 466[설명], 469, 478, 481
사마타와 위빳사나[止觀, samatha-vipassanā] 466[설명]
사마타의 명상주제 102
사마타의 표상 401, 461
사문 296, 453
사문됨의 결실 196
사미 268
사밋디 175
사부 대중 32
사성제(四聖諦, cattāri ariya-saccā-ni) 63, 91, 93, 143, 244, 247, 376, 413[설명]
사성제에 대한 무지(aññāṇa) 238
사유(saṁkappa) 438
사정근(四正勤) 247
사종선(四種禪) 76, 419
삭까 46
산뚜시따 47
산란함(vikkhepa) 382, 401
산목숨을 죽이는 것(살생) 73, 415, 451
살인자 187[설명]
살하 203
삼귀의(ti-saraṇa) 36, 118, 456
삼매[定, samādhi] 197, 200, 340, 353, 388, 443, 471, 475, 494
삼매를 성취하는 수단 352
삼매의 기능[定根, samādhi-indriya] 372, 375[설명]
삼매의 깨달음의 구성요소[定覺支, samādhisambojjhaṅga] 211, 390, 401[설명]
삼매의 표상 460
삼명(三明, te vijjā) 306
삼부따 장로 363
삼세양중인과(三世兩重因果) 229, 255
삼십삼천(Tāvatiṁsā) 41, 46
삼제게(三諦偈) 426
삼특상(무상・고・무아) 495
삿된 견해 263, 453
삿된 생계 416
삿된 음행 38, 415, 451
삿된 음행을 삼가는 것 73
상견(常見, sassata-diṭṭhi) 69, 145, 231, 265, 266, 273, 425
상까사(Saṅkasa) 46
상카라[行, saṅkhāra] 128, 236[설명]
상카라의 네 가지 의미 128[설명]
새매 자따까(J168) 333
색계의 존재(rūpa-bhava) 229
색구경천(色究竟天, Akaniṭṭhā) 199
생길 때 다르고 소멸할 때 다르다 176
생멸(生滅, udayabbaya) 229
생명 80, 187, 451
생명기능[命根, jīvitindriya] 228
생명을 영위한다 73, 416
선(禪, jhāna) 76[설명]
선(禪)을 갈망하는 것 69
선(禪)의 의도 44
선법 33
선서(善逝) 64, 186
선우를 가짐 51[설명]
선정 466
설명 63
설명하지 않음[無記] 80, 89, 90[설명]
성냄 117, 118, 194[설명], 300, 306,

345
성냄 없음 346
성냄의 멸진 114
성스러운 계의 조목[戒蘊] 305
성스러운 법 481
성스러운 율 451
성스러운 제자 132, 207
성스러운 통찰지 210
성스러운 팔정도[八支聖道] 70[설명], 447
성인의 가르침[聖言量] 425
성자(聖者, ariya) 141
성자들의 계보 37
성자의 율(ariyassa vinay) 299, 500
성취수단[如意足, iddhi-pāda] 351 [설명], 353, 356
성향(ajjhāsaya) 138
세 가지 거머쥠 200
세 가지 공덕행의 토대 44
세 가지 양상(무상 · 고 · 무아)에 대한 가르침 496
세 가지 의도적 행위 236[설명]
세 가지 특상(삼특상) 99
세 가지 해로움의 뿌리[不善根] 194
세간적 77, 388, 425
세간적인 도(lokiya-magga) 479
세력범위 333
세상(loka) 80
세상에서 통용되고 있는 말 435
세상의 소멸 423[설명]
세상의 언어 435
세상의 의지처 423
세상의 인습적 표현 435
세상의 일어남 422
세속적인 번영 351
소 87, 210
소나 꼴리위사(Soṇa Koḷivisa) 458 [설명]
소나 존자(āyasmā Sona) 363, 458 [설명]
소리 192
소멸[滅, nirodha] 90, 93, 130, 167 [설명], 211, 239, 250, 258, 306, 423
소멸되기 마련인 것 98
소멸을 관찰하는 지혜에서 생긴 인식 165, 167[설명]
소멸의 관찰 341, 445
소멸의 진리[滅聖諦, nirodha-sacca] 143
소멸하기 마련인 것 434
소진 116
속박(yoga) 162, 188, 210, 283
속재목[心材] 183
속행(javana) 231, 329
손가락 한 번 튀기는 순간 176, 182
쇠살 434
수간 209
수관(隨觀) 342[설명] ☞ 관찰
수관(일곱 가지, 七隨觀] 447
수기(授記) 242
수까라카다라는 동굴 429
수념처(受念處, vedanā-satipaṭṭhāna) 169
수님미따(Sunimmita) 47
수드라(śūdra, sudda) 86
수명 328, 351
수시마(Susima) 유행승 486
수야마(Suyama) 46
수쿠말라 소나(Sukhumāla Soṇa) 458
수태 297, 298
수행(bhāvanā) 44[설명], 309[설명], 314, 316, 348, 473
수행을 통한 공덕행의 토대 44
수행의 노력 347, 348[설명]
수행의 핵심 296
수행자 318
숙고 130, 436, 479

숙명통[宿命通, pubbenivāsānussati-ñāṇa] 359, 490
순간적 소멸[刹那滅] 199
순간적인 부서짐 341
순결하지 못하는 삶을 삼가는 것 73
순관(順觀) 225, 285[설명], 290
순수 위빳사나를 닦는 자(suddha-vipassaka) 493
술과 중독성 물질 38, 53
스승 296, 448
스승의 교법 436
스승의 주먹[師拳, ācariya-muṭṭhi] 488
승가를 계속해서 생각함 101
승가에 귀의 37
시체(10가지~) 402
식곤증 397
식별하다(vijānāti) 128
신기루 182
신념처(身念處, kāya-satipaṭṭhāna) 169
신들의 왕 46
신성한 귀의 요소[天耳界, 天耳通, dibba-sota-dhātu] 358
신성한 눈[天眼] 360
신의 아들 47
신족통(神足通, iddhividha, 신통변화) 352, 358, 489
신통변화[神足通, iddhi-vidha] 351, 358, 488, 497
신통을 성취하는 수단 352
신통지(abhiññā) 123, 353 488, 492
신행(身行, kāya-saṅkhāra) 236
실망 67
실체(sāra) 124, 181, 186
실체 없음(nissāra, asāra) 181[설명], 185, 186
심념처(心念處, citta-satipaṭṭhāna) 169
심리현상들[行, saṅkhāra] 127[설명], 128, 130, 132, 140, 184, 186, 236
심리현상들의 무더기[行蘊, saṅkhāra-kkhandha] 140
심사빠 숲(Siṁsapā-vana) 92[설명]
심수관(心隨觀) 75
심오 237, 413
심왕(心王) 129
심장토대(hadaya-vatthu) 234
심재(心材) 181
심찰나 177
심해탈(心解脫, ceto-vimutti) 306
십사무기(十事無記) 80
십선업도 450
십이처(十二處) 192
십팔계(十八界) 221[설명]
싱할리어 200
쌍으로 닦음 480[설명]
쓸모없는 인간 85, 145, 277

【아】

아귀계 453
아난다 존자(āyasmā Aananda) 364, 367, 478
아누라다 199
아라한(阿羅漢, arahan) 132, 367, 377, 391
아라한(阿羅漢, arahan) 정형구 134, 178, 186, 461, 487, 496
아라한과(阿羅漢果, arahatta-phala) 239, 318, 392, 465, 478, 488
아라한도 133, 318, 479, 480
아름다운 표상 396
아버지 453
아비달마대비바사론(阿毘達磨大毘婆沙論) 285
아비달마순정리론(阿毘達磨順正理

論) 285
아비담마(Abhidhamma, 對法, 勝法) 46
아비담마의 분류방법(Abhidhamma-bhājanīya) 71
아욧자(Ayojjha) 180
아지랑이 182, 186
악기웨사나(Aggivesana) 430
악의(vyāpāda) 305, 396, 403[설명], 439, 453, 455, 479
악의 없음(avyāpāda) 37, 439, 465
악의 없음에 대한 사유(avyāpāda-saṁkappa) 72, 414, 443
악의와 관련된 사유 441
악처 479
악행 453
안온 34
안의 감각장소[內處, ajjhattika āyat-ana] 253
안자나 숲 381
안전 446
안정 197, 475
안주함 338
알고 보는 자 314
알아차림 473
알음알이[識, viññāṇa] 108, 128[설명], 130, 132, 140, 174[설명], 185, 187, 235[설명], 246, 250, 277[설명], 284, 328
알음알이가 윤회함 273
알음알이는 조건발생임[緣而生] 273, 278
알음알이의 무더기[識蘊, viññāṇa-kkhandha] 140
알음알이의 음식[識食] 284
앗사지 339
애별리고(愛別離苦) 96
야마천(Yāmā) 41, 46
야자나무(파초) 183, 186
양극단 266, 422
양면해탈(兩面解脫, ubhato-bhāga-vimutti) 300, 492
어리석은 자 252
어리석음 없음[不痴] 346
어리석음[痴] 118, 194[설명], 237, 345
어리석음의 멸진 114
어리석지 않음에 대한 확신 461, 465
업(業, kamma) 107, 145, 453
업과 존재 80
업으로서의 존재[業有, kamma-bhava] 229
업형성(abhisaṅkharaṇa) 128, 235
업형성의 의도적 행위(abhisaṅkhara-ṇaka-saṅkhāra) 235
없다는 관념 422
여기저기서 즐기는 것 69
여덟 가지 구성요소를 가진 성스러운 도[八支聖道, ariya aṭṭhangika magga] 115, 315, 321, 412, 413 [설명]
여래 80, 266, 331
여래 · 아라한 · 정등각자 62, 447
여래의 깨달음 54, 373
여래장 238
여섯 가지 갈애의 무리[六愛身] 231 [설명]
여섯 가지 감각장소[六入/六處, cha āyatanā] 233[설명], 245, 249, 284
여섯 가지 감각접촉의 무리[六觸身] 232[설명]
여섯 가지 감각접촉의 장소[六觸處] 196, 253
여섯 가지 느낌의 무리[六受身] 232
여섯 가지 밖의 감각장소들[六外入處, bāhira āyatana] 206, 210
여섯 가지 신통의 지혜(육신통, chaḷ-abhiññā) 306, 358

여섯 가지 안의 감각장소들[六內入處, ajjhattika āyatana] 206, 210
여섯 가지 안팎의 감각장소[六內外處, ajjhattika-bāhira āyatana] 166
여섯 가지 알음알이의 무리[六識身] 208, 235[설명]
역관(逆觀) 225, 285[설명], 286
연(緣, 조건발생, paccaya, paṭicca-samuppāda) 109
연결(anubandhanā) 338
연기(緣起, paṭicca-samuppāda) 109, 177, 178[정형구], 226[설명], 243[정형구], 255, 267, 274, 289[정형구], 293, 306
연기(十二支緣起), 178, 223, 225, 227[설명], 238, 247, 289, 421, 427, 496
연기를 보는 자는 법을 봄 109
연민[悲, karuṇā] 439, 441, 448
열 가지 문제[十事] 80
열 가지 유익한 업의 길[十善業道, dasa kusala-kamma-patha] 456
열 가지 인식 164[설명]
열 가지 족쇄[結, saṁyojana] 238, 318
열 가지 해로운 업의 길[十不善業道, akusala-kamma-patha] 453
열 가지 힘 320
열두 가지 감각장소[十二處] 189
열려 있는 마음 356
열망 139, 143
열반(涅槃, nibbāna) 34, 69, 70[동의어], 90, 93, 114[설명], 117, 167, 188, 200, 239, 328, 330, 342, 346
열반을 실현하기 위한 도닦음 115
열심히 정진하는 자들 가운데 으뜸 458
열여덟 가지 요소[十八界] 219
열의(chanda) 345[설명], 352, 353, 356, 361[설명], 365, 366, 374[설명]
열의를 일으킴 74, 416
열의를 제거함 365[설명]
열의를 주로 한 삼매와 노력의 의도적 행위를 갖춘 성취수단 352, 355, 362[설명]
염오(厭惡, nibbidā, 넌더리, 역겨움) 90, 93, 98, 130, 147, 178, 186, 258
염오의 관찰 341, 445, 479
영속[常見] 435
영속론자 263
영역 192, 328
영원하다는 견해[常見, sassata-diṭṭhi] 422
예류도 479, 480
예류자(sotāpatti) 377
예배 135
예비단계의 계행 90
예비단계의 위빳사나 394
예언 296
오근(五根, pañcindriya) 328
오래된 것 37
오문(五門)인식과정(pañcadvāra-vīthi) 108
오문전향(五門轉向, pañca-dvāra-āvajjana) 108
오물구덩이 199
오염원 182, 195, 210, 345, 434
오온(五蘊, panca-kkhandha) 188, 199 ☞ 다섯 가지 무더기
오온의 나타남/부서짐 228
오종선(五種禪) 76, 419
오취온(五取蘊) 229, 424
오취온고(五取蘊苦) 64, 96
온 · 처 · 계 221
옷을 입는/입지 않는 유행승 114
와사왓띠 48
와이샤 86

와지라 비구니(Vājirā bhikkhunī) 425
완전하게 짓는 자 378
왓지 족 430
왓차곳따(Vacchagotta) 81
외도(añña-titthi) 268
외도 유행승 80
외도의 따로 머묾[外道別住] 268
외딴 처소 305
요소[界, dhātu] 99, 102, 220
요소들의 다양함 221[설명]
요술 185, 187
욕계의 존재(kāma-bhava) 229[설명]
욕구 139, 194[설명], 374, 482
욕망(rāga) 117, 118, 300, 306, 431
욕망의 빛바램 90
욕망이 제거됨 469
욕설 414, 452, 455
욕심(abhijjha) 305
욕탐 374
용모 351
우루웰라(Uruvela) 62
우연발생론자 264
운나바 바라문(Uṇṇābha brāhmaṇa) 328
운이 좋은 인간 45
움켜쥠 175
원숭이의 비유 177[설명]
원인(kāraṇa) 141, 284
원증회고(怨憎會苦) 96
원하는 것을 얻지 못하는 괴로움 67[설명]
웨살리(Vesāli) 430
웨약가빳자(Vyagghapajjā) 51
위대한 보 37
위방가(分別論) 97, 345, 413
위빳사나(vipassanā) 77, 123, 133, 282, 295, 339, 340, 342, 419, 445, 466[설명], 469[설명], 478, 480, 481
위빳사나[觀]의 높은 통찰지 471, 474
위빳사나를 수레로 삼은 자 494
위빳사나에서 생긴 이익 494
위빳사나와 함께하는 도의 통찰지 133, 422
위빳사나의 결과물 494
위빳사나의 경계 481
위빳사나의 대상인 무더기들[蘊] 419
위빳사나의 명상주제 102
위빳사나의 소산 494
위빳사나의 지혜 315, 493
위빳사나의 표상 460, 461
위빳시 241
위험(ādīnava) 166
위험을 관찰하는 지혜에서 생긴 인식 166[설명]
유모 63
유무(有無) 426
유사 자아관 238
유신견(有身見, sakkāyadiṭṭhi) 479
유위법(有爲法, saṅkhata-dhamma) 188
유익한 74, 417
유익한 법[善法, kusala-dhamma] 95, 345, 346[설명], 373, 443
유익함 36, 196
유전문(流轉門, anuloma, 苦의 발생구조) 285[설명], 294, 423
유전문의 순관/역관 294
유추하는 위빳사나 123
유학(有學, sekha) 132, 258, 260
육내외처(六內外處, ajjhattika-bāhira āyatana) 192
육내처 222
육신을 가진 존재 156
육욕천(六欲天) 45
육체적 괴로움[苦, dukkha] 64, 67[설명], 117, 154, 300

육체적 느낌 154
육체적인 괴로운 느낌 156
육체적인 눈[肉眼] 185
윤회(輪廻, saṁsāra, vaṭṭa) 71, 90, 132, 162, 199[설명], 239, 283, 365, 413
윤회로부터 벗어남(vivaṭṭa) 239
윤회에서 물러나는 것 71
윤회의 괴로움 109, 254, 266
윤회의 바퀴 255[설명]
윤회의 시작 297
으뜸가는 권위 488
음식 107, 303, 393, 396
의기소침 173, 277
의도(cetanā) 44, 111, 127, 233
의도적 행위[行] 128, 178, 235[설명], 246, 250, 284
의심, 15가지~ 295[설명]
의심을 극복함에 의한 청정(kaṅkhā-vitaraṇa-visuddhi) 123
의심을 제거하는 법 405[설명]
의심의 잠재성향 151, 480
의욕 374, 473
의지처 188
의행(意行, mano-saṅkhāra) 236
이 세상 453
이 언덕 352, 353
이간 452
이로움 446
이세일중인과(二世一重因果) 229
이시빠따나 62[설명]
이욕의 수관 445
이익(ānisaṁsa) 36, 90, 93, 337, 448
익힌 표상(uggaha-nimitta) 144
인간(manussa, puggala) 135, 456
인간의 수명 등 335
인색함의 때 55
인습적 의미(세속제, vohāra) 227
인식[想, saññā, 산냐] 126[설명], 128, 130, 132, 140, 183, 233, 356
인식은 신기루/아지랑이 186
인식의 무더기[想蘊, saññā-kkhandha] 140, 339
인식의 원인 144
인식의 전도[想顚倒, saññā-vipallāsa] 161
인-연-과(6인-4연-5과/10인-4연-5과) 109
일곱 가지 깨달음의 구성요소[七覺支, satta bojjhaṅga] 211, 315, 321, 385[설명], 391, 396
일념 100, 138
일래도 479
일래자(sakadāgami) 377
일부영속론자 264, 436
일심 238
일어남[生, uppāda/ 集, samudaya] 74, 247, 389, 416, 417
일어남의 진리[集諦] 143
일체[諸] 191
있는 그대로(yathābhūta) 98[설명]
있다는 관념 422
잉태 298
잎사귀 92, 209

【자】

자눗소니 바라문 116[설명]
자만[慢, māna] 99, 144, 151, 175[9가지], 200, 367
자만의 잠재성향 480
자상(自相, sabhāva-lakkhaṇa, 고유성질) 125
자상(自相)과 공상(共相) 184
자신을 의지처로 삼아라 188
자신의 거동 304
자신의 고향동네인 행동영역 335

자아[我, attā] 124, 142, 146, 161, 186, 277
자아에 속하는 것(attaniyā) 124
자아의 교리에 대한 취착 231[설명]
자아의 통제하에 있음 181
자애[慈, mettā] 439
자애를 통한 마음의 해탈[慈心解脫, mettā cetovimutti] 403
자양분(āhāra) 396
자작자수(自作自收) / 자작타수(自作他收) 267
잔인 451
잘 배운 성스러운 제자 130, 147, 154, 156, 157, 177, 186
잠깐인 것 99
잠부 열매 114
잠부카다까 유행승 114[설명]
잠재성향 144, 151[7가지], 168, 479, 480[설명], 480[7가지]
잡담 414, 452, 455
장애의 자양분 396[설명]
장애의 자양분이 아닌 것 402[설명]
장자 40
재가자 50, 415, 456
재난 143[설명], 434, 442
재생연결(cuti-paṭisandhi) 254, 429
재생연결식(再生連結識, paṭisandhi -viññāṇa) 229, 242
재생으로서의 존재[生有, upapatti-bhava] 229
재생의 근거(upadhi) 167
저열한 것 198
적의(paṭigha) 155, 157, 194[설명], 397
적의의 잠재성향 150[설명], 155, 480
적집 109, 127
전도된 소견 453
전면에 마음챙김을 확립함 337[설명]
전생을 기억하는 지혜[宿命通, pubbe - nivāsa-anussati-ñāṇa] 123, 446
전오식(前五識, pañca-viññāṇa) 235
전향(āvajjana) 107
절망 64, 67[설명], 300
절제(veramaṇi, virati) 72, 415
점복 296
접촉 141, 145
정신[名, nāma] 178, 233
정신[名]의 무더기 491
정신 · 물질[名色, nāma-rūpa] 138, 233[설명], 246, 249, 284
정신적 고통[憂, domanassa] 64, 67[설명], 117, 155, 300
정신적 느낌 154
정신적인 몸 491
정점에 도달하는 단계(완성) 389
정진(viriya) 218, 345[설명], 352, 353, 361, 365, 458, 460
정진을 시작하는/분발하는/벗어나는 요소 399, 403
정진을 주로 한 삼매 362[설명]
정진을 주로 한 삼매와 노력의 의도적 행위를 갖춘 성취수단 352, 355, 357, 362[설명]
정진의 기능[精進根, vīriyindriya] 373[설명]
정진의 깨달음의 구성요소[精進覺支, vīriya-sambojjhaṅga] 211, 389, 399[설명]
정혜쌍수(定慧雙修) 481
정화의식 450
제2선(二禪, dutiya-jhāna) 76, 197, 306, 376, 418, 446
제3선(三禪, tatiya-jhāna) 76, 197, 306, 376, 418, 446
제4선(四禪, catuttha-jhāna) 76, 197, 306, 376, 418, 446, 492
제거함 227, 365[설명], 416

제사(헌공) 453
조건 따라 생긴 것[緣起] 109, 110, 274, 434
조건[緣, paccaya] 99, 141, 274, 282, 284, 396, 423, 496
조건[24가지, 緣] 109, 238
조건을 보는 자 109
조복 받음 197
족쇄(saṁyojana) 151, 210, 431, 479
존경 44, 462
존재[有, bhava] 229[설명], 244, 248, 300
존재에 대한 갈애[有愛, bhava-taṇhā] 69, 231
존재에 대한 탐욕의 잠재성향 151, 480
존재의 폭류(bhav-ogha) 283
존재의 피안 158
존재하지 않음에 대한 갈애[無有愛, vibhava-taṇhā] 69, 231
존재함에 대한 지혜 294
좋은 곳[善處, sugati] 456
주시(sallakkhaṇā) 338
주인공 238
주인이 거주한다는 의미 181
주지 않은 것 38
죽음[死, maraṇa] 65[설명], 88, 227[설명], 393
죽음의 마음[死心, cūti-citta] 242
죽음의 아가리 181
준비단계(parikamma) 126
준비단계의 표상 144
중간[中] 264, 266, 267, 420, 425
중관론소(中觀論疏) 426
중도(中道, majjhimā paṭipadā) 62, 268, 267, 420, 425
중론(中論) 426
중상모략 414, 452, 455
중생(satta) 80, 99, 124, 126, 220, 241, 297, 424, 447
중생세계[衆生世間, satta-loka] 297
중생들의 죽음과 다시 태어남을 [아는] 지혜[天眼通 dibbacakkhu-ñāṇa] 446
즐거운 느낌[樂受, sukha-vedanā] 126, 150, 154, 155, 434
즐거움 131, 143, 146, 205, 253
즐김 282
지계[地界] 44, 97
지관겸수(止觀兼修) 481
지금·여기[現法]에서 열반을 실현함 258
지배자 124, 186
지속시킴 74, 417
지옥(niraya) 453
지혜(ñāṇa) 241, 247, 482
지혜롭게 마음에 잡도리함[如理作意, yoniso manasikāra] 242
지혜롭지 못하게 마음에 잡도리함 396
지혜의 달인 152
지혜의 열기 277
직접지[現量] 425
진리[諦, sacca] 56
진리, 이것만이 진리 432
진아 238
질문 138, 173, 262, 274
질문의 범위 330
집착 168[설명], 175, 282, 431
집착 없음 70, 431
집착과 취착과 천착 423
짬빠(Campa) 458
쭌다(Cunda) 114, 449

【차】

차가운 숲 458
차가움 125
찰나삼매(刹那三昧, khaṇika-samā-

dhi, khaṇika-cittekaggata) 340
찰나적인 죽음[刹那死] 227
참된 사람 195
참선 135, 448
참회 499, 500
천상(sagga) 36, 297, 456
천신(deva) 32, 41
천안통(天眼通, dibbacakkhu-ñāṇa) 360, 491
천이통(天耳通, dibbasota-ñāṇa) 358, 489
천착 168, 423
청정 282, 453
청정범행[梵行, brahma-cariya] 34, 82, 88, 178, 254[설명], 268, 269, 330, 365, 461, 486
초선(初禪, paṭhama-jjhāna) 75, 197, 305, 375, 418, 446
초월지[神通智, abhiññā] 492
초전법륜 경(S56:11) 62, 63, 96, 247, 426
최상의 지혜(abhiññā) 90, 93, 453
추론지[非量] 425
축생(tiracchana) 453
출가 302
출가의 목적 268
출가자(pabbajita) 33
출리(出離, nekkhamma) 321, 439, 443
출리에 대한 사유(nekkhamma-saṁkappa) 72, 414, 443
출리에 대한 확신 461, 462, 465
출세간(lokuttara) 71, 77, 306, 425
출세간도(lokuttara-magga) 115
출세간법에 이르게 하는 법 258
출세간적 388, 413
취착 없음 431, 436
취착[取, upādāna] 132, 134, 139[설명], 168, 230[설명], 244, 248, 258, 300, 423, 431, 436, 458
취착의 대상인 느낌의 무더기[受取蘊] 68, 96, 109, 138
취착의 대상인 다섯 가지 무더기[五取蘊] 64, 68[설명], 96[설명], 109, 123, 138[설명], 166
취착의 대상인 물질의 무더기[色取蘊] 68, 96, 97[설명], 108, 138
취착의 대상인 심리현상들의 무더기[行取蘊] 68, 96, 109, 138
취착의 대상인 알음알이의 무더기[識取蘊] 68, 96, 109, 138
취착의 대상인 인식의 무더기[想取蘊] 68, 96, 109, 138
취착의 소멸에 대한 확신 461, 463, 465

【카】

코끝 337
코끼리 발자국 95
코의 감각기능 328

【타】

타심통(他心通, cetopariya-ñāṇa) 359, 490
타인을 해치는 생각 117
타화자재천(Paranimmitavasavatti) 41, 48
탄식 64, 66[설명], 300
탈것 40
탐 · 진 · 치(lobha · dosa · moha) 194, 345
탐욕(lobha) 69, 90, 139, 143, 194[설명], 210, 345, 447, 469
탐욕 없음(alobha) 346
탐욕의 멸진(rāga-kkhaya) 114

탐욕의 빛바램[離慾, 이욕, virāga] 93, 98, 130, 147, 167, 186, 211, 258, 341[설명]
탐욕의 빛바램의 관찰 341[설명]
탐욕의 잠재성향 150[설명], 155
태양의 후예 186, 348
태어남[生] 65[설명], 67, 173, 199[설명], 228, 244, 248, 269[설명], 300
텅 빈 것 180
통찰지, 높은 통찰지[增上慧] 471
통찰지(洞察智, 慧, paññā, 般若, 반야) 52, 98, 129, 242, 247, 388, 440, 469, 471
통찰지를 통한 해탈[慧解脫, paññā-vimutti] 216, 217, 300, 354, 469, 492
통찰지의 구족 54, 55[설명]
통찰지의 기능[慧根, paññindriya] 372, 376[설명]
통찰지의 눈[慧眼] 185
통찰지의 동의어 363[설명]
통찰지의 힘[慧力, paññā-bala] 384
퇴보 173
특별한 점 123, 158, 253
특징(lakkhaṇa) 199[설명]

【파】

파괴 433
파멸의 통로 53
파생된 물질[所造色, upādā rūpa] 97, 137, 234[설명]
파악/판별 173
팔고(八苦) 96
팔관재계 47
팔불중도(八不中道) 426
팔정도 238
팔정도(八正道, 八支聖道, ariya aṭṭh-aṅgika magga) 62, 70[설명], 408, 426
편암함의 깨달음의 구성요소[輕安覺支] 211
평온[捨, upekkhā] 101, 482
평온의 깨달음의 구성요소[捨覺支, upekkhāsambojjhaṅga] 390, 401 [설명]
평화 446
평화로운 해탈 491
포말덩이 180, 186
포살(uposatha) 137
포살일 137, 212
폭류(ogha) 283
표상(nimitta) 143[설명], 144, 460, 481
표상[全體相] 304
피안 158

【하】

하강의식 450
하늘의 수명 등 45
하찮은 99
학습계목 302
한적함 211
항상 131, 146, 161, 205, 277
항상함이라는 실체 181
해로운 마음들, 12가지~ 194
해로운 법[不善法, akusala-dhamma] 345[설명], 373, 442
해코지 않음(不害)에 대한 사유(avihiṁsā-saṁkappa) 72, 414, 444
해코지와 관련된 사유 167, 441
해탈(vimutti) 70, 328, 330, 388, 479, 479, 491
해탈 · 열반을 실현하는 여섯 단계의

과정 147
해탈지견(解脫知見, vimutti-ñāṇa-dassana) 388
해태와 혼침(thina-middha) 305, 397, 403, 404[설명]
핵심 181
행동의 영역(gocāra) 335[설명]
행복[樂, sukha] 29[토대], 32, 36, 36, 161, 303, 304, 339[설명], 482
행온(行蘊, saṅkhāra-kkhandha) 101, 128[설명], 236
향락 69, 210, 447
향상 173, 500
향수 40
향실(香室) 180
허물다 132, 134
헤아림(gaṇanā) 338
혀의 감각기능 328
혀의 문 129
현관(現觀) 243
현명한 사람 32, 253
현자 63, 200
혐오 102, 216
형상(rūpa) 107, 463
형색(形色, rūpa) 107, 192, 194, 206, 216, 221, 231
형성된 것[行, saṅkhāra] 127[설명], 167, 236, 434, 474
형성된 세상(saṅkhāra-loka) 422
혜해탈(慧解脫, paññā-vimutti) 306
호랑이가 다니던 길에 사는 자(Vyagghapajjā) 50
혼합된 것(missaka) 425
화락천(Nimmānarati) 41, 47
화생하는 중생 453
확립(upaṭṭhāna) 63, 197, 218, 382, 482
확신[信解, adhimokkha] 100, 382
환멸(還滅, vivaṭṭanā) 338
환멸문(還滅門, paṭiloma, 소멸구조) 225, 285[설명], 294, 307, 423
환속 82, 458
후회 448
훈도 204
흐름[相續, santati] 187, 383
흑백으로 상반되는 갖가지 법들 399, 404
흙덩이 100
희열[喜, pīti] 339[설명], 482
희열과 환희 318
희열의 깨달음의 구성요소[喜覺支, pīti-sambojjhaṅga] 211, 389, 400[설명]
힘줄 87, 97

니까야 강독 II
교학과 수행

2013년 3월 15일 초판 1쇄 인쇄
2021년 6월 29일 초판 5쇄 발행

옮긴이 | 대림스님·각묵스님
역은이 | 각묵스님
펴낸이 | 차명희
펴낸곳 | 초기불전연구원
경남 김해시 관동로 27번길 5-79
전화 (055)321-8579
홈페이지 | http://cafe.daum.net/chobul
이메일 | kevala@hanmail.net
등록번호 | 제13-790호(2002.10.9)
계좌번호 | 국민은행 604801-04-141966 차명희
하나은행 205-890015-90404 (구.외환 147-22-00676-4) 차명희
농협 053-12-113756 차명희
우체국 010579-02-062911 차명희

ISBN 978-89-91743-29-8
ISBN 978-89-91743-27-4(전2권)

값 | 27,000원